Hermann Fischer

100 Jahre Bund Deutscher Orgelbaumeister

Hermann Fischer

100 JAHRE BUND DEUTSCHER ORGELBAUMEISTER

1891 – 1991
Festschrift

Mit einem lexikalischen Verzeichnis
deutscher Orgelbauwerkstätten

Herausgegeben vom
Bund Deutscher Orgelbaumeister (BDO)
München

Orgelbau-Fachverlag Lauffen

© 1991

Alle Rechte beim Bund Deutscher Orgelbaumeister, München.

Erschienen im Orgelbau-Fachverlag Rensch, D 7128 Lauffen.

Satz: Richard Rensch, D 7128 Lauffen.

Druck- und Bindearbeiten:
Echter Würzburg, Fränkische Gesellschaftsdruckerei und Verlag GmbH.

Printed in Germany.

ISBN 3-921 848-18-0

INHALT

Seite

- VII — Zum Geleit
- IX — Vorwort
- XII — Organe des Bundes Deutscher Orgelbaumeister im Jubiläumsjahr 1991
- XIV — Abgekürzt zitierte Literatur

I. Geschichte des Bundes Deutscher Orgelbaumeister

- 1 — 1. Zur Vorgeschichte (1850–1895)
- 5 — 2. Gründung, Zielsetzung und Satzung des Vereins (1895)
- 8 — 3. Krisenjahre bis zum 1. Weltkrieg (1896–1918)
- 11 — 4. Der Verband in den Jahren der Weimarer Republik (1919–1933)
- 18 — 5. Der Verband im Dritten Reich bis zur Auflösung (1933–1943)
- 24 — 6. Neubeginn als Bund Deutscher Orgelbaumeister nach dem 2. Weltkrieg (1946–1990)

II. Organe des Verbandes

- 29 — 1. Vorstände und Beiräte
- 37 — 2. Die General- oder Mitgliederversammlungen
- 44 — 3. Mitgliederbewegung
- 47 — 4. Die Ausschüsse
- 50 — 5. Die Geschäftsführer
- 50 — 5.1. Dr. A. Marquard (1906–1934)
- 52 — 5.2 Dr. Walter Kretzschmar (1934–1943)
- 54 — 5.3 Ludwig Kretzschmar (1937–1955)
- 55 — 5.4 Dr. jur. et rer. pol. Georg Preiss (1956–1981)
- 55 — 5.5 Anton B. Rösch (seit 1982)

III. Aus der Arbeit des Verbandes

- 57 — 1. Preisgestaltung und Formularwesen
- 57 — 1.1 Die sog. Mindest- oder Minimalpreise
- 60 — 1.2 Formularwesen
- 62 — 2. Fragen der Ausbildung und Fortbildungsmaßnahmen
- 66 — 3. Normenausschuß
- 68 — 4. Orgelnamenprozeß
- 72 — 5. Wirtschaftsberichte

IV. Der deutsche Orgelbau im 19. und 20. Jahrhundert

- 77
- 78 — 1. Die deutschen Orgelregionen
- 79 — 1.1 Die Orgelregion Baden-Württemberg
- 81 — 1.2 Die Orgelregion Bayern
- 83 — 1.3 Die Orgelregion Brandenburg
- 84 — 1.4 Die Orgelregion Elsaß-Lothringen
- 85 — 1.5 Die Orgelregion Hessen

Seite	
86	1.6 Die Orgelregion Mecklenburg
87	1.7 Die Orgelregion Niedersachsen
89	1.8 Die Orgelregion Nordrhein-Westfalen
90	1.9 Die Orgelregion Ost- und Westpreußen
92	1.10 Die Orgelregion Pommern
92	1.11 Die Orgelregion Posen
92	1.12 Die Orgelregion Rheinland-Pfalz mit Saarland
94	1.13 Die Orgelregion Sachsen und Sachsen-Anhalt
97	1.14 Die Orgelregion Schlesien
98	1.15 Die Orgelregion Schleswig-Holstein
100	1.16 Die Orgelregion Thüringen
103	2. Das Windladenproblem
103	2.1 Die Tonkanzellenlade
108	2.2 Die Registerkanzellenlade (Röhrenlade)
112	2.3 Die Kastenlade
117	2.4 Pneumatische Registerkanzellenladen
120	2.5 Pneumatische Kastenladen
123	3. Ein Jahrhundert Ideologie und Orgel – Stilfragen und Orgelbewegungen
123	3.1 Die Frühromantische Orgel in Deutschland (1800–1840)
125	3.2 Die Zeit der Hochromantik (1840–1890)
127	3.3 Die Zeit der Spätromantik (1890–1930)
128	3.4 Die Elsässisch-Neudeutsche Orgelreform (1906–1909)
130	3.5 Die deutsche Orgelbewegung (1925–1927) und ihre Folgen
131	3.6 Der deutsche Orgelbau nach dem Zweiten Weltkrieg
132	4. Der Orgelprospekt im Stilwandel der Jahrzehnte
132	4.1 Die Neo-Stile
135	4.2 Freipfeifen-Prospekte
136	4.3 Gehäuse-Prospekte

VI. Lexikalisches Verzeichnis deutscher Orgelbauwerkstätten

Seite 139

Seite		Seite		Seite		Seite	
140	A	191	G	246	M	321	T
143	B	198	H	260	N	324	U
164	C	214	I	263	O	325	V
166	D	215	J	267	P	330	W
172	E	218	K	273	R	345	Z
181	F	239	L	288	S		

VII. Bilderteil

| 349 | 1. Erbauerverzeichnis |
| 353 | 2. Ortsverzeichnis der Orgelbilder |

VIII. Register

| 443 | 1. Personenregister |
| 460 | 2. Ortsregister (ausgenommen lexikalischer Teil und Bilderteil) |

ZUM GELEIT

Mit der Festschrift zum einhundertjährigen Bestehen des Bundes Deutscher Orgelbaumeister hält der Leser einen ebenso stattlichen wie inhaltsreichen Band in Händen. Dem Verfasser Hermann Fischer gebührt für seine gründliche Arbeit aufrichtiger Dank.

Beim Lesen des Inhaltsverzeichnisses und des Vorwortes wird man feststellen, daß der Bund Deutscher Orgelbaumeister in Geschichte und Gegenwart ein Verband ganz eigener Ausprägung ist: nicht *Dachverband*, sondern *Fachverband*. In ihm „verbünden" sich sowohl kleinste Handwerksbetriebe als auch ausgesprochen groß strukturierte Orgelbauwerkstätten (solche also, die man um der lieben Ideologie willen seinerzeit als „Orgelfabriken" abzuwerten suchte). Damit gehören zum einen solche Betriebe dem Bund an, die den Handwerkskammern angeschlossen sind, zum anderen solche, die Mitglieder der Industrie- und Handelskammern sind.

Es liegt in der Natur des Orgelbaus als Kunsthandwerk (denn ein solches ist er seit je), daß der Unterschied zwischen kleinen und großen Werkstätten heute nur mehr quantitativer Art ist. Man könnte es so sagen: die einen bilden eine große Werkstatt im kleinen, die anderen eine kleine Werkstatt im großen. Davon wird man sich rasch überzeugen können, wenn man den Weg zu einer Orgelbauwerkstatt nimmt und sie besichtigt.

Selbst der kritische Betrachter wird einräumen, daß es dem Orgelbau und damit auch dem Bund Deutscher Orgelbaumeister um seine Zukunft nicht bange zu sein braucht. Unser Handwerk blüht, und es befindet sich auf einem beachtlichen Leistungsstand. Und überhaupt: solange der Orgelbau nicht lediglich als unproduktives Historisieren betrieben wird, wird er das lebendige, höchst fesselnde Metier bleiben, das er seit je gewesen ist. Er wird es bleiben auch im Hinblick auf die vielen Orgeln, die es durch ein fachgerechtes Restaurieren für die Zukunft zu bewahren gilt.

Ich möchte mein Geleitwort nicht schließen, ohne alle Mitglieder – nicht zuletzt auch die jetzt wieder mit uns vereinigten Orgelbauer aus den neuen Bundesländern – zur weiteren fruchtbaren Zusammenarbeit zu ermuntern. Wer erlebt es nicht immer wieder bei unseren Zusammenkünften aufs neue, wie wichtig es ist, daß Gleichgesinnte sich auch menschlich näherzukommen suchen? Und ich möchte schließlich alle diejenigen ermutigen, sich uns anzuschließen, die noch keine Mitglieder sind oder am Anfang ihrer Tätigkeit als Orgelbauer stehen. Ihnen will der Bund Deutscher Orgelbaumeister auf ihrem weiteren Weg beratend und helfend zur Seite stehen.

Hans Gerd Klais
Erster Vorsitzender des
Bundes Deutscher Orgelbaumeister

VORWORT

Im Februar 1988 beschlossen Vorstand und Beirat des Bundes Deutscher Orgelbaumeister die Herausgabe einer Festschrift zum 100-jährigen Bestehen des Verbands, zunächst unabhängig von dem noch festzustellenden Jubiläumsjahr. Verschiedene Recherchen der Vorstandsmitglieder ergaben, daß der Verband zwar erst im Jahre 1895 als geschlossene Vereinigung aufgetreten ist, daß aber schon weit früher, mindestens seit 1890 regelmäßige Orgelbauertreffen auf zunächst lockerer Basis stattfanden. Erst jüngst entdeckte Fritz Steinmeyer in seinem Archiv Briefe und sogar ein Protokoll von einem bayerischen Orgelbauertreffen in Nürnberg, wo man sich bereits am 24. Februar 1872 zusammengefunden hatte, um über die „Preisverhältnisse im Orgelbauwesen" zu verhandeln. Die Vereinbarungen wurden dann im schriftlichen Umlaufverfahren innerhalb eines Jahres von allen bayerischen Orgelbaufirmen gebilligt und durch die Unterschrift bestätigt.

In Kenntnis dieser Sachlage entschied sich die Mitgliederversammlung des BDO am 14. 10. 1988 in Würzburg, die Zentenarfeier nicht erst zur 100. Wiederkehr der öffentlichen Proklamation (das wäre 1995), sondern schon 1991 vorzunehmen, so daß für die wissenschaftliche Vorbereitung und Herstellung der Festschrift rund zweieinhalb Jahre zur Verfügung standen.

Da kein verbandsinternes Archiv existiert, war der Bearbeiter also auf gedruckte Sekundärquellen, hauptsächlich die Zeitschrift für Instrumentenbau, und auf einzelne Archive von Mitgliedsfirmen angewiesen. Der Aufruf der Geschäftsführung an die BDO-Mitglieder, nach einschlägigen Quellen zu forschen und sie zur Verfügung zu stellen, fand erwartungsgemäß keinen großen Widerhall. Dagegen öffneten einige Firmen ihre Archive, so daß sich die Verbandsgeschichte ausreichend eruieren ließ. Für die Überlassung ihrer Akten sage ich daher an dieser Stelle folgenden Herren geziemend Dank: Fritz Steinmeyer (Archiv Steinmeyer) lieferte das meiste und wichtigste Quellenmaterial für die Zeit von der Gründung bis zur Aufhebung im Zweiten Weltkrieg; er ermöglichte mir auch die Einsicht in ältere Zeitschriftenbände und verschiedene originale Druckschriften des Verbands. Ergänzende Angaben und Schriftstücke verdanke ich dem Firmenarchiv Markert-Hoffmann in Ostheim v. d. Rhön, das Lücken schließen half. Die Kopie des Aufrufs zur Wiederbelebung des Vereins von 1906 – ein ausgesprochener Zufallsfund in einer alten Orgel – stellte mir in dankenswerter Weise Herr Friedhelm Fleiter, Münster, zur Verfügung. Für die Zeit nach 1945 deckte mich Hans Gerd Klais mit mehr als einem laufenden Meter Aktenordnern ein. Für die gleiche Zeit fanden sich nach einigem Suchen auch noch ergänzende Unterlagen, vor allem Druckschriften in der Registratur der Geschäftsstelle, soweit sie bei den verschiedenen Verlagerungen von Büro zu Büro übriggeblieben sind, so daß bei Gelegenheit der Zentenarfeier auch über den Aufbau und Fortbestand eines BDO-Archives nachgedacht werden sollte. Besonderen Dank bin ich nicht zuletzt Herrn Friedrich Winnacker in München schuldig, der mir Einsicht in seine reichhaltige Sammlung von Orgelfestschriften und vor allem Exzerpten aus verschiedenen Zeitschriften und seine Orgelbauerverzeichnisse gewährte.

Da zu Beginn der Arbeiten die Quellenlage noch recht wenig ergiebig schien, aber ein Konzept zu erstellen war, entschloß ich mich von vorneherein, ein Orgelbauerverzeichnis in die Festschrift aufzunehmen, das die Orgelbauwerkstätten des gesamten Deutschen Reiches nach 1871 möglichst komplett enthält. Damit soll zweierlei erreicht werden:

1. Möglichst viele Namen, besonders der wenig bekannten Kleinwerkstätten, zusammenzutragen, ohne Rücksicht darauf, ob sie dem Verband angehörten oder nicht, um den Wechsel der Verbandszugehörigkeit außer Acht lassen zu können.

2. Die Aufstellung eines lexikalischen Orgelbauerverzeichnisses, in dem die seit 1870/80 existenten selbständigen Werkstätten erfaßt sind, ist zugleich ein allgemeines Desiderat, da die gängigen Nachschlagewerke nur die älteren Meister oder aus der jüngeren Zeit nur die bedeutenderen Firmen enthalten.

Von vornehrein war jedoch nur ein lexikalisches Verzeichnis geplant, das nur Orgelbauer in einem zeitlich und räumlich begrenzten Rahmen umfaßt, kein Lexikon im engeren Sinne, das zumindest auch Angaben zum Werkverzeichnis enthalten müßte. Dabei wurde folgendes Schema in der Regel eingehalten: Orgelbauerfamilien erscheinen unter *einem* Namen bzw. Artikel; neben den Namen die Lebensdaten, die Ausbildung mit Meisterprüfung, Jahr der Geschäftsgründung, ggf. Betriebserweiterungen oder -verlegungen, Zahl der Mitarbeiter als Kennzeichen der Betriebsgröße und die Zahl der bisher gebauten Orgelwerke; darüberhinaus sind Angaben über verwendete Ladensysteme und andere individuelle Besonderheiten unter primär orgelbaulichen Gesichtspunkten nach Möglichkeit aufgenommen worden. Die ursprünglich auch bedachte Aufnahme von Werkverzeichnissen etwa in der Art des „*Kümmerle*" erwies sich freilich sehr schnell als undurchführbar. Werkverzeichnisse können nur im Zusammenhang mit der Monographie einer bestimmten Werkstatt oder in einer ständig aktualisierten Computer-Datei sinnvoll untergebracht werden. Die Einzelartikel wurden auf der Grundlage von Umfrageergebnissen bei den Mitgliedsfirmen des BDO verfaßt und den Betrieben zur Begutachtung vorgelegt; die Nichtmitglieder habe ich größtenteils selbst befragt. Bei den nicht mehr existierenden Firmen konnte ich auf gedruckte und ungedruckte Quellen zurückgreifen, in einzelnen Fällen auch auf eigene Quellensammlungen.

Der Nutzen eines alphabetischen Orgelbauerverzeichnisses wird wesentlich erweitert, wenn man ein zweites Verzeichnis im Gliederungsprinzip nach landschaftlichen Gesichtspunkten hinzufügt. Zunächst hatte ich vor, die Orgelbauer nach Regionen, innerhalb der Regionen nach Orten, und innerhalb der Orte in chronologischer Folge aufzugliedern. Da aber auch der Wunsch geäußert wurde, eine geschichtliche Darstellung des deutschen Orgelbaues der letzten 100 Jahre vorzunehmen, habe ich mich zu der vorliegenden Form von regionalen Übersichten entschieden, die kurz die jeweilige historische Situation beleuchten und die wichtigsten Orgelbauzentren benennen. Die regionale Gliederung nach heutigen Bundesländern zuzüglich der Provinzen, die bis 1913 noch zum Deutschen Reich gehörten, ergab sich von selbst. Da eine solche Zusammenschau meines Wissens bisher noch nicht geboten wurde, wird man es mir nachsehen, wenn nicht alle Regionen mit gleicher „Tiefenschärfe" durchleuchtet sind, wie sie der eine oder andere Fachmann in seinem Gebiet zweifellos besser kennt.

Die gleiche Nachsicht gönne man mir in den großen Übersichten, wo die technischen und stilistischen Fragen von der Orgelromantik bis zur Gegenwart zusammengefaßt sind. Hier eine richtige Auswahl zu treffen, Tendenzen zu erkennen und herauszustellen, Fehlurteilen oder Fehlschlüssen zu entgehen, erfordert sehr viel Literaturarbeit. Es wäre vermessen, etwa ein Handbuch über diese Zeit jetzt schon schaffen zu wollen, deren Erforschung noch in vollem Gange und keineswegs abgeschlossen ist. Erste Übersichten können indes anregend sein, aus dem Katalog der vielen Einzelfragen und Detailergebnisse zum Verständnis der Gesamtsituation beizutragen. Im Rahmen einer

Festschrift eines Berufsverbands, dessen Mitglieder ja die Hauptträger dieser kulturhistorischen Entwicklung waren und sind, ist ein solcher Versuch durchaus berechtigt, aber eben auch als solcher zu sehen.

An dieser Stelle muß ich dem Bund Deutscher Orgelbaumeister ganz besonders für das Vertrauen danken, daß er sich auf mein Konzept der inhaltlichen Gestaltung eingelassen hat, die sich auf die Schwerpunkte: die Verbandsgeschichte, die deutsche Orgelbaugeschichte des gleichen Zeitraums und das Orgelbauerverzeichnis konzentriert, ein für eine Festschrift ehrgeiziges, aber wie sich gezeigt hat, nicht undurchführbares Programm. Nicht minder gilt mein Dank Herrn Richard Rensch, der die für die Drucklegung erforderlichen immensen Zusatzarbeiten auf sich nahm, und den Herren des Jubiläumsausschusses, die mir mit Rat und Tat beistanden. Last but not least danke ich Herrn Professor Dr. Hermann J. Busch, Siegen, für die freundliche Überlassung von Informationen aus seiner Orgelbauerdatei.

Hermann Fischer

ORGANE DES BUNDES DEUTSCHER ORGELBAUMEISTER IM JUBILÄUMSJAHR 1991

1. Vorsitzender:	Hans Gerd Klais, Bonn
Stellvertr. Vorsitzender:	Horst Hoffmann, Ostheim
Schatzmeister:	Otto Heuß, Lich
Vorstandsmitglieder:	Georg Jann, Allkofen
	Wolfgang Oberlinger, Windesheim
	Christhard Rensch, Lauffen
Beiratsmitglieder:	Wolfgang Bosch, Niestetal-Sandershausen
	Klaus Wilhelm Furtwängler, Göttingen
	Rudolf Kubak, Augsburg
	Hans Erich Laukhuff, Weikersheim
	Andreas Ott, Bensheim
	Wolfgang Theer, Berlin
	Peter Mönch, Überlingen
	Johannes Naacke, Giengen
Ehrenmitglied:	Richard Rensch, Lauffen
Sachverständiger des BDO:	Gerhard Opitz, Witten
Syndikus des BDO:	RA Anton B. Rösch
Festausschuß 100 Jahre BDO Vorsitzender:	Horst Hoffmann, Ostheim
	Otto Heuß, Lich
	Hans Erich Laukhuff, Weikersheim
Festschriftausschuß 100 Jahre BDO Vorsitzender:	Otto Heuß, Lich
	Hermann Fischer, Stud.-Direktor, Aschaffenburg
	Horst Hoffmann, Ostheim
	Georg Jann, Allkofen
	Richard Rensch, Lauffen
	Fritz Steinmeyer, Oettingen

VORSTAND UND BEIRAT DES BDO 1991

1 Horst Hoffmann, 2 Hans Erich Laukhuff, 3 Christhard Rensch, 4 Peter Mönch, 5 Georg Jann, 6 Wolfgang Bosch, 7 Otto Heuß, 8 Wolfgang Oberlinger, 9 Anton Rösch, 10 Hans Gerd Klais, 11 Johannes Naacke, 12 Klaus Wilhelm Furtwängler, 13 Andreas Ott, 14 Wolfgang Theer, 15 Rudolf Kubak.

ABGEKÜRZT ZITIERTE LITERATUR UND QUELLEN

Acta: Acta organologica, Band 1-20, herausgegeben von Alfred Reichling, Berlin 1967-1988.

Ars: Ars organi, Zeitschrift für das Orgelwesen, herausgegeben von der Gesellschaft der Orgelfreunde (GdO), 1952 bis 1990 38 Jahrgänge.

Balz, Starkenburg: Hans Martin Balz, Orgeln und Orgelbauer im Gebiet der ehemaligen hessischen Provinz Starkenburg, Marburg 1969.

Balz, Südhessen: Hans Martin Balz, Orgeln und Orgelbauer in Südhessen (Beilage zum Programmheft d.Internat.Orgeltagung der Gesellschaft der Orgelfreunde 1979 in Frankfurt a.Main).

Barth, Elsaß: Medard Barth, Elsaß „Das Land der Orgeln", Haguenau 1966 (Archives de l'eglise d'Alsace 1965-66).

Bergelt, Brandenburg: Wolf Bergelt, Die Mark Brandenburg, eine wiederentdeckte Orgellandschaft, Berlin 1989.

Böckeler, Aachen: H.Böckeler, Die neue Orgel im Kurhaussaale zu Aachen, erbaut von G.Stahlhuth, Orgelbaumeister in Burtscheid bei Aachen, Aachen 1876.

Bösken I, II, III: Franz Bösken, Quellen und Forschungen zur Orgelgeschichte des Mittelrheins; Band I: Mainz und Vororte/Rheinhessen/Worms und Vororte, Mainz 1967; Band II: Das Gebiet des ehemaligen Regierungsbezirks Wiesbaden, Mainz 1975; Band III: Ehemalige Provinz Oberhessen, Mainz 1988.

Bösken, Osnabrück: Franz Bösken, Musikgeschichte der Stadt Osnabrück, Regensburg 1937.

Brenninger, Altbayern: Georg Brenninger, Orgeln in Altbayern, München ^{1}1978.

Brenninger, Schwaben: Georg Brenninger, Orgeln in Schwaben, München 1986.

Brenninger, Rottal-Inn: Georg Brenninger, Orgeln und Geschichte des Orgelbaus im Landkreis Rottal-Inn, in: Heimat an Rott und Inn, Jahresfolge 1974, S.103-143.

Brenninger, Passauer Orgelbauer: Georg Brenninger, Die Passauer Orgelbauer des 19. Jahrhunderts, in: Ostbaierische Grenzmarken XVII (1975), S.167-183.

Brenninger, Landkreis Landshut: Georg Brenninger, Die Orgeln des ehemaligen Landkreises Landshut, in: Verhandl.d.Histor.Vereins für Niederbayern 100 (1974), S.23-52.

Bringezu, Bürgy: Maria Bringezu-Paschen, Johann Conrad Bürgy, Orgel- und Instrumentenmacher zu Homburg v.d.Höhe, Bad Homburg vor der Höhe 1970.

Burgemeister[2]: Ludwig Burgemeister, Der Orgelbau in Schlesien, Frankfurt a.M. ^{2}1973.

Busch, Siegen: Hermann J.Busch, Die Orgeln des Kreises Siegen, Berlin 1974.

Cirsovius: Leopold Iwan Cirsovius, Orgel-Dispositionen aus Schleswig-Holstein, herausgegeben von Reinhard Jaehn, Berlin-Kassel 1986.

Cortum: Theodor Cortum, Die Orgelwerke der ev.-luth.Kirche im Hamburgischen Staate, Kassel 1928.

Dorfmüller: Joachim Dorfmüller, 300 Jahre Orgelbau im Wuppertal, Wuppertal 1980.

Fischer, Bad Kissingen: Hermann Fischer, Die Orgeln des Landkreises Bad Kissingen, Bad Kissingen 1985.

Fischer-Wohnhaas, Speyerer Dom: Hermann Fischer und Theodor Wohnhaas, Die Orgeln im Speyerer Dom, Speyer 1987.

Fischer-Wohnhaas, Steinmeyer: Hermann Fischer und Theodor Wohnhaas, Georg Friedrich Steinmeyer (1819-1901) und sein Werk, Frankfurt 1978.

Fischer-Wohnhaas, Bayreuther Orgelbau: Hermann Fischer und Theodor Wohnhaas, Bayreuther Orgelbauer in der 2. Hälfte des 19. Jahrhunderts, in: Archiv für Geschichte von Oberfranken 51 (1971), S.221-230.

Fischer-Wohnhaas, Coburg: Hermann Fischer und Theodor Wohnhaas, Alte Orgeln im Coburger Land, in: Jahrbuch der Coburger Landesstiftung, Teil I: 1970, S.181-226; Teil II: 1971, S.97-128; Teil III: 1972, S.73-118.

Fischer-Wohnhaas, Daten über Orgelbauer: Hermann Fischer und Theodor Wohnhaas, Daten über Orgelbauer und Orgelwerke des 19. Jahrhunderts, in: Kirchenmusikalisches Jahrbuch 53 (1969), S.145-153.

Flade: Ernst Flade, Orgelbauerlexikon; Manuskript in der Deutschen Staatsbibliothek Berlin.

Friedrich-Bauer, Schmölln: Felix Friedrich und Wolfgang Bauer, Orgeln im Kreise Schmölln, Schmölln 1989.

Hammer, Westerwald: Hubert-Gabriel Hammer, Orgelbau im Westerwald, Studien zum Orgelbau im Rheinland, Köln 1971.

Haupt, Suhl: Hartmut Haupt, Orgeln im Bezirk Suhl, Suhl 1985.

Hilberath, Erkelenz: Hans Hilberath, Die Orgeln des Kreises Erkelenz, in: Musik in den Erkelenzer Landen (Schriftenreihe des Kreises Heinsberg, Band 1.)

Hildesheimer Orgelchronik: Ernst Palandt, Hildesheimer Orgelchronik 1962.

HO Baden: Bernd Sulzmann, Historische Orgeln in Baden, München 1980.

HO Elsaß: P. Meyer-Siat, Historische Orgeln im Elsaß 1489-1869, München 1983.

HO Oberfranken: Hermann Fischer und Theodor Wohnhaas, Historische Orgeln in Oberfranken, München 1986.

HO Oberpfalz: Eberhard Kraus, Historische Orgeln in der Oberpfalz, München 1990.

HO Pfalz I, II: Bernhard H. Bonkhoff, Historische Orgeln in der Pfalz, München 1984; Bernhard Bonkhoff, Denkmalorgeln in der Pfalz, Speyer 1990.

HO Schwaben: Hermann Fischer und Theodor Wohnhaas, Historische Orgeln in Schwaben, München 1982.

HO Unterfranken: Hermann Fischer und Theodor Wohnhaas, Historische Orgeln in Unterfranken, München 1981.

HO Sachsen: Ulrich Dähnert, Historische Orgeln in Sachsen, Frankfurt a. M. 1980.

Höflacher, Holzhay: Ulrich Höflacher, Johann Nepomuk Holzhey. Ein schwäbischer Orgelbauer, Ravensburg 1987.

Hübner: Wenzel Hübner, 21.000 Orgeln aus aller Welt 1945–1985, Frankfurt a. M. 1986 (Quellen und Studien zur Musikgeschichte von der Antike bis in die Gegenwart, Bd. 7).

IbZ: Instrumentenbau-Zeitschrift, Jg.1 (1946/47) bis 42 (1988).

Kaufmann, Ostfriesland: Walter Kaufmann, Die Orgeln Ostfrieslands, Aurich 1968.

Kleemann, Orgelmacher: Gotthilf Kleemann, Die Orgelmacher und ihr Schaffen im ehemaligen Herzogtum Württemberg, Stuttgart 1969.

Kraus, Orgeldokumentation 4: Eberhard Kraus, Orgeldokumentation der Diözese Regensburg, Folge 4

Kümmerle I, II, III: Salomon Kümmerle, Encyclopädie der Evangelischen Kirchenmusik, Band I bis IV, Gütersloh 1888-1895.

MAfmMG: Mitteilungen der Arbeitsgemeinschaft für mittelrheinische Musikgeschichte, Mainz, ab 1961.

Martinod, Repertoire: Jean Martinod, Repertoire des Traveaux des facteurs d´orgues du IXe siecle a nos jours, Paris 1970.

Maßmann: Julius Maßmann, Die Orgelbauten des Großherzogtums Mecklenburg-Schwerin, Neudruck Kassel 1988.

MGG: Die Musik in Geschichte und Gegenwart, Band 1-16, Kassel 1949-1979.

MuKi: Musik und Kirche, Kassel ab 1932.

Mundus: Mundus organorum, Festschrift Walter Supper zum 70. Geburtstag, herausgegeben von Alfred Reichling, Berlin 1978.

Nadler, Vorarlberg: Hans Nadler, Orgelbau in Vorarlberg und Liechtenstein, 4 Bände.

NDB: Neue Deutsche Biographie

ObZ/OPbZ: Die Orgelbau-Zeitung, Jg.I, II (1879, 1880); Die Orgel- und Pianobau-Zeitung, Jg.III-VI (1881-1884).

Ommer, Neuzeitliche Orgeln: Gustav K.Ommer, Neuzeitliche Orgeln am Niederrhein, München 1988.

Orgelbauertreffen: Orgelbauertreffen Dresden, 13.September 1987, Herrnhut 1987.

Oehme I, II, III, S: Fritz Oehme, Handbuch über ältere, neuere und neueste Orgelwerke im Königreiche Sachsen (Nachdruck); Band I-III Leipzig 1978; Band S (Supplement und Register), herausgegeben von Wolfram Hackel, Leipzig 1978.

Orgues en Alsace (ARDAM): Orgues en Alsace Vol.1 Inventaire historique (P.Meyer-Siat), Vol.2 Inventaire technique, A.R.D.A.M. 1985.

OY: The Organ Yearbook, ab 1970.

Pape, Führer: Uwe Pape (Hrsg.), Festschrift Fünfzig Jahre Orgelbau Führer, Berlin 1983;

Pape, Landkreis Braunschweig: Uwe Pape, Orgelbauer und Orgeln im ehemaligen Herzogtum Braunschweig, in: Acta organologica 4 (1970), S.119-145.

Pape, Stadt Braunschweig: Uwe Pape, Die Orgeln der Stadt Braunschweig, Wolfenbüttel 1966.

Pape, Stadt Wolfenbüttel: Uwe Pape, Die Orgeln der Stadt Wolfenbüttel,, Berlin 1973.

Pape, Tracker Organ: Uwe Pape, The Tracker Organ Revival in America, Berlin o.J.

Peine, Frankfurt: Theodor Peine, Der Orgelbau in Frankfurt am Main und Umgebung von den Anfängen bis zur Gegenwart, Frankfurt 1956.

Pieper, Gifhorn: Gottfried Pieper, Die Orgeln des Kirchenkreises Gifhorn, Gifhorn 1967.

Rehm, Kreis Schlüchtern: Gottfried Rehm, Die Orgeln des ehemaligen Kreises Schlüchtern, Berlin 1975.

Rehm, Kreis Fulda: Gottfried Rehm, Die Orgeln des Kreises Fulda, Berlin 1978.

Renkewitz-Janca: Werner Renkewitz und Jan Janca, Geschichte der Orgelbaukunst in Ost- und Westpreußen von 1333 bis 1944, Band I, Würzburg 1984.

Reuter, Westfalen: Rudolf Reuter, Orgeln in Westfalen, Kassel 1965.

Sachs, Reallexikon: Curt Sachs, Real-Lexikon der Musikinstrumente, Neudruck Hildesheim 1964.

Schäfer, Laudatio: Ernst Schäfer, Laudatio organi, eine Orgelfahrt von der Ostsee bis zum Erzgebirge, Leipzig 1982.

Schäfer, Nordhausen: Johannes Schäfer, Nordhäuser Orgelchronik, Halle/Saale 1939.

Schlepphorst, Niedersachsen: Winfried Schlepphorst, Der Orgelbau im westlichen Niedersachsen, Band I, Kassel 1975.

Schumann, Schleswig: Otto Schumann, Quellen und Forschungen zur Geschichte des Orgelbaus im Herzogtum Schleswig vor 1800, München 1973.

Sulzmann, Martin: Bernd Sulzmann, Die Orgelbauerfamilie Martin in Waldkirch im Breisgau, Wiesbaden 1975.

Theobald, Markert: Hans-Wolfgang Theobald, Der Orgelbauer Johann Georg Markert, Tutzing 1990.

Thömmes: Matthias Thömmes, Orgeln in Rheinland-Pfalz und im Saarland, Trier 1981.

Trinkaus, Ziegenhain: Eckhard Trinkaus, Orgeln und Orgelbauer im früheren Kreis Ziegenhain (Hessen), Marburg 1981.

Vogt, Sonreck: Franz-Josef Vogt, Franz Wilhelm Sonreck (1822-1900), Untersuchungen zum Leben und Schaffen eines rheinischen Orgelbauers, Köln 1978.

Völkl, Württemberg: Helmut Völkl, Orgeln in Württemberg, Neuhausen-Stuttgart 1986.

Walterskirchen, Salzburg: Gerhard Walterskirchen, Orgeln und Orgelbauer in Salzburg vom Mittelalter bis zur Gegenwart, maschr.Diss.Salzburg 1982.

Weltadreßbuch: de Wit, Weltadreßbuch, Leipzig 1893 und 1898.

Wölfel, Lübeck: Dietrich Wölfel, Die wunderbare Welt der Orgeln, Lübeck als Orgelstadt, Lübeck 1980.

ZfI: Zeitschrift für Instrumentenbau, Jg.1 (1880/81) bis Jg.61 (1940/41).

Emblem des „Vereins Deutscher Orgelbaumeister, juristische Person, gegründet 1895" aus einer Anzeige in der Zeitschrift für Instrumentenbau, 26. Jg. 1906, Nr. 25, S. 770

I.
GESCHICHTE DES BUNDES DEUTSCHER ORGELBAUMEISTER

1. Zur Vorgeschichte (1859–1895)

Wie kam es zur Gründung des Vereins, woraus entstand das Bedürfnis?

Im 19. Jahrhundert wandelten sich die geschichtlichen Vorgänge grundlegend. Der mittelalterliche Ständestaat hatte sein Ende gefunden, die Emanzipation des Bürgertums ermöglichte die industrielle Entwicklung, Wissenschaft und Technik florierten und schufen so die Grundlage für die industrielle Revolution. Gleichzeitig wuchs die Bevölkerung, die Industrialisierung löste eine Landflucht aus, die Städte wuchsen und platzten aus ihren Mauern. Ein erster Bauboom in Fabrik- und Wohnungsbau veränderte die Landschaft, und die vielen neugotischen und neuromanischen Kirchen sind das kirchliche Analogon dazu. Damit hatte auch der Orgelbau, der nach der Säkularisation in eine rezessive Phase geraten war, wieder neue Arbeit. Im Gegensatz zu früheren Jahrhunderten förderte der riesige Bedarf aber nicht die Kleinwerkstätten, deren Produktivität begrenzt ist, sondern die Entstehung größerer Unternehmen, die sich dann Orgelfabriken nannten. Sie waren die Schrittmacher der Mechanisierung durch den Einsatz von Maschinen, anfangs noch durch Menschenkraft mit Kurbel und Schwungrad angetrieben (Maschinenrad), später mit Dampfkraft, und der Rationalisierung, mit der es möglich wurde, einzelne Produktionsschritte von angelernten Fachkräften ausführen zu lassen. Das neue Betriebssystem ersetzte den „Principal" (Chef) alten Stils, der noch seine Gesellen und Lehrjungen im eigenen Haus unterbrachte und verköstigte, durch den Arbeitgeber, der seine Arbeiter zu entlohnen hatte, zunächst ohne Tarife, bis die Gewerkschaftsbewegung auch hier regelnd eingriff.

Die Orgelbauunternehmen entwickelten sich anfangs streng regional in den gegebenen politischen Staatsgebilden, wie sie im vorigen Jahrhundert waren, und vermieden möglichst gegenseitige Grenzüberschreitungen. In Flächenstaaten, wie etwa Bayern, gab es zudem konfessionell gebundene Betriebe, die mit den jeweiligen Kirchenbehörden eng zusammenarbeiteten; konfessionelle Grenzen waren aber kein dauerndes Hindernis. Der zunehmende Verkehr durch den Ausbau des Eisenbahnnetzes, die Abschaffung der Binnenzölle durch Zollvereine und schließlich die Reichsgründung 1871 gaben der deutschen Wirtschaft jene Schubkraft, die zu den Gründerjahren führte. Schaut man sich die Opuszahlen einiger Firmen aus jenen Jahren an, so stiegen die Produktionsziffern an neuen Orgeln, vor allem an Registern, enorm an. Wenn auch im Orgelbau meines Wissens kein sozialer Konflikt entstand, so gab es Arbeitskämpfe in anderen Industriezweigen, z. B. auch in der Klavierindustrie, bis die Bismarck'sche Sozialgesetzgebung zu einer gewissen Regelung der Beziehungen beitrug.

Nach der Beseitigung des mittelalterlichen Zunftwesens entstanden in der Mitte des 19. Jahrhunderts im Zuge der Industrialisierung neue wirtschaftliche und sozial–politische Zusammenschlüsse, z. B. Genossenschaften, Gewerkschaften und Wirtschaftsverbände mit einheitlicher Organisation zur Wahrnehmung ihrer jeweiligen Interessen. Sie wurden wichtige Faktoren in der Industriegesellschaft zwischen den einzelnen Berufsgruppen, Arbeitgebern und Arbeitnehmern oder innerhalb einer Berufsgruppe, regulierten die Preis- und Lohnpolitik und beeinflußten die staatliche Ordnung dadurch maßgeblich.

Den ersten Versuch, einen Orgelbauer-Verein zu gründen, startete schon 1850 Franz W. Sonreck in Köln mit dem Ziel, „die Technik des Kunsthandwerkes zu fördern, das Standesgefühl zu beleben und zu erhöhen, und dem Verbande im Inlande und Auslande eine geachtete Stellung und Vertrauen zu gewinnen." Die Gründungsversammlung verlief herzlich, die Beweggründe wurden verstanden, „der gute Wille zur That war auch da, aber schließlich blieb mir Alles in einem solchen Maß überlassen, daß ich mir bald darauf vornahm, in meinem Leben nie wieder einen Verein zu gründen", schrieb Sonreck knapp 30 Jahre später.

Das Scheitern dieses ersten Versuchs zur Gründung eines Interessenverbands wirft ein Licht auf die seinerzeitige unsichere und wenig kooperative Verfassung des Orgelbauerstandes. August Peternell veröffentlichte 1879 in der Eröffnungsnummer der Orgelbau-Zeitung einen Aufruf an seine Berufsgenossen, in dem es heißt, jeder Schuster, Schneider, Brauer usf. habe seinen Verein, nur die Orgelbauer nicht. Bisher habe niemand diese Idee gehabt und die Initiative ergriffen; es fehle an Kollegialität innerhalb der Orgelbauer, die damals in zwei Lager gespalten waren, in die Anhänger der Kegellade und die Anhänger der Schleiflade. Gerade diese Spaltung könne nur durch einen gemeinsamen Verein überwunden werden, der beide Richtungen gleich berechtigt. Darüberhinaus gebe es viel wichtigere Probleme zu bewältigen als die Ladenfrage; nur Einigkeit mache stark, fördere den Esprit de corps, wie das Beispiel des Apothekervereins zeige. In diesem Zusammenhang sei auch ein Vereinsorgan notwendig. Peternells Vorschläge zeugen von Weitblick, seine Vorstellung, bei entsprechender Werbung für die Sache sogleich 300 Mitglieder zusammenzubekommen, erwies sich als völlig unrealistisch.

In einem anderen Zusammenhang forderte Gustav Sander aus Breslau in einer Leserzuschrift in der Orgelbau-Zeitung (Jg. 1, 111) die Vereinsgründung. Er befaßte sich darin mit Maschinengebläsen und deren Wartung und schließt mit den Worten:

„Das steht aber auch unumstößlich fest, jede Maschine, sie sei welcher Art sie auch sei, verlangt eine sachgemäße und gewissenhafte Beaufsichtigung, Pflege und Wartung, und wird so eine Orgel außerdem nicht in gewissen Zeiträumen einer richtigen Controlle unterworfen, so ist die beste Anlage bald ruinirt, untauglich und schlecht. Und auf wen wird die Schuld dann geworfen? Nicht auf den gewissenlosen Organisten, sondern auf den Orgelbauer, das war schon lange so und wird auch lange so bleiben, es sei denn, ein Orgelbauverein könne ins Leben gerufen werden, der es sich zur Aufgabe stellte, dafür zu wirken, daß die Orgeln insgesamt besser überwacht und den Kirchengemeindevertretern eine strengere Controlle über ihr Eigenthum überall anempfohlen würde, wo es sich als nötig herstellt. Dieses wird aber wohl noch lange ein stiller Wunsch bleiben. Sander-Breslau."

Auch der Herausgeber der Orgelbau-Zeitung, Dr. Moritz Reiter, nahm das Schreiben eines Orgelbauers zum Anlaß, sich über einen künftigen Verein Gedanken zu machen; zuerst das Schreiben des ungenannten Orgelbauers: „Der verehrte College Ladegast schreibt mir eben, daß verschiedene Anfragen von Collegen jüngeren Bestehens an ihn eingegangen sind, eine Orgelbauer-Versammlung diesen Sommer nach Cassel zu veranlassen! Hat keine Lust, fragt mich, ich auch nicht."

Reiter meint nun dazu, übrigens mit vollem Recht: „Bei einer allgemeinen Versammlung der Kunstgenossen müssen alle Sonder- und Parteibestrebungen ein für alle mal ausgeschlossen sein. Der Kampf um diese oder jene Ausführungsform, – um Schleif- oder Kegelladen; der Kampf um Prinzipien, – um alte oder neue Laden, um mechanische oder pneumatische Traktur etc. gehört in die Fachpresse. Das ist der Tummelplatz dafür, da wirkt er segensreich, da schadet es gar nichts, wenn auch die Geister etwas kräftig aufeinander platzen. Aber in eine Versammlung der Fachgenossen gehören diese Dinge nicht.

Dahin gehört der Friede, dahin gehört das gedeihliche Zusammenwirken für die Gesamtinteressen des Standes. Da lernt der Mensch den Menschen kennen, nicht der Schleifladenbauer den Kegelladenbauer. Hoffen wir, daß diejenigen geehrten Fachgenossen, welche die Wiederaufnahme der segenbringenden Idee des Zustandekommens eines allgemeinen Orgelbauertages erstreben, das hier Gesagte zu Herzen nehmen, eventuelle kleine Sonderinteressen, wenn solche wirklich vorhanden, fallen lassen, und ihre Kraft in richtiger Weise dem Zustandekommen dieses so schönen Gedankens widmen. Dann wird ihnen auch der Beifall der Fachgenossen nicht fehlen, dann werden auch die Männer, welche die Zierde unseres deutschen Orgelbaues sind, ihnen ihren Beifall nicht versagen."

Diese Zitate zeigen, daß das Bedürfnis eines Zusammenschlusses existierte und immer häufiger laut wurde. Nicht nur der alte Ladegast war aufgefordert worden, 1880 ein Orgelbauertreffen in Kassel in die Wege zu leiten, – was er mit „Keine Lust!" ablehnte, – sondern auch bei den Orgelbauern bestand wachsendes Interesse an einem solchen Kongreß. Johannes Strebel, Nürnberg, fragte im gleichen Jahre bei Walcker an, ob ein solcher zustandekäme. Es gingen indes noch einige Jahre ins Land, ehe Oskar Schlag 1894 die Sache in die Hand nahm und die Initiative zur Vereinsgründung ergriff. Er hatte schon 1891 in der Orgel- und Pianobau-Zeitung (Jg. 3, 393) einen Aufsatz veröffentlicht, der zweierlei bezwecken sollte: die Verwirklichung praktischer Vereinfachungsvorschläge (z. B. Formulare) und die Anregung zur Gründung einer Orgelbauervereinigung. Sein Werbeeffekt bestand darin, von der Unlust eines Orgelbaumeisters am Abend, der noch einen Kostenvoranschlag in Entwurf und doppelter Reinschrift fertigen muß, überzuleiten auf die Anfertigung eines gedruckten Anschlagformulars, dessen Herstellung und Erprobung sich eine Gruppe von Orgelbauern teilt und von einem Referenten überprüfen läßt, ehe es gedruckt und verkauft wird. Es könne der beste Entwurf auch durch ein Umlaufverfahren ermittelt werden. Auf jeden Fall würde auch den Behörden der Vergleich verschiedener Angebote erleichtert werden.

In anderer Form stellte sich Eduard Drabsch aus Berlin den Zusammenschluß vor, den er in der Orgel- und Pianobau-Zeitung 4 (1882) mit dem Titel „Über den Niedergang des Orgelbaugewerbes und seine Ursachen" publizierte. Er analysiert die Lage des deutschen Orgelbaues völlig richtig, wenn er feststellt, daß er trotz der Gründerjahre 1870–75 in einem steten Rückgang begriffen sei, wofür die ständig sinkenden Minimalpreise (pro Register) symptomatisch sind, während in anderen Ländern stattdessen Maximalpreise erzielt würden. Gleichzeitig aber steigen die Materialpreise und Löhne, so daß sich ein ständig wachsendes Mißverhältnis herausbildet. Zwangsläufige Folge ist die weitere Konzentration in wenige Großbetriebe mit immer stärkerer Rationalisierung zu Orgelfabriken, während die kleinen, am Existenzminimum krebsenden Werkstätten dem mörderischen Wettbewerb auf Dauer nicht gewachsen sind. Ursache ist, daß es in Deutschland zu viele Orgelbauer gibt, daß sich immer mehr neu etablieren „mit oft nicht genügender Ausbildung, mit ungenügendem oder gar keinem Betriebskapital. Die Folge ist eine wachsende Kluft zwischen den Großen und Kleinen, die sich zur Feindschaft ausufern kann, wobei die Kleinbetriebe immer den Kürzeren ziehen müssen, da sie nie an größere oder bessere Aufträge herankommen, gezwungen sind, billig zu bauen, sich damit aber auch den guten Ruf verderben." Drabsch sieht nun den Ausweg darin, daß sich die Kleinbetriebe zusammenschließen, den andauernden Konkurrenz- und Kleinkrieg untereinander aufgeben und sich zu Innungsverbänden zusammenschließen, wie sie seit 1881 gesetzlich geregelt sind. Innungen haben den Vorteil gegenüber einem Verein, der sich leicht zerstreiten oder von wenigen beherrscht werden kann, daß sie Rechte in der Lehrlingsausbildung, in Prüfungen, in gewerblichen Schiedsgerichten besitzen und so über die Ausbildung den Nachwuchs besser steuern und die Betriebsdichte beeinflussen können, um Überbesetzungen zu vermeiden. Dann erst haben die zu vereinbarenden Normal-Tarife Sinn und Erfolg, indem sie die Preissituation verbessern. Schließen sich die Großfirmen der Innung nicht an, so werden sie zu Fabriken im Sinne des Gesetzes, bleiben aber in der Lehrlingsausbildung an die von der Innung verabschiedeten Regelungen gebunden; die Kluft zwischen beiden – Handwerkern und Fabrikanten – wird sich jedenfalls nicht weiter vertiefen. Erforderlich ist für eine reibungslose und anpassungsfähige Zusammenarbeit eine eigene Fachzeitschrift; ferner muß Schluß sein mit dem Lobgesang-Unfug der bezahlten Revisoren, der der Korruption Vorschub leistet; dagegen ist fachliche Ehrlichkeit und Wahrhaftigkeit bei Orgelabnahmen gefragt. Soweit die Analyse des deutschen Orgelbaues in der zweiten Hälfte des vorigen Jahrhunderts und der Lösungsvorschlag von Drabsch.

Solange sich ein Verein nicht konstituiert hatte, übernahm die Orgel- und Pianobau-Zeitung Reiters die Diskussion mancher fachlicher Fragen. So ließ Reiter 1883 z. B. in einer Umfrage darüber abstimmen, welche Berufsbezeichnungen mehrheitlich gewünscht würden. Von den Möglichkeiten: Orgelbauer, Orgelbaumeister, praktischer Orgelbauer, Orgelmacher, Orgelkünstler, Orgeltechniker, Orgelfabrikant, Orgelmanufakturist, entschied man sich für die Bezeichnung „Orgelbauer", dazu „Orgelbaumeister" zur Unterscheidung vom „Orgelbaugehilfen".

Die Orgelbauer kamen mit ihrer Vereinsgründung ziemlich spät. Vorausgegangen waren 1881 die Klavierbauer, die sich zum „Verein deutscher Pianofortefabrikanten" zusammengeschlossen hatten. 1896 entstand der „Verein deutscher Orgelbaumeister", ein Jahr später der „Verein deutscher Musikwerke-Fabrikanten". Der „Verein österreichisch-ungarischer Orgelbaumeister" etablierte sich im Herbst 1896 nach deutschem Vorbild; ihm war bereits 1891 in Wien ein „I. Oesterreichisch-ungarischer Organisten- und Orgelbauertag" vorangegangen, der aber keine weiteren Auswirkungen für eine Interessenvereinigung zur Folge hatte.

2. Gründung, Zielsetzung und Satzung des Vereins (1895)

Im Dezember 1894 versandte Orgelbaumeister Oscar Schlag in Schweidnitz ein Schreiben an die deutschen Orgelbauer folgenden Inhalts:

„Geehrter Herr College!

Von mehreren Seiten sind wir ermuntert bzw. aufgefordert worden, die Gründung eines „Vereins deutscher Orgelbaumeister" in die Hand zu nehmen, dessen Hauptaufgabe in der Hebung der Orgelbaukunst zu bestehen hätte. Nur durch eine solche Vereinigung ist es möglich, eine Besserung in den Verhältnissen herbeizuführen, auch Minimalpreise festzustellen, die im Verhältniß zu den derzeitigen Arbeitslöhnen und Materialpreisen stehen und es dem tüchtigen und strebsamen Meister ermöglichen, bei bescheidenem Verdienste, wirklich gute und reelle Arbeit zu liefern.

Infolge dessen haben wir uns bereits mit einer Anzahl Firmen in Verbindung gesetzt, um uns deren Einverständniß und Mitwirkung zu sichern und ist die Angelegenheit bereits weit gediehen, daß die erste Zusammenkunft behufs Gründung des Vereins auf Dienstag den 12. Februar 1895 Vormittag 9 Uhr in Leipzig Restaurant „Dorotheenhof" an der Pleiße 10 anberaumt worden ist, zu welcher Sie hiermit eingeladen werden...

Wir möchten Sie ersuchen, uns mitzutheilen, ob Sie die Absicht haben, an der Versammlung teilzunehmen und dem Vereine beizutreten und gestatten uns zu bemerken, daß wir es für nöthig halten, daß sich möglichst alle Orgelbauer Deutschlands anschließen, wenn der Verein gedeihen soll.

Da wir nicht in den Besitz aller Adressen gelangen konnten, bitten (wir) Sie gleichzeitig uns die Ihnen bekannten, hier nicht angeführten Orgelbauer Deutschlands und deren Wohnorte namhaft zu machen, welche sich mit dem Bau von Kirchenorgeln befassen, damit wir auch diesen die Einladung zuschicken können. Eine Liste, welche wir von einem Adressenbureau kommen ließen, hat sich als sehr unzuverlässig erwiesen. Die an der Versammlung nicht teilnehmenden Herren werden über die dort gefaßten Beschlüsse Nachricht erhalten und können ihren Beitritt erklären.

                Hochachtungsvoll

                Ihre ergebensten Schlag u. Söhne."

Die Gründungsversammlung fand wie vorgesehen statt, 37 Orgelbauer waren nach Leipzig gekommen, andere gaben schriftlich ihre Zustimmung zur Gründung. Die Zeitschrift für Instrumentenbau hatte den Termin ebenfalls bekanntgegeben (15, 1894/95, 311, 333) und zu einer Vorbesprechung am Vorabend mit dem ortsansässigen Orgelbauer Hildebrandt und außerdem zur Besichtigung der de Wit'schen Instrumentensammlung eingeladen. Die Tagung stand unter ungünstigen Witterungsverhältnissen, andauernder Schneesturm und Kälte hatten zu Unterbrechungen und Verspätungen im Zugverkehr geführt. Trotzdem erschienen folgende Herren zur Gründung:

Becker, B. und O.-Hannover	Eule-Bautzen	Jehmlich-Dresden
Chwatal-Merseburg	Hammer-Hannover	Keller-Ostrau
Dinse-Berlin	Grüneberg-Stettin	Kircheisen-Dresden
Edenhofer-Regen	Hickmann-Dachwig	Knauf-Bleicherode
Eggert-Paderborn	Hildebrandt-Leipzig	Kreutzbach-Borna
Eifert-Stadtilm	Holland-Schmiedefeld	Kühn-Schmiedefeld

Ladegast-Weißenfels
Laukhuff-Weikersheim
Lobbes-Niemegk
Müller-Werdau
Poppe-Stadtroda
Röver-Hausneindorf
Rühlmann-Zörbig
Schäf-Freiberg
Schlag-Schweidnitz
Schmeisser-Rochlitz
Steinmeyer-Oettingen
Strebel-Nürnberg
Voigt-Halberstadt
Walcker-Ludwigsburg
Weigle-Echterdingen
Wilhelm-Breslau
Zillgitt-Gera.

Nach der Proklamierung des Vereins wurden die Statuten ausführlich beraten und einstimmig beschlossen. Danach dient der Verein folgendem Zweck:

1. Die schöne erhabene Kunst des Orgelbaues auf derjenigen Stufe zu erhalten, die ihr von Alters her zugewiesen ist und auch mit Recht gebührt.
2. Die gegenseitige Unterstützung und Beihilfe mit Rat und Tat in allen Berufsangelegenheiten.
3. Den Wünschen seiner Mitglieder bei den maßgebenden Behörden Geltung zu verschaffen, auch den Schutz und das Interesse der letzteren für den Verein anzustreben.
4. Seinen Mitgliedern in rein praktischen Fachfragen durch schiedsrichterlichen Spruch zum Recht zu verhelfen.
5. Die Vertretung in Ausstellungsangelegenheiten, bzw. die Namhaftmachung geeigneter Preisrichter etc.
6. Durch gemeinsames Vorgehen jedem unlauteren Geschäftsgebaren zu steuern.

Anschließend fand die Wahl des neunköpfigen Vorstands statt, die folgendes Resultat brachte:

1. Oskar Schlag, Schweidnitz, 1. Vorsitzender;
2. Carl Walcker, Ludwigsburg, stellvertretender Vorsitzender;
3. Otto Dinse, Berlin;
4. Johannes Steinmeyer, Oettingen, stellvertretender Schriftführer;
5. Franz Eggert, Paderborn, Schriftführer;
6. Ernst Röver, Hausneindorf;
7. Barnim Grüneberg, Stettin;
8. Wilhelm Rühlmann, Zörbig;
9. Emil Jehmlich, Dresden.

Der neunköpfige Vorstand wird jeweils auf der Generalversammlung in geheimer Abstimmung mit einfacher Mehrheit gewählt. Der Vorstand wählt den Vorsitzenden, den Schriftführer und Kassier (Schatzmeister) und deren Stellvertreter auf je drei Jahre.

Jährlich ist eine Generalversammlung (Mitgliederversammlung) durchzuführen, deren Ort ein Jahr vorher durch Mehrheitsbeschluß festgelegt wird; der Generalversammlung geht eine Vorstandssitzung voraus. Die Vertretung des Vereins nach außen geschieht durch den Vorsitzenden und ein Vorstandsmitglied. Der Vorstand erneuert sich alle drei Jahre, indem jedes Jahr drei Mitglieder ausscheiden und durch neu gewählte ersetzt bzw. wiedergewählt werden. <u>Offizielles Vereinsorgan ist die Zeitschrift für Instrumentenbau (ZfI)</u>, in der die Einladungen zur Generalversammlung, die Tagesordnung und danach ein Tagungsprotokoll erscheinen.

Gründung, Zielsetzung, Satzung

Der Jahresbeitrag beträgt in der Anfangsphase 5 Mark; bei längerer Nichtzahlung erfolgt Ausschluß aus dem Verein.

Am 4. Februar 1896 wurde der Verein deutscher Orgelbaumeister ins Vereinsregister eingetragen; Sitz des Vereins ist Leipzig; er besteht seitdem als juristische Person.

Grundlage des Vereins ist die Satzung, die aus neun Paragraphen besteht:
- § 1 Zweck des Vereins (siehe oben);
- § 2 Sitz und Dauer;
- § 3 Mitgliedschaft, Ein- und Austritt;
- § 4 Geschäftsleitung;
- § 5 Organ (Zeitschrift für Instrumentenbau);
- § 6 Beiträge;
- § 7 Ausschließung;
- § 8 Statuten-Änderung ($^2/_3$-Mehrheit der Generalversammlung);
- § 9 Auflösung des Vereins.

Die Gründungssatzung wurde in den folgenden Jahrzehnten mehrfach geändert und neu gedruckt:

1919 Umbenennung in „Verband der Orgelbaumeister Deutschlands"; Sitz ist der Wohnort des jeweiligen Verbandsvorsitzenden; Untergliederung des Verbands in Bezirksverbände; der Hauptverband wird vom Vorsitzenden, vier Vorstandsmitgliedern und 4 Ersatzleuten geleitet; die Vorsitzenden der Bezirksverbände oder deren Stellvertreter bilden den Ausschuß; die Bezirksvorsitzenden, Kassen- und Schriftwarte werden in den Bezirksversammlungen gewählt.

1920 und 1924 kleine Änderungen an den § 4 bzw. 3.

1933 Neufassung auf der Berliner Tagung und Neudruck infolge der Umgestaltung des Verbands und die Eingliederung in die Reichs-Musikkammer (RMK); Auflösung der Bezirksverbände.

1934 Erstellung einer Ehrengerichtsordnung und einer Geschäftsordnung für den Fachausschuß zur Regelung der Verkaufspreise.

1935 Neufassung: Sitz und Gerichtsstand ist Hannover; Aufgabenstellung rein wirtschaftlicher Art; Bildung eines Beirats; Durchsetzung von Verbandsbeschlüssen und Einsetzung eines Schiedsgerichts mit Schiedsgerichtsvertrag, dem sich die Mitglieder durch Unterschrift zu unterwerfen haben.

1938 Satzungsänderung vertagt.

1946 nach der Wiedergründung legte sich der Verband einen neuen Namen zu: Bund Deutscher Orgelbaumeister (BDO) und eine neue Satzung, die sich weitgehend den früheren angleicht, aber ohne die kartellmäßigen Zwangsbestimmungen aus der NS-Zeit.

1951 Satzung an neue Vorschriften angepaßt.

1956 neueste Fassung durch Neugliederung der Paragraphen ohne wesentliche inhaltliche Änderungen.

1959 Beschluß einer Eintragung ins Vereinsregister.

1982 Eintragung ins Vereinsregister.

3. Krisenjahre bis zum Ersten Weltkrieg (1896–1918)

Über die Gründungsversammlung am 12. Februar 1895 in Leipzig schrieb die Zeitschrift für Instrumentenbau:

„So hat dieser erste deutsche Orgelbauertag in Leipzig einen in jeder Beziehung befriedigenden Verlauf genommen, und es ergeht nun an alle Orgelbaumeister, die es ehrlich mit dem Gedeihen ihres Kunsthandwerkes meinen, und die an der Reise nach Leipzig verhindert waren, der Ruf: Tretet dem Vereine deutscher Orgelbaumeister bei!

Wir aber wünschen dem jungen Vereine ein kräftiges Blühen und Gedeihen. Möge es ihm gelingen, das wuchernde Unkraut zu beseitigen und die schöne erhabene Kunst des Orgelbaues zu fördern und zu heben, sowohl im idealen Sinne der Kunst selbst, wie im materiellen Interesse ihrer Meister." (ZfI 15, 1894/95, 374).

Zur Gründung waren 37 Teilnehmer erschienen, eingeladen waren wenigstens 104, wenn nicht mehr. Nach einer überschlägigen Schätzung gab es mindestens 150 selbständige Orgelbauer im damaligen Deutschen Reich. Gemessen an dieser Zahl war das Echo auf den Gründungsaufruf doch ziemlich enttäuschend. Die Mitgliederzahl stieg zwar im Laufe der Jahre noch etwas an, hat aber – soweit man das noch eruieren kann – den Stand von rund 60–70 in den ersten beiden Jahrzehnten des Vereins nicht überschritten. Dies ist nicht einmal die Hälfte der bestehenden Firmen. Selbstverständlich waren die größeren Firmen dem Verein beigetreten, aber die Mehrzahl der kleinen Handwerksbetriebe blieb zurückhaltend. Der Verein konnte nur stark sein, wenn sich alle Orgelbauer seinen Zielen anschlossen; wer sich enthielt, schwächte damit die Standesinteressen. Der Zweck lag zum einen in der Wahrnehmung der beruflichen Interessen, zum anderen in der Einhaltung von Richtpreisen zur wirtschaftlichen Selbsterhaltung. Genau an diesem Punkt gelang es dem Verein nicht, mit großer Mehrheit seine wirtschaftlichen Interessen durchzusetzen. Wie ein roter Faden zieht sich durch die Geschichte des Verbandes die Klage über Nichteinhaltung der Mindestpreise durch Nichtmitglieder, aber auch durch Mitglieder.

Ursache für das von Anfang an gestörte Verhältnis unter den Orgelbauern ist auf der einen Seite das öffentliche Ausschreibungsverfahren, das im freien Markt auf das günstigste Angebot hinzielt, aber bei kunsthandwerklichen Aufträgen zu wenig auf die Qualität des Angebots achtet, so daß der rein rechnerische Vergleich irreführend ist. Auf der anderen Seite herrscht ein Überangebot bzw. eine gewisse Überkapazität, was den Wettbewerb verschärft. Solange es beim konkurrierenden Wettbewerb bleibt – das war der Sinn der Minimal- bzw. Richtpreise, die gemeinsam beraten und beschlossen wurden –, konnten die wirtschaftlichen Nachteile durch scharfes Kalkulieren und überzeugende Werbung mit Qualitätsarbeit vermieden werden. Sobald aber einzelne Anbieter mit Dumpingpreisen das wohlkalkulierte Preisgefüge unterminieren, kommt es zur Schädigung der ganzen Branche: der Billiganbieter arbeitet unter Preis und läßt sich ausbeuten, den preisbewußten Fachgenossen gehen dadurch Aufträge verloren. In der Regel leidet beim Billigangebot auch die Qualität, was letzten Endes dann dem ganzen Berufsstand zur Last gelegt wird. Orgeln sind ja keine Massenware, die man beliebig rationalisieren und damit verbilligen kann.

Man könnte also sagen, der Verein hat sein gestecktes Ziel nicht erreicht und ist gescheitert. Doch dem ist nicht so; denn die zweite Säule, die sich als weit tragfähiger erwiesen hat als die rein wirtschaftliche, ist die standespolitische: Verhandlungen mit anderen Wirtschaftsverbänden, mit der Regierung setzen eine Standesvertretung voraus. Das kann ein einzelner Orgelbauer, und sei er noch so angesehen, nicht machen. Er kann nur für eine Mehrheit sprechen, wenn er von einer Mehrheit dazu bestimmt bzw. gewählt wurde. In dieser Hinsicht hat der Verein von Anfang an seine Bewährungsprobe bestanden.

Ein drittes Standbein ist die Fortbildung seiner Mitglieder bzw. der Informationsaustausch unter den Mitgliedern. Das setzt sich fort in den Veröffentlichungen und kommt damit auch den Nichtmitgliedern zugute. Nimmt man diese grundlegenden Dinge zusammen, dann ist der Verein eine absolute Notwendigkeit und auf Dauer nicht wegzudenken, betreut er doch indirekt auch die Nichtmitglieder, obwohl sie das durch ihre Abseitshaltung gar nicht verdient hätten.

Die wenigen Unterlagen, die wir aus der ersten Zeit haben, dokumentieren alle die genannten Probleme und Schwierigkeiten, aber auch die Tatsache, daß die Vereinsarbeit unverzichtbar ist. Bereits 1896 wurde Oskar Schlags Artikel über „Feinde der Orgel" gedruckt und verbreitet; er handelt über die Fehler von Architekten bei Orgelplanungen, Kirchenheizung und Klimatisierung, ein Thema, das auch heute noch aktuell ist. Denkschriften an die Behörden sollten deren Verantwortung bei Orgelplanungen schärfen.

Ein wichtiges Thema war schon in den ersten Jahren die Festlegung von Normalmaßen für Spieltische. Schwankte bisher und regional die Breite der Pedalklaviatur zwischen 1, 00 m und 1, 12 m (C–d^1), so wurde sie 1897 erstmals festgesetzt auf 1, 05 m bei c^0 unter c^1. Der Abstand Oberkante Manual bis Oberkante Pedaluntertaste soll zwischen 76 mm und 80 mm betragen, die Manualbreite (C–f^3) 745 mm. Die Normalstimmung wird auf 870 Hz bei 15° C festgelegt. 1904 befaßte man sich mit Prüfungsordnungen zur Gehilfen- und Meisterprüfung.

Die Mißerfolge in der Preispolitik des Verbands führten allerdings mehrfach zum drohenden Auseinanderbrechen: 1902 stellte ein Mitglied auf der Leipziger Versammlung den Antrag auf Auflösung des Vereins. Wenn auch der Grund seines Antrags nicht überliefert ist, so ist leicht zu erraten, daß es die Wirkungslosigkeit der Preisappelle war, die ihn zu diesem Antrag veranlaßten. 1906 legte Oskar Schlag das Amt des Vorsitzenden nieder, da er in den Ruhestand getreten war; zum Nachfolger wurde Adolf Hammer gewählt. 1906 berichtet die Zeitschrift für Instrumentenbau von einem zweiten Verband der Orgelbaumeister Deutschlands, der sich in Stuttgart konstituiert hatte. Durch einen Zufallsfund konnte festgestellt werden, daß sich tatsächlich ein neuer Verband gebildet hat; in Wirklichkeit war es aber nichts anderes als das Wiedererwachen des 1905/06 „sanft entschlafenen" Vereins, der sich unter dem Druck verschiedener Preis- und Lohnerhöhungen von 1903–1906 zum Handeln gezwungen sah. Das Ergebnis war die erste verbindliche Minimalpreisliste von 1907.

Der damalige Syndikus des Verbands, Dr. A. Marquard, schrieb später über diese Jahre: „Unter Führung des verstorbenen Kommerzienrats Karl Walcker ist im Jahre 1906 der Verband der Orgelbaumeister gegründet worden, dessen Hauptaufgabe die Festsetzung und Durchführung von Mindestpreisen war. Der Verband, dem eine große Anzahl ernster und strebsamer Orgelbaumeister treu und zielbewußt 3 Jahre lang anhingen, ist zum 1. Juli 1909 faktisch wieder in die Brüche gegangen, nicht weil die Orgelbaumeister versagten, sondern weil die Abnehmer von Orgeln den wenigen Orgelbauern, die außerhalb des Verbands standen und willkürliche, aber meist schlechte Preise machten, immer wieder den Vorzug gaben. Die Schuld am Niedergang der Orgelbaukunst liegt also ... bei den höheren Instanzen der Organisten und Revidenten, bei kurzsichtigen Behörden und Gemeinden, die ... immer wieder dem Schundpreis den Vorzug geben."

Auf den beiden Regionaltagungen in München (25. September) und Düsseldorf (28. November) von 1909 setzte sich erneut die Einsicht durch, daß man nur gemeinsam eine Besserung der miserablen Lage herbeiführen könne. Man suchte nach neuen Mitteln und Methoden, die den Interessen des Orgelbaues dienen könnten, z. B. Bekämpfung des unlauteren Wettbewerbs, bessere Aufklärung der maßgeblichen Behörden, daß bei Submissionen nicht der billigste der beste sei, anderweitige Regelung des Revidentenwesens, Ächtung des Provisions-Unwesens, Statistik über die Preisentwicklung im Orgelbau und der gemeinschaftliche Einkauf von Rohmaterialien für die Vereinsmitglieder. Damit war eine ganze Palette von Maßnahmen genannt, die jahrzehntelang die Vereinsarbeit bestimmen sollte. Der Verein fand damit zu einem neuen Selbstverständnis zurück, so daß auch viele Mitglieder, die ihm bereits den Rücken gekehrt hatten, wieder mitmachten.

Auf der Berliner Tagung 1910 wurden jedoch die fortdauernde Preisschleuderei, die Uneinigkeit der Orgelbauer, Gleichgültigkeit, Interesselosigkeit und Disziplinlosigkeit mancher Kollegen beklagt, die es sogar fertigbrächten, bei den Behörden zu hetzen und den eigenen Berufsstand zu verunglimpfen. Andererseits gab es auch erfreuliche Beispiele von Standfestigkeit und erfolgreicher Zusammenarbeit mit den Revisoren, so daß vernünftige Abschlüsse erzielt werden konnten. Sie machten Mut, den Weg der Gemeinsamkeit weiterzugehen und den Verband aufrechtzuerhalten. Es wurde beschlossen, Schleudofferten anzuzeigen und zu veröffentlichen, um die „schwarzen Schafe" kenntlich zu machen; man wollte ferner dem Reichstag Material an die Hand geben, daß er eventuell die Gewerbeordnung in Richtung auf eine Zwangsmitgliedschaft ändere, um so zu einer einheitlichen Preisgestaltung zu kommen. Die freiwillige Einigung auf die Minimalpreisliste (1907) hatte nicht den gewünschten Erfolg gehabt. Schließlich einigte man sich in Berlin wieder auf den einheitlichen Verein durch Verschmelzung des 1895 gegründeten mit dem 1906 neu eröffneten, um klare Rechtsverhältnisse zu schaffen.

Für die Jahre 1911 bis 1918 gibt es keine Unterlagen über die Vereinsaktivitäten. Entsprechend der guten Orgelbaukonjunktur bis 1914 wurden Tagungen oder Vorstandssitzungen zweifellos durchgeführt. Mit dem Ausbruch des Ersten Weltkriegs änderte sich die Lage grundlegend. Oscar Walcker schildert in seinen „Erinnerungen eines Orgelbauers" die Verhältnisse so:

„Als im August des Jahres 1914 der Weltkrieg ausbrach, die Wehrpflichtigen zu ihren Regimentern eilten, nur die ganz Jungen und die Alten an der Arbeit blieben, trat der Orgelbau immer mehr in den Hintergrund. Wir mußten uns wohl oder übel auf die Herstellung von Kriegsmaterial umstellen. Zuerst fertigten wir Stalleimer aus Eichenholz an; es folgten Granatkisten, Patronenkästen und anderes mehr".

Betrachtet man die Zeit von 1895 bis 1918 im Rückblick unter wirtschaftlichen Gesichtspunkten, dann ergibt sich freilich ein anderes, keineswegs düsteres Bild für den Orgelbau. Ob es fette Jahre waren, muß dahingestellt bleiben; wie sollte man sonst die Krisen des Vereins und seine Klagen über Preisschleuderei verstehen? Daß es gute Beschäftigungsjahre waren, läßt sich aus den verschiedenen Werkverzeichnissen und den jährlich veröffentlichten Neubaulisten mancher Firmen ohne weiteres ablesen.

Ein Vergleich der Opuszahlen verschiedener repräsentativer Firmen läßt ungefähr den Konjunkturverlauf der Jahre 1895 bis 1918 erkennen, trotz des Vorbehalts, daß Opuszahlen nicht gleich Umsatzzahlen zu setzen sind. Das letzte Jahrfünft des alten Jahrhunderts war relativ ausgeglichen, bei einigen Firmen mit schwach rückläufiger Tendenz. Insgesamt aber überwog der positive Trend. Ab 1896 klagten die Orgelbauer über zu geringe Gewinne als Folge der Preisdrückerei. 1898 stiegen die Metallpreise und verdoppelten sich fast im Jahr darauf, was wohl für den Geschäftsrückgang bei einzelnen mitverantwortlich war, insgesamt aber keine ausschlaggebende Rolle spielte. Eine nennenswerte Verteuerung der Betriebsausgaben erfolgte in den Jahren 1903–1906, bei Zinn um 67%, Weichblei 54%, Tafelzink 42%, bei einheimischen Hölzern um 20–25%, bei Leder zwischen 30 und 50%, bei den Arbeitslöhnen um 20–30%. Dazu kamen erhöhte Sozialabgaben und Verkehrssteuern. Die Orgelbaukonjunktur reagierte darauf mit einem geringen Abschwung, dem ab 1906 ein leichter Aufschwung folgte, der erst wieder um 1910 etwas rückläufig wurde. Ein letztes Konjunkturhoch bildete sich 1912, das dann 1913/14 abebbte und sich mit Kriegsausbruch in ein Konjunkturtief verkehrte, das bis 1918 andauerte. In absoluten Zahlen gesehen waren die beiden Vorkriegsjahrzehnte eine gute Zeit für den Orgelbau. Geschäftlich gesehen war es eine Zeit des Umbruchs. Viele Firmen modernisierten ihre Betriebe durch neue Werkstätten, die Einrichtung von Maschinenparks, die zum Bau der neu eingeführten Kegel-, Membranen- oder Taschenladen unentbehrlich waren. Die Bestandteilefirmen gewannen zunehmend an Bedeutung, so daß sich auch die mittelständischen Handwerksbetriebe dem Rationalisierungstrend anschließen konnten. Kein Wunder, wenn in dieser Zeit so oft von Orgelfabriken und Fabrikorgeln die Rede war, was dem deutschen Orgelbau schon in der ersten elsässischen Orgelreform von Albert Schweitzer kritisch angekreidet wurde.

4. Der Verband in den Jahren der Weimarer Republik (1919–1933)

„Nach Beendigung des beispiellosen Völkerringens wird manches im neuen Deutschland ein anderes Gesicht bekommen. Auch im Orgelbau hat sich manches verändert... Schon vor dem Krieg stand der Orgelbau im Zeichen der Unrentabilität. Die erzielten Preise waren sehr mäßig, zum Teil im ungesunden Verhältnis zu der Herstellung... Dieses muß überwunden werden... Überall wird gearbeitet und organisiert, warum sollten die Orgelbauer dieses nicht auch fertig bringen. Dazu gehört in erster Linie, daß der Orgelbaumeister rechnen lernt und auch einmal auf eine Arbeit verzichten kann, die ihm keinen Gewinn bringt. Orgeln werden und müssen gebaut werden. Im gemeinschaftlichen Zusammengehen müssen wir uns von der gegenseitig aufreibenden Wirtschaftspolitik frei machen, zum Wohle unseres hohen Kunstgewerbes und auch zum Vorteil des Produktes: der deutschen Orgel."

Mit diesen programmatischen Sätzen versuchte der neue Vorsitzende Adolf Hammer in der ersten und einzigen Nummer der „Mitteilungen des Vereins der Orgelbaumeister Deutschlands e. V." seinen Kollegen Mut zu machen, und es gelang in der Tat sehr schnell, den Verband wieder auf die Beine zu stellen.

Die Heidelberger Tagung im Oktober 1919 beschloß eine ganz neue Organisationsform; es sollten in den einzelnen Ländern Bezirksgruppen gebildet werden, die keine „Sonderbündeleien" darstellen, sondern als Bestandteile des Gesamtverbands „die großen Gesichtspunkte des Verbands bis ins Kleinste hinein intensiver verarbeiten und in praktische Werte umsetzen sollen; auch wird ein sich gegenseitiges Kennen- und Verstehenlernen erleichtert. Ferner liegen die Interessen der einzelnen in den Grenzen der Bezirksverbände viel näher, so daß auch hier eine gegenseitige Verständigung sich weit besser erreichen läßt. Andererseits sind die Gruppeninteressen dahin zu wahren, daß außerhalb des Bezirksverbands stehende Firmen ihre Angebote stets nach den Sätzen der für sie in Frage kommenden Gruppen zur Offerte" benutzen müssen.

Dabei wurde die Frage der Mitgliedschaft von Bestandteileherstellern heftig diskutiert, weil diese durch Belieferung von Nichtmitgliedern oder Nichtfachleuten gegen die Verbandsinteressen verstoßen könnten. Nach der Zusicherung, sich an die Verbandsrichtlinien zu halten, um unlauteren Wettbewerb auszuschalten, wurde die Satzung entsprechend abgeändert. Man beschloß ferner, den Namen des Vereins in „Verband der Orgelbaumeister Deutschlands" umzuändern, statt des Begriffs Minimalpreise ging man zum Begriff Verbandspreise über. Über deren Festsetzung gab es lange Debatten; man einigte sich darauf, die Preise durch prozentuale Zuschläge zu den Verbandspreisen von 1907 festzulegen.

Es herrschte Aufbruchstimmung; die Probleme waren aber auch groß: Es gab kaum Zinn, entsprechend hoch stiegen die Preise; die Löhne betrugen gegenüber 1913 schon das 4fache, auch die anderen Materialien, z. B. Zink für den Wiedereinbau der 1917 abgelieferten Propektpfeifen, verteuerten sich zusehends. Manche Bezirksverbände ließen Rundschreiben an die Behörden drucken, um die gestiegenen Kosten im Orgelbau zu begründen.

Die Einrichtung der Bezirksverbände machte gute Fortschritte; sie formierten sich größtenteils schon 1919, teilweise schon vor dem Heidelberger Beschluß, da ihre Einführung schon im Mai 1919 auf der Vorstandssitzung in Frankfurt/M. beschlossene Sache war. In den 14 Jahren ihres Bestehens gab es folgende Bezirksgruppen:

1. Baden, Vorsitzender Voit, Durlach;
2. Bayern, Vorsitzender Ludwig Steinmeyer (1920–1921), danach Wilhelm Strebel (1921–1933);
3. Niedersachsen, Vorsitzende: Adolf Hammer (1920–1921), Emil Hammer (1921–1927), Wilhelm Rühlmann (1928–1933);
4. Ost, Vorsitzender Karl Ruther (W. Sauer, Frankfurt/Oder);
5. Rheinland, Vorsitzender Paul Faust;
6. Sachsen-Thüringen, Vorsitzender Bruno Jehmlich;
7. Westfalen, Vorsitzender Anton Feith;
8. Württemberg, Vorsitzender Friedrich Weigle.

Die Bezirksgruppenvorsitzenden waren gleichzeitig Ausschußmitglieder im Gesamtverband. Über die einzelnen Gruppenversammlungen wurden Protokolle geführt und über den Hauptvorstand allen Mitgliedern zugeleitet. Auf diese Weise entstand ein vorzügliches Informationsnetz, das solange funktionierte, wie die Gruppen sich trafen und ihren Protokollverpflichtungen nachkamen. Manche Gruppen, z. B. die Gruppe Rheinland, schliefen auch wieder ein.

Der Verband in den Jahren der Weimarer Republik

Wenn man die Gruppenprotokolle liest, so gleichen sie sich fast wörtlich; praktisch einziger Tagesordnungspunkt war die Besprechung der Preise. Die Festsetzung geschah dann in exakt folgender Reihenfolge:
1. Preise für neue Orgeln (Verbandspreise),
2. Preise für Prospektpfeifen (Grundpreis + Quadratmeterpreis in Zink oder Zinn),
3. Einbau neuer Register (auf vorhandene oder neue Windladen),
4. Einbau neuer Gebläse (Grundpreis + Quadratmeterpreis je mit oder ohne Schöpfanlage),
5. Ventilatoren (Listenpreis + Kanalmeterpreis),
6. Pauschalstimmungen (Grundpreis + Registerpreis),
7. Reinigungen (Grundpreis + Registerpreis bis 10 – über 10 Register).

Als besonderes Problem stellte sich die Inzahlungnahme alter Orgeln heraus, weil mit deren Vergütung ein Unterlaufen der Richtpreise möglich war. So wurde festgelegt, daß alte Orgeln nur als Altmaterial zu werten sind.

Neben diesen die Verbandsarbeit in den 1920er Jahren hauptsächlich beschäftigenden preisregulierenden Maßnahmen darf man vier weitere Aktivitätsschwerpunkte nicht außer acht lassen:
1. Die Gründung einer Orgelbaufachschule.
2. Die Auseinandersetzung mit der Orgelbewegung.
3. Die Normalisierung im Orgelbau.
4. Die Ausarbeitung von Formblättern für die Orgelbauer.

Zu 1. Das Bedürfnis nach einer Fachschule für den Orgelbauernachwuchs wurde erstmals 1925 auf der Generalversammlung in Hannover zum Ausdruck gebracht und diskutiert. 1926 konnte bereits ein ausgearbeiteter Plan für die Fachschule in Ludwigsburg vorgelegt werden, der Voraussetzungen, Unterrichtszeit und einen genau spezifizierten Lehrplan für die Kurse I und II enthielt. Neben Ludwigsburg (1927) gründete man auch eine Fachklasse für Orgelbau an der Berufsschule in Oettingen, die sich jedoch nur wenige Jahre halten konnte. 1928 wurde auch der Plan einer Orgelbauschule in Göttingen aufgegeben, um die Ludwigsburger Gründung nicht durch eine Verteilung der Schüler auf verschiedene Städte zu gefährden. Die Ludwigsburger Berufs- und Fachschule für Orgelbau wurde in der Folgezeit europaweit zur führenden Anstalt dieser Art und hat diese Stellung bis heute behauptet. Selbst im Zweiten Weltkrieg wurden noch mehrfach Kurse angeboten, wenn sie auch mangels Beteiligung ab 1942 nicht mehr zustandekamen. 1943 durften nur noch beurlaubte Kriegsversehrte eingeschrieben werden. In diesem Zusammenhang ist auch der Hinweis angebracht, daß 1929 auf der Hamburger Tagung neue Richtlinien für die Gesellen- und Meisterprüfung der Orgelbauer festgelegt worden sind.

Zu 2. Die deutsche Orgelbewegung in den 1920er Jahren war eine jener Musikbewegungen, die sich aus der Jugendbewegung entwickelt hatten. Angeregt wurde sie durch die Elsässische Orgelreform kurz nach 1900 (verbunden mit den Namen Emile Rupp und Albert Schweitzer) und schließlich durch den Musikwissenschaftler Willibald Gurlitt, der 1921 in seinem Freiburger Institut den Nachbau der frühbarocken sog. Praetorius-Orgel durch Oscar Walcker hatte ausführen lassen, um nachzuweisen, daß jede geschichtliche Epoche ihr eigenes Klangideal besitzt, das nur mit dem entsprechenden historischen Instrumentarium nachzuvollziehen ist. Zu diesem Zwecke wurde die Praetorius-Orgel rekonstruiert. Damit gab Gurlitt den entscheidenden

Anstoß, daß sich speziell die Kirchenmusiker und Organisten für das Klangideal von Barockorgeln interessierten und begeisterten.

Hans Henny Jahnn wurde zum Wortführer der neuen Bewegung und machte mit der 1. Hamburg-Lübecker Orgeltagung 1925 die Hamburger Schnitger-Orgel zum Idealtypus der Barockorgel. Die 2. Orgeltagung 1926 in Freiburg veranstaltete das Musikwissenschaftliche Institut der Universität Freiburg (Prof. Gurlitt) zusammen mit dem Verband der Orgelbaumeister (Dr. O. Walcker). Das Vortragsprogramm und die anschließenden Aussprachen brachten im Prinzip die neuen Gedanken und Ideale auf den Punkt: Zurück zur Alten Orgel, die allein die „wahre" Orgel ist; Ablehnung der Orchesterorgel, die den Geist des Zerfalls, des Niedergangs der Orgelbaukunst widerspiegelt! So drehten sich die Vorträge um die „Wandlungen des Klangideals der Orgel im Lichte der Musikgeschichte" (Gurlitt); „Die konzertierende Orgel im Orchester des 18. Jahrhunderts" (W. Fischer); „Zur Registrierkunst des 18. Jahrhunderts" (G. Frotscher); „Zur Frage der Orgelbegleitung bei Vokalwerken des 15. Jahrhunderts" (A. Schering); „Orgel und Liturgie" (F. Böser). Auch die Beiträge aus der Sicht des Orgelbaues waren überwiegend historischer Natur: „Zur Geschichte der Orgelmensuren und ihre Bedeutung für die Kunst des Orgelbaues" (O. Walcker); „Gesichtspunkte für die Wahl zweckmäßiger Pfeifenmensuren" (Jahnn); Gottfried Silbermann als Orgelbauer" (E. Flade); „Geschichte und Bedeutung des Orgelgehäuses" (H. Mund). Mehr den Gegenwartsproblemen zugewandt waren die Referate: „Wege zu einem einheitlichen Aufbau von Disposition und Spieltisch" (H. Jung); „Das Oscalyd als neuzeitliche Versuchsorgel" (Luedtke), sowie über verschiedene Themen zur zeitgenössischen Orgelkunst.

An der Tagung waren etwa 35 Orgelbauer vertreten bei 502 Teilnehmern insgesamt. Nach den Diskussionen wurde spontan eine Orgelbau-Studienkommission gebildet, deren Aufgabe es sein sollte, die Vielfalt der Meinungen und Gegensätze nicht zu Parteiungen führen zu lassen, sondern objektiv sichere Tatsachengrundlagen zu schaffen, die nicht Meinungen, sondern gesicherte Erkenntnisse wiedergeben. In dem fünfköpfigen Gremium waren zwei Orgelbauer vertreten, Dr. Späth und Dr. Walcker; den Vorsitz hatte Prof. Biehle aus Bautzen. Die Kommission kam über ihre Gründung nicht hinaus; denn die Gegensätze zwischen dem „normativen Anspruch" (Eggebrecht) auf der einen Seite und den Interessen der Orgelbauer traten jetzt erst klar zutage und waren so nicht zu überbrücken.

Auf der 3. deutschen Orgeltagung 1927 in Freiberg (Sachsen), auf der die sächsische Silbermann-Orgel entdeckt und zum weiteren Orgelideal erkoren wurde, schlug die Orgelbewegung eine neue Richtung ein durch die Verknüpfung mit der Liturgischen Bewegung, die von Christhard Mahrenholz mit dem Referat „Orgel und Liturgie" angegeben wurde. Sein Plädoyer für die Vormachtstellung der „Kultorgel" gegenüber der Konzertorgel war eine Absage an den Gegenwartsorgelbau, der mit seinen technischen Errungenschaften und dem noch von der Spätromantik geprägten Klangbild überhaupt nicht mehr zu seinen historisierenden Grundsätzen paßte. Zu dieser Tagung hatte man den Orgelbauerverband wohlweislich nicht eingeladen, weil man bei der Bildung des „Deutschen Orgelrats", dem Zusammenschluß führender Vertreter der Orgelbewegung unter der Leitung von Karl Straube, den Orgelbauern nur geringen Einfluß zubilligen wollte; Straube erachtete schließlich doch die Berufung von Mitgliedern des Orgelbauerverbands für notwendig. Die Führung der Orgelbewegung war auf die Sektionsleiter Günther Ramin, Willibald Gurlitt, Christhard Mahrenholz, Fidelis

Böser OSB und Wolfgang Reimann verteilt. Außer seiner Konstituierung ist dieser Orgelrat nie mehr in Aktion getreten, er hat aber doch die Polarisierung zwischen der Orgelbewegung und dem Orgelbauerverband verstärkt. Obwohl verschiedene Orgelbauer an der Tagung teilgenommen und zum Druck des hochinteressanten Tagungsberichts beigesteuert hatten, kam es zur Abspaltung der Orgelbauer von der Orgelbewegung.

Als Reaktion auf die Freiberger Tagung berief der Verband seine Mitglieder zur Generalversammlung 1928 nach Berlin und veranstaltete gleichzeitig eine Tagung für Orgelbau im Institut für Raumakustik, Kirchenbau, Orgel-, Glocken-Wesen und Kirchenmusik in der Techn. Hochschule und Universität Berlin, die von KMD Johannes Biehle aus Bautzen, der ao. Professor an der TH Berlin war, vorbereitet und durchgeführt wurde. Seine Referate erschienen danach im Druck und befaßten sich mit folgenden Themen: „Das Problem der Pfeifenladen und der Traktur"; „Die Sammlung für Orgelbau" (Apparate und Modelle); „Die Orgel als Problem der angewandten Akustik"; „Die klangliche und liturgische Eingliederung der Orgel in den Kirchenraum"; „Windbeschaffung und Windmessung"; „Ausblick im Orgelbauwesen"; „Die Casparini-Lade".

Die Tagung verstand sich als Reaktion auf die Fragen und Ziele der Orgelbewegung, die 1926 in Freiburg beschlossen hatte, die Fragen der Windladen, Trakturen usw. wissenschaftlich zu untersuchen, und wofür sich Biehle mit seinem Berliner Institut zur Verfügung gestellt hatte. Die Orgelbauer sahen sich insbesondere nach der Freiberger Tagung „immer noch vor einer ungeklärten Sachlage, die, durch die Ungewißheit, in welcher Richtung die widerstrebenden Anschauungen eine Vermittlung finden werden, stark hemmend im Orgelbauwesen wirkte." Sie wollten einen anderen Weg einschlagen und ließen sich durch Biehle eine wissenschaftlich-fachmännische Grundlage für den modernen, fortschrittlichen Orgelbau dokumentieren. Die Tagung mündete in folgende Leitsätze, die diametral den in der Orgelbewegung geforderten historisierenden Tendenzen entgegenstehen:

a. Die Richtung, die der Orgelbau im vorigen Jahrhundert einschlug, war eindeutig bestimmt durch die das Musikleben beherrschende Romantik.
b. Durch die Ansprüche dieser Zeit wurde die Orgel vom Standpunkte des allgemeinen Musikers erst zu einem künstlerischen Instrument.
c. Die aus dieser Entwicklung herausgewachsenen Neuerungen des technischen Orgelbaues, insbesondere Pneumatik, Elektropneumatik, Schwelltechnik, brachten der Orgel einen bedeutenden Gewinn an Musikalität.
d. Der jetzt beklagte Niedergang im Orgelbau ist eine wirtschaftliche Frage und hatte seine Ursachen in einer unverkennbaren Unklarheit der ausübenden Fachwelt über die Ziele des Orgelbaues.
e. Der Orgelbau bewies in der Intonier- und Mensurierkunst der romantischen Orgel ein solch formales Können, das ihn befähigt, auch den Bedingungen einer anderen Stilorgel gerecht zu werden.

Dem Erscheinen des gedruckten Berliner Tagungsberichtes (1929) schickte der Verbandsvorsitzende Emil Hammer ein Geleitwort voraus: „Das Buch ist die erste Erscheinung in der Fachwelt, die gegen die einseitige Beherrschung des Orgelbauwesens der letzten Jahre Stellung nimmt. Daher werden naturgemäß Anfeindungen nicht ausbleiben." Es blieb aber merkwürdig stille um das Buch, weil die Orgelbauer in Berlin praktisch unter sich geblieben waren.

Beide ideologischen Lager, die Orgelbewegung mit ihrem „normativen Anspruch einer am Barock orientierten Wertefixierung" (Eggebrecht) und ihrer Ablehnung und Zerstörung der romantischen Orgel einerseits und die Berufsgruppe der Orgelbauer, die eben diese romantische Orgel entwickelt und technisch verfeinert hatten, auf der anderen Seite, hatten damit erst einmal ihren Standpunkt klargemacht, aber zu einer unversöhnlichen Frontstellung kam es nicht; denn der Forderung z. B. nach der Schleiflade kamen verschiedene Orgelbauer schon sehr früh entgegen; im Positivbau wurden die verlorengegangenen handwerklichen Erfahrungen neu eingeübt, und die Forderung einer Mehrheit der Organisten nach der „Kompromißorgel", d. h. einer zeitgenössischen Orgel, erweitert durch typische Barockregister, bzw. nach der „Universalorgel", auf der man „alles spielen kann", fand bei den Orgelbauern keineswegs Widerspruch, sondern gedeihliche Kooperation. So wurden in den 1920er und 1930er Jahren die größten Orgeln (Riesenorgeln) in Deutschland, Europa und Übersee gebaut. Solche Orgeln waren aber nur mit allen Raffinessen der Technik zu bauen und zu spielen, so daß man als erstes Ergebnis der Orgelbewegung eine Art Kompromiß zwischen den Forderungen der Bewegung und der herkömmlichen Bautechnik erblicken kann.

Zu 3. Schon 1896 wurden erstmals Beratungen über die „Normalisierung im Orgelbau", d. h. die verbindliche Einführung von einheitlichen Maßen am Spieltisch, aufgenommen und 1900 durch Zeichnungen festgelegt und veröffentlicht. 1929 wurde wieder ein Normenausschuß gegründet, der sich auf Anregung durch den Normenausschuß der deutschen Industrie erneut mit der Einrichtung des Spieltisches beschäftigte. Festgelegt wurden bis 1932 der Pedaleinschub (27 statt bisher 31 cm; Radialpedal und ds^0 unter ds^1). Nicht einigen konnte man sich zunächst auf die Funktion von Tritt und Walze. Eine Umfrage ergab mehrheitlich in Nord- und Mitteldeutschland, daß beim Heranrollen der Walze Crescendo einsetzt bzw. bei Steilstellung des Tritts, während in Süddeutschland die genau entgegengesetzte Praxis herrschte. Das Ergebnis wurde in einem Beiheft mit vier Seiten Zeichnungen veröffentlicht.

Zu 4. Auf der Heidelberger Tagung 1919 schlug Oscar Walcker vor, „bei Voranschlägen einen gedruckten Anhang den Berechnungen beizufügen, und zwar derart, daß bei freibleibenden Preisen auf Lohn, Material, Zinn, Zink, Holz und Leder je nach Stand der Preise vorgenannter Posten jederzeit leicht zu begründende Zu- oder Abstriche gemacht werden können. " Der gedruckte Anhang erschien 1920 zusammen mit den „Lieferungsbedingungen des Verbands der Orgelbaumeister Deutschlands". Die Lieferungsbedingungen wurden in gewissen Abständen nachgedruckt, da die Nachfrage durch die Mitglieder außerordentlich rege war. Es gab ferner Vordrucke „Bestellung" und „Auftragsbestätigung" sowie einen dreiseitigen „Orgelbau-Vertrag". Alle diese Vordrucke wurden zuerst von beauftragten Mitgliedern oder einem Ausschuß entworfen, durchdiskutiert und auf der Hauptversammlung beschlossen, ehe sie in Druck gegeben wurden. Den Orgelbauern stand damit ein wichtiger Service zur Verfügung, den sonst kein Fachverlag zu günstigen Preisen hätte bieten können.

Zum Schluß dieses Kapitels sei noch auf das Verhältnis des Verbands zur sog. **TAGO** hingewiesen. Im Dezember 1931 war in Berlin die „Technisch-wissenschaftliche Arbeitsgemeinschaft und Gesellschaft für Orgelbau" abgekürzt TAGO, gegründet worden. Sie erstrebte die „Durchdringung des Orgelbaues mit technischem Geist, soweit die Technik an ihrem Teil dazu beiträgt, die Orgel zu vervollkommnen".

Der Verband in den Jahren der Weimarer Republik

Führender Kopf der neuen Vereinigung war Prof. Johannes Biehle, der 1928 die Berliner Tagung des Verbands organisiert und maßgeblich gestaltet hatte. Die TAGO scheint eine Folgeorganisation des 1927 gegründeten Orgelrats gewesen sein, der ja nie zu einer praktischen Tätigkeit gekommen ist, und bestand überwiegend aus den Anhängern der Orgelbewegung, u. a. gehörte ihr auch Hans Henny Jahnn an. Nachdem schon 1929 zwischen Biehle und dem Orgelbauerverband eine Verstimmung aufgekommen war, weil Biehle nach Meinung des Vorstands in einem Gutachten der österreichischen Firma Rieger den Weg nach Deutschland geebnet hatte, konnte sich der Verband nicht entschließen, der TAGO beizutreten. Ein entsprechender Antrag von Berschdorf auf der Würzburger Tagung 1932 wurde von der Mehrheit abgelehnt. Das schloß aber nicht aus, daß verschiedene Orgelbauer als Einzelmitglieder der TAGO beigetreten waren. Berschdorf wollte erreichen, daß die Normberatungen mit der TAGO gemeinsam geführt würden. Genau deshalb war der Verband auf Distanz zu Biehle gegangen, weil er „kein Interesse für die Normalisierungsvorschläge zeigte und parallele Arbeit bevorzugt".

1933 geriet die TAGO in die Auseinandersetzungen mit dem Nationalsozialismus, wobei der Parteigenosse Theodor Herzberg die TAGO in seinen deutsch-christlichen „Reichsverband für das Orgelwesen" einzugliedern versuchte, indem er den bisherigen Vorstand Biehle mit allen Mitteln des persönlichen und politischen Rufmords auszuschalten versuchte und die Mitglieder aufforderte, seiner Organisation beizutreten. Durch die weitere Entwicklung hörte die TAGO, etwa 1934 mit der Gleichschaltung, auf zu bestehen; Biehle richtete für den Rest seiner Getreuen noch ein „Colloquium für die Lehr- und Forschungsgebiete des Instituts für Raum- und Bau-Akustik, Orgel- und Glocken-Wesen, Kirchenbau und Kirchenmusik an der Technischen Hochschule und Universität Berlin" ein. Zahlreiche Rundschreiben Herzbergs sind gegen Biehle gerichtet, dessen kleine Gruppe „mit dem früheren Regime durch Dick und Dünn ging und den Nationalsozialismus bekämpfte". 1937 war auch das Colloquium Biehles aufgelöst und der Professor im Ruhestand. Den geifernden Angriffen eines Herzberg begegnete er mit mannhafter Gelassenheit, in seinen Antworten bewies er Mannesmut. In einer infamen Erklärung vom 2. 10. 1933 behauptet Herbert Bohnstedt, Biehle habe als TAGO-Vorsitzender versagt, nichts erreicht, nichts für den Orgelbau, schon gar nichts für den NS Staat; seine Institutssammlung bezeichnete er verächtlich als „Orgelmodellmausoleum".

5. Der Verband im Dritten Reich bis zur Auflösung (1933–1943)

Nach Hitlers Machtergreifung am 30. Januar 1933 gewannen nicht nur die Partei und die ihr angeschlossenen Organisationen Oberwasser im Reich, sondern auch die „Deutschen Christen", eine 1932 gegründete Gliederung der NSDAP, die ein verschwommenes Tatchristentum aus Parteiprogramm und Neuem Testament propagierte und eine Deutsche Evangelische Kirche mit einem Reichsbischof anstrebte. Mehrere Landeskirchen und die Bekennende Kirche distanzierten sich von dieser parteigesteuerten Bewegung.

Die Deutschen Christen lehnten auch mit aller Entschiedenheit die Orgelbewegung ab, indem sie ihre Anhänger als „Kulturbolschewisten, Reaktionäre und Steinzeitmusiker" beschimpften, und predigten ihrerseits eine „arische Gotterkenntnis", was immer das sein mag. Aus ihren Reihen entstand der Kampfbund für deutsche Kultur, zusammengesetzt aus nationalsozialistischen Kirchenmusikern und Kulturpolitikern, der nur eine relativ kurze Bedeutung hatte, dafür aber viel Staub aufwirbelte. Ihr Leiter war der Reichskulturwart Alfred Bierschwale, ihr Aushängeschild die Bezeichnung „Reichskulturausschuß". Für die Kirchenmusik zeichnete das TAGO-Mitglied Hans-Georg Görner verantwortlich, der auch zum Leiter des neugegründeten „Reichsverbands deutscher Kirchenmusiker" bestimmt wurde. Parallel dazu entstand eine Abteilung für Orgelfragen und Orgelbau unter der Führung des umtriebigen Oberingenieurs Theodor Herzberg. Alle diese Organisationsformen hatten weder Gesetzescharakter, noch waren sie von der politischen Führung angeordnet, gebärdeten sich aber unter dem Deckmantel der allmächtigen NS-Partei als maßgeblich und versuchten als Staat im Staate, jede Konkurrenz oder Opposition zu diffamieren und auszuschalten.

Gegen das von Alfred Bierschwale verfaßte Flugblatt „Kirchenmusik im dritten Reich" wandte sich sofort ein qualifizierter Kreis von Theologen, Kirchenmusikern und Orgelbauern mit einer am 17. und 18. Mai 1933 verabschiedeten Erklärung der nicht weiter organisierten „Führer der deutschen Orgelbewegung", zu deren Unterzeichnern neben Karl Straube, W. Auler, F. Brinkmann, B. Ebhardt, C. Elis, F. Hamel, H. Distler, G. Frotscher, W. Gurlitt, H. Klotz, Ch. Mahrenholz, F. Högner, G. Ramin, W. Kraft u. a. auch die Orgelbaumeister Emil Hammer, Karl Ruther, Dr. Oscar Walcker und Karl Kemper gehörten. Sie führte dazu, daß sich am 6. September 1933 unter dem Dach der deutschen Landeskirchen ein „Reichsbund für Ev. Kirchenmusik" bildete (später umbenannt in „Reichsverband für Evangelische Kirchenmusik"), untergliedert nach Kirchenchören, Posaunenchören und Kirchenmusikern, also eine kirchliche Gegenorganisation zu dem deutsch-christlichen Reichsverband deutscher Kirchenmusiker. Typisch für die kulturpolitische Auseinandersetzung sind die ähnlich klingenden und zeitbedingten Organisationsbegriffe, die aber mit unterschiedlichen, ja gegensätzlichen Geisteshaltungen besetzt sind und daher dem Historiker das nachvollziehende Verständnis so schwer machen.

Das von den Deutschen Christen veranlaßte Flugblatt „Kirchenmusik im dritten Reich" schreckte auch den Orgelbauerverband auf, so daß schon am 7. Mai 1933 nach Leipzig eine Vorstands- und Ausschußsitzung einberufen wurde, um die Neuorientierung und die zu erwartenden behördlichen Maßnahmen der sog. Gleichschaltung zu beraten. Das Ergebnis war eine Ergebenheitsresolution an den Minister für Wissenschaft, Kunst und Volksbildung Dr. Rust des folgenden Inhalts:

Der Verband im Dritten Reich bis zur Auflösung

„Der Verband der Orgelbaumeister Deutschlands hat die Bewegung der nationalen Erhebung unseres Vaterlands mit Freuden begrüßt. Er stellt sich voll und ganz hinter die Regierung unseres Reichskanzlers und ist gewillt, mit allen Kräften am Aufbau des neuen Reiches mitzuarbeiten.

Die enge Zusammenarbeit mit der Kirche hat den Orgelbauer (Arbeitgeber wie Arbeitnehmer) stets aufs engste mit der christlichen Weltanschauung verbunden und von jeher im Sinne des heutigen Staatsgedankens erzogen.

Schwer geschädigt durch die kirchenfeindliche Einstellung weiter Kreise sehen wir Orgelbauer in den Maßnahmen der heutigen Regierung den einzigen Weg für eine kulturelle und wirtschaftliche Wiedergesundung der deutschen Orgelbaukunst. Als die gegebene berufsständische Vertretung erwarten wir mit Vertrauen die angekündigten Richtlinien für den berufsständigen Aufbau.

Als Hüter eines Jahrhunderte alten Kulturgutes erachten wir es als unsere Pflicht, an der neuen Entwicklung der Orgelbaukunst mitzuarbeiten. Zu mündlichen Verhandlungen stellen wir uns gerne zur Verfügung.

      Mit vorzüglicher Hochachtung" (Unterschriften)

Dies war eine gutgemeinte, in erster Linie wirtschaftspolitisch gedachte Ergebenheitserklärung der deutschen Orgelbauer an die neuen Machthaber.

Der Streit zwischen den Anhängern der Orgelbewegung und den Deutschen Christen schwelte weiter dahin. Die Deutschen Christen gründeten nun einen „Reichsverband für das Orgelwesen" unter Herzbergs Leitung, der damit eigenmächtig versuchte, der zu erwartenden Neugliederung aller bestehenden Organisationen durch die NS-Regierung zuvorzukommen und soviel wie möglich davon unter seiner Führung zu vereinigen und sich so die spätere Karriere zu sichern. Niemand konnte aber diese Machenschaft durchschauen oder gar verhindern. Selbst Versuche aus oppositionellen Kreisen, ihn in den eigenen Reihen durch den Nachweis einer nicht einwandfreien Vergangenheit zu diskriminieren, und ihm das Handwerk zu legen, schlugen fehl, so fest saß er bei der Partei im Sattel. So ist es nicht verwunderlich, daß sich Teile der Orgelbauer seinem Reichsverband für Orgelwesen anschlossen, weil sie der Meinung waren, an Herzberg sei nicht vorbeizukommen, womit sie im Prinzip auch recht hatten. Später merkten sie, daß sie übervorteilt worden waren, und distanzierten sich, zumal bald gegen die Gruppe Görner-Herzberg scharfe Vorwürfe aus den Kreisen der Orgelbewegung kamen. Diese Vorwürfe verhinderten zwar vielleicht, daß die deutschchristlichen Wortführer die endgültige Oberhand gewannen, sie konnten aber ihren Einfluß auf die Dauer nicht ausschalten. Andererseits bemühten sich maßgebliche Orgelbauer, die Gegensätze zwischen den feindlichen Parteien zu überbrücken, die ja auch kirchenpolitischer Art waren: Evangelische Kirchen gegen Deutsche Christen.

Ein Nebenkriegsschauplatz entstand in der Auseinandersetzung zwischen dem Herzbergschen Reichsverband für Orgelwesen und der TAGO. Herzberg versuchte die TAGO-Mitglieder in seinen Verband zwangsweise zu integrieren. Gegen die Einvernahme und Gleichschaltung setzte sich die noch amtierende Vorstandschaft um Prof. Biehle und Studienrat Kurth zur Wehr mit der Begründung, die TAGO sei eine überkonfessionelle und übernationale Arbeitsgemeinschaft ohne wirtschaftliche oder Standesinteressen und daher als einzige geeignet, die Belange des Orgelbaues und der Orgelkunst auch beim nationalen Aufbau zu vertreten, und unterliege daher nicht der

Gleichschaltung. Herzberg sei nicht berechtigt, ihre Mitglieder ohne Wissen des Vorstands in seinen Reichsverband zu übernehmen. Die Orgelbauer verfolgten den Streit gespannt, waren doch einige Mitglied bei der TAGO, andere Mitglied beim Herzbergschen Reichsverband. Sie wurden bald gewahr, daß Herzberg auf die Mitgliedsbeiträge aus war und die Betriebe als Melkkühe für seine Organisation benutzen wollte. Organ des Reichsverbands war die von Herzberg gegründete Zeitschrift „Kirchenmusik im dritten Reich". Wie sich herausstellte, war der Reichskulturausschuß der Deutschen Christen (Bierschwale, Görner, Herzberg) nicht autorisiert, die Gleichschaltung der bestehenden Verbände durchzuführen. Die Neuordnung und Gleichschaltung erfolgte erst mit dem Reichskulturkammergesetz.

Durch das Reichskulturkammergesetz vom 22. September 1933 (Durchführungsverordnung vom 1. 11. 33) wurde neben anderen öffentlich-rechtlichen Kammern auch die Reichsmusikkammer (RMK) geschaffen; sie wurde untergliedert in Fachverbände, z. B. Reichsmusikerschaft oder in den Fachverband G: Musikinstrumentengewerbe (Leiter August Martin). Der Fachverband G gliederte sich in Fachschaften, darunter die Fachschaft 5: Verband der deutschen Orgelbauer und Glockengießer e. V. (komm. Leiter Emil Hammer, komm. Geschäftsführer Parteigenosse Herbert Müntzel mit eigener Geschäftstelle in Berlin-Steglitz). Der Fachschaft 5 sollten angehören alle Orgelbauer und Glockengießer sowie alle Orgel- und Glockensachverständigen. „Zweck ist nicht mehr die Betreuung einer bestimmten Berufsgruppe innerhalb der Fachschaft, sondern im Rahmen des Kulturkammergesetzes die Betreuung der kulturellen, wirtschaftlichen und sozialen Angelegenheiten ihrer Mitglieder nach dem Führerprinzip. Die Geschäftsführung des Verbandes der deutschen Orgelbauer und Glockengießer wird ganz in die Hände dieser Fachschaft gelegt" (Protokoll der Sitzung des Fachausschusses des Orgelbauerverbands am 21. 1. 1934 in Frankfurt/M).

Neben dieser gesetzlichen Mitgliedschaft in der RMK schloß sich der Verband der deutschen Orgelbauer und Glockengießer „zur Förderung der gemeinsamen Interessen" freiwillig mit den kirchlichen Organisationen „Reichsverband für ev. Kirchenmusik" und „Reichsverband kath. Kirchenmusiker" zu einer „Deutschen Arbeitsgemeinschaft für das Orgel- und Glockenwesen" zusammen, d. h. zu einer privaten Interessengemeinschaft neben der staatlichen Zwangsorganisation.

Eine wichtige Neuerung suchte der Verband der Orgelbaumeister mit der Bildung eines „Fachausschusses zur Regelung der Verkaufspreise" auf der Hauptversammlung vom 25. 11. 1933 in Berlin einzuführen. Dieser Ausschuß erhielt weitgehende Vollmachten zur Preisgestaltung und -überwachung, die in einer ausführlichen Geschäftsordnung geregelt wurden. Beabsichtigt war, die festgesetzten Mindestpreise für alle Firmen verbindlich zu machen und bei Nichteinhaltung durch Verwarnungen oder gar Strafen durchzusetzen, wozu ein Schiedsgericht eingesetzt wurde. Der Fachausschuß blieb ein totgeborenes Kind; denn Verbandsbeschlüsse konnten nur für Verbandsmitglieder gelten, und eine Zwangsmitgliedschaft für den Verband konnte es nicht geben, der selbst zwar Mitglied in der RMK war, aber als Orgelbauerverband weiterexistierte, somit also außerhalb des Kulturkammergesetzes stand.

In der Fachschaft 5 (Orgelbauer- und Glockengießerverband) wurde noch ein „Arbeitsbeschaffungsausschuß" gebildet mit je einer Abteilung für Weltliche Stellen (Leiter Herzberg) und Kirchliche Stellen (Leiter Kantor A. Strube); Herzberg hatte es also verstanden, aus seinem Reichsverband heraus auch Fuß in den nun amtlichen Fachverbänden der RMK zu fassen. In einem Rundschreiben begrüßte er die Errichtung der neuen Fachschaft in der RMK, hielt aber auch „seinen" Reichsverband weiterhin aufrecht, ebenso wie der Orgelbauerverband weder seinen Namen noch seine Identität preisgab. Völlig überraschend wurde am 28. 2. 1934 der Fachverband G (Musikinstrumentengewerbe) wieder aus der RMK ausgegliedert, weil das Reichswirtschaftsministerium eine gesetzliche Neuordnung vorbereitete. Solange hatte aber das Reichskulturkammergesetz noch Geltung, verbunden mit einer absoluten „Organisationsruhe", d. h. es durften keine eigenmächtigen Umordnungen mehr vorgenommen werden.

In einem Aufruf des Orgelbauerverbands an die Berufsgenossen vom 8. März 1934 klangen erstmals diktatorische Töne an: „Wir müssen auch den Deutschen Orgelbau nach Form und Inhalt dem großen nationalsozialistischen Gedanken und der wirtschaftspolitischen Auffassung Adolf Hitlers anpassen, oder mit einem Wort gesagt, es muß eine sinngemäße und zweckentsprechende Ordnung in den Deutschen Orgelbau kommen." Dazu gehöre auch die vollständige Erfassung aller Betriebe, ihrer Produktivität und Leistungsfähigkeit, der Zahl der Arbeiter, sowie finanzielle und organisatorische Einzelheiten der Betriebe!

Ein zweiter Aufruf vom 4. April 1934 macht die Zwangssituation deutlich. Die Mindestpreise werden für alle verbindlich erklärt, ob Mitglied oder nicht; ihr Sinn „ist nicht mehr die Bereicherung einzelner Unternehmungen, sondern die Gesundung des ganzen Wirtschaftszweiges. Wer sich dagegen vergeht, ... ist ein Schädling der Gesamtwirtschaft ... und wird darum rücksichtslos verfolgt werden." Es waren große Töne und leere Drohungen, die da ausgesprochen wurden, wahrscheinlich der Versuch des Verbands, unter den obwaltenden politischen Verhältnissen endlich einmal zu einer Einheit zu kommen. Aber auch das gelang nicht, wie sich bald zeigen sollte.

Während sich die Orgelbauer mit Mindestpreisen und persönlichen Querelen beschäftigten, sich aber wegen der Organisationsruhe nicht treffen durften, nutzte Herzberg die Stunde und berief zum 21./22. April 1934 eine Tagung für das Orgel- und Glockenwesen nach Berlin ein, veranstaltet von seinem Reichsverband unter Mitwirkung der Fachschaft 5 (Hersteller von Orgeln und Glocken im Fachverband Musikinstrumentengewerbe). Die Orgelbauer blieben reserviert, weil es unklar war, ob sie bei der geplanten Neuordnung durch das Reichswirtschaftsministerium zum Reichsstand der Deutschen Industrie (RDI) oder weiterhin zur RMK gehören sollten. Der RDI sah in den Orgelbauern rein industrielle Unternehmen, während die RMK sie als Kunstinstitute betrachtete.

Über den Fortgang der Ereignisse klafft nun eine Informationslücke bis zum Jahre 1937. Soviel ist festzustellen, daß der Verband in der Zwischenzeit in ein Kartell umgewandelt wurde, das die Festsetzung von Mindestpreisen unter den Mitgliedern regelt. Nichtmitglieder waren an den eingeschränkten Wettbewerb nicht gebunden; die in den Aufrufen von 1934 angekündigten Zwangsmaßnahmen gegen Wettbewerbssünder konnten demnach nicht durchgesetzt werden. Als Kartell unterlag der Verband der Staatsaufsicht durch die zuständige Wirtschaftsgruppe, letztlich dem Reichskommissar für Preisbildung, damals der preußische Ministerpräsident und Generalfeldmarschall Hermann Göring, der auch Beauftragter für den Vierjahresplan war. Der Verband war in der Zwischenzeit auch nach seiner Loslösung aus der RMK der Reichswirtschaftskammer zugeordnet worden. Diese gliederte sich in verschiedene Reichsgruppen, z. B. die Reichsgruppe Industrie (RDI) oder den Reichsstand des Deutschen Handwerks. Die Reichsgruppe Industrie bestand aus verschiedenen Wirtschaftsgruppen, wobei die Orgelbauer der Wirtschaftsgruppe Holzverarbeitende Industrie (WHI) zugeteilt waren. Beim Handwerk gab es den „Reichsinnungsverband der Musikinstrumentenmacher" mit der Fachgruppe des „Orgel-, Harmonium- und Glockenbau-Handwerks", deren Reichsfachgruppenleiter wiederum Theodor Herzberg war; eine Untergruppe umfaßte die „Pfeifenorgeln mit Tastatur". Den gleichen Namen trug auch die entsprechende Fachuntergruppe in der Fachgruppe „Musikinstrumentenindustrie" der WHI. Da dem Orgelbauerverband sowohl Industriefirmen als auch Handwerksbetriebe angehörten, war die Zuordnung des Kartellverbands von Anfang an strittig. Die größeren Firmen im Verband hielten sich naturgemäß an die Industriegruppe, in der es sachlicher zuging als im Innungsverband, wo Herzberg das Sagen hatte. Er versuchte natürlich, alle Orgelbauer und den Verband unter seine Kontrolle zu bekommen, was aber so nicht gelang. Daher trieb er ständig Keile in den Verband, indem er einzelne Orgelbauer auf seine Seite zog, sich bei Tagungen und Sitzungen einmischte oder sie durch gleichzeitige Veranstaltungen seiner Fachgruppe beschlußunfähig machte. Das ging soweit, daß er die Kartellaufsicht für sich in Anspruch nahm, die ihm rechtlich gar nicht zustand. Nach dem Anschluß Österreichs an das Deutsche Reich fuhr er sofort nach Wien, um sich alle österreichischen Firmen für seine Fachgruppe zu sichern. Dies gelang ihm auch weitgehend; in der Kartellangelegenheit erreichte er jedoch nichts.

Die seit 1936 bestehende Preisstop-Verfügung, die später nicht mehr aufgehoben wurde, durchkreuzte natürlich alle Preisanpassungen des Kartells und schrieb sie auf Dauer fest. Das machte den Orgelbauern bald zu schaffen; sie mußten mit der zunehmenden Materialknappheit, den daraus resultierenden Materialvorschriften und Zuteilungsformalitäten fertig werden. Mit dem Ausbruch des Zweiten Weltkrieges am 1. September 1939 entstand eine ganz neue Lage; Versammlungen wurden untersagt, um den Eisenbahnverkehr zu entlasten; größere Betriebe wurden ganz oder teilweise auf Kriegsproduktion (Anfertigung von Munitionskisten, Pantinen etc.) umgestellt, gleichzeitig die Arbeiter zum Kriegsdienst eingezogen, ohne daß die Produktion eingeschränkt werden durfte. Es ist schon erstaunlich, daß trotz Materialknappheit und Arbeitskräftemangel in den Kriegsjahren immer noch Orgeln gebaut werden konnten. Selbst nach dem Herstellungsverbot für Orgeln im Jahre 1943 stand der Orgelbau nicht völlig still, so daß sogar 1944 noch vereinzelt Orgeln fertiggestellt werden konnten.

Unter welchen Schwierigkeiten der Orgelbau zu leiden hatte, sei hier nur kursorisch aufgeführt:

1936 Einführung der Urkundensteuer; Preisstop-Verordnung, die bis Kriegsende galt.

1937 Preissteigerung bei den Materialien, insbesondere bei Metallen, die nach dem Vierjahresplan bewirtschaftet wurden; Versuche mit Ersatzstoffen.

1938 Zinkan und Cupal (mit Zink bzw. Kupfer überzogenes Aluminium) verboten; Zinnverknappung, Orgelpfeifen dürfen nur noch unter $\frac{1}{4}$'-Länge aus 30%igem Zinn hergestellt werden; Alu-Rohre werden zugeteilt; Arbeitskräfte werden vorübergehend zu Rüstungseinsätzen und Wehrübungen eingezogen; der gesamte Orgelbau unterliegt befristeten Ausnahmegenehmigungen.

1939 Spalt- und Simileder werden knapp; Alu-Rohre verboten; Steuergutscheine müssen als Zahlungsmittel angenommen werden und können erst nach länge-

rer zinsloser Wartezeit weitergegeben werden; Zuteilungsscheine für Eisen; Tagungs- und Reiseverbot.
1940 Abzug von Arbeitskräften für die Wehrmacht oder kriegswichtige Rüstungsindustrie.
1941 Knappheit bei Leim, Zink, Aluminium, besonders Messing; Einführung einer Werkzeugkartei zur Überwachung des Werkzeugverbrauchs.
1942 Celluloid verboten; Zuteilung von Eisen und Leim gestoppt; Erteilung von Lederschecks; Güterversandsperre; Ablieferungspflicht von Metallvorräten.
1943 Herstellungsverbot für Orgeln.
1945 Beschlagnahme aller Metallbestände einschließlich fertiger Zinnpfeifen; die Durchführung wird von den Ereignissen überrollt und unterbleibt.

Wenn auch die Verbandsarbeit seit der letzten Mitgliederversammlung am 3. Dezember 1938 in Frankfurt/M eingeschränkt war, so kam sie keineswegs zum Erliegen. Innerhalb des Vorstands herrschte nicht nur ein ständiger schriftlicher Meinungsaustausch, es gab auch mehrere Treffen in Frankfurt/M, die als Besprechungen getarnt waren, so am 21. August und 10. Oktober 1939 in Berlin mit offiziellen Stellen; am 12. Januar, 24. August 1941, und am 22. März und 6. Dezember 1942 in Frankfurt.

Die Auflösung des Verbands am 31. März 1943 erfolgte auf Grund einer Anordnung des Reichswirtschaftsministeriums (Marktaufsichtsverordnung vom 20. 10. 42), nach der alle bestehenden Kartelle, die keine marktregelnden Aufgaben durchführen oder behandeln, aufzulösen sind. Da der Verband als Kartell nie ordnungsgemäß funktioniert hat, war er nicht mehr aufrecht zu erhalten. Seine Aufgaben gingen auf die bestehenden Fachgruppen (Fachabteilung Orgelbau in der WHI und Fachgruppe des Orgel-, Harmonium- und Glockenbau-Handwerks im Reichsinnungsverband des Musikinstrumenten-Handwerks) über. Die Auflösung geschah im Einvernehmen mit den Vorstandsmitgliedern (7 waren dafür, 1 dagegen) auf Antrag durch den Reichswirtschaftsminister, da die rechtlichen Voraussetzungen für eine satzungsgemäße Selbstauflösung (Mitgliederversammlung und $^2/_3$-Mehrheit) nicht gegeben waren.

6. Neubeginn als Bund Deutscher Orgelbaumeister nach dem Zweiten Weltkrieg (1946–1990)

Nach dem Zusammenbruch des Dritten Reiches und der totalen Niederlage Deutschlands erschien die Zukunft des deutschen Orgelbaues angesichts der noch vielen in Gefangenschaft befindlichen, gefallenen, vermißten oder aus den Ostgebieten vertriebenen Orgelbauer und zahlreicher ausgebombter Betriebsstätten zunächst hoffnungslos. Doch schneller als von den kühnsten Optimisten erwartet, begann sich das wirtschaftliche Leben wieder zu rühren; die intakt gebliebenen Betriebe nahmen die Arbeit wieder auf, und die hauptsächlich in den Jahren 1945 und 1946 aus der Gefangenschaft heimkehrenden Orgelbauer konnten wenigstens zum Teil wieder an ihre alten Arbeitsplätze zurückkehren. Im März 1946 konnte Hans Steinmeyer, der sich noch immer als früherer Verbandsvorsitzender auch für den Neubeginn der Verbandsarbeit verantwortlich fühlte, von seinem Betrieb berichten, „daß wir seit Monaten wieder tüchtig im Orgel- und Harmoniumbau arbeiten und die Stärke unserer Belegschaft sich nahezu der im Frieden nähert. Aufträge sind in noch nie dagewesener Zahl vorhanden". Große Sorge machte allerdings die Materialknappheit; denn der von sehr verschiedenen Rohmaterialien abhängige und durch die repressiven kriegswirtschaftlichen Maßnahmen weitgehend ausgeblutete Orgelbau bekam das gesamtwirtschaftliche Desaster sehr zu spüren.

Neben Hans Steinmeyer bemühten sich auch andere ehemalige Verbandsmitglieder um die Anknüpfung von Kontakten, um den von den Nazis abgewürgten Verband wiederaufleben zu lassen. Insbesondere der frühere Syndikus Ludwig Kretzschmar, der in Bünde (Westfalen) untergekommen war, befaßte sich im Auftrag des Wirtschaftsverbandes Holzverarbeitende Industrie mit der Gründung von Fachvereinigungen in der Klavier-, Orgel- und Harmonium-Industrie, und nahm erste Kontakte mit den Herren Hammer und Furtwängler auf, die ja zunächst nur innerhalb der einzelnen Besatzungszonen erfolgen konnten. Von Anfang an war man sich darüber im klaren, daß es wieder einen einheitlichen Orgelbauerverband geben müsse, ein Zusammengehen mit den anderen Musikinstrumenten-Herstellern der Eigenständigkeit des Orgelbaues wegen nicht in Frage kommen dürfe. Kretzschmar brachte das am 18. 3. 1946 in einem Brief zum Ausdruck:

„Unser Erwerbszweig fällt ja insofern aus dem Rahmen des üblichen heraus, als er nicht so sehr unter gewerblichen, als vielmehr unter künstlerischen und kulturellen Gesichtspunkten zu werten ist. Immer wieder ist die freie Entfaltung des bisher geknebelten deutschen Geisteslebens propagiert worden. Der Orgelbau ist nur Träger, nur materieller Ausdruck eines musikalischen und kirchlichen Geisteslebens. Es hieße aber das musikalische Geistesleben geradezu beschränken, wenn man auch ihm die anderswo vielleicht noch eher ertragbaren engen Zonengrenzen anlegen wollte. Für den Abnehmer eines Schlafzimmers oder einer Küche kommt der Hersteller nicht so sehr in Betracht. Für den Orgelbau ist der Hersteller aber Wesensmerkmal der Ausführungsart. Jeder Betrieb baut im künstlerischen anders geartete Orgeln. In diesem höheren Sinne sind die Orgelbaubetriebe keine Angelegenheit auch nur Deutschlands allein, sondern des gesamten mitteleuropäischen Kulturraumes. "

In der amerikanischen Zone bemühten sich Steinmeyer, Walcker und Weigle, die alten Kontakte neu zu knüpfen. Für die französische Zone wurde Welte in Freiburg vorgeschlagen. Auch Laukhuff, dessen Betrieb in Weikersheim zerstört war, drängte auf

Zusammenschluß; ab Frühjahr 1946 standen die größeren Betriebe miteinander in Briefkontakt, für ein Treffen waren die Verkehrsverhältnisse noch zu schlecht. Begünstigend wirkte sich die Tatsache aus, daß der Orgelbau ein für den Export geeigneter Wirtschaftszweig ist und damit lebensnotwendige Devisen für die Lebensmitteleinfuhr beschaffen könnte.

Am 23. November 1946 trafen sich mehrere Orgelbauer in Herford zur Gründungsversammlung des Bundes Deutscher Orgelbaumeister; ein Protokoll liegt über dieses Treffen nicht vor. Zum neuen Vorsitzenden wurde Hans Klais, Bonn, gewählt. Mit ihm kümmerte sich ab 1947 Ludwig Kretzschmar hauptsächlich um den organisatorischen Aufbau des BDO, zumal er auch mit der Neuorganisation der Fachverbände der Holzindustrie betraut war. Er führte die Verhandlungen mit der Verwaltung für Wirtschaft des Vereinigten Wirtschaftsgebietes (zuerst die Bizone, der sich dann 1947 auch die französische Zone anschloß), der Vorläuferin des späteren Bundeswirtschaftsministeriums, die ihren Sitz ursprünglich in Frankfurt-Höchst hatte.

Das Jahr 1948 brachte mit der Währungsreform am 20. Juni ein Ende der inflatorischen Entwicklung der Nachkriegsjahre. Damit begann ein ungeahnter wirtschaftlicher Aufschwung; aber die Schwierigkeiten und Probleme in der „Geburtsstunde des deutschen Wirtschaftswunders" mußten bewältigt werden. Daher trafen sich die Orgelbauer vom 24. – 26. September 1948 in Rothenburg, um über Satzungs- und Preisfragen, Probleme bei der Materialbeschaffung, der Ausbildung, des Exports und über Tarifabschlüsse auszusprechen. Im Vordergrund standen die Kapitalnot nach der Währungsreform, die Beschaffungsschwierigkeiten bei Eisenteilen und Leder und die Preissteigerungen bei Holz und Nichteisenmetallen.

Mit der Gründung der Bundesrepublik Deutschland 1949 stabilisierte sich die wirtschaftliche Lage endgültig; naturgemäß traten in diesem Stadium Verbandsfragen hinter die Existenzfragen der Mitgliedsfirmen zurück. Die Orgelbauer trafen sich anläßlich der 1. Musikinstrumentenmesse nach dem Zweiten Weltkrieg in Mittenwald zu einer Besprechung. Erörtert wurden Fragen der Preisunterbietung und des Sachverständigenwesens; erstmals wurde in Mittenwald eine elektronische „Orgel" vorgeführt. Die Orgelbauer erkannten sofort die Gefahr, die aus dieser Instrumentengattung auf sie zukommen würde, und nahmen sich vor, eine Aufklärungsschrift darüber für die Kirchenbehörden und Geistlichen in Auftrag zu geben. Geschehen ist allerdings nichts. Eine für den Herbst nach Boppard geplante Hauptversammlung wurde verschoben. Mit dem Inkrafttreten des ersten Manteltarifvertrages waren seit 1949 auch die arbeits- und tarifrechtlichen Fragen neu geregelt.

1950 drohte die Einführung der sog. Luxus- oder Aufwandssteuer; hier konnte sich der Verband mit guten Argumenten an der Abwehr dieses Finanzierungsinstruments der Bundesregierung beteiligen. Steuerpolitisch weniger erfolgreich waren die Verhandlungen um die Umsatzsteuer, für die man den ermäßigten Satz (wie für Großhändler) forderte, was aber nicht durchzusetzen war. Erreicht wurde jedoch, daß die sog. Zusatzumsatzsteuer für Orgeln nicht erhoben zu werden brauchte.

Mit der Verlegung der Geschäftsstelle nach Bonn 1951 war die Phase der Reaktivierung des Verbands weitgehend abgeschlossen; aber innerhalb drohte erneut der alte Gegensatz zwischen Industrie und Handwerk auszubrechen, wie er schon im Dritten Reich durch Herzbergs Intrigen ausgelöst und dann zur politischen Ausschaltung benutzt worden war. Höhepunkt war 1952 die Gründung einer Arbeitsgemeinschaft der Vollorgelbauer auf Betreiben von Kemper und Walcker, die sich jedoch nicht lange hielt. Unterstützt wurden diese Tendenzen auch vom Bundesverband der Deutschen Industrie (BDI), der die Handwerksbetriebe naturgemäß weniger schätzte. Wäre es nicht gelungen, diese Bestrebungen einzudämmen, hätte der BDO einen völlig anderen Weg eingeschlagen, der gerade seiner inneren Zielsetzung zuwidergelaufen wäre.

Die erste Nachkriegs-Generalversammlung fand 1951 in Düsseldorf statt. Auf Anweisung des Bonner Wirtschaftsministeriums mußte die Satzung geändert werden. Es beanstandete in § 3 (Mitgliedschaft), daß nur derjenige als Mitglied aufgenommen werden kann, der „die dafür notwendigen persönlichen Fähigkeiten besitzt", als zu unbestimmt und in das Belieben einzelner gestellt. Es müßten vielmehr feste Regeln für die Aufnahme gegeben sein. Als Voraussetzung wurde daraufhin die Meisterprüfung mit selbständiger oder hauptberuflicher Führung eines Orgelbaubetriebs oder ausnahmsweise eine mehrjährige berufliche Tätigkeit im Orgelbau in der Satzung festgelegt.

Aus der Verbandsarbeit der 1950er Jahre sollen hier nur einige Schwerpunkte genannt werden:

1. Die Dekartellisierungspolitik der Alliierten seit 1945 führte zum Kartellgesetz (Gesetz gegen Wettbewerbsbeschränkungen), das Preisabsprachen, wie sie ja die Mindestpreislisten darstellten, verbot. Durch die Bildung eines Kalkulationsausschusses, der die Grundlagen der Preisermittlung für die Mitglieder erarbeiten sollte, versuchte man dieser fundamentalen Einschränkung zu begegnen (1951).

2. Wie bereits angedeutet, wurde die Verbandsleitung in Fragen des Umsatzsteuersatzes beim Bundeswirtschaftsministerium vorstellig.

3. Die Befürchtung, daß sich die Elektronenorgel immer mehr gegenüber der Pfeifenorgel durchsetzen könnte, beunruhigte in zunehmenden Maße die Mitglieder des Verbands; Gegner und Befürworter der neuen Instrumentengattung lieferten sich Streitgespräche bei Tagungen, Ausstellungen und in den Fachzeitschriften, die schließlich zur rechtlichen Auseinandersetzung im sog. Orgelnamen-Prozeß führten.

4. Bei der Neufassung der Lieferungsbedingungen geht es hauptsächlich um die Frage, ob Kost und Logis in das Angebot einbezogen werden sollen. Man entschied sich (1953) dafür, Kost und Logis aus dem Angebot herauszulassen, um gegebenenfalls Naturalienleistungen zu ermöglichen, und darauf in den Lieferungsbedingungen hinzuweisen.

5. Das Berufsbild des Metallpfeifenmachers wird entwickelt und mit den Gewerkschaften abgestimmt (1953).

6. Die 1951 von Karl Bormann und Walter Supper gegründete „Gesellschaft der Orgelfreunde" (GdO) als Vereinigung für alle, die mit der Orgel verbunden sind, bot auch den Orgelbauern eine Chance der Mitwirkung; so empfahl der BDO von Anfang an seinen Mitgliedern den Beitritt; Hans Klais und Friedrich Weigle gehörten dem Vorstand an. Es war eine kluge Entscheidung, die gemeinsamen Interessen im Vordergrund zu sehen und nicht mehr die seit den Jahren der Orgelbewegung bestehenden unterschiedlichen Auffassungen in der Windladenfrage, die sich ohnehin immer mehr entschärfte, da auch die Orgelbauer die Vorzüge der Schleiflade erkannten bzw. zuzugeben bereit waren.

Neubeginn nach dem Zweiten Weltkrieg (1946–1990)

Schwerpunkte der 1960er Jahre waren zum einen der Orgelnamen-Prozeß, der fast das ganze Jahrzehnt über durch mehrere Instanzen andauerte und mit einem Vergleich endete. Sodann die Einführung der neuen Mehrwertsteuer, das Aushandeln eines neuen Verfahrens zur Nachberechnung von Lohnerhöhungen (1964); die Diskussion der Spieltischnormen durch den Normenausschuß, und als Reaktion auf den unbefriedigend ausgegangenen Orgelnamen-Prozeß die Flucht nach vorne durch größere Anstrengungen auf dem Gebiet Öffentlichkeitsarbeit. Das Jahrzehnt war auch geprägt durch den Wechsel im Vorsitz: 1964 legte Hans Klais aus gesundheitlichen Gründen das Amt des Vorsitzenden nieder, das er fast zwei Jahrzehnte ausgeübt hatte. Es folgte ihm Alfred Führer für 3 Jahre; er konnte ebenfalls aus gesundheitlichen Gründen das Amt nicht weiterführen. Darauf übernahm 1967 Fritz Steinmeyer den Vorsitz für 7 Jahre.

Die wirtschaftliche Rezession machte sich 1968 auch im Orgelbau bemerkbar, nachdem die vorausgegangenen beiden Jahrzehnte der Branche einen wahren Boom gebracht hatten. Als Folge des Auftragsrückganges verschärfte sich der Wettbewerb; die Gesellschaftskritik erreichte 1968 ihren Höhepunkt (Studentenrevolte) und löste Reformbestrebungen bei den Kirchen aus, die dort schließlich zu einer Anti-Orgel-Einstellung führte: Brot für die Welt sei wichtiger als eine Orgel. Man befürchtete daher die Verdrängung der Orgel durch die billigeren Elektronien, eine Befürchtung, die sich allerdings als unbegründet erwies. In dieser Situation wirkte sich der Orgelimport aus der DDR mit staatlich verordneten Niedrigpreisen besonders verheerend auf die westdeutschen Orgelbauwerkstätten aus. Der BDO suchte den anstehenden Problemen besonders in den 70er Jahren durch verschiedene Maßnahmen zu begegnen: der wenig aussichtsreiche Vorstoß zur Reduzierung der Mehrwertsteuer für Orgeln aus künstlerischen Gründen; Verstärkung der Öffentlichkeitsarbeit durch Einschaltung der Medien; verbesserte Informationen über Kalkulationen und betriebliches Rechnungswesen; Marktforschung zur Bedarfsermittlung für etwa fünf Jahre.

Von herausragender Bedeutung waren in jenen Jahren die beiden Normenkongresse in Loccum 1970 und 1971, die eine große Zahl von maßgebenden Fachleuten zu einer breit angelegten Diskussion zusammenführte und allgemein anerkannte Ergebnisse erzielte, die 1972 zur Drucklegung der „BDO-Spieltisch-Normen" führten, die auch heute noch als Standard für viele Orgelausschreibungen in Gebrauch sind. Der Prozeß der Spieltischgestaltung bleibt aber weiterhin in der Diskussion, weil die zunehmende Einführung von elektronischen Setzern und Spielhilfen neue Normierungsmaßnahmen erfordert; denn jede Modernisierung am Bedienungsteil der Orgel muß benutzereinheitlich erfolgen.

Die Öffentlichkeitsarbeit und Werbung für die Pfeifenorgel in den 70er Jahren sollte nicht ohne Erfolg bleiben; wenn auch einzelne Veröffentlichungen (Spiegel) oder eine Fernsehreportage des WDR bei Klais im Kreise der Orgelbauer umstritten blieben, so erreichte die Kampagne mit Flugschriften und Broschüren doch zumindest bei den Kirchenleitungen eine stärkere Rückbesinnung auf die Pfeifenorgel und einer Wende in der Anti-Orgel-Einstellung. Die Konkurrenz der Elektroniumfabriken war zwar nicht auszuschalten, aber die Überlegenheit der Pfeifenorgel wurde nun von kirchlicher Seite kaum mehr in Frage gestellt.

Bei dieser kulturpolitischen Auseinandersetzung war nicht nur der enge Kontakt zur GdO, die in die gleiche Richtung zog, von Vorteil. Er brachte darüberhinaus einen schöpferischen Gedankenaustausch zwischen den beiden Organisationen zustande, der zu einer fortschreitenden Annäherung in wichtigen Fragen des Orgelbaues führte. So wurden nicht nur die Maßnahmen und Techniken auf dem Restaurierungssektor durch die Orgeltagungen, Vorträge und Fortbildungsveranstaltungen kooperativ auf einen hohen Stand gebracht, sondern auch mit der Wiedereinführung der mechanischen Spieltraktur schon seit den 50er und 60er Jahren, der Entwicklung elektrischer Schleifenbetätigungen im Zusammenhang mit den Setzerkombinationen und schließlich der Einführung von Doppeltrakturen gemeinsame Wege beschritten. Die gegenseitige Befruchtung fand nicht zuletzt auch im Bereich von Disposition und Intonation statt. War man noch bis weit in die 60er Jahre romantikfeindlich eingestellt, so trat gerade in den 70er Jahren eine Rückbesinnung auf die bisher verfemte Zeit und ihre Orgelwerke ein mit der Folge, daß nun auch die romantischen Orgeln, soweit sie noch nicht entstellt oder vernichtet waren, schutz- und restaurierungswürdig erschienen. Auch die Einflüsse anderer europäischer Orgelbaustile, z. B. aus Spanien und besonders aus Frankreich, setzten sich verstärkt durch. Daß der deutsche Orgelbau seitdem einem neuen Höhepunkt zustrebt, der nicht nur Quantität durch überlegene Qualität ersetzt, sondern sich auch stilistisch aus den neobarocken Fesseln der verlängerten Orgelbewegung befreit, kann heute nicht mehr bezweifelt werden.

Eine wichtige Rolle bei dieser Entwicklung spielte auch die Zusammenarbeit des BDO mit der Arbeitsgemeinschaft der Orgelsachverständigen seit der gemeinsamen Tagung in Achern 1973. Etwa alle 3 Jahre werden diese gemeinsamen Tagungen wiederholt und thematisch aufeinander abgestimmt. Dadurch wird nicht nur das seit Jahrzehnten gespannte Verhältnis zwischen Orgelbauern und Sachverständigen wesentlich entschärft, werden Gegensätze abgebaut, sondern es kommt zu einer breiten Diskussion von Themen, die beide Organisationen angehen, aus unterschiedlichen Blickwinkeln.

Die Themenpalette umfaßt bereits ein bedeutendes Angebot von Orgelbaufragen, die in den letzten anderthalb Jahrzehnten diskutiert wurden: Ausschreibung von neuen Orgeln, Restaurierung von Denkmalorgeln, Holzbearbeitung, Akustik und Gehäusekonstruktion (1973), Vorführung von neu entwickelten Setzerkombinationen (1974), Rechtsprobleme bei der Orgelabnahme, Möglichkeiten der einmanualigen Orgel, Ehrenrettung der romantischen Orgel; Ausbildung von Orgelsachverständigen (1976), Qualitätsmerkmale im Orgelbau (1977 und 1982), die Entdeckung des „atmenden" Orgelwindes (1978), Orgelpflege- und Stimmverträge, Begriffsbestimmung Rekonstruktion – Restaurierung (1979), die handwerkliche Ästhetik im Orgelbau, Vorschlag zur Einführung des Berufs „Orgelbautechniker" (1980), Durchführung und Auswertung eines Orgelbau-Wettbewerbs (1981), Richtlinien für Wartungen und Stimmungen (1984), Erstellung eines Merkblatts über Heizen und Lüften (1985), Erweiterung der Spieltischnormen durch neue Setzerkonstruktionen (1985–87), Orgelbau-Musterverträge, Erfahrungen mit der elektronischen Datenverarbeitung (EDV) in einem Orgelbaubetrieb (1988), Prospektgestaltung, Musterkalkulationen.

II.
ORGANE DES VERBANDES

1. Vorstände und Beiräte

Laut Satzung (§§ 8, 9) besteht *der Vorstand* „aus dem Vorsitzenden, dem stellvertretenden Vorsitzenden und mindestens drei weiteren Vorstandsmitgliedern, von denen eines die Aufgabe des Schatzmeisters zu übernehmen hat.

Der stellvertretende Vorsitzende wird vom Vorstand gewählt.

Der Vorsitzende und der stellvertretende Vorsitzende vertreten den BDO jeweils einzeln gerichtlich und außergerichtlich im Sinne von § 26 BGB.

Der Vorstand hat folgende Aufgaben:

a) Durchführung der Beschlüsse der Mitgliederversammlung.

b) Ausarbeitung des Haushaltsplanes zur Vorlage an die Mitgliederversammlung.

c) Ausarbeitung von Vorschlägen über Höhe und Einziehung der Mitgliedsbeiträge zur Vorlage an die Mitgliederversammlung.

d) Bestellung der Geschäftsführung.

Der Vorstand faßt seine Beschlüsse mit einfacher Mehrheit. Kommt ein Mehrheitsbeschluß nicht zustande, entscheidet die Stimme des Vorsitzenden.

Der Beirat besteht aus acht Mitgliedern, von denen zwei Bestandteilehersteller sein sollen. Darüber hinaus kann der Vorstand mit $^2/_3$-Mehrheit weitere Beiratsmitglieder kooptieren. Die Amtsdauer beträgt wie für den Vorstand und den Rechnungsprüfer zwei Jahre. Mitglieder des Beirats bleiben bis zur Neuwahl im Amt.

Der Beirat hat den Vorstand bei der Durchführung seiner Aufgaben zu beraten. Die Beratungsergebnisse kommen mit einfacher Stimmenmehrheit zustande. Bei den Sitzungen des Beirates hat die Geschäftsführung beratende Stimme.

Eine Beiratssitzung ist vom Vorsitzenden einzuberufen, wenn $^2/_3$ der Beiratsmitglieder dies schriftlich unter Angabe der Gründe bei der Geschäftsführung beantragen.

Beiratssitzungen sollen im Regelfall als gemeinsame Sitzungen des Vorstandes und Beirates einberufen werden.

Der Beirat kann auch schriftlich und fernmündlich befragt werden."

Die Satzungsbestimmung gemeinsamer Sitzungen von Vorstand und Beirat wurde beim Eintritt des jetzigen Geschäftsführers Anton B. Rösch neu aufgenommen und hat sich sehr bewährt. Vorher kam der Beirat zwischen den Jahrestagungen nur sehr selten (um nicht zu sagen nie) zusammen; das führte leicht zu einem gewissen Konkurrenzdenken zwischen den beiden Gremien, was für den Verband natürlich alles andere als förderlich war.

Organe des Verbandes

Die Reihe der Vorsitzenden kann, abgesehen von einer Unsicherheit in den Jahren 1908 bis 1918, aus den Unterlagen rekonstruiert werden:

1. *Oskar Schlag* (16. Juni 1848 Schweidnitz – 26. November 1918 ebenda) trat 1869 in das väterliche Geschäft als Teilhaber ein, lernte bei Willis in London den Bau von Hochdruckregistern kennen und konnte mit seinem Bruder Theodor Schlag den Betrieb von 1869–1914 zum größten in Schlesien mit etwa 120 Beschäftigten ausweiten, wofür beide 1900 den Titel „Kgl. Hof-Orgelbaumeister" erhielten. Oskar Schlag warb bereits 1891 in der Orgel- und Pianobau-Zeitung (Jg. 3, 393) für die Bildung einer Orgelbauervereinigung und nahm mit seinem Gründungsaufruf im Dezember 1894 die Gründungsinitiative in die Hand. Zu seinen literarischen Arbeiten zählen die „Feinde der Orgel" (ZfI 15 (1894/95), 371) und die technischen Zeichnungen für die 1900 veröffentlichten Spieltischmaße; außerdem zeichnete er wohl maßgeblich verantwortlich bei der Abfassung der Vereinsstatuten. Oskar Schlag war Vereinsvorsitzender von 1895 bis 1906. Er trat zurück, da er sich aus dem Geschäftsleben zurückgezogen hatte.

2. *Carl Walcker* (6. März 1845 Ludwigsburg – 1908 ebenda) war der älteste Sohn von Eberhard Friedrich Walcker aus dessen 2. Ehe und wurde zweifellos noch vom Vater ausgebildet; seine Stärke lag im kaufmännischen Rechnungs- und Kalkulationswesen, das mit seinem Eintritt in die Firma 1869 auch erstmals zur Anwendung kam. In der Familienchronik heißt es dazu: „Wenn Karl damals nicht rücksichtslos durchgegriffen hätte, wäre es sicher um das Weiterbestehen der Firma geschehen gewesen" (Joh. Fischer, Walcker, 68). „Er hatte neben den geschäftlichen Dingen ein reges Interesse für öffentliche Angelegenheiten und für Aufgaben der allgemeinen Wohlfahrt. So war er Mitglied des Gemeinderats und erhielt den Titel eines Kommerzienrats. Die Repäsentation der Firma war bei ihm in guten Händen" (ebenda, 74). Er war es dann auch, der 1906 in Stuttgart den Orgelbauer-„Verband" begründete und 1907 die erste Minimalpreisliste entwarf, die etwa 4 Jahrzehnte hindurch eine solide Berechnungsgrundlage bei Orgelneubauten gewesen ist, die man im wesentlichen nur der jeweiligen Preisentwicklung anzupassen brauchte. Mit seinem Tod 1908 verlor der Verein den „spiritus rector", der zweifellos die wieder einsetzende Existenzkrise hätte verhindern können. Noch 1921 gedachte man des „genialen Meisters, ... der in seiner edlen Denkungsart und angeborenen Noblesse sein reiches Wissen auf dem Gebiet der Organisation und kommerziellen Geschäftsführung dem Verbande zur Verfügung gestellt" habe.

3. *Adolf Hammer*, Hannover (6. April 1854 Herzberg – 5. März 1921 Hannover) folgte 1883 dem Orgelbauer Pius Furtwängler als Teilhaber in den von Elze nach Hannover verlegten Betrieb, der von da an als „P. Furtwängler und Hammer" firmierte. 1901 erhielt er als Erbauer der 86registrigen Domorgel in Braunschweig den Titel eines Hoforgelbaumeisters, 1914 baute er die von der Fachwelt bewunderte Stadthallenorgel für Hannover mit 128 Registern und allen erdenklichen Spielhilfen; so entwickelte sich das Unternehmen unter seiner Leitung zu einem der bedeutendsten in Deutschland, das von 1883–1921 fast 600 neue Orgeln errichtete. 1906 wurde Adolf Hammer in Leipzig zum 1. Vorsitzenden des Vereins als Nachfolger von Oskar Schlag gewählt und übte es wohl bis 1910 aus. 1918 vertraute man es ihm erneut an. 1919–1921 war er gleichzeitig Gruppenvorsitzender des Bezirks Niedersachsen. Seine Initiative zur Herausgabe von Vereinsmitteilungen (Nr. 1, April 1919) blieb freilich Episode. 1920 legte er auf der Generalversammlung in Ludwigsburg aus gesundheitlichen Gründen den Vorsitz nieder, ein halbes Jahr danach starb er.

Vorstände und Beiräte

4. *(Wilhelm) Eugen Link* (29. November 1855 Giengen – 2. November 1940) war ab 1910 1. Vorsitzender des Vereins bis 1917/18; er kam 1869 in die Lehre und besuchte auf der Wanderschaft folgende Werkstätten: Ladegast (Weißenfels), Böttcher (Magdeburg) 1874, Geisler (Eilenburg), Forster & Andrews (Hull) und Jardin & Comp. (Manchester) 1875; danach war er bei Stahlhuth (Aachen) und noch ein halbes Jahr in Lyon tätig, ehe er Ende 1876 nach Hause zurückkehrte. Von 1886 bis 1921 leitete er die Firma zusammen mit seinem Vetter Christian Link, danach mit seinem Sohn Reinhold Link bis zum Zweiten Weltkrieg. Unter Eugen Links Leitung erlebte die Firma eine Hochblüte mit neuen Absatzgebieten im In- und Ausland, besonders in Belgien, wo eine Niederlassung bestand. Eugen Link war nach seiner Abdankung Mitbegründer der Bezirksgruppe Württemberg des Vereins.

5. *Dr. Oscar Walcker*, Ludwigsburg (1. Januar 1869 Ludwigsburg – 4. September 1948 ebenda) wurde am 30. 8. 1920 in Ludwigsburg, wo anläßlich des 100jährigen Bestehens seiner Firma die Orgelbauertagung stattfand, zum Nachfolger von Adolf Hammer gewählt. Ab 1885 Lehrling im Familienbetrieb, besuchte er anschließend die Kunstgewerbeschule in Stuttgart und wurde schon 1892 Werkführer der Firma, in der er Rationalisierung und Mechanisierung weiter vorantrieb, als er 1899 Verantwortung als Teilhaber und 1916 dann die Alleinverantwortung übernahm. Die Väter der elsässischen Orgelreform (E. Rupp, A. Schweitzer) fanden in ihm den fähigen Partner, der ihre Anstöße beispielhaft verwirklichte in Dortmund, Reinoldi, und Hamburg, Michaelis. 1921 stiftete er dem Freiburger Musikwissenschaftlichen Institut den Nachbau einer Praetorius-Orgel, was ihm die Ehrendoktorwürde der Universität eintrug. Liest man seine persönlichen „Erinnerungen eines Orgelbauers", so erschließt sich ein Leben voller Reisen mit diplomatenhafter Ausstrahlung in vielen Ländern der Welt, die den deutschen Orgelbau in eine Spitzenposition auf der ganzen Erde brachte. 1923 stellte er die mit Hans Luedtke seit 1920 entwickelte Oskalyd-Orgel vor, die dann etwa ein Jahrzehnt lang für zahlreiche Filmtheater gebaut wurde. 1926 bereitete er mit W. Gurlitt zusammen die 2. Orgeltagung in Freiburg i. Br. vor, auf der noch die ungetrübte Begeisterung über die neue deutsche Orgelbewegung Wellen schlug. 1927 wurde wohl auf seine Initiative hin die Ludwigsburger Orgelbaufachschule gegründet. Im gleichen Jahr legte er den Vorsitz im Verband nieder; als 2. Vorsitzender stellte er sich aber noch viele Jahre, besonders in den Jahren der nationalsozialistischen Herrschaft und des Zweiten Weltkrieges, dem Verband zur Verfügung. 1935–1937 war er erneut Verbandsvorsitzender.

6. *Emil Hammer*, Hannover (28. Februar 1878 Wesermünde – 3. Dezember 1958 Hannover) wurde am 10. 9. 1927 in Magdeburg zum 1. Vorsitzenden gewählt. Er erwarb seine Fachkenntnisse in der väterlichen Werkstatt, darüber hinaus u. a. in Holland, England und an der TH Karlsruhe, und übernahm die nach dem Tod seines Onkels Adolf Hammer zunächst von Walter Hammer weitergeführte Firma als Alleininhaber im Jahre 1937. Unter seiner Mitarbeit brach für die Firma eine Blütezeit an, als sie 1926 mit Mahrenholz die erste Orgel der neuen Orgelbewegung für die Marienkirche in Göttingen baute, der weitere Instrumente im neuen Geiste folgten. Die Jahre seiner Amtszeit als Verbandsvorsitzender waren sehr bewegt: 1928 richtete er die Berliner Tagung mit Prof. Biehle aus, um den einseitigen Bestrebungen der Orgelbewegung den Standpunkt der Orgelbauer entgegenzustellen, und sorgte für den Druck des Berichts. 1929 Unterstützung der neuen Zeitschrift „Musik und Kirche" durch Einsendung von Dispositionen. Er riet aber von Reklame und Werbung ab. 1930 Veröffentlichung einer Schrift über „Kirchenheizungen"; 1931 Durchführung einer

Betriebsstatistik; 1932 Distanzierung von der TAGO („Technisch-wissenschaftliche Arbeitsgemeinschaft und Gesellschaft für Orgelbau"); Verabschiedung der Spieltischnormen; 1933 Auseinandersetzungen mit Th. Herzberg im Zuge der Gleichschaltung; Unterschrift unter die „Erklärung" der Führer der deutschen Orgelbewegung; 1934 kommissarischer Vorsitzender der „Fachschaft 5, Verband der deutschen Orgelbauer und Glockengießer" im Fachverband Musikinstrumentengewerbe für kurze Zeit. Da die Zugehörigkeit zur Reichs-Musik-Kammer (RMK) umstritten ist, wird der Fachverband liquidiert und der Industrie bzw. dem Handwerk zugeteilt. 1935 Ehrengerichtsordnung und Schiedsgerichtsvertrag.

7. *Dr. Oscar Walcker*, Ludwigsburg, war von 1935 bis 1937 ein zweites Mal Verbandsvorsitzender. In dieser Zeit wurde der Orgelbauerverband formell in einen Kartellverband umgewandelt, womit er seine Selbständigkeit auf Jahre hinaus wahren konnte (vgl. Nr. 5).

8. *Hans Steinmeyer*, Oettingen (6. August 1889 Oettingen – 3. Januar 1970) war Vorsitzender in den schwierigen Jahren 1937 bis zur Auflösung des Verbands 1943. Seine Ausbildung erfolgte in Oettingen und am Polytechnikum in Nürnberg. Danach bildete er sich weiter bei Klais (Bonn), in Boston und New York (USA) 1913–1920. 1924 wurde er Teilhaber und 1928 Chef der Firma, die mit dem Bau der Passauer Domorgel dem spätromantischen Orgelbau einen Höhe- und Schlußpunkt gesetzt hatte und mit der einsetzenden Orgelbewegung zu Weltgeltung gelangte. Auch in der Nachkriegszeit blieb Hans Steinmeyer der führende Meister im bayerisch-süddeutschen Raum. Unter ihm entstanden über 700 Orgeln und 1963 ein großzügiger Werkstattneubau, bis er 1967 die Geschäftsleitung seinem Sohn Fritz übertrug. Hans Steinmeyer war 2. Bürgermeister in seiner Heimatstadt, Träger des Bundesverdienstkreuzes, Ehrenbürger von Oettingen, kurz – ein „Grandseigneur seiner Generation", wie es in einer Würdigung heißt (Musikinstrument 1970, 376).

9. *Hans Klais*, Bonn (3. August 1890 Bonn – 9. Oktober 1965 ebenda) war Vorsitzender von 1948 bis 1964, nachdem sich der Verband seit 1946 unter der Initiative Hans Steinmeyers und des bisherigen Geschäftsführers Kretzschmar in Herford wieder zusammengefunden, aber noch nicht konstituiert hatte. Hans Klais war als Orgelbauer mit Abitur dual ausgebildet, studierte an der Universität Bonn und vertiefte seine Berufskenntnisse bei Rinckenbach und Steinmeyer, ehe er 1921 den Betrieb seines Vaters übernahm. Nach mehreren Studienreisen brachte er eine neue Tendenz in die Firma, indem er die in Frankreich gewonnenen Eindrücke von Cavaillé-Coll-Orgeln verwertete und mit den neuen Ideen der Orgelbewegung zur typischen Klais-Orgel verknüpfte. Dabei wurde unter dem Einfluß von Bauhaus-Architekten auch ein eigenwilliger, offener Werkprospekt-Stil zum Markenzeichen. Nach dem Zweiten Weltkrieg setzte sich die Aufwärtsentwicklung fort, so daß die Firma Klais heute Weltgeltung besitzt. In die Zeit von Hans Klais fielen nicht nur der schwierige Neubeginn nach der Währungsreform und die Unterwerfung unter das Kartellgesetz, das die mit den bisherigen Richtpreisen verbundene Preisabsprache bei Angeboten verbietet, sondern auch das Arrangement mit der 1952 gegründeten „Gesellschaft der Orgelfreunde" (GdO); damit setzten sich nun nachträglich manche Ideen der Orgelbewegung durch, z. B. die Wiedereinführung der Schleiflade, eine historisierende Intonationspraxis und die Wiedereinführung geschlossener Orgelgehäuse. Von Anfang an schaute der Verband, der seit der Wiederbegründung in „Bund deutscher Orgelbaumeister (BDO)" umbenannt worden war, mit Argwohn auf die aufkommenden elektronischen Orgelimitationen, die sich den Namen „Orgel" zulegten. Daher

Vorstände und Beiräte

Oskar Schlag

Carl Walcker

Eugen Link

Adolf Hammer

Dr. h. c
Oscar Walcker

Emil Hammer

strengten sieben Mitglieder des BDO 1959 den sog. Orgelnamen-Prozeß an, um von vorneherein klare Verhältnisse zu schaffen. Den Ausgang des Prozesses erlebte Hans Klais nicht mehr.

10. *Alfred Führer*, Wilhelmshaven (8. November 1905 Wilhelmshaven – 27. Mai 1974 ebenda) übernahm den Verbandsvorsitz 1964, mußte ihn aber schon 1967 vorzeitig aus gesundheitlichen Gründen abgeben. Führer war ein Schüler von Hammer und kam über die Schweiz nach Amerika, ehe er sich 1933 in seiner Heimatstadt selbständig machte. Von den historischen Orgeln Frieslands angeregt, baute er nur Schleifladenwerke und führte vorbildliche Restaurierungen durch. In seiner kurzen Amtszeit fand die Einführung der Mehrwertsteuer statt, entfaltete der Normenausschuß neue Tätigkeiten und zeichnete sich ein Vergleich beim Orgelnamen–prozeß ab.

11. *Fritz Steinmeyer*, Oettingen (*8. Dezember 1918 Oettingen) wurde am 3. Juni 1967 zum Vorsitzenden gewählt. Gleichzeitig wurde sein Vater Hans Steinmeyer zum Ehrenvorsitzenden berufen. Fritz Steinmeyer führte den Verband bis 1974. Zu den neuen Aktivitäten gehörten verstärkte Aufklärung und Informationen für die Mitglieder, intensive Arbeit des Normenausschusses in Kooperation mit der GdO, Öffentlichkeitsarbeit auf breiter Basis und Beendigung des Orgelnamenprozesses durch einen Vergleich. 1973 wurde auch die Zusammenarbeit mit der Arbeitsgemeinschaft der Orgelsachverständigen auf einer gemeinsamen Tagung in Achern eröffnet.

12. *Hans Gerd Klais*, Bonn (*2. Dezember 1930 Bonn) führt den BDO seit Juni 1974 bis heute. Seine Ausbildung vollzog sich wie bei seinem Vater dual mit Lehre, Abitur, Studium und Studienreisen zu in- und ausländischen Orgeln, bis er sich wegen der Erkrankung des Vaters 1955 ganz der Firmenarbeit widmen und 1965 die Gesamtleitung übernehmen mußte. Er konnte die führende Position des Hauses weiter ausbauen und mit begabten Mitarbeitern beispielgebende Orgelwerke erbauen. Im BDO und anderen Verbänden sind seine zahlreichen Veröffentlichungen und Vorträge zum Thema Orgel geschätzt. Der Verbandsarbeit gibt er Profil und vielfältige Anstöße, sei es bei technischen Neuerungen (Setzer), in Stilfragen (romantische Orgel), im Sachverständigenwesen, bei der Festsetzung von Qualitätsmerkmalen und der Qualitätsförderung, Verhandlungen mit den Kirchenleitungen über Vertragsangelegenheiten, Orgelbauwettbewerbe, Musterverträge und im Ringen um Vergütungen für die Orgelbauer bei Ausschreibungen, die nicht zum Auftrag führen, um die wichtigsten zu nennen.

Die Vorstandsmitglieder wurden zunächst jährlich neu- oder wiedergewählt. Daher ist es bei den lückenhaft vorliegenden Quellen nicht mehr möglich, für jedes Jahr, oder bei gleichbleibender Zusammensetzung bis zum nächsten Wechsel die Namen anzugeben. Soweit bekannt, sind sie nachstehend chronologisch, aber nach Funktion getrennt, angegeben:

Stellvertretende bzw. 2. Vorsitzende:

Ab 1895	Carl Walcker, wahrscheinlich bis 1906, danach 1. Vorsitzender
1906–1918	unbekannt
1918	Eugen Link
1919– ca. 1936/37	Dr. Oscar Walcker
1937– ca. 1941	Dr. Alfons Goebel

Vorstände und Beiräte

Hans Steinmeyer

Hans Klais

Alfred Führer

Fritz Steinmeyer

Hans Gerd Klais

1941–1943	Dr. Oscar Walcker
1948–1966	Michael Weise
1966–1976	Rudolf von Beckerath
1976–1984	Fritz Steinmeyer
1984–1988	Richard Rensch
seit 1988	Horst Hoffmann.

Organe des Verbandes

Weitere Vorstandsmitglieder einschließlich Schriftführer und Kassierer:

Franz Eggert	1895 ff.	Willi Peter	1952–1966
Johannes Steinmeyer	1895–1919	Hans Wolf Knaths	1966–1984
Emil Jehmlich	1919–1928	Karl Schuke	1966–1974
Seifert	1919–?	Fritz Steinmeyer	1966–1968,
Wilhelm Schwarz	1919–1931	danach 1. Vorsitzender,	
Franz Breil	1919–?	dann wieder	1974–1976,
Ludwig Rohlfing	1919–1934	danach 2. Vorsitzender	
Heinrich Rohlfing	1934–?	Detlef Kleuker	1977–1986
Hans Steinmeyer	ca. 1925– ca. 1936,	Wolfgang Theer (Fa. Schuke)	1984–1986,
danach 1. Vorsitzender,		Hans Gerd Klais	1967–1974,
dann wieder	1948–1967	danach 1. Vorsitzender	
Hans Klais	1929–1943,	Richard Rensch	1974–1984,
nach der Wiedergründung		danach 2. Vorsitzender	
1. Vorsitzender		Otto Heuss	seit 1984,
Karl Berschdorf	1930–1934	Horst Hoffmann	1986–1988,
Paul Rother	1932–1934	danach 2. Vorsitzender	
Friedrich Weigle	ca. 1934–43	Georg Jann	seit 1986,
Wilhelm Laukhuff	?–1943	Wolfgang Oberlinger	seit 1988,
Friedrich Weißenborn	1948–1952	Christhard Rensch	seit 1988.

Seit 1928 sind die **Ersatzmitglieder** des Vorstandes teilweise bekannt:

Franz Breil	?–1928	Dr. Karl Späth	1928–1929
Gustav Heinze	1928–32	Karl Berschdorf	1929
Dr. Alfons Goebel	1928–29	Paul Rother	1930–1931

Der **Beirat** hieß ursprünglich **Vorstandsausschuß** und setzte sich folgendermaßen in zeitlicher Aufeinanderfolge zusammen, soweit die Jahrgänge bekannt sind:

1895	1920	1921	1928
Dinse	Voit	Voit	Voit
Ernst Röver	L. Steinmeyer	W. Strebel	W. Strebel
Grüneberg	A. Hammer	E. Hammer	Rühlmann
Rühlmann	Ruther (Fa. Wilh. Sauer)	Ruther	Ruther
Emil Jehmlich	B. Jehmlich	B. Jehmlich	B. Jehmlich
	Feith	Feith	Feith
	Faust	Faust	Faust
	Weigle	Weigle	

1948–52	1953	1956	1959
Eisenbarth	Eisenbarth	Breil	Breil
Euler	Euler	Eisenbarth	Eisenbarth
Furtwängler	Kamp	Euler	Euler
Goebel	Knaths	Kamp	Kamp
Kamp	Laukhuff	Knaths	Knaths
Laukhuff	Rohlfing	Laukhuff	Laukhuff
Späth	Späth	Rohlfing	Rohlfing
Walcker-Mayer	Walcker-Mayer	Späth	Späth

1964	1966	1968–70	1972
v. Beckerath	Breil	Breil	Breil
Breil	Brunner	Brunner	Eisenbarth
Eisenbarth	Heuss	Eisenbarth	Heuss
Euler	Kleuker	Heuss	Kleuker
Knaths	Laukhuff	Kleuker	Laukhuff
Laukhuff	Nicolaus	Laukhuff	Nicolaus
Rohlfing	Rensch	Nicolaus	Rensch
Späth	Seifert	Rensch	
	Weißenborn		

1974	1976	1978	1980
Eisenbarth	L. Eisenbarth	L. Eisenbarth	Albiez
Heuss	Heuss	Heuss	Heuss
H. Hoffmann	Hoffmann	Hoffmann	Hoffmann
Kleuker	Kleuker	Jann	Jann
Kreienbrink	W. Laukhuff	Nicolaus	H. E. Laukhuff
Laukhuff	Nicolaus	Rohlf	Nicolaus
Nicolaus	Rohlf	Theer	Rohlf
Walcker-Mayer	Weyland	Weyland	Weyland

1982	1984	1986	seit 1988
Albiez	Furtwängler	Wolfgang Bosch	Bosch
Heuss	(Fa. Giesecke)	Furtwängler	Furtwängler
Hoffmann	Hoffmann	Kubak	Kubak
Jann	Jann	Laukhuff	Laukhuff
H. E. Laukhuff	Laukhuff	Nicolaus	Mönch
Nicolaus	Nicolaus	Oberlinger	Naacke
Rohlf	Oberlinger	A. Ott	A. Ott
Weyland	Rohlf	Theer	Theer.
	Weyland		

2. Die General- oder Mitgliederversammlungen

Nach der Satzung (§ 7) soll der Vorstand jährlich eine Mitgliederversammlung mit Angabe der Tagesordnung einberufen; sie ist einzuberufen, wenn es das Interesse des BDO erfordert oder wenn dies ein Drittel der Mitglieder schriftlich unter Angabe der Gründe und des Zweckes beim Vorstand beantragt.

Die Mitgliederversammlung beschließt – außer bei Satzungsänderungen oder Auflösung des Vereins – mit einfacher Mehrheit der anwesenden Mitglieder. Die in der Mitgliederversammlung gefaßten Beschlüsse sind in einer Niederschrift festzuhalten.

Die folgende Liste der Tagungen ist noch unvollständig, da über verschiedene Jahre keine Aktenunterlagen vorhanden sind. Die Aufstellung enthält: Jahr, Ort, Datum, nennenswerte Beratungspunkte und gegebenenfalls die Teilnehmerzahl.

Organe des Verbandes

1895 Leipzig (Dorotheenhof), 12. Februar: Proklamation des Vereins, Wahl des 1. Vorstands, Beratung der Vereinssatzung (37 Teilnehmer).

1896 Leipzig (Fürstenhof), 4. Februar: Artikel „Feinde der Orgel"; Denkschrift an alle Staats- und Kirchenbehörden über die sog. Normalpreise für Orgeln; Beratung über Spieltischmaße.

1897 Leipzig (Fürstenhof), 24. Juni: Festlegung der Manual- und Pedalbreite und der Normalstimmung.

1898 Leipzig (Kaufm. Vereinshaus), 27. Juni: Festlegung der Spieltischmaße abgeschlossen, Zeichnungen geplant; Beratung über Neuregelung der Zollverträge, Vorstand mit Wahrnehmung der Interessen der Orgelbauer beauftragt.

1899 Frankfurt/M (Drexel), 5. Juni: Denkschrift über den deutschen Orgelbau; Festlegung der Garantiezeit.

1900 Leipzig (Kaufm. Vereinshaus), 28. Juni: Zeichnungen mit Spieltischmaßen fanden Anklang und werden von den Behörden verbindlich eingeführt; Einladung zu den Zollverhandlungen angenommen.

1901 Dresden –

1902 Leipzig (Kaufm. Vereinshaus), 10. Juni: Architekten und Behörden sollen auf stärkere Beachtung der Orgel hingewiesen werden; ein Antrag auf Selbstauflösung fand keine Mehrheit.

1903 Leipzig –

1904 Leipzig (Müllers Hotel), 21. März: Prüfungsordnung für Gehilfen und Meister; Registerzahl und Kirchenraum; Präzision der Röhrenpneumatik.

1905 Leipzig (?), 27. Februar: Vereinsabzeichen und Gummistempel eingeführt.

Anzeige in der Zeitschrift für Instrumentenbau, 26. Jg. 1906, Nr. 25, S. 770

1906 Leipzig (Müllers Hotel), 25. Juni: Vortrag Prof. Bartmuß über Disposition und Intonation; Vorführung eines Seraphon-Apparates (Weigle).– In Stuttgart Neubelebung mit Gründung eines Zweitverbandes durch Carl Walcker.

1907 –

1908 –

1909: Erneute Stagnation; Regionaltagungen in München (25. September) und Düsseldorf (28. November); Gefahr der Aufhebung.

1910 Berlin (Architektenhaus), 24. Mai: Minimalpreise; Revidentenwesen; gemeinschaftlicher Materialeinkauf; Vereinigung der 1895 und 1906 gegründeten Vereine.

1911–1917 keine Berichte.

Gruppenfoto ca. 1920; Personen, soweit bekannt:

1. G. Steinmann, 1885–1953; 2. W. Furtwängler, 1875–1959; 3. Fr. Weigle, 1882-1958; 4. P. Rother, 1871–1960; 5. H. Klais, 1870–1965; 7. Fr. Schwarz, ?–1935; 11. E. Jehmlich, 1854–1940; 12. E. Hammer, 1878–1958; 13. Joh. Steinmeyer, 1857–1928; 14. O. Walcker, 1869–1948; 16. F. X. Späth, 1859–1940; 17. A. Feith, 1872–1948; 21. P. Faust, 1872–1953; 22. A. Schuke, 1870–1933; 25. El. Faust

Das Originalfoto wurde von Manfred Schwartz, Köln, im Rahmen seiner Arbeiten über Paul Faust im Sommer 1988 aufgefunden.

Organe des Verbandes

1918 Berlin (Altbayern), 23. Juni: Prospektpfeifenersatz durch Zinkpfeifen; Teuerungszuschlag zu den Mindestpreisen; Gründung einer GmbH für Orgelbaubedarf wird befürwortet (24 Teilnehmer).

1919 Heidelberg (Europäischer Hof), 11./12. Oktober: Umbenennung in „Verband" statt Verein; Gründung von Bezirksgruppen zur Informationsverbesserung und –beschleunigung (20 Teilnehmer).

1920 Ludwigsburg (Bahnhotel), 30. August: Walcker-Jubiläum; Ausfuhrabgabe durch Intervention des Verbands ermäßigt; Fühlungnahme mit ausländischen Orgelbauern erwünscht; Neudruck der Lieferungsbedingungen (27 Teilnehmer).

1921 Göttingen (Gebhard), 10. September: Exportpreise beschlossen; Prüfungsordnung verabschiedet; Erfahrungsaustausch über Lederarten (22 Teilnehmer).

1922 Eisenach (Thüringer Hof), 9. September: Verdingungswesen; Kalkulation; Festlegung von Qualitätsmerkmalen; Beschränkung der Typenvielfalt (28 Teilnehmer).

1923 Berlin (Rotes Haus), 8./9. September: Sprunghafte Geldentwertung, keine Kalkulation mehr möglich; Oskalydorgel (22 Teilnehmer).

1924 Nürnberg (Deutscher Hof), 30. August.

1925 Hannover (Luisenhof), 22. August: Folgeprobleme nach der Inflation; Preiserhöhungen; Orgelreform (H. H. Jahnn); Notwendigkeit einer Orgelbaufachschule (32 Teilnehmer).

1926 Freiburg i. Br. (Alte Burse), 27./29. Juni: Freiburger Orgeltagung (W. Gurlitt): Anliegen der Orgelbewegung mit Fachvorträgen; Beratung der Fachschule.

1927 Magdeburg (Weißer Bär), 10. September: Preisdrückerei; Distanz zur Orgelbewegung und zur Freiberger Tagung (35 Teilnehmer).

1928 Berlin (Landwehr-Casino), 27./29. September: Verteidigung der romantischen Orgel, der technischen Fortschritte (Pneumatik, Elektrik) und der Intonationskunst, d. h. Distanzierung von den Zielen der Orgelbewegung (Biehle); (27 Teilnehmer).

1929 Hamburg (Deutsches Bierhaus), 6. September: Preiserhöhung soll unterbleiben; Zollerhöhung bedauert; Normenausschuß gegründet; von Reklameausgaben wird abgeraten; Meinungsverschiedenheiten mit Biehle (wegen Rieger); Orgelbesichtigungen in Hamburg; Richtlinien für Gesellen- und Meisterprüfung (21 Teilnehmer).

1930 Frankfurt/M (Bristol), 27./28. Juni: Verbandspreise reduziert; Spieltischnormen neu beraten (26 Teilnehmer).

1931 Kassel (Kasseler Hof), 22./23. August: Metallwindlade (Herzberg), elektrische Schaltungen; Normenvorschläge; Arbeit der Bezirksgruppen kommt fast zum Erliegen (32 Teilnehmer).

1932 Würzburg (Excelsior), 17./18. September: Spieltischnormen gebilligt; Beitritt zur TAGO („Technisch-wissenschaftliche Arbeitsgemeinschaft und Gesellschaft für Orgelbau"/Biehle) abgelehnt; Schutz des geistigen Eigentums (Orgelentwürfe) beraten (20 Teilnehmer).

1933 Berlin (Lehrer-Vereinshaus), 25. November: Umgestaltung des Verbands; Fachausschuß für Preisregulierung; Finanzierung eines Kulturfilms über Orgeln zugesagt; Satzungsänderung (28 Teilnehmer).

1934 Frankfurt/M (Bristol), 11. Februar: Eintritt des Verbands in die Reichsmusikkammer beschlossen; Sachverständigen-Ausschuß gebildet (52 Teilnehmer).

1935 Berlin, 28. Oktober: neue Satzung und Schiedsgerichtsordnung beraten.

Die General- oder Mitgliederversammlungen

Vor dem Schloß in Würzburg nach der Generalversammlung am 18. September 1932

Von links nach rechts: Herr Strebel-Nürnberg, Herr Rother-Hamburg, Herr Emil Jehmlich-Dresden, N. N., Herr Carl Berschdorf-Neiße (in der Bustür stehend), Herr Otto Laukhuff-Weikersheim, Herr Rohlfing-Osnabrück, Herr Kommerzienrat Aug. Laukhuff-Weikersheim, Herr Emil Hammer-Hannover, Herr Kauffmann-Wien (als Gast), Frl. Eule-Bautzen (im Omnibus sitzend), Herr Wilhelm Laukhuff-Weikersheim, Herr Hans-Joachim Schuke-Potsdam, Herr Friedrich Weigle-Echterdingen, Herr Ludwig Eisenschmid-München.

Nach einem Bericht in der Zfl. 1932, S. 75

1936 Berlin, 28. November: neue Satzung und Schiedsgerichtsordnung beschlossen; notwendige Preisanpassung durch Preisstopp-Verordnung verhindert.

1937 Rothenburg/o. T. (Zum Bären), 21. September, gleichzeitig mit der Reichstagung der Musikinstrumentenmacher; dadurch Terminvorverlegung erforderlich und keine Beschlußfähigkeit.

1937 Berlin, 22. November: Rechtsanwalt Ludwig Kretzschmar wird als Schreibhilfe eingestellt; Kartellaufsicht durch die Wirtschaftsgruppe Holzverarbeitende Industrie (WHI), (13 Teilnehmer).

1938 Frankfurt (Bristol), 2./3. Dezember: Ausnahmen von der Preisstoppverordnung kaum durchsetzbar; Verwendung von Zinn, von vorher 4' auf 2' herabgesetzt, jetzt auf $^1/_2$' beschränkt; bessere Versorgung gefordert (39 Teilnehmer).

1939 bis 1946 fanden keine Mitgliederversammlungen statt.

1946 Herford, 23. November: Wiedergründungs-Versammlung; Satzung neu gefaßt.

1947 –

1948 Rothenburg o. T. (Markusturm): Neuorganisation; Preis- und Materialfragen, Nachwuchsbildung; kulturelle Entwicklung des Orgelbaues.

1949 Mittenwald, Zusammenkunft der Orgelbauer anläßlich der 1. Musikinstrumentenmesse in Mittenwald; Hauptversammlung vorgesehen, aber wahrscheinlich unterblieben.

1950 keine Tagung

1951 Düsseldorf (Rheinhalle): Satzung an neue Vorschriften angepaßt; Aufklärungsarbeit über elektronische Instrumente erforderlich; Ausschuß für Kalkulationen gebildet (16 Teilnehmer).

1952 Bonn (La Roche), 7./8. Juni: geplante Luxus- oder Aufwandsteuer überholt durch erhöhte Umsatzsteuer (11 Teilnehmer).

1953 Bad Nauheim (Bahnhofshotel), 21./22. November: Einrichtung eines Büros in Bonn; Kartellgesetzgebung verbietet Fest- und Richtpreisregelungen; Neufassung der Lieferungsbedingungen; Preisgestaltung; drohende Konkurrenz durch elektronische Instrumente; Sachverständigenwesen; Gründung der Gesellschaft der Orgelfreunde (GdO) wird begrüßt; Ankündigung des Gesetzes zum Familienlastenausgleich und des Schwerbeschädigtengesetzes (24 Teilnehmer).

1954 und 1955 ausgefallen.

1956 Bad Homburg (Deutscher Hof), 13./14. Juli: Dr. Dr. Preiß neuer Geschäftsführer: Verlegung des Verbandssitzes nach Köln; Amtszeit von Vorstand und Beirat zwei Jahre; Fragen zur Kalkulation, künstlerischen Gestaltung (Schleiflade-Kegellade, Kernstiche); Berufsbilder Orgelbauer und Pfeifenmacher erarbeiten (26 Teilnehmer).

1957 (Internationale Orgelbauertagung [ISO] in Amsterdam, 3./7. September.)

1958 Keine Tagung.

1959 Rüdesheim (Jagdschloß Niederwald): Beschluß zur Eintragung ins Vereinsregister, um eine Klage gegen die Verwendung der Bezeichnung „Orgel" für elektronische Instrumente führen zu können (die Eintragung ins Vereinsregister unterblieb jedoch bis 1982, die Klage wurde von sieben Mitgliedern des BDO geführt); Festlegung des Normstimmtons; Neufassung Lieferungs- und Zahlungsbedingungen (20 Teilnehmer).

1960 (ISO-Tagung in Straßburg, 14./17.6.)

1961 keine Tagung

1962 (Wiesbaden, Taunushotel, 25.8.: Beiratssitzung mit Einladung aller Mitglieder: „Revision im Orgelnamenprozeß?")

1963 (ISO-Kongreß in London, 11./15.6., mit Treffen der deutschen Orgelbauer)

1964 Rüdesheim (Jagdschloß Niederwald), 27. Juni: Verpflichtung der Mitglieder zur Beantwortung von Umfragen zur wirtschaftlichen Situation; Grenzen elektronischer Instrumente (Klais); Umsatzsteuer-Mehrwertsteuer; Orgelnamenprozeß geht in Revision (32 Teilnehmer).

1965 keine Tagung.

1966 Boppard (Bellevue), 22./23. April: Verbandsstatistik; Klimatisierung; Orgelnamenprozeß; Normenausschuß und Kalkulationsfragen (31 Teilnehmer).

1967 Bad Kreuznach (Kurhaus), 2./3. Juni: Mehrwertsteuer; Spieltischnormen; Kontakte zur GdO (30 Teilnehmer).

1968 Rüdesheim (Jagdschloß Niederwald), 22. Juni: Vergleich im Orgelnamenprozeß; Vor- und Nachkalkulation (Klais/Rensch); Öffentlichkeitsarbeit; Rezession im Orgelbau (20 Teilnehmer).

1969 Passau (Weißer Hase), 26./28. Juni: Sparsamkeitsbestrebungen der Kirchen; Vergleich im Orgelnamenprozeß zu erwarten; Spieltischnormung abgeschlossen; Werbung für die Pfeifenorgel; Marktforschung angeregt (25 Teilnehmer).

Die General- oder Mitgliederversammlungen

1970 Loccum (Ev. Akademie), 19./22. Mai: Normenkongreß (BDO-Spieltischnormen) mit Organisten, Pädagogen und Sachverständigen (25 Teilnehmer).

1971 Loccum (Ev. Akademie), 8./10. September: BDO-Spieltischnormen abgeschlossen; Wettbewerbsverschärfung durch überbesetzte Branche und Importe aus der DDR; Anti-Orgel-Einstellung in kirchlichen Kreisen (26 Teilnehmer).

1972 Heilbronn (Insel-Hotel), 26./28. Oktober: umstrittene Fernseh- und „Spiegel"-Reportage (22 Teilnehmer).

1973 Achern (Sonne-Eintracht), erste gemeinsame Tagung mit den Orgelsachverständigen, 12./15. Juni: Ausschreibung; Setzer; Akustik- und Gehäusefragen; Holzverarbeitung (28 Teilnehmer).

1974 Boppard (Bellevue), 14./15. Juni: Kalkulation (Weigle); Setzerkombinationen (Heuss und Laukhuff; 37 Teilnehmer).

1975 Boppard (Rheinhotel Spiegel), 30./31.5.: Restaurierungs-Richtlinien (Dr. Balz); Akustik in Kirchen (Prof. Zorkószy); Verbandsstatistik (Rensch); Vorlage des ersten Farb-Posters „Die Orgel überdauert Jahrhunderte".

1976 Fulda (Kolpinghaus), zweite gemeinsame Tagung mit dem Arbeitskreis der Orgelsachverständigen, 8./11. Juni: Zusammenarbeit; einmanualige Orgel; die romantische Orgel; Ausbildung von Orgelsachverständigen (Dr. Balz, Rensch); Rechtsprobleme bei der Orgelabnahme (Niemann).

1977 Fulda: Orgelbau in der DDR (Rensch); Ausbildung (Frasch); Qualitätsförderung (Rohlf).

1978 Bad Kreuznach, 19./20. Mai: Orgelwind (Wagner, Mebold); Orgelfilm (Kreienbrink).

1979 Mönchengladbach (Brunnenhof), dritte gemeinsame Tagung mit dem Arbeitskreis der Orgelsachverständigen, 5./8. Juni: Orgelpflege- und Stimmverträge; BDO-Spieltischnormen; Rekonstruktion-Restaurierung.

1980 Ludwigsburg (Christliches Hospiz), 29./30. Mai: Berufsbild Orgelbautechniker (Plum); Handwerkliche Ästhetik im Orgelbau (Rensch).

1981 Wiesbaden (Kurhaus), 23./24. Oktober: RA Anton B. Rösch, München, wird als neuer Geschäftsführer eingesetzt, gleichzeitig wird Dr. Dr. Preiss nach 25jähriger Tätigkeit in den Ruhestand verabschiedet; Sitz des BDO nach München verlegt; Erfahrungen mit Orgelbau-Wettbewerben (Klais); zweites Orgelposter; neutraler Gutachter des BDO.

1982 Paderborn (Liborianum), vierte gemeinsame Tagung mit dem Arbeitskreis der Orgelsachverständigen, 1./4. Juni: Qualitätskriterien bei Neuplanungen (Rensch, Prof. H. Vogel); Messung von Mensuren; überarbeitete Satzung verabschiedet; der BDO wird ins Vereinsregister eingetragen.

1983 Nürnberg (Novotel), 14. Mai: Pflege- und Stimmverträge; Berufsbild Orgelbauer (Sandner); Vor- und Nachkalkulation (Opitz); neue Beitragsordnung; (48 Teilnehmer).

1984 Bad Breisig (Weißes Roß), 1./2. Juni: Richtlinien und Merkblatt für Wartung und Stimmungen; Berufsbild Orgelbauer (47 Teilnehmer).

1985 Pforzheim-Hohenwart, 5. gemeinsame Tagung mit dem Arbeitskreis der Orgelsachverständigen, 28/31. Mai: Lehrtätigkeit an der Fachschule Ludwigsburg; Merkblatt Heizen und Lüften (Rohlf); Stimm- und Pflegeverträge (Rensch).

1986 Schliersee, 30. Mai: Aktuelle Probleme der Ausbildung an der Fachschule in Ludwigsburg; Architektengebühren – Orgelgehäuseentwürfe (Oberlinger); Setzerkombinationen und BDO-Normen (Heuss); pneumatische Windladen (Dr. Lampl).

1987 Lüneburg (Seminaris), 18. September: Vorteile von Ideenwettbewerben im Orgelbau (Rüevenauer); Orgelstimmgeräte (Jann).

1988 Würzburg (Maritim), 14. Oktober: Orgelbaumusterverträge (37 Teilnehmer).

1989 Würzburg (Burkardushaus) 18. Mai: Imageverbesserung; Musterverträge; Verbandsgeschichte; Einsatz von EDV im Orgelbau (Göckel, Jann); Europäischer Binnenmarkt und Orgelbau (37 Teilnehmer).

1990 Bamberg (Mainfranken), 6. gemeinsame Tagung mit dem Arbeitskreis der Orgelsachverständigen, 5./8. Juni: Prospektgestaltung (Janke); Vergütung von Entwurfs- und Planungskosten (Klais, Oberlinger).

3. Mitgliederbewegung

Die Mitgliedschaft im Verband liegt in der freien Entscheidung der Orgelbaufirmen. Es gab zwar auch Initiativen zur Einführung der Zwangsmitgliedschaft während des Dritten Reiches, aber sie führten nicht zum gewünschten Erfolg.

Die Zahl der Mitglieder ist in der Regel ein Indiz für die jeweilige wirtschaftliche Prosperität. Notzeiten können den Zusammenhalt stärken, wie im 3. Reich geschehen; sie können aber auch zum Aufweichen des Gemeinschaftsgeistes führen, wenn der Kampf ums Überleben vor allem die kleineren Betriebe in Schwierigkeiten bringt. Das in der Wirtschaftsordnung übliche Organisationsprinzip nach Industrie und Handwerk bringt naturgemäß den Verband in die schwierige Lage, zwischen beiden Interessensgruppen den Ausgleich finden zu müssen. Denn sein erklärtes Ziel ist es, den Orgelbauerstand als Ganzes zu fördern und zu heben, nicht aber eine bestimmte Interessengruppe. Er muß daher Überzeugungsarbeit leisten, daß das Miteinander, nicht das Gegeneinander die bessere Standespolitik ist. Die Geschichte des Verbands bietet dafür immer wieder neue Beispiele, die sich wie ein roter Faden durch die Jahrzehnte hindurchziehen.

Wir besitzen leider nur aus wenigen Jahrgängen genaue Mitgliederlisten bzw. –zahlen:

1895 (Gründung):	36			1970:	58
1897:	49	1922:	111	1971:	62
1900:	50	1929:	90	1973:	60
1906:	66	1930:	80	1976:	75
1910:	62/44	1931:	74	1983:	87
1917:	56	1932:	90	1984:	91
1918:	82	1936:	169	1987:	89
1919:	66	1937:	114	1988:	87
1920:	114	1938:	74?	1989:	85
1921:	114	1949:	83	1990:	97

Setzt man die Zahlen in eine Kurve um, so werden die Schwankungen nicht nur sehr deutlich, sondern lassen überdies mehrere Phasen unterscheiden:

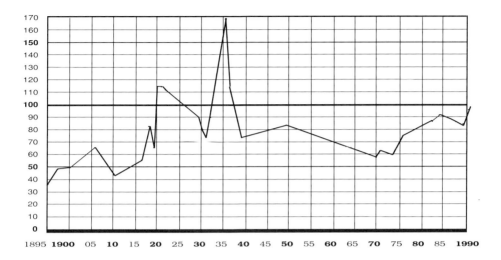

1. Anfangsphase mit steigender Mitgliederzahl, auf die Gesamtorgelbauerzahl bezogen jedoch nur ein bescheidener Anteil.
2. Die Krisenjahre nach dem Neubeginn von 1906 führen 1910 zu einem erneuten Mitgliederschwund, der sich erst wieder in den Vorkriegs- und ersten Kriegsjahren ins Gegenteil verkehrt.
3. In der unmittelbaren Nachkriegszeit wird ein erstes Maximum erreicht, das aber bis 1931 durch einen steten Mitgliederrückgang wieder verschwindet.
4. Ab 1932 folgt ein erneuter Anstieg mit einem absoluten Höhepunkt um 1935. 1937/ 1938 wirken sich die verbandsfeindlichen Maßnahmen der Herzberg-Gruppe aus, die den Verband zu spalten drohen, bis der totale Krieg ihm schließlich ein Ende setzt.
5. Nach dem Neubeginn 1946 sammelt sich bis 1949 wieder eine Gruppe von über 80 Mitgliedern, die allerdings im Laufe der folgenden zwei Jahrzehnte auf rund 60 zusammenschmilzt.
7. Ab 1975 ist wieder eine deutliche Wachstumsphase zu beobachten, die sich mittlerweile auf eine Zahl zwischen 80 und 100 Mitgliedern eingependelt hat, wobei 1990 ein Zuwachs durch die deutsche Vereinigung zu verzeichnen ist.

Es ist schwierig, die Schwankungen im einzelnen richtig zu deuten, können sich doch hinter den Zahlen rein zufällige Entscheidungen, Vertrauenskrisen, wirtschaftliche Notlagen von Kleinbetrieben oder auch wirtschaftspolitische Stimmungslagen verbergen. In zufällig erhaltenen Schreiben machen manchmal Orgelbauer ihrem Ärger über den Verband oder einzelne Mitglieder Luft.

Eine kalligraphische Schönheit ist die Mitgliederliste von 1897, die auf der nächsten Seite verkleinert wiedergegeben ist.

Mitglieder-Liste
des Verein deutscher Orgelbaumeister im Juni 1897.

1. Becker Fr. - Hannover.
2. Christal Otto - Merseburg.
3. Christal C. m. Sohn - Merseburg
4. Dinse Gebr. - Berlin.
5. Eule H. - Bautzen.
6. Eggert Fr. Paderborn.
7. Furtwängler u. Hammer, Hann.
8. Grüneberg B. Stettin.
9. Giesecke C. u. Sohn Göttingen
10. Goebel - Wormditt.
11. Hildebrandt G. - Leipzig.
12. Hildebrandt H. - Wiehe i/Thür.
13. Hickmann A. - Dachwig.
14. Hansen E. - Flensburg.
15. Jehmlich Gebr. - Dresden.
16. Kircheisen B. - Dresden.
17. Keller F. Emil - Ortrau i/S.
18. Kreutzbach u. Sohn zu Borna.
19. Kühn - Schmiedefeld.
20. Koulen H. - Strassburg i. Els.
21. Ladegast F. - Weissenfels.
22. Laukhuff A. - Weikersheim.
23. Luse J. - Landeck i/Schl.
24. Lohse E. - Dippoldiswalde.
25. Lobbes W. - Thiengk (Bez. Potsd)
26. Müller E. - Werdau i/S. -
27. Müller Jacob - Rosenheim i/B.
28. Markussen u. Sohn - Apenrade
29. Poppe - Roda i/S. Alt.
30. Röver E. - Haus-Neindorf a/H.
31. Rühlmann - Zörbig, †
32. Ratzmann W. - Gelnhausen.
33. Steinmeyer G.F. u. Co - Oettingen a/Ries
34. Schlag u. Söhne - Schweidnitz
35. Strebel - Nürnberg.
36. Schmeisser P. - Rochlitz i/S. †
37. Spiller H. - Breslau.
38. Stumm G. - Kirn a/d. Nahe.
39. Schuke A. - Potsdam.
40. Stockmann B. - Werl.
41. Schmid J. - Oldenburg.
42. Stockhausen J. - Linz a/R.
43. Steinmeyer Caspar - Oettingen.
44. Troch A. - Neuhaldensleben.
45. Teschner H. - Fürstenwalde (Spree)
46. Vieth H. - Celle.
47. Walcker E.F. u. Co - Ludwigsburg.
48. Wilhelm E. - Breslau.
49. Zillgitt C.F. - Gera, †

Mitgliederliste 1897

4. Die Ausschüsse

Zur Durchführung besonderer Aufgaben oder Ausarbeitung langfristiger Fachstudien sind in allen Verbänden wie auch in den Parlamenten besondere Ausschüsse zuständig, die aus einem kleinen Kreis kompetenter Fachleute gebildet werden. In der Gründungssatzung des Orgelbauerverbands heißt es dazu in § 4, der die Aufgaben der Geschäftsleitung beschreibt, Abs. m: „Dem Vorstand steht das Recht zu, zur Erörterung und Bearbeitung besonders wichtiger allgemeiner Angelegenheiten Vertrauensmänner beizuziehen." In der ersten revidierten Nachkriegssatzung wird dieses Organ „Ausschüsse" in § 12 genau festgelegt: „Nach Bedarf können auch ständig oder zeitweise Ausschüsse zur Behandlung besonderer Fragen gebildet werden. Ihre Mitglieder werden vom Vorstand nach Anhörung des Beirates ernannt. Sie entscheiden mit einfacher Mehrheit. Bei Stimmengleichheit entscheidet die Stimme des Ausschußvorsitzenden."

Im Laufe der Jahrzehnte nahmen folgende Ausschüsse ihre Arbeit auf:

1. Der Normenausschuß; er wurde 1897 erstmals zusammengestellt und befaßte sich mit den Spieltischmaßen. Bisher herrschte auf diesem Gebiet ziemliche Willkür in den einzelnen Ländern. Nur Preußen hatte seit 1876 eine einheitliche Regelung eingeführt. Die 1. Arbeitsphase des Ausschusses legte die Breite der Manual- und Pedalklaviatur fest, ihre Lage und der Abstand zueinander, sowie die Normalstimmung (näheres siehe *Normenausschuß*).

    Die 2. Arbeitsphase des Ausschusses 1929–32 griff die Spieltischmaße erneut auf, legte aber den Schwerpunkt auf die Fragen Parallel- oder Radialpedal, ansteigende Klaviaturebenen bei mehrmanualigen Orgeln und Lage und Funktion von Schwelltritt und Walze. Die Anordnung der Register und sonstigen Spielhilfen konnte nicht mehr einheitlich geklärt werden.

    Die 3. Arbeitsphase 1964–72 dauerte 8 Jahre, weil der BDO erstmals auch alle an der Orgel interessierten Kreise (Organisten, Sachverständige und Orgelfreunde) zur Diskussion einlud. Sie fand in den Normenkongressen in Loccum 1970 und 1971 ihren Höhepunkt und Abschluß. Mit dem Ergebnis wurden nicht nur die bisher verschiedenen Normmaße am Spieltisch (1899 BDO, 1909 Wiener Regulativ, 1932 BDO u. a.) vereinheitlicht, sondern auch die noch fehlenden Richtlinien für die Anordnung der Register, Spielhilfen, Druckknöpfe, Pistons usw. erarbeitet und festgelegt. Ausschußmitglieder waren v. Beckerath, Heuss, H. G. Klais, Laukhuff und F. Steinmeyer.

    Seit 1985 besteht ein neuer Normenausschuß unter der Leitung von Heuss, der sich mit den laufenden Neuerungen auf dem Gebiete der Setzerkombinationen und ihrer Weiterentwicklungen befaßt. Auch hier ist es erforderlich, daß zur Bedienung möglichst einheitliche und unkomplizierte Handgriffe auszuführen sind.

2. Der Enquête-Ausschuß für Zollverhandlungen bei der Reichsregierung wurde 1928 gebildet; ihm gehörten an: Emil Hammer, Laukhuff, Hans Steinmeyer, und Dr. Oscar Walcker. 1929 teilte der Vorsitzende Emil Hammer auf der Hamburger Tagung mit, daß die Verhandlungen mit dem Reichswirtschaftsministerium betr. Erhöhung der Zölle für Orgeln bedauerlicherweise ohne Erfolg geblieben seien.

3. Der Ausschuß zur Verhandlung mit dem Reichskulturausschuß und der Glaubensbewegung „Deutsche Christen" wurde am 7. 5. 1933 auf der Leipziger Vorstandssitzung gebildet; bevollmächtigt zu den teilweise schwierigen Verhandlungen im

Zusammenhang mit der Gleichschaltung im Dritten Reich waren die Orgelbaumeister Hans Steinmeyer, Rother, Hans Klais und als Ersatzmann Weigle. Am 16. 5. 1933 trafen sie sich erstmals mit dem Präsidenten des Reichsverbands deutscher Kirchenmusiker, dem Organisten Hans-Georg Görner, und dem Leiter des Reichsverbandes für Orgelwesen, Ober-Ing. Theodor Herzberg, im Hotel Fürstenhof in Berlin. Dabei traten die Gegensätze zwischen dem deutsch-christlichen Reichsverband, der teilweise schon die TAGO („Technisch-wissenschaftliche Arbeitsgemeinschaft und Gesellschaft für Orgelbau", Biehle) vereinnahmt hatte, und den Vertretern der Orgelbewegung offen zutage. Klais schrieb im Anschluß an den Reichskulturwart (Reichskulturausschuß der Deutschen Christen), die leidenschaftlichen Gegensätze als Folge verschiedener religiöser Auffassungen seien der Sache schädlich; zuerst müsse der Herzbergsche Reichsverband verschwinden, der sich schon viel zu sehr mit negativen Auswürfen exponiert habe; denn er hatte mit dem Flugblatt „*Kirchenmusik im dritten Reich*" die große Mehrheit der deutschen Kirchenmusiker gegen sich aufgebracht, die bekanntlich mit der „Erklärung" vom 17./18. Mai 1933 den Standpunkt der deutschen Orgelbewegung öffentlich betonten.

Die Vertreter des Orgelbauerverbands wollten die Gegensätze auf dem Verhandlungswege ausgleichen, was so nicht gelang. Herzberg brachte es sogar fertig, sie zur Mitgliedschaft in seinem Reichsverband zu überreden. Ehe sie es merkten, daß sie verschaukelt worden waren, hatte Herzberg ihre Mitgliedschaft veröffentlicht. Die weiteren Ereignisse und Umgruppierungen 1933/34 ließen dann auch den Reichsverband in den Hintergrund treten.

4. Der Fachausschuß zur Preisregulierung, später auch Fachausschuß zur Überwachung des Kartells genannt, entstand 1934 im Zuge der organisatorischen Neuordnung, als der Verband endgültig der *Wirtschaftsgruppe Holzverarbeitende Industrie (WHI)* und deren Fachuntergruppe *„Pfeifenorgeln mit Tastatur"* unterstellt worden war. Der Versuch, den Verband als Kartell mit Zwangsmitgliedschaft und Preisvorschriften zu führen, war zwar durch eine Satzungsänderung untermauert, blieb jedoch ohne Erfolg; er hatte eher den Zweck, dem Verband als solchem ein Alibi zur Weiterarbeit zu verschaffen. Die Zuteilung der Orgelbaubetriebe an die Industrie bzw. an das Handwerk, wo Herzberg als Reichsinnungsmeister das Sagen hatte, hätte unweigerlich zur Spaltung der Orgelbauer geführt, gegen die der Verband sich bis 1943 zur Wehr setzte.

Dem Fachausschuß, der sich bis zur Preisstoppverordnung 1936 mit der Festsetzung der Minimalpreise befaßte, gehörten an: Hammer, Klais, Rother, Steinmeyer und Walcker. Die Einhaltung der Preisdisziplin sollte durch die Mitglieder selbst durch gegenseitige Überwachung geschehen und bei Verstößen dem Syndikus angezeigt werden. Die Untersuchung des Falles mit ggf. nachfolgender Bestrafung durch ein Ehrengericht war genau geregelt.

5. Ein Sachverständigen-Ausschuß wurde 1934 gegründet; über seine Arbeit ist nichts bekannt. Auf der Beiratssitzung in Bonn 1952 kam die Sachverständigenfrage ebenfalls zur Sprache; es wurde bedauert, daß die Orgelbauer selbst den Sachverständigen die Machtbefugnisse in die Hand gegeben hätten. Eine Rücknahme dieser Befugnisse sei aber nicht mehr möglich. 1953 wurde über „Anmaßungen und Übergriffe der Sachverständigen" sehr geklagt; man war sich einig, daß die Bezeichnung Sachverständiger allein einem Orgelbauer zukomme, im übrigen sei die Bezeichnung „Orgelsachberater" oder „Orgelberater" anzuwenden.

6. 1951 wurde bei der Zusammenkunft in Düsseldorf ein Kalkulationsausschuß gegründet, bestehend aus den Herren Breil, Kamp, W. Laukhuff, Steinmeyer und Walcker-Mayer. Seine Aufgabe sollte es sein, im Hinblick auf die schlechte wirtschaftliche Lage des Orgelbaues und die gegenseitigen Unterbietungen „Kalkulationen auszutauschen, um durch allgemeine Richtlinien den Orgelbau vor dem gänzlichen Ruin zu bewahren". Man war der Ansicht, daß eine solche Möglichkeit in Form eines empfehlenden Gutachterpreises bestehe, ohne mit dem Verbot über Preisabsprachen zu kollidieren. Als Grundlage für diese Arbeiten wurde die Minimalpreisliste vom 1. 6. 1935 genommen.

Bereits 1941 war ein Ausschuß gebildet worden, der nachweisen sollte, daß die damaligen Preise das Existenzminimum der Orgelbauer gefährde. Die Bemühungen der Arbeitsgruppe (Hammer, Klais, Laukhuff, Steinmeyer und O. Walcker) blieben jedoch ohne Erfolg angesichts der harten Preisstopp-Politik der damaligen Regierung.

Kalkulationsfragen erwiesen sich auch später als so wichtig, daß wiederholt Referate und Veröffentlichungen darüber gehalten wurden bzw. erschienen sind, z. B. Richard Rensch 1968 und 1969: Gedanken zur Kalkulation im Orgelbau; Hans Gerd Klais 1973: Die Ausschreibung von Orgeln; Hans-Joachim Zitzke, Vorschlag zur Einrichtung einer Kalkulation im Orgelbau (Das Musikinstrument, Frankfurt 1975) u. a.

7. Der Ausschuß für Öffentlichkeitsarbeit wurde 1969 ins Leben gerufen und mit der Federführung Detlef Kleuker betraut. Hintergrund war der unglückliche Ausgang des sog. Orgelnamenprozesses, der eigentlich den Begriff „Orgel" rechtlich unter Schutz stellen sollte, so daß er nur für die Pfeifenorgel gebraucht werden dürfte. Da dies nicht erreicht werden konnte, mußte auf andere Weise für die Pfeifenorgel geworben werden. Zuerst dachte der Verband daran, einen Organologen für diese Tätigkeit zu gewinnen, hatte jedoch kein Glück bei den angesprochenen Personen. Mehr Erfolg hatten gezielte Anfragen bei Fachleuten, die sich für die Pfeifenorgel engagierten und bereit waren, entsprechende Artikel zu schreiben oder für die Verbreitung durch den BDO zur Verfügung zu stellen. Es seien genannt:

Verwendung sog. Elektronenorgeln im Gottesdienst: Verbot bleibt bestehen (KABl 1964 S. 73) in: Kirchl. Amtsblatt der Ev. Kirche im Rheinland 1969 Nr. 13 vom 28.11.1969, mit Gutachten über den Entwicklungsstand der elektronischen Orgeln (S. 182–185) von H. Liedecke, E. Leuze, E. Rabsch und H. Rau vom 26.1.1967.

Manfred Mezger, Orgel – wozu? in: Die Auslese 1970 vom 10. November IV/E; desgl. in: Gottesdienst und Kirchenmusik 3/1970, 87 f.

Bernhard Ader, Pfeifenorgel oder Elektronen-Orgel in: Der Kirchenmusiker 22 (1971), 174–176.

Wolfgang Adelung, Die Orgel, ein klangliches und technisches Phänomen, in: Die Scholle 12/1974, und erweiterter Nachdruck hgg. im Auftrag des BDO, Lauffen 1977.

Helmut Bornefeld, Sind Orgeln zu teuer? Gedruckt als Flugblatt.

Helmut Bornefeld, Grundsätzliches zur Situation der Kirchenmusik (Flugblatt).

Kurt Hennig, Wollt Ihr Geld für Orgeln geben? Ermöglicht andern erst das Leben! in: Ars organi 35 (1969), 1311–1313.

Widmann, Brot für die Welt statt Orgeln? in: Ars organi Nr. 37 (1970) und als Sonderdruck.

Jörn Thiel, Orgel – Königin der Instrumente; Schriftenreihe Das Musikinstrument 12, Frankfurt 1973.

Poster „Die Orgel überdauert Jahrhunderte", 1980.

8. Der Berufsbildungsausschuß wurde 1980 eingerichtet, da das Bundesinstitut für Berufsbildung (BiB) in Berlin eine Neuordnung der Ausbildung zum Orgel- und Harmoniumbauer ins Auge faßte und den Verband um seine Mitarbeit bat. Federführend war Hans Wolf Knaths, dem Bosch, Sandner und Seitz (beide Fa. Klais) zur Seite standen. Der Ausschuß hat maßgeblich an der Neufassung des Berufsbildes „Orgelbauer" von 1984 mitgewirkt.

9. Der Jubiläumsausschuß, 1988 auf der Würzburger Tagung zusammengestellt unter dem Vorsitz von Otto Heuss mit Horst Hoffmann, Georg Jann, Richard Rensch und Fritz Steinmeyer, geht eigentlich auf eine Anregung von 1983 zurück, als Horst Hoffmann erstmals vorschlug, die Geschichte des Fachverbands bearbeiten zu lassen. Nach ersten Recherchen, wonach die Bemühungen um die Gründung des Verbands schon 1891 einsetzten, wurde beschlossen, im Jahr 1991 das Jubiläum zu feiern und eine Festschrift „100 Jahre Bund Deutscher Orgelbaumeister" von dem Organologen Hermann Fischer schreiben zu lassen. Der Ausschuß hat auch Sorge zu tragen für die Jubiläumsvorbereitungen (Veranstaltungen, Einladungen, Festredner, Gastorganisten etc.), Finanzierungs- und Werbemaßnahmen sowie für die Unterstützung des Autors in der Bereitstellung von Aktenmaterial durch Umfragen im Verband.

5. Die Geschäftsführer

Die Funktion eines Geschäftsführers war in der Gründungssatzung von 1896 noch nicht vorgesehen. Auch in späteren Neufassungen des Vereinsstatuts (1919, 1936) blieb sie unerwähnt, obwohl sie de facto längst eingeführt war. Erst in der erneuerten Nachkriegssatzung wurde die Funktion der Geschäftsführung als § 10 verankert: „Die Geschäftsführung hat die laufenden Geschäfte nach den Weisungen des Vorsitzenden oder seines Stellvertreters zu führen." In der Neufassung der Satzung 1982 wurden die Befugnisse noch präzisiert: „...Die Geschäftsführung ist nicht allein dem Vorstand, sondern auch der Mitgliederversammlung gegenüber verantwortlich. An den Sitzungen der Organe des Verbandes nimmt sie mit beratender Stimme teil."

5.1. Dr. A. Marquard (1906-34)

Erster Syndikus des Vereins der Orgelbaumeister Deutschlands war ab 1906 der Rechtsanwalt Dr. A. Marquard aus Stuttgart. Seine Anstellung stand zweifellos im Zusammenhang mit der Neubegründung des Vereins durch Carl Walcker nach der ersten Erschlaffung (1904/06). Die vom 1.1.1907 an geltende Minimalpreisliste kam unter seiner Mitwirkung zustande. Da wir über sein Leben und weiteres Wirken fast nichts wissen, soll die Würdigung seines Wirkens anläßlich seiner Verabschiedung auf der Generalversammlung 1919 in Heidelberg laut Protokoll hier zitiert werden:

„Herr Link, Giengen, begrüßte sodann Herrn Dr. Marquard, der sich in der Zwischenzeit zu seiner Verabschiedung eingefunden, und hebt im ferneren die organisatorische

Tätigkeit des bisherigen Syndikus der Vereins hervor. Wer seinerzeit die Gründung des Verbandes miterlebt habe, werde erst so ganz die Werte zu schätzen wissen, welche Herr Dr. Marquard dem Verbande geleistet. Die Zeitverhältnisse hätten es leider gebracht, daß der Vorstand in seiner Maisitzung zu Frankfurt mit Rücksicht auf die finanzielle Lage sich genötigt sah, auf eine weitere Mitarbeit seitens des Herrn Dr. Marquard als Syndikus verzichten zu müssen. Doch sei der Name Marquard so eng mit der Geschichte des Verbandes deutscher Orgelbaumeister verknüpft, daß ihm, dem bescheidenen Syndikus, ein Ehrenplatz im Kreise der Orgelbaukunst allzeit gesichert sein werde. Aber auch diejenigen Herren, welche stets nach Schluß der großen Sitzungen in Berlin, gerne ein solennes Plauderstündchen mit reeller Bewirtung liebten, werden den genialen Führer von Berlin sehr ungern vermissen. Auch an dieser Stelle Herrn Dr. Marquard vielen herzlichen Dank!"

Das Protokoll führt auch die noble Erwiderung Marquards recht ausführlich an:

„Herr Dr. Marquard dankte allen Fachgenossen für ihre seitherige bereitwillige Unterstützung. Gerne gedenke er des verstorbenen genialen Meisters Herrn Kommerzienrat Karl Walcker, der in seiner edlen Denkungsart und angeborenen Noblesse sein reiches Wissen auf dem Gebiete der Organisation und kommerziellen Geschäftsführung dem Verbande zur Verfügung gestellt habe. War es doch sein Werk, die Aufstellung der Minimalpreise vom Jahre 1907, welche heute noch den Grund und Eckstein für die ganze Verbandsorganisation bilden. Wir wünschen nur, daß auch für künftige Zeiten dieser reelle Geschäftssinn eines Karl Walcker die Arbeiten des Verbandes durchwebe zum Wohle, Frommen und Nutzen des deutschen Orgelbaues. Wohl hätte während seiner Amtstätigkeit als Syndikus noch so manches für den Orgelbau erreicht werden können, nicht zuletzt in den Tagen der Metallabgabe, sofern in den Reihen der Orgelbaumeister selbst den damaligen Zeitfragen mehr Verständnis entgegengebracht worden wäre. Er müsse, so leid es ihm tue, diese Tatsache hier feststellen, da vielleicht der eine oder andere von den Prospektausbauten einen zielbewußten Ausgang erhofft habe. Durch die zu gründenden Bezirksverbände ersehe er eine wesentliche Erstarkung der großen Aufgaben des Verbands deutscher Orgelbaumeister. Ebenso könne bei einem allseitigen richtigen Verständnis in den Bezirksverbänden der heutigen Zeitlage die finanziellen Erfolge des schwer geprüften deutschen Orgelbaues nicht ausbleiben. Mit dem Wunsche, daß der Verband fernerhin wachse, gedeihe und blühe, sage er an dieser Stelle allen Fachgenossen ein herzliches Lebewohl."

Dr. Marquard war wegen der organisatorischen Aufteilung des Verbands in Bezirksgruppen gekündigt worden, weil man glaubte, daß mit der Dezentralisierung des Verbands der Vorstand entlastet würde. Zu einem unbekannten Zeitpunkt trat Marquard jedoch wieder in den Dienst des Verbands, wie einige Schriftstücke aus dem Jahre 1934 dartun. Im Januar 1934 hat er z. B. die Sitzung des Fachausschusses für Preisfestsetzung in Frankfurt a. Main vorbereitet. Damals wurde auch die Eingliederung des Verbands in die Organisationen der Reichsmusikkammer (RMK) als Fachschaft 5 (Verband der deutschen Orgelbauer und Glockengießer e. V.) durchgeführt, die jedoch wenige Wochen später wieder rückgängig gemacht wurde. Dr. Marquard wurde danach wahrscheinlich der erste Geschäftsführer der Fachuntergruppe „Pfeifenorgeln mit Tastatur" in der Fachgruppe „Musikinstrumentenindustrie". Ihr war der Orgelbauerverband in lockerer Form angeschlossen, ebenso die größeren Orgelbaufirmen; die Handwerksbetriebe dagegen waren einzeln bei der gleichlautenden Fachuntergruppe im Reichsinnungsverband der Musikinstrumentenmacher im RDH (Reichsstand des Deutschen Handwerks) erfaßt, in der Theodor Herzberg das Sagen hatte. Dr. Marquard versuchte die Einheit des Verbands zu retten und ihm durch den Anschluß an die Industrieorganisation einen größeren Freiheitsraum zu erhalten, als das bei der Handwerksorganisation der Fall war; denn Herzberg, dessen Machenschaften er als ungesetzlich erkannt hatte, war ein skrupelloser NS-Parteigenosse, aber nur Außenseiter im Orgelbau, der den deutschen Orgelbau unter seine Machtposition bringen wollte, was ihm im Bereich des Handwerks auch gelang.

Wann Dr. Marquard seinen Dienst beendete, war nicht festzustellen. In den Unterlagen ist seine Tätigkeit bis 1934 nachzuweisen.

5.2. Dr. Walter Kretzschmar (1934–43)

Sein Nachfolger als Geschäftsführer der Fachuntergruppe „Pfeifenorgeln mit Tastatur" wurde – wohl noch 1934 – der Berliner Rechtsanwalt Dr. Walter Kretzschmar (ca. 1880 –14.4.1951 Wiesbaden). Die in einem Schreiben aus der Erinnerung geäußerte Feststellung, Kretzschmar sei bis 1934 Geschäftsführer des Verbands der Orgelbaumeister Deutschlands gewesen, dürfte irrig sein; denn Anfang 1934 war nachweislich noch Dr. Marquard für den Verband tätig. In seiner Eigenschaft als Fachuntergruppen-Geschäftsführer betreute er sozusagen unter der Hand den Verband mit. Er setzte sich, wie schon vor ihm Dr. Marquard, in der Auseinandersetzung mit Herzberg energisch für die Belange des Verbands ein und übte die Kartellaufsicht aus. Dadurch waren wenigstens die der Industrie angehörenden Orgelbaufirmen dem direkten Einfluß Herzbergs entzogen. Wenn es aber um die Zuteilung von den immer knapper werdenden Materialien zum Orgelbau ging, hatte Herzberg oft seine Hände im Spiel, indem er immer zuerst die Interessen der Partei und des NS-Staats gegen die der Orgelbauer vertrat, in zweiter Linie dann die handwerklichen Orgelbauer gegen die bei der Industrie angesiedelten ausspielte. So konnte er als Reichsinnungsmeister z. B. über die Zuteilung von Alu-Rohren oder anderen knappen Werkstoffen auch die der Industrie angehörenden Orgelbauer kontrollieren (1938).

Die Tätigkeit von Dr. Kretzschmar seit Kriegsbeginn bestand hauptsächlich in der Bewältigung des Papierkriegs von Ausnahmegenehmigungen, Zuteilungsscheinen, Erfassungslisten, Rundschreiben mit Kriegswirtschafts-Verordnungen des Reichswirtschaftskommissars usf. Eine Verordnung vom 5. 3. 1941 befahl nicht nur Preissenkungen, sondern die Abführung von Gewinnen zur Kriegsfinanzierung; alle Unternehmen mußten zum Krieg beitragen, und zwar durch Steuern und Gewinnabschöpfung. Ein Preiskommissar sorgte für die Überwachung. Ähnlich ging es mit dem Herstellungsverbot von nicht kriegswichtigen Gütern und der Überwachung der Betriebe durch sog. Mob-Beauftragte, um möglichst viele Arbeitskräfte der Rüstungsindustrie zuzuführen.

5.3. Ludwig Kretzschmar (1937-1955)

Auf der Hauptversammlung in Berlin 1937 trug der neue Vorsitzende, Hans Steinmeyer, folgendes vor (laut Protokoll):

„Ich habe schon in Rothenburg in unserer Hauptversammlung *(am 21.9.1937, d. Hg.)* darauf hingewiesen, daß ich mich außerstande sehe, die mit meinem Amte als Vorsitzender verbundenen Schreibarbeiten und sonstigen büromäßigen Arbeiten selbst zu erledigen. In entsprechendem Sinne hat sich Herr Weigle hinsichtlich der Kassenführung ausgesprochen. Aus diesen Gründen kam man bereits in Rothenburg darauf zu, seitens der Hauptversammlung uns zu empfehlen, daß wir diese Arbeiten gegen entsprechende Vergütung anderwärts erledigen lassen. Ich habe mich nun umgesehen, wie das am besten gemacht würde und habe deshalb bei Herrn Rechtsanwalt Ludwig Kretzschmar, Berlin, angefragt, ob er bereit sein würde, in seinem Büro diese Arbeiten erledigen zu lassen. Herr Rechtsanwalt Ludwig Kretzschmar hat sich hiermit einverstanden erklärt. Als Vergütung sind 100.– RM monatlich vorgesehen, wovon sowohl die laufenden Auslagen an Porto, für Schreibmaterial und dergl. beglichen werden müssen, wie auch die Vergütung für Zur-Verfügungstellung des Büros, Schreibhilfe und dergl. in dem Betrage enthalten ist."

Ludwig Kretzschmar war der Sohn von Dr. Walter Kretzschmar und ebenfalls Rechtsanwalt in Berlin. Der Vertrag mit ihm lief ab dem 1.10.1937; er wurde ausdrücklich nicht als Geschäftsführer, sondern als Schreibkraft engagiert, um Schwierigkeiten mit der bestehenden Behördenorganisation von vorneherein zu vermeiden. Ludwig Kretzschmar besorgte in erster Linie den Schreibdienst innerhalb des Verbands, zog die Beiträge ein und führte die Mitgliederliste. Seine juristischen Kenntnisse waren besonders bei den Streitigkeiten mit Herzberg hilfreich, der ja mit allen Tricks versuchte, einen Keil in den Orgelbauerverband zu treiben und ihn so auszuschalten.

Am besten zeigt ein Brief Steinmeyers vom 21.11.1938 an Ludwig Kretzschmar die damalige Situation auf: „Besten Dank für Ihren Brief. Ich bitte mir spätestens 24. ds. mitzuteilen, ob nur die Wirtschaftsgruppe die Kartellaufsicht über den Verband hat. Ferner sollte ich positiv wissen, ob irgend ein Punkt der Tagesordnung *(für die am 2./3.12.38 in Frankfurt/Main vorgesehene Generalversammlung; d. Hg.)* gestrichen werden muß. Eine Änderung der Tagesordnung möchte ich vermeiden. Nachdem Herr Dr. Goebel eine Berichterstattung über die Tagung in Berlin *(22.11.1937, d. Hg.)* ablehnt, kann man dies ja gleich zu Beginn der Versammlung bekanntgeben.

Am liebsten wäre es mir, wenn Sie die Antwort an den Reichsinnungsverband gleich so verfassen würden, daß sie vom juristischen Standpunkt aus einwandfrei ist. Ich habe den Eindruck, daß man von dieser Seite alles versucht, um uns eine Falle zu stellen. Daß die Herren Herzberg und Dr. Goebel gegen uns arbeiten, ist aus der Korrespondenz klar.

Es wird nicht zu umgehen sein, daß wir den Antrag auf „Änderung der Satzung" noch allen Mitgliedern bekanntgeben. Es fragt sich nur noch, ob der Antragsteller den Wortlaut angeben muß oder nicht. – Falls einwandfrei feststeht, daß wir keine Verpflichtung haben das Handwerk einzuladen, werde ich Herrn Dr. Goebel antworten. Allerdings könnten wir dann Ihren Herrn Vater *(Dr. Walter Kretzschmar als Vertreter der „Industrie", d. Hg.)* auch nicht einladen. Seine Anwesenheit erscheint mir aber als direkt notwendig. Ich habe sein klares und objektives Urteil immer besonders geschätzt.

Nachdem die Gruppe Handwerk sich in alles einmischt, möchte ich fast anraten, daß die Fachuntergruppe Pfeifenorgeln mit Tastatur sich um den Verband in gleicher Weise kümmert.

Auf alle Fälle sollten wir auch einen Vertreter der WHI *(Wirtschaftsgruppe Holzverarbeitende Industrie, d. Hg.)* nach Frankfurt bekommen, womöglich einen Mann, der es an Deutlichkeit nicht fehlen läßt.

Die Art, wie der Reichsinnungsverband mit unserem Kartell umzugehen versucht, ist nach meinen Begriffen unmöglich. Auf jeden Fall kann auf diese Weise von einer ersprießlichen Zusammenarbeit nicht die Rede sein. Statt die Orgelbauer zusammenzuführen, werden sie in zwei feindliche Lager geteilt. Das ist sehr zu bedauern. Meinen Nachfolger beneide ich nicht. Ich wünsche nur, daß er den Standpunkt des Verbandes ebenso vertreten wird wie ich, auch wenn es weiterhin viel Kampf kostet."

Die im Jahre 1936 erfolgte Umwandlung des Verbands in ein Kartell hatte ja den Zweck der einheitlichen Preisgestaltung nach dem Mindestpreisprinzip. Alle Mitglieder, die die neue Satzung durch ihre Unterschrift anerkannten, waren verpflichtet, die vorgegebenen Mindestpreise einzuhalten. Da sich aber bei weitem nicht alle daran beteiligten, war das Preiskartell zwangsläufig zum Mißerfolg verurteilt. Außerdem vereitelte die Wirtschaftsführung jeden Ansatz zu einer Erhöhung der Minimalpreise, obwohl sich der Verband jahrelang darum bemühte, ja verbot sie durch eine Preisstopp-Verordnung.

Der Weiterbestand des Verbands als sog. Preiskartell bis zu seiner Selbstauflösung am 31.3.1943 war freilich nur formell, da die Branche nicht nur total kontrolliert war, sondern auch unter dem Preisdiktat stand, das keine Spur mehr von Selbstverwaltung oder der Wahrung von Verbandsinteressen zuließ. Mit der Durchführung der Verbandsauflösung, die im Auftrag des Reichswirtschaftsministeriums erfolgte, war Ludwig Kretzschmar 1943 betraut. Er meldete am 14.4.1943 an den Vorsitzenden Hans Steinmeyer die Löschung des Verbands im Vereinsregister Hannover.

Nach dem Zusammenbruch 1945 fand Ludwig Kretzschmar eine erste Bleibe in dem westfälischen Städtchen Bünde. Dort nahm er Anfang 1946 wieder Kontakte zum Wirtschaftsverband Holzverarbeitende Industrie (WHI) in der britischen Zone auf und wurde mit der Organisation der Untergliederungen beauftragt. Dabei betrieb er auch die Gründung einer Fachvereinigung Klavier-, Orgel- und Harmonium-Industrie und suchte Verbindungen zu maßgebenden Vertretern des Orgelbaues herzustellen. Sein Ziel war es, so rasch wie möglich über die Gründung von Zonenverbänden hinaus- und zu einem gesamtdeutschen Verband zu kommen, da dem Orgelbau als „Träger des musikalischen und kirchlichen Geisteslebens" keine engen Zonengrenzen angelegt werden dürften. Seiner Initiative ist es also mitzuverdanken, daß am 23.11.1946 die Gründungsversammlung in Herford einberufen werden konnte. Es gelang sodann dem neuen Vorsitzenden Hans Klais, daß Kretzschmar in die Geschäftsräume des Hauptverbandes der Deutschen Industrie (HDI) in Wiesbaden aufgenommen und dort zu weiterer Tätigkeit herangezogen wurde, um ihm ein gesichertes Auskommen zu verschaffen. 1951 wurde der Verbandssitz nach Bonn verlegt, wo Kretzschmar bis 1955 ein Rechtsanwaltsbüro unterhielt. Am 16.9.1955 verunglückte er tödlich mit dem Auto am Bahnübergang Zieverich in Bergheim an der Erft, wo er von einem Zug erfaßt wurde. Seine Stelle blieb fast ein halbes Jahr verwaist; die Sekretärin Frau Helga Volkholz übergab die Akten erst im Mai 1956 an den Vorstand. Sie hatte gehofft, mit dem Nachfolger Kretzschmars, Rechtsanwalt Graf Pückler, die Geschäfte des BDO weiterhin führen zu können.

5.4. Dr. jur. et. rer. pol. Georg Preiss (1956-1981)

Dr. Georg Preiss (*1913) war Jurist und Diplom-Volkswirt und Geschäftsführer des Fachverbands der Deutschen Klavierindustrie in Köln, als er von verschiedenen BDO-Mitgliedern zur Nachfolge Kretzschmars vorgeschlagen wurde. Man schätzte ihn als erfahrenen Verbandsgeschäftsführer mit ausgezeichnetem Ruf und guten Verbindungen und stellte ihn zum 1.3.1956 zunächst interimistisch zu den gleichen Bedingungen ein, die sein Vorgänger auch hatte. Auf der Generalversammlung im Juli 1956 in Bad Homburg wurde er dann zum neuen Geschäftsführer des BDO bestellt.

Wenn man die gut 25 Jahre Wirkungszeit von Dr. Preiss betrachtet, so fallen folgende Arbeitsschwerpunkte auf: In den erhaltenen Protokollen sind seine brillanten Geschäftsberichte bedeutsam, die sich mit vielerlei Verbandsproblemen beschäftigen, z. B. der Diskussion der Lieferungs- und Zahlungsbedingungen; Patentberichte, Steuerreformen. Dann sammelte er Material für eine gerichtliche Entscheidung über die Verwendung des Begriffs „Orgel" (Stellungnahmen der Kirchen, der Zentrale zur Bekämpfung des unlauteren Wettbewerbs) und bestellte die Fachanwälte für den angestrebten Prozeß. Preiss verfaßte ausführliche Rundschreiben an die Verbandsmitglieder und erarbeitete insbesondere jährliche Statistiken über Tariflöhne, Rohstoffpreise, Zoll- und Steuertarife, Orgelproduktion und Außenhandel (untergliedert nach Orgeln, Harmonien und Bestandteilen), wie sie es in dieser Form noch nicht gab. Die Zahlen beruhten zunächst natürlich nur auf den offiziellen Meldungen, die von „Industriebetrieben mit mehr als 10 Beschäftigten" an das Statistische Bundesamt in Wiesbaden geliefert werden mußten (Betriebsstatistiken), die bei der Organisation der Mehrzahl der Orgelbaubetriebe im Handwerk nur von beschränktem Aussagewert sind. Mitte der 60er Jahre begann er jedoch, die Jahresmeldungen der Verbandsmitglieder ergänzend zu diesen Statistiken hinzuzuziehen, so daß sie die Konjunkturentwicklung im Orgelbau ziemlich gut widerspiegeln.

Dr. Preiss hatte ein gutes Verhältnis zur Vorstandschaft des BDO, besonders zum derzeitigen Vorsitzenden Hans Gerd Klais. Aus dem Neujahrsschreiben 1969/70 sei dafür eine Stelle zitiert: „Es ist außerdem auch mit Ihr Verdienst, daß in der Arbeit des Vorstandes eine so angenehme, man kann schon sagen: freundschaftliche Atmosphäre herrscht, in die auch ich mich einbezogen fühle. Und ich kann mir nur wünschen, daß es auch im nächsten Jahr bei dieser Harmonie verbleibt." Er trat zum Ende des Jahres 1981 mit 68 Jahren in den wohlverdienten Ruhestand.

5.6. Rechtsanwalt Anton B. Rösch (seit 1982)

Am 1. 1. 1982 übernahm Rechtsanwalt Anton B. Rösch (*1929) die Geschäftführung des BDO von Dr. Preiss in Köln und verlegte sie in seine Kanzlei nach München. Anton B. Rösch hat sich nach seiner juristischen Ausbildung als Rechtsanwalt beruflich vorwiegend im Verbandswesen engagiert, so daß er über jahrzehntelange Erfahrungen auf diesem Gebiet verfügt. So war er in Beiräten von Wirtschaftsorganisationen, Fachhochschulen und dgl. aktiv. Er ist Hauptgeschäftsführer der Verbände der Bayerischen Holz- und Kunststoffverarbeitung sowie der Bayerischen Möbelindustrie. Daraus resultiert seine Funktion als Sprecher der Arbeitgeberseite bei Tarifverhandlungen mit der Gewerkschaft Holz und Kunststoff für den gesamten bayerischen Bereich. Mit der Berufung zum ehrenamtlichen Richter beim Grundsatzsenat des Bundesarbeitsgerichtes genießt er auch eine bundesweite Spitzenfunktion in der deutschen Wirtschaft. Es war zweifellos ein besonderer Glücksfall für den BDO, einen so qualifizierten Fachmann für die Wahrnehmung seiner Interessen finden zu können, der es verstand, sich in kürzester Zeit in hervorragender Weise auf die spezifischen Erfordernisse der Branche einzustellen. Sein Interesse für und sein Wissen über den Orgelbau versetzten ihn in die Lage, bei den sehr schwierigen Verhandlungen mit dem Kartellamt und den Kirchenleitungen über Allgemeine Geschäfts-Bedingungen (AGB) für den deutschen Orgelbau zu guten Ergebnissen zu kommen, die für längere Zeit von grundlegender Bedeutung sein werden.

Als Schwerpunkt seiner Arbeit sieht Anton B. Rösch derzeit die Zusammenführung west- und ostdeutscher Orgelbauer im BDO ebenso wie den Umstand an, die gesamtdeutschen Orgelbauer auf den europäischen Markt vorzubereiten.

Weiter sucht Anton B. Rösch die deutschen Orgelbauer durch Schulungen und Informationsbriefe auf den neuesten Stand in wirtschaftspolitischen sowie arbeits- und sozialrechtlichen Problemen zu bringen. Eine freiwillige vierteljährliche „Eilumfrage" führt auf der Grundlage aller *Angebote,* die die teilnehmenden Firmen in diesem Zeitraum abgegeben haben, zu einer um ein vielfaches aussagekräftigeren Statistik für den deutschen Orgelbau über die Auftragslage, die Preissituation sowie betriebliche Entwicklungen (Arbeitszeiten, Beschäftigte usw.), als es aufgrund allein der Jahresmeldungen und tatsächlich erteilten Aufträge möglich wäre.

III.
AUS DER ARBEIT DES VERBANDES

1. Preisgestaltung und Formularwesen

Laut Gründungssatzung gehört es zum Zweck des Vereins Deutscher Orgelbaumeister, „durch gemeinsames Vorgehen jedem unlauteren Geschäftsgebahren zu steuern". Seit 1919 ist es Aufgabe der Verbandsleitung, insbesondere des Ausschusses, „über Fragen der Preisregelung für Orgeln, Orgelstimmungen usw." zu beschließen und dahin zu wirken, „daß einheitliche Lieferungsbedingungen und Vertragsformulare für die Orgelbaumeister Deutschlands eingeführt werden."

1936 wurde sogar jedes Mitglied verpflichtet, „ihm bekannt werdende Verstöße gegen die Minimalpreise dem Vorsitzenden zu melden. Dieser hat die Nachprüfung der Anzeige vorzunehmen und den Fall zur gütlichen Regelung dem Vorstand und Beirat vorzulegen. Der Vorsitzende hat das Recht, eine Prüfung der Bücher vornehmen zu lassen" usw. Bei festgestellten Verfehlungen können Verwarnungen und Geldbußen festgesetzt werden; dagegen ist Einspruch bei einem Schiedsgericht möglich. Die Mitglieder konnten sich dieser Regelung durch Unterschrift unterwerfen oder verweigern. Auf diese Weise war im wirtschaftlichen Sinne ein Kartell entstanden, das der Staatsaufsicht unterlag, aber bei den Orgelbauern nie richtig funktioniert hat. Man hat den Eindruck, daß es sich um eine taktische Überlebensmaßnahme des Verbands handelte, der Gleichschaltung durch Nazi-Organisationen zu entgehen, was ja tatsächlich bis zum Jahre 1943 gelungen ist, wenn auch unter allerlei Demütigungen und unter kriegsbedingt ständig abnehmender Einflußnahme.

Die Nachkriegs-Satzungen enthalten den Passus über Mindestpreise oder Preisregelungen nicht mehr. Nach 1945 führte die Dekartellisierungspolitik der Alliierten zum Verbot von Kartellen, das schließlich vom Deutschen Bundestag mit dem Gesetz gegen Wettbewerbsbeschränkungen rechtlich verankert wurde.

1.1. Die sog. Mindest- oder Minimalpreise

Der Verein Deutscher Orgelbaumeister hatte schon kurz nach seiner Gründung den Versuch unternommen, durch die Einführung von sog. Normalpreisen gegen die „Schleuderkonkurrenz und Preisdrückerei" unter den Berufsgenossen taktische Maßnahmen zu ergreifen. Der Vorschlag fand 1897 keine Mehrheit, „da leider immer noch verschiedene größere Firmen dem Vereine ferne stehen, denen nur in die Hände gearbeitet würde, wenn der Verein für seine Mitglieder die Normalpreise vorschreiben wollte" (ZfI 18, 1897/98, S. 272). Ein Jahr später schrieb die Zeitschrift für Instrumentenbau: „Jetzt rächt es sich, daß seinerzeit die Vorschläge des Vereins Deutscher Orgelbaumeister zur Einführung von Normalpreisen für die Einzelregister nicht durchgingen, weil leider einige größere Firmen sich ausschlossen und eine Gegenströmung gegen den sehr vernünftigen Vorschlag unter der Hand ins Werk gesetzt wurde." (ZfI 19, 1898/99, S. 789 f.).

Aus der Arbeit des Verbandes

Es war Carl Walcker, der 1906 den bereits in seinem ersten Lebensjahrzehnt „sanft entschlafenen" Verein wieder zum Leben erweckte und erstmals mit der Einführung von Minimalpreislisten durch fast vier Jahrzehnte den Orgelbauern ein wichtiges Steuerungsinstrument in die Hand gab. In dem „Wiedergründungs"-Aufruf wird ausdrücklich auf das Ziel hingewiesen, „durch gemeinsame mäßige Erhöhung der in den letzten Jahren infolge ungünstiger Zeitverhältnisse weit unter den Herstellungspreis gesunkenen Verkaufspreise für gute und haltbare Orgeln" zu sorgen. Die Notwendigkeit ergab sich durch gestiegene Materialpreise und Arbeitslöhne, durch den Anstieg der Lebenshaltungskosten, durch Sozialabgaben und andere steuerpolitische Maßnahmen. Es heißt in dem Aufruf wörtlich: „Es ist darum gewiß für den Geist, der innerhalb des deutschen Orgelbaues noch lebt, ein gutes Zeichen, wenn so zahlreiche Firmeninhaber gemeinsam den Unfug unreellen Unterbietens jetzt ein Ende zu machen beschließen". Der Befürchtung kleiner Firmen, bei gleichen Preisen gegenüber den größeren Firmen im Nachteil zu sein, wird entgegengehalten, daß sie durch Arbeitsteilung auf Zulieferer zurückgreifen und durch gute und solide Arbeit „ihren Orgeln den Stempel eigener Individualität und künstlerischer Vollendung" aufdrücken könnten.

Die erste Minimalpreisliste, gültig ab dem 1. Januar 1907, war folgendermaßen aufgebaut: Zugrundegelegt wurde das klingende Register im Umfang von 54 bzw. 27/30 Tönen. Disposition, Mensuren und Materialausführung bleiben den Kontrahenten überlassen. „Als zur Orgelstimme gehörig werden betrachtet nicht nur Pfeifen, Windlade und das Gebläse, sondern auch die Intonation und Stimmung, Aufstellung und Transport an Ort und Stelle, Einrastrieren der Pfeifen und das ganze Kanal- und Gerüstwerk, wie es zum fertigen Aufbau der Orgel gehört". Sie sind also im Registerpreis inbegriffen. Extra zu berechnen sind Schwellvorrichtungen, Gebläseantriebe wie Motore und Ventilatoren, und das Orgelgehäuse mit Seiten- und ggf. Rückwand.

Die Liste enthält sodann eine Registeraufstellung mit Preisen in der Reihenfolge der Fußtonlagen, gegliedert jeweils nach Principalen, eng- und weitmensurierten Stimmen offen bzw. gedeckt und Zungenstimmen, wobei auch nach den verschiedenen Materialien wie 75%iges Zinn, Probzinn, Zink und Holz in der üblichen Aufteilung (z. B. untere Oktave Holz, Fortsetzung Zink und Probzinn) unterteilt wird. Transmissionen werden je nach Art besonders berechnet. Im sog. Grundpreis wird die Zahl der Manuale und der angebaute Spieltisch für bestimmte Orgelgrößen (1–10 Register, ab II/10, ab III/20) mit bestimmten Registerzuschlägen berücksichtigt, womit die pneumatische Traktur in die Berechnung einbezogen ist. Der freistehende Spieltisch wird je nach Entfernung mit Zuschlägen versehen. Die Nebenzüge (Koppeln, Kollektivzüge, Freie Combinationen, Rollschweller) werden eigens berechnet, ebenso verschiedene Gebläse-Antriebe (Handhebel, Kurbelrad) und Schwellkasten mit zugehörigem Schwelltritt. Für ein einfaches Orgelgehäuse in Kiefern- oder Fichtenholzausführung ohne Anstrich und Vergoldung sollen mindestens 10% des Orgelpreises veranschlagt werden, bei Eichenholzausführung ein Viertel teurer.

Die Minimalpreisliste wurde gedruckt und an die Mitglieder verteilt. Sie diente ihnen als Kalkulationsgrundlage zur Einhaltung eines unteren Preisspiegels, ohne den Spielraum nach oben zu begrenzen. Die meisten Mitglieder, vor allem die größeren Firmen, hielten sich an die Vereinbarungen, aber Klagen über Preisunterbietungen durch Nichtmitglieder oder durch Kollegen, die aus Existenzgründen jede Konkurrenz massiv unterbieten, gab es immer. Bei Umbaumaßnahmen, Verwendung von alten Registern u. ä. bestand zudem die Möglichkeit, die Preisbindung zu unterlaufen. Soweit ersichtlich, wurde die Minimalpreisliste um 1920, 1926, 1928, 1930 und 1934 neu aufgelegt;

in den 20er Jahren bürgerte sich die Bezeichnung „Verbandspreise" ein, später die Bezeichnung „Mindestpreise", schließlich auch „Kartellpreise" ab 1936.

Die Minimalpreise wurden jährlich auf den Mitgliederversammlungen neu beraten und verbindlich festgesetzt, in der Regel durch Aufschläge in Prozent auf die letzte Liste oder gegenüber der letzten Preisfestsetzung im Vorjahr. Aus den Unterlagen können einige Beispiele genannt werden:

Auf das Stichjahr 1907 (= 100%) wurden aufgeschlagen:

>1918 150%
>1919 400%
>1920 auf das Vorjahr 250%
>1921 325%

1922 betrug der Anstieg gegenüber dem Vorjahr zuerst 750%. Er stieg über 6.800% + 1.450%, + 2.400%, + 5.360% sprunghaft nach oben und erreichte schließlich im Inflationsjahr 1923 bei der rasanten Geldentwertung 40.200%.

Nach der Währungsumstellung legte man auf der Berliner Tagung den Verbandspreis fest auf den Stand von

1920 + 33$\frac{1}{3}$%	1929 keine Änderung
1924 + 50%	1930 −10% (von 1928)
1925 + 70%	1931 −10% (von 1930)
1926 erfolgte ein Neudruck der Liste.	1932 − 50%
1928 + 20%	1933 wie 1930

1934 und 1935 traten neue Listen in Kraft. 1936 machte die amtliche Preisstopp-verordnung allen Versuchen, die Preise kurz vor dem Zweiten Weltkrieg und nach Kriegsbeginn den gestiegenen Kosten anzupassen, einen Strich durch die Rechnung. Nach 1945 konnten die Verbandspreise nicht wieder eingeführt werden; sie wurden aber anhaltsweise doch noch hie und da zu Preisvergleichen herangezogen. So lagen die Preise

>1947 bei etwa 40%
>1951 bei etwa 100%
>1959 bei 220%

über dem Vorkriegsstand.

Man darf die Minimalpreise nicht mit den Registerpreisen verwechseln. Die Register-preise geben nur einen statistischen Mittelwert an, von dem die Einzelfälle erheblich abweichen können. Registerpreise sagen lediglich etwas aus über die allgemeine Preis-entwicklung und geben Tendenzen wieder. Die Minimalpreise dagegen werden am konkreten Projekt durch einen relativ einfachen Berechnungsmodus ermittelt. Sie beruhen auf Kalkulationen, die von einigen Betrieben unabhängig voneinander durch-gerechnet wurden und in den einmal festgelegten Berechnungsmodus einflossen. Preisveränderungen können dann jährlich durch gemeinsam festgelegte Prozentsätze ausgeglichen werden. Wie gesagt, dürfen heute solche Mindest-Richtpreise nicht mehr angewendet werden, weil sie gegen den Wettbewerb verstoßen. Heute versucht man die Mitglieder durch Schulung an Musterkalkulationen in die Lage zu versetzen, Kosten und Gewinn exakt zu ermitteln, was bei konsequenter Durchführung zum gleichen Ergebnis wie die Handhabung einer Minimalpreisliste führen müßte; denn Material, Arbeits- und Betriebskosten dürften sich bei den verschiedenen Betrieben nicht allzusehr unter-scheiden. Allerdings sieht die Praxis aber doch immer noch anders aus.

1.2. Formularwesen

In der Orgel- und Pianobau-Zeitung hatte Oscar Schlag, der spätere Gründungsvorsitzende des Vereins, schon 1881 den Vorschlag gemacht, Anschlagsformulare für Orgelbauten gemeinsam auf Vereinsebene zu entwerfen und den Mitgliedern zu überlassen; das brächte nicht nur eine bedeutende Arbeitserleichterung für die Kollegen, sondern würde auch den Behörden bei Angebotsvergleichen gute Dienste leisten (OPbZ 3, 1881, S. 393).

Im Rückblick aus heutiger Sicht ist gerade auf dem Sektor des Formularwesens im Verband gute Arbeit geleistet worden, die den Mitgliedern und wahrscheinlich auch vielen Nichtmitgliedern von äußerstem Nutzen war, obwohl gerade diese Arbeit von außen kaum wahrgenommen wird. Verfolgt man beispielsweise die Diskussion über die „Orgelbaumusterverträge des Verbandes der Diözesen Deutschlands" in den letzten Jahren, dann wird deutlich, wie kompliziert die Materie inzwischen geworden ist, die ein einzelner Orgelbauer ohne rechtlichen Beistand überhaupt nicht mehr bewältigen kann. Das hängt natürlich auch damit zusammen, daß die kirchlichen Behörden mit ihren Rechtsabteilungen den Kirchengemeinden beistehen müssen, wobei die Tendenz entsteht, immer mehr Fragen zu Grundsatzfragen zu machen und sie so auf eine höhere Ebene zu schieben.

Zunächst erfolgt eine kurze Zusammenstellung der bis jetzt (lückenhaft) bekannten Formular-Drucksachen, die der Verband herausgegeben hat:

1. Lieferungsbedingungen des Verbands der Orgelbaumeister Deutschlands, gültig ab 30.8.1920. Sie enthalten folgende zehn Paragraphen:

Gewähr	Verpackung
Preise und Zahlungen	Lieferungen
Erfüllung	Aufstellung
Zubehör	Schriftliche Bestätigung
Lieferzeit	Angebote.

2. Lieferungsbedingungen des Verbands der Orgelbaumeister Deutschlands (ohne Gültigkeitsdatum, wohl nach 1920). Es handelt sich um einen geringfügig veränderten Nachdruck des vorigen unter Hinzufügung eines Paragraphen über Sonntagsarbeiten. Auf einem besonderen Blatt „Anhang zur besonderen Berechnung" werden nun monatlich die Veränderungen der Materialpreise und Tariflöhne nachberechnet und dem ursprünglichen Preis des Kostenvoranschlags hinzugefügt (Preise in Mark, also vor 1924).

3. Lieferungsbedingungen des Verbandes der Orgelbaumeister Deutschlands (ohne Datum). Der Text ist neu formuliert und enthält in den elf Paragraphen mehrfach Leerzeilen, die hinsichtlich der Zahlungsweise, der Fertigstellung, des Bahntransports und für besondere Vereinbarungen individuellen Raum geben (Preise in Reichsmark mit Umrechnung in US-Dollar und Feingold, demnach nach 1924).

4. Neudrucke erfolgten 1926 und 1929 (keine Belegexemplare vorliegend).

5. Zu den Lieferungsbedingungen (Nr. 3, nach 1924) erschienen weitere Vordrucke: Bestellung, Auftrags-Bestätigung und Orgelbau-Vertrag mit elf Paragraphen (dreiseitig).

6. Neuauflagen der Lieferungsbedingungen wurden besprochen 1952 und 1953 (geringfügige Änderungen am Vorkriegstext und Genehmigung durch das Bundeswirtschaftsministerium), 1959, 1960 (Schutz geistigen Eigentums), 1964

Preisgestaltung und Formularwesen

Ein Maschinensaal in den 1920er Jahren *(Werkstatt Jehmlich, Dresden)*

Spieltischwerkstatt um 1900 (Klais)

(Nachberechnung von Lohnerhöhungen), 1967, 1968, 1972, 1977 (neue gesetzliche Bestimmungen, die sich aber auf den BDO nicht auswirken) und 1983 (Kartellrechtliches Prüfungsverfahren der Allgemeinen Geschäfts-, Liefer- und Zahlungsbedingungen. Verhandlungen mit den Kirchen. Inkrafttreten nach Genehmigungsverfahren am 1.11.1983). 1988 und 1989 Neudiskussion nach Vorlage der Orgelbau-Musterverträge deutscher Diözesen, die trotz vorheriger Zustimmung im kartellrechtlichen Verfahren von den AGB wesentlich abweichen.

7. Orgel-Pflege- und Stimmvertrag: 1967 verhandelt, 1976 gedruckt, 1979 (gemeinsam mit den Orgelsachverständigen) diskutiert, 1983 Erstellung von Richtlinien, eines Richtlinienkatalogs und eines Merkblatts; vgl. IbZ 38, 1984, S. 661 f.

Die genannten Beispiele lassen nicht erkennen, welche umfassende Detailarbeit in den einzelnen Fassungen steckt. Ziel dieser kurzen Übersicht kann es nicht sein, die problemlösenden Diskussionen nachzuvollziehen, was Gegenstand von Spezialuntersuchungen wäre; sie kann lediglich zeigen, wie sich die Verbandsarbeit durch die Jahrzehnte auf die verschiedenen Schwerpunkte verteilte.

2. Fragen der Ausbildung und Fortbildungsmaßnahmen

Eines der vornehmsten Ziele des Verbands ist in der Gründungs-Satzung mit den Worten formuliert: „...die gegenseitige Unterstützung und Beihülfe mit Rath und Tath in allen Berufs-Angelegenheiten". Dieses Ziel der Vereinsarbeit wurde in fast allen Orgelbauerkongresse der vergangenen 100 Jahre verfolgt, und das soll schwerpunktartig an einigen Beispielen nachvollzogen werden.

2.1. Zu Fragen der Ausbildung des Nachwuchses wurden mehrfach Verhandlungen gepflogen und Vorschläge ausgearbeitet in den Jahren 1904, 1921, 1929, 1937/38, 1948, 1956 und 1983. Die „Feststellung der Prüfungsordnungen zur Gehilfen- und Meisterprüfung" war ein Gegenstand der Leipziger Generalversammlung 1904. Ein Protokoll liegt darüber nicht vor. 1921 wurde eine neue Prüfungsordnung für die Meister- und Gesellenprüfung festgelegt und 1929 den Mitgliedern auf der Hamburger Tagung erneut zur Kenntnis gebracht. Die damaligen Richtlinien seien zitiert:

Meisterprüfung:

1) Dispositionsaufstellung einer zwei- und dreimanualigen Orgel;
2) Detaillierte Kostenberechnung nach gegebener Disposition;
3) Vollständige Konstruktionszeichnung eines zweimanualigen Spieltisches;
4) Grundriß, Aufriß und Schnitt einer zweimanualigen Orgel nach gegebenen Raummaßen;
5) Anfertigung einer 4'-Zinnpfeife;
6) Intonation einer Aeoline, 2 Oktaven, Intonation einer halben Oktave Trompete 8' fs bis c^1, Intonation einer Holzpfeife von Violonbaß 16';
7) Mündliche Prüfung über Intonation, Geschichte des Orgelbaues, Mensurverhältnisse, Metall-Legierungen, Systeme mechanischer, pneumatischer und elektrischer Orgeln;
8) Kenntnisse in einfacher Buchführung und Rechnungswesen;
9) Allgemeines.

Gesellenprüfung:

1) Anfertigung einer Oktave 4'-Zinkpfeifen;
2) Eine Holzpfeife ganz von Hand hergestellt;
3) Ein pneumatischer Apparat;
4) Stimmen in Oktaven;
5) Intonations- und Stimmungsfragen einfacher Natur, Materialfragen und einfachere Systemfragen.

„Bei der Berufung von Kommissionen sollte von den Handwerkskammern verlangt werden, daß nur Fachleute als Beisitzer zugezogen werden."

Am 1. Oktober 1937 erließ der Deutsche Handwerks- und Gewerbekammertag in Berlin neue „Fachliche Vorschriften für die Meisterprüfung im Orgelbauer-Handwerk". Der nationalsozialistische Staat hatte mit der 3. Handwerksverordnung den sog. Großen Befähigungsnachweis für das Handwerk eingeführt; damit wurde „das seit Beginn der Gewerbefreiheit verfolgte Ziel erreicht", die Meisterprüfung als „Tor zum selbständigen Handwerk" künftig zur Voraussetzung zur Eröffnung eines Handwerksbetriebs zu machen. Die neuen Vorschriften hatten den Zweck, die Prüfungsanforderungen einheitlich für das ganze Reich zu gestalten. Denn bis dahin waren sie nicht nur in den verschiedenen Ländern unterschiedlich, sondern lagen auch vielfach im Ermessen der örtlichen Prüfungsausschüsse. Die Bestimmungen für die Orgelbauer sind in einer 36seitigen Druckschrift (Handwerker-Verlagshaus Hans Holzmann, Berlin) unter dem obigen Titel erschienen.

1938 wurden die Berufsbilder für Orgelbauer und Metallpfeifenmacher neu erarbeitet, 1939 die Lehrzeit für Orgelbauer auf 3 $\frac{1}{2}$ Jahre festgesetzt.

Auch auf der ersten Nachkriegstagung 1948 in Rothenburg wurden bereits Ausbildungsfragen behandelt. In einem Geschäftsbericht von 1951 heißt es: „Zur Förderung der Berufsausbildung haben wir mit mancherlei Stellen Schriftwechsel und Verhandlungen geführt. In den meisten Ländern der Bundesrepublik haben wir Anordnungen erreichen können, nach denen diese zum Besuch von Kursen der Orgelbauschule Ludwigsburg in bestimmten Fällen Beihilfe gewähren.

Weiter haben wir das schon während des Krieges bearbeitete Berufsbild des Metallpfeifenmachers in Verbindung mit der Arbeitsstelle für Berufserziehung, das ist die Nachfolgerin des früheren DATSCH, weiter bearbeitet. Während die Arbeitsstelle zunächst noch der Ansicht zuneigte, den Metallpfeifenmacher als Anlernberuf festzusetzen, neigt sie jetzt nach einigen Betriebsbesichtigungen mehr dazu, ihn als Lehrberuf anzusehen und seine Anerkennung in dieser Weise in die Wege zu leiten." In Bayern und Württemberg gab es bereits eine Gesellen- und Meisterprüfung als Metallpfeifenmacher mit dreijähriger Lehrzeit, aber noch nicht bundeseinheitlich. Aus einem Schreiben der „Arbeitsstelle für Betriebliche Berufsausbildung (Träger: Bundesverband der deutschen Industrie, Bundesvereinigung der deutschen Arbeitgeberverbände, Deutscher Industrie- und Handelstag)" vom 24.9.1957 geht indes hervor, daß die vom BDO beantragte Anerkennung des Metallpfeifenmachers als Lehrberuf immer noch nicht erfolgt war.

1981 regte ein Mitglied an, den Beruf „Orgelbautechniker" als Position zwischen Orgelbaugeselle und Orgelbaumeister zu schaffen. Dem Antrag lag die Absicht zugrunde, nicht von vorneherein jeden Teilnehmer an den alle zwei Jahre stattfindenden Meisterkursen in Ludwigsburg automatisch die volle Meisterprüfung ablegen zu lassen und damit alle zwei Jahre an die zwanzig neue Orgelbaumeister zu produzieren, die sich dann oft selbständig machen wollen und die Überkapazität im Orgelbau weiter erhöhen.

Auf der Nürnberger Tagung 1983 berichtete H. W. Knaths über die laufenden Verhandlungen mit der Gewerkschaft Holz und Kunststoff, dem Arbeitgeberverband und den zuständigen Ministerien über die Neuordnung des Berufsbildes des Orgel- und Harmoniumbauers, das bereits inhaltlich umschrieben und mit den Lernzielen festgelegt sei; die erforderlichen Rahmenpläne seien in Arbeit (Grundausbildung 12 Monate, Fachausbildung für Orgelbauer und Pfeifenmacher gemeinsam 16 Monate, spezielle Fachausbildung 14 Monate, zusammen 42 Monate; die Grundausbildung kann durch das sog. Berufsgrundschuljahr ersetzt werden). Sie sollen bis 1984 fertiggestellt sein; andernfalls bestehe die Gefahr, daß Berufsbilder künftig von Soziologen und Verwaltungsbeamten aufgestellt würden.

2.2. Wesentlich umfangreicher ist der Themenkatalog von Fachreferaten und Informationsveranstaltungen auf den zahlreichen Mitgliederversammlungen, die an die Teilnehmer und Mitglieder gedruckt oder in den Verbandsmitteilungen hektographiert übermittelt wurden. Vergleicht man die behandelten Themen, so läßt sich ein durchgehender Lernprozeß durch die Jahrzehnte erkennen, der die jeweils relevanten Probleme und Zeitströmungen widerspiegelt.

Man kann in einer historischen Rückschau die verschiedenen Themen nicht diskutieren, sondern nur einmal chronologisch aufzählen, soweit sie – manchmal nur zufällig – bekannt sind. Dabei wird dem mit der Materie vertrauten Orgelbauer, Sachverständigen oder Organologen auf manchmal seltsame Weise klar, wann ein heute als selbstverständlich geltender Sachverhalt erstmals ins Bewußtsein gehoben und in seiner Mehrdeutigkeit erkannt wurde und dann schließlich nach einer breiten Diskussion zur End-Gültigkeit aufstieg.

Themenauswahl (chronologisch, ggf. mit bibliographischen Angaben) :

1895 Neuere Anordnungen von Orgel- und Sängerbühnen in protestantischen Kirchen, von C. Doflein, in: Deutsche Bauzeitung 29 (1895), 361 f.

1896 Feinde der Orgel (Platzbedarf, Rückfenster, Heizung, Feuchtigkeit, Staub und Tiere) von Oskar Schlag, in: ZfI 15 (1894/95), 871 f.

1904 Bericht über die orgeltechnischen Verhandlungen der General-Versammlung Deutscher Orgelbaumeister in Leipzig am 21. März 1904, von Max Allihn, in: ZfI 24 (1903/04), 597–601, 660 f. (Verhältnis der Stimmenzahl zur Größe des Raumes; Präzision der pneumatischen Orgel; Elektrische Orgel).

1922 Verdingungswesen im Orgelbau, Kalkulation für Kostenvoranschläge; Festlegung der von der Fachwelt anzuerkennenden Qualitätsansprüche; Beschränkung der Vielheit der Systeme auf wenige Typen, von Johannes Biehle.

1925 Vortrag von Hans Henny Jahnn über die Orgelbewegung.

1926 Fachvorträge auf der Freiburger Orgeltagung 1926, in: Bericht über die Freiburger Tagung für deutsche Orgelkunst, Augsburg 1926.

1928 Johannes Biehle, Die Tagung für Orgelbau in Berlin 1928, Kassel 1929; Fachvorträge über Ladensysteme, Trakturfragen, Probleme der angewandten Akustik, Orgel und Kirchenraum, Windbeschaffung, als Reaktion auf H. H. Jahnns

Ausbildung und Fortbildungsmaßnahmen

Aufsatz: Welche Forderungen sind an eine Orgel zu stellen? in: Bauwelt Heft 41 vom 14.10.1926.

1931 referierte auf der Tagung in Kassel Ing. Theodor Herzberg über die von ihm konstruierte Metallwindlade und elektrische Schaltungen.

1938 Bericht über die zweite Freiburger Tagung für deutsche Orgelkunst (hgg. von Josef Müller-Blattau, Kassel 1939), mit Fachvorträgen über Positiv und Kleinorgel, Orgeldenkmalpflege und akustische Fragen. Zu den Veranstaltern der Tagung gehörte die „Arbeitsgemeinschaft für Orgelbau und Glockenwesen", eine lockere Vereinigung aus dem Orgelbauerverband und den Verbänden der evangelischen und katholischen Kirchenmusiker Deutschlands.

1951 informierte Prof. Hermann Matzke, Herausgeber der Instrumentenbau-Zeitschrift, in Düsseldorf über elektronische Musikinstrumente.

1964 referierte Hans Klais in Rüdesheim über „Möglichkeiten und Grenzen der elektronischen Instrumente im Vergleich zur Pfeifenorgel".

1973 wurden auf dem Acherner Kongreß folgende Referate gehalten: Ausschreibung von Orgelarbeiten (H. R. Trötschel); Setzer und Spielhilfen (Obm. Ott); Öffentlichkeitsarbeit von Sachverständigen und BDO; Akustik und Gehäusefragen.

1977 Tagung in Bonn mit dem Fachvortrag von J. Rohlf über „Qualitätskriterien bei der Neuplanung von Orgeln"; ferner über die „Ausschreibung eines Orgelneubaues als Wettbewerb".

1978 referierten Gerhard Wagner in Bad Kreuznach über das Thema „Das Problem des Orgelwindes aus der Sicht des Organisten", Obm. H. P. Mebold zu „Überlegungen zum Orgelwind"; beide Referate sind abgedruckt in ISO INFORMATION Nr. 30 (1989) S. 11ff./B2, S. 57ff.; Richard Rensch befaßte sich einmal grundsätzlich mit den „Aufgaben des BDO."

1983 fand auf der Nürnberger Tagung erstmals eine Seminar- und Schulungsveranstaltung über „Vor- und Nachkalkulation im deutschen Orgelbau" statt.

1984 brachte der Verband ein Merkblatt heraus: „Warum muß eine Orgel gewartet werden?", das auch in der Instrumentenbau-Zeitschrift 38 (1984), 661f. abgedruckt wurde.

1985 brachte der BDO ein weiteres Merkblatt „Über Heizen und Lüften von Orgeln" heraus.

1987 berichtete Hans Gerd Klais und Diözesanbaurat Rüevenauer, Köln, über „Vorteile von Ideenwettbewerben für gestalterische Aufgaben im Orgelbau" auf der Lüneburger Tagung.

1989 standen die Themen „Musterkalkulationen für die bei Planungs- und Angebotsarbeiten einer Orgel entstehenden Kosten" (Oberlinger), „Einsatz der EDV im Orgelbau" (Göckel), „EDV-Mensurenprogramm für Holzpfeifen" (Jann) auf der Tagesordnung der Seminarveranstaltung in Würzburg.

1990 Auf der Bamberger Tagung standen Referate über „Prospektgestaltung heute – ein Orientierungsversuch" im Mittelpunkt.

Neben den genannten, mehr informativ gehaltenen Fachvorträgen ist auf die Arbeit der verschiedenen Ausschüsse hinzuweisen, die in grundsätzlichen Fragen des Orgelbaues konkrete Entscheidungen trafen und damit richtungsweisend wurden, insbesondere der Normenausschuß, der nicht nur für eine einheitliche Konzeption des Spieltisches sorgte – das einzige, was an der Orgel zu normieren ist –, sondern auch für die inhaltliche Festlegung von Fachbegriffen in Zusammenarbeit mit den Organologen und Sachverständigen. Mehr darüber im Kapitel „Normenausschuß".

3. Normenausschuß

Der Normenausschuß (Normungsausschuß, Normierung) ist am häufigsten tätig gewesen und hat bahnbrechende Arbeit geleistet. Seine Tätigkeit umfaßt vier Perioden:

Erstmals in der Generalversammlung 1897 wurde die „Revision bzw. Feststellung von Normalmaßen für die Klaviaturen etc." begonnen und 1898 fortgesetzt mit dem Beschluß, über die Ergebnisse „Zeichnungen anfertigen zu lassen und diese sämmtlichen deutschen Orgelbaumeistern – auch Nichtmitgliedern – zuzusenden. Auch sollen die zuständigen Behörden der deutschen Staaten ersucht werden, die festgestellten Maaße anzuerkennen, resp. einzuführen." (ZfI 1897/98, 769). Schwankte bisher regional die Breite der Pedalklaviatur zwischen 1,00 m und 1,12 m (C-d^1), so wurde sie 1898 festgesetzt auf 1,05 m bei c^0 unter c^1 des Manuals. Der Abstand Manual – Pedal (Oberkante zu Oberkante) soll zwischen 76 und 80 cm betragen, die Manualbreite (C–f^0) 745 mm. Die Normalstimmung wurde auf 870 Hz bei 15° C festgelegt. Die genauen Zeichnungen mit den festgelegten Maßen wurden 1899 an die Behörden verschickt, die in der überwiegenden Mehrzahl zustimmend reagierten (Gotha, Oldenburg, Mecklenburg-Schwerin, Weimar, Bayern, Schwarzburg-Rudolstadt, Baden und Württemberg; Preußen hatte sich noch nicht geäußert, da dies einer Reform der 1876 erlassenen Instruktion für die formelle Behandlung der Orgelbauten gleichkam).

Es ist viel zu wenig bekannt, daß der Orgelbauerverband damit erstmals für vernünftige Spieltisch-Einheitsmaße eintrat, ihm damit Priorität gebührt vor dem Wiener Congress 1909 anläßlich der Haydn-Zentenar-Feier, auf dem eine Sektion für Orgelbau das „Internationale Regulativ für Orgelbau" ausarbeitete und veröffentlichte. Das Regulativ enthält allerdings weitergehende Maßgaben für Registrierhilfen, Winddruck und Windladen im Sinne der elsässisch-neudeutschen Orgelreform unter dem Einfluß von Rupp und Schweitzer.

Auf der 3. Tagung für deutsche Orgelkunst in Freiberg i. Sa. 1927 sprach J. Geyer aus Budapest über die „Schwierigkeiten eines einheitlichen Aufbaues der Orgeldispositionen und des Orgelspieltisches" (Freiberger Tagungsbericht, Kassel 1928, S. 183) und führte u. a. aus:

„Vereinheitlichungsversuche sind bei der Orgel nicht neu. Abbé Voglers Simplifikationssystem zu Beginn des 19. Jahrhunderts, der Mechelner Kongreß um 1864, die „Instruktion" des preußischen Kultusministers von 1876, Dr. Schweitzers Schrift über deutsche und französische Orgelbaukunst und Orgelkunst 1905/06, das internationale Regulativ von 1909, die elsässisch-neudeutsche Orgelreformbewegung, ferner H. Jungs Referat an der vorjährigen Tagung zu Freiburg, Prof. Dr. Keller und andere haben wohl manche Abweichungen der verschiedenen Orgeltypen und Spielanlagen auf künstlerischer oder ökonomischer Grundlage zu vereinheitlichen angestrebt, all diese Bemühungen haben jedoch bloß eine anregende Polemik unter den Freunden dieser oder jener Orgelbaurichtung gezeitigt. Zu einer praktischen Vereinheitlichung der Orgel konnte es nicht kommen. Die verschiedenen Regulative, Vereinbarungen und Verordnungen wurden wenig beachtet."

Abgesehen von der in diesem Absatz ausgedrückten Tendenz fehlt tatsächlich ein Hinweis auf die auch vom deutschen Orgelbauerverband geleistete Arbeit.

Die zweite Arbeitsphase des Normenausschusses begann 1929 auf der Hamburger Tagung auf Anregung des Normenausschusses der deutschen Industrie. Daraufhin wurde ein neuer Ausschuß eingerichtet, bestehend aus den Mitgliedern Dr. O. Walcker, H. Steinmeyer und W. Laukhuff. Zur Diskussion standen in dieser Phase die Pedalfrage, ob das Pedal parallel und konkav, oder konkav und strahlenförmig zu empfehlen sei, seine Lage zum Manual, ob es weiter hineinzuschieben und nach links zu verlagern sei (ds^0 unter ds^1); schließlich die Anregung, bei Spieltischen mit mehr als 3 Manualen die Klaviaturen nach hinten ansteigend zu bauen, wobei das Hauptmanual als Bezugsebene dient (Tagungsprotokoll Frankfurt/M. vom 28.6.1930). Am 24.7.1931 wurden die Ergebnisse (Parallel- und Radialpedal, Schräglage der Manuale mit den zugehörigen Zeichnungen) an die Mitglieder versandt mit der Bitte, binnen eines halben Jahres Gegenvorschläge einzureichen. Auf der Würzburger Tagung 1932 wurden sie gebilligt und für die Mitglieder in Kraft gesetzt; sie sollten in ihren Kostenanschlägen auf diese Tatsache hinweisen mit dem Stempelaufdruck: „Spieltischmaße nach den Normen des Verbandes der Orgelbaumeister Deutschlands e. V."

Nicht abschließend behandelte Themen, wie die Lage der Spielhilfen, Registerzüge, die Anlage von Walze und Schwelltritten sowie deren Betätigungsrichtung, verschob man auf eine spätere Bearbeitung. Eine Umfrage bei den Mitgliedern ergab im Februar 1933 das Ergebnis, daß fast einheitlich die Ansicht besteht, bei Heranrollen der Walze ein Crescendo herbeizuführen. Die Verwendung eines Tritts als Registerschweller wird fast einstimmig abgelehnt. Über die Stellung des Schwelltritts überwog die Ansicht, daß bei senkrechter Stellung die Jalousien geöffnet sind.

Die dritte Arbeitsphase des Normenausschusses erstreckte sich über die Jahre 1964 bis 1972; beteiligt waren die Mitglieder Rudolf von Beckerath, Otto Heuss, Hans Gerd Klais, Wilhelm Laukhuff und Fritz Steinmeyer. In 8 Jahren hat der BDO zusammen mit der Gesellschaft der Orgelfreunde, den führenden Orgelsachverständigen, den Organisten und den kirchlichen Behörden ein ganz neues Normenkonzept entwickelt, das die bisher uneinheitlichen Normen (1899, 1909 und 1932) ablösen sollte. Das Arbeitsverfahren verlief beispiellos und demokratisch: das Arbeitsmaterial wurde zusammengetragen, diskutiert, neu gefaßt und an die verschiedensten Interessenten verschickt. Nach deren Anhörung kam es dann zu zwei wichtigen Normenkongressen 1970 und 1971 in der Evang. Akademie Loccum, wo der gesamte Komplex ausgiebig diskutiert, mehrheitlich entschieden (die Orgelbauer stimmten nicht mit!) und als druckreife Vorlage verabschiedet wurde.

Die Festlegungen betreffen folgende Gegenstände:

1. Terminologie
2. Zuordnung der Werke zu den Manualen
3. Spieltischquerschnitt und Pedaleinschub
4. Manualtastenformen
5. Pedalklaviaturen
6. Registeranlage
7. sonstige Schalter
8. Druckknöpfe
9. Trittanlage
10. Anordnung von Pistons, Tritten
11. Bank
12. Notenpult.

Text und Zeichnungen wurden 1972 vom BDO gedruckt und über den Buchhandel vertrieben. Der Deutsche Normen-Ausschuß (DNA) Berlin übernahm 1971 die neuen Spieltischnormen, die – um Mißverständnissen vorzubeugen – keine Vorschriften, sondern Empfehlungen zur Vereinheitlichung des Bedienungsteils der Orgel sind und nichts mit der klanglichen und technischen Individualität des Instruments zu tun haben.

Obwohl durch die Rückkehr zu Schleiflade und mechanischer Traktur die Vielzahl der Spielhilfen bei elektrischen oder elektropneumatischen Orgeln überflüssig gemacht wurde, besteht nach wie vor die Tendenz zur bedienungsleichten Registrierhilfe. So entstanden die sog. Setzerkombinationen, vorprogrammierbare Registrierungen, vergleichbar den früheren Freien Combinationen, die auf Knopfdruck abgerufen werden können. Da deren Entwicklung seit den 1960er Jahren im Gange ist und nach verschiedenen Bauprinzipien (mechanisch, Lochkarten und elektronisch) von Spezialfirmen immer wieder verbessert wird, sind auch hier Normierungen der Bedienelemente erforderlich.

Die ersten Besprechungen über die Problematik der Setzerkombinationen wurden 1973 geführt, aber auf 1974 verschoben, um entsprechende Informationen an Hand von Modellen der Firmen Heuss und Laukhuff abzuwarten. Zu intensiver Zusammenarbeit kam es 1985 mit den Orgelsachverständigen in Pforzheim-Hohenwart, wo eine gemeinsame Kommission gebildet wurde, die Richtlinien für die Setzerkombinationen erarbeiten sollte. Als Ergebnis kam ein Papier zustande, das 1986 als Diskussionsgrundlage verschickt wurde. Es wurde nach einer redaktionellen Änderung 1987 von der Mitgliederversammlung gebilligt. Im Zuge einer ständigen Weiterentwicklung der elektronischen Speichersysteme wird auch der jüngste Normenausschuß vorläufig nicht arbeitslos werden; denn gerade in diesem, besser nur in diesem Bereich sind noch Neuerungen zu erwarten.

4. Der Orgelnamenprozeß

Auf der Musikinstrumentenmesse in Mittenwald 1949 wurde erstmals nach dem Kriege ein elektronisches Instrument vorgeführt. Die anwesenden Orgelbauer waren einhellig der Meinung, daß sich die neue Instrumentengattung zu einer durchaus ernstzunehmenden Konkurrenz der herkömmlichen Pfeifenorgel entwickeln könnte, und nahmen sich vor, bei den Kirchenbehörden diesbezüglich aufklärend zu wirken. Aber erst auf der Bad Nauheimer Tagung 1953 wurde beschlossen, durch gezielte Veröffentlichungen von namhaften Fachleuten die Bedeutung der Pfeifenorgel herauszustellen. Inzwischen fanden aber die elektronischen Instrumente durch geschickte Werbung mit dem Begriff „Orgel" bzw. „Elektronenorgel" seitens der Hersteller eine immer weitere Verbreitung.

Der Anstoß, die Bezeichnung „Orgel" im herkömmlichen Sinne nur für die Pfeifenorgel gelten zu lassen, ging von einem Referentenentwurf des neuen deutschen Zolltarifs 1956/57 aus. Darin werden zwar die sog. Elektronen-Orgeln den elektronischen Instrumenten zugerechnet, nicht den Orgeln, aber eben doch als Orgeln bezeichnet.

Diesen Umstand und die dadurch verursachte Irreführung konnte und wollte der Verband nicht hinnehmen. Daher wandte sich Dr. Preiss 1956 an die Frankfurter Zentrale zur Bekämpfung unlauteren Wettbewerbs mit der Bitte, gegen den Versuch vorzugehen, mit Hilfe des Wortes Orgel durch Irreführung dem eigentlichen Orgelbau schwerwiegende geschäftliche Schädigungen zuzufügen. Die Frankfurter Zentrale erklärte sich bereit, einen deutschen Hersteller von elektronischen Instrumenten wegen der Verwendung des Begriffs Orgel abzumahnen, konnte aber nicht garantieren, daß die betreffende Firma einlenken würde. In diesem Falle müsse der BDO eine Unterlassungsklage riskieren.

In der Zwischenzeit sammelte Dr. Preiss ablehnende Stellungnahmen der evangelischen Landeskirchen, der deutschen Diözesen und der GdO zum Gebrauch elektronischer Instrumente. Der Präsident der GdO, Dr. Walter Supper, riet zu einer Art Gebrauchsmusterschutz für den Begriff Orgel. Die Firma Ahlborn & Steinbach KG, Heimerdingen bei Stuttgart, gab sich Anfang 1958 gegen die Abmahnung der Zentrale zur Bekämpfung unlauteren Wettbewerbs erstaunt und hielt dagegen, daß die Verwendung des Begriffs Orgel im weiteren Sinne längst üblich sei, z. B. in „Schwellorgel", Polychord-Orgel, Strato-Orgel, Vierling-Orgel, Allen-Orgel, Hammond-Orgel, Wurlitzer-Orgel usf. Auf der Mitgliederversammlung 1959 in Rüdesheim beschloß der BDO, die irreführende und mißbräuchliche Verwendung des Orgel-Begriffs rechtsverbindlich untersagen zu lassen. Da der Verband kein eingetragener Verein und damit nicht rechtsfähig war, mußte die Verbandsklage von Einzelmitgliedern getragen werden; die Firmen Giesecke, Klais, Ott, Peter, Seifert, Späth und Steinmeyer erklärten sich dazu bereit.

Am 30.5.1960 wurde die Klage gegen die Firma Ahlborn beim Landgericht Köln eingereicht, Prozeßanwalt war E. W. Kropp-Olbertz. Am 9.11.1960 gab die 3. Kammer des Landgerichts der Klage statt und untersagte damit der beklagten Firma, ihre Tasteninstrumente als Orgeln zu bezeichnen. Die Firma Ahlborn legte am 20.3.1961 Berufung ein und verwies damit die Entscheidung an das Oberlandesgericht. Prozeßbevollmächtigter des BDO war in der 2. Instanz Rechtsanwalt Dr. Heydt in Köln. Neben der Vorlage von Schriftsätzen, Stellungnahmen und Diskussionsbeiträgen aus der Fachliteratur wurden zur Beweisführung auch verschiedene Gutachten eingeholt, die in die Feststellung mündeten, daß das Elektroneninstrument keine „Orgel" im herkömmlichen Sinne sei.

Am 3.4.1962 ließ das Gericht in Köln einen Klangvergleich zwischen Pfeifenorgel und elektronischen Instrumenten durchführen, der von dem Gürzenichkapellmeister Professor Wand begutachtet wurde. Es sollte festgestellt werden, ob eine Ahlborn-Orgel in der Lage ist, den typischen Klang der Pfeifenorgel so zu imitieren, daß ein Klangunterschied sowohl für das geschulte Ohr eines Berufsmusikers als auch für das Ohr eines musikliebenden Laien nicht festzustellen ist. Wand kam in seinem Bericht zu dem Ergebnis, daß ein Berufsmusiker die klanglichen Verschiedenheiten deutlich wahrnimmt. Nur bei geschickter, ganz bewußt begrenzter Registerzahl und bei mäßiger Lautstärke vermochte das Elektrophon eine Pfeifenorgel so zu imitieren, daß für eine kürzere Periode, besonders bei polyphoner Musik, der Eindruck einer Pfeifenorgel entstehen kann. Bei längerem Zuhören fiel ihm die „eigentümliche Stumpfheit des elektronischen Klangbildes auf", die sehr ermüdend wirkte. Beim Spiel des vollen Werks war der „Lautsprecherklang" auch für den Laien unüberhörbar, und die „Unausgeglichenheit zwischen den viel zu schwachen Bässen und dem gepreßt klingenden Diskant" wurde störend empfunden.

Obwohl der Klangvergleich doch zugunsten der Pfeifenorgel sprach und die vorgelegten Gutachten ihre klangliche Überlegenheit dokumentierten, erging am 6.7.1962 ein sehr zwiespältiges Revisionsurteil des 6. Zivilsenats beim Oberlandesgericht Köln; es änderte das Ersturteil teilweise ab in folgender Neufassung:

„1. Der Beklagten wird bei Vermeidung einer vom Gericht für jeden Fall der Zuwiderhandlung festzusetzenden Geldstrafe ... untersagt, ihr elektronisches Musikinstrument in der Werbung und oder beim Vertrieb als „Ahlborn-Orgel" zu bezeichnen; 2. Im übrigen wird die Klage abgewiesen." Im Klartext heißt das, die Bezeichnung Elektronen-Orgel ist weiterhin zulässig.

Die etwas salomonische Urteilsbegründung erschien dem BDO-Anwalt in sich widersprüchlich, weil auf der einen Seite festgestellt wird, daß das Elektroneninstrument keine Orgel ist und daher nicht Ahlborn-Orgel genannt werden darf, auf der anderen Seite aber als Elektronen-„Orgel" bzw. elektronische Orgel bezeichnet werden darf. Die Fachpresse, die mit Spannung das Urteil erwartet hatte, interpretierte das Urteil je nach Standpunkt des Beurteilers ziemlich verschieden. So heißt es z. B. in der „Deutschen Tagespost", eines wahrlich konservativen Blattes, vom 11.9.1962, der Klangvergleich habe ergeben, „daß man auf einer elektronischen Orgel die klassische Orgelmusik sehr wohl spielen kann"; als wenn das jemand bezweifelt hätte. Der Berichterstatter E. M. findet, „daß das Urteil, obwohl es als salomonisch bezeichnet werden kann, der ‚Elektronenorgel' ihre Berechtigung zugesteht und damit den Weg für eine bedeutsame Entwicklung freigibt."

In Wahrheit ging es den klagenden Orgelbauern gar nicht um die Berechtigung der neuen Instrumentengattung, sondern um die Art und Weise, wie der Begriff „Orgel" benutzt wird, einer Imitation zu besserer Reputation zu verhelfen. Ein Beispiel dafür findet sich in der „Auslese" vom 10.3.1963, wo der Elektronen-Orgel-Befürworter Kantor Josef Michel betont, die „Elektronen-Orgel" gebe es nicht, es gebe vielmehr „elektronische Orgeln"; wer genau hinsieht (oder hinhört), der erkennt, daß hier die Worthülse „Orgel" einmal eng und einmal weit gefaßt ist bzw. verstanden werden kann; die Zusammensetzung „elektronische Orgel" betont das Hauptwort und suggeriert damit viel mehr den Orgel-Begriff als das zusammengesetzte Wort Elektronen-Orgel, wo der Orgel-Begriff deutlich eingeengt ist. Das mag Zufall sein; an diesem Beispiel zeigt sich aber die bewußt oder unbewußt vorgenommene Ausweitung und Umdeutung von sprachlichen Begriffen, die für unsere Zeit typisch und symptomatisch ist und gerade im politischen Sprachgebrauch verhängnisvolle Ausmaße angenommen hat.

Im übrigen muß festgestellt werden, daß die Presse, auch die Fachpresse, mehr auf der Seite der neuen Instrumente stand, während die GdO und die kirchlichen Gremien es lieber gesehen hätten, wenn der Orgel-Begriff der herkömmlichen Pfeifenorgel auch rechtlich allein zugestanden und für die Elektrophone neue Namen, wie Elektrium (analog zu Harmonium) oder ähnliche Bezeichnungen gefunden worden wären. In dieser Hinsicht hat die Klage nicht das gewünschte Ergebnis gebracht.

Das widersprüchliche Revisionsurteil veranlaßte die klagenden Firmen, in der weiterhin strittigen Frage den Bundesgerichtshof als höchste Berufungsinstanz anzurufen, nachdem man die Erfolgsaussichten durch den dort zuständigen Anwalt Professor Dr. Möhring hatte prüfen lassen. Am 15.2.1963 wurde die Revision beim BGH eingereicht. Am 4.3.1964 wurde folgende Entscheidung verkündet: „Auf die Revision der Klägerinnen wird das Urteil des 6. Zivilsenats des Oberlandesgerichts Köln vom 6.7.1962 aufgehoben, soweit durch dieses Urteil die Klage abgewiesen worden ist *(Berichtigung vom 1.10.1964; d. Hg)*. Die Sache wird zur anderweitigen Verhandlung und Entscheidung, auch über die Kosten des Revisionsverfahrens, an das Berufungsgericht zurückverwiesen." Der BGH bestand auf einer Neuverhandlung, bei der zu klären sei, ob die Annahme des OLG Köln, daß aus der Bezeichnung „Elektronenorgel" eindeutig hervorgehe, daß es sich nicht um eine Orgel im landläufigen und historischen Sinne handele, auch zutreffe, und ob sich der Begriff „Elektronenorgel" international schon als Fachausdruck eingebürgert habe. Damit war die Kernfrage angesprochen, ob durch den Gebrauch des Wortes Orgel mit dem Zusatz elektronisch für Elektrophone eine Irreführung der Verkehrskreise hervorgerufen werden kann. Der Bundesgerichtshof wollte diese Frage durch demoskopische Ermittlungen geklärt haben.

Die klagende Seite versprach sich von einer solchen Umfrage nicht viel, sondern hoffte durch Stellungnahmen der Kirchen, die ja von der unterstellten Irreführung in erster Linie betroffen waren, die Frage in ihrem Sinne klären zu können. Das Ergebnis war jedoch enttäuschend, weil die Kirchen praktisch ihre bekannten Stellungnahmen wiederholten, ohne auf die eigentliche Kernfrage einzugehen, in der nachzuweisen gewesen wäre, daß tatsächlich Irreführungen vorgekommen oder leicht möglich sind.

Inzwischen machte die beklagte Firma, der der Gebrauch des Namens Ahlborn-Orgel rechtskräftig untersagt worden war, darauf aufmerksam, daß ihr gegenüber anderen Herstellern elektronischer Instrumente, die ebenfalls die Bezeichnung Orgel in Verbindung mit einem Namen verwenden, aber vom Urteil nicht direkt betroffen sind (z. B. Hammond-Orgel, Dereux-Orgel, Vierling-Orgel, auch Heimorgel u. a.) Wettbewerbsnachteile entstünden, die sie nicht länger hinnehmen könne. Daraufhin wurde eine ganze Reihe von in- und ausländischen Firmen durch den Anwalt des BDO aufgefordert, unter Hinweis auf das rechtskräftige Urteil ihre Werbung entsprechend umzustellen. Das Ergebnis war, daß die Mehrzahl der angesprochenen Firmen sich auf langjährige internationale Gepflogenheiten und eine nach ihrer Auffassung keineswegs irreführende Begriffsbildung (z. B. Elektronen-Orgel u. ä.) berief, die ja gerade im Revisionsverfahren umstritten war; sie konnten daher zunächst einmal das Schlußurteil abwarten. Ein anderer Vorschlag, alle beteiligten Firmen zu einem Kongreß zu laden und sich dort auf verbindliche Sprachregelung zu einigen, kam wegen zu geringer Erfolgsaussicht nicht zustande. Den Teilerfolg des BDO hinsichtlich des Gebrauchs des Terminus Orgel auf prozessualem Weg auch auf die übrigen Firmen auszudehnen, hätte eine Prozeßlawine bedeutet, die niemand wollte. Im übrigen arbeiteten die Zeit, der technische Fortschritt und die Medien zugunsten der elektronischen Instrumente, genauer gesagt, gegen den Gegenstand der Klage, so daß die Erfolgsaussicht immer geringer wurde. Man einigte sich daher nach langen, schleppenden Verhandlungen am 26.8.1969 auf einen Vergleich. Auf Seiten der Orgelbauer gelangte man am Ende des Prozesses zu der Einsicht, daß es zu einer juristischen Festlegung des Terminus „Orgel" gegen inhaltliche Erweiterungen im Sinne eines Sammelbegriffs für verschiedenartige Instrumente (selbst im makabren Sinne als Stalin-Orgel) längst zu spät war.

Es ist im Rahmen dieser Darstellung des Orgelnamen-Prozesses nicht möglich, auf alle Stellungnahmen, Beweisführungen und die juristischen Einzelheiten einzugehen. Allein die Aufzählung der während der Auseinandersetzung erschienenen Berichte und Publikationen wäre schon umfangreich. Das alles wird erst wieder die künftige Forschung nach angemessenem zeitlichem Abstand interessieren.

5. Wirtschaftsberichte

Jede Generalversammlung des Orgelbauerverbands beginnt mit einem Bericht über das abgelaufene Wirtschaftsjahr. Anfangs enthielten die Rechenschaftsberichte in der Regel nur Vorgänge, die die Vereinsarbeit betrafen, selten sind Informationen zur allgemeinen Wirtschaftslage und zur Lage des Orgelbaues im besonderen beigegeben, wenn man einmal von den Erörterungen über die Preisunterbietungen und Minimalpreise absieht, die ja auch ein Bild auf die wirtschaftliche Situation werfen.

Wirtschaftsberichte im engeren Sinne gab es seit dem Ersten Weltkrieg; während des Dritten Reiches bis etwa 1939 war auch die wirtschaftliche Konjunktur unter dem Diktat der Vierjahrespläne gewissermaßen gleichgeschaltet. Nach 1945 litt die Verbandsarbeit noch so unter dem allgemeinen Wirtschaftsklima, daß wir aus diesen Jahren nur recht dürftige Hinweise besitzen. Erst der studierte Volkswirt Dr. Georg Preiss als Geschäftsführer stellte gründliche und umfangreiche Geschäftsberichte zusammen, die in den Rundschreiben allen Mitgliedern bekanntgemacht wurden. Daß sich diese Praxis unter der Ägide von Anton B. Rösch in ähnlicher Form und brillanter Weise fortsetzt, sei besonders hervorgehoben.

Es ist sicherlich nicht uninteressant, aus den vorliegenden Angaben die konjunkturellen Schwankungen der Orgelbauwirtschaft der letzten 100 Jahre abzuleiten, die zweifellos nicht von der allgemeinen Konjunkturentwicklung zu trennen sind. Aus den vorliegenden Informationen wurden stichwortartig solche Meldungen ausgewählt, die direkt oder indirekt Aufschluß über die jeweilige wirtschaftliche Situation geben; inwieweit hierbei pessimistische Übertreibungen eine Rolle gespielt haben, läßt sich im einzelnen nicht genau unterscheiden; das ist wohl auch zur Trenddarstellung unerheblich.

1896 geringer Gewinn, Schleuderkonkurrenz, Preisdrückerei.

1897 geringer Gewinn, Einführung von Mindestpreisen gescheitert, geringer Zusammenhalt der Orgelbauer.

1898 Metallpreise gestiegen.

1899 Rohstoffpreise steigen weiter, haben sich fast verdoppelt.

1903–1906 Metallpreise haben sich um 30 bis 75% verteuert, die Holzpreise um rund 20 bis 50%; die Löhne stiegen um 20 bis 30%.

1915 Zinnbestand für Kriegszwecke beschlagnahmt.

1917 Ausbau der Prospektpfeifen und Abgabe an die Metallmobilmachungsstelle des Kriegsministeriums.

1919 außerordentlicher Mangel an Materialien (Zinn, Zink wird teurer, Leder).

1920 kaum Orgelneubauten, Materialpreis- und Lohnsteigerungen setzen sich fort, Arbeitszeitverkürzungen.

1921 Konkurrenz und Schleuderpreise in Bayern bereiten Sorge. Die Mark verliert ständig an Wert, entsprechend steigen die Materialpreise und Löhne.

1922 die inflationäre Entwicklung setzt sich fort.

1923 es kommt zur sprunghaften Geldentwertung; der Auftragseingang geht stark zurück, entsprechend sinkt die Beschäftigung.

1924 Währungsumstellung auf Reichsmark; Erholung der Wirtschaft.

Wirtschaftsberichte

Holzpfeifenwerkstatt um 1920
(Jehmlich, Dresden)

Belegschaftsfoto 1927
(A. Schuke, Potsdam. Vorn links Hans-Joachim Schuke, rechts hinten Karl Schuke)

1925 gute Auftrags- und Beschäftigungslage mit längeren Lieferfristen. Wegen der Inflationslieferungen gab es verschiedentlich Prozesse.

1926 Normalität ist eingekehrt, gute Beschäftigungslage, die Inflation ist überwunden.

1927 es wird erneut über Preisdrückerei geklagt.

1928 20%iger Teuerungszuschlag auf die Minimalpreise.

1929 gute Beschäftigung, trotz Lohnerhöhungen bleiben die Preise stabil; Unterbietungen bleiben an der Tagesordnung.

1930 Preisabbau, die Wirtschaftslage wird schlechter.

1931 ein Preisrückgang bis 10% wird zugestanden, aber vielfach noch weit überschritten; die Kosten übersteigen die Gewinne.

1932 Beruhigung des Konjunkturrückgangs, die Geschäftslage scheint sich zu bessern.

1933 noch große Arbeitslosigkeit, die durch Arbeitsbeschaffungsmaßnahmen gelindert werden soll. Die Preise werden scharf kontrolliert.

„Reichs-Handwerkertag" 1933, Förster & Nicolaus, Lich.
Personen von links: OB Otto Bender ✠, OB Ludwig Volz, OB Otto Heuß sen., OB Heinz Möll, Otto Heuß jun., Manfred Nicolaus, Hedwig Otto (Büro), OB Heinrich Trechsler, OB Anton Weinrich.

1934 Einschränkung der Nichteisenmetalle, der Preiskampf flammt erneut auf.

1936 die Materialkosten steigen an, Lohnerhöhungen zwingen zu Preisanstieg; die Regierung reagiert durch Preisstoppverordnung.

1937 unglückliche Wirtschaftslage wegen nicht kostendeckender Preise, die Orgelbauer sind gespalten, die Beschäftigung geht zurück.

1938 gute Beschäftigungslage, steigende Konjunktur mit Preisunterbietungen bis zu 20%, aber Inkrafttreten des Zinnverbots; daher werden mehr Umbaumaßnahmen als Neubauten durchgeführt.

1939 weiterhin gute Beschäftigung, aber durch kriegsvorbereitende Maßnahmen wird die Personaldecke immer knapper.

1940 bei guter Auftragslage machen sich die Hemmnisse durch den Krieg bemerkbar; einigen Firmen droht die Schließung bzw. die Eingliederung in die Rüstungsindustrie.

1941 Nachfrage und Auftragsbestand sind gut, der Absatz geht weiter, zeigt aber abnehmende Tendenz.

1942 der Auftragseingang ist anhaltend gut, der Absatz jedoch infolge Personal- und Materialmangel begrenzt; der Export sinkt auf Null.

1943 Herstellungsverbot für Orgeln.

1946 die intakt gebliebenen oder im Wiederaufbau begriffenen Werkstätten haben viel zu tun, sowohl im Orgelbau als auch in der Möbelfertigung für die Ausgebombten oder Vertriebenen aus dem Osten. Alle verfügbaren Orgelbauer finden Arbeit, soweit sie aus der Kriegsgefangenschaft heimgekehrt sind. Es herrscht großer Materialmangel.

1948 unmittelbar nach der Währungsreform herrscht große Kapitalnot; bei Holz und NE-Metallen steigen die Preise, es gibt Engpässe bei Eisenteilen und Leder.

1949 verschärfte Wettbewerbssituation führt zu Preisunterbietungen.

1950 es droht eine sog. Luxus- oder Aufwandsteuer, die auch den Orgelbau belasten würde. Hergestellte Orgeln [1]) 151, Wert 1,8 Millionen DM.

1951 bei sinkender Nachfrage geben die Preise weiterhin nach, der Preiskampf verschärft sich. Der Versuch des BDO, für Orgeln den verminderten Umsatzsteuersatz (wie der Großhandel) durchzusetzen, scheitert. Hergestellte Orgeln: 193, Wert 2,2 Millionen DM.

1952 die geplante Luxussteuer wird fallen gelassen, dafür wird die Umsatzsteuer erhöht. Hergestellte Orgeln: 309, davon 43 exportiert, Wert 3,4 Millionen DM.

1953 Hergestellte Orgeln: 247, Wert 3,4 Millionen DM.

1954 Hergestellte Orgeln: 250, Wert 3,6 Millionen DM.

1955 Hergestellte Orgeln: 277, Wert 4,2 Millionen DM.

1956 Hochkonjunktur im Orgelbau; hergestellte Orgeln 305, Wert 5,1 Millionen DM (ca. 16.700 DM/Stück i. D.), gesamter Umsatz 13,1 Millionen DM. Zusätzlich zu den der Industrie (s. S. 55) zugerechneten Orgelbaubetrieben werden 164 handwerkliche Orgelbauwerkstätten mit 1422 Beschäftigten registriert.

1957 anhaltende Einkommenssteigerungen, Produktionsrückgang. Hergestellte Orgeln: 174, Wert 4,5 Millionen DM (ca. 26.000 DM/Stück i. D.).

1958 Hergestellte Orgeln: 173, Wert 4,7 Millionen DM (ca. 27.000 DM/Stück i. D.).

1959 konjunktureller Aufschwung.

1960 Vollbeschäftigung.

1961 Hergestellte Orgeln[2]): 209.

1962 Hergestellte Orgeln: 264, Wert 8,7 Millionen DM (ca. 33.000 DM/Stück i. D.).

---

[1]) Angaben bis 1958 lt. „Industrie-Statistik" des Statistischen Bundesamtes in Wiesbaden, s. S. 55.
[2]) Angaben ab 1961 lt. BDO-Statistik, vgl. S. 55.

Aus der Arbeit des Verbandes

1963 Hergestellte Orgeln: 279, Wert 9,9 Millionen DM (ca. 35.500 DM/Stück i. D.).

1964 Hergestellte Orgeln: 270.

1965 Hergestellte Orgeln: 509, Wert 22,2 Millionen DM (ca. 43.600 DM/Stück i. D.).

1966 1. Wirtschaftskrise mit Kostendämpfung und Anstieg der Arbeitsleistung.

1967 die Krise setzt sich fort; Hoffnungen auf rasche Beendigung erfüllen sich nicht.

1968 Symptome einer wirtschaftlichen Regression sind bemerkbar; aber es wird erneut Nachfragebelebung erwartet mit Aufschwungstendenz.

1969 Abbau der Auftragsbestände, Verschärfung des Wettbewerbs. Die Kirchen ziehen Konsequenzen aus der Gesellschaftskritik und drosseln die Ausgaben auch für Orgeln.

1971 verschärfter Wettbewerb mit ruinöser Preisgestaltung infolge Überbesetzung der Branche.

1972 rückläufige Geschäftslage; Jahresumsatz bei ca. 50 Millionen DM, etwa 15–20% der hergestellten Orgeln gehen in den Export.

1973 bedenklicher Preiskampf, aber positiver Meinungsumschwung in der Öffentlichkeit im Hinblick auf die Orgel; spürbare Konkurrenz durch DDR-Firmen.

1974 Kapazitätsrückgang. Die Animositäten gegen die Orgel in der Öffentlichkeit gehen deutlich zurück.

1982 geringfügige Umsatzeinbuße im Orgelbau gegenüber dem Vorjahr; die Zulieferer konnten jedoch einen Zuwachs verzeichnen.

1983 zunehmender Preisverfall bei steigendem Konkurrenzdruck; die Lage der Gesamtwirtschaft hat auch den Orgelbau nicht verschont. Produktionsrückgang bei Pfeifenorgeln.

1984 die Situation der Betriebe verläuft weiterhin negativ, die Ertragslage bei vielen Orgelbaubetrieben gibt zu einiger Besorgnis Anlaß, der Produktionsrückgang setzt sich fort, die Zulieferer schließen mit einem Umsatzplus ab.

1985 erwirtschaften rund 115 Orgelbauwerkstätten mit rund 2000 Mitarbeitern ca. 125 Millionen DM. Wöchentliche Arbeitszeitverkürzung auf 38,5 Stunden mit Lohnausgleich führt zu einer Gesamtbelastung der Holzindustrie von fast 6%. Die Lage verschlechtert sich weiterhin und führt zu ruinösen Preisunterbietungen.

1986 die seit 1983 bestehende Talfahrt wird gebremst, es tritt eine leichte Besserung ein; Preis- und Konkurrenzdruck bestehen nach wie vor. Wegen des Dollarverfalls gehen die Exportaufträge zurück.

1987 ist volkswirtschaftlich gesehen ein gutes Jahr; auch der Orgelbau kann mit beachtlichen Zuwachszahlen und einer Rekord-Umsatzausweitung aufwarten.

1988 ist ein Umsatzrückgang zu verzeichnen, resultierend aus hartem Konkurrenzkampf mit Preisunterbietungen unverständlichen Ausmaßes; ausländische Orgelbauer kommen im grenznahen Bereich wegen ihrer günstigeren Kosten- und Lohnstruktur immer stärker zum Zug.

DER DEUTSCHE ORGELBAU IM 19. UND 20. JAHRHUNDERT

Das Gründungsjahr 1895 des Vereins deutscher Orgelbaumeister ist kein Stichjahr, das einen historischen Einschnitt oder eine Wendemarke der deutschen Orgelbaugeschichte darstellen könnte. Man muß weiter zurückgreifen, um eine zusammenhängende Zeiteinheit zu gewinnen, die sich am zweckmäßigsten mit dem Begriff „Romantischer Orgelbau" verbinden läßt.

Wie überall in der Kunstgeschichte erfahrbar, läßt sich dafür kein genaues Anfangsjahr ermitteln, schon gar nicht bei einem so ausgedehnten Territorium, wie es das deutsche Kaiserreich nach 1871 darstellte. Wir setzen den Beginn der romantischen Orgel daher etwa in das 2. Viertel des 19. Jahrhunderts; die Entwicklung dahin reicht freilich weit in das 18. Jahrhundert zurück.

Die Begriffe „romantische Orgel" oder „Orgelromantik" werden synonym für den Zeitraum von etwa 1830 bis 1930 gebraucht, um einen groben Zeitrahmen vorzugeben. Ab etwa 1930 begann sich die Orgelreform auf immer breiterer Basis auszuwirken und führte schließlich zu einem Neo-Historismus, der sich vom Historismus des 19. Jahrhunderts dadurch unterscheidet, daß er weniger in der Prospektgestaltung – das in den letzten Jahrzehnten auch –, sondern mehr im Werkaufbau (zuerst Werkprinzip, dann Windladenart, zuletzt Traktursystem) und im Klangstil (Disposition, Mensurierung und Intonation) massiv auf historische Vorbilder der Barockzeit zurückgreift. Da der Begriff „Bewegung" suspekt und die „Orgelbewegung" dem deutschen Orgelbau nicht nur „Fortschritt", sondern auch Schaden gebracht hat – man denke nur an die nicht wiedergutzumachenden Verrestaurierungen historischer Orgeln in früheren Jahrzehnten –, befindet sich der deutsche Orgelbau seit dem Zweiten Weltkrieg in einer Phase der Ambivalenz mit zwei Tendenzen: die eine führt zu einer immer stärkeren Historisierung bis zur kompletten Rekonstruktion (besser gesagt *Imitation*) eines bestimmten landschaftlichen Stils aus der Vergangenheit. Die andere sucht in der Synthese aus verschiedenen geschichtlichen und landschaftlichen Vorbildern (zum Beispiel Cavaillé-Coll) einen neuen Gegenwartsstil zu gewinnen. Es handelt sich dabei nur ausnahmsweise um zwei verschiedene Lager, vielmehr haben sich fast alle Firmen mit beiden Tendenzen auseinanderzusetzen entsprechend den Gegebenheiten (historische oder moderne Räume, Geschmacksrichtung der Auftraggeber beziehungsweise Sachverständigen, persönliche Note des Orgelbauers). Dieses Spannungsfeld scheint typisch für unsere Zeit zu sein, die wie das 19. Jahrhundert in den Bau- und Ausstattungsstilen die Vergangenheit akademisch aufarbeitet und dem jeweiligen Forschungsstand entsprechend eklektisch kopiert oder gar manieristisch modifiziert. Der Keim für eine neue Orgelbauepoche ist vielleicht schon im Wachsen, aber noch nicht im komplexen Dickicht von Richtungen und Strömungen erkennbar.

Eine vergleichbare Situation gibt es in der heutigen Konzertpraxis, wo der möglichst originalgetreuen Interpretation auf originalen Instrumenten breiter Raum gewährt wird, mit großem Publikumserfolg sogar, während es die avantgardistische Musik immer schwer hat, Anhänger zu gewinnen. Der Unterschied zum Orgelbau liegt darin, daß man die geschriebene Musik hat und nur sozusagen original zu interpretieren braucht, der Orgelbau dagegen die „Originalinstrumente" erst nachschaffen muß, was ja auch nicht ohne persönliche Interpretation geht.

Der deutsche Orgelbau im 19. und 20. Jahrhundert

Man möchte geradezu provokativ die Frage stellen: Ist der Mensch heute von seiner reichen Musikkultur so verwöhnt beziehungsweise gesättigt, daß er keinen Appetit mehr auf neue Musik hat oder ihr die Akzeptanz verweigert? Gilt das nicht auch für die Orgel unserer Zeit, strebt sie nicht wie die Violine oder das Klavier einer Klimax zu, die zwar im Gegensatz zu den genannten Instrumenten viele Varianten kennt, aber grundsätzlich keine Weiterentwicklung mehr ermöglicht? Oder wird nach einer längeren schöpferischen Pause doch wieder der Durchbruch zu einer grundsätzlich neuen Richtung kommen? Aus der Sicht der Gegenwart läßt sich diese Frage nicht beantworten. Elektronische Instrumente, die heute jedes Musikinstrument imitieren können, sind jedenfalls nicht deren Weiterentwicklung, sondern lediglich Alternativen aus einer ganz anderen Instrumentengattung.

Der im vorstehenden skizzierte historische Ablauf soll schwerpunktmäßig untersucht werden.

1. Die deutschen Orgelregionen stellen eine Gliederung nach Ländern oder ehemaligen Provinzen dar, die nicht mit dem herkömmlichen Begriff „Orgellandschaften" bezeichnet werden können. Die regionale Übersicht verfolgt in erster Linie den Zweck, das Auffinden bestimmter Orgelbauwerkstätten in einer Orgelregion zu erleichtern, anders ausgedrückt, die Orgelbauernamen des lexikalischen Teils nach Regionen zu ordnen. Dabei sind die Wirkungszeiten soweit wie möglich angegeben, um auch das zeitliche Nacheinander anzudeuten. Eine gleichmäßige Bewertung aller Regionen Deutschlands ist heute noch nicht möglich; daher mußte die Darstellung mehr oder weniger differenziert ausfallen.

2. Technische Fragen, wie die Einführung neuer Windladensysteme, neuer Trakturen und Spielhilfen, neuer oder neu aufgelegter Register, sind geradezu typisch für den hier untersuchten Zeitraum. Sie sind daher auch vom Standpunkt des Orgelbauers in einer historischen Rückschau besonders relevant, weil sie *seiner* Initiative, nicht der des Orgelspielers entstammten. Dabei geht es nicht darum, die Spreu vom Weizen zu trennen – das hat die Praxis ohnehin bereits getan –, sondern Vergessenes noch einmal zusammenzufassen.

3. Das Kapitel „Ein Jahrhundert Ideologie und Orgel – Stilfragen und Orgelbewegungen" soll die im Vorspann gegebene Skizze in Einzelfragen erläutern. Da es sich um einen ganzen Fragenkomplex handelt, der gegenwärtig auch noch keineswegs von der Wissenschaft aufgearbeitet ist, können die Zusammenhänge nur in Thesenform kurz angesprochen werden.

4. Die Orgelprospekte im Stilwandel der Jahrzehnte sind schon weitgehend untersucht und bekannt; eine Zusammenfassung scheint aber zur Abrundung der Orgelbaugeschichte unseres Zeitraums nicht überflüssig.

1. DIE DEUTSCHEN ORGELREGIONEN

Die politische Gliederung Deutschlands vor und nach der Reichsgründung 1871 war teilweise sehr unterschiedlich. Es ist daher angebracht, die heutigen Ländergrenzen und die entsprechenden Verwaltungseinheiten der ehemals deutschen Gebiete im Westen (Elsaß und Lothringen) und im Osten (Pommern, West- und Ostpreußen, Posen, Schlesien) als Grundlage für eine Gliederung in Orgelregionen zu wählen, gehörten sie doch alle bis 1919 beziehungsweise 1945 zum Bereich des Orgelbauerverbandes.

Die deutschen Orgelregionen — Baden-Württemberg

Der Begriff **Orgelregion** ist geographisch-politisch gemeint und damit eindeutig auf der Landkarte definierbar; der Begriff **Orgellandschaft** wäre dafür ungeeignet, weil er weder exakt definierbar noch geographisch genau einzugrenzen ist. Orgellandschaften können kleinere oder größere Einheiten sein, sich überlappen oder verzahnen, und gehen meist ohne exakte Grenze unmerklich ineinander über. Um es am Beispiel Bayern klarzumachen: die Orgelregion Bayern läßt sich in eine fränkische, altbayerische und schwäbische Orgellandschaft zerlegen, wobei es zwischen Altbayern und Österreich, Schwaben, Oberschwaben und der Nordostschweiz ausgedehnte Überschneidungen gibt. Außerdem läßt sich der Begriff im wesentlichen nur auf historische Orgeln anwenden. Für neuzeitliche Orgeln ist er total fehl am Platz.

1.1. Die Orgelregion Baden-Württemberg

Das heutige Bundesland Baden-Württemberg entstand aus den Ländern **Baden**, **Württemberg** und **Hohenzollern**, die jeweils für sich heterogene Gebilde darstellen.

Baden setzt sich aus den ehemaligen Markgrafschaften Baden-Baden und Baden-Durlach zusammen, die 1803–1810 um vorderösterreichische, reichsstädtische, geistliche Gebiete (Teile von Konstanz, St. Blasien, Straßburg, Speyer, Mainz und Würzburg) und die Kurpfalz erweitert wurden.

In **altbadischen** Gebieten lagen beziehungsweise liegen die Orgelbauwerkstätten

Stein-Voit-Heß	Durlach	1794–1954,
die **Stieffell**	Rastatt	1767–1860,
Göckel	Malsch	seit 1983.

Vorderösterreichisches Zentrum war Freiburg i. B. mit den Orgelbauern **Fischer-Hug-Hettich-Forell-Merklin, Welte, Brambach** und **Dold**; in

Staufen	**Bernauer**	1765–1831,
Waldshut	**Albiez**	1834–1878,
Herbolzheim	**Schaxel**	1792–1858,
Hugstetten	**Risch-Stadtmüller**	1849–1871,
	Späth	seit 1964;
Waldkirch	**Martin**	1782–1837,
	Bruder	1834–1933,
	Kiene	1887–1960.

Daneben siedelten sich im holzreichen **Schwarzwald** Drehorgel- und Orchestrionfabrikanten an, zum Beispiel in Unterkirnach, Villingen und Vöhrenbach. Neue Werkstätten entstanden in

Endingen	**Fischer & Krämer**	seit 1970;
Oberharmersbach	**Winterhalter**	seit 1955;
Oberweiher	**Vier**	seit 1965, vorher in
Grötzingen als Nachfolger von	**Wagner**	(1932–1965);
Schiltach	**Heintz**	seit 1970.

Eine reiche Tradition ging aus von der ehemaligen Reichsstadt

Überlingen	**Aichgasser-Lang-Hieber**, dann
	Mönch und **Schwarz**.

In die **kurpfälzer** Zeit gehen die Heidelberger Orgelmacher zurück auf **Müller-Wiegleb-Ubhauser** und **Burkard,** 1862–1901. In:

Mannheim	**Krämer** und **Overmann**	1797–1843,
Mosbach	**Dickel,**	
	Pauly	um 1900;
Tauberbischofsheim	**Göller.**	

Im **Bauland,** dem ehemals mainzischen Landesteil, arbeiteten in

Hainstadt b. Buchen	**Mayer,**
Hardheim	**Dörr-Bader-Vleugels** seit 1860.

Zum **Stift Speyer** gehörten

Bruchsal	**Alffermann**	1806–1854,
Kirrweiler	**Seuffert**	1762–1807.

Als Firmen mit überregionaler Bedeutung, hoher Produktivität und längerer Wirkungszeit darf man **Mönch, Schwarz** und **Voit** bezeichnen.

Württemberg war bis 1802 ein kleines Herzogtum und vergrößerte sich danach zu einem abgerundeten Königreich unter Einschluß von mehreren Reichsstädten, mehreren geistlichen Gebieten (Ellwangen, Deutschorden, oberschwäbische Abteien) und Fürstentümern (Hohenlohe, Ansbach, Oettingen). Auf diesen Territorien hatten sich seit dem 17. Jahrhundert Orgelbauwerkstätten entwickelt, deren Schwerpunkte bis weit ins 19. Jahrhundert nachwirkten.

Im **württembergischen** Stammland gab es bereits eine hohe Werkstattdichte, wie folgende Aufstellung zeigt:

Balingen-Spaichingen	**Braun**	1815–1875;
Beihingen	**Vetter/Killinger**	seit 1925;
Bickelsberg	**Braun**	seit 1978;
Bietigheim	**Steirer**	seit 1921 (jetzt **Stahl**);
Bittelbronn	**Stehle**	seit 1894;
Bondorf	**Weinmar**	1750–1840;
Bünzwangen	**Scharfe**	seit 1976;
Echterdingen	**Weigle**	1845–1985;
Faurndau	**Späth**	1725–1800;
Fautspach	**Tzschöckel**	seit 1972;
Göppingen	**Schäfer**	1808–1819;
Kirchheim/Teck	**Goll**	1855–1914;
Lauffen/Neckar	**Rensch**	seit 1956;
Bad Liebenzell	**Kenter**	seit 1977;
Ludwigsburg	**Walcker**	1780–1987;
Marbach	**Plum**	seit 1966;
Murr	**Kopetzki**	seit 1975;
Neubulach	**Rohlf**	seit 1964;
Reichenbach	**Oesterle**	1963–1988 (Albershausen);
Stuttgart	**Berner**	seit 1975;
Tübingen	**Haußdörfer**	1740–1767,
	Hagemann	1767–1814;
Weilheim/Teck	**Gruol**	1790–1870.

Auf ehemals *reichsstädtischen* Gebieten etablierten sich folgende Betriebe:

Biberach	**Scheffold**	1825–1900,
	Reiser	seit 1906;
Giengen	**Link**	seit 1851;
	Bier	seit 1882;
Schwäbisch Hall/Comburg	**Mezler**	18./19. Jahrhundert;
Schwäbisch Gmünd	**Köberle**	seit 1960;
Mengen-Ennetach	**Klingler**	1843–1862,
	Späth	seit 1862 bis heute;
	Rapp	seit 1985;
Heilbronn	**Schäfer**	1838–1922;
Langenargen	**Kiene**	1770–1887, danach in Waldkirch.

In *Hohenlohe* existiert seit 1842 die Firma **Laukhuff** (heute Weikersheim); in Rottenburg befand sich die Familie **Engelfried** 1790 bis ca. 1900.

Auf ehemals *geistlichen Territorien* entwickelten sich die Orgelmacher

in Ellwangen	**Allgayer**	1700–1812,
	Schultes	1800–1837,
	Bihr;	
in Mergentheim	**Kloebinger**	1830–1879,

als Nachfolger der weitverzweigten Familie **Ehrlich** in ihrem Stammgebiet.

Die Firma **Walcker** in Ludwigsburg war mehrere Generationen lang das führende, technisch und künstlerisch tonangebende Unternehmen Württembergs, das über Deutschland hinaus Weltgeltung besaß; die Firmen **Weigle, Laukhuff** und **Schäfer** trugen den Ruf des südwestdeutschen Orgelbaues ebenfalls weit über die Landesgrenzen hinaus.

Der einzige namhafte Meister aus *Hohenzollern* war **Keppner** in Hechingen 1768–1790, während zum Beispiel aus dem *fürstenbergischen* Hayingen mehrere bedeutende Meister kamen: **Joseph Martin** und **Anton Hechinger. Aichgasser** in Überlingen stammte aus Hechingen.

1.2. Die Orgelregion Bayern

Der Freistaat **Bayern,** vor 1918 Königreich, ist das Ergebnis des Zusammenwachsens der wittelsbachischen Stammlande in **Altbayern** (Ober- und Niederbayern, Oberpfalz) und der linksrheinischen **Kurpfalz** mit den Erwerbungen von 1803–15: die vorübergehend preußisch gewordenen Fürstentümer **Ansbach** und **Bayreuth,** die **Hochstifte** Augsburg, Eichstätt, Bamberg, Würzburg und Teile von Mainz sowie zahlreiche **Reichsstädte** und kleinere Herrschaften. Es gelang, das große Staatsgebilde zentralistisch zu verwalten und gemeinsames Staatsbewußtsein und fruchtbare Zusammenarbeit entstehen zu lassen.

Auch in Bayern läßt sich eindrucksvoll belegen, wie die Orgelbauwerkstätten des vorigen Jahrhunderts noch die territorialpoltische Vergangenheit widerspiegeln. In den Reichsstädten Nürnberg, Augsburg und Regensburg – Rothenburg verlor durch Gebietsverlust und Randlage seine Bedeutung – sowie die Bischofsstädte Würzburg, Bamberg, Eichstätt und Passau und in einigen Residenzstädten wie München, Landshut, Straubing, Oettingen und Bayreuth finden wir traditionsreiche Betriebe. Die Reichsstädte boten Gewerbefreiheit und Handelsmonopole, die geistlichen beziehungsweise weltlichen Residenzen Privilegien in ihrem Herrschaftsbereich. Es wird auch deutlich, daß in der Großflächigkeit Altbayerns die Orgelbauer weiter gestreut waren als in Franken und Schwaben mit ihrer kleinstaatlichen Zusammensetzung. In den katholischen Gebieten Bayerns wirkte sich die Säkularisation stärker aus als in anderen Regionen Deutschlands, worunter der Orgelbau besonders zu leiden hatte. Nur wenigen gelang es daher, die Durststrecke durchzustehen und mit Beginn des Industriezeitalters am wirtschaftlichen Wachstum teilzunehmen. Es waren dies die Werkstätten in:

München	**Maerz**	1796–1910,
	Frosch	1784– ca. 1895,
	Zimmermann	1847–1861;
Augsburg	**Bohl**	1827–1873,
	Wirth	1789–1819,
	Offner	seit 1873;
Altstädten	**Zeilhuber**	seit 1928;
Regensburg	**Breil**	1849–1892,
	Heinsen	1825–1849;
Passau	**Ehrlich**	1825–1861,
	Hechenberger	1861– ?;
Rosenheim	**Müller/Hackl**	1846– ca. 1925;
Füssen	**Pröbstl/Späth**	1826–1897/1917;
Nürnberg, später Eichstätt	**Bittner**	seit 1809;
Würzburg	**Schlimbach**	1836–1915;
Bayreuth	**Weineck**	1845– ca. 1873,
	Buck	1863–1883,
	Wolf	ca. 1873– 1916;
Deggendorf	**Edenhofer/Huber**	1852–1946;
Plattling	**Weise**	seit 1889;
Oettingen	**Steinmeyer**	seit 1847;
Erling	**Beer**	1845–1911.

Bald zeigte sich, daß **Steinmeyer** der führende Meister wurde und gewissermaßen das Walckersche Erfolgsrezept mit der Kegellade und dem technischen Fortschritt nach Bayern übertrug. Nach der Jahrhundertwende änderten sich einige Schwerpunkte, Würzburg, Bayreuth und Füssen verlieren bis 1918 ihre Werkstätten, in München entstehen auf dem Nachlaß von **Maerz** neue Betriebe:

Eisenschmid	seit 1911,
Moser	1910–1955,
Nenninger	seit 1910.

In Ostbayern hat **Edenhofer** seinen Höhepunkt überschritten, **Siemann** und **Weise** gewinnen an Bedeutung. In Schwaben kommen **Hindelang** und **Offner** zunehmend ins Geschäft. Sie überstehen den Zweiten Weltkrieg ebenso wie **Weise, Steinmeyer** oder

Bittner, werden aber durch eine Welle von Neugründungen zunehmend eingeengt, die sich inzwischen einen Namen gemacht haben wie z. B.

Kaufbeuren	**Schmid**	seit 1955;
Augsburg	**Kubak**	seit 1961;
Dillingen	**Sandtner**	seit 1935;
Passau	**Eisenbarth**	seit 1945;
Allkofen	**Jann**	seit 1974,

um nur die wichtigsten zu nennen.

Im nordbayerischen bisherigen Zonenrandgebiet können sich die Kleinbetriebe von **Hey** (seit 1874) und **Markert-Hoffmann** (seit 1848) halten und sogar ausdehnen. Bayern kann sich rühmen, auch im Bau von Orgeln von Rekordgröße einen vorderen Platz einzunehmen.

1.3. Die Orgelregion Brandenburg

Brandenburg ist das Land an der Havel und Spree zwischen Elbe und Oder und historisch ein ziemlich kompaktes Territorium, dessen Marken bis auf die Niederlausitz unter der Herrschaft des Hauses Hohenzollern bereits in kurfürstlicher Zeit zusammengewachsen waren. Man unterscheidet die Landschaften Prignitz, Uckermark, Neumark, Mittelmark und Niederlausitz. Die Orgelbauwerkstätten konzentrieren sich aber hauptsächlich auf die Umgebung von Berlin (Mittelmark) und sind in der Prignitz (**Lütkemüller** in Wittstock 1843–1897), in Neuruppin (**Hollenbach** 1877–1904) und in der Niederlausitz (**Claunigk** und **Schröther** bis etwa 1860 in Sonnewalde) nur je einmal vertreten. Im Vergleich zu Schlesien oder den süddeutschen Ländern ergibt das ein ganz anderes, mehr zentralistisches Verteilungsmuster.

Berlin als Hauptstadt des deutschen Kaiserreiches und schon vorher die Hauptstadt *Preußens*, das sich über große Teile Mittel- und Norddeutschlands erstreckte, zog naturgemäß auch den Orgelbau auf sich. Seit 1701 war Preußen Königreich und der mächtigste Staat im Reich. In seiner Residenzstadt Berlin entwickelte sich eine „Barockkultur französisch-niederländischen Einschlags". **Joachim Wagner** (1690–1749), ebenbürtiger Zeitgenosse **Gottfried Silbermanns**, schuf die barocken Orgelwerke für Berlin und die Mark. Sein Schüler **Migend** (1703–1767), danach **Marx** (1756–1855) und **Buchholz** (1790–1885) setzten diese Tradition ins 19. Jahrhundert fort, wo neue Meister wie **Dinse** (1839–1916) und **Lang** (1839 bis ca. 1900), dann **Lenk** 1875 bis zur Gegenwart die Führung übernehmen. Zwischen den Weltkriegen überwog der Einfluß auswärtiger Werkstätten in Berlin. Nach 1945 etablierten sich neue Werkstätten:

Ostberlin	**Glöckner**	1947–1977,
	Stüber	seit 1977;
Westberlin	**Schuke**	seit 1952,

der inzwischen zur Spitzengruppe der deutschen Orgelbauwerkstätten zählt.

In Potsdam, der Haupt- und Residenzstadt der Mark Brandenburg, arbeiten die Orgelmacher

	Heise	1820–1847,
	Gesell	1847–1894,
	Schuke	seit 1894

nacheinander und bedienten die Mittelmark mit ihren Orgelbauten.

In respektvollem Abstand des Großraums Berlin-Potsdam entwickelte sich ab 1857 in Frankfurt/Oder die Firma **Sauer** aus kleinen Anfängen nach der Reichsgründung zu einem Unternehmen von internationalem Rang. Es war gewissermaßen repräsentativ für Gesamtpreußen und daher in allen Provinzen vertreten. Der Betrieb besteht trotz seiner Zerstörung 1945 fort und behauptete seine führende Stellung auch im Orgelbau der ehemaligen DDR.

Daneben sind kleinere Werkstätten im weiteren Umkreis Berlins zu nennen:

Niemegk	**Lobbes**	1834–1911,
	Baer	1840–1875;
Treuenbrietzen	**Turley**	ca. 1800–1855;
Trebbin	**Flinzer**	1897;
Fürstenwalde	**Teschner**	1825–1960;
Eberswalde	**Kienscherf**	1851–1928,
	Gerbig	1928–1965,
	Fahlberg	seit 1965.

Mit Berlin verbunden sind die Namen der Orgelbauer **Dinse** und **Schuke**, mit Preußen der des Hoforgelbauers Wilhelm **Sauer** und damit wichtige beziehungsweise bekannte Vertreter des romantischen Orgelbaues.

1.4. Die Orgelregion Elsaß-Lothringen

Das „Reichsland" **Elsaß-Lothringen** gehörte von 1871 bis 1918 zum Deutschen Reich. Als typisches Grenzland zwischen Deutschland und Frankreich mit sich verzahnenden Kultur- und Sprachgrenzen waren die beiden verschiedenartigen und geschichtlich nicht zusammenhängenden Gebiete politisch an Frankreich gekommen, behielten aber trotzdem ihre kulturelle Eigenständigkeit bei, was man auch in der Orgelbaugeschichte feststellen kann.

Das Elsaß war ursprünglich ein buntes Gemisch von geistlichen, habsburgischen, reichsritterschaftlichen und hanau-lichtenbergischen Besitzungen mit reichsunmittelbaren Städten und Dörfern. Lothringen war dagegen ein jahrhundertelang weitgehend selbständiges Herzogtum, das immer mehr in französische Abhängigkeit geriet und schließlich an Frankreich gefallen war, unter Einschluß des Bistums Metz.

Das **Elsaß,** apostrophiert als „Land der Orgeln", hatte im 18. Jahrhundert mit **Andreas Silbermann** (1678–1734) in Straßburg einen hervorragenden Meister, der aus Sachsen stammend einen weitgehend französisch orientierten Orgelbaustil schuf, ähnlich wie sein Landsmann **Rohrer** (1686–1765). Die Nach-Silbermann-Ära wurde bestimmt durch

Ammerschwihr	**Rinckenbach**	ca. 1780–1939;
Rufach	**Callinet**	1785–1872;
Seltz	**Stiehr**	1780–192;

Daneben sind in

Straßburg	**Sauer**	1786–1833,
	Wetzel	1827–1842

als zweitklassig einzustufen.

In der deutschen Zeit entstanden in

Molsheim	**Koulen**	1872–1923,
	Kriess	1886 bis zur Gegenwart;
Straßburg	**Roethinger**	1893–1969,
	Schwenkedel	1924–1974,
	Mühleisen	1942 bis zur Gegenwart,
	Kern	1952 bis zur Gegenwart.

Sie repräsentieren den neueren elsässischen Orgelbau, der sich wieder auf den klassischen Silbermann- und Callinet-Stil besinnt und eine führende Rolle in Frankreich spielt.

Lothringen hat dagegen keine dem Elsaß vergleichbare Entwicklung des Orgelbaues durchgemacht. Die Orgelmacher **Dupont** (Nancy) und sein Schüler **Tollay** konnten im 18. Jahrhundert keineswegs mit **Silbermann** oder seinen Epigonen konkurrieren. Dagegen waren die **Verschneider** in Puttelange 1760–1960 und Remering erfolgreicher und arbeiteten viel in Ostfrankreich.

Die eigentliche Lothringer Firma **Dalstein-Haerpfer-Erman** wurde 1863 gegründet und besteht noch heute. Albert Schweitzer schätzte sie besonders und arbeitete viel mit ihr zusammen. Die Firma wirkte außer in Lothringen auch im Elsaß, in Ostfrankreich und gelegentlich in Deutschland.

1.5. Die Orgelregion Hessen

Das Bundesland **Hessen** wurde 1945 aus den alten Landesteilen **Hessen-Kassel** (seit 1866 mit **Nassau** zur preußischen Provinz Hessen-Nassau vereinigt), auch **Kurhessen** genannt, dem ehemaligen Herzogtum Nassau und dem ehemaligen Großherzogtum **Hessen-Darmstadt** mit **Oberhessen** (bis 1918) gebildet. Damit wurde eine Flurbereinigung abgeschlossen, die die durch Erbteilungen verursachte jahrhundertelange Zersplitterungen und eingestreuten Herrschaftsterritorien zu einem Einheitsstaat zusammenfügten, der auch *geistliche Besitzungen* (Mainz und Fulda) einschließt und nicht frei ist von willkürlichen Grenzziehungen. Dadurch entstand ein recht differenziertes Staatsgebilde mit unterschiedlichen Kleinräumen, die auch für den Orgelbau bis in unser Jahrhundert bestimmend waren.

Im nördlichsten Zipfel Hessens liegen Gottsbüren und Hofgeismar, die Standorte der ältesten deutschen Orgelbauwerkstatt **Euler** (seit 1784). In Kassel lebten die Hof- und Stadtorgelbauer **Wilhelm** 1766–1880. Seit 1946 setzt die Firma **Bosch** im nahen Sandershausen die Tradition mit großem Erfolg fort.

Firmenstandorte in **Nordhessen** waren beziehungsweise sind:

Rotenburg/Fulda	**Bechstein**	1825–1847,
	Möller	1847–1964,
	Nöske	seit 1964;
Exklave Schmalkalden	**Schreiber**	1860–1912,
	Meyer	1912–?;
Korbach	**Vogt**	1822–1845;
Hersfeld	**Wagner**	1846–1880;

Treisbach	**Dickel**	1819–1896;
Marburg	**Woehl**	seit 1966;
Frankenberg	**Böttner**	seit 1960;
Neunkirchen	**Döring**	seit 1960.

In **Osthessen:**

Fulda	**Oestreich**	1750–1920,
	Hahner	1868–1889,
	Rieschick	1876–1898,
	Späth	1928–1959,
	Schedel	1907–1947,
	Gabriel	seit 1980;
Gelnhausen	**Ratzmann**	1841–1921,
	Schmitt	seit 1921.

Oberhessen wurde versorgt von den beiden größeren Betrieben

Romrod-Gambach	**Bernhard**	1770–1920;
Lich	**Förster & Nicolaus**	seit 1844.

Eine übergeordnete Rolle spielt heute die Spezialteilefirma **Heuss** in Lich (seit 1953).

Daneben gab es mehrere Kleinbetriebe:

Eberstadt	**Dingeldey**	1817–1914;
Leusel	**Krämer** und **Dietz**	1820–1857;
Groß-Umstadt	**Bechstein**	1872–1920;
Darmstadt	**Keller**	1857–1894;
Bensheim	**Ott**	seit 1967.

Hessen-Nassau mit Frankfurt hatte vorwiegend Kleinbetriebe in Streulage; selbst Frankfurt war und ist seit dem 19. Jahrhundert ohne einen größeren Orgelbaubetrieb.

Zu nennen sind in

Igstadt und Biebrich	**Voigt**	seit 1832;
Möttau	**Raßmann**	1820–1896,
	Hardt	seit 1896;
Limburg	**Keller**	1862–1894,
	Horn	1895–1933,
	Wagenbach	seit 1933.

Über Hessen hinaus sind bekannt oder strahlten aus: **Bernhard, Euler, Förster & Nicolaus** und **Ratzmann**; von den neueren Firmen: **Bosch, Döring** und **Woehl**.

1.6. Die Orgelregion Mecklenburg

Das Land besteht aus den historischen Teilen **Mecklenburg-Schwerin** und dem kleineren **Mecklenburg-Strelitz,** die seit 1815 Großherzogtümer, seit 1918 Freistaaten waren; 1945 kam **Vorpommern** mit Stralsund, Greifswald und Rügen hinzu, das vorher preußisch gewesen war. Da das Land in der Hauptsache agrarisch genutzt wird und von Alters her großflächig aufgeteilt war, sind die Siedlungsstrukturen weniger dicht und die Städte verhältnismäßig klein und weitmaschig verteilt. Entsprechend waren auch die

Orgelbauwerkstätten weiträumig angesiedelt und ohne nennenswerte überregionale Bedeutung. In früheren Jahrhunderten überwog der Orgelimport.

In der Hauptstadt Schwerin arbeiteten die Orgelbauer

   Friese   1833–1896 (war vorher 1802–1833 in Parchim ansässig gewesen),
   Runge   1896–1945,
   Nitschmann   1945–1965.

In Wismar wirkten

   Winzer   1840–1886 (daneben eine Filiale von Mehmel),
   Bruder   ?–1911.

In Rostock hatten ihren Sitz die Firmen

   Börger   1880–1940,
   Schwarz   1886–?.

Größere Bedeutung kam Stralsund zu, wo sich mehrere Werkstätten befanden:

   Kindten   1792–1803,
   Nerlich und **Fernau** ?–1858, danach
   Mehmel   1858–1894,
   Stutz   1894–1939,
   Jaiser   1920er Jahre, danach
   Reinhold Heinze ab 1935,
   Peters in Neustrelitz 1865 (ist weniger bekannt).

In der Kleinstadt Friedland wirkte **Ernst Sauer**, der Vater von **Wilhelm Sauer.**

Seit 1965 ist mit **Nußbücker** wieder ein Orgelbauer im Lande mit Sitz in Plau.

1.7. Die Orgelregion Niedersachsen

In den Hauptstädten der historischen Landesteile gab es seit alters Orgelmacher, und ihre Werkstätten hielten sich bis in die Gegenwart, wobei allerdings unterschiedliche Verdichtungen festzustellen sind: Im Nordwesten *(Ostfriesland)* ist die Werkstattdichte am größten, dann folgt der Südosten, wo sich die territorialen Durchwachsungen häufen. Schließlich sind die Hauptorte Göttingen, Hannover, Oldenburg und Osnabrück zu Schwerpunkten mit mehr oder weniger überregional bedeutenden Werkstätten geworden.

In Hannover besteht eine lange Tradition seit dem 18. Jahrhundert mit

   Vater-Baethmann-Meyer 1810–1870,
   Furtwängler und **Hammer** seit 1830.

Dagegen hat Göttingen zunehmend an Bedeutung gewonnen mit

   Giesecke   seit 1844,
   Ott   seit 1932,
   Hofbauer   seit 1945.

Die Bischofsstadt Hildesheim hat eine eigene Tradition:

Hofbauer	seit 1945.
Schaper	1833–1919,
Palandt	1937–1969,
Kollibay	1969–1986.

Ebenso Braunschweig:

Sander	1860–1935,
Dutkowski	1929–1965,
Weißenborn	1935–1970.

In den letzten Jahrzehnten wanderten manche Betriebe aus den Großstädten in die Umgebung oder aufs flache Land, zum Beispiel **Hillebrand** (seit 1948 in Altwarmbüchen). In Oldenburg spielte die Werkstatt **Schmid** 1811–1919 lange Zeit die beherrschende Rolle.

In Osnabrück waren bzw. sind es

Krämer	1859–1890,
Rohlfing	1820–1955,
Haupt	1821–1940,
Kreienbrink	seit 1955.

In *Ostfriesland* finden wir gleich mehrere Werkstattorte:

Aurich	**Janssen**	1835–1885;
Emden	**Grüneberg**	1806–1830,
	Höffgen	1818–1850,
	Winter	1850–1892;
Esens	**Rohlfs**	1792–1900;
Leer	**Schmid**	1795–1855,
	Ahrend	seit 1954;
Norden	**Lorentz**	1860–1900,
	Diepenbrock	1880–1915,
	Bruns	1885–1917;
Wilhelmshaven	**Führer**	seit 1933.

Von größerer Bedeutung waren ferner

Vieth	Celle	1865–1897;
Engelhardt	Herzberg am Harz	1830–1889;
Wilhelmi	Stade	1781–1858,
Röver		1856–1926.

Die Firma **Krell** in Duderstadt versorgt seit 1866 das ehemals mainzische *Eichsfeld* mit Orgeln.

Zu den Unternehmen mit europaweiter Geltung gehören **Giesecke** und **Ott** in Göttingen, **Hammer** in Arnum, **Hillebrand** in Altwarmbüchen, **Ahrend** in Leer-Loga und **Führer** in Wilhelmshaven.

1.8. Die Orgelregion Nordrhein-Westfalen

Nordrhein-Westfalen entstand 1946 aus der ehemals preußischen **Rheinprovinz** und der Provinz **Westfalen** mit Einschluß des Freistaats **Lippe.** Beide Provinzen waren 1815 geschaffen und an Preußen angegliedert worden. Die Rheinprovinz lebt heute in den Regierungsbezirken Aachen (ehemals Reichsstadt und Herzogtum Jülich), Düsseldorf (ehemals Herzogtümer Berg und Kleve) und Köln (ehemals Erzstift Köln und Herzogtümer Jülich und Berg) fort.

Westfalen setzt sich zusammen aus den Regierungsbezirken Arnsberg (ehemalige Grafschaft Mark und Herzogtum Westfalen), Münster (ehemaliges Hochstift Münster) und Detmold (ehemals souveränes Fürstentum Lippe, Hochstift Paderborn, Fürstentum Minden-Ravensberg). Dementsprechend sind auch zwei deutlich verschiedene Orgellandschaften, die **niederrheinische** und die **westfälische,** zu unterscheiden.

Heute sind diese landschaftlichen Einheiten nicht mehr relevant, weil sich die Bauprinzipien vereinheitlicht haben, aber sie sind noch die Grundlage für die einzelnen Geschäftsbereiche mit der Entstehung von größeren Orgelbauzentren von zeitlich wechselnder Bedeutung. So in

Aachen	**Stahlhuth**	seit 1853,
	Wendt	1868–1897,
	Bach	seit 1924,
	Kamp	1946;
Bonn	**Klais**	seit 1882,
	Käs	seit 1921;
Düsseldorf	**Fabritius**	seit 1740;
Köln	**Sonreck**	1850–1893, als Nachfolger von **Maaß**;
	Schaeben	1870–1914,
	Seifert	1881–1981,
	Peter	seit 1945;
Kevelaer	**Rütter**	1836–1900,
	Seifert	seit 1906;
Wuppertal	**Ibach**	1794–1889,
	Kampmann	1850–1900,
	Faust-Bürkle	1904–1960,
	Strutz	1964–1976.

Davon haben sich mehrere heute zu bundes-, ja weltweit bekannten Firmen entwickelt, z. B.

Schwelm	**Faust,**
Bonn	**Klais,**
Köln	**Peter,**
Kevelaer	**Seifert,**
Aachen	**Stahlhuth.**

Neben den bereits genannten Werkstätten waren beziehungsweise sind mehr von regionaler Bedeutung:

Reifferscheidt	**Müller**	1802–1920, und sein Nachfolger

Hellental	**Weimbs**	seit 1927;
Grevenbroich	**Koepp**	1860–1937;
Linnich	**Dauzenberg**	1862–1943;
Kuchenheim	**Schorn**	1868–1903;
Linz a. Rh.	**Stockhausen**	1875–1930;
Leichlingen	**Koch-Goebel**	1920–1969;
Rheinberg	**Tibus**	1845–1932;
Opladen	**Weyland**	seit 1933;
Übach-Palenberg	**Wilbrand**	seit 1960;
Rommerskirchen	**Fischer**	seit 1970,

um die wichtigsten zu nennen.

Auch in **Westfalen** hat sich in den vergangenen 150 Jahren ein Netz von Orgelbauwerkstätten gebildet, die teilweise auf alter Tradition beruhen:

Detmold	**Ackermeier**	bis 1930;
Dorsten	**Breil**	5 Generationen seit 1836;
Ottbergen	**Sauer**	seit 1973 Nachfolger von **Feith**;
Ippinghausen	**Lötzerich**	seit 1962;
Kirchheide	**Klaßmeier**	1872–1942;
Münster	**Vorenweg/Kersting**	bis 1879,
	Fleiter	seit 1872;
Paderborn	**Eggert**	seit 1840,
	Feith	1897–1972,
	Randebrock	1854–1888,
	Stegerhoff	1890–1973;
Rietberg	**Speith**	seit 1848;
Siegen	**Dentler**	1958–1980,
	Mebold	seit 1976;
Werl	**Stockmann**	seit 1889;
Vlotho	**Steinmann**	seit 1910 Nachfolger von **Ackermeier**;
Muddenhagen	**Simon**	seit 1968;
Brackwede	**Kleuker**	seit 1954.

Von diesen gehören zu den bundesweit bekannten Firmen: **Breil**-Dorsten, **Fleiter**-Münster, **Eggert** und **Feith** in Paderborn, **Stockmann**-Werl, **Steinmann**-Vlotho und **Kleuker**-Brackwede bei Bielefeld.

Ein Treffpunkt nahezu aller bedeutenden deutschen Orgelbauwerkstätten ist das ***Ruhrgebiet***, das mit seiner dichten Besiedlung, den zahlreichen Kirchen und dem ursprünglichen materiellen Reichtum ausgiebig Gelegenheit bot, Orgeln zu bauen, vor allem in der Zeit ab 1871, dann nochmals nach 1945, als ein Großteil der romantischen Orgelwerke dem Bombenkrieg zum Opfer gefallen war.

1.9. Die Orgelregion Ost- und Westpreußen

Das Land zwischen Weichsel-Nogat und Memel wurde im Hochmittelalter durch den Deutschen Orden kolonisiert, stieg in den Rang eines Herzogtums auf und fiel 1618 an Brandenburg. 1824–1878 bildete es eine preußische Provinz. 1919 wurden Danzig

Ost- und Westpreußen

und das **Memelland** abgetrennt. 1945 wurde der Norden der Sowjetunion, der Süden Polen zugeschlagen. **Westpreußen (Pomerellen)** und das katholische Bistum **Ermland** waren schon in früheren Jahrhunderten zeitweise unter polnischer Herrschaft gestanden.

Die Orgelbauer konzentrierten sich seit alters in der Weichselniederung und in **Danzig**. Hier wirkten seit dem 18. Jahrhundert die Meister

	Arendt, dann	
	Schuricht	bis 1890,
	Heinrichsdorf	1890–1916,
	Goebel	1920–1945.

In der ehemaligen Deutschordensresidenz

Marienburg	**Ziegler**	1849–1898;
Graudenz	**Carl Scheffler**	etwa ab 1825 nachweisbar,
	Wittek	1884–1893;
Elbing	**Terletzki**	1857–1893,
	Wittek	1893–1945;
Kulm	**Bienert**	ca. 1890–1930.

In Wormditt, das eine von 1592 bis 1898 durchgehende Orgelbautradition aufweist, wirkten die Orgelbauer

Rohn	1830–1882,
Wilhelm	1882–1894,
Goebel	1894–1898

und versorgten das katholische Ermland mit Orgeln. Von **Wilhelm** ging der Betrieb an **Goebel** über.

Für Braunsberg wird 1929 ein Orgelbauer **Hahn** genannt.

Die Hauptstadt Königsberg hatte ihre eigene Orgelbaugeschichte; Namen wie **Casparini** oder **Mosengel** stehen für das 18. Jahrhundert; die Orgelbauerfamilien

Scherweit	ca. 1800–1885,
Terletzki	1870–1894,
Goebel	1894–1945,
Nowak	1900–1945

sind die wichtigsten Vertreter für die letzten beiden Jahrhunderte.

Von Bedeutung war ferner die Filiale der Firma **Kemper** in Bartenstein, die, 1929 eingerichtet, bis zum Zweiten Weltkrieg im Sinne der Orgelreform in Ostpreußen gewirkt hat, zum Beispiel 1934–1938 Umbau der großen Marienorgel in Danzig und verschiedene Restaurierungen.

Als wichtigste Firmen seit der Orgelromantik dürfen in Ostpreußen **Terletzki, Wittek** und **Goebel** angesehen werden; der letzte baute schon in den 1930er Jahren Positive und Hausorgeln mit Schleifladen, während sich bei den Großorgeln die Reform nur auf die neubarocken Dispositionen bezog.

1.10. Die Orgelregion Pommern

Das Land zwischen der gleichnamigen Seenplatte und der Ostsee mit den ehemaligen Bezirkshauptstädten Stettin und Köslin geriet schon im 13. Jahrhundert unter Brandenburgische Hoheit und kam so nach längerer schwedischer Zwischenherrschaft an Preußen. Eine eigenständige Orgelbautradition entwickelte sich kaum, da es sozusagen von Brandenburg oder Danzig her mitversorgt werden konnte. Orgelbauzentren entstanden im 19. Jahrhundert in Stettin, Kolberg und Dünnow bei Stolpmünde. In Stettin arbeiteten nebeneinander **Grüneberg** 1782–1905 und **Kaltschmidt** 1840 bis um 1900; in Kolberg läßt sich **Grisard** zwischen 1897–1912 nachweisen, in Dünnow **Voelkner** 1860–1906; ab 1899–1918 taucht sein Name auch in Bromberg (Posen) auf.

Nur **Grüneberg** kann sich an Bedeutung mit den bekannten Namen anderer Landschaften messen, zumal die Firma über 1000 Orgeln gebaut hat, aber nicht allein für pommersche Kirchen. Bedeutendes leisteten auch **Voelkner**, Vater und Sohn (später in Bromberg). Die Orgelbauer **Kaltschmidt** kamen aus Lübeck, führten um 1860 bereits die Kegellade ein und wurden mehrfach mit Arbeiten in Danzig betraut. Die anderen Meister scheinen nur lokale Bedeutung gehabt zu haben.

1.11. Die Orgelregion Posen

Die ehemalige preußische Provinz war bis Ende des 18. Jahrhunderts zu Polen gehörig und fiel 1919 wieder an Polen zurück. Aus der preußischen Zeit sind verschiedene deutsche Orgelbauer bekannt, die sich auf die folgenden Hauptorte verteilten:

Posen (Provinzhauptstadt):		
	Celinski Waclaw	im 19. Jahrhundert,
	J. Gryskiewicz	bis 1919;
Bromberg:	**Fabian** 1849	bis ca. 1900, dann nach Münchhof umgezogen;
	Voelkner	1899–1918;
Gnesen:	**Wittek**	1884–1893,
	Welsand	1893–?;
Lissa:	**Schneider**	1870 bis ca. 1920;
Schneidemühl:	**Nehls**	1874 (war Drehorgelbauer).

Studiert man das Œuvre von **Wilhelm Sauer** in Frankfurt/Oder, so wird klar, daß er den Markt in der Provinz Posen im wesentlichen beherrschte. Im 18. und frühen 19. Jahrhundert waren es die Meister aus Danzig-Westpreußen und aus Schlesien, die ihren Einfluß in dieser Region geltend machten.

1.12. Die Orgelregion Rheinland-Pfalz mit Saarland

Rheinland-Pfalz und das ***Saarland*** wurden 1946 als französische Besatzungszone abgegrenzt und später in die heutigen Bundesländer umgebildet. Die scheinbar willkürliche Territorienbildung hat außer geographischen zweifellos auch historische Aspekte, so daß diese Region den größten Teil des so genannten Kulturraums ***Mittelrhein*** umfaßt. Die Regierungsbezirke Koblenz und Trier sind zwar Konkursmasse aus der ehemaligen preußischen Rheinprovinz, stellen aber doch das alte ***Kurfürstentum***

Trier wieder her. Der rechtsrheinische Regierungsbezirk Montabaur enthält einen Teil der ehemals preußischen Provinz Hessen-Nassau, die ihrerseits aus mehreren kleinen Grafschaften und kurtrierischen Gebieten entstanden war. **Rheinhessen** (ehemals kurmainzische und kurpfälzische Gebiete), kam 1815 zu Hessen-Darmstadt und damit 1866 zur preußischen Provinz Oberhessen. Die **Rheinpfalz,** seit Jahrhunderten wittelsbachisches Gebiet mit mehreren Enklaven kleiner Herrschaften und Teilen des Hochstifts Speyer, war bis 1946 bayerischer Regierungsbezirk. Kultur- und kunsthistorisch ist das ganze Gebiet trotz der komplizierten territorialen Entwicklung eine einheitliche Region und vor allem im Orgelbau mittelrheinisch geprägt. Da die Region auch orgelhistorisch gut erforscht ist, läßt sich schon ein umfassender Überblick herstellen.

Rheinland-Pfalz deckt sich recht gut mit dem Arbeitsgebiet der Orgelbauer **Stumm** in Rhaunen-Sulzbach im Hunsrück, dem sozusagen der Titel „Hauptort" gebührt. Das Wirken der Familie erstreckte sich in 6 Generationen von 1714 bis 1906. Im 19. Jahrhundert verlor sie die beherrschende Stellung, weil sich in Trier, Mainz und anderen Orten aufstrebende Firmen entwickelten. Mainz hatte eine lange Orgelbauertradition als Bischofsstadt: **Dahm-Will-Onymus-Ripple** 1698–1819, die durch **Dreymann** (1821–1860) mit Nachfolgern **Embach-Finkenauer** 1860–1890) im vorigen Jahrhundert eine neue Blüte erreichte. In Trier arbeiteten die Orgelbauer **Nollet** im 18. Jahrhundert neben den **Stumm**, ohne ganz deren Einfluß abdämmen zu können. Dann wanderte **Breidenfeld** zu (1838 bis ca. 1910). Die heutige Werkstätte **Sebald-Oehms** besteht seit 1935. Im Taunus und Westerwald beherrschten die **Schöler** (Bad Ems 1748–1830) weitgehend das Feld als ebenbürtige Konkurrenten der **Stumm**; in ihre Nachfolge teilten sich dann viele Kleinwerkstätten: der Schwiegersohn **Heil** (1830–1847), die Familie **Weil** in Neuwied (1790–1880), später auch **Gerhard** in Boppard (seit 1888), außerdem **Keller** und **Raßmann** in Hessen-Nassau.

In der *Pfalz* breitete sich die Familie **Geib** in Saarbrücken (1759–1790) und Frankenthal (1790–1818) aus, deren Werke die Verwandtschaft zu **Stumm** nicht verleugnen können. Ebenso die Orgelbauer

Hartung	Dürkheim	1690–1762,
	Kallstadt	1762 1806;
Seuffert	Kirrlach und Landau	1769–1807;
Poppe	Landau	1911 bis ca. 1940;
Wagner	Kaiserslautern	1847–1880, als Nachfolger
Eichenauer		1880–1911.

In Worms konnte nach den Barockorgelbauern **Irrlacher** und **Mayer** der von der anderen Rheinseite stammende **Eberlein** von 1859 bis zur Jahrhundertwende nur ein bescheidenes Auskommen finden.

Auch in Speyer taten sich die Orgelbauer

Schlimbach	1844–1889,
Eichenauer	1844–1880 und
Jelacic-Kämmerer	1879–1935 schwer, ehe
Sattel	1938–1958 und
Scherpf	seit 1953

sich erfolgreich durchsetzen konnten.

Die jungen Betriebe, wie

Heusweiler	**Mayer**	seit 1953,
Haßloch	**Wehr**	1958–1990,
Kaiserslautern	**Zimnol**	seit 1959 und
Ludwigshafen	**Owart**	1960–1990

hatten es nach dem Zweiten Weltkrieg leichter.

Der heute größte und bedeutendste Betrieb in Rheinland-Pfalz ist mit der Familie **Oberlinger** in Windesheim bei Bad Kreuznach seit 1860 verbunden. Sie übernahmen zweifellos das Erbe der Familien **Engers-Schlaad** in Waldlaubersheim (1792 bis ca. 1900), die ihrerseits wohl aus der Werkstatt **Stumm** kamen.

Man kann am Beispiel Rheinland-Pfalz feststellen, daß die bedeutenden Werkstätten der Barockzeit Nachfolger und Konkurrenz selbst heranzogen, die dann im 19. und 20. Jahrhundert einen schweren Stand haben, während wieder nur ganz wenige schwerpunktmäßig zu Bedeutung gelangen, wie zum Beispiel Oberlinger.

1.13. Die Orgelregionen Sachsen und Sachsen-Anhalt

Sachsen war im Mittelalter ein Herzogtum, das 1423 die Kurwürde erhielt *(Kursachsen)*. Wegen seiner Personalunion mit dem Königreich Polen gelangte es 1697 bis 1763 zu europäischer Bedeutung. 1806 wurde es Königreich, verlor aber 1815 den größeren nördlichen Teil an Preußen *(Provinz Sachsen)*. Diese ehemalige preußische Provinz (Regierungsbezirke Magdeburg und Merseburg) wurde 1946 mit dem früheren Herzogtum **Anhalt** und einigen braunschweigischen sowie thüringischen Enklaven zum Land **Sachsen-Anhalt** vereinigt mit der Hauptstadt Halle/Saale (jetzt ist Magdeburg die Hauptstadt). Wegen der erst 1815 erfolgten Spaltung des alten Kursachsen fassen wir beide Länder zu einer Einheit zusammen.

Wer weiß nicht, daß Sachsen das Land der Silbermann-Orgeln ist? Diese Zuordnung ist zweifellos bekannter als der Slogan „Elsaß – Land der Orgeln". Aber die Geschichte des sächsischen Orgelbaues seit dem 18. Jahrhundert ist keineswegs identisch mit der Geschichte der Silbermann-Orgeln, auch wenn immer wieder von der sächsischen Silbermann-Tradition gesprochen und sie als Maßstab des Orgelbaues bis heute genommen wird. **Silbermann** war, wie etwa **Schnitger** oder **Stumm**, eine herausragende Meisterpersönlichkeit mit mehreren Schülern, die – von **Zacharias Hildebrandt** abgesehen – nicht mehr diese Bedeutung erreichten, zum Beispiel seine Nachfolger **Schöne** 1753–1764 und **Oehme** 1764–1789 in Freiberg oder **Schubert** in Dresden 1753 bis 1772. Andere, wie **Schramm** und **Kayser** (Dresden) gelten nicht mehr als Silbermann-Schüler. Neben Freiberg bildete Adorf im südlichen Vogtland ein Orgelbauzentrum, das mit den Namen **Trampeli** (ca. 1740–1830) und **Schubert** (1855–1900), letzter mit wechselndem Wohnsitz, verbunden ist.

In Dresden, der Landeshauptstadt, gibt es eine durchgehende Orgelbautradition, sogar mit mehreren parallel arbeitenden Werkstätten:

Tamitius	1665–1700,
Gräbner	1676–1798,
Schramm	1742–1780,
Kayser	1776–1827,

	Jahn	1827–1933,
	Jehmlich	seit 1808
	Kaufmann	etwa 1800–1900,
	Kircheisen	ca. 1860–1900.

Für Leipzig gilt das gleiche:

	Donath-Scheibe-Schweinefleisch	bis gegen Ende des 18. Jahrhunderts,
dann folgten	**Mende**	1820–1850,
	Kohl	1850–1870,
	Hildebrand	1869–1910, und jetzt wieder
	Lahmann	seit 1955.

Im 19. Jahrhundert etablierten sich die Orgelbauwerkstätten verstärkt auch in den kleineren Städten; im Überblick sind dies in der Richtung West-Ost zusammengestellt:

Borna	**Kreutzbach**	1830–1903;
Colditz	**Gottleuber**	ca. 1830–1871;
Ostrau	**Keller**	1879–1925;
Rochlitz	**Schmeisser**	1844–1978;
Lunzenau	**Hesse**	ca. 1790–1835;
Meerane	**Engel**	1854–1900;
Werdau	**Bärmig**	1846–1887,
	Müller	1887–1928;
Netzschkau	**Schubert**	1855–1900;
Plauen	**Wolf**	1830–1883;
Grünhain	**Steinmüller**	1812–1860;
Freiberg	**Silbermann**	1710–1753,
	Schöne	1753–1764,
	Oehme	1764–1789,
	Knöbel	1789–1859,
	Trepte	1832–1872,
	Schäf	1872–1911,
	Weihgold	1934;
Dippoldiswalde	**Stöckel**	1845–1880,
	Lohse	1881–1931,
	Barth	1931–1974,
	Boscher	1931–1934;
Pirna	**Schröter**	1844–1884;
Moritzburg	**Rühle**	seit 1932;
Großenhain	**Nagel**	1830–1932;
Kamenz	**Janke**	bis 1877;
Bautzen	**Eule**	seit 1872;
Zittau	**Tamitius**	1717–1770,
	Schuster	seit 1869.

Zittau besaß also auch schon barocke Tradition.

Die Orgellandschaft Sachsen hat nicht nur einen **Gottfried Silbermann** hervorgebracht, sondern schon lange vorher Orgelmacher von hoher Qualität „exportiert", zum Beispiel die Gebr. **Eckstein** nach Franken, **Thech, Prescher** und **Schmahl** nach Schwaben, um nur einige zu nennen. Wie die aufgelisteten Orte und Namen zeigen, hatte das Land eine hohe Werkstattdichte; es ist wohl auch kein Zufall, daß in dieser Beziehung eine Parallele zur württembergischen Landschaft besteht, und daß sich in beiden Regionen ähnliche wirtschaftliche und industrielle Strukturen entwickelt haben (Erzgebirge – Schwarzwald). Orgelbaufirmen mit großem Namen, sowohl innerhalb der Silbermann-Tradition als auch außerhalb stehend, gibt es zur Genüge, zum Beispiel **Bärmig, Eule, Jahn** und **Jehmlich, Kreutzbach, Schmeisser** oder **Schuster**; sie bestätigen das Bild einer Orgellandschaft, in der Orgelbau und Orgelmusik Spitzenleistungen hervorgebracht haben.

Das sich nordwestlich anschließende Land Sachsen-Anhalt ist historisch ein Teil Sachsens, mit Ausnahme der Altmark, die zu Brandenburg gehörte; auch der mittlere Teil, hervorgegangen aus den ehemaligen Bistümern Magdeburg und Halberstadt, ist brandenburgisch geprägt, so daß sich in diesem Land stärkere Differenzierungen ergeben. Das gemeinsame „preußische" Schicksal im 19. Jahrhundert hat jedoch wieder zu einer gewissen Vereinheitlichung geführt. Die Werkstattdichte nimmt aber von Süden nach Norden hin deutlich ab, ebenso auch die Größe und wirtschaftliche Bedeutung der Betriebe; dafür nehmen die Einflüsse aus den Nachbarregionen, namentlich aus Brandenburg-Berlin, zu.

Im südlichsten Winkel liegt Weißenfels an der Saale, wo **Ladegast** wirkte, einer der deutschen Großmeister im vorigen Jahrhundert (1846–1940).

Weitere Werkstätten:

Merseburg	**Chwatal**	1821–1902,
	Gerhardt	1853–1894,
	Liemen	bis 1931,
	Kühn	seit 1935,
	Schrön	seit 1972.
Eilenburg	**Schrickel**	1845–1893,
	Geißler	1852–1897;
Delitzsch	**Lochmann**	1800–1839,
	Offenhauer	1856–1904.
Bad Liebenwerda	**Raspe**	1855–1905,
	Voigt	seit 1905.
Halle	**Stiller**	bis 1939;
Querfurt	**Apel**	
Hausneindorf	**Reubke**	1839–1884,
	Röver	1884–1923.

Die Firma **Rühlmann** 1842–1940 in Zörbig zählt zu den bedeutenderen in der Region;

Halberstadt weist wiederum eine sehr lange Orgelbauertradition auf:

Boden	1756 bis ca. 1900,
Hülle	1882–1935,
Sohnle	1936–1940,
Voigt	1824–1940,
Bergen	1840–1882,
Hüfken	seit 1978.

In Neuhaldensleben hielt sich **Troch** 1847–1898, in Stendal behauptete sich **Voigt** längere Zeit (1862 bis ca. 1935).

1.14. Die Orgelregion Schlesien

Das Land entlang der Oder war bis 1945 preußische Provinz und kam wie alle ehemaligen deutschen Ostgebiete als Entschädigung an den östlichen Nachbarn Polen. **Schlesien** stand seit Jahrhunderten kulturell zwischen Böhmen und Polen, wobei die böhmischen Könige schließlich die Oberhand über die schlesischen Herzogtümer behielten, Polen auf das Land verzichtete. Schlesien gehörte dann bis 1742 zu Habsburg und wurde danach preußisches Beuteland mit Ausnahme von österreichisch Böhmen, das heute zur Tschechoslowakei gehört.

Schlesien als kulturelle Drehscheibe zwischen Polen, Böhmen und Sachsen hat daher eine Orgelbaugeschichte aufzuweisen, die von diesen Achsen bestimmt wird. Besonders in der Barockzeit wird dies deutlich, wenn man die Orgelprospekte von Österreich-Böhmen-Schlesien-Westpolen bis Danzig vergleicht: geteilte Prospekte oder wegen des Rückfensters mit niedriger Mitte, Rück- beziehungsweise Brüstungspositive, doppelte Chororgeln, reiche Anwendung architektonischer Versatzstücke und glanzvolle bildnerische Ausschmückung findet man überall in dieser ostmitteleuropäisch-österreichisch-süddeutschen Zone – selbstverständlich mit regionalen Unterschieden. Sie ist der künstlerische Gegenpol zum streng architektonisch bestimmten norddeutsch-niederländischen Prospekt mit den dazwischenliegenden Übergangsregionen von West- bis Mitteldeutschland. Dabei spielen Stammeszugehörigkeit und landschaftliche Merkmale eine größere Rolle als die konfessionelle Verschiedenheit.

Im 19. Jahrhundert gelangte auch der schlesische Orgelbau unter dem Einfluß des preußischen Zentralismus in die Tendenz der Industrialisierung. Die Ernüchterung setzte schon ab etwa 1760 ein, als in Süddeutschland und Österreich noch Hochkonjunktur im Orgelbau war. Aber nur wenige der alten Traditionsfamilien überlebten den Beginn der neuen Zeit, wie **Engler** (1723–1829) oder **Müller** (1801–1886) in Breslau; es bildeten sich vielmehr neue Werkstätten, die sich dem zunehmenden Wettbewerb stellen mußten. Dabei gingen manche wieder ein, einige sogen die Kleinen auf und vergrößerten sich zu regelrechten Fabriken, wie

Schweidnitz	**Schlag**
Guhrau (mit Absatz nach Posen)	**Walter**
Sorau	**Heinze**
Neiße	**Berschdorf.**

Den Zweikampf um die Spitzenstellung in Schlesien zwischen **Sauer** (Frankfurt/Oder) und **Schlag** gewann schließlich Sauer, so daß Schlag nach der Jahrhundertwende schnell ins Abseits geriet. Als Meister, der auch außerhalb Schlesiens gefragt war, setzte **Buckow** (Hirschberg) 1829–1864 Maßstäbe.

Die Verteilung der Betriebe von Norden nach Süden war folgende:

Sorau	**Heinze**	1904–1945;
Guhrau	**Walter**	1824–1913;
Oels	**Anders**	1853–1935;
Reichtal	**Spiegel**	1769–1905
	Bach	1907–1945.
Breslau	**Engler**	1723–1829,
	Eberhardt	1745–1775,
	Müller	1801–1865,
	Horn	1865–1893,

(Breslau)	**Wilhelm**	1871–1920,
	Friebe	1885–1940,
	Stiller	1876–1908,
	Theinert	1858–1895,
	Tesche	ca. 1925–1945.
Liegnitz	**Sander**	1861–1883 (dann Braunschweig);
Bolkenhain	**Reich**	1832–1886;
Hirschberg	**Schinke**	1810–1828,
	Buckow	1829–1864;
Schweidnitz	**Schlag**	1834–1923;
Ohlau	**Schreiber**	ca. 1890–1920.
Brieg	**Riemer**	1855–1884,
	Reipke	1884–1901,
	Hehre	1901–1940.
Rosenberg	**Czopka**	1870–1899 (dann Berlin);
Oppeln	**Krebs**	ab 1904;
Neiße	**Berschdorf**	1889–1945;
Landeck	**Lux**	1862–1926;
Gleiwitz	**Klein**	(Jahrhundertwende),
	Kurzer	?–1913,
	Scholtyssek	1913–1914,
	Volkmann	ca. 1850–1909;
Rybnik	**Dürrschlag**	ca. 1850–1906,
	Klimosch	anschließend.

Der Firma **Rieger** in Jägerndorf (österreichisch Schlesien) war Schlesien versperrt; erst 1926 konnte sie durch Eröffnung eines Filialbetriebes in Mocker Fuß auf dem schlesischen Markt fassen.

1.15. Die Orgelregion Schleswig-Holstein

Die ehemaligen Herzogtümer **Schleswig** im Norden und **Holstein** im Süden waren bis ins 19. Jahrhundert durch Personalunion mit dem Königreich Dänemark verbunden, Schleswig naturgemäß stärker als Holstein. Nach dem deutsch-dänischen Krieg 1864 kamen sie endgültig an Deutschland und wurden 1866 preußische Provinz. 1920 wurde Nordschleswig an Dänemark abgetreten. Der **Stadtstaat Hamburg** ist geographisch ein Teil der Region, war aber schon immer freie Hanse- und Reichsstadt ebenso wie Lübeck, das diesen Status erst 1937 verlor. Beide Handelsplätze (Tore zur Nord- beziehungsweise Ostsee) besaßen starke Klammerfunktion mit den Nachbarregionen (Hamburg-Niedersachsen, Lübeck-Mecklenburg), was man gerade im historischen Orgelbau verfolgen kann.

Hamburg ist mit dem Namen **Schnitger** verbunden, der hier arbeitete und damit seinen Orgeln und Schülern in das ganze norddeutsche Küstengebiet ausstrahlte. Doch schon von der Hamburger Familie **Scherer** war im 16. Jahrhundert eine ähnlich starke Wirkung ausgegangen, an die u. a. der Typus „Hamburger Prospekt" erinnert. Absolute Spitzenleistungen bringen es aber mit sich, daß die Epigonen der Nach-Schnitger-Ära relativ bedeutungslos blieben; in Hamburg waren dies:

Richborn	ca. 1700–1729,
Geyke	ab 1760,
Wolfsteller	1819–1897,
Götzel	1846–1880,
Stallmann	1885–1930,
Rother	1899–1958,
v. Beckerath	seit 1949.

Rother, besonders aber **v. Beckerath,** haben dem Hamburger Orgelbau wieder größere Geltung verschafft. Der Orgelreformer Hans Henny Jahnn brachte es fertig, den Schnitger-Stil so populär zu machen, daß halb Europa seine Erstrestaurierungen und Reformorgeln daran orientierte.

Lübeck ist trotz der schmerzlichen Kriegsverluste eine Stadt der Orgeln geblieben und verdient dieses Prädikat wegen seiner hohen und sehr alten Orgelkultur zu Recht. Auch hier hat die Nach-Schnitger-Ära keine Chance mehr für große Leistungen gehabt; immerhin konnten sich durchgehend Orgelbauer in der Stadt halten, ja sogar mit der Firma **Kemper** im 20. Jahrhundert ein im Sinne der Orgelbewegung führendes Unternehmen entwickeln. Dem Schnitger-Schüler

Hantelmann	1700–1735 folgten
Bünting	
Vogel	
Kaltschmidt	1748–1819 im 18. Jahrhundert, dann
Vogt	1833–1884, und schließlich
Kemper	seit 1868.

Das führende Unternehmen im 19. Jahrhundert in Schleswig-Holstein war ab 1806 die Firma **Marcussen** in Apenrade, das seit 1919 zu Dänemark gehört (Aabenraa). Gehen wir nach Süden weiter:

Flensburg	**Angel**	1772–1840,
	Hansen	1840–1914.
Kupfermühle	**Becker**	seit 1955;
Schleswig	**Cornils**	1852–1900.
Kiel	**Miek**	1809–1820,
	Trese	1856–1878,
	Paschen	seit 1970,
	Neuthor	seit 1973,
Preetz	**Tolle**	1956–1973.

In Rendsburg lebte **Schulze** 1816–1880, der nicht mit **Schulze** in *Paulinzella* zu verwechseln ist. Tönning ist durch **Färber** 1850–1888 bekannt geworden. In Neumünster wirkt **Andresen** seit 1973, in Quickborn war **Brandt** in den 40er und 50er Jahren tätig. Glückstadt war einst Sitz der Werkstatt **Klappmeier** 1690–1795, die große Bedeutung hatte. Im nahen Itzehoe saßen die ebenso bekannten Orgelmacher **Busch** 1730–1787. Die Orgelbauer **Kühne** in Bad Segeberg besaßen seit 1821 die Konzession und übten ihren Beruf bis etwa 1890 aus. Ganz im Süden hat sich **Sebastian** 1980 in Geesthacht etabliert.

1.16. Die Orgelregion Thüringen

Thüringen, das „grüne Herz Deutschlands", besteht als Land erst seit 1920, in der heutigen Form seit 1945. Bis 1918 war es ein territoriales Gemenge aus den Herzogtümern **Sachsen-Altenburg, Sachsen-Coburg-Gotha, Sachsen-Meiningen, Sachsen-Weimar-Eisenach, Schwarzburg-Sondershausen, Schwarzburg-Rudolstadt** und den beiden **Reuß**-Linien, die sich dann mit Ausnahme von Coburg zu Thüringen zusammenschlossen. 1945 wurde dieses um die bisher preußischen Gebiete des **Obereichsfeldes** und von **Erfurt** (ehemals **mainzisch**), sowie die preußischen Enklaven Schleusingen, Mühlhausen, Nordhausen und Schmalkalden (ehemals **kurhessisch**) arrondiert.

Die zahlreichen Orgelbauwerkstätten Thüringens, die es schon im 17. und 18. Jahrhundert gab, sind ein Spiegelbild der territorialen Zersplitterung und hängen mit ihr zusammen. Nehmen wir das frühere Großherzogtum **Sachsen-Weimar,** in dem kein Geringerer als Goethe Minister war, so finden wir folgende Werkstattstandorte:

Weimar	**Heerwagen**	1896–?,
	Kirchner	1935–1966,
	Bahr	1966–1979,
	Sperschneider	seit 1979;
Apolda	**Kopp**	1870–1875;
Blankenhain bei Weimar	**Foertsch**	1858–1878,
	Drechsler	1878–1881;
Bad Berka	**Müller**	um 1910;
Stadtbürgel	**Kopp**	1875–1892,
	Schramm	1883 bis ca. 1920.

In Ilmenau gingen die Orgelbauer zur Teileherstellung über:

	Abicht	1830–?,
	Deiseroth	1865,
	Bauroth	um die Jahrhundertwende.

Für das **Eisenacher Unterland** arbeitete **Markert** in der heute zu Bayern gehörenden Exklave Ostheim seit 1848.

Der **Gothaische** Landesteil ist vertreten durch folgende Werkstätten:

Gotha	**Koch**	1800 bis ca. 1845,
	Böhm	seit 1900,
	Helfenbein	seit 1919;
Ohrdruf	**Ratzmann**	1792 bis ca. 1880,
	Staudigel	um 1900;
Großtabarz	**Knauf**	1838–1885,
	Köllein	1873–1905;
Sättelstädt	**Baumbach**	um 1900.

Im **Altenburgischen** gab es drei Orte mit Orgelwerkstätten:

Altenburg	**Hegermann**	1890–1922,
Stadtroda	**Poppe**	ca. 1775–1945,
Schmölln	**Schmidt**	1919–1938.

Schwarzburgisch waren die Orte:

Bad Frankenhausen	**Strobel**	1842 bis ca. 1940;
Milbitz	**Schulze**	ca. 1740–1825,
Paulinzella	**Schulze**	1825–1880,
	Muth;	
Stadtilm	**Witzmann**	ca. 1805–1871,
	Eifert	1871–1936,
	Schäfer	1936–1943,
	Heinze	1946–1967,
	Schönefeld	seit 1967.

In ***Reußischen Landen*** lagen

Gera	**Zillgit**	1887– ca. 1900.
	Liebmann	ca. 1900– ?
Greiz	**Schüßler**	seit 1959.

Ganz im Gegensatz zur Barockzeit hatte das Herzogtum ***Meiningen*** nur wenige Orgelbauer aufzuweisen, zum Beispiel in

Hildburghausen	**Müller**	1895–?,
Sonneberg	**Schindhelm**	(Jahrhundertwende).

Ziemlich dicht besetzt waren die ehemals ***preußischen Gebiete,*** wo folgende Werkstätten anzutreffen sind:

Bleicherode	**Knauf**	1838–1900;
	Kießling	1894 bis ca. 1930;
Dachwig	**Hesse**	1755–1860,
	Hickmann	1862–1919,
	Andreas	um 1930;
Erfurt	**Löbling**	seit 1947;
Heiligenstadt	**Heyder**	ca. 1840–1860,
	Brode	seit 1980;
Langensalza	**Petersilie**	1850 bis ca. 1920;
Mühlhausen	**Heyder**	1860–1902,
	Breitbarth	(vor 1900);
Nordhausen	**Kelle**	1854–1880,
	Seewald	1860–?;
Sömmerda	**Böttcher**	1855–1938.

In ***Südwestthüringen:***

Seligenthal	**Peternell**	1847–1909,
	Butz	1893–?;
Floh	**Hilpert**	(1825–?);
Schmalkalden	**Schreiber**	?–1912,
	Meyer	1912–?,
Mittelstille	**Schreiber**	(?–1932);
Schmiedefeld	**Holland**	ca. 1790–1873,
	Kühn	1874–1908,
	Schmidt	ca. 1835–1887,
	Möller	ca. 1860–1888.

Thüringen hatte durch seine zentrale Lage besonders starke Beziehungen zu den umgebenden Regionen, zum Beispiel mit Hessen, Franken, Sachsen und Sachsen-Anhalt, und exportierte im 17. und 18. Jahrhundert auch Orgelmacher nach draußen (**Wiegleb, Reichard, Grebenstein** und **Otto** zum Beispiel nach Franken). Einige thüringische Orgelbauer haben es zu großer Bedeutung gebracht, besonders **Schulze** in Paulinzella, **Strobel** in Frankenhausen, **Ratzmann** in Ohrdruf, **Böttcher** in Sömmerda, **Poppe** in Stadtroda, **Eifert** in Stadtilm und **Holland** in Schmiedefeld. Thüringen, insbesondere Weimar, war auch das Zentrum der theoretisch-wissenschaftlichen Orgelforschung des 19. Jahrhunderts, die verbunden ist mit den Namen Töpfer und Allihn.

2. DAS WINDLADENPROBLEM

Der deutsche Orgelbau hat in den vergangenen 150 Jahren parallel zur industriellen Revolution eine „technische Revolution" durchgemacht, die etwa im Zeitraum 1880–1900 (Gründungsphase des BDO) von einem wahren Erfinder-Boom begleitet war. Das Hauptproblem, mit dem sich die Orgelbauer beschäftigten, war die Verbesserung der Windladen und die Entwicklung neuer Spiel- und Registertrakturen, die insgesamt zu einer leichteren Spielart mit zahlreichen Spielhilfen für die Organisten führte. Dies war kein Selbstzweck, sondern orientierte sich am Bedürfnis der damaligen Orgelmusik, die neben den verschiedensten Klangschattierungen abwechslungsreiche Dynamik und pianoleichte Spielart für virtuoses oder sinfonisches Spiel verlangte.

Hier soll die Technik im Sinne einer chronologischen Zusammenstellung (unter Verzicht auf Vollständigkeit oder kritische Wertung) behandelt werden, zumal fast alle Erfindungen dieser Zeit entweder überholt sind oder noch so unausgereift waren, daß sie praktisch nicht mehr zur Anwendung kommen. Es fehlt an einer greifbaren systematischen Erfassung, da man diesen Bereich des deutschen Orgelbaues noch immer unter dem Gesichtspunkt des „Niedergangs", des Verfalls einer kunsthandwerklichen Fähigkeit zu sehen beliebt. Dabei ist doch diese Phase als Analogon zur allgemeinen Technikentwicklung, die uns das Auto und das Flugzeug bescherte, alles andere als das.

Man unterscheidet bei den Orgelwindladen grundsätzlich 3 Arten: Tonkanzellenlade, Registerkanzellenlade (früher auch Röhrenlade genannt) und Kastenlade.

2.1. Die Tonkanzellenlade

2.11. Schleifen

In historischen Orgeln existieren entweder Springladen oder die heute allgemein wieder verwendeten Schleif(en)laden. Auf ihre normale Konstruktion braucht hier nicht eingegangen zu werden.

Es gab verschiedene Versuche, die Registerschleife zu verbessern:

a) Quadratschleife (Wagner, Schmiedefeld): sie liegt neben dem Pfeifenstock und wird durch Federn angedrückt, Bohrungen zweimal abgewinkelt. Wegen des Gewichts schwer beweglich und leicht undicht.

b) Keilförmige Schleife (Buchholz, Berlin): mittels Federn in die keilförmige Aussparung unter dem Stock eingespannt. Verklemmt leicht und wird undicht.

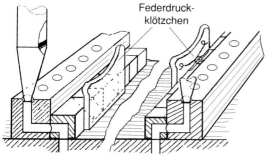

2.11 a. Quadratschleife mit Federklötzchen

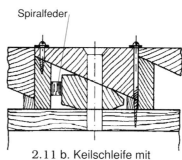

SCHLEIFEN

2.11 b. Keilschleife mit Spiralfeder zum Andrücken

c) Rundschleife (Kemper, Lübeck): durch Drehung eines durchbohrten Rundstabs aus Metall wird die Verbindung zwischen Kanzelle und Pfeife hergestellt.

d) Metall- und Kunststoffschleifen (Eifert 1879, Zinkschleifen) sind verwerfungssicher; Metallschleifen korrodieren jedoch.

e) Zerlegte Flachschleife (Tischler): jede Pfeife hat ein eigenes Schieberventil quer zum Stock; die Schieber eines Registers werden durch gemeinsame Winkelmechanik bewegt.

f) Zerlegte Rundschleife, Drehschleife (Kleuker, Brackwede): die durchbohrten Drehzylinder liegen quer zum Stock und bewegen sich mittels gemeinsamer Hebelmechanik.

2.12. Schleifendichtungen

In den letzten Jahren legte man besonderen Wert auf die Verbesserung der Schleifendichtung:

a) Spunddichtung (Marcussen): die Schleife läuft zwischen zwei Spunden (Kanzellenspunde und Leisten am Stockboden). Seitliche Zwischenräume zwischen den Spunden wirken als Entlüftungskanäle. Absolute Genauigkeit notwendig.

b) Membranendichtung (Peter und Weimbs): ausgekesselte Bohrungen mit darübergelegten Lederringen dichten bei Winddurchfluß durch Anschmiegen nach oben ab.

c) Schleifenbettdichtung (Laible): die Schleife ist allseits in eine dichtschließende Umhüllung eingeschlossen, die als kompaktes Einbauelement zwischen Lade und Stock herausziehbar ist.

d) Federnde Schleifenunterlage (Gattringer): zwischen Lade und Schleife sind zwei Leisten angebracht, die durch Federn auseinander-, das heißt an die Schleife von unten angedrückt werden. Ihre Bohrungen sind durch Lederschläuche verbunden. Die federnde Unterlage gleicht Verformungen aus.

e) Doppelschleifen mit Feder (Flentrop): Ober- und Unterschleife werden durch Federn gegen Stock und Kanzelle gedrückt. Lederschläuche zwischen beiden Bohrungen gleichen Abstandsschwankungen aus.

f) Doppelschleifen mit Schaumstoffpolster (Eule): Wirkungsweise wie vor; statt der Federn und Schläuche sind elastische Schaumstoffpolster zwischen Ober- und Unterschleife eingeleimt.

g) Schleifen mit Federbälgchen (Hembus): Lederbälgchen mit eingearbeiteter Spiralfeder sitzen auf der Schleife und werden durch passende Bohrungen in einem Blindstock gehalten, der Schleifen und Federbälgchen einschließt. Dämme entfallen.

h) Teleskophülsen (Starup): Zwei ineinanderpassende Rohrstücke mit Flanschen und äußerer Spiralfeder überbrücken ziemlich luftdicht den Abstand zwischen Lade und Schleife, die gleichzeitig an den Stock angedrückt wird.

i) Universalhülsen (Schumacher) sind abgewandelte Teleskophülsen mit innenliegender Feder, so geformt, daß der Wind den oberen Abschluß zur Schleife abdichten hilft.

j) Schmidsche Ringe: die Schleife gleitet zwischen zwei Preßspanscheiben, von denen eine mit alterungsbeständigem PVC-Schaum kaschiert ist, der sich entsprechend dem auf ihn ausgeübten Druck in der Höhe einstellt.

SCHLEIFEN / DICHTUNGEN

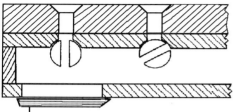

2.11 c. Rundschleife

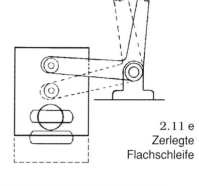

2.11 e
Zerlegte
Flachschleife

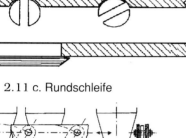

2.11 f. Zerlegte Rundschleife

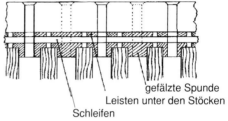

gefälzte Spunde
Leisten unter den Stöcken
Schleifen

2.12 a. Spunddichtung

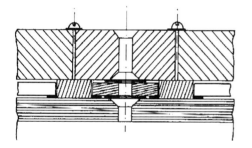

2.12 b. Membranendichtung

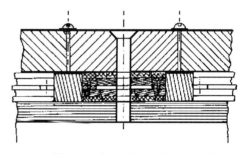

2.12 c. Element-Schleife mit Bett aus Metall

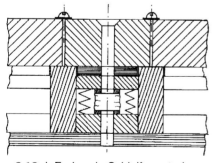

2.12 d. Federnde Schleifenunterlage

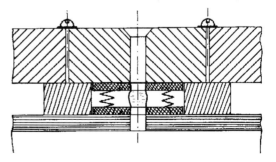

2.12 e. Doppelschleife mit Feder

Das Windladenproblem 2.12

SCHLEIFENDICHTUNGEN

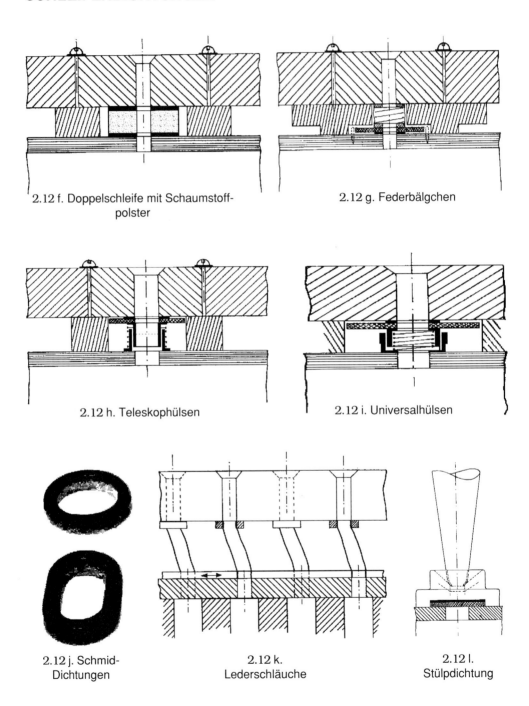

2.12 f. Doppelschleife mit Schaumstoffpolster

2.12 g. Federbälgchen

2.12 h. Teleskophülsen

2.12 i. Universalhülsen

2.12 j. Schmid-Dichtungen

2.12 k. Lederschläuche

2.12 l. Stülpdichtung

k) Elastische Lederschläuche (Paul Ott): zwischen unten liegender Schleife und Stockbohrung ist ein beweglicher Lederschlauch eingeleimt, der die Schleifenbewegung mitmacht, aber absolut dicht und leichtgängig ist.

l) Stülpdichtung (Schumacher): das kesselförmige Kunststoffgehäuse mit unten liegender Dichtung – Wirkungsweise wie unter (2.12 b) – wird direkt auf der Lade befestigt, übergreift die Schleife und dient ihr gleichzeitig als Führung; der Pfeifenstock entfällt; kürzeste Entfernung zwischen Kanzelle und Pfeifenfuß.

2.13. Springlade

Bei der Springlade handelt es sich bekanntlich um eine Tonkanzellenlade, bei der sich die Registerventile in den Kanzellen befinden. Anstelle der Schwanzventile, wie sie bei historischen Springladen vorkommen, gab es einige Weiterentwicklungen mit Hilfe der Pneumatik:

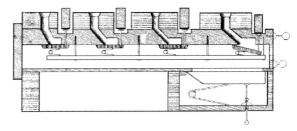

2.13. Springlade. Bauart mit herausziehbaren Springventilen, wie beispielsweise in Ringelheim

a) Gustav Schulz: Keilbälgchen, die durch Entlüftung über einen Registersteuerkanal zusammenfallen und damit die Stockbohrungen freigeben.

b) Tichatschek: pneumatische Registersteuerung durch Parallelbälgchen bei der gleichen Wirkungsweise wie unter (2.13 a).

c) Brückenlade (Smets): die Windröhre zwischen Kanzelle und Pfeife kann durch eine Membran, die von der Seite her gegen einen Wandvorsprung gedrückt wird, abgesperrt werden.

d) Quetschventillade: die von einem flexiblen Schlauch gebildete Windröhre kann durch bewegliche Registerleisten zusammengedrückt und so gesperrt werden.

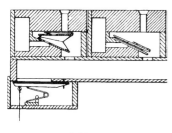

2.13 a.
Keilbälgchen (Schulz)

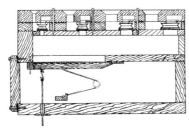

2.13 b. Parallelbälgchen (Tichatschek)

2.13 c. Brückenmembran (Smets)

2.14. Spielventile

Sonstige Verbesserungen, die sich auf die Spielventile beziehen:

a) herausnehmbare Ventile, die nur von Leitstiften gehalten werden;

b) parallel aufgehende Ventile;

c) pneumatische Maschine mit fallendem Balg im Windkasten zur Spielventilbetätigung;

d) Doppelventil mit Vorventil zur Entlastung des Hauptventils;

e) Gegenventil: 2 Ventile öffnen sich gegensinnig zur Druckentlastung;

f) Ersatz der Lederpulpeten durch durchlochte Messingstreifen (Schulze 1845);

g) gebrochenes Ventil: Vorder- und Hinterteile sind gelenkig verbunden und gehen nacheinander auf.

h) Pulpetenersatz durch seitlich verschiebbare Bleiringe;

i) Verwendung von Spiralfedern anstatt der Schenkelfedern bei den Spielventilen (Lötzerich).

2.2. Die Registerkanzellenlade (Röhrenlade)

Registerkanzellen waren bereits im 18. Jahrhundert in Gebrauch als schleifenlose Sperrventilladen (Seuffert und andere in Mainfranken), Hängeventilladen (Jäger, Füssen) und die Hausdörfer-Laden, deren Bau nicht genau bekannt ist. 1842 konstruierte sie E. F. Walcker mit Kegelventilen (einschlagende Kegel) neu, gleichzeitig brachte auch Schäfer, Heilbronn eine solche Lade mit aufschlagenden Ventilen heraus. Anfangs nannte man sie noch Springlade, später bürgerte sich die Bezeichnung Kegellade ein. Sie eroberte bald große Teile Süddeutschlands, teilweise auch Mittel- und Ostdeutschland; im Norden dagegen hielt sich bis zur Jahrhundertwende die Schleiflade. Zwischen den Anhängern beider Ladentypen entbrannte ein heftiger Theoriestreit, der sich erst mit der Einführung der Pneumatik erübrigte. Gerade die Kegellade forderte die Erfinderlust vieler Orgelbauer heraus. So wurden neben den einschlagenden Ventilen (Walcker, Steinmeyer) auch aufschlagende verwendet (Schäfer, Sauer). Koulen konstruierte Metallringventile, Poppe verwandte Kugelventile, ebenso Schlimbach versuchsweise. Andere nahmen einfache Scheibenventile, die sich dann bei den pneumatischen Laden durchsetzten.

2.21. Kegelladen

Die vierfach gewinkelte Windführung war meist der Anlaß, nach einer Möglichkeit für direkte Windzufuhr zu suchen. So entstand eine Reihe von Röhrenladen mit den verschiedensten Techniken und Namen, die meist so kompliziert waren, daß sie kaum praktische Bedeutung erreichten:

a) Verbesserte Kegellade (Nagel): die Kegel werden mittels kleiner Wippen durch Gegengewichte gegen die Pfeifenbohrungen nach oben gedrückt und von oben durch abgewinkelte Stecher geöffnet. Eine von der Traktur betätigte Schwenkleiste drückt die Stecher eines Tones beim Spielen gemeinsam nach unten.

b) Verkehrte Kegellade (Sander): der aufschlagende Kegel liegt

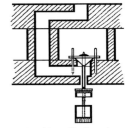

2.21 Kegellade mit einschlagendem Kegel

SPIELVENTILE

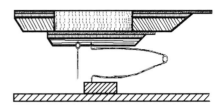

2.14 c. Pneumatische Maschine

2.14 d. Vorventil

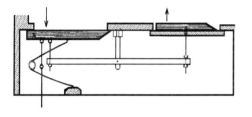

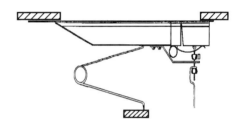

2.14 e. Gegenventil

2.14 g. Gebrochenes Ventil

KEGELLADEN

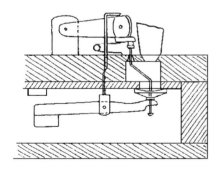

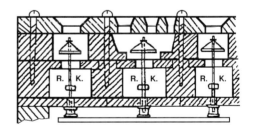

2.21 a.
Verbesserte Kegellade (Nagel)

2.21 b.
Verkehrte Kegellade (Sander)

in einer kesselförmigen Erweiterung der Stockbohrung und verschließt sie gegen die darunterliegende Registerkanzelle durch sein Eigengewicht. Beim Spiel wird der Kegel durch einen Stecher von unten gehoben wie bei der normalen Kegellade.

c) Scheibenlade (Gebr. Poppe): die Pfeifenbohrung läuft im Kanzellenschied senkrecht nach unten und mündet seitlich in die Kanzelle; die Öffnung ist durch ein flaches Scheibenventil verschlossen, das an einem waagerecht geführten Stecher befestigt ist, der außerhalb der Lade durch eine kleine senkrechte Wippe, an der unter der Lade die waagerecht bewegliche Spielleiste hängt, einwärts gestoßen beziehungsweise durch eine Feder herausgezogen wird.

d) Druckleistenlade (Hörbiger): wie bei der „verbesserten Kegellade" (2.21 a) werden quadratische Holzventile gegen die Kanzellendecke mittels Federn angedrückt und von oben durch Stecher geöffnet. Die quer zur Lade (zwischen den Pfeifenfüßen) liegende Spielleiste (Schwenkleiste) wird durch Federn hochgehalten, beim Spiel niedergedrückt.

e) Hebellade (Fabian): die Ausführung mit direkter Windzufuhr besitzt einen Rohrstutzen aus Weißblech, der die Stockbohrung in die Kanzelle verlängert und von unten durch einen Kegel verschlossen ist; dieser Kegel hängt an einem galgenförmigen Stecher aus Draht, der seitlich durch ein angelötetes Röhrchen geführt wird und unter der Lade ein wenig herausschaut. Das untere Ende sitzt auf einer Drahtwippe, deren Gegengewicht den Galgen mit Kegel in Ruhelage nach oben drückt. Die Ärmchen der Spielwelle heben die Gewichtsklötzchen der Drahtwippe an, so daß sich die Stecher mit den Ventilkegeln senken.

Bei der anderen Ausführung sitzt der Rohrstutzen mit Ventil unten und wird vom Stecher gehoben, so daß der Wind in den Stutzen kann, dann aber über eine längere Röhre zur Pfeife kommt. Auch hier wird der Ventilstecher nicht direkt von der Spielwelle gehoben, sondern von einem spitzen Winkel, dessen unterer Arm das Klötzchengewicht trägt, an dem das Wellenärmchen angreift (umständlicher geht's nicht!).

f) Knopfventillade (Chwatal 1861, Grüneberg, Wendt): die Funktion gleicht der Scheibenlade (2.21 c), also Bohrung und Loch in der Seitenwand, aber anstelle der Ventilscheiben verstellbare Kegel mit Stellschraube, die für alle Kanzellen auf einem durchgehenden Zugdraht aufgereiht sind, der mit der Traktur in Verbindung steht und mit einer Rückzugfeder alle Ventile eines Tones schließt.

g) Kegellade (Chwatal 1848): die Kegel sitzen direkt unter den Pfeifenbohrungen an der Kanzellendecke, werden durch Augenfedern gehalten und durch Zugdrähte nach unten aufgezogen.

h) Brauner-Windlade 1885: bei dieser Lade befinden sich die quadratischen Holzventile – wie bei der verkehrten Kegellade (2.21 b) – in kleinen Tonkanzellen über der Registerkanzelle. Diese Ventile haben einen hochgeknickten Metallschwanz mit Schlitz, in den ein Zugdraht von unten eingreift, der außerhalb der Registerkanzelle verläuft; daher muß der obere Ventilteil der Lade breiter sein als die Registerröhre. Wenn der Zugdraht am Metallschwanz zieht, wirkt die Knickstelle als Scharnier: das Ventil kippt hoch. Gegengewichte in der Traktur verhindern, daß deren Eigengewicht das relativ leichte Ventil schon in Ruhelage öffnet.

i) Koppel-Kegellade (Gerhard 1896): zwei oktavversetzte Ventile (zum Beispiel c^0 und c^1) aus benachbarten Registerkanzellen geben ihren Wind durch seitlich versetzte Bohrungen in eine gemeinsame Stockbohrung; dadurch kann eine Pfeife von zwei verschiedenen Registerkanzellen aus als 8' oder 4' genutzt werden (Transmission).

| Kegelladen | Die Registerkanzellenlade (Röhrenlade) |

KEGELLADEN

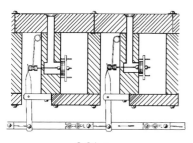

2.21 c.
Scheibenlade (Poppe)

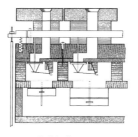

2.21 d.
Druckleistenlade (Hörbiger)

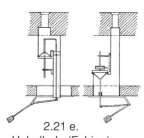

2.21 e.
Hebellade (Fabian)

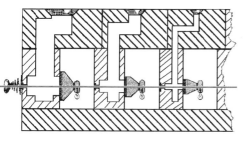

2.21 f.
Knopfventillade (Chwatal, 1861)

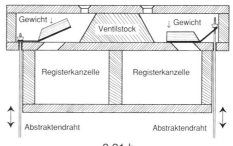

2.21 h.
(Brauner, 1885)

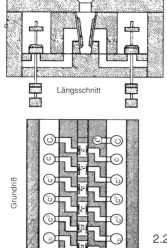

2.21 i.
Koppel-Kegellade
(Gerhard, 1896)

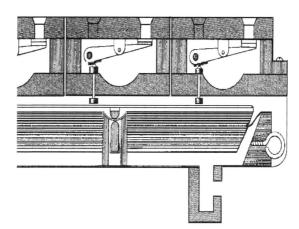

2.21 j.
Kanzellenhebellade
(Sonrek, 1886)

Das Windladenproblem

j) **Kanzellenhebel-Lade von Sonreck (1886):** das Scheibenventil direkt unter dem Fußloch der Pfeife wird von einer Wippe mit Gegengewicht verschlossen; eine unter der Lade liegende Spielkanzelle wird beim Spiel pneumatisch mit Zuluft gespeist und dadurch ihre bewegliche Deckelleiste gehoben, welche mittels Stecher über die Wippe das Ventil aufzieht.

2.22. Hängeventilladen

Eine Sonderform der Röhrenladen sind die Hängeventilladen, bei denen die Ventilauflagefläche schräg liegt, damit die Ventile durch eigene Schwere das Loch zur Pfeifenbohrung verschließen. Sie haben den Nachteil, daß die Mechanik dadurch komplizierter wird.

a) Die Hundecksche Lade hat hölzerne Hängeventile, die auf der schrägen Seitenwand angebracht sind und unten durch dagegen geführte Stecher aufgestoßen werden. Diese sitzen auf der waagrecht beweglichen Spielleiste. Reubke ersetzte 1879 die Holzventile durch belederte Glasscheiben, die sich nicht verziehen können. Mehmel verminderte die Auflagefläche durch Dichtungsringe aus Karton, was die Spielart erleichterte.

b) **Heberlade (Eggert 1879):** die Hängeventile werden hier durch hahnenartige Hebel aus Messing – Heber genannt – bewegt, die an einem nasenförmigen Fortsatz drehbar gelagert sind. Am unteren Ende werden die Heber durch kleine Stößer an der waagerechten Spielstange angestoßen.

c) **Schieberöhrenlade (Brambach):** die Bohrung führt in die Nachbarkanzelle; wenig darüber führt eine zweite Bohrung zur Pfeife. Beide Bohrlöcher in der Nachbarkanzelle sind durch einen Schieber mit Höhlung luftdicht bedeckt. Wird er von der Abstrakte gegen Federkraft herabgezogen, so verbindet die Höhlung beide Löcher zu einem durchgehenden Kanal. In Oben-Stellung ist der Kanal durch den Schieber verschlossen.

d) **Sandberg-Lade (1890):** die Spielstange unter der Lade ist mit kleinen senkrechten Wippen verbunden, die in die Registerkanzelle hineinragen und beim Betätigen das Hängeventil am unteren Fortsatz von der Ventilöffnung abheben.

e) **Kanalwindlade (Hickmann/Peternell 1882):** das Hängeventil hat oben am Drehpunkt einen senkrecht abstehenden Stift, dessen Ende von unten mit einem Stecher gehoben und damit das Ventil abgehebelt wird.

2.3. Die Kastenlade

Kastenladen bestehen aus einem einzigen Windbehälter und kennen keine Kanzellen. Jede Pfeife hat ihr eigenes Ventil – wie bei der Registerkanzellenlade –, aber die Ventilsteuerung erfolgt durch zwei Impulse: wenn Spielimpuls und Registerimpuls zusammentreffen, öffnet sich das Ventil. Trifft nur *ein* Impuls ein, bleibt es geschlossen. Bei den anderen Ladentypen wirkt jeder Impuls auf nur *ein* Ventil (Spielventile oder Registerventil, zum Beispiel Schleife). Die gegenseitige Aktivierung beider Impulse zur Ventilbetätigung kann mechanisch, pneumatisch oder elektrisch erfolgen. Bei der mechanischen Schaltung muß ein Hebel erst in Funktionsstellung gebracht werden, ehe er das Ventil öffnen kann. Bei der pneumatischen Schaltung werden Winddruckunterschiede zur Ventilbetätigung ausgenutzt. Bei der elektrischen Schaltung ist der Stromkreis durch zwei in Reihe liegende Schalter unterbrochen. Das Relais spricht erst an, wenn beide Schalter geschlossen sind.

HÄNGEVENTIL-LADEN

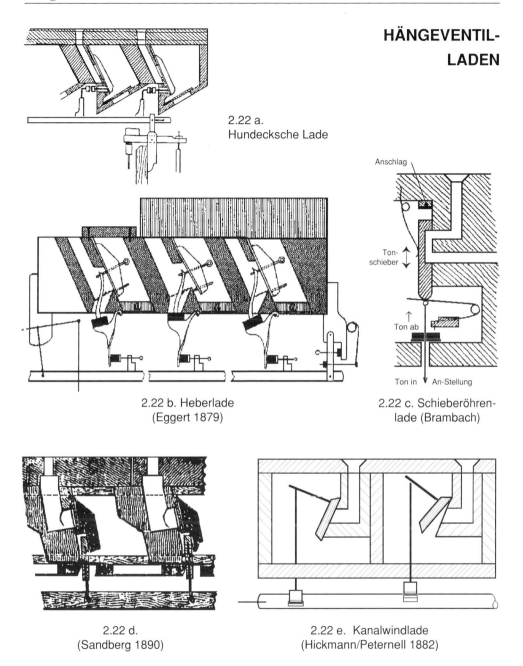

2.22 a. Hundecksche Lade

2.22 b. Heberlade (Eggert 1879)

2.22 c. Schieberöhrenlade (Brambach)

2.22 d. (Sandberg 1890)

2.22 e. Kanalwindlade (Hickmann/Peternell 1882)

a) Die Casparini-Lade ist eine Schleifenlade, aber ohne Tonkanzellen. Die Pfeifenbohrungen verlaufen schräg und münden im Windkasten auf einer Fläche, die gerade vom Spielventil bedeckt wird; es gibt also weder Ton- noch Registerkanzellen. Die Ventile drehen nicht um eine Quer-, sondern um die Längsachse.

113

b) Ur-Hahnenlade (Röver 1849): der Pfeifenkanal mündet wie bei der Hängeventillade in einer Schräge. Die Bohrungen sind mit hölzernen Hängeventilen bedeckt. Eine waagerecht bewegliche Spielstange am Kastenboden trägt schräg gelagerte Hebelchen, die durch eine zweite, längsverlaufende Registerstange am oberen Ende etwas seitlich verschoben werden können, so daß sie entweder beim Bewegen der Spielstange das Ventil aufhebeln oder den Angriffsstift am Ventil verfehlen müssen.

c) Eine Variante der Ur-Hahnenlade besitzt normale Registerschleifen, dafür fehlt die Registerstange im Windkasten; der Mechanismus ist dadurch einfacher.

d) Schlagsche Schleiflade (um 1850): Schlag ersetzt das Spielventil durch eine Schleife mit soviel Löchern, wie Register vorhanden sind; alle Pfeifenbohrungen gehen direkt in den Windkasten, die Tonkanzelle entfällt; es handelte sich um eine „verschlechterte" Variante der Casparini-Lade.

e) Hahnenlade von Randebrock (1879): die Ventile sind schräg hängend, der Pfeifenkanal wie bei allen Hängeventilladen einmal abgewinkelt. Die Stößel zum Aufdrücken der Ventile mittels der waagerecht beweglichen Spielstange sind flach-V-förmige Wippen aus Metall (wegen ihrer Ähnlichkeit mit einem Gewehr-Hahnen auch so genannt), die im Winkelscheitel an der Spielstange drehbar gelagert sind. Wird der untere Schenkel durch die Hubbewegung einer Register-Längsleiste angehoben, so kann der obere Schenkel bei bewegter Spielstange das Ventil öffnen. Entfällt die Hubbewegung der Registerstange, so hängt der Hahnen durch und kann auch bei bewegter Spielstange das Ventil nicht öffnen.

f) Verbesserte Hahnenlade von Reubke (1880/81); Verwendung von Glasventilen und hölzernen Hahnen, deren unterer Schenkel aus Draht besteht, der sich zum Regulieren besser eignete als die Metall-Hahnen von Randebrock.

g) Gabelnlade von Bertram, Engers (1877): sie arbeitet im Prinzip wie die Hahnenlade, nur sind die Stößel etwas variiert. Das untere Ende ruht auf der Registerleiste, die beim Einschalten keine Hub-, sondern eine Seitenbewegung macht, wodurch der obere geschlitzte Schenkel (daher Gabelnlade) in Arbeitsstellung kommt und mittels der Spielleiste das Ventil öffnen kann.

h) Präzisionslade (Sander und Mehmel 1877): es ist im Prinzip eine Hahnenlade mit Stößeln in Form kleiner Wippen, deren Drehachse direkt auf einer Registerleiste sitzt. Diese Registerlängsleiste ist so exzentrisch gelagert, daß sie wie ein Scharnier schräg gestellt werden kann und dabei die Wippen in Arbeitsstellung bringt. Der untere Wippenschenkel wird von der Spielstange angestoßen.

i) Stoßwindlade von Schlag (um 1850): I. G. Heinrich erwähnt in seinem „Orgelbau-Revisor" (Weimar 1877, 10 f.) diese Lade, die der Beschreibung nach identisch ist mit der unter (2.3 d) erwähnten Schlagschen Schleiflade.

j) Kolbenlade von Sonreck: anstelle des Hängeventils verschließt ein kolbenförmiges Ventil (Holzstab mit Scheibenventil) die Pfeifenbohrung in der Ladendecke direkt. Gegenüber der Hahnenlade (Spielstange mit Stößeln und Registerstange darunter) ist zusätzlich ein Winkel angebracht, dessen einer Schenkel das Kolbenventil abzieht, wenn der untere vom Stößel zur Seite gedrückt wird.– Eine Variante ersetzt die Spielstange durch eine drehbare Spielwelle, die mittels Ärmchen das Kolbenventil herabzieht. Die Register werden durch eine normale Schleife geschaltet.

2.3 Die Kastenlade

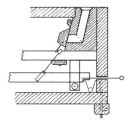
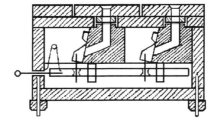

MECHANISCHE KASTEN-LADEN

2.3 b. Ur-Hahnenlade (Röver, 1849)

2.3 c. Variante der Hahnenlade mit Schleife

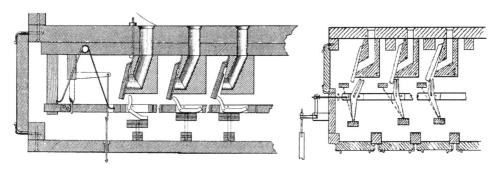

2.3 e. Hahnenlade (Randebrock, 1879)

2.3 g. Gabelnlade (Bertram, Engers, 1877)

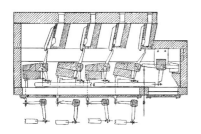
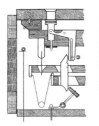
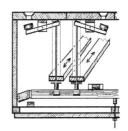

2.3 h. Präzisionslade (Sander und Mehmel, 1877)

2.3 j. Kolbenlade (Sonreck) li. Spielstange, re. Spielwelle

2.3 k. Stecherlade (Franz, 1881)

k) Stecherlade von Franz (Berlin 1881): wie bei der Kolbenlade sitzt das Ventil an der Decke, wird aber von einer Wippe gehalten, an deren anderem Ende ein Stecher mit Puffer hängt. Der Stecher wird von der Registerstange geführt, die so die Stecher in Arbeitsstellung bringen kann. Betätigt wird der Stecher durch eine um ihre Längsachse drehbare Spielstange, die beim Spiel die in richtiger Lage befindlichen Stecher anhebt und damit das Ventil öffnet.

Das Windladenproblem 2.4

PNEUMATISCHE REGISTERKANZELLENLADEN

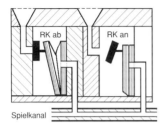

2.4 a. Klappenlade
(Boden 1878)

Membranenladen
2.4 b. (Seifert 1882)   2.4 c. (Stiller 1889)

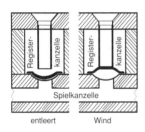
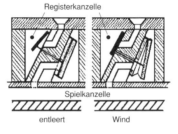
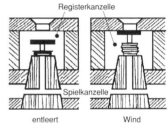

2.4 d. Weiglesche Membranenlade (1890)

2.4 e. Pneumatische Windlade (Poppe 1890)

2.4 f. WL mit herausnehmbaren Einsätzen (Kluge 1891)

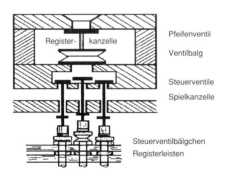
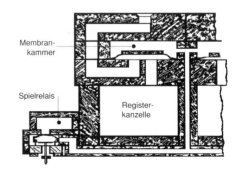

2.4 g. Transmissionslade
(Walcker 1891)

2.4 h. Membranenlade
(Hickmann 1894)

2.4. Pneumatische Registerkanzellenladen

Rein pneumatische Windladen arbeiten nicht mit Hebeln, Wippen und dergleichen mechanischen Elementen, sondern mit direkt-pneumatisch gesteuerten Ventilen. Sie sind nicht zu verwechseln mit den bisher beschriebenen Windladen mit pneumatischer Traktur, zum Beispiel der pneumatischen Kegellade; dabei handelt es sich um eine Kegellade, bei der die Kegelventile nicht rein mechanisch, sondern durch ein pneumatisches Vorgelege, zum Beispiel ein Bälgchen, betätigt werden. Es folgt ein Überblick über die wichtigsten Systeme:

a) Klappenlade von Boden (1878): die Pfeifenbohrung ist einmal gewinkelt und mündet von der Seite in die Registerkanzelle. Das Scheibenventil ist fest mit einem senkrecht stehenden Keilbalg verbunden, der vom Spielkanal aufgeblasen wird und so das Ventil schließt. Beim Spielen wird der Spielkanal entleert, der Balg fällt zusammen und gibt den Wind zur Pfeife frei, falls der Registerkanal mit Wind gefüllt ist.

b) Membranen-Lade von Seifert (1882): der Pfeifenkanal führt im Stock durch die Spielkanzelle (von der Seite hinein und dicht daneben wieder hinaus). Die beiden Bohrungen sind aber durch eine Membrane von der Spielkanzelle getrennt, die unter Wind steht und so die Membrane gegen beide Bohrungen preßt, so daß der Pfeifenkanal praktisch unterbrochen ist. Beim Spiel entleert sich die Spielkanzelle, die Membrane läßt Wind zur Pfeife, falls das Register eingeschaltet ist.

c) Stillersche Membranenlade (1889): die Funktion entspricht genau der Seifertschen Membranenlade, die Konstruktion des Stocks mit unterbrochener Pfeifenbohrung, Spielkanzelle und Membranventil ist etwas komplizierter, der Stock zerlegbar und die Funktion wohl etwas sicherer.

d) Weiglesche Membranenlade (1890): es war die anfangs am häufigsten gebaute pneumatische Lade. Zwischen unten liegender Spielkanzelle und Registerkanzelle ist eine bewegliche Ledermembrane über die ausgefräste Öffnung geklebt, die vom Spielkanzellenwind nach oben gedrückt wird und den Pfeifenkanal verschließt (Pfeifenloch durch Rohr oder durchbohrte Mittelwand nach unten verlängert). Beim Spiel wird die Membrane von unten entlastet und gibt gegebenenfalls Registerwind in den Pfeifenkanal frei.

e) Poppes pneumatische Windlade (1890): in die Registerkanzelle ist zwischen Pfeifenloch (oben) und Öffnung zur Spielkanzelle (unten) ein schräges Holzstück eingeleimt, das im oberen Teil den Pfeifenkanal enthält mit Öffnung zur Kanzelle, die von einem Hängeventil abgedeckt ist. Im unteren Teil ist eine mit der Spielkanzelle in Verbindung stehende Bohrung mit Öffnung in die Registerkanzelle, aber auf der gegenüberliegenden Schrägung. Sie steht mit einem hängenden Keilbalg in Verbindung, dessen bewegliche Oberplatte mit einem durch den Holzblock führenden Stecher das Konter-Hängeventil betätigt. Beim Spiel entleert sich die Spielkanzelle und damit der Balg; der Registerwind drückt ihn zusammen und öffnet damit gleichzeitig das Konter-Hängeventil und sich damit den Weg zur Pfeife.

f) Kluges pneumatische Windlade mit herausnehmbaren Einsatzkörpern (1891): im Boden der Registerkanzelle ist eine konische Schiene eingepaßt, die unterhalb des Bodens durch Bohrungen mit der Spielkanzelle Verbindung hat mit einem Abzweig nach oben in die Registerkanzelle, der durch ein laternenförmiges Bälgchen verschlossen ist, dessen Oberplatte direkt mit einem Stift das Scheibenventil trägt, das das Pfeifenloch verschließt. Wird die Spielkanzelle entlüftet, so fällt auch der Balg zusammen und öffnet

Das Windladenproblem 2.4

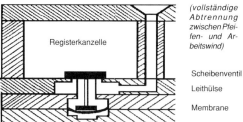

2.4 i. Pneumatische Windlade (Reich 1894)

2.4 j. Pneumatischer Pfeifenverschluß (Walcker 1894)

2.4 k. Bodensche Taschenlade (1894)

2.4 l. Witzigsche Taschenlade, stehende Tasche (1896)

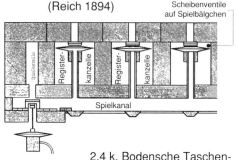

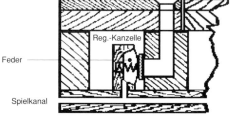

2.4 l. Witzigsche Taschenlade, liegende Tasche (1896)

2.4 m. Schüssellade (Hirsch, Bittner)

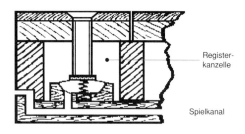

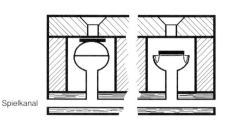

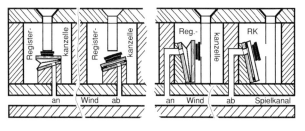

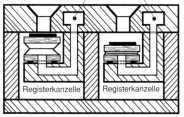

2.4 n. Pneumatische Windlade links mit liegendem, rechts mit stehendem Bälgchen

2.4 o. Pneumatische Windlade (Paul Ibach 1896)

das Ventil. Die Schiene ist in Längsrichtung herausziehbar, muß aber sehr exakt gearbeitet sein.

g) Transmissionslade von Walcker (1891): das Pfeifenventil wird wie bei Kluge durch ein aufgeblasenes Bälgchen nach oben gedrückt, dessen Spielkanzelle pneumatisch mit mehreren Tasten in Verbindung steht. Diese Verbindungsröhren können durch kleine Registerschleifen durchlässig oder undurchlässig geschaltet werden und haben getrennte Entlüftungsventile in der Spielkanzelle. Wird nur eines der Entlüftungsventile geöffnet, so wird die Spielkanzelle entlüftet, der Spielbalg fällt zusammen und öffnet das Pfeifenventil. Auf diese Weise kann eine Pfeife verschieden ausgenützt werden (Multiplex-System).

h) Hickmannsche Membranenlade (1894): sie gleicht im Prinzip der Seifertschen Membranenlade, nur liegen die Spielkanzelle und Membranen mit Ventilplatten waagerecht im Stock eingebettet (nicht senkrecht wie bei Seifert und Stiller), und die Pfeifenbohrungen sind dadurch mehrfach abgewinkelt (einmal mehr als bei der normalen Kegellade).

i) Pneumatische Windlade von Reich, Bolkenhain (1894): die Lade ist wie eine Kegellade gebohrt, die Kegel sind durch Scheibenventile ersetzt und ihre Stecher in einer Hülse zur besseren Abdichtung geführt. Der Ventilhub erfolgt durch eine Membrane über der Spielkanzelle nach dem Zustromsystem.

j) Pneumatischer Pfeifenverschluß von Walcker (1894): es handelt sich um ein genau eingepaßtes Aluminiumplättchen in einem besonderen Stock, das beim Entlüften der Spielkanzelle nach oben gesaugt wird und so den Weg zur Pfeife freigibt; im Prinzip also eine Variante der Membranenlade.

k) Bodensche Taschenlade (1894): die aufgeblähten Taschenbälgchen tragen direkt die Ventilscheibe und sitzen auf Bleiröhrchen direkt unter den Pfeifenlöchern. Wird die Spielkanzelle entleert, fallen die Taschenbälgchen in sich zusammen und öffnen so den Windzugang zur Pfeife. Aus physikalischen Gründen muß der Spielwind höheren Druck haben als der Pfeifenwind.

l) Witzigsche Taschenlade (1896): die Taschenventile bestehen aus einem Holzkörper mit Ledermembran, aufgeschraubter Ventilscheibe und Spiralfeder, sind also leicht austauschbar am Registerkanzellenboden angebracht (liegende Taschen); daher muß das Pfeifenloch durch eine Röhre nach unten bis zur Ventilscheibe verlängert sein. Bei den stehenden Taschen bewegt sich die Ventilscheibe waagerecht; entsprechend ist das Pfeifenloch seitlich an der Röhre angebracht.

m) Schüssellade (Hirsch, Bittner): hier sitzt das kesselförmige Taschenventil mit Ventilscheibe oben am Pfeifenloch auf einer Röhre (wie bei der Bodenschen Taschenlade).

n) Pneumatische Windlade mit waagerechtem oder stehendem Keilbalg: sie gleicht im Prinzip der Taschenlade mit liegenden oder stehenden Taschen, nur sind anstelle der Taschen kleine Keilbälge eingebaut, die die Ventilfunktion übernehmen.

o) Pneumatische Windlade von Paul Ibach, Barmen (1896): unter dem Pfeifenloch ist „eine in vier Seiten nachgiebige kastenförmige Spielmembran abnehmbar angeordnet. Beim Auslassen des Orgelwinds wird dieselbe zusammengedrückt und die Pfeifenöffnung freigegeben". Die Entlüftung erfolgt durch die Spielkanzelle im Stock.

Man kann die vielen Konstruktionen zu drei Typen zusammenfassen: Membranenlade, Bälgchenlade und Taschenlade. Am besten hat sich zweifellos die Taschenlade bewährt.

2.5. Pneumatische Kastenladen

Die bisher (unter 2.3) besprochenen Kastenladen beruhten auf mechanisch bewegten Gliedern. Bei der pneumatischen Schaltung werden Winddruckunterschiede zur Ventilbetätigung ausgenutzt, wobei wiederum eine ganze Reihe von Konstruktionen ausgedacht wurden, aber nur wenige zur Anwendung kamen:

a) Reubkes verbesserte Hahnenlade (1880): ein Keilbalg, dessen Oberplatte mit Scheibe direkt als Ventil wirkt, verschließt aufgeblasen das Pfeifenloch. Wird er durch die Spielkanzelle entleert, so öffnet sich das Ventil, wenn auch das Register angestellt ist und sich dadurch die unter der Länge des Registers durchlaufende Registerleiste nach abwärts bewegt hat, so daß sie nicht mehr an den Hahnen der Keilbälge ansteht und diese am Zusammenfallen hindert. Röver brachte das System zur technischen Reife (1885).

b) Hickmann-Kastenlade (1889): diese Kastenlade hat sich rechtwinklig kreuzende, aber übereinanderliegende Steuerkanzellen für die Töne beziehungsweise Register. Die im Stock liegenden Pfeifenventile werden von unten durch Stecher geöffnet. Die Stecher sitzen auf Bälgchen, die in Verbindung mit den Spielkanzellen stehen. Die Bälgchen sind aber von der Registersteuerkanzelle umgeben. Bei Tastendruck wird das Spielbälgchen durch Zustrom aufgeblasen, aber daran gehindert, wenn der Registerkanal ebenfalls unter Druck steht. Beim Registereinschalten wird der Registerkanal entlüftet, dann kann sich das angeblasene Spielbälgchen des eingeschalteten Registers heben und über den Stecher das Pfeifenventil (eine Klappe, die vom Stecher einseitig gehoben wird und damit den doppelt gewinkelten Pfeifenkanal freigibt) öffnen.

c) Terletzki-Windlade: das oben liegende Pfeifenventil wird durch eine Wippe mit Gegengewicht angedrückt, aber direkt durch einen hakenförmigen Draht nach unten geöffnet. Dieser Haken befindet sich an der Oberplatte eines Keilbalges, der beim Zusammenfallen (Entlüften durch Spielkanzelle) das Ventil nach unten öffnet, falls er nicht durch eine drehbare exzentrisch gelagerte Stange daran gehindert wird. Die Drehung dieser Registerstange erfolgt durch einen Registerbalg über Stecher und Kurbel. Bei „Register an" ist der Registerbalg entlüftet und die Stange so gedreht, daß sie das Zusammenfallen des Spielbalges nicht verhindert.

d) „Pneumatische Mechanik" nach Petr, Prag (1890): die am Boden sitzenden Keilbälgchen tragen ein Scheibenventil, das die heruntergeführte Pfeifenröhre verschließt. Ein zweites Bälgchen an der Decke ist mit dem Registerkanal verbunden. Seine untere bewegliche Platte stellt sich mit einem Drahtfortsatz dem Spielbalg so in den Weg, daß er nicht zusammenfallen kann. Wird das Registerbälgchen aufgeblasen, kann sich der Spielbalg frei ab- und aufbewegen.

e) Rövers pneumatische Kastenlade (1891): der Spielbalg – wie bei (2.5 d) ein Keilbalg mit Ventilscheibe – trägt am Scharnier einen rechtwinklig abstehenden Stift, der sich beim Zusammenfallen des Balges entsprechend mitbewegt. In seinem Bewegungsspielraum ist ein kleiner Registerkeilbalg eingebaut, der dem Spielbalgstift nur dann eine Bewegung gestattet, wenn der kleine Registerkeilbalg entleert ist.

f) Sandersche Keilventillade (1894): Im Stock ist zwischen Decke und Boden unter jeder Pfeife ein Holzstück eingeleimt, dessen oberer schmaler Teil den Pfeifenkanal enthält.

PNEUMATISCHE KASTEN-LADEN

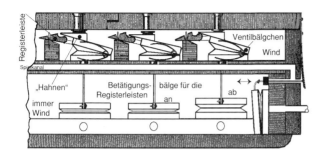

2.5 a. Verbesserte Hahnenlade
(Reubke 1880 / Röver 1885)

2.5 b. Kastenlade (Hickmann 1889)

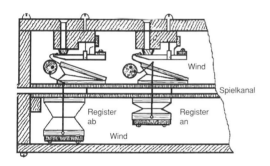

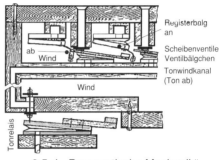

2.5 c. Terletzki-Windlade
(1889)

2.5 d. „Pneumatische Mechanik"
(Petr 1890); vgl. a. 2.5 e. (Röver 1891)

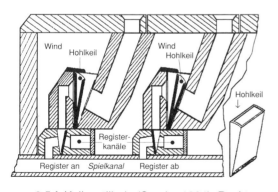

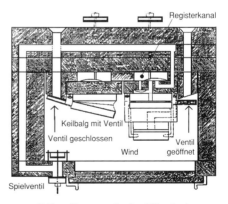

2.5 f. Keilventillade (Sander 1894). Rechts unten ist ein Hohlkeil perspektivisch dargestellt.

2.5 g. Pneumatische Windlade
(Lundahl 1895)

Davon abgesetzt ist der untere breitere Teil durch eine von oben eingeschnittene keilförmige Kerbe. In diese Kerbe mündet von der einen Seite der Pfeifenkanal, von der gegenüberliegenden Seite der Spielkanal. In der Kerbe liegt frei ein innen hohles keilförmiges Ventil, dessen Schwerpunkt dafür sorgt, daß der Keil das Pfeifenloch verschließt. Wird nun der Spielkanal entlüftet, saugt er den Keil an, der auf seiner Spitze in der Kerbe leicht beweglich ist, so daß nun das Pfeifenloch geöffnet wird. Füllt sich der Spielkanal dann mit Wind, so bläst er den Keil wieder in seine Grundstellung und schließt damit das Pfeifenloch. Im Spielkanal steht eine flache Pendelventilscheibe, die von einer seitlichen Bohrung (Registersteuerkanal) so angeblasen werden kann, daß sie den Spielkanal verschließt (Register ausgeschaltet). Folglich kann auch das Ton-Keilventil nicht auf den Spielimpuls reagieren. Wird aber der Registerkanal entlüftet, so gibt der kleine Keil den Spielkanal frei, indem er zur Bohrung hingesaugt wird.

g) Lundahls pneumatische Windlade (1895): ein Keilbalg ist an der Decke angeleimt. Die nach unten fallende bewegliche Platte trägt auf einer Verlängerung über das Scharnier hinaus das Pfeifenventil auf schrägem Ventilloch. Fällt der Balg durch Entlüftung bei Überdruck im Windkasten zusammen, so geht zwar die Balgplatte nach oben, aber das Ventil nach unten, weil das Balgscharnier auch Drehpunkt einer Wippe darstellt. Der Keilbalg erhält seinen Wind zum Öffnen aus dem Windkasten durch eine besondere Bohrung und hat außerdem eine Bohrung nach außen zum Entleeren. Durch ein raffiniertes Membranventil, das sowohl vom Spiel- als auch vom Registersteuerkanal beeinflußbar ist, kann der Keilbalg gefüllt (Pfeifenventil geschlossen) oder entleert werden (Pfeife ertönt). Nur wenn beide, Spiel- und Registerimpuls, zusammentreffen, kann der Balg entlüften, sonst wird er automatisch aufgeblasen.

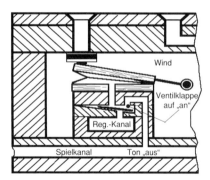

2.5 h. Pneumatische Kastenlade (Brauner 1897)

h) Brauners pneumatische Kastenlade (1897): das Pfeifenventil wird von einem Keilbalg geschlossen beziehungsweise geöffnet, wenn er zusammenfällt. Auch hier sind Zufluß- und Ausflußkanal von einem plattenförmigen Ventil gesteuert, dessen Bewegung beziehungsweise Lage von Register- und Spielkanal abhängt. Die obere Ventilstellung gibt zwei Öffnungen frei, die den Zustrom in den Balg bewerkstelligen. Die untere Stellung gibt nur die Entleerungsöffnung frei, wobei das Pfeifenventil geöffnet wird. Die Ventilsteuerung ist also wieder von zwei Steuerimpulsen abhängig.

Soweit ersichtlich, haben sich die pneumatischen Kastenladen nicht bewährt, weil die doppelte Impulssteuerung pro Pfeifenventil eine viel zu komplizierte Technik erfordert und dadurch nicht nur teurer, sondern auch anfälliger wird. Durchgesetzt haben sich in der Regel die Registerkanzellenladen mit pneumatischer oder elektropneumatischer Ventilsteuerung (Kegelladen und Taschenladen).

3. EIN JAHRHUNDERT IDEOLOGIE UND ORGEL – STILFRAGEN UND ORGELBEWEGUNGEN

Die Orgel des 19. Jahrhunderts wird häufig der sogenannten Romantischen Orgel gleichgesetzt. Es gibt kaum einen kulturgeschichtlichen Begriff wie den der Romantik, der so schwer faßbar ist, wenn er überhaupt definierbar ist. Im allgemeinen versteht man darunter eine bestimmte Geisteshaltung, die sich mit „phantastisch", „unwirklich", „subjektiv-gefühlsbetont" oder „Sehnsucht nach dem Unendlichen" in etwa umschreiben läßt. Sie umfaßt in gleicher Weise Kunst (Literatur, Musik, Malerei), Philosophie und Religion.

Die Romantik in der Musik kann man von Weber und Schubert bis Pfitzner ansetzen; typische „Romantiker" waren Schubert, Schumann, Mendelssohn, Brahms, Liszt, Wagner, Bruckner, Reger, Mahler und Richard Strauß. Bezeichnend für die Musikpraxis wird die Emanzipation aus dem Kult- und Privatraum in den öffentlichen Konzertsaal. Klavier und großes Orchester beherrschen die Szene. An musikalischen Formen werden Sinfonie, große Oper, Oratorium und das Lied kultiviert. Musikalisch wird das klassische Klangvolumen immer weiter vergrößert und stärker in einzelne Klangfarben differenziert; Harmonik und Melodik werden bis an die Grenze des Möglichen ausgeweitet. Am Ende kommt es zur Aufspaltung in verschiedene Strömungen und zu Über-steigerungen.

3.1. Die Frühromantische Orgel in Deutschland (1800–1840)

Romantische Tendenzen dringen bereits im 18. Jahrhundert in den Orgelbau vor: affektbetonte Register wie enge Streicher (Gamba, Salicional, Fugara, Violonbaß), flötig intonierte Principale, Schwebungsregister (Bifara aus 2 Streichern, Unda maris aus 2 Flöten), Flöten verschiedener Bauart und die modische Vox humana lassen sich besonders in Süddeutschland (Gabler) nachweisen. Erkennbar ist die Tendenz zur *Anpassung* an das Orchester, nicht seine *Nachahmung*. Dabei bleibt der barock-klassische Dispositionsaufbau mit den verschieden gestaffelten Weit- und Principalchören samt den Klangkronen und Aliquoten unangetastet. Die spätbarocken Orgeln reichen Stils mit ihren farblich abgestuften, charakteristischen Teilwerken (Farbwerke) sind – anders als die späteren Kompromiß-Orgeln des 20. Jahrhunderts – noch eigenständige Instrumente mit den typisch orgelmäßigen Syntheseklangfarben, lediglich ergänzt durch individuelle Farbregister, die die Palette sozusagen am Rande erweitern, aber den Farbcharakter nicht bestimmen, sondern sich noch ganz unterordnen. Versuche, das Orchester zu imitieren, wie das Abbé Vogler mit seinem Orchestrion versuchte, blieben Ausnahmeerscheinungen. Auch hatte das so oft angezogene und im Grunde gescheiterte „Simplifikationssystem" Voglers weniger Einfluß auf den Orgelbau, als gemeinhin angenommen wurde.

Wenn Gabler und im Prinzip auch die meisten anderen süddeutschen und österreichischen Orgelbauer der 2. Hälfte des 18. Jahrhunderts schon als Vorläufer der Orgelromantik gelten können, wie das bei Beethovens Sinfonien für die romantische Musik ebenso festzustellen ist, so ist das typisch für neue Entwicklungen, die nicht überall zugleich, aber in verschiedenen Bereichen parallel entstehen.

Die „Suche nach einem neuen Orgeltyp", wie *Wolfgang Metzler* die Zeit zwischen 1800 und 1840 nennt, kann auch verstanden werden als Übergangszeit „zwischen Tradition und Fortschritt" *(Hermann J. Busch)*. In Süd- und Westdeutschland, wo die Säkularisation 1803 dem Orgelbau einen schweren wirtschaftlichen Schlag versetzte, brauchte es

Jahrzehnte, bis er sich davon erholte. Die protestantischen Gebiete sowie Nord-, Mittel- und Ostdeutschland wurden von diesem Einschnitt kaum betroffen und setzten daher ihre spätbarocke Orgelbautradition im wesentlichen unverändert fort. Bedenkt man aber, daß sich die politische Neuordnung, die Entstehung von Fabriken und Fabrikarbeitern, die damit verbundene Landflucht, das Anwachsen der Städte und die damit verbundenen sozialen Probleme genau in diesen Jahrzehnten erstmals abspielen, dann wird auch klar, daß der deutsche Orgelbau mit dieser Entwicklung wirtschaftlich noch nicht Schritt halten konnte. Aber die neuen Orgelbautechniken, die für die kommende hochromantische Orgel gebraucht wurden, entstanden bereits in diesen Jahrzehnten: Kasten- und Parallelbalg, Kegellade, pneumatischer Barker-Hebel, Stimm- und Intoniervorrichtungen, neue Labial- und durchschlagende Zungenstimmen, Zink als Pfeifenmaterial.

Als stilbildend für den süddeutschen Raum und auch darüber hinaus gilt der Württemberger Eberhard Friedrich Walcker. Seine erste große Leistung war die Paulskirchenorgel in Frankfurt 1827–33. Neuartig waren hier die einschlagenden Zungenstimmen, das 4. Klavier als Koppelmanual für alle Zungenregister, ein zweites Pedal als Pianopedal für raschen Dynamikwechsel, sogenannte Piano-Forte-Tritte für einzelne Zungenstimmen zum An- und Abschwellen des Tones und ein Echo-Schwellkasten. Gegenüber der Barockorgel verwarf er das „Gewirre" der obertönigen Mixturen, bevorzugte dafür die Einheit des Tones, die additive Klangverschmelzung der Grundregister, sowohl einzeln zum Vortrag einer Melodie als auch mit ihrem abwechselnden Klangcharakter. Er beschreibt das so: „Bessere Einsichten der neueren Zeit verwerfen all dies Gewirr von Tönen und halten sich an das, was einen Ton rein, bestimmt und sicher macht, an die Einheit des Tones, die jedoch eine gemäßigte Anwendung einiger weniger Quinten und Terzen, wenn man solche einmal haben will, nicht ausschließt; man zieht vor, viele Register zu haben, deren jedes von dem Spieler auch einzeln zum Vortrag einer Melodie gebraucht werden kann, die aber bei ihrer Einheit gleichwohl eine reiche Abwechslung in ihrem Charakter darbieten. Die Schönheit einer Orgel besteht nicht bloß im Geschrei und am wenigsten im konfusen Geschrei; davon ist man zurückgekommen. Sie besteht vielmehr darin, daß der Ton einen großen, und ich möchte sagen einen heiligen Charakter habe."

Später folgten weitere bedeutende Werke (Stuttgart, Petersburg, Reval), die seinen Namen nicht nur über die deutschen Grenzen hinaus bekannt machten, sondern seine Ludwigsburger Werkstätten auch zu einem Anziehungspunkt für junge Orgelbauer. So multiplizierte sich die Wirkung über seine Schüler, die selbst bedeutende Unternehmen gründeten, in viele deutsche Staaten: Weigle, Laukhuff, Haas, Link, Steinmeyer, Strebel und Sauer. Mit ihnen gelangte die von Walcker entwickelte Kegellade vorwiegend in den süddeutschen Raum, die mittel- und norddeutschen Meister behielten dagegen die Schleiflade bei.

Außer durch Walckers richtungsweisende Gedankengänge, die er im Vorfeld der Paulskirchenorgel schon äußerte, läßt sich der Orgelbau der Übergangszeit bis 1840 ziemlich eindeutig als spätbarock-konservativ mit gelegentlichen romantisierenden Tendenzen zur Grundtönigkeit charakterisieren. Einige Beispiele aus der Literatur:

Metzler (Romantische Orgeln, S. 34 ff.) weist an Raßmann-Orgeln im Taunus nach, daß das klassische Plenum aus Principalstimmen allein zu scharf wirkt und daher schon in seinen Vorstufen langsam zum „vollen Werk" aufgestockt werden muß. So ergibt sich ein runder Ton und ein fast stufenloses Crescendo. Er schlägt vor, diesen Stil am besten mit

„Biedermeier" zu umschreiben. *Clemens Reuter* (Acta 2, S. 53) kommt zu dem Ergebnis, daß der klassische rheinländische Orgelbau in seiner Eigengesetzlichkeit „seinen sehr beständigen Weg auch noch durch die Zeit der Romantik nahm, wobei er viel vom klassischen Erbe bewahren konnte".

Pape (Acta 8, S. 188) zeigt an Furtwänglers Dispositionsprinzipien für Niedersachsen, daß dieser noch stark aus spätbarocken Quellen schöpfe. „Eine klassische Dispositionsweise schließt zwar schon romantische Elemente ein, die Wahl der Aliquote und Zungenstimmen und die Beschränkung der 16'-Lage auf Bordun, Subbaß und Posaune weisen Furtwängler in die Position des Manierismus zwischen Spätbarock und Romantik".

Für Mitteldeutschland kann der Stil Johann Friedrich Schulzes aus Paulinzella als Beleg dienen, den *Gille* (Acta 18, S. 281) so beschreibt: In musikalischer Hinsicht strebe Schulze nach dem rechten Klang fürs Herz wie für die Kirche, der immer das Zarte und Liebliche mit dem Starken und Kräftigen verbinde. „Der grundtönig orientierte Klangcharakter mit seinen fein nuancierten Farben wird, den allgemeinen Bestrebungen der Zeit folgend, mit Hilfe kräftiger Prinzipale und Mixturen zum kraftvollen Forte gesteigert." Schulze war Zeitgenosse Töpfers und berücksichtigte dessen Theorien in seiner praktischen Arbeit.

Diese Beispiele mögen genügen, das Wesen der Biedermeier-Frühromantik auszudrücken, die sich ja auch in der Prospektgestaltung nachweisen läßt.

3.2. Die Zeit der Hochromantik (1840–1890)

Während sich die romantische Geisteshaltung der ersten Jahrhunderthälfte parallel zur beginnenden industriellen Evolution in der Musik immer mehr verfestigte, entfaltete sie sich in der zweiten Jahrhunderthälfte geradezu stürmisch-revolutionär entsprechend der industriellen Revolution. Der Orgelbau folgte dieser Entwicklung ebenso stürmisch, sowohl in künstlerischer als auch in technischer und wirtschaftlicher Hinsicht. Künstlerisch, indem er den begonnenen Weg der Grundtönigkeit und orchesterähnlichen klanglichen Ausweitung weiter beschritt; technisch, indem er die für die erforderlichen Klangmassierungen notwendigen Gebläse, Registerkanzellenladen, Spielerleichterungen durch Barker-Hebel, Spielhilfen und schließlich neuartige pneumatische Traktursysteme samt Windladen erfand, probierte, zum Teil wieder verwarf und einige am Ende zur Serienreife brachte (pneumatische Kegelladen, Membranladen, Taschenladen); wirtschaftlich, indem er sich aus dem kleinen Handwerksbetrieb zum Fabrikbetrieb mit Maschinenausstattung und qualifizierter Arbeitsteilung entwickelte. Die Handwerksbetriebe gingen zwar nicht unter, wären indes kaum in der Lage gewesen, die enorm gestiegenen Absatzmöglichkeiten zu erfüllen. Denn die Industrialisierung schuf ja überhaupt die Voraussetzungen zu einem ab 1850, besonders aber ab 1870 (Gründerjahre) einsetzenden Orgelbau-Boom: Städtewachstum mit dem Bau neuer Kirchen, steigender Wohlstand mit dem Bedürfnis nach größeren modernen Orgeln in den alten Kirchen. Auch ohne Statistiken ist es unzweifelhaft, daß in erster Linie nur die *Orgelbau-Anstalten* – der Begriff Orgel-Fabrik ist unangemessen (Orgeln waren auch damals keine Massenware!) und nicht erst seit Albert Schweitzer in Verruf gebracht – den Bedarf quantitativ und qualitativ decken konnten, die Handwerksbetriebe, soweit sie überlebten oder neu entstanden, erst in zweiter Linie.

Die Leistungen des deutschen Orgelbaues dieser Zeit lassen sich an einzelnen Meisterwerken darstellen, besser aber an einigen bedeutenden Werkstätten. Von *Walcker* hörten wir schon, daß er eine ganze Reihe zeittypischer Orgelwerke schuf (zum Beispiel Heilbronn, St. Kilian; Agram, Kathedrale; Ulm, Münster; Frankfurt, Dom; Boston, Music Hall; Wien, Votivkirche und Stephansdom), aber auch durch seine Schüler in beachtlichen Teilen Deutschlands fortwirkte.

Friedrich Ladegast (1818–1905) war unter anderen Schüler des berühmten Cavaillé-Coll in Paris, entstammte aber der sächsischen Silbermann-Tradition und wurde so auf seine Weise zum Repräsentanten einer mitteldeutschen Orgelromantik, die bei der Schleiflade blieb, jedoch mit dem Barker-Hebel ebenfalls freie Kombinationen und die Crescendowalze ermöglichte. Seine Werke gehören zu den bedeutenden Schöpfungen der Zeit: Merseburg, Dom (1855); Leipzig, St. Nicolai (1862); Schwerin, Dom (1871); Wien, Gesellschaft der Musikfreunde (1872); Posen, Kreuzkirche (1876); Reval, Dom (1878).

Wilhelm Sauer (1831–1916) erhielt auf seinen Studienreisen durch Europa ebenfalls entscheidende Anstöße durch Cavaillé-Coll und kreierte den vollendeten Orgelklangstil des zu Ende gehenden Jahrhunderts, der – wie die Kenner sagen – sich besonders für die Wiedergabe der Orgelwerke Regers eignet. Sauer stand sowohl technisch (Pneumatik) als auch künstlerisch (charakteristischer Streicherklang, orchestraler Stil, Ausgeglichenheit der Stimmen und edler Gesamtklang) auf der Höhe seiner Zeit und behielt diese Stellung in Preußen dank seiner Stilkonstanz bis ins 20. Jahrhundert hinein; einige Beispiele: Fulda, Dom (1877); Leipzig, Thomaskirche (1885); Berlin, Kaiser-Wilhelm-Gedächtniskirche (1895); Berlin, Dom (1902). *Rupp* (Entwicklungsgeschichte der Orgelbaukunst, 1928, S. 150) rechnet ihm hoch an, „daß er mit dem klaren Blick des Genies das Verhältnis der natürlichen und künstlichen Obertöne richtig abzuwägen und der von Süddeutschland ausgehenden Grundtönigkeitsmanie und anderen destruktiven Tendenzen (Hochdruck) einen unübersteigbaren Schutzdamm entgegenzusetzen wußte".

Am Schaffen *Steinmeyers* (1819–1902) sei die stilistische Entwicklung dieses Zeitraums kurz erläutert:

1. Vertiefung der Principalbasis auf 8', auch schon bei kleiner Registerzahl.

2. Wegfall der Repetition bei der Mixtur und Vertiefung auf $2\,{}^{2}/_{3}'$, Hereinnahme der Terz in die Mixtur (Terz-Mixtur), um Fülle zu erzeugen.

3. Jedes Register wird durch ihm zukommende Klangfarbe zum Soloregister und gleichzeitig dem Ensemble eingeordnet.

4. Nach 1870 tritt ein Stilwandel ein durch Verzicht auf die selbständige Octav 2' zugunsten neuer Farbregister (Tibia, Aeoline und Vox coelestis, typische Soloflöten als Orchesterimitation), Priorität der Gamba vor der Klangkrone.

5. Die durchschlagenden Zungenstimmen der Frühromantik fallen weg.

6. Die Werke sind dynamisch abgestuft auf Tonstärke und Fülle (I), selbständiges Begleitmanual (II) und farbiges Schwellwerk (III).

Abwechslungsreichtum in den Klangfarben, allmähliches Aufregistrieren von der leisesten Stimme bis zum vollen Werk mit Fülle und strömender Klangflut sind das Ideal dieser Zeit. Ab den 1870er Jahren ist der „Zerfall" des noch orgelmäßigen Plenums in mehr orchestrale Klanggruppen zu beobachten, beziehungsweise das Plenum wird zum vollen Werk oder Tutti.

Die Kritiker der Zeit *(Dienel)* sprachen indes von „brüllenden Prinzipalen, fauchenden Gamben, bullernden Holzgedeckten und Flöten und essigscharfen Mixturen, ohne jedes musikalische Prinzip buntscheckig zusammengestoppelten Dispositionen, nicht zu gedenken der plärrenden Trompeten, meckernden Oboen und blökenden Fagotte" *(Rupp*, a. a. O. S. 149). Ob man den Orgelbau des letzten Quartals des Jahrhunderts als „Niedergang und Zerfall" abstempelt, gleichzeitig einige Star-Orgelbauer aus dem Urteil der Dekadenz herausnimmt, wie es oft geschah, ist wohl keine Frage des Geschmacks, sondern reines Vorurteil.

3.3. Die Zeit der Spätromantik (1890–1930)

Der Zeitpunkt des Einschnitts ergibt sich aus der technischen Umwälzung im Orgelbau mit der Einführung der pneumatischen Röhrentraktur und der verschiedenen rein pneumatischen Windladentypen neben der Kegellade. Auch die Orgelregionen, die bisher der Einführung der Kegellade getrotzt hatten beziehungsweise der Schleiflade treu geblieben waren, wendeten sich nun den neuen Techniken zu. Die Pneumatik setzte sich zwischen 1890 und etwa 1905 generell durch.

Die elektrische Traktur – bereits in den 1860er Jahren mit wenig Erfolg ausprobiert – kam vereinzelt in Verbindung mit der Pneumatik ebenfalls schon vor der Jahrhundertwende zur Anwendung (1888 Berlin, Philharmonie; 1896 Straßburg, Münster; 1898 Einsiedeln/Schweiz; 1903 Augsburg, St. Ulrich und Afra; 1906 Erfurt, Dom; 1907 Seckau, Abtei). Zur generellen Einführung der elektro-pneumatischen Traktur waren jedoch erst die Elektrifizierung des breiten Landes und weitergehende Erfahrungen nötig, so daß dieses System erst in den 1920er Jahren verstärkt Eingang in den Orgelbau fand. Mit ihm war es möglich, die Werke einer Orgel weiträumig zu verteilen (Tonhallenorgel, Fernwerk, Chororgel, Kryptaorgel) und von einem Generalspieltisch aus zu bedienen. Mit der pneumatischen Traktur allein wäre diese Entwicklung nicht möglich gewesen. Der Orgelbau verdankt also der elektrischen Traktur eine ganz neue Dimension, die in den 1930er Jahren eine gewisse Hochblüte erlebte (Breslau, Jahrhunderthalle, 1913 und 1938; Kevelaer, Basilika, 1926; Passau, Dom, 1928; Einsiedeln 1932; Würzburg, Dom, 1937; Nürnberg, St. Lorenz, 1937; Fulda, Dom, 1938; Danzig, Marienkirche, 1938), aber auch heute noch in besonders großen Räumen angewandt wird (Passau, Dom, 1980; Waldsassen, 1989). Man kann die räumlich getrennte Aufstellung mehrerer Teilorgeln mißdeuten als Mittel der totalen Beschallung des Raumes. Sie war und ist aber in erster Linie ein Mittel gesteigerter Dynamik, indem die Schweller- und Terrassendynamik einer Klangquelle durch weitere, räumlich entgegengesetzte ersetzt oder ergänzt wird. Die verschiedenen Orgeln verkörpern in der Regel auch verschiedene stilistische Typen, so daß man von einer Universalorgel sprechen kann, auf der man alles spielen kann.

Eine weitere Eigenschaft der spätromantischen Orgel ist ihr aus dem Traktur- und Windladensystem resultierender Reichtum an Spielhilfen. Bediente sich die Orgel bisher schon der Koppeln, fester Kombinationen, des Register- und Jalousieschwellers, so kommen jetzt die frei einstellbaren Kombinationen, das Pianopedal und verschiedene Oktavkopplungen sowie einzelne Absteller hinzu. Der frei, meist in einigem Abstand von der Orgel aufgestellte Spieltisch wird zum komplizierten „Stellwerk", der Organist spielt nicht mehr nur auf den Klaviaturen, sondern auch auf den zahlreichen Bedienungsschaltern wie Druckknöpfen, Kipptasten, Pistons, Schwelltritten und der Walze. Es gab Dispositionen, in denen die Zahl der Spielhilfen größer war als die der klingenden Register; denn auch die Möglichkeiten, Pfeifenreihen durch Transmissionen in verschiedener Weise zu verwenden, wurden reichlich genutzt.

In klanglicher Hinsicht wurde die spätromantische Orgel noch einmal durch die Hochdruckstimmen bereichert, die entweder als durchdringende Solostimmen oder zur letzten klanglichen Steigerung des Gesamtwerks dienten. 1893 entwickelte Weigle die Hochdruck-Labialpfeifen, 1899 konstruierte Johannes Klais Hochdruckpfeifen mit Winkellabien, und 1901 erfand Weigle die Seraphon- und Labialzungenstimmen. Sie haben den Zweck, „den großen Kirchen- und Konzert-Orgeln, sowie den Solo-Registern derselben diejenige Tonkraft und Klangfarbenschönheit zu verschaffen, die von solchen Orgeln in sehr großen Räumlichkeiten zu erwarten und zu wünschen ist" *(Weigle)*. Sie benötigen einen außerordentlich hohen Winddruck (200–500 mm) und besitzen sehr breite oder halbrunde Labien (vergleichbar einer Dampfpfeife); Seraphonstimmen sind Pfeifen mit doppelten Labien und sprechen schon mit niedrigerem Winddruck. Labialzungenstimmen sind aus verschiedenen Labialen zusammengesetzte synthetische Klänge, die bestimmte Zungenstimmen imitieren können.

Zusammenfassend kann man die spätromantische Orgel als ein Instrument bezeichnen mit einer „übergroßen Zahl von 8'-Registern, vom hauchenden Dolcissimo 8' bis zur Hochdruck-Tuba mirabilis 8' sind alle Schattierungen und Lautstärken vertreten" *(Smets)*, aber das Mitklingen vieler Register bedeutet im vollen Werk keinen merklichen Unterschied. Um alle dynamischen Möglichkeiten auszuschöpfen, ist eine ganze Maschinerie von Spielhilfen vonnöten. Wenn vom Verfall, von der Dekadenz des Orgelbaues die Rede ist, dann verdichtet sie sich hauptsächlich auf diesen Orgeltyp, dem man nicht nur den kritischen Begriff „Orchesterorgel", sondern den viel schlimmeren der „Fabrikorgel" anhängt; der aber unterstellt außer fabrikmäßiger Herstellung auch Einheitsmensuren, Serienfertigung, knallige Intonation und sklavische Unterwerfung des Spielers unter die Registerwalze. Immer mehr wird auch dieses (Fehl-)Urteil korrigiert, weil die These vom „Verfall" nicht stimmt, weil jede Zeit die Orgel hervorbringt, die ihrem Geist entspricht. Oder sollte Max Reger von den Instrumenten, die in seiner Zeit entstanden, nur enttäuscht gewesen sein? *Ellerhorst* schreibt wohl nicht zu Unrecht: „Mit Max Reger (1873–1916) endlich erlebt die Orgelmusik nochmals einen Höhepunkt. Unter Ausnutzung des orgeltechnischen Fortschritts verleiht er durch Verbindung der alten Formen mit höchstgesteigerter Harmonik und Dynamik in seinen mächtigen Orgelwerken der nach Gott ringenden Seele unserer Zeit lebensvollen Ausdruck und spiegelt so das deutsche Gemüt von frommer Innigkeit bis zum dämonischen Trotz wider" *(W. Ellerhorst*, Handbuch der Orgelkunde, Einsiedeln 1936, S. 713).

3.4. Die elsässisch-neudeutsche Orgelreform (1906–1909)

So wie sich die Orgelromantik bereits im 18. Jahrhundert im süddeutschen Orgelbarock ankündigte, ohne daß die Orgeln von Gabler bereits als romantisch bezeichnet werden müßten, so zeigten sich Tendenzen zum „Orgelhistorismus" des 20. Jahrhunderts bereits vor 100 Jahren. *Fruth* (Die deutsche Orgelbewegung und ihre Einflüsse auf die heutige Orgelklangwelt, Ludwigsburg 1964, S. 17 f.) wies dies im einzelnen nach: Interesse an alter Musik beginnt 1880; die Bedeutung G. Silbermanns wird 1883 erkannt; die Einführung der Pneumatik, Hochdruckstimmen und übertriebenen Orchesterorgel erzeugt Antipathien und führt zum Umdenken einzelner Organisten.

Zu Wortführern wurden die Elsässer *Albert Schweitzer* (1875–1965) und *Emile Rupp* (1872–1948). Rupp startete bereits 1899 unter dem Titel „Hochdruck" (ZfI 15/1899, 346–348) eine scharfe Kritik am zeitgenössischen Orgelbau und setzte sie in der gleichen Zeitschrift mit weiteren Beiträgen fort: „Cavaillé-Coll und der deutsche Orgelbau" (ZfI 21/1900 und „Die Orgel der Zukunft" (ZfI 26/1906 bis 30/1909). Schweitzer folgte dieser Kritik 1905 mit seiner Studie „Französische und deutsche Orgelbaukunst und Orgelkunst" (Die Musik 1905, 67–90, 139–154). Sie forderten eine radikale Abkehr von der übertriebenen Orchesterorgel durch Ausbau des vernachlässigten Principalchores in den höheren Lagen, durch Verzicht auf expressive Farbregister, dafür mehr Aliquoten und Neuformierung der gemischten Stimmen, sowie durch Verminderung des Winddrucks mit einer veränderten Intonation.

Schweitzer betonte vor allem die Vorzüge des konservativen französischen Orgelbaues, der bei der Schleiflade und soliden Handwerkstechniken blieb im Gegensatz zum deutschen industriell verfremdeten Orgelbau mit seinen durch unnötige Spielhilfen überlasteten und unpraktischen Spieltischen sowie geschmacklosen Fernwerken. Die Vorschläge verdichteten sich auf dem Kongreß der Internationalen Musikgesellschaft in Wien 1909 zum „Internationalen Regulativ für Orgelbau", das zu einer Reihe von praktischen Fragen konkret Stellung nahm, die auf einer von Schweitzer angeregten Umfrage basierten.

Zum Urtyp der Elsässer Reform wurde die 1907 von Walcker umgebaute Orgel in Straßburg, St. Paul. Namhafte Beispiele entstanden danach in Budapest, Musikakademie (Voit 1907), Dortmund, St. Reinoldi (Walcker 1909), Mannheim, Christuskirche (Steinmeyer 1911), Hamburg, St. Michaelis (Walcker 1912), Hannover, Stadthalle (Furtwängler & Hammer 1914). Ziel der Reform war eine Orgel, auf der man Bach, Reger, Franck und Widor gleichermaßen gültig spielen konnte *(Metzler,* a. a. O. S. 83) und es scheint „das Klangideal der späten Orgelwerke Regers das der elsässischen Reform" zu sein *(Metzler,* a. a. O. S. 85).

„Die Orgel der elsässischen Reform war bereits eine Zusammenfassung gewisser historischer Orgeltypen, allerdings eine solche, die einen neuen Stil bildete. Sie addierte nicht blindlings die Summanden, sondern formte sie um; dem kam entgegen, daß sich Silbermann'sche Prinzipale, französische Zungen und nicht allzu divergente charakteristische Labiale recht gut verschmelzen ließen" *(Metzler,* a. a. O. S. 91). Poppen nannte diesen Stil eine bewußte Synthese aus Klassik und Moderne, Klassik „durch ungewöhnlich stattliche Chöre von Aliquot-, gemischten und Zungenstimmen, Moderne hinsichtlich der Klangmischung, indem ein möglichst vollständiger und reich nuancierter Chor charakteristisch unterschiedener 8'-Stimmen vorgesehen wurde." Es handelte sich also um die Wiederzusammenführung extrem divergierender Tendenzen im spätromantischen deutschen Orgelbau unter französischem Einfluß und damit um eine letzte Steigerung der romantischen Orgel, die in der Passauer Domorgel 1928 einen Höhepunkt erreichte.

3.5. Die deutsche Orgelbewegung (1925–27) und ihre Folgen

Von dem Freiburger Musikwissenschaftler *Wilibald Gurlitt* (1889–1963) stammt die Einsicht, daß jede musikgeschichtliche Epoche ihren eigenen Klangstil (Klangideal) besitzt, mit dem entsprechenden Instrumentarium, also auch dem entsprechenden Orgeltyp. Um dies zu demonstrieren, ließ er 1921 durch Oscar Walcker die sogenannte Praetorius-Orgel für das Freiburger Institut bauen. Die Klangstiltheorie brach mit der bisher gültigen evolutionistischen Theorie, nach der die Klangstile eine Aufwärtsentwicklung vom Primitiven zum Höheren darstellen. Die neue Einsicht gewann rasch Zustimmung, zumal gleichzeitig der Schriftsteller und Orgelbau-Sachverständige *Hans Henny Jahnn* (1894–1959) 1923 mit der Wiederherstellung der Schnitger-Orgel in Hamburg, St. Jacobi, eine Nostalgiewelle für die norddeutsche Barockorgel auslöste. Gemeinsam mit *Günther Ramin* organisierte Jahnn 1925 die Hamburger Organistentagung, die sich fast ausschließlich mit historischen Fragen beschäftigte. Außerdem veröffentlichte er stark ideologisch gefärbte Ansichten über die „Orgel und die Mixtur ihres Klanges", womit er der Orgelbewegung entscheidende Impulse gab.

1926 kam es auf der *1. Freiburger Orgeltagung* zu einem großangelegten Treffen der verschiedensten Gruppen: Musikwissenschaftler, Organisten und Orgelbauer mit zahlreichen hochrangigen Vorträgen, die sich vorwiegend mit historischen Orgelfragen, weniger mit Gegenwartsproblemen beschäftigten. Die folgende *Freiberger Tagung 1927* richtete das neue Orgelverständnis nicht nur auf die Barockorgel als Idealtyp (Schnitger, Silbermann), sondern auch auf liturgische Belange durch *Christhard Mahrenholz* (1900–1980). Die Orgelbewegung setzte sich durch ihren Protest gegen den Orgelbau der Romantik, dem sie sozusagen das Recht auf einen eigenen Klangstil verweigerte, und die Aufforderung „Zurück zur Barockorgel" mit einer Reihe von Regulativen für den Orgelbau bald in Gegensatz zu den Vertretern des Orgelbaues. Der Orgelbau konnte sich zwar mit der stilistischen Rückbesinnung auf die Barockorgel, aber nicht mit der Ablehnung sämtlicher in den letzten Jahrzehnten gewonnener technischer Errungenschaften abfinden. Die Folge war, daß sich die Reformideen in Richtung auf neubarocke Orgeldispositionen stilistisch ziemlich rasch durchsetzten; technisch konnte aber der Orgelbau nur vereinzelt und schrittweise den Forderungen nach Schleifladen und mechanischer Traktur folgen. Es wurden daher bis Ende der 60er Jahre neubarock disponierte Orgeln mit Kegel- oder Taschenladen, gelegentlich auch schon Schleifladen, und mit elektropneumatischer oder elektrischer Traktur gebaut.

Mit der Rückwärtsschau der Orgelbewegung begann der *Historismus* im Orgelbau. Historismus im retrospektiven Sinne von „Wiederherstellung eines Stückes Vergangenheit in der Gegenwart" hatte sich zuerst im 19. Jahrhundert in der Architektur mit den verschiedenen Neo-Stilen breitgemacht und hatte im Zusammenhang damit auch die Prospektstile radikal beeinflußt (Neuromanik, Neugotik, Neurenaissance und Mischstile), nicht aber den Klangstil der Orgel. Dieses ereignete sich erst im Gefolge der Orgelbewegung ab 1926 auf zweierlei Weise:

1. in der „historisch getreuen" Rekonstruktion oder Restaurierung von alten Orgeln und

2. im Bau von ideal-typischen neuen Orgeln.

Das Problem liegt dabei im Kenntnisstand, nach dem sich die historisch-getreue oder ideal-typische Auffassung richtet.

Wir können die stufenweise Entwicklung des Kenntnisstandes in der Restaurierungspraxis wie auch im Orgelneubau bis in die 1970er Jahre hinein ziemlich genau verfolgen. Die Hamburger Tagung von 1925 rückte das Ideal der Hamburger *Schnitger-Orgel* in den Vordergrund; die Folge war eine landschaftsübergreifende „Aufnordung" – wie man zu sagen pflegte – der Dispositionsentwürfe beziehungsweise bei Umbaumaßnahmen an bestehenden Instrumenten. Auf der Freiberger Tagung kam die *Silbermann-Orgel* schlagwortartig als neues Ideal hinzu und bewirkte entsprechende Veränderungen in der Dispositionsweise. Die retrospektiven Neuerungen betrafen nicht nur die Registerzusammenstellung, sondern auch die Registernamen („Bachflöte"), historische Bauweisen und Mensuren (Silbermann-Mensuren machten die Runde). In diesen Zusammenhang gehören auch *Mahrenholz'* theoretische Schriften über die Orgelregister und über die Berechnung der Orgelpfeifen-Mensuren, die bei progressiven Orgelbauern nachhaltig Anklang fanden. Die totale Retrospektive ließ sich am ehesten bei kleinen Instrumenten realisieren. So war die *2. Freiburger Tagung 1938* ganz wesentlich den Positiven, Haus- und Kleinorgeln gewidmet und den Fragen der Restaurierung von Barockorgeln.

3.6 Der deutsche Orgelbau nach dem Zweiten Weltkrieg

Der Krieg ließ die weitere Entwicklung stagnieren, die Kriegsfolgen mit dem Wiederaufbaubedarf setzten andere Zwänge und Maßstäbe. Erst die *Ochsenhausener Tagung 1951* unter der Leitung des späteren GdO-Präsidenten *Walter Supper* wertete den bisher ganz vernachlässigten historischen süddeutsch-österreichischen Orgelbau auf und brachte ihn mit den Schlagworten *Gabler-* und *Riepp-Orgel* ins allgemeine Bewußtsein. In den 1950er und 60er Jahren wurden sodann immer mehr landschaftlich bedeutsame Orgelbauer der Barockzeit bekannt und in den Mittelpunkt von Publikationen und Tagungen gerückt, zum Beispiel die *Stumm-Orgel* am Mittelrhein durch *Franz Bösken*.

Der verbesserte Kenntnisstand führte einesteils zu immer besseren, das heißt vorsichtigeren Restaurierungsmethoden, andererseits zu einer anderen Einstellung gegenüber dem durch die Orgelbewegung ausgelösten Einheits-Stil. Es werden die regionalen Unterschiede im deutschen Orgelbau, die in der Zeit der Romantik nahezu verloren gegangen waren, durch historische Forschungen wieder ins Bewußtsein gebracht, was zweifellos den Nachkriegsorgelbau, insbesondere den historisierenden, zu stärkerer Differenzierung anregte. Norddeutsche Orgelbauer zum Beispiel sind sich ihres historischen Erbes bewußt und bauen „norddeutsch", in Süddeutschland kommt die andere Mentalität des Sentimentalen stärker zum Ausdruck, im Südwesten beruft man sich auf französische Traditionen. Es gibt heute kaum eine Werkstätte, die nicht alten Traditionen huldigt oder sich darauf beruft. Die meisten davon bauen ganz bewußt wieder einen regionalen Stil, nicht im Sinne von Imitation einer wiedererweckten Barockorgel, sondern im Sinne von Inspiration durch eine wiederentdeckte „fossile Orgellandschaft".

Neben die regionale Differenzierung treten internationale Einflüsse. Hier sei nur an die geradezu modische Übernahme der traditionellen spanischen Horizontalzungen erinnert oder an Entlehnungen aus dem französischen Orgelbau (Zungen französischer Bauart mit speziellem Klang).

Entscheidende Anstöße kamen von den Organisten, die nicht mehr nur die Bach- oder Reger-Orgel forderten, sondern auch die französische symphonische Orgel im Stile Cavaillé-Colls. Am Anfang der Orgelbewegung hatte diese Forderung zur Entstehung von Kompromiß-Orgeln geführt, die die verschiedenen klanglichen Eigenschaften in sich vereinigen sollten. Auch der Bau von Universal-Orgeln mit extremen Registerzahlen konnte das Problem der Unvereinbarkeit von Stilgegensätzen nicht lösen. Heute gehören solche Kompromisse der Vergangenheit an, weil sich die Erkenntnis durchgesetzt hat, daß man sich zu einer bestimmten Stil-Orgel bekennen muß und eventuell verschiedene Orgeln aufstellen muß, wenn man gegensätzliche Klangstile zur Verfügung haben will.

Die Restaurierungstätigkeit erfordert zunehmende Spezialisierung der Betriebe und Zusammenarbeit mit den Sachberatern und Denkmalbehörden, die zweifellos auch auf dem Neubausektor von Nutzen sein können. Anderseits besteht weiterhin die Gefahr, daß neue Orgeln nicht vom Orgelbauer, sondern vom Organisten oder Sachverständigen disponiert werden. Diese schon seit dem 19. Jahrhundert bestehende Praxis ist wohl hauptsächlich für die Verarmung und Vereinheitlichung des Orgelbaues in der Vergangenheit verantwortlich zu machen. Anderseits kann nur eine vernünftige Zusammenarbeit zwischen Orgelbauer und Sachverständigen zu fruchtbarer Weiterentwicklung der Orgelbaukunst beitragen.

Die 1951 gegründete Gesellschaft der Orgelfreunde hat für den BDO in dieser Hinsicht zweifellos auch zu einem verbesserten Gedanken- und Erfahrungsaustausch in den vergangenen vier Jahrzehnten geführt. Mit der seit 1973 bestehenden Arbeitsgemeinschaft der Orgelsachverständigen gibt es regelmäßige gemeinsame Tagungen. Sinn dieser Kontakte kann es jedoch nur sein, Anstöße und Anregungen zu geben; den neuen Stil oder progressive Ansätze dazu können nur einzelne finden.

Als eines der wichtigsten Ergebnisse ist zu werten, daß die von der Orgelbewegung so sehr verfemte Romantische Orgel ihre Geltung wiedererlangt und in Form einer „Neuromantik" bereits den gegenwärtigen Historismus um eine interessante Facette bereichert hat.

4. Der Orgelprospekt im Stilwandel der Jahrzehnte

Orgelprospekte werden in der Regel vom Orgelbauer entworfen, gelegentlich auch in Zusammenarbeit mit einem Architekten gestaltet oder ganz von ihm vorgeschrieben. Um 1830 etwa, nicht überall gleichzeitig, setzte sich der Historismus der Architekten auch bei den Orgelbauern durch, wohlgemerkt nur auf den Prospekt der Orgel bezogen, nicht auf das Orgelwerk selbst.

Der Historismus im Sinne von „Wiederherstellung eines Stückes Vergangenheit in der Gegenwart" ist nicht die sklavische Nachahmung eines früheren Stils, sondern lediglich die Übernahme seiner Formelemente und Konstruktionsprinzipien für eigenes Nachgestalten. Insofern waren auch schon Renaissance und Klassizismus Historismen, allerdings so stark vom neuen Geist durchdrungen, daß man dies nicht als Historismus erkennt. Anders die Neo-Stile des 19. Jahrhunderts; sie sind Nachkonstruktionen aus dem Geiste dieses Jahrhunderts.

4.1. Die Neo-Stile

Die Neo-Stile bringen gewissermaßen im Zeitraffertempo die Wiederauflage der mittelalterlichen Stile Romanik und Gotik, später auch Renaissance und Barock. Der Übergang vom Klassizismus zur Neuromanik, oder von der Neuromanik zur Neurenaissance, ist in vielen Fällen fließend. Sind die Pfeifenfelder noch rechteckig gerahmt, so empfindet man es als klassizistisch, ist aber der Rundbogen eingefügt, entsteht der Eindruck der Neuromanik. Dekorative Belebung durch Pilaster, Kapitäle und Schnitzereien führen zur Neurenaissance. Häufig sind jedoch Architektur und Dekoration nicht stilgleich, sondern eklektizistisch so verfremdet, daß man die Einordnung nur nach dem Architekturstil vornehmen kann.

Gemeinsam ist den historisierenden Prospekten, daß sie die Orgelpfeifen in künstliche Fassaden des nachempfundenen Stils einbeziehen. Sie wirken in erster Linie durch die Architektur, nicht durch das Ornament oder die Pfeifen. Die Fassaden sind in der Regel flächig, durch architektonische Elemente gegliedert. Wenn Pfeifentürme auftreten, dann wirken sie mehr als Erker denn als die Türme bei Barockprospekten.

Eine kurze Übersicht mag die Neostile verdeutlichen:

4.11. Rundbogenprospekte
sind Prospektfassaden mit Rundbogenfeldern, die durch Lisenen, Pilaster oder auch aufgelegte Säulen gegliedert sein können. Der obere Abschluß wird durch waagerechtes Gebälk oder schmale Gesimsleisten gebildet. Dem Gebälk sind gelegentlich flache Dreiecksgiebel aufgesetzt, die dem Klassizismus entlehnt sind, oder der Abschluß erfolgt durch Segmentbogen, die mehr an die Renaissance erinnern. Man kann etwa folgende Typen unterscheiden:

Rein klassizistische Rundbogenprospekte sind erkennbar an den breiten Pilastern mit Kapitälen oder dem Zahnschnitt im Gebälk und natürlich am Ornament.

Neuromanische Rundbogenprospekte sind besonders flächig mit glatten Lisenen, schmalem leistenförmigem Gesims und meist sehr bescheidenem Ornament; Rundbogenfriese, ganz einfache Kapitälformen, Rankenakroterien, Mittelkreuz oder antikisierende Palmetten sind neben Vierpaß und kleinen Rosetten die üblichen Dekorformen.

Byzantinische Rundbogenprospekte sind eine Sonderform der Neuromanik, die sich durch ornamentierte Flächen und reich verzierte Architekturglieder auszeichnen. Der Begriff stammt aus der Entstehungszeit dieser Prospekte, ist also älter als der Ausdruck Neuromanik.

Neurenaissance unterscheidet sich von der Neuromanik durch breite Lisenen beziehungsweise Pilaster mit korinthischen Blattlaub- oder Kompositkapitälen, breitem Fries mit Gebälk und gebrochenen Giebelaufsätzen in Dreieck- oder Segmentbogenform. Der Dekor besteht aus Laub- und Rankenwerkschnitzerei, häufig typischen Renaissance-Ornamenten wie Beschlagwerk, Vasen, Pyramidenaufsätzen und dergleichen.

Neuklassizistik erscheint in jüngeren Rundbogenprospekten, wenn kannelierte Pilaster, ein Gebälk mit breitem Fries, Zahnschnitt, Flachgiebel, Mäanderaufsätze, eckige Vasen und Lorbeerkränze, also typisch klassizistische Ornamente, am Prospekt dominieren.

Neubarockprospekte sind abgewandelte Rundbogenprospekte, wenn der Halbkreis des Rundbogens durch Vorhangbogen, Korbbogen oder ähnliche Bogenformen verdrängt ist, die Pfeifenfelder also mehr oder weniger geschweifte Umrahmung haben. Auch das Gebälk oder Obergesims ist in der Regel geschweift, gebrochen, oder volutenförmig eingerollt. Der Mittelgiebel wird gern auszugartig (wie bei einem Altar) überhöht; die

Giebelfläche trägt dann Schnitzerei. Die kurvigen Pfeifenfelder wechseln auch mit Rechteckfeldern ab, die dann geschnitzte Akanthusschleier tragen. Die Lisenen sind meist glatt, aber oft mit Glöckchengehängen verziert, vereinzelt auch mit gewundenen Pilastern.

Eine zweite Gruppe von neubarocken Prospekten entstand im wesentlichen nach der Jahrhundertwende und umfaßt Formen, die originalen Barockprospekten nachgebildet sind; es handelt sich also im Prinzip um rekonstruierte Barockprospekte.

4.12. Spitzbogenprospekte
kennzeichnen die Neugotik, indem die Pfeifenfelder durch Spitzbogen der verschiedensten Art, vom frühgotischen Spitzbogen bis zum Tudorbogen gerahmt, die Lisenen mit schlanken Säulchen belegt oder charakteristisch gekehlt sind. Einfache Formen besitzen waagerechten oberen Abschluß, reiche Formen Spitzgiebel, die Zwickel mit Maßwerk gefüllt, die Flächen mit Stabwerk oder Paneelen. Die Lisenen setzen sich nach oben fort als Fialen mit Krabben und Kreuzblume. Die Gesimsleisten zeigen immer die typisch gotischen Profile mit Schräge und Hohlkehle. Als Dekor erscheinen Maßwerk aus Drei- und Vierpaß, Fischblasen und Rankenwerk.

Eine Sonderform bildet die „Zinnengotik" mit Spitzbogenfeldern und waagerechtem Abschluß durch Zinnenkranz. Die Pilaster können stumpf verlängert sein und sind dann ebenfalls wie Türmchen durch Zinnen abgeschlossen.

Neugotische Prospekte mit Türmen, dreieckigen oder polygonalen Erkern gehören der späteren Zeit an. Bei den Erkern handelt es sich um Türme, bei denen die einzelnen Polygonseiten durch schmale Stützen getrennt sind im Gegensatz zum Barock, wo die Pfeifen eines Turms selbst einen dreidimensionalen Körper bilden. Neugotische Prospekte mit Rundtürmen sind die Ausnahme.

4.13. Jugendstilprospekte
entwickeln sich in der Regel aus der Neugotik, indem die Gesimse und Pfeifenfeld-Umrahmungen wegfallen, so daß nur die Lisenen mit stegartigen Querverbindungen übrigbleiben. Die Pfeifenfelder formen sich dann aus der natürlichen Länge der Pfeifen, das heißt die Pfeifen werden selbst zur Architektur. Lisenen und Querbänder sind mit typischem Jugendstildekor versehen, selbst die Pfeifen können mit Ornamenten bemalt sein.

Eine andere Form von Jugendstilprospekten behält die traditionellen Flachprospekte bei, verfremdet aber die Umrisse durch Verformung (zum Beispiel zwiebelförmige Pfeifenfelder) und exotische Ornamentik, so daß ganz einmalige Objekte dabei zustandekommen.

Die Jugendstilprospekte sind also gewissermaßen als Endstufe der Neo-Stile aufzufassen, indem sie deren Strukturen radikal vereinfachen, aber dann mit einem ganz neuartigen Dekor versehen. Sie bilden damit gleichzeitig die Vorstufe zu den darauf folgenden Freipfeifenprospekten.

Abschließend zum 19. Jahrhundert kann man mit *D. Großmann* (Acta 17/1984, S. 81) sagen, daß es eine Zeit voller Phantasie war, die für Überraschungen sorgte, aber keineswegs zu „orgelfremden Spielereien" führte. Im übrigen waren die Neostil-Prospekte nur in Ausnahmefällen vorgeblendete Fassaden mit stummen Pfeifen, sondern der symmetrische Aufbau entsprach in der Regel der Tonfolge auf der Windlade mit C/Cs in der Mitte und e ^{3}/f ^{3} außen, so daß die meisten Prospektpfeifen mit Kondukten an die Lade angeschlossen werden konnten.

4.2. Freipfeifen-Prospekte

Nach dem Ersten Weltkrieg „degenerierten" die jugendstilgerahmten Pfeifenfelder immer mehr zu schmuck- und rahmenlosen Pfeifenwänden. Es entstanden Pfeifenzäune als Trennwände zwischen dem Orgelwerk und dem Betrachter, die keine musikalische Funktion mehr hatten. Nur wenige Prospektpfeifen waren klingend, die meisten stumm. Die Frontpfeifen wurden großen dekorativen Formen untergeordnet, die mit dem Inneren der Orgel gar nichts mehr zu tun hatten. Der Phantasie waren kaum Grenzen gesetzt, doch die reine Pfeifenwand erscheint auch bei ausgefallenem Umriß langweilig, weil ungegliedert, ohne Kontrast, rein funktional die Orgel durch Pfeifen symbolisierend, analog zur funktionalen Architektur des Bauhauses.

Klais, Bonn, kam hierbei zu originellen Lösungen: Er verzichtete ganz auf den Prospekt und ließ die Innenpfeifen der einzelnen Werke direkt sichtbar zur Geltung kommen (Knechtsteden), oder die einzelnen Teilwerke waren an einer repräsentativen Pfeifenreihe zu erkennen, die die Form von Mitren oder segelförmigen Dreiecken haben (Aachen, St. Elisabeth).

Mit der Orgelbewegung kam auch „Bewegung" in die Prospektgestaltung. Es blieb zwar bei den freistehenden Pfeifenprospekten, aber die Wiederentdeckung des „Werkprospekts" führte auch zur Gliederung der Pfeifengruppen nach der Werkeinteilung, besonders mit der Wiedereinführung des Rückpositivs. Die Pfeifenwände der 20er Jahre wichen nun streng geformten Pfeifengruppen wie in der Barockzeit, nur daß es sich um Flachfelder handelte. Die kleinen Zwischenfelder wurden in der Ebene zurückversetzt, um eine gewisse plastische Wirkung zu erzielen. Man versuchte also das Auf und Ab der Töne wieder optisch anzudeuten.

Manche empfanden wieder so sehr „barock", daß sie die Pfeifen zu Bündeln oder Türmen formten, die zusammen mit nachempfundenen Barockornamenten eine Art Drittbarock darstellen *(Architekt Miller, München).* Dabei entstanden in den 30er Jahren originelle Beispiele vor allem in Süddeutschland.

Nach dem Zweiten Weltkrieg knüpfte die Entwicklung wieder an die plastischen Freipfeifenprospekte mit Werkgliederung an. Asymmetrische Linien im Pfeifenablauf und Grundrißverformungen werden nun genutzt, um dem Pfeifenprospekt seinen starren Wandcharakter, gegliedert oder ungegliedert, zu nehmen. Ohne Ornament wird hier die reine Pfeifenarchitektur selbst ornamental, vergleichbar der Betonarchitektur, die allein aus der Form des an sich starren Materials lebt und zu neuartiger Körperhaftigkeit führt.

Eine andere Abwechslungsmöglichkeit bieten das stockwerkartige Übereinanderstaffeln der Werke mit gegenläufiger Pfeifenfolge, mit „Umschlag-"Effekten, und der Materialwechsel von Zinn, Zink, Kupfer mit verschiedenfarbigen Hölzern.

Ende der 50er Jahre geht die Epoche der Freipfeifenprospekte zu Ende. Das Fehlen eines Rahmens wurde als Mangel empfunden. Man hatte sich an den mehr oder weniger langweiligen oder originellen Erzeugnissen dieses Stils sattgesehen. So ging man dazu über, die Pfeifengruppen beziehungsweise –felder mit schmalen Holzrahmen zu umgeben, die sich ziemlich exakt den Pfeifenlängen anpaßten. Sie blieben jedoch nur eine Übergangserscheinung; denn man erkannte bald den klanglichen Wert des geschlossenen Orgelgehäuses, das nun ab etwa 1960 die Noch-Freipfeifenprospekte beziehungsweise die Rahmenprospekte ablöste.

4.3. Gehäuse-Prospekte

Die Orgelbewegung erkannte auch den Wert des Orgelgehäuses mit seinen Resonanzeigenschaften. W. *Supper* sprach vom „Klanghaus, das den Ton bündelt". Das Gehäuse zwingt zu einer ökonomischen Platzausnutzung und war auch die Voraussetzung zur Wiedereinführung der mechanischen Traktur. Die Schleiflade hatte bereits in den 50er Jahren an Terrain gewonnen, meist aber noch in Verbindung mit der elektrischen Traktur.

Überblickt man die drei Jahrzehnte seit 1960, so läßt sich eine Vielzahl von Gehäusetypen feststellen, deren Formenreichtum schier unerschöpflich scheint. Es gibt Typen, wo das Gehäuse aus hoch- oder querrechteckigen Kästen besteht, deren waagerechte Oberseite ein Flachdach darstellt. Die schlanken Kästen können in Gruppen mit gerader, meist aber ungerader Achsenzahl zusammengestellt sein, die jeweils ein Teilwerk der Orgel enthalten. Die Gruppierung nach Teilwerken liegt fast allen Typen zugrunde, um den Werkcharakter zu demonstrieren.

Die Vielfalt herrscht in der Gliederung und im Formenreichtum der Prospektglieder. So können die hochrechteckigen Kästen beziehungsweise Pfeifenfelder eines Kastens verschiedene Höhe haben oder in der Höhe gestaffelt sein, besonders, wenn mehrere Werke übereinander stockwerkartig angeordnet sind.

Der Formenreichtum lebt in der Hauptsache von der Ausbildung des Daches und der Zusammenstellung verschiedener Dächer in symmetrischer oder asymmetrischer Weise. Als Dachformen existieren waagerechtes Flachdach, Giebeldach, Pultdach, Terrassendach (oben abgeschnittener Giebel) und die gleichen Typen nochmals mit geschweiften Rahmen beziehungsweise Flächen. Solche geschweifte und in sich wieder geknickte Dachformen sind zum Beispiel ein Markenzeichen vieler *Supper*-Prospekte, die sich zweifellos vielfach Modellcharakter erwarben (Ulm, Münster).

Ein bisher nicht dagewesenes Gestaltungsprinzip waren außen stehende Kästen mit zwei Prospektseiten, das heißt ums Eck geführten Prospektpfeifen. Neu waren auch schräge Dächer über Eck- oder Rundtürmen, die nach hinten abfallen, eine Konstruktion, die auf Ausnahmen beschränkt blieb (Hannover, Marktkirche).

In den 60er Jahren waren die Gehäuse noch mit wenigen Ausnahmen flach. In den 70er Jahren wurden wieder vorspringende Türme eingefügt, meist auf Dreiecksbasis, seltener auf Halbkreisbasis. Eine Variante dazu bilden die Prospekte mit vor- und zurückspringenden Feldern und konkav gekurvten Dächern (Limburg, Dom). Viele Turmprospekte der 70er Jahre bestehen nur aus Türmen in höhenversetzter Anordnung (Würzburg, Dom).

In den 80er Jahren werden die Turmprospekte immer „barocker", indem man die Zwischenfelder wieder stärker betont. Alternativ dazu entwickelt sich eine Turmvariante, die man eher als Erker bezeichnen müßte, weil sie wie angeklebt erscheint, während ein

Turm immer auch optisch ein stabilisierendes und integriertes Element der Prospektarchitektur darstellt.

Wesentliche Kennzeichen der drei Jahrzehnte sind auch Dachkonstruktion und Schleierbretter. In den 60er Jahren sind alle Gehäusewände, auch die Dachflächen und deren Vorderprofil nicht stärker als die Holzplatten, aus dem sie bestehen. Schleier fehlen noch. Entweder folgt die Dachneigung den Pfeifenlängen, so daß wenig Leerraum über den Pfeifen bleibt, oder der überstehende Raum bleibt frei. Die ersten und einfachsten Schleier bestehen aus senkrechten Holzleisten. Die meist stumpfwinkligen Türme der 70er Jahre zeigen als Basis und Dachvorsprung bereits breite Holzstreifen, so daß der Turmcharakter viel stärker zum Ausdruck kommt. Die Schleier sind meist aus geometrischen Gebilden zusammengesetzt, machen noch einen konstruierten Eindruck, aber in Einzelfällen werden auch ganz hervorragende Dekorationen entworfen (Trier, Dom). Viele Prospekte der 80er Jahre sind bereits derart barockisiert, daß man auf sie die Bezeichnung Neo-Historismus anwenden möchte.

Die einer romantischen Gesinnung entspringende Neigung zur wörtlichen Imitation von Barockprospekten ist selbstverständlich auch vielerorts zu beobachten. Es handelt sich zumeist um besondere Umstände, wenn Barockprospekte mit Dekor und Fassung nachempfunden werden (Rottenburg, Dom); denn fortschrittliche Orgelbauer legen Wert darauf, daß sie aus der Zeit heraus und mit den Mitteln der Zeit gestalten können. Die kaum zu überblickende Vielfalt der Beispiele gibt ihnen recht, und je größer der zeitliche Abstand vom jeweiligen Objekt wird, um so deutlicher zeigen sich die typischen Kennzeichen eines bestimmten Zeitstils.

LEXIKALISCHES VERZEICHNIS DEUTSCHER ORGELBAUER UND WERKSTÄTTEN

Alle Namen sind alphabetisch angeordnet. Dabei sind die Umlaute ä, ö, ü den einfachen Vokalen a, o, u gleichgestellt. Um bei zweifelhaften Schreibweisen dem Benutzer das Auffinden zu erleichtern, sind die Umlautschreibweisen als Diphtong (ae, oe, ue) den Umlauten gleichgesetzt. Beispiel: Rothermel, Roethinger, Roetzel, Röver.

Namen *ohne* Vornamen (z. B. bei Orgelbauerfamilien) stehen vor den Namen mit Vornamen, z. B.: **Berger,** Orgelbauerfamilie in Rufach ... ; **Berger,** Eduard, Orgelbauer in Bischofswerda und Dresden-Pleschen ... Werden mehrere Personen gleichen Namens in einem Artikel behandelt, so erfolgt ihre Nennung nach Linien und innerhalb dieser in chronologischer Reihenfolge.

Ein Verweispfeil (→) als Hinweis auf ein anderes Stichwort steht nur dann, wenn damit auf einen weiterführenden Zusammenhang aufmerksam gemacht werden soll.

Die (abgekürzten) Quellenangaben folgen den jeweiligen Artikeln in *kursiver* Schrift. Die vollständigen Titel der Quellen sind auf S. XIV – XVII aufgeführt.

A

Abicht, Wilhelm und Sohn Edmund. Lebensdaten unbekannt; die 1830 gegründete Werkstatt in Ilmenau war spezialisiert auf Drechslerei von Registerknöpfen und Schriftmalerei und stellte auch andere Orgelbestandteile her. Die Firmenbezeichnung lautete 1897 „Wilhelm Abicht (Inh. Edmund Abicht) Ilmenau (Thür.)".
Acta 18 (1985), 309.

Ackermeier, Orgelbaumeister in Detmold und Lage. Hermann I starb im Oktober 1912, sein letztes Werk war eine Orgel für die Schloßkirche in Detmold, wofür er zum Hofrat ernannt wurde. Der gleichnamige Sohn starb 1931 im Alter von 60 Jahren. Er war mit dem silbernen Ehrenkreuz zum Orden für Kunst und Wissenschaft ausgezeichnet und machte 1922 durch eine Erfindung von sich reden, mit der er das „hydrostatische Paradoxon, den Bodendruck" als Energiequelle nutzen wollte. Trotz Vorschußlorbeeren und wohlwollender Prüfung durch den lippischen Landtag handelte es sich um einen Trugschluß, so daß die Angelegenheit wieder in der Versenkung verschwand. Teilhaber der Firma wurde → Steinmann, der sie später nach Vlotho verlegte, wo sie noch existiert.
Flade.

Adam, Orgelbaumeister in Halle. Er war nach dem Zweiten Weltkrieg tätig und der Lehrmeister von → Fahlberg in Eberswalde.

Adler, Hermann, Fabrik und Lager von Orgelpfeifen, Zinnplatten und Mechanikteilen in Frankfurt (Oder). Lebensdaten unbekannt; Adler eröffnete 1882 sein Geschäft und erwarb 1885 die Fabrik mechanischer Orgelteile von Oskar Walter hinzu. 1895 verkaufte er seine Warenbestände und Liegenschaften „Familienverhältnisse halber".
ZfI V (1884/85), 445; XVII (1896/97), 51.

Ahrend, Jürgen, Orgelbaumeister in Leer-Loga. *1930 Treuenhagen, erlernte den Orgelbau bei Paul Ott in Göttingen ab 1946 und blieb dort als Geselle bis 1954. In diesem Jahr eröffnete er zusammen mit Gerhard → Brunzema in Leer-Loga eine eigene Firma, die sich schon sehr früh mit der Praxis des behutsamen Restaurierens historischer Orgeln befaßte und sich damit auch international profilierte. 1962 erhielt Ahrend den Staatspreis für das Kunsthandwerk des Landes Niedersachsen. Mit den beispielhaften Arbeiten in Ostfriesland, den Niederlanden und die Zusammenarbeit mit Nikolaus Harnoncourt (Concentus musicus) entstand ein neuer Restaurierungsstandard zum Beispiel an der Ebert-Orgel in Innsbruck. Auch seine Neubauten weisen hohes Niveau auf, indem er an Zachariassen anknüpft und sich dann ganz bewußt historisierend einem bestimmten Barockorgeltyp zuwendet, auf dem dann auch nur die Musik einer bestimmten Periode der Musikgeschichte gespielt werden kann. Ahrend-Orgeln stehen in Holland, Frankreich, Österreich und in den USA. Seit 1972 führt Ahrend die Firma allein, nachdem sein Compagnon Brunzema einen neuen Wirkungskreis in Kanada gefunden hat.
Ars 29 (1981), 233; Pape, Tracker Organ, 409; Frans Brower, Orgelbewegung & Orgelgegenbewegung, Utrecht 1981, S. 73 f., 79; U. Pape, Jürgen Ahrend und Gerhard Brunzema, in: OY 3 (1972).

Albers, Herbert, Orgelbaumeister in Schmallenberg-Oberkirchen (Sauerland). *1957 Westfeld; ausgebildet und weiter tätig bei Klais. Meisterprüfung 1986. 1987 machte er

sich in seiner Heimat selbständig und baute in seinem Betrieb (zwei Mitarbeiter) bis Ende 1991 sechs neue Orgeln.
Umfrage 1991.

Albiez, Conrad, Orgelbauer in Waldshut (Südbaden); 1806 Unteralpfen – 1878 Walshut; er war u. a. Schüler von Schaxel in Herbolzheim 1825–1830 und erhielt 1834 die Orgelbaukonzession. 1839 übersiedelte er nach Waldshut. Aus seiner Werkstatt gingen beachtliche Orgelwerke hervor mit bis zu drei Manualen und über 30 Registern; einige davon sind noch vorhanden. Er baute nur Schleifladen.
HO Baden 284; Flade.

Albiez, Winfried, Orgelbaumeister in Lindau (Bodensee). 1938 Stuttgart – 1984 Lindau; ausgebildet bei Walcker in Ludwigsburg, arbeitete er bei Rieger (Schwarzach) und Verschueren (Holland) und machte sich 1969 nach der Meisterprüfung in Lindau selbständig, wo sich ein blühendes Unternehmen entwickelte, das in den 15 Jahren seines Bestehens über 60 Orgelwerke erstellte. Das Arbeitsgebiet mit Schwerpunkt in Südwestdeutschland reichte bis zum Niederrhein, zwei Orgeln gingen in die Schweiz, drei wurden nach Japan geliefert. Albiez erreichte in relativ kurzer Zeit einen qualifizierten Platz im bundesdeutschen Orgelbau der 70er Jahre. Er beschäftigte durchschnittlich 18 Mitarbeiter und verlegte die Produktion noch 1983 nach Lindau-Reutin. Zu den Besonderheiten gehören das Koppelmanual und die atmende Windversorgung. Seit dem Tod des Meisters ist die Firma erloschen.
Brenninger, Schwaben; Musik und Kirche 55 (1985), 146 f.

Anders, Orgelbauerfamilie in Festenberg und Oels (Schlesien). Gottlieb Anders (1833 Festenberg – 1894 Oels) gründete nach einem noch unbekannten Ausbildungsgang 1853 in Festenberg ein Orgelbaugeschäft und verlegte es etwa 1860 nach Oels, wo es noch 1925 existiert hat. Er baute eine Reihe von Orgeln im Kreis Oels. Nach seinem Tod übernahm der Sohn Oswald Anders († 1935) den Betrieb, beschäftigte sich aber nebenher auch mit Instrumentenhandel. Ein Max Anders ließ sich 1885 in Bunzlau nieder und betätigte sich im Bau von Hausorgeln. Da dieser Max Anders 1912 auch im Oelser Adreßbuch als Orgelbauer aufgeführt wird und bereits um 1890 in Oels als Inhaber einer Fabrik für Metallpfeifen, Orgel- und Orchestrionbestandteilen genannt ist, dürfte es sich um einen weiteren Sohn oder nahen Verwandten von Gottlieb Anders handeln. Es ist unklar, ob Oswald und Max gemeinsam oder getrennt firmierten. Die Firma existierte noch 1937.
Flade; Burgemeister[2], 122, 308 f.

Andreas, Max, Orgelbauer in Dachwig bei Erfurt. Lebensdaten unbekannt; er führte Anfang der 1930er Jahre Reparaturen in Thüringen aus, u. a. im Bachhaus zu Eisenach.
Flade; ZfI LI (1930/31), 498.

Andresen, Andreas, Orgelbaumeister in Neumünster. *1940 Hamburg; er wurde bei v. Beckerath in Hamburg ausgebildet und arbeitete noch bei den Firmen Killinger (Beihingen), Starup (Kopenhagen) und Paschen (Kiel). 1969 machte er die Meisterprüfung und ist seit 1973 selbständig in Kiel. 1985 verlegte er den Werkstattsitz von Kiel nach Neumünster. Je nach Auftragslage beschäftigt er 1 bis 5 Mitarbeiter. Bisher wurden 30 neue Orgeln hergestellt.
Umfrage 1990.

Apel, August und Otto, Orgelbaumeister in Querfurt. Es handelt sich offenbar um Vater und Sohn, die sich zwischen 1900 und 1914 in der Führung der Werkstätte ablösten. Lebensdaten unbekannt; über die Tätigkeit der beiden gibt es keine Informationen. Ein Zusammenhang mit dem Orgelmacher Apel in Aschersleben, der 1827 in Wolfenbüttel nachzuweisen ist, ist anzunehmen.
Weltadreßbuch 1897; Acta 12 (1978), 221.

Appelt, Gustav Adolf, Orgelbauer in Schöningen. 1841 Kobylin – 1882 Schöningen; über seine Ausbildung wissen wir nichts. Er baute ab etwa 1872 in dem Jahrzehnt bis zu seinem frühen Tod 21 Orgeln, alle mit mechanischer Traktur, überwiegend Schleifladen, aber auch einige Kegelladen. 1877 erhielt er einen Preis auf der Gewerbeausstellung in Braunschweig. Er gilt als guter Orgelbauer und verwendete keilförmige Schleifen. Ab 1874 war er mit Josef → Becker assoziiert, der 1882 sein Nachfolger wurde.
Flade; Pape, Landkreis Braunschweig, 34–36; Acta 4 (1970), 143 (Pape).

Appun, Georg und Anton, Musiker und Akustiker in Hanau a. Main. Georg Appun (1816 Hanau – 1888 ebenda) war ein vielseitiger Musiker und befaßte sich ab etwa 1860 ausschließlich mit akustischen Untersuchungen, der Konstruktion von akustischen Apparaten und Harmoniums mit 36- und 53-stufiger Skala und stand mit den maßgeblichen Wissenschaftlern in Verbindung. Sein Sohn Anton Appun (1839 Hanau – 1900 ebenda) setzte diese Tätigkeit fort, erfand neue Meßmethoden und publizierte die Ergebnisse in der Fachliteratur.
Riemann, Musik-Lexikon, [10]Berlin 1922, S. 38.

Arnold, Gotthard, Orgelbaumeister in Bad Mingolsheim. *1937 Lichtenstein (Sachsen); nach einer Schreinerlehre und dem Besuch des Konservatoriums in Magdeburg begann er die Orgelbaulehre bei Eule in Bautzen, übersiedelte 1957 in die Bundesrepublik und war dann bei Rensch und verschiedenen anderen Firmen tätig. 1964 legte er die Meisterprüfung ab und machte sich 1966 in Mingolsheim selbständig. Sein Betrieb spezialisierte sich frühzeitig auf die Restaurierung mechanischer Musikinstrumente und wurde so führend auf diesem Gebiet. Neben dem Restaurierungssektor, auf dem die Firma mit 8 Beschäftigten für zahlreiche Museen ausgelastet ist, sind auch die Arbeitsmethoden und Erfahrungen zum Nachbau historischer Instrumente oder zur Bestiftung von Walzen wiederaufgelebt; dagegen wurden nur wenige Kirchenorgeln gebaut.
Umfrage 1990.

B

Babel, Ulrich, Orgelbaumeister in Gettorf (Schleswig-Holstein). *1947 Fürth; ausgebildet bei Bauer (Unterasbach) und anschließend beschäftigt bei Paschen (Kiel); Meisterprüfung 1976. 1989 machte er sich selbständig mit seiner Frau Kirsten, die als Orgelbauerin im Geschäft mitarbeitet, das sich in der Anfangsphase noch auf Teileherstellung beschränkt.
Umfrage 1991.

Bach, J., Orgelbaumeister in Düsseldorf. †1952 Düsseldorf; über Leben und Werk von J. Bach liegen keine Informationen vor.

Bach, Joseph, Orgelbaumeister in Reichthal (Schlesien) und Regensburg. 1878 Jersey – 1971 Regensburg; nach der Rückkehr seines in Jersey internierten Vaters nach Baden erlernte Joseph den Orgelbau bei einem süddeutschen Meister, arbeitete ferner bei Späth (Ennetach), Goll (Luzern) und Kuhn (Männedorf) und wurde schließlich Werkmeister bei Albert Spiegel in Reichthal (Schlesien). Nach Spiegels Tod 1905 heiratete er dessen Witwe und übernahm 1907 die seit 1796 bestehende Firma unter eigenem Namen. Er lieferte Orgeln für schlesische und westpolnische Kirchen und galt weithin als geschätzter Fachmann. Nach der Vertreibung 1945 gelangte er schließlich nach Regensburg, wo er die beiden letzten Lebensjahrzehnte als Ruheständler verbrachte.
IbZ 25 (1971), 296; Burgemeister², 123.

Bach, Karl, Orgelbaumeister in Aachen. 1876–1949; er war Schüler von Stahlhuth, gründete 1924 zusammen mit dem Klavierbauer Ganzer eine eigene Firma in Aachen, aus der Ganzer nach einem Jahr ausschied. Bach baute ab 1926 in den Kreisen Aachen – Geilenkirchen bzw. im Dreieck Aachen – Bonn – Krefeld Kegelladenorgeln mit pneumatischer oder elektrischer Traktur und behauptete sich neben der größeren Firma Stahlhuth auch nach dem Zweiten Weltkrieg. Nach Bachs Tod übernahmen Matthias Pelzer, Hans Herrmann und Peter Berretz die Firma. Pelzer schied 1967 aus der Firma aus.
Flade; IbZ 4 (1950) Nr. 2.

Bachmann, Eduard, Orgelbaumeister in Guhrau (Schlesien). Die Firma ist um 1936 erloschen.

Bader, Orgelbauerfamilie in Hardheim (Nordbaden). Wilhelm I Bader (1846 Hassmersheim – 1927 Hardheim) lernte bei Ignaz Dörr (1829–1886), dessen Werkstatt seit 1860 in Hardheim nachweisbar ist und 1887 von Bader übernommen wurde. Hier lernten auch die Söhne Wilhelm II Bader (1875 Hardheim – 1964 ebenda), Max Bader (1879–1955 Hardheim) und Kornel Bader (1888–1973 Hardheim), die 1906 ins Geschäft eintraten, das dann unter dem Namen Wilhelm Bader & Söhne firmierte. 1910 trat Wilhelm II in die Firma Beiler-Orgelbau in Luzern ein, die aber schon 1911 ihre Tätigkeit einstellen mußte. Danach arbeitete er selbständig bis Ende 1913 in der Schweiz und kehrte Anfang 1914 in den väterlichen Betrieb zurück. In den 20er Jahren wurde auf Grund der guten Auftragslage eine zusätzliche Werkstatt gebaut. Nach dem Tode des Vaters 1927 schied Kornel Bader aus der Firma aus, Wilhelm II und Max Bader gingen getrennte Wege. Seitdem bestanden in Hardheim 2 Orgelbauwerkstätten, die erst 1960 unter Hans Theodor → Vleugels vereinigt wurden. 1901 ging Bader von der mechanischen zur pneumatischen Kegellade über; 1937/38 wurden Versuche mit der elektrischen Traktur unternommen, man blieb jedoch bei der bewährten pneumatischen Kegellade. 1932 wurde Opus 100 gebaut, 1942/43 wurde das letzte neue Instrument ausgeliefert, 1948 die erste Nachkriegsorgel aufgestellt. Das Bader-Œuvre wird auf etwa 180 Werke geschätzt, mehr als 100 davon hat Wilhelm II gebaut. Nach 1948 entstanden auch Neubauten für die Niederlande und die Schweiz; 1958 wurde eine größere Reparatur im Vatikan ausgeführt.

Flade; HO Unterfranken, 309; IbZ 18 (1964), 192.

Bahr, Günther, Orgelbaumeister in Weimar. Er wurde von Gerhard → Kirchner in Weimar ausgebildet und machte dort auch seine Meisterprüfung. 1966 übernahm er die Räume von Kirchner und arbeitete selbständig weiter. Aus gesundheitlichen Gründen schied er 1979 aus der Firma aus, die von seinem Schüler und Nachfolger Norbert → Sperschneider weitergeführt wird.

Orgelbauertreffen 34 f.

Baier, Johann & Söhne, Orgelbauer in Hannover. Die Existenz der Firma ist belegt, Einzelheiten sind noch nicht bekannt.

Acta 18 (1985), 309.

Bald, Georg, Orgelbauer in Neustadt a. d. Aisch und Erlangen. Lebensdaten unbekannt; 1862 war er bei Steinmeyer in Oettingen tätig. 1866 machte er sich in Neustadt/Aisch selbständig. Von seiner Tätigkeit sind bis jetzt nur Reparaturen oder ähnliche Arbeiten aus der Zeit zwischen 1866 und 1878 bekannt. Da er aber nachweislich Register, Spieltische und andere Orgelteile von Steinmeyer bezog, darf man auch auf einige Neu- oder Umbauten schließen. Sein Arbeitsgebiet war das nordöstliche Mittelfranken. Ab 1876 lebte er in Erlangen.

Baer, Gottfried Wilhelm, Orgelbauer in Niemegk. 1811 Zwebendorf – 1875 Niemegk; er heiratete 1841 die Witwe von F. G. → Lobbes und führte bis etwa 1870 dessen Geschäft weiter.

Bergelt, Brandenburg, 87.

Barkhoff (Berkhoff), Orgelbauerfamilie in Wiedenbrück und USA. Felix Barkhoff († 1878) gründete 1850 das Geschäft in Wiedenbrück und wanderte 1865 nach Amerika aus, wo er als „einer der ersten Orgelbaumeister in Amerika" in Pittsburg eine eigene Firma eröffnete: sein Sohn Carl (1849–1919) übernahm 1878 die Firma mit seinem Bruder Paul Barkhoff (*1861); sie firmierten als Gebr. Barckhoff; Paul schied jedoch schon 1882 aus und machte sich dann als Mediziner einen Namen. Carl baute bis 1919 über 3000 Orgeln in Amerika und für den Export.

Flade; Kares, Deutschstämmige Orgelbauer, 14–20; Orgelbauzeitung 1 (1879) – 3 (1882).

Bärmig, Johann Gotthilf, Orgelbauer in Werdau (Sachsen). 1815 Werdau – 1899 ebenda; Lehrmeister war Urban Kreutzbach in Borna. Auf der Wanderschaft beschäftigte er sich besonders in Salzburg mit der neu erfundenen Physharmonika (Harmonium) und baute später in einzelne kleinere Orgeln die Harmoniumstimme als zweites Manual ein. Für seine auf der Kunst- und Industrieausstellung in Leipzig vorgeführten Harmoniums erhielt er 1854 den silbernen Staatspreis. Seit 1846 in Werdau selbständig, baute Bärmig aber auch durch vier Jahrzehnte eine große Anzahl von kleineren bis mittleren Kirchenorgeln in Sachsen zwischen Lausitz und dem Vogtland und westwärts bis Thüringen, alle mit Schleifladen und mechanischer Traktur. Flade bezeichnet Bärmigs

Bauart als „unverwüstlich", seine Intonation als „gesund" bis „robust". Das Œuvre dürfte weit über 100 Orgeln umfassen, von denen 1944 noch 38 in den Erfassungslisten gezählt wurden. 1887 übergab Bärmig den Betrieb an → Emil Müller, der ihn 1892 vorwiegend auf Harmoniumfabrikation umstellte und sich zum größten Harmoniumhersteller in Europa entwickelte. Der Sohn Alfred wurde Architekt.
Flade; MGG XV, 406 f. (W. Hüttel).

Baron, Alexander, Orgelbauer in Offenbach und Stockstadt a. Main. Ca. 1915–1976 Stockstadt; ein Dr. Alexander Baron vertrieb bereits 1950 elektronische Instrumente in Neustadt/Holstein, kam dann angeblich als Vertreter der Fa. Ets. Kriess & Fils aus dem Elsaß um 1950 in den Raum Fulda, wo er nun selbständig auftrat, wechselte dann nach Offenbach a. Main und wurde ca. 1963 in Stockstadt ansässig. Seine umstrittene Tätigkeit war dilettantisch und bestand vorwiegend im Umbau und Weiterverkauf von alten oder gebrauchten Orgeln.

Barth, Erich (1906–1976), und Boscher, Ludwig, Orgelbauer in Dippoldiswalde (Sachsen). Sie betrieben von 1931–1939 gemeinsam die Werkstatt von E. L. → Lohse weiter und bauten kleinere bis mittlere Orgeln auf Kegelladen mit pneumatischer Traktur. Verschiedentlich stellten sie auch historische Instrumente auf Röhrenpneumatik um. Nach 1939 trennten sich die Teilhaber. Während Barth das Geschäft in Dippoldiswalde bis etwa 1974 weiterbetrieb, erwarb Boscher in Turn bei Teplitz (ehem. Sudetenland) die Werkstatt von Ladislaus Hauser, wo er während des Krieges noch einige neue Orgeln erbaute.
Flade; HO Sachsen; Oehme S. 79; Quoika, Böhmen, 182.

Barth, Robert, Orgelbauer in Plauen (Vogtland). 1837 Gahma – 1890 Sachsgrün; wegen eines Sprachfehlers konnte er nicht Lehrer werden, wurde daher zuerst Tischler, dann Orgelbaulehrling bei Dornheim in Eichfeld bei Rudolstadt. Als Geselle arbeitete er bei K. E. Schubert in Adorf in den 1860er Jahren. Gegen 1866/68 machte er sich in Plauen selbständig und baute gute Orgeln im Vogtland. Die Sachverständigen schätzten nicht nur seine sorgfältige Arbeit, er war auch ein Original mit Mutterwitz.
Flade; Oehme S, 79.

Battenberg, Johann Peter, Orgelbauer, Instrumentenmacher, Schreiner, Polsterer und Gastronom in Weißenborn (Nordhessen). 1861 Weißenborn – 1954 ebenda; er erlernte zuerst das Schreinerhandwerk, dann den Orgelbau bei Weil in Neuwied. Nach seiner Heimkehr und Verehelichung 1899 war er vielseitig tätig. Neben einer Hausorgel baute er zwei neue Orgeln und nahm mehrere Umbauten vor. Den Orgelbau betrieb er aber nur im Nebenberuf.
Trinkaus, Ziegenhain, 242.

Bauer, Erich, Werkstätte für Orgelbau, Inh. Benedikt Friedrich, in Oberasbach bei Fürth (Bayern). Erich Bauer (*1914 Stuttgart) wurde ausgebildet bei Walcker (Ludwigsburg), arbeitete dann bei Holländer (Feuchtwangen), Weißenborn (Braunschweig), Poppe (Landau/Pfalz) und nach dem Zweiten Weltkrieg bei Stahlhuth in Aachen. 1950 machte er sich in Nürnberg selbständig, verlegte den Betrieb 1955 nach Oberasbach und baute von Anfang an Schleifladenorgeln, meist kleinere Instrumente von 5 bis 15 Registern. Daneben wurden zahlreiche Modernisierungen älterer Instrumente und Restaurierungen durchgeführt. Die Neubauten enthalten Windladen aus Eichenholz in Rahmen-

konstruktion, hölzerne Trakturen und Massivholzgehäuse. Erich Bauer überließ das Geschäft 1977 seinem Mitarbeiter Hans Voglrieder (*1936 München), der es bis 1987 leitete. Danach übernahm es Benedikt Friedrich (*1960 Erlangen). Die Werkliste umfaßt bis 1989 119 Opera. Friedrich erstellte bisher vier kleinere Orgeln neu.
Umfrage 1989; HO Oberfranken, 31.

Baumbach, Orgelbauer in Sättelstädt bei Eisenach. Lebensdaten unbekannt; er baute 1897 eine Orgel in Tambach-Dietharz.
Flade.

Baumgarten, Orgelbauer in Zahna (→ Buchholz).

Baumgartner, Werner, Orgelbaumeister in Neudrossenfeld (Oberfranken). *1942 München; ausgebildet bei Nenninger in München, Geselle bei Stöberl ebenda, war er 1961 Bundessieger im Orgelbauhandwerk, legte 1968 die Meisterprüfung ab und machte sich anschließend in Neudrossenfeld selbständig. Bis 1984 entstanden etwa 15 Orgelneubauten. Inzwischen spezialisierte er sich auf den Bau von Klaviaturen.
HO Oberfranken, 31.

Baunach, Franz, Orgelbauer in Güls bei Koblenz. Lebensdaten nicht bekannt; er suchte 1883 per Inserat Orgelbaugehilfen zur Mitarbeit. Nachweise über seine Tätigkeit fehlen.

Bechstein, Orgelbauerfamilie in Rotenburg a. d. Fulda und Groß Umstadt (Kr. Darmstadt). Begründet von Friedrich Bechstein (1801–1855) in Rotenburg und fortgesetzt von seinem Mitarbeiter Valentin → Möller, da der Sohn Heinrich Bechstein (1841–1912) für die Werkstattübernahme noch zu jung war. Dieser lernte dann bei Förster in Lich und machte sich 1872 in Groß-Umstadt selbständig, wo er bis zu seinem Tode mit einer Produktion von zwei bis drei Orgeln im Jahr tätig war. Sein Sohn Johann Hermann Heinrich Bechstein (1875–1943) übernahm noch den Betrieb, konnte ihn aber durch die Kriegs- und Nachkriegszeit nicht lange mehr halten und gab ihn um 1920 auf. Danach übersiedelte er nach Lich zu seiner Schwester und führte noch Reparaturen und Stimmungen aus. Er war unverheiratet und kinderlos, so daß mit ihm die Orgelbauertradition zu Ende ging.
Flade; Balz, Starkenburg, 375–385; Odenwald-Bote Nr. 85 vom 23. 10. 1909.

Beck, W., Orgelbauer in Bretten. Über Leben und Wirken ist nur wenig bekannt: er assoziierte sich 1869 mit Albert → Fröhlich in Freiburg (Breisgau), verließ aber nach dessen Tod 1870 die Stadt und beteiligte sich danach bei Orgelbauer Weisser in Bretten.
B. Sulzmann, Freiburger Orgelmacher.

Becker, (Bruno Christian) Friedrich, Orgelbaumeister in Hannover. 1861 Hannover – ca. 1914 ebenda; Sohn des Orgelbauers Folkert Becker (1830 Felsum – ca. 1880), der mit der Tochter des Orgelbauers Friedrich Altendorf aus Hannover verheiratet war. Altendorf war 1840 mit einem Orgelbauer Bergmann liiert, firmierte später aber (z. B. 1865 in Harsefall) allein. Friedrich Becker war also vom Vater und Großvater her für den Orgelbau „vorbelastet". Gründungsjahr der Werkstatt ist 1861 (von Folkert Becker). Friedrich Becker wurde um oder kurz nach 1880 Teilhaber. 1885 lautete die Firmenbezeichnung Becker & Sohn, Hannover. Friedrich führte 1890 die pneumatische Traktur ein, hatte aber damit anfangs erhebliche Mißerfolge, die im Falle Achim sogar zum Prozeß führten. Das Arbeitsgebiet umfaßte die Provinz Hannover, die größte Orgel stand in der Gartenkirche zu Hannover (III/40, 1891). Die Werkstatt ist vor dem Ersten

Weltkrieg erloschen, sie wird jedenfalls 1917 nicht mehr unter den deutschen Orgelbaufirmen aufgeführt.
Flade; Piper, Gifhorn, 31; Pape, Landkreis Braunschweig, 37.

Becker, Josef, Orgelbauer in Schöningen. Lebensdaten unbekannt; er wurde 1874 Mitarbeiter und 1882 Nachfolger von Adolf → Appelt, der offenbar sein Lehrmeister gewesen war. Von Becker sind nur einige kleinere Instrumente bekannt.
Flade; Pape, Landkreis Braunschweig, 34–36 (Appelt).

Becker, Julius, Orgelbauer und Intonateur. †1935 Passau; ausgebildet bei Weise in Plattling, machte er sich 1925 zusammen mit Joseph → Hiendl in Passau unter der Firmenbezeichnung Becker & Hiendl selbständig. Ab 1935 Weiterführung der Werkstatt durch Hiendl. Nachfolger wurde ab 1945 Ludwig → Eisenbarth.
Lit. siehe Hiendl.

Becker, Klaus, Orgelbaumeister in Kupfermühle, Post Tremsbüttel (Schleswig-Holstein). *1924 Baden Baden; 1938–42 Ausbildung zum Flugzeugingenieur, 1942–1945 Kriegsdienst mit Gefangenschaft, 1947–1955 Orgelbaulehre und Tätigkeit bei Rudolf v. Beckerath in Hamburg, danach Gründung einer eigenen Werkstätte in Kupfermühle mit großem Auftragsbestand und ausgedehntem Kundenkreis. In den ersten 12 Jahren wurden 150 Neubauten und 20 Restaurierungen ausgeführt, bis 1980 waren es 350 Opera. Sie stehen in Schleswig-Holstein, im Rheinland, an der holländischen Grenze, im Frankfurter Raum, in der Schweiz, in den USA und Kanada. Die Gehäuseorgeln haben Massivrahmen mit Massivfüllungen aus Hartholz, die STARUP-Schleifendichtungen waren patentiert. In dem Handwerksbetrieb sind etwa 15 Mitarbeiter beschäftigt.
Pape, Tracker Organ, 410; Piper, Gifhorn, 31; Ommer, Neuzeitliche Orgeln, 285.

Beckerath, Rudolf von, Orgelbaumeister und Orgelbauwerkstatt in Hamburg. Gegründet 1949 von Rudolf von Beckerath (1907 München – 1976 Hamburg); er lernte bei Victor Gonzalez in Paris den Orgelbau 1926–1936, war geprägt durch den Orgelvirtuosen und Komponisten Alfred Sittard (Hamburg-Berlin) und den Dichter-Orgelbauer Hans Henny Jahnn (1894–1959). Bis zum Zweiten Weltkrieg war v. Beckerath als preußischer Orgelfachberater tätig. Seine 1949 gegründete Werkstatt in Hamburg wurde in kurzer Zeit weltberühmt, da sie Akzente im deutschen Nachkriegsorgelbau setzte und durch Wiederaufnahme der Tradition des Hamburger Barockorgelbaues zu den Schöpfern der neubarocken norddeutschen Orgel gehörte. Beckerath-Orgeln stehen in Nord- und Süddeutschland, außerdem in Dänemark, Schweden, USA, Kanada, Australien und Japan. Seit Beckeraths Tod wurde die Werkstatt als „Rudolf von Beckerath Orgelbau GmbH Hamburg" von den Geschäftsführern Helmut Kleemann, Timm Sckopp und Herta Deichmann weitergeführt. 1990 sind Frau Deichmann und Helmut Kleemann aus Alters- und Krankheitsgründen ausgeschieden.
ISO INFORMATION Nr. 15 (1976), 43 f.

Beer, Orgelbauerfamilie in Erling bei Andechs (Oberbayern). Georg Beer (1816–1876) lernte bei Josef Pröbstl in Füssen, arbeitete dann bei Schin in Neuburg/Donau und Schweinacher in Landshut, machte sich 1845 in Erling selbständig und betrieb neben dem Orgelbau noch eine Landwirtschaft. Unter seiner Regie dürften knapp 100 Orgeln entstanden sein. Der Sohn Johann Georg Beer (†1896) führte von 1876 bis 1890 den Betrieb, danach der andere Sohn Roman Heinrich Beer (1866–1929), der die Familientradition aufgab. Den Betrieb übernahm 1911 der Neffe Ludwig → Eisenschmid. Georg

und Roman Beer hatten eigene Opuszählung, von 1876 bis 1891 war Opus 57 erreicht. Die Werkstatt baute anfangs Schleifladen, ab 1870 Schleif- und Kegelladen nebeneinander, ab 1880 überwiegend Kegelladen; die pneumatische Traktur wurde nicht mehr eingeführt.
Flade; Brenninger, Altbayern, 129 f.

Behler, Orgelbauer in Memmingen und München. Fidelis Behler (1835 Rattenweiler – 1906 Memmingen) ist seit den 1860er Jahren in Memmingen nachweisbar und baute in Bayerisch Schwaben eine Reihe von ein- und zweimanualigen Orgeln mit mechanischen Kegelladen. Etwa 20 Werke sind nachgewiesen, meist verändert oder nach wenigen Jahrzehnten durch Neubauten ersetzt. Eine Behler-Orgel kam sogar nach Rheinhessen. Die Gebrüder August (*1877) und Karl Behler (1865–1936) in München sind wahrscheinlich seine Nachkommen. Sie waren zunächst bei F. B. Maerz in München beschäftigt und sind ab ca. 1906 selbständig in München. Doch schon 1908 firmierten sie nicht mehr als Gebrüder Behler, sondern mit Georg → Waldenmaier assoziiert als „Behler & Waldenmaier". Sie bauten zahlreiche Orgeln im südbayerischen Raum zwischen Schwaben und Niederbayern mit Kegelladen und pneumatischer Traktur, fast alle zweimanualig mit maximal 24 Stimmen. Nach 1930 hört man nichts mehr von der Firma. Karl Behler starb 1936, Waldenmaier 1937; damit ist die Firma erloschen.
Flade; HO Schwaben, 287; Brenninger, Altbayern, 156; ders., Schwaben, 92.

Benteroth, Orgelbauerfamilie in Seesen. Dietrich Andreas Benteroth (1705–1780) war Organist, Schreibmeister und nebenberuflich Orgelbauer. Seine Söhne Johann Heinrich (1744–1781), August Ludwig (1752–1815) und Karl Heinrich Benteroth (1758–1797) arbeiteten gemeinsam im Familienbetrieb als Gebr. Benteroth. Georg Benteroth (1794–1831), Sohn von August Ludwig, leitete die Werkstatt in der 3. Generation. Mit seinem Sohn Ferdinand Benteroth (1818–1881) ging der Familienbetrieb zu Ende. Neubauten sind bisher nicht bekannt, aber zahlreiche Reparaturen.
U. Pape, in: Acta 4 (1970), 137.

Benz, Ferdinand, Orgelbauer in Rottweil. Lebensdaten unbekannt; Benz unterhielt in der zweiten Hälfte des vorigen Jahrhunderts eine nicht unbedeutende Werkstatt in Rottweil, die besonders für katholische Kirchen in Württemberg arbeitete, bereits die mechanische Kegellade verwendete, aber wegen ihrer umstrittenen Qualität nicht den Ruf hatte wie die großen Konkurrenzfirmen des Landes.
Flade.

Bergen, Wilhelm, Orgelbauer in Halberstadt. Um 1810 – um 1880; er hatte in den Werkstätten von Buchholz (Berlin), Turley (Treuenbrietzen) und Schulze (Paulinzella) gearbeitet, ehe er sich um 1840 in Halberstadt selbständig machte. Er baute Orgeln für die Gegend um Halberstadt und verwendete durchschlagende Zungenstimmen. 1882 setzte Eduard → Hülle das Geschäft unter eigenem Namen fort.
Flade.

Berger, Orgelbauerfamilie in Rufach (Kr. Gebweiler/Elsaß). Franz Anton Berger (1816–1883) war Vorarbeiter bei Callinet in Rufach gewesen und machte sich 1853 dort selbständig, als sich der kranke Joseph Callinet vom Geschäft zurückzog. Der Sohn Joseph Anton Berger (1850–1911) führte das Geschäft ab 1883 weiter und übergab es

schließlich noch seinem Sohn Alfred Berger (1885–1949), mit dem es 1945 in der dritten Generation zu Ende ging. Seine Bedeutung ist im Vergleich mit anderen Elsässer Firmen weniger hoch einzuschätzen und mehr mit Reparaturen als mit Neubauten nachzuweisen.
Flade; HO Elsaß, 26; M. Barth, Elsaß „das Land der Orgeln" im 19. Jahrhundert, Straßburg 1966; J. Martinod, Repertoire, 107 f.

Berger, Eduard, Orgelbauer in Bischofswerda und Dresden-Pieschen. 1853–1918 Dresden; bezeichnete sich als „Orgel- und Harmonium-Bauerei und Reparatur-Werkstatt", trat aber nur in bescheidenem Maße im Orgelbau hervor.
Flade; HO Sachsen, 64, 99; Oehme S, 80.

Beringer, Tobias, Orgelbauer in Amberg (Oberpfalz). Ca. 1803–1876 Amberg; er war auch Instrumentenmacher, als Orgelmacher aber nicht geprüft und ist aus Königstein zugezogen. Die wenigen Arbeitsnachweise beziehen sich auf Reparaturen. Sein Sohn Johann Georg Beringer wurde bekannt als Erfinder; er gilt als Pionier des Drahtverkehrs.

Berliner Orgelbauwerkstatt Karl Schuke GmbH. Die Potsdamer Orgelbauanstalt von Alexander →Schuke (1870–1933), seit 1933 von den Söhnen Karl Ludwig Schuke (1906–1987) und Hans-Joachim Schuke (1908–1979) geleitet, hätte durch die politische und wirtschaftliche Teilung Deutschlands einen wichtigen Teil ihres Tätigkeitsgebietes verloren, wenn nicht 1950 eine Werkstatt in Westberlin gegründet worden wäre. Nach seiner Übersiedlung aus Potsdam übernahm Karl Schuke 1953 die Leitung dieser Werkstatt unter der Firmierung „Berliner Orgelbauwerkstatt GmbH", die dank zahlreicher Aufträge in Westberlin, der Bundesrepublik und im Ausland bald 40 Mitarbeiter zählte. Seit der Firmengründung vor 40 Jahren wurden 460 Schleifladenorgeln erbaut mit mechanischer Traktur, lediglich bei großen Konzertsaalorgeln durch einen elektrischen Spieltisch ergänzt Für seine Lehrtätigkeit an der Hochschule für Musik Berlin wurde 1962 Karl Schuke der Professorentitel verliehen. 1977 wurden Ernst Bittcher (*1928), Wolfgang Kobischke (*1930) und Wolfgang Theer (*1927) als leitende Mitarbeiter Gesellschafter der Firma. 1985 wurden vier weitere Mitarbeiter als Gesellschafter eingetragen. Neben den Orgelneubauten, die in Klang, architektonischer Gestalt und technischem Konzept mehr der Gegenwart als der Kopie zugewandt sind, gewinnen Restaurierungen zunehmend an Bedeutung. Kleine Außenwerkstätten in Erzhausen, Essen und Hitzacker garantieren die Pflege und Wartung der Orgeln.
ISO INFORMATION Nr. 6 (1971), 438 f.; Umfrage 1990.

Bernecker, Carl, Orgelbauer in Egstedt bei Erfurt und Leipzig. 1844–?; Bernecker war Schüler von Ladegast und ist mit mehreren Arbeiten aus den 1870er Jahren in Sachsen nachweisbar.
Flade; Oehme S, 80.

Berner, Diethelm, Orgelbaumeister in Stuttgart. *1930 Calw; Berner lernte bei Weigle in Stuttgart und war 12 Jahre in anderen Firmen Süd- und Norddeutschlands tätig. Nach der Meisterprüfung 1963 arbeitete er wieder bei Weigle und machte sich erst 1975 in Stuttgart selbständig. Er beschäftigt in seinem Kleinbetrieb einen Mitarbeiter und baute bisher 12 neue Orgeln, meist kleinere Instrumente, die sonstigen Arbeiten nicht gerechnet.

Bernhard, Orgelbauerfamilie in Romrod und Gambach (Oberhessen). Johann Georg Bernhard aus Romrod (1738–1805), Schüler des Würzburger Domorgelmachers Otto, eröffnete die Werkstatt ca. 1766/70. Sein Sohn Johann Hartmann Bernhard (1773–

1839) erreichte mit zahlreichen Orgelneubauten eine führende Stellung im oberhessischen Orgelbau, die der Enkel Friedrich Wilhelm Bernhard (1804–1861) noch ausbauen konnte. Mit seinem Tod erlosch die Werkstatt in Romrod. Aber sein Bruder Karl Bernhard (1807–1893), im Hauptberuf Lehrer, jedoch auch im Orgelbau ausgebildet, benutzte die Gelegenheit, 1861 in Gambach eine eigene Werkstatt einzurichten und ließ seine beiden Söhne Karl Theodor Bernhard (1850–1936) und Otto Bernhard in namhaften süddeutschen Orgelbaubetrieben ausbilden. Sie firmierten dann als Bernhard & Söhne in Gambach bis etwa 1920. Ein weiterer Bruder Karl Rudolf Bernhard (1854–1909) machte sich zunächst selbständig in Butzbach und arbeitete zuletzt als Klavierbauer in Stuttgart. Das Œuvre der Familie Bernhard beläuft sich nach jetzigem Forschungsstand auf etwa 120 Neubauten. Zwischen 1881/84 wurde die Kegellade eingeführt, und etwa 1912 die pneumatische Traktur. Sehr typisch und bemerkenswert schön sind die von Hartmann Bernhard gebauten Biedermeierprospekte in Nordhessen.

Flade; Balz, Starkenburg, 298–305; Bösken I-III.

Berretz, Peter → Bach, Karl

Berschdorf, Orgelbauwerkstatt in Neisse (Oberschlesien). Paul Berschdorf (1859–1933) lernte bei Reinhold und Max Hundek in Oberglogau, arbeitete dann bei Schuster in Zittau und wurde 1884 Mitarbeiter seines inzwischen nach Neisse übergesiedelten Lehrmeisters Hundek. Nach dessen Freitod wurde er 1889 Nachfolger und konnte das Geschäft zu hoher Blüte bringen, so daß sich die Zahl der Beschäftigten 1928 auf 50 belief, als er sich aus gesundheitlichen Gründen vom Betrieb zurückzog. Sein Sohn Karl Berschdorf (1887 Neisse – 1950 Regensburg), nach der Gymnasialzeit ausgebildet bei Laukhuff in Weikersheim, trat 1905 in die väterliche Werkstatt ein und wurde 1928 Alleininhaber. Er führte die Eigenfertigung von Metallpfeifen und Spieltischen ein. Das Absatzgebiet erweiterte er von Ober- nach Niederschlesien und Brandenburg, Pommern und Westpreußen. Vereinzelt gingen auch Orgeln nach Übersee. 1945 aus Schlesien vertrieben, kam er über Westfalen nach Regensburg und pachtete 1946 die Orgelbauanstalt Binder & Sohn. Doch die Gründung einer neuen Existenz scheiterte nach der Währungsreform. Der Enkel Norbert Berschdorf (*1919) ging 1949 in die USA und betreibt den Orgelbau in Brookfield.

Flade; Burgemeister[2], 123-128; Das Musikinstrument XVII (1968), III-V (W. Kwasnik); ISO INFORMATION Nr. 12, 861-865.

Bertram, Wilhelm, Orgelbauer in Engers bei Neuwied a. Rhein. Lebensdaten unbekannt; 1861 hatte er seine Werkstatt noch in Lüftelberg (Meckenheim-Lüftelberg), zog aber dann nach Engers. Die wenigen Nachweise seiner Tätigkeit beziehen sich auf einige Neubauten, hauptsächlich aber auf Umbauten oder Erweiterungen älterer Werke. Das Geschäft bestand noch 1897. Um 1874 begann hier der junge Johannes Klais seine Orgelbaulehre.

Flade; Beiträge zur Geschichte und Ästhetik der Orgel, Bonn 1983, 146.

Bestler, Magnus, Orgelbauer in Görisried (Oberallgäu). Gebürtig aus Hasenried bei Sulzberg; Lebensdaten unbekannt; von ihm ist eine kleine Orgel mit 5 Registern in Riedis bei Ottacker erhalten. Weitere Nachrichten fehlen.

Brenninger, Schwaben, 92.

Bettex, Friedrich, Orgelbauer in Steinsfurth (Baden). Lebensdaten unbekannt; Bettex gründete 1913 sein Geschäft in Steinsfurth und konnte, bedingt durch Kriegs- und Nachkriegszeit, sich nur mühsam geschäftlich behaupten. Die wenigen Arbeitsnachweise erlauben noch keine Stellungnahme. 1930 stellte er die Zahlungen ein und mußte Konkurs anmelden. Die Werkstatt wurde von E. F. Walcker & Cie. in Ludwigsburg bis in die 1950 Jahre als Zweigstelle weitergeführt, Von hier aus wurden mehrere Instrumente ins Badische geliefert.

Flade; HO Baden, 276; ZfI LI (1930/31), 76 und 562; Mittlg. R. Rensch.

Beyer, Eduard, Orgelbauer in Magdeburg. Lebensdaten unbekannt; seine Tätigkeit im Bezirk Magdeburg (Sachsen-Anhalt) begann etwa 1885 und ist noch bis 1929 feststellbar. Beyer baute eine beachtliche Zahl neuer Orgeln kleineren bis mittleren Formats bis zu über 30 Registern, hatte zweifellos jedoch unter starkem Konkurrenzdruck zu leiden. Er erfand eine Kastenlade (Verbindung der Röverlade mit einer Hängeventillade). Wahrscheinlich war er ein Schüler seines Onkels Eduard Offenhauer (1825–1904) in Delitzsch.

Flade; ZfI XXII (1901/02), 584; Oehme S, 80.

Biehler (Bichler), Philipp, Orgelbaumeister in Augsburg. 1821–1893 Augsburg; von 1834–1843 verbrachte er die Lehr- und Gesellenzeit bei Joseph Bohl in Augsburg; die Meisterprüfung legte er 1852 in Landshut ab und erhielt danach die Orgelbaukonzession in Augsburg. Bekannt sind etwa 12 Neubauten, meist kleine einmanualige Instrumente unter 10 Registern mit Schleifladen und mechanischer Traktur.

Flade; HO Schwaben, 287; Brenninger, Schwaben, 76.

Bieker, Christl und Karl-Heinz, Tonstube in Lahntal-Großfelden, Lieferant für Instrumentenbausätze mit Schwerpunkt Orgelbau; gegründet 1979; das Ehepaar Bieker entwickelt für 2' bis 8'-Portative die Pläne für das Design der Einzelteile und ihren Zusammenbau, die dann von der Firma Laukhuff und anderen umgesetzt werden.

IbZ 39 (1985), 754.

Bienert, W. (Vinzenz), Orgel- und Pianobauer in Kulm a. d. Weichsel. Lebensdaten unbekannt; 1896 bestellte er Orgelteile bei Caspar Steinmeyer in Oettingen und Strebel in Nürnberg, um Orgeln zusammenzubauen. Noch 1929 wird er in Fachzeitschriften erwähnt.

Flade.

Bier, Gustav S., Zinnpfeifen-Werkstatt in Giengen a. d. Brenz; vormals G. Mack. Die Fabrik wurde 1882 von Gustav Bier gegründet und entwickelte sich schnell zu einem der führenden Pfeifenhersteller. Sein Sohn Richard Bier (1892 Giengen – 1979 ebenda) übernahm die Firma in den 30er Jahren. Es gelang ihm nach dem Zweiten Weltkrieg den alten Kundenstamm im In- und Ausland zu erhalten sowie neue Absatzgebiete zu erschließen, besonders in den USA. Seit 1953 arbeitet der heutige Inhaber, Orgelbaumeister Johannes → Naacke in der Firma; 1957 machte er die Meisterprüfung. Er besitzt spezielle Erfahrungen und Kenntnisse in der Behandlung historischer Pfeifen, die er bei wichtigen Restaurierungen anwendet.

IbZ 11 (1957), 147; Die Orgelwerke der Abteikirche Neresheim (Große Kunstführer Bd. 130), München 1989, Klappentext.

Bihr, Joseph, Orgelbauer in Ellwangen. Ein Joseph Bier, *1797, war Drechsler in Ellwangen; er hatte 2 Söhne: Anton Bihr (1856 Ellwangen – 1927 ebenda), von Beruf ebenfalls Drechsler, und Johann Georg Bihr (1862 Ellwangen – 1927 ebenda), ohne Berufsangabe. Einer der beiden, wahrscheinlich Johann Georg, muß der Orgelbauer gewesen sein, der 1896 in der Stadtpfarrkirche eine Orgel gebaut haben soll und auch in verschiedenen Orgelbauerverzeichnissen erwähnt ist. Andere Arbeiten sind bisher nicht bekannt geworden.

Ernst Häussinger, Orgelbau im Gebiet der Fürstpropstei Ellwangen, in: Ellwanger Jahrbuch 23 (1969/70), 321–338, bes. 337.

Binder, Martin, Orgelbauer in Pfaffenhofen/Ilm und Regensburg. 1849 Ilmmünster – 1904 Regensburg; Ausbildung unbekannt. Er gründete 1875 in Pfaffenhofen eine eigene Werkstatt, an der sich später auch der Neffe Willibald → Siemann beteiligte. 1890 verlegten sie den Betrieb nach Regensburg, nachdem Anton Breil seine Tätigkeit altershalber aufgegeben hatte, und firmierten als „Binder & Siemann". Um 1895 trat der Sohn Eugen Binder ins Geschäft ein, nachdem Siemann schon 1890 eine eigene Firma in München gegründet hatte (Martin Binder & Sohn in Regensburg und W. Siemann & Co. in München). Nach Martin Binders Tod 1904 vereinigte Siemann beide Betriebe, ließ aber die Regensburger Filiale unter der alten Bezeichnung und unter der Leitung von Eugen Binder weiterbestehen, der 1909 nach Amerika auswanderte. So erklären sich die Bezeichnungen „Binder & Sohn, Inh. W. Siemann" und zuletzt „Willibald Siemann & Co., München". Das Arbeitsgebiet lag zunächst im nördlichen Oberbayern, verlagerte sich dann in die Umgebung von Regensburg, die Oberpfalz und das angrenzende Niederbayern. Bis 1893/94 wurden Kegelladen mit mechanischer Traktur gebaut, danach setzte sich die Röhrenpneumatik durch. Bis 1904 wurden von Binder und Siemann etwa 140 Orgeln gebaut, eine genaue Zuordnung ist nicht möglich, da verschiedene Werkverzeichnisse existieren.

Flade; Werkverzeichnisse der Firma Siemann; Brenninger, Altbayern, 131 f.; HO Oberfranken, 31; HO Schwaben, 295; Kraus, HO Oberpfalz, 74.

Bittner, Orgelbauerfamilie in Freystadt, Nürnberg und Eichstätt. Stammvater der Orgelbauersippe war der Schreiner, Bildhauer und Orgelbauer Johann Adam Bittner (1755 Weinsfeld – 1824 Freystadt) in Untermässing; er übersiedelte um 1800 nach Hilpoltstein, um 1813 nach Freystadt. Er hatte sein Handwerk in Heideck und die Bildhauerei in Würzburg gelernt und baute verschiedene Altäre und Orgeln. Die drei Söhne gingen mehr oder weniger auch dem Orgelbau nach: Johann Martin (*1779 Thalmässing; Schullehrer, Schnitz- und Faßarbeiter), Franz Joseph (1780 Lohen – 1863 Hilpoltstein; 1805 Einheirat in eine Schreinerei in Hilpoltstein) und Augustin Ferdinand I Bittner (1787 Lohen – 1850 Nürnberg); dieser wurde 1809 Schreinermeister in Freystadt, erhielt dort 1822 die Orgelmacher-Konzession und siedelte 1829 nach Nürnberg über. So entstanden verschiedene Linien:

Franz Joseph begründete die Hilpoltstein-Eichstätter Linie mit seinen Söhnen Max (1809 Hilpoltstein – 1870 ebenda), tätig als Zeichenlehrer und Orgelbauer, und Joseph I Bittner (1822–1908 Eichstätt), der ab 1852 in Eichstätt wohnte und 1880 bis 1897 vorübergehend in Nürnberg als Orgelbauer tätig war. Auf Max folgte in Hilpoltstein sein Sohn Rupert Bittner (1841–1921), während Joseph I 1853 den Eichstätter Zweig eröffnete. Seine zwei Orgelmacher-Söhne Joseph Franz (1852 Hilpoltstein – 1915 Eichstätt) und → Karl Bittner (1866 Eichstätt – nach 1935) lernten beim Vater; Joseph Franz arbeitete dann „in großen Geschäften" in Mannheim, Salzburg und Wien, übernahm 1879 das verwaiste Geschäft von Augustin Bittner in Nürnberg, übersiedelte 1897 nach Eichstätt und baute 1900 die noch bestehende Werkstätte. 1907, nach dem Bau der Orgel in Schloß Banz, wurde er zum kgl. Hoforgelbauer ernannt. Auch seine Söhne wurden Orgelbauer: August Wilhelm I (1880–1937) lernte im Geschäft, wurde 1913

Teilhaber und 1915 Alleininhaber. Nach 1937 führte seine Frau Bennonie das Geschäft weiter. Der zweite Sohn Max Rupert (1881–1955) wanderte nach seiner Ausbildung daheim über England nach Holland aus, wo er bei der Firma Verschueren als Werkmeister beschäftigt war. In Eichstätt setzten die Söhne von August I den Orgelbaubetrieb fort: August Wilhelm II (1914 Eichstätt – 1990 ebenda) lernte daheim, machte 1941 die Meisterprüfung und führte ab 1946 den Betrieb als verantwortlicher Leiter. Sein Bruder Franz (*1916 Eichstätt) arbeitete in der Firma mit und war von 1957–1988 Teilhaber. Seit 1990 ist der Eichstätter Betrieb verwaist.

Die zweite Linie spaltete sich 1809 ab, als Augustin Ferdinand I nach Freystadt verzog, sich dort als Schreiner und Orgelbauer einen Namen erwarb, so daß er 1827 nach erteilter Gewerbeerlaubnis nach Nürnberg ziehen konnte. Auch er bildete seine Söhne Johann Michael (1816 Freystadt – 1896 Nürnberg) und Augustin Ferdinand II Bittner (1817 Freystadt – 1879 Nürnberg) zu tüchtigen Orgelbauern aus, die zunächst in der Werkstatt mitarbeiteten. Johann Michael suchte 1842 erfolglos um die Gewerbeerlaubnis in Bamberg nach, erhielt sie aber 1843 für Nürnberg, nachdem der Vater eine Kaution gestellt hatte. 1844 wurde der jüngere Augustin Ferdinand II Teilhaber beim Vater, nach dessen Tod 1850 Alleininhaber. Die Brüder unterhielten also zwei getrennte Werkstätten in Nürnberg. 1871 verkaufte Johann Michael sein Geschäft an seinen Bruder Augustin Ferdinand II und privatisierte bis an sein Lebensende. Mit dem Tod von Augustin Ferdinand 1879 ging die Werkstatt an den Vetter Josef Franz in Eichstätt über, der sie noch bis 1897 in Nürnberg betrieb, aber dann aufgab und nach Eichstätt zurückkehrte. In Nürnberg bzw. Eichstätt entstanden von 1879 bis 1915 170 neue Orgeln, die Werkliste der Nürnberger Linie (1809–1879) umfaßt mindestens 150 Opera, darunter beachtliche Werke in vielen fränkischen Stadtkirchen, die fast restlos beseitigt sind. Von 1915 bis 1975 wurden in Eichstätt weitere ca. 100 neue Orgeln gefertigt. Bittner-Orgeln standen in fast allen bayerischen Bezirken, bevorzugt in Ober- und Mittelfranken und in der Oberpfalz. Die Nürnberger Werkstatt baute nur Schleifladen, die Eichstätter wahrscheinlich ab den 1870er Jahren Kegelladen, ab 1895 Röhrenpneumatik und entwickelte nach 1900 eine eigene pneumatische Windlade (Schüssellade von Hirsch und Bittner = auf Röhrchen hochgesetztes schüsselförmiges Taschenventil).

H Fischer und Th. Wohnhaas, Der Nürnberger Orgelbau im 19. Jahrhundert, in: MVGN 59 (1972), 228–239, bes. 228–234, Firmenarchiv Bittner, Eichstätt; Mitteilung August Johann Bittner, Ingolstadt, 1990.

Bittner, Karl, Orgelbauer in München. 1866 Eichstätt – nach 1935 München; er lernte den Orgelbau bei seinem Vater Joseph I Bittner (1822–1908) in Eichstätt, ging in den 1890er Jahren als Werkmeister zur Firma Maerz nach München, machte sich nach deren Auflösung in München selbständig, wo er keine Werkstätte unterhielt, sondern mit Pflege- und Reparaturarbeiten unterwegs war; er war Mitglied des Orgelbauerverbands.

Blaschke, Paul, Orgelbaumeister in Dortmund. Er war in den 20er Jahren BDO-Mitglied.

Blesi, Jean, Orgelbauer in Nancy und Château-Salins (Lothringen). Geburtsort in der Schweiz (? – 1894 Château-Salins); er war ein Schüler von Cavaillé-Coll, kam um 1870 nach Nancy und etablierte sich 1878 schließlich in Château-Salins. Seine Orgelwerke stehen hauptsächlich in den Departements Moselle, Meurthe et Moselle und Meuse. Die Firma bestand dann unter dem Namen Bartholomei & Blesi fort.

Flade; J. Martinod, Repertoire des Traveaux des facteurs d'orgues du IXe siècle à nos jours, Paris 1970, S. 110; ZfI XIV (1893/94), 741.

Blöss, Hans-Heinz, Orgelbaumeister in Oker (Harz); *1918 Lübeck; wurde von Kemper in Lübeck ausgebildet und blieb dort als Mitarbeiter, bis er zum Militärdienst im Zweiten Weltkrieg eingezogen wurde. 1954 legte er die Meisterprüfung ab und eröffnete danach einen eigenen Betrieb in Oker, in dem durchschnittlich 8 Mann beschäftigt waren. Bis zur Schließung der Firma 1974 wurden etwa 60 Aufträge (Um- und Neubauten und Restaurierungen) durchgeführt, bei Neubauten nur Schleifladen verwendet. Sein Sohn

Blöss, Heinz-Peter, Orgelbaumeister in Wangen (Allgäu). *1943 in Oker, erlernte bei seinem Vater den Orgelbau. Die Meisterprüfung bestand er 1969. 1981 gründete er in Wangen ein technisches Büro, das sich mit der Projektierung und Konstruktion von Orgelanlagen befaßt und als Dienstleistungsunternehmen für Orgelbauwerkstätten tätig ist.
Umfrage 1990.

Bochmann, Gerd-Christian, Orgelbauer in Kohren-Sahlis bei Altenburg. *1943; gegenwärtig ist er im Raum Thüringen/Sachsen tätig.

Bockisch, Karl, 1874 Sternberg/Mähren – 1952 Freiburg i. Br.; er war der Schwiegersohn von Berthold → Welte und trat 1895 als Teilhaber in die Firma Welte ein. 1904 erfand er den „Nuancierungs-Apparat", mit dessen Hilfe im „Welte-Mignon-Reproduktions-Piano" und 1909 mit der Welte-Philharmonie-Orgel namhafte Künstler die Rollen bespielten. In den 1920er Jahren entstanden Welte-Kino-Orgeln nach dem Multiplex-System, in den 1930er Jahren die Welte-Lichttonorgel, eine bereits weit fortgeschrittene Elektronenorgel. Doch dann brachte die Konkurrenz aus Tonfilm und Radio die Produktion zum Erliegen; Bockisch versuchte, das Unternehmen als Orgelbauanstalt weiterzuführen. Die Firma baute ab 1929 nur noch Kirchenorgeln. Ab 1930 war Bockisch Alleininhaber, 1954 erlosch die Firma Welte.
MGG 14, 460 f.; IbZ 12 (1957/58), 83; Brauers, Von der Äolsharfe zum Digitalspieler, München 1984, 69–71.

Boden, Orgelbauerfamilie in Helmstedt und Halberstadt. Begründer war Johann Daniel Boden (ca. 1733–1810 Helmstedt), dessen Söhne Wilhelm (1759 Helmstedt – ?) und Friedrich (1772 Helmstedt – 1832 ebenda) die 1756 gegründete Werkstatt fortsetzten. Friedrichs Söhne August (1802 Helmstedt – ca. 1853) und Wilhelm II (ca. 1800–1880) bildeten die dritte Generation. Augusts gleichnamiger Sohn August II (1832 Helmstedt – 1871) muß das Geschäft um 1870 nach Halberstadt verlegt und einen Sohn Franz gehabt haben; denn nach seinem Tode heißt 1890 noch die Firma „August Boden & Sohn" und wird im gleichen Jahr eine oHG. 1896 firmiert sie als „Franz Boden & Co. (Inh. Albert und Franz Boden)". Die Zusammenhänge der zuletzt genannten Generationen sind noch ungeklärt. Boden will bereits in den 1860er Jahren die Röhrenpneumatik (vor Sander!) erfunden haben. 1878 ließ er eine pneumatische Windlade patentieren, die man schon als Taschenlade (mit hochliegenden Taschenventilen) bezeichnen kann.
Flade; Pape, Stadt Wolfenbüttel; F. Zimmer, Die Orgel, Quedlinburg 1896, 31 f.

Bohl, Joseph, Orgelbauer in Augsburg. 1801 Dinkelsbühl – 1878 Augsburg; nach einer Schreinerlehre wurde er Orgelbauer und war bei Schultes (Ellwangen), Wirth (Augsburg) und Pfeiffer (Göppingen) tätig. 1827 erhielt er die Konzession für Augsburg als Klavier- und Orgelbauer und gab sie 1873 an die Behörde zurück. Danach ging sie an → Offner über, dessen Firma heute noch besteht. Bisher sind 25 Bohl-Orgeln nachgewiesen, weitere werden ihm zugeschrieben. Er baute bereits 1853 eine Kegellade im Manual, bevorzugte ansonsten die Kombination Schleiflade im Manual und Kegellade im Pedal. Um 1850 treten interessante Flöten in seinen Dispositionen auf (Portunal-, Quer-, Kontra- und Doppelflöte). Bohl darf als bedeutendster Augsburger Meister im 19. Jahrhundert angesehen werden.

Hermann Fischer-Theodor Wohnhaas, Der Orgelbauer Joseph A. Bohl und sein Werk, in: Jahrbuch des Histor. Vereins Dillingen 92 (1990), 396–414.

Böhm, Orgelbauerfamilie in Waltershausen und Gotha (Thüringen). 1888 begründete Hugo Böhm (1862 Waltershausen – 1935 Gotha) in seiner Heimatstadt eine Orgelbauwerkstatt, die sich bald gut entwickelte und aus Raummangel 1900 nach Gotha verlegt werden mußte, wo die Werkstätte des Guido Knauf aufgekauft werden konnte. 1922 übergab Hugo Böhm die Geschäftsleitung an seinen Sohn Rudolf Böhm (1895–1966), der das Unternehmen durch die schwierigen 20er Jahre und die Zeit des Zweiten Weltkrieges führte. Vor allem mit der Produktion von elektrischen Winderzeugern konnte die Flaute im Orgelbau überwunden werden. Als Alleinhersteller in der DDR hatte der Betrieb auch in der Nachkriegszeit eine wichtige Funktion. Dazu kam wieder der Orgelbau, so daß die Firma Böhm, seit 1962 von Gerhard Böhm (*1926) geleitet, zu den führenden Werkstätten vor allem in Westthüringen zählt. Neben dem Bau kleinerer Orgeln, einem eigenen Positiv-Programm, wurden in den 60er und 70er Jahren zahlreiche alte Orgeln instandgehalten oder dem Zeitgeschmack entsprechend umdisponiert. Neue Orgeln stehen auf dem gesamten Gebiet der ehemaligen DDR und im Ausland.

Flade; Schäfer, Laudatio, 193; Haupt, Suhl; Orgelbauertreffen , 6 f.

Börger, Orgelbauerfamilie in Rostock-Gehlsdorf. Karl Börger (um 1846/47–1917 Gehlsdorf) ließ sich etwa 1880 in dem inzwischen eingemeindeten Vorort von Rostock nieder und führte den Titel Hoforgelbauer. In den ersten Jahren baute er noch mechanische Schleifladen, in den 1890er Jahren ging er dann zur pneumatischen Kegellade über. Sein Wirken erstreckte sich hauptsächlich auf das Gebiet um Rostock und das nördliche Mecklenburg, wo er aber die mächtige Konkurrenz von Julius Schwarz in Rostock zu spüren bekam. Der Sohn Christian Börger (Lebensdaten unbekannt) setzte die Werkstatt bis zum Zweiten Weltkrieg fort, betätigte sich aber hauptsächlich mit Reparaturen, Umbauten, Stimmungen und dem Ersetzen von Prospektpfeifen.

Flade; Acta 18 (1985), 19.

Börner, Orgelbauwerkstätte in Rodenbach-Niederrodenbach (Main-Kinzig-Kreis). Helmut Börner (*1924) wurde in der Schreinerei seines Vaters Karl Börner ausgebildet und spezialisierte sich im Laufe der Jahre im Orgelbau im Bereich Hanau und erhielt 1972 die Gewerbeerlaubnis. Der Betrieb arbeitete mit 3 Leuten an Reparaturen, Wartungen und Neubauten bis zu 26 Registern. 1987 gab Helmut Börner den Betrieb auf.

Der Sohn Otmar Börner (*1950 Niederrodenbach) machte nach dreijähriger Lehrzeit 1970 die Gesellenprüfung in Lich und 1980 die Meisterprüfung in Ludwigsburg. 1982 gründete er seine eigene Firma, in der 6 Mitarbeiter an Restaurierungen, Wartungen und mehreren Neubauten in der Größenordnung bis zu 30 Register beschäftigt sind.

Umfrage 1990.

Bosch, Orgelbauwerkstatt in Niestetal-Sandershausen bei Kassel. 1946 gegründet von Werner Bosch (*1916 Freiburg i. B.), der bei Mönch in Überlingen lernte und in mehreren deutschen Firmen (Welte, Sattel, Grüneberg, Steinmeyer, Faust und Klais) arbeitete. Nach Kriegsdienst und Gefangenschaft im Zweiten Weltkrieg etablierte er sich in Kassel, weil er hier ein großes Arbeitsgebiet sah. 1947 legte er die Meisterprüfung ab. 1955 verlegte er den Betrieb aus Platzgründen in die Stadtrandgemeinde Sandershausen. Die Beschäftigtenzahl wuchs im ersten Jahrzehnt auf etwa 40, danach auf 50, so noch 1990. Entsprechend erhöhte sich die Fertigung neuer Orgeln: Opus 100 1956, Opus 200 1959, Opus 500 1969; bis 1990 waren es 850 Orgeln und 190 Kleinorgeln, darunter zahlreiche Exportaufträge für USA, Südamerika, Südafrika, die Schweiz, Malta, den Libanon, Australien, Japan, Korea und Neuseeland. Seit 1970 ist ein verstärktes Engagement im Restaurierungssektor hinzugetreten. Die Söhne Wolfgang (*1943 Heiligenrode, Meisterprüfung 1968, Mitarbeiter seit 1957) und Michael Bosch (*1955 Sandershausen, Meister seit 1989) führen das Unternehmen bereits in der zweiten Generation. Die dritte Generation ist durch die Kinder von Wolfgang Bosch: Karen (seit 1983) und Martin (seit 1986) ebenfalls in der Firma vertreten. In den ersten Jahren wurden noch Kegelladen und pneumatische Laden verwendet, ab 1955 nur noch Schleifladen; offene Prospekte bis 1958, seit 1960 geschlossene Gehäuse.

Werner Bosch, Werkstätte für Orgelbau (Festschrift 1970); 25 Jahre Werkstätten für Orgelbau Werner Bosch Sandershausen, in: Das Musikinstrument XIX (1970), 1385 f.

Boscher, Ludwig, Orgelbauer in Dippoldiswalde und Turn-Teplitz. → Barth, Erich.

Böttcher, Karl, Orgelbaumeister in Sömmerda, Magdeburg und Weimar. Ca. 1828 Stendal – ca. 1890 Sömmerda; Lehre wohl in der Umgebung seiner Heimat, Weiterbildung bei E. F. Walcker in Ludwigsburg und Schäfer, Heilbronn. Er gründete 1855 ein eigenes Geschäft in Magdeburg und zog 1883 nach Sömmerda um. Friedrich Wilhelm Böttcher (Lebensdaten unbekannt) war wohl sein Sohn und wird 1917 mit Firmensitz in Weimar aufgeführt. Karl Böttcher war hessischer Hoforgelbauer. Sein Wirkungskreis reichte von Anhalt bis nach Berlin und Westfalen, vereinzelt standen auch Orgeln im Elsaß und in Rheinhessen. Er baute Schleifladen und Kegelladen mit mechanischer Traktur, teilweise auch beide nebeneinander in der gleichen Orgel. Das Lebenswerk ist noch kaum erforscht.

Flade; Reuter, Westfalen.

Böttner, Wolfgang, Orgelbaumeister in Frankenberg (Eder). *1925 Wuppertal; ausgebildet bei Kamp in Aachen 1950–1953, legte er nach weiterer Tätigkeit bei Euler 1959 die Meisterprüfung ab und machte sich 1960 in Frankenberg selbständig. In seinem Betrieb sind durchschnittlich 5 Mitarbeiter tätig, außerdem seine beiden Söhne: Stephan Böttner (*1956 Hofgeismar), ausgebildet vom Vater, Meisterprüfung 1986 in Kassel, und Christoph Böttner (*1960 Lohne/Oldenburg), der seinen Meisterbrief gegenwärtig (1990) erwirbt. Die Zahl der von Böttner erbauten Orgeln liegt bei 120.

Umfrage 1990; IbZ 13 (1959), 334: 40 (1986), 780.

Bouthellier, Anton, Orgel- und Harmoniumbauer in Oettingen (Ries). 1835 Dinkelsbühl – 1910 Oettingen; er entstammt der in Dinkelsbühl und Dürrwangen ansässig gewesenen Orgelbauerfamilie Bouthellier und ist etwa ab 1860 bis 1900 mit einigen Orgelneubauten nachweisbar, alles kleine einmanualige Instrumente unter 10 Registern, mit Schleifladen und mechanischer Traktur. Das Wirken dieser Werkstatt, die sich im Schatten von Steinmeyer halten konnte, ist noch nicht näher untersucht.

Flade; HO Schwaben 287; Brenninger, Altbayern, 120.

Brambach, Franz Joseph, Orgelbauer in Freiburg i. Br. Lebensdaten unbekannt; er erfand eine Membranenlade, die er 1883 patentieren ließ. 1887 stellte er eine nach

diesem System gebaute Salonorgel in Freiburg aus. Über sein sonstiges Wirken ist wenig bekannt; er betätigte sich hauptsächlich als Reparateur.
Flade; Obz V, 53; ZfI V (1884/85), 370.

Brandner, Arwed. 1885–1940; seit 1913 Mitinhaber der Firma Emil → Müller, Werdau, und Schwiegersohn des Gründers.

Brandner, Xaver, Orgelbauer in Reisbach a. d. Vils (Niederbayern). Lebensdaten unbekannt; Brandner war Schüler von Edenhofer in Regen und machte sich wohl in den 1870er Jahren selbständig. Die einzige von ihm bekannte Orgel steht in Untergünzhofen (1878). Wahrscheinlich betätigte er sich hauptsächlich als Reparateur und Orgelstimmer. In der Orgelbauzeitung (1884) wird er als Pfuscher bezeichnet, der nicht intonieren könne.
Brenninger, Altbayern, 148.

Brandt, Ernst, Orgelbauer in Hamburg und Quickborn (Holstein). Von ihm sind einige Arbeitsnachweise ab 1940 bis in die 50er Jahre bekannt, desgleichen eine Zusammenarbeit mit R. v. Beckerath. Später soll er u. a. in Spanien gearbeitet haben.

Brandt, Felix, Orgelbauer in Magdeburg-Cracau; war in den 1930er Jahren tätig.
Flade.

Branmann, H. C., Orgelbauer in Neu-Ulm. Lebensdaten unbekannt; er arbeitete bis 1871 als Werkführer bei Wilhelm Blessing (1832–1870) in Esslingen, dessen Witwe ihm dann das Geschäft übertrug. Er verlegte es nach Neu-Ulm und baute Kegelladen mit mechanischer Traktur. Bisher konnte ein halbes Dutzend Orgeln mit z. T. über 20 Registern nachgewiesen werden. Er beschäftigte 3–4 Gehilfen, hatte aber seine liebe Not mit dem Geld. 1882 gab er aus gesundheitlichen Gründen sein Geschäft auf und ließ sich von der Firma Link in Giengen einverleiben.
Acta 12 (1978), 178 (Kleemann).

Braukmann, Günter, Orgelbaumeister in Klintum/Leck. *1930 Göttingen; ausgebildet bei Blöss (Oker), ferner tätig bei Kemper (Lübeck) und von Beckerath (Hamburg), dessen Filiale Klintum er selbständig leitete und 1973 erwarb. Meisterprüfung 1975. Er ist als Alleinmeister tätig.
Umfrage 1991.

Braumandl, Mathias, Orgelbauer in Straubing. 1829 Grubmühl/Grafenau – 1906 Straubing; er war vermutlich ein Schüler von Anton Ehrlich in Straubing; denn er heiratete 1863 hier und wurde 1876 eingebürgert, nachdem der alternde Ehrlich (1814–1881) sich mehr und mehr aus dem Orgelbau zurückgezogen hatte. Braumandl baute nur wenige kleine Orgeln und war zweifellos dem etwas jüngeren Jakob → Schmid handwerklich nicht gewachsen.
G. Brenninger, Die Straubinger Orgelbauer des 18. und 19. Jahrhunderts, in: HV für Straubing und Umgebung, Jahresbericht 1975 (Straubing 1976), S. 139.

Braun, Anton und Blasius, Orgelbauwerkstatt in Spaichingen und Balingen. Anton Braun (1776 Spaichingen – 1840) war Schreinersohn und „Begründer des Orgelbauhandwerks in seiner Geburtsstadt" etwa 1800/1805. Seine Lehrzeit verbrachte er in Trossingen. Nachweise seiner Tätigkeit finden sich in der Zeit von 1809 bis 1839. Er baute meist kleinere Orgeln im Raum Balingen – Spaichingen, einige auch in der

Schweiz. Blasius Braun (aus Balingen) war wohl ein Verwandter (? – 1883), arbeitete aber schon ab etwa 1830 selbständig und verlegte wahrscheinlich um 1855 die Werkstatt von Spaichingen nach Balingen. Da sie weit vor der Stadt in Richtung Geislingen lag, wurde Braun mitunter auch in Geislingen bei Balingen wohnhaft bezeichnet. Nach seinem Tod ging das Geschäft an den Orgelbauer Gustav Knaisch über, der aber 1891 den Konkurs eröffnete.
Flade; Acta 12 (1978), 176; Orgeln in Württemberg, 26.

Braun, Heinrich, Orgelbauer in Spaichingen. Er war tätig ab etwa 1825; seine verwandtschaftliche Zugehörigkeit zu den beiden Familien Braun (Anton und Blasius Braun sowie Martin-Michael-Eugen Braun) ist nicht geklärt. Bei ihm erlernte der junge Wilhelm Schwarz (1848–1912) den Orgelbau, der auch 1874 seine Tochter heiratete und die bekannte Firma → Schwarz in Überlingen begründete.
Flade.

Braun, Orgelbauwerkstatt in Hofen bei Spaichingen. Von Martin Braun († 1878) 1833 gegründet, nachdem er 8 Jahre in Wien tätig gewesen war. 1847 beschäftigte er sieben Gesellen, 1875 acht Arbeiter, von 1835 bis 1886 entstanden 70 neue Orgeln. Um 1880 werden die Söhne Johann Michael und Mathias Braun Teilhaber der Firma, die 1886 mit Martin Braun & Söhne (Inh. Joh. Michael Braun) firmiert, 1890 den Orgelbau aufgibt und sich auf die Fertigung von Zinnpfeifen spezialisiert. Der letzte Firmeninhaber Eugen Braun verkaufte nach dem Ersten Weltkrieg in der Inflationszeit die Werkstatteinrichtung nach Italien und wanderte in die USA aus, um in St. Louis eine Orgelbauerstelle anzutreten.
Mundus 349–354; Flade; Urania 1886, 167; ZfI 43 (1922/23), 155.

Braun, Paul, Orgelbauer in Leutkirch (Allgäu). Lebensdaten unbekannt; es liegen einige Tätigkeitsnachweise zwischen 1856 und 1868 aus Oberschwaben vor. Naheliegend wäre die verwandtschaftliche Zugehörigkeit zur Sippe Braun in Spaichingen.
Flade.

Braun, Wolfgang J., Orgelbaumeister in Rosenfeld-Bickelsberg (Kr. Balingen). *1944, machte er sich nach der Ausbildung 1976 selbständig, arbeitete zuerst als freier Intonateur und Konstrukteur und begann 1978 mit der Fertigung neuer Orgeln. Die Herstellung ist traditionell handwerklich, fast alle Teile werden selbst hergestellt, die Schleierornamente von der Ehefrau Erika Braun geschnitzt. Entwurf und Ausführung liegen nicht nur in einer Hand, sondern sind auch stets den Gegebenheiten des Aufstellungsraumes angepaßt. Selbsttragende Gehäuse mit massiven Füllungen, gespundete Schleifladen mit Terzenaufstellung der Pfeifen und entsprechende Mensuren sind ihm selbstverständlich. Der Betrieb beschäftigt vier Mitarbeiter und führte bisher neben Restaurierungen 20 Neubauten aus.
Umfrage 1989.

Braungart, Sigmund Friedrich, Orgelbauer in Neu-Ulm und Marktbreit. 1831 Mühlfeld – ca. 1905; ab 1862 ist er in Bayer. Schwaben nachweisbar, dazwischen mit Aufträgen in Unterfranken. Vielleicht war er Schüler oder Mitarbeiter von Christian Müller (1799–1866) in Tuntenhausen, der ebenfalls in diesen Jahren häufig im nördlichen Unterfranken auftauchte. Um 1870 zog er nach Marktbreit am Main, wo seine Frau 1889 starb. Danach muß er mit unbekanntem Ziel verzogen sein, läßt sich aber im Raum Mittelfran-

ken noch nach 1900 mit Reparaturen nachweisen. Bis jetzt sind nur wenige Neubauten bekannt. Kegelladen baute er schon 1863. Heinrich Hahner in Fulda war sein Gehilfe.
HO Unterfranken, 309; Stadtarchiv Marktbreit.

Breidenfeld, Orgelbauerfamilie in Münster und Trier. Heinrich Wilhelm Breidenfeld (1789 Niederwenigen – 1875 Trier) begann 1826 in Münster als selbständiger Orgelbauer und erwarb sich durch einen gelungenen Umbau der Domorgel in Münster das Vertrauen des Sachverständigen Prof. Anthony, auf dessen Empfehlung er 1838 nach Trier verzog, wo sich die Werkstatt beachtlich entwickelte und der alteingesessenen Werkstatt Stumm im Hunsrück den westlichen Arbeitsbereich abnahm. Die Söhne Joseph (1832 Münster – 1898 Trier) und Johann Heinrich Breidenfeld (1842 Trier – ?) arbeiteten ab etwa 1870 im väterlichen Betrieb mit (Breidenfeld & Söhne) und wurden 1875 Alleininhaber unter der Firmenbezeichnung Gebr. Breidenfeld. Nach dem Tode des Joseph (1898) trat an seine Stelle der Neffe Heinrich Franz Breidenfeld (1870 Trier – ?), ein Sohn von Wilhelm Joseph (1846 Trier – ?), der nicht Orgelbauer war, aber ein jüngerer Sohn des Gründers. In der Zeit nach 1898 setzte offensichtlich ein Rückgang der Werkstatt ein, so daß sie beim Neubau der Trierer Domorgel 1899–1908 nur noch mit einem kleinen Teilauftrag beteiligt wurde. Das Ende ist nicht genau bekannt, 1912 wird die Firma im Trierer Adreßbuch nicht mehr genannt. Die Breidenfeld bauten bis 1881 nur Schleifladen mit mechanischer Traktur, danach wohl auch Kegelladen, jedenfalls ab 1886 pneumatische Windladen mit vertikalen Ventilen und ab 1890 nach Weigleschem System. Die technischen Schwierigkeiten konnten sie wohl nicht meistern. Etwa 60 Neubauten sind nachgewiesen.
Flade; Archiv Bösken (Mainz).

Breil, Orgelbauwerkstätte in Dorsten (Westfalen). 1836 gegründet von Joseph Anton Breil (1801–1868), der den Orgelbau bei Fabricius in Grevenbroich erlernt hatte, dann Schüler von Joseph Seyberth in Wien war und Gesellenjahre in Paris, London und Berlin verbrachte. Sein Neffe Franz Johann Breil (1828–1903) wurde 1851 Teilhaber und 1865 Inhaber. Von ihm übernahm der Sohn Franz Joseph (1865–1929) den Betrieb, der ihn schließlich an den Enkel Franz Breil (1903–1985) weitergab. Franz Ludger Breil (*1946) führt heute den Betrieb in der 5. Generation. Nach 1865 wurde der Betrieb wesentlich erweitert und mit Maschinen ausgestattet. Vor der Jahrhundertwende ging Breil vom Bau mechanischer Schleifladenorgeln zum Bau von pneumatischen Kegelladenorgeln über. Breil konstruierte auch ein eigenes Windladensystem. 1925 wurde die elektrische Traktur eingeführt. 1948 wurde – wegweisend für den westdeutschen Raum – der Schleifladenbau mit mechanischer Traktur wieder aufgenommen. Die Werkstatt restaurierte die Orgeln in Marienmünster und Marienfeld, die beiden größten Denkmalorgeln in Westfalen, und erbaute u. a. die Domorgel in Osnabrück.
100 Jahre Orgelbau Breil Dorsten 1836–1936, Dorsten 1936.

Breil, (Johann) Anton, Orgelbauer in Regensburg. 1821 Dorsten – 1892 Regensburg; er war (wie sein Bruder Franz Johann) ein Sohn des Organisten Joseph Breil aus Dorsten bzw. Neffe des Orgelbauers Joh. Joseph Anton Breil, der 1836 die Werkstatt in Dorsten gründete, aber keine männlichen Nachkommen hatte. Während Franz Johann später die Dorstener Firma übernahm, kam Anton nach seiner Ausbildung in Dorsten und Wanderschaft nach Regensburg, wo er 1849 die Werkstatt des verstorbenen Joh. Heinsen (1797 Hamburg – 1849 Regensburg) übernahm, selbständig zu arbeiten begann und 1853 das Bürgerrecht erhielt. Es sind etwa 40 Orgelbauten bekannt, meist

kleine Instrumente in der Oberpfalz und im angrenzenden Niederbayern, aber auch einige zweimanualige Werke mit über 20 Registern in Regensburg, deren Lebensdauer gering war.
Flade; Brenninger, Altbayern, 149; Dominicus Mettenleiter, Musikgeschichte der Stadt Regensburg, Regensburg 1866, 255.

Breitbarth, Johann Caspar, Orgelbauer und -stimmer in Mühlhausen (Thüringen). Lebensdaten unbekannt; er baute 1882 in Groß-Bartloff eine Orgel und war noch 1897 tätig, hauptsächlich wohl als Reparateur und Stimmer im Obereichsfeld.
Flade; Acta 18 (1985), 318.

Breitmann, Erich, Orgelbaumeister in Nieder-Olm bei Mainz. *1931 Mainz; er war von 1946–1950 bei Leopold King in Aschaffenburg zur Ausbildung, machte sich 1953 in Nieder-Olm selbständig, legte 1956 in Koblenz die Meisterprüfung ab und baute in der Diözese Mainz eine Reihe von neuen Orgeln. Fertigte er der Zeit entsprechend anfangs hauptsächlich elektropneumatische Kegelladen, so ging er in den 60er Jahren zur Schleiflade über.
Vom Reißbrett zum echten Kunstwerk; Erich Breitmann aus Nieder-Olm ist Handwerker und Künstler zugleich. Allein in Rheinhessen, (Zeitungsausschnitt ohne Quellenangabe) Ostern 1966; Balz, Starkenburg, 408; Bösken I.

Breuer, Joseph, Orgelbauer in Zülpich. Lebensdaten unbekannt; er gründete 1880 eine Werkstatt und arbeitete bis etwa 1930 im westlichen Raum der Kölner Bucht und in der Voreifel. Breuer war wahrscheinlich Schüler von Schorn im nahen Kuchenheim und entwickelte sich wohl zu dessen Nachfolger, ohne seine künstlerische Bedeutung zu erreichen. Soweit bekannt, baute Breuer bis etwa 1910 noch mechanisch und ging erst spät zur Pneumatik über.
Flade; Acta 15, 133; H. Hilberath, Die Orgeln des Kreises Erkelenz, 233.

Breust, C. oder G., Orgelbauer in Goslar. Lebensdaten unbekannt; über seine Tätigkeit existieren Nachweise zwischen 1855 und 1890. Er kritisierte die damals aufkommenden Orgeln mit „gregorianischen Manualen" (Transmissionsorgeln, bei denen die Register des II. Manuals dem I. entlehnt waren), deren Erfindung der Lehrer Peter in Geisleden bei Heiligenstadt für sich in Anspruch nahm.
Flade.

Brill, Orgelbauer in Dortmund und Dudenrode/Bad Sooden (bei Eschwege), deren Zusammengehörigkeit nicht geklärt ist. Karl Brill, *1893 als Sohn eines Orgelbauers, lernte beim Vater und baute hauptsächlich Kleinorgeln vor und noch nach dem Zweiten Weltkrieg. 1962 gab er seinen Betrieb in Dortmund auf. Ein Wilhelm Brill war 1868–1870 Gehilfe bei G. Wilhelm in Kassel und anschließend bis kurz nach 1900 als Orgelstimmer in Nordhessen tätig. Er könnte der Vater von Karl Brill gewesen sein.
Flade; Trinkaus, Ziegenhain, 247; IbZ 17.

Bröcher, Orgelbauer in Merl bei Zell a. d. Mosel und Merzig (Saar). P. Bröcher war um 1870/80 in Merl (Mosel) tätig, L. Bröcher nach 1900 in Merzig (Saar); die Lebensdaten und nähere Einzelheiten über verwandtschaftliche Zusammenhänge sind nicht ermittelt. Das Arbeitsgebiet erstreckte sich auf den Moselraum und das Saargebiet.
Archiv Bösken.

Brode, Karl, Orgelbaumeister in Heiligenstadt (Eichsfeld). *1949 Döllnitz; ausgebildet 1965–1968 bei Gerhard Kühn, Merseburg. Neugründung einer eigenen Werkstatt 1980 in Heiligenstadt. Das Meisterstück zur 1986 abgelegten Meisterprüfung steht im Bischöflichen Konvikt Heiligenstadt.
Thüringer Tageblatt Jg. 1986 (Zeitungsausschnitt April 198, ohne Datum).

Brommer, Wolfgang, Orgelbaumeister in Waldkirch, → Jäger.

Brönstrup, Gustav, Orgelbaumeister in Hude bei Oldenburg. Er war in den 1930er Jahren Mitarbeiter der Firma Hammer (Hannover) für Oldenburg, arbeitete nach dem Zweiten Weltkrieg auch selbständig. Über seine Tätigkeit ist wenig bekannt.
Acta 15 (1981), 23; Pape, Führer, 143.

Bruder, Drehorgelbauerfamilie in Altsimonswald und Waldkirch (Schwarzwald). Der Schmiedsohn Ignaz Bruder (1780 Zell a. H. – 1845 Waldkirch) war ursprünglich Maurer, lernte in Lothringen den Drehorgelbau und machte sich schließlich 1816 in Altsimonswald selbständig als Hersteller von Drehorgeln und Spieluhren. Im Kirchenorgelbau arbeitete er nur gelegentlich. 1834 verlegte er seine Werkstatt, in der auch seine Söhne Andreas (1807–1859), Xaver (1808–1888), Wilhelm II (1819–1882), Carl (1823–?) und Ignaz II (1825–1891) mitarbeiteten, nach Waldkirch. Von 1834–1841 arbeiteten die Söhne in eigenen Werkstätten bei gemeinsamer Verkaufsorganisation weiter in Altsimonswald und folgten dann erst nach Waldkirch. Sie firmierten nach 1845 als Gebrüder Bruder und errichteten 1864 ein Fabrikgebäude. Die Enkelgeneration spaltete sich in drei verschiedene Firmen auf: Gebr. Bruder, Wilhelm Bruder Söhne und Ignaz Bruder Söhne; Inhaber dieser Firma war Max Bruder. In einer der anderen Firmen wurde Fritz Bruder 1891 Teilhaber. In den 1920er Jahren bestand noch die Firma Gebr. Otto und Fritz Bruder, die schließlich gegen 1933 ihre Tore schließen mußte, da die Zeit der mechanischen Musikinstrumente und Drehorgeln mit dem Aufkommen der Schallplatte und Radiomusik endgültig zu Ende war.
Flade; K. Bormann, Orgel- und Spieluhrenbau, Zürich 1968.

Bruder, Edmund, Orgelbauer in Wismar (Mecklenburg). †1911; sein noch kaum erforschtes Leben und Wirken erstreckte sich auf Dorfkirchen in Mecklenburg, wo noch kleinere Orgeln von ihm stehen.
Flade; ZfI XIV (1893/94), 471; Acta 18 (1985).

Bruns, Christian Klaasen, Orgelbauer in Norden (Ostfriesland). 1861 Lintel – 1917 Norden; Bruns war Schüler von Johann Diepenbrock in Norden und machte sich 1890 ebenda selbständig. Von ihm sind außer Reparaturen und Wartungen noch keine größeren Arbeiten bekannt.
W. Kaufmann, Die Orgeln Ostfrieslands, Aurich 1968, 54, 269.

Brunzema, Gerhard, Orgelbaumeister in Leer-Loga und Fergus (Kanada). *1927 Emden, ausgebildet bei Ott in Göttingen, gründete er 1954 zusammen mit Jürgen → Ahrend die Werkstatt Ahrend und Brunzema in Leer-Loga, erhielt 1962 mit diesem den niedersächsischen Staatspreis für das Kunsthandwerk, übersiedelte 1972 nach Kanada, wo er künstlerischer Leiter der Firma Casavant wurde, sich aber 1979 schließlich in Fergus selbständig machte.
OY 1984; ISO INFORMATION Nr. 4, 273.

Buchholz, Orgelbauerfamilie in Berlin, existierend zwischen etwa 1787 und 1885. Begründer war Johann Simon Buchholz (1758 Schloßvippach – 1825 Berlin); er baute 16 größere Werke und konstruierte eine Oktavkoppel. Sein Sohn Karl August Buchholz (1796 Berlin – 1884 ebenda) wurde 1817 Nachfolger und 1853 zum „Akademischen Künstler" ernannt. Er war zu seiner Zeit in der Mitte des 19. Jahrhunderts einer der gesuchtesten Orgelbauer Berlins. 1851 übernahm wieder dessen Sohn Karl Friedrich Buchholz (1821 Berlin – 1885 ebenda) zunächst als Teilhaber, dann als Leiter die Firma, die 1885 erlosch. Buchholz baute Schleifladen mit keilförmigen Schleifen und in die großen Spielventile kleine Vorventile zur leichteren Spielbarkeit ein. Karl August Buchholz war Lehrmeister von Bergen (Halberstadt), Rohn (Wormditt), Baumgarten (Zahna), Kewitsch und Dinse (Berlin) und von seinem Neffen Barnim Grüneberg (Stettin).

Flade; Kümmerle I, 196; Bergelt, Brandenburg, 87 f.

Büchner, Curt, Orgel- und Klavierbauer in Mindelheim und Bad Wörishofen. Lebensdaten unbekannt; Büchner ist mit einigen Arbeiten – vorwiegend Umbaumaßnahmen – im schwäbischen Raum in den 1930er und 1940er Jahren aufgetreten. Er verwendete Kegelladen mit pneumatischer Traktur. Flade erwähnt eine Orgelbaufirma Schäfer & → Poll in Augsburg, der eine von Büchner erbaute Orgel zugeschrieben wird.

Flade.

Buck, Heinrich, Orgelbauer in Bayreuth. 1833 Bopfingen – 1883 Bayreuth; er absolvierte zuerst eine Schreinerlehre, besuchte dann die Kreislandwirtschafts- und Gewerbeschule in Bopfingen (?) und erlernte den Orgelbau bis 1854 bei Max Maerz in München. Danach war er bis 1858 bei Anton Breil in Regensburg und bis 1863 bei Weineck in Bayreuth tätig. Hier machte er sich 1863 auch selbständig. Anfangs lebte er mehr von Reparaturen, später mehrten sich die Neubauaufträge, vorwiegend einmanualige Instrumente mit standardisierten Prospekten. Das Werkverzeichnis enthält etwa 30 Neubauten zumeist in Oberfranken und in der Oberpfalz, darüberhinaus vereinzelt in Mittelfranken und Schwaben. Neben Weineck erwuchs ihm in den 1870er Jahren eine starke Konkurrenz durch Wolf.

HO Oberfranken 32; Flade; H. Fischer und Th. Wohnhaas, Bayreuther Orgelbauer in der zweiten Hälfte des 19. Jahrhunderts, in: Archiv für Oberfranken 51 (1971), 221–230.

Buckow, Karl Friedrich Ferdinand, kgl. preußischer Hoforgelbaumeister in Hirschberg (Schlesien). 1801 Danzig – 1864 Komorn; er war Schüler von Wegner in Danzig, arbeitete bei Grüneberg (Stettin), reiste nach Frankreich und England und kam zu Schinke nach Hirschberg, nach dessen Tod er sich hier 1831 selbständig machte. Buckow baute insgesamt 54 neue Orgeln, darunter das Werk für die Piaristenkirche in Wien 1858, auf der u. a. Bruckner und Liszt spielten. Sein Schüler war Walter in Guhrau, sein Wirken über Schlesien hinaus unterstreicht seine künstlerische Bedeutung.

Flade; Kümmerle I; Burgemeister[2], 129–131.

Burkard, Mathias, Orgelbaumeister in Heidelberg. 1838 Mannheim – 1922 Heidelberg; er war Schüler von Gustav Schlimbach in Speyer 1853–1858, dann vier Jahre bei Voit tätig, etablierte sich 1863 in Heidelberg und konnte bis 1894 55 Opera fertigstellen. Er baute mechanische Kegelladen. 1876 erhielt er die Goldene Medaille auf der Gewerbeausstellung in Heidelberg. Sein Sohn Friedrich Burkard führte 1897–1901 eine Orgelfabrik in St. Ilgen, die wegen Zahlungsschwierigkeiten schließen mußte.

Flade; Kümmerle I; HO Baden, 285.

Bürkle, Carl I, Orgelbauer in Ludwigsburg und Augsburg. Lebensdaten unbekannt; er war lange Jahre bei Walcker in Ludwigsburg tätig und wechselte 1921 in die Firma Koulen (Augsburg) als Geschäftsführer, die jedoch 1922 ihre Pforten schloß. Über sein weiteres Leben wissen wir nichts.

Der Sohn Carl II Bürkle (1890 Ludwigsburg – 1960 Schwelm) wurde bei Walcker ausgebildet (1904–1908), ging dann ins Ausland, u. a. in die Schweiz, und legte 1929 die Meisterprüfung ab. Bis 1931 war er bei Eule in Bautzen tätig, wechselte 1931 in die Firma Faust nach Barmen, wo er 1941 Teilhaber und 1953 Inhaber wurde. Nach seinem Tod 1960 führte sie die Witwe Bürkle weiter, bis sie 1974 Jürgen → Dahlbüdding (*1937) erwarb.

Flade.

Butz, Emil, Orgelbauanstalt in Seligenthal bei Schmalkalden. Lebensdaten unbekannt; Butz machte sich 1893 selbständig und baute einige Orgeln im osthessischen Raum. Er inserierte in den 1890er Jahren als Fabrikant von Kegelwindladen, Gebläsen, Spieltischen, Mechanikteilen und Holzpfeifen sowie Drechslerartikeln für den Orgelbau und beschäftigte sich daneben auch mit dem Zusammenbau und Vertrieb von Harmoniums. Inwieweit ein Zusammenhang mit der ortsansässigen Firma Peternell bestand, die ab 1890 ebenfalls zur Fabrikation von Orgelteilen übergegangen war, ist nicht bekannt. Jedenfalls existierten beide Betriebe in Seligenthal nebeneinander.

ZfI XIV (1893/94), 697; XVI (1895/96), 225, 330, 685; Weltadreßbuch 1897, 113.

C

Cartellieri, Gustav, Orgelbaumeister in Wittlich (Eifel). *1941 Eger; er wurde ausgebildet bei Elsen in Wittlich, machte 1970 die Meisterprüfung und eröffnete 1973 in Wittlich eine eigene Orgelbauwerkstätte. Er beschäftigt gegenwärtig vier Mitarbeiter und führte etwa 40 Neu- bzw. Restaurierungsaufträge durch, wobei er auch Erfahrungen mit Stumm-Orgeln sammeln konnte. Das Arbeitsgebiet umfaßt die Eifel, das Moselland, den Hunsrück und das Saargebiet.
Umfrage 1989.

Caspar, F., Orgelbauer in Berlin. Lebensdaten unbekannt; er wird 1897 unter den Orgelbauern Berlins aufgeführt.
Acta 18 (1985), 306.

Caspar, Johann, Orgelbauer in Nordenham bei Bremerhaven. Caspar war nach 1946 in Butjadingen tätig und ist dann 1952 nach Brasilien ausgewandert.
Pape, Führer, 143; Schlepphorst.

Ceska, Joseph (Johannes), Zinnpfeifen-Fabrikant in Eilenburg (Sachsen). †1903; die Fabrik wurde 1881 gegründet.
Flade; Weltadreßbuch 1897.

Chwatal, Orgelbauerfamilie in Merseburg. Der Stammvater aus Rumburg (Böhmen) übersiedelte 1821 als Orgelmacher nach Merseburg und 1835 nach Magdeburg, wo er 1836 starb. Von den beiden Söhnen wurde der ältere, Franz Xaver Chwatal (1808–1879) ein berühmter Musiker und Komponist, der jüngere Karl Joseph Chwatal (1811 Rumburg – 1887 Merseburg) Orgelbauer und von seinem Vater ausgebildet. Der Enkel Bernhard Chwatal (1844–1912) wurde ebenfalls Orgelbauer und ab 1870 Teilhaber im Geschäft. Er firmierte als „Chwatal & Sohn, Orgeln und Orgelbestandteile, Merseburg". Otto Chwatal, wahrscheinlich ein Bruder des Bernhard, machte sich 1884 in Merseburg selbständig und stellte ebenfalls Orgelbestandteile her. Er starb 1902, über sein Vermögen wurde Konkurs verhängt. Die Arbeiten der Orgelbauer Chwatal sind noch unerforscht. Karl Joseph Chwatal konstruierte 1858 eine Pedalwindlade mit nach unten aufgehenden Scheibenventilen. 1861 erfand er die sog. Knopfventillade, eine Registerkanzellenlade mit Spielventilen in Knopfform, die sich seitwärts öffnen (Walter S. 32 f.). Kümmerle spricht von einer Stöpsellade, bei der die hängenden Scheibenventile auf einem gemeinsamen Stecher mit Zugdraht aufgereiht sind. Die Konstruktionen haben sich nicht bewährt. Chwatal lieferte seine Orgelteile in alle europäischen Länder.
Flade; Riemann I, 315; Kümmerle IV, 424 f.

Cladders, Martin, Orgelbaumeister in Badbergen-Vehs (Artland). *1955 Krefeld; ausgebildet von Lukas Fischer in Rommerskirchen-Butzheim, machte er sich nach der Meisterprüfung 1986 in Badbergen-Vehs selbständig. In der Werkstatt sind noch zwei Mitarbeiter beschäftigt. Bis Ende 1989 wurden drei neue Orgeln gebaut.
Umfrage 1990.

Clewing, Fritz (Friedrich Wilhelm Eduard), Orgelbauer in Münster und Fulda. 1851 Hamm – 1906 Werl; nach der Schreinerlehre im Elternhaus kam er zum Orgelbau wohl bei einem westfälischen Meister und heiratete 1882 in Münster, wo er sich auch häuslich niederließ und vermutlich eine kleine Werkstatt hatte. Im Winter 1889 übersiedelte er nach Fulda, um die Werkstatt Hahner-Rieschick zu übernehmen. Im Zeitraum 1890 bis

1906 baute er in katholischen Kirchen des Fuldaer Landes nachweislich 35 Orgeln, war also gut beschäftigt, hatte aber wenig finanzielle Erfolge und bekam wegen seiner konservativen Bauweise (mechanische Traktur) in der Stadt Fulda keine Aufträge. Wohl deshalb und aus gesundheitlichen Gründen verließ er 1906 Fulda und starb wenig später in Werl. 1894 stellte er von Schleif- auf Kegelladen um. Von seinen zahlreichen Arbeiten (einschließlich Westfalen sind über 40 Opera bekannt) sind nur ganz wenige unverändert erhalten. Seine Dispositionen sind zwar grundtönig, aber durchgehend noch mit dem nachbarocken Principalchor ausgestattet.

G. Rehm, Der Orgelbauer Fritz Clewing und sein Werk, in: Acta 13 (1979), 219–250.

Cornils, Orgel- und Instrumentenmacherfamilie in Schleswig. Die Gebr. Johann Peter (1798–1878) und Friedrich Cornils (1814–1900) arbeiteten mindestens seit 1840. Ihre Tätigkeit ist noch wenig bekannt.

Cirsovius, 154; Schumann, Schleswig.

Crescio, C., Orgelbauer in Berlin. Er wird 1897 unter den Orgelbauern Berlins aufgeführt.

Acta 18 (1985), 306.

Czopka, Orgelbauerfamilie in Rosenberg, Gleiwitz (Schlesien) und Berlin. Der Vater Anton Czopka (1841 Reichthal – 1907 Gleiwitz) machte sich um 1870 in Rosenberg selbständig und baute dort und in der Umgebung kleinere bis mittlere Orgeln, hauptsächlich mit Schleifladen und mechanischer Traktur. Bruno Göbel, der spätere Orgelbauer in Königsberg, genoß bei ihm die erste Ausbildung. 1898 übersiedelte Czopka nach Gleiwitz. Ein Jahr später ging sein Sohn Felix Czopka (*1874 Rosenberg) nach Berlin, wo seine weitere Tätigkeit noch nicht ermittelt ist, außer daß er 1932 durch besondere Erfindungen auf dem Gebiet der elektropneumatischen Traktur von sich reden machte.

Flade; Burgemeister[2.], 144, 311; ZfI 28 (1907/08), 332.

D

Dahlbüdding, Jürgen, Orgelbaumeister in Schwelm. *1937; Ausbildung unbekannt. Er erwarb die Orgelbaufirma → Faust in Schwelm von der Witwe des früheren Besitzers Carl → Bürkle und führte sie unter dem Namen „Schwelmer Orgelbau Jürgen Dahlbüdding KG" bis zum Jahre 1982 weiter. Danach siedelte er in die Schweiz über.

Dalstein & Haerpfer, Orgelbauanstalt in Bolchen (Boulay/Lothringen). 1863 gegründet von Nicolas Dalstein aus Bolchen (†1902), der Cavaillé-Coll-Schüler und ganz im französischen Orgelbau verankert war, und Karl Haerpfer (1835 Nördlingen – 1909 Bolchen), der in Süddeutschland (Steinmeyer) und in der Schweiz (Haas) ausgebildet worden war. Laut Albert Schweitzer, der die lothringische Firma bevorzugte, vereinigte sie die Vorzüge des deutschen und französischen Orgelbaues und war sie die erste Vertreterin der elsässisch-deutschen Orgelreform. Sie beschäftigte um 1900 etwa 20 Mitarbeiter, später etwa 30 und lieferte jährlich durchschnittlich 12 Orgeln aus. Nach Dalsteins Tod 1902 trat sein Sohn Paul Dalstein (1869 Ottonville – 1919) als Teilhaber in die Firma ein. Haerpfers Sohn (Johann Adolf) Friedrich (1879 Bolchen – 1956 Metz) wurde 1909 Teilhaber und 1919 Alleininhaber. Ihn verband eine starke Freundschaft mit Albert Schweitzer. 1930 firmierte das Haus als „Manufacture Lorrain de Grandes Orgues". Um 1949 übernahm Friedrich Karl Walter Haerpfer (1909–1975), der Enkel des Gründers, die Firmenleitung, während sein Vater Fritz seinen Ruhestand in Metz verbrachte. Um 1960 verband er sich mit dem neuen Teilhaber Erman (*1913); seitdem heißt die noch bestehende Firma „Haerpfer & Erman". Neuer Leiter ist seit 1975 Theo Haerpfer (*1946 Boulay). Anfangs bauten Dalstein & Haerpfer Schleifladen mit mechanischer Traktur und Barkerhebeln; mechanische Kegelladen wurden nur vereinzelt gebaut. Die Röhrenpneumatik wurde schon 1893 eingeführt, und zwar in Verbindung mit der Kegellade nach dem Ausstromsystem. 1905 baute man die erste elektrische Traktur. Alfred Kern in Straßburg war ein Schüler von Haerpfer.

Flade; Acta 11 (1977), 173–225; Acta 15 (1981), 169; Acta 18 (1985), 349–378; ZfI XIII (1892/93), 820.

Dasbach, Peter, Schreiner und Orgelbauer in Obersteinbach (Kr. Altenkirchen/Westerwald). Lebensdaten unbekannt; nach anfänglicher Tätigkeit als Schreiner wandte er sich 1840 dem Orgelbau zu, baute einige neue Orgeln, führte aber hauptsächlich Reparaturen an älteren Orgeln aus. Ab 1884 erlernte bei ihm der Neffe Peter Klein aus Bürdenbach den Orgelbau und übernahm 1911 die Werkstatt, die unter dessen Sohn Josef Klein bis in die Gegenwart bestand.

H. G. Hammer, Orgelbau im Westerwald, Köln 1971, 23.

Dauzenberg, Orgelbauerfamilie in Linnich b. Aachen. Michael Dauzenberg (1828 Schleiden – 1898 Linnich) lernte bei Wilhelm Korfmacher ab 1843 und blieb dort. Er übernahm nach dessen 1860 erfolgten Tod 1862 die Werkstatt, die 1805 eröffnet worden war. Jährlich verließen etwa 1 bis 2 Orgeln mit Schleifladen und mechanischer Traktur die Werkstatt und gelangten in Kirchen des Bistums Aachen, einige auch in den Kölner Bereich. Ab 1895 ging er zur Pneumatik über. Der Sohn Heinrich Dauzenberg (1865–1943) führte das Geschäft noch bis zur Zerstörung im Zweiten Weltkrieg weiter.

Ars 1986, 95 f.; Flade; Gregorius-Blatt 20, 1895, 22.

Deininger & Renner, Orgelbau in Oettingen (Ries). Albrecht Deininger (*1927 Rummelsberg) und Manfred Renner (*1937 Oettingen) haben beide die Orgelbaulehre bei Steinmeyer absolviert und anschließend dort weitere Erfahrungen gesammelt, ehe sie

sich 1964 selbständig machten und die stillgelegte Sieber-Werkstatt in Holzkirchen (Ries) wiederaufleben ließen. 1973 wurde der Betrieb nach Oettingen verlegt, wo durch einen Werkstattneubau mehr Gewerbefläche zur Verfügung stand. Mit durchschnittlich sieben Mitarbeitern gelang es der Werkstätte, ihr Arbeitsgebiet über ganz Bayern auszudehnen und sich im Bau von Orgeln bis zu 3 Manualen, kleineren Instrumenten, Positiven und auf dem Restaurierungssektor einen Namen zu machen. Bis Ende 1990 wurden 90 neue Orgeln gebaut.
Umfrage 1990; HO Oberfranken.

Deiseroth, Orgelbauer in Öhrenstock bei Ilmenau (Thüringen). Lebensdaten unbekannt; er baute 1865 die noch vorhandene Orgel in Kieselbach (Rhön). Ein Wilhelm Bauroth arbeitete laut Weltadreßbuch 1897 als Hersteller von Registerknöpfen in Ilmenau; vielleicht besteht irgendein Zusammenhang.
Flade; Acta 18 (1985), 309.

Dentler, Hans, Orgelbaumeister in Lichtenfels und Siegen. 1914 Ratzfeld/Rumänien – 1981 Siegen; er lernte in Temeschburg den Orgelbau, machte sich 1941 in Jugoslawien selbständig und übersiedelte 1948 nach Lichtenfels, wo er bis 1957 tätig war. 1958 verlegte er aus familiären Gründen seinen Betrieb nach Siegen. Dentler nahm in der Nachkriegszeit Umdisponierungen vor und baute bis in die 60er Jahre elektrische Kegelladen. Danach verlegte er sich auf die Halb- und Fertigausführung von Orgelpfeifen, Schleifladen aus genuteten Multiplexplatten mit eingelassenen Tonkanzellenschieden, Kegelladen und Taschenladen.
HO Oberfranken, 33; Königin der Instrumente – gebaut im Siegerland, in: Siegener Zeitung Nr. 39 vom 15. 2. 1958.

Dickel, Orgelbauerfamilie in Mosbach (Baden) und Treisbach bei Marburg. Johann Heinrich Dickel (1745 Berleburg – 1796 Mosbach) war Schwiegersohn des Orgelmachers J. F. E. Müller in Heidelberg und war ab 1771 in Mosbach selbständig. Als Mitarbeiter wird Joh. Gottlieb Schick genannt. Heinrichs Sohn Philipp Heinrich Dickel (1783 Mosbach – 1870 Treisbach) wohnte 1809 in Wingeshausen und zog 1819 nach Treisbach. Zwischen 1809 und 1845 baute er im Marburger Becken zwischen Rothaargebirge und Vogelsberg mindestens ein Dutzend neue Orgeln und reparierte zahlreiche andere. Schon um 1845 vertraute er die Leitung der Werkstatt seinem Sohn Johann Peter Dickel (1819 Treisbach – 1896 ebenda) an, dem es auch gelang, die Beschäftigungslage bedeutend zu verbessern. Er baute bis in die 1880er Jahre jährlich etwa eine neue Orgel, in der Mehrzahl einmanualige Instrumente bis zu 10 Registern und einige wenige zweimanualige Werke. Sein Arbeitsgebiet war ziemlich genau auf die Kreise Biedenkopf, Frankenberg und Marburg fixiert. Da sein Sohn Heinrich 1877 21jährig starb, zog sich Peter Dickel mehr und mehr vom Geschäft zurück. Bemerkenswert ist seine Zusammenarbeit mit dem Marburger Bezirkskonservator für Kurhessen und Organologen Dr. h. c. Ludwig Bickell (1838–1901), der große Stücke auf Dickel hielt.
Flade; Trinkaus, Ziegenhain, 248 ff.; Bösken II und III; Reuter, Westfalen; Acta 10 (1976), 226.

Diekmann, Franz, Orgelbauer in Berlin. Er wird 1917 in der Branchenliste genannt.
Acta 12 (1978), 223.

Diepenbrock, Johann, Orgelbauer in Norden (Ostfriesland). 1854 Norden – 1901 ebenda; er scheint nicht in Ostfriesland gelernt zu haben, machte sich um 1881 selbständig mit einer Reparaturarbeit. Wegen zunehmender Nachfrage suchte er 1890 einen Orgelbaugehilfen. Die meisten einmanualigen, seltener zweimanualigen Orgeln bis zu etwa 15 Registern hatten Kegelladen, mechanische Traktur und waren sehr solide gebaut. Diepenbrock war sehr selbstbewußt und ließ sich nicht gerne von Revisoren ins Handwerk reden. Nach seinem Tode führte die Witwe zusammen mit dem Sohn Hans das Geschäft noch bis etwa 1915 weiter.

Kaufmann, Ostfriesland, 53, 269; Pape, Führer, 144; Flade.

Dietmann, Orgelbauerfamilie in Schwanfeld (Main) und Lichtenfels. Begründer war der Schullehrersohn Kaspar Dietmann (1809 Schwanfeld – 1870 ebenda), der als Kunsttischler und Instrumentenmacher ausgebildet und bei Müller in Rosenheim auch im Orgelbau Erfahrungen gesammelt hatte. Er machte sich um 1855 selbständig. Die erste bekannte Orgel lieferte er 1858 für Opferbaum; neben einigen Neubauten für die Umgebung war er häufig mit Reparaturen beschäftigt. Von sechs Söhnen wurden zwei Orgelbauer: Kaspar Ignaz (1838 Schwanfeld – 1887 ebenda), der 1867 in Würzburg heiratete und an Lungenschwindsucht starb, und Andreas Franz (*1843), der wahrscheinlich die väterliche Werkstatt weiterführte, die mindestens bis in die 1890er Jahre noch existierte. Des Kaspar Ignaz Sohn Eusebius Dietmann (1868 Schwanfeld – 1944 Forchheim) hatte eine bemerkenswerte Orgelbauerlaufbahn: Nach des Vaters Tod 1887 ging er auf Wanderschaft und gelangte schließlich zu Schlag & Söhne nach Schweidnitz, ging 1899 in deren Auftrag nach Südafrika und geriet in die Wirren des Burenkrieges. Er stellte dort mehrere Orgeln auf. Später wechselte er von Schlag zu Voit nach Durlach und heiratete schließlich 1913 die Witwe des 1912 verstorbenen Johann Georg →Thierauf. Er setzte dann die 1899 in Lichtenfels gegründete Thierauf-Werkstatt fort, aus der bis 1940 ca. 80 Orgeln hervorgingen. Nach dem Zweiten Weltkrieg fiel der Betrieb wieder an den Stiefsohn Max Thierauf zurück, mit dessen Tod er 1964 erlosch. Die Schwanfelder Werkstatt baute mechanische Schleifladen. Thierauf begann wohl mit der Pneumatik in Lichtenfels. Eusebius Dietmann baute pneumatische Taschenladen.

Flade; HO Unterfranken, 309 f.; HO Oberfranken, 33; H. Meyer, Lichtenfelser Orgelbauer, in: Heimatblätter 1961 Nr. 9.

Dillig, Heinrich , Orgel- und Drehorgelbauer in Iphofen (Unterfranken). Er war um die Jahrhundertwende als Reparateur in Unterfranken tätig. – Ein Peter Dillig aus Würzburg erscheint in den 1920er Jahren als Orgelreparateur.

Acta 18 (1985), 309

Dingeldey, Orgelbauerfamilie in Darmstadt-Eberstadt. Johann Peter Dingeldey (1782 Eberstadt – 1859 ebenda) war Orgel- und Instrumentenmacher und fünfmal verheiratet; 1817 stellte er ein Gesuch um Übertragung der Orgelarbeiten im Odenwald und wurde als Landorgelmacher zugelassen. Vorläufig ist von ihm nur ein Neubau bekannt, Reparaturen hingegen sind im Raum zwischen Amorbach und Nierstein häufig nachzuweisen, allerdings auch ziemlich negative Urteile über seine Arbeitsweise. Der Sohn aus der 4. Ehe namens Friedrich Philipp (1842 – nach 1913) war ebenfalls Orgelbauer, scheint sich aber nur mit Reparatur- und Wartungsarbeiten befaßt zu haben.

Flade; Balz, Starkenburg, 293–297; K. Dingeldey, Stammbaum der Familie Dingeldey, in: Hessische Chronik 2 (1913), 40 ff. 69 ff. 106 ff.

Dinse, Orgelbauerfamilie in Berlin. August Ferdinand Dinse (1811 – ca. 1880) war Geselle bei Karl August Buchholz in Berlin und machte sich 1839 zusammen mit Wilhelm Lang, seinem Schwiegervater, in Berlin selbständig (Lang & Dinse). Nach Langs Tod wurde er 1858 Alleininhaber des Geschäfts, das er 1872 seinen Söhnen Oswald

(1845 Berlin – 1918 ebenda) und Paul Dinse (1849 Berlin – 1916 ebenda) übergab (Gebrüder Dinse). Sie ließen 1881 eine pneumatische Windlade patentieren. 1885 bauten sie eine Salonorgel mit elektrischer Traktur nach dem System Welte; 1888 verwendeten sie eine elektropneumatische Traktur (System Schmöle & Mols), ab 1895 bauten sie nur noch pneumatisch. 1896 finden wir bei ihnen waagerechte spanische Trompeten. 1897 erreichte das Œuvre die Zahl 600, davon 30 in Berlin. Mit industriellen Fertigungsmethoden wurde Dinse zum bedeutendsten Orgelbaubetrieb in Berlin um die Jahrhundertwende. Bei Otto Dinse (Lebensdaten unbekannt) scheint es sich um einen Enkel des Gründers zu handeln. Die Firma bestand noch 1932. Das Arbeitsgebiet erstreckte sich auf Berlin, die Mark Brandenburg, die Provinz Posen, Litauen und Rußland; eine Orgel gelangte nach Böhmen.

Flade; Kümmerle I, 322; Catalog der Orgelbau-Anstalt Gebrüder Dinse, Berlin SO, Berlin 1897 (Nachdruck Berlin 1980); Ars 29 (1981), 211; Bergelt, 56, 90 f.

Döhre, Orgelbauerfamilie in Steinheim (Westfalen) und Warburg. Die Lebensdaten der einzelnen Mitglieder sind nicht bekannt. Der Vater A. Döhre war während seiner Ausbildung u. a. bei Cavaillé-Coll in Paris. Die zweite Generation firmierte als Gebr. Döhre, Inhaber Wilhelm Döhre, bis in die 1920er Jahre. Nach Reuter existieren Tätigkeitsnachweise zwischen 1859 und 1924.

Reuter, Westfalen, 332.

Dold, Willy, Orgelbaumeister in Freiburg i. Br.; 1906–1959 Freiburg; Dold machte sich um 1932 in Freiburg selbständig und betreute bis zu seinem Tode den südbadischen Raum, hauptsächlich die katholischen Kirchen, mit seinen Arbeiten. Er baute anfangs elektrische Kegelladen. Nach dem Kriege, besonders in den 1950er Jahren, baute er ältere Werke auf diese Ladenform um, barockisierte und erweiterte sie unter Beibehaltung der alten Gehäuse. In einigen Fällen elektrifizierte er auch vorhandene Schleifladen, denn er war besonders auf den Spieltischbau spezialisiert. Sein Schaffen spiegelt also das damalige Verständnis der Orgelreform wider.

Sulzmann, Martin; HO Baden; IbZ 13 (1959), 266.

Dolp, Johann, Orgelbauer in Mindelheim. Lebensdaten unbekannt (er starb in den 1960er Jahren); über seine Tätigkeit gibt es wenige Hinweise, da er nur mit Reparaturen und Stimmungen beschäftigt war.

Domisch, V., Orgelbauer in Südbaden. Er war um die Jahrhundertwende in der Freiburger Gegend tätig.

HO Baden.

Döring, Bruno, Orgelbaumeister in Neukirchen (Kr. Ziegenhain/Hessen). *1924; legte 1958 die Meisterprüfung in Osnabrück ab und machte sich danach in Diekholzen bei Hildesheim selbständig. Etwa 1959 übersiedelte er mit der Werkstatt nach Neukirchen, wo er ein reiches Arbeitsfeld vorfand. In der Anfangszeit war er überwiegend mit Umbauten im Sinne von Barockisierungen beschäftigt, dann folgten zahlreiche Neubauten, als größter die Stadtkirchenorgel in Hersfeld, und Restaurierungen, wobei sein Eintreten für die historischen Werke bzw. Prospekte als bedeutsam bezeichnet wird.

Trinkaus, Ziegenhain, 250 f.; IbZ 12 (1958), 312.

Dornheim, F. W., Orgelbauer in Eichfeld bei Rudolstadt (Bez. Gera/Thüringen). Lebensdaten nicht bekannt; Dornheim & Sohn sind mit Orgelbauten aus der Zeit zwischen etwa

1850 und 1885 nachweisbar. 1881 stellte er eine Zimmerorgel in Pianoform in Halle aus. 1885 gab die Firma den Orgelbau auf und fertigte danach nur noch Klaviaturen als Zulieferer.
Flade; Obz 3 (1881), 174; ZfI V (1884/85), 381.

Dörr, Ignaz, Orgelbauer in Hardheim (Nordbaden). 1829 Hardheim – 1886 ebenda); Ausbildung unbekannt. Er begann seine Tätigkeit um 1860 und schuf, soweit bekannt, 11 Neu- oder größere Umbauten mit maximal 20 Registern im Bereich Bauland – Südspessart. Ab 1866 baute er Kegelladen mit mechanischer Traktur. 1886 übernahm sein Schüler Wilhelm → Bader den Betrieb (heute Orgelbau Vleugels).
Umfrage 1990.

Drechsler, Walter, Orgelbauer in Blankenhain bei Weimar. Lebensdaten unbekannt; er war der Neffe und Schüler von Adalbert Foertsch in Blankenhain und übernahm 1878 dessen Geschäft. Er verbesserte die schon von seinem Lehrmeister gebaute Kegellade und äußerte sich auch literarisch über das Thema. Wahrscheinlich aus Enttäuschung über die Anfeindungen seiner Berufsgenossen gab er schon 1881 das Geschäft auf und übersiedelte nach Wiesbaden.
Flade.

Dreher, Max, Orgelbaumeister in Augsburg und Salzburg. 1886 Hausen am Tann – 1967 Salzburg; er kam nach der Schreinerlehre nach Überlingen zu Mönch bis 1905, arbeitete anschließend bei dem Goll-Nachfolger Schäfer in Kirchheim u. Teck, ferner bei Goll (Luzern), Hägele & Co. (Klavierfabrikant in Aalen), Roethinger (Straßburg), Behmann (Schwarzach), und von 1911–1916 bei Koulen in Augsburg, wo er die Meisterprüfung ablegte. 1916 trat er als Teilhaber in die Firma Hans Mertel in Salzburg ein, die sich bis 1922 Mertel & Dreher nannte; danach gingen beide als Abteilungsleiter in die neu gegründete Firma Cäcilia AG. Während Mertel 1928 wieder eine selbständige Tätigkeit aufnahm, übernahm Max Dreher 1929 zusammen mit Leopold Flamm die Werkstätten der aufgelösten Cäcilia und firmierte bis 1953 unter der Bezeichnung „Dreher und Flamm, Salzburg". Bis 1939 unterhielten sie einen Zweigbetrieb in Augsburg, von 1949 bis 1957 einen Zweigebetrieb in Freilassing, und von 1957–1963 einen solchen in Rieden am Ammersee. 1954 wurde sein Schwiegersohn Max Reinisch (*1916 Steinach am Brenner) Teilhaber, 1957 Geschäftsnachfolger. Die Firma heißt seitdem Dreher & Reinisch. 1929 begann Dreher mit 10 Mann, hatte aber schon nach drei Jahren wieder 30 Arbeiter im Betrieb. Bis zu seinem Ausscheiden entstanden etwa 250 neue oder renovierte Orgeln mit Exporten nach Deutschland, Italien, Frankreich, Polen, Dänemark und Holland. Dreher baute Kegelladen mit pneumatischer und ab den 1930er Jahren meist mit elektrischer Traktur. 1956 wurde die erste Schleiflade gebaut, seit 1963 gehört sie zum ausschließlichen Bauprogramm der Firma.
Gerhard Walterskirchen, Orgeln und Orgelbauer in Salzburg vom Mittelalter bis zur Gegenwart, Diss. Salzburg 1982 (maschr.), 215–233; Joh. Goldner/Stefan Fendt, Das bedrohte Werk eines großen Meisters, Zum 100. Geburtstag des Orgelbauers Max Dreher, in: Unser Bayern (Bayer. Staatszeitung) 35 (1986), 35–37; Orgelbaumeister Max Dreher 80 Jahre, in: Singende Kirche 13, (1965), 243.

Ducke, Nikolaus, Orgelbauer und Vertriebsrepräsentant im Musikinstrumentenhandel. *1940 Kassel; er wurde von Bosch ausgebildet, spezialisierte sich auf die Intonation und

war dann als Mitarbeiter verschiedener Firmen (Flentrop, Rieger, Verschueren) im europäischen Ausland beschäftigt. Seit 1976 nicht mehr im Orgelbau tätig.
Umfrage 1990.

Dülk, Kaspar, Orgelbauer in Frankfurt (Main). 1866–1951; Ausbildung und Entwicklung seiner Tätigkeit sind nicht bekannt. Es gibt nur wenige Nachweise seiner Arbeit: Reparaturen, Instandsetzungen oder Austausch von Registern vorhandener Orgeln. Er war als Vertreter der Firma Walcker für deren Frankfurter Instrumente zuständig und ist daher nur selten namentlich in den Unterlagen zu ermitteln.
Flade; Bösken II; Peine, 157, 175; IbZ 6 (1951/52), 8.

Dürschlag (Dürrschlag), Orgelbauerfamilie in Rybnik (Ostoberschlesien, seit 1922 polnisch). Heinrich Dürschlag (1825 Rybnik – 1906 ebenda) machte sich etwa 1850 hier selbständig und baute in diesem Bereich vorwiegend kleinere Orgeln. Ab 1888 trat sein Sohn Hans Dürschlag (1858 Rybnik – ?), der von seinem Vater und von Walter in Guhrau ausgebildet war, ins Geschäft ein, das sich nun auch stärker behaupten konnte und ab 1900 mehrere Orgelwerke nach Rumänien zu liefern hatte. 1913 assoziierte er sich mit dem Orgelbauer Klimosch zur Firma Klimosch & Dürschlag.
Flade; Burgemeister[2], 146.

Dutkowski, Orgelbauerfamilie in Braunschweig. Zwischen 1929 und 1965 wurde die Werkstatt von den Gebrüdern Franz (1896–1963) und Otto Dutkowski (1899–1966) geführt. Anfangs firmierten sie als Gebrüder, dann trat Franz Dutkowski mehr in den Vordergrund, zuletzt Otto Dutkowski. Ihr Wirken vollzog sich hauptsächlich in Braunschweig und Umgebung, wo sie von Anfang an Schleifladen mit mechanischer Traktur bauten und häufig mit dem Umbau und Umdisponierungen älterer Orgeln beauftragt waren. Ihre Zusammenarbeit mit den Orgelsachverständigen Pastor Wilhelm Drömann und Walter Supper zeigt den Einfluß der Orgelbewegung auf ihr Schaffen. Die Jahre vor und nach dem Zweiten Weltkrieg waren allerdings für den Orgelbau nicht günstig, wenn man davon absieht, daß die Gebr. Dutkowski für die Errettung und Instandsetzung der kriegszerstörten Orgeln in Braunschweig viel geleistet haben. Die Nachfolge übernahm Hermann Hillebrand in Altwarmbüchen.
Pape, Stadt Braunschweig; Flade; G. Piper, Die Orgeln des Kirchenkreises Gifhorn, Gifhorn 1967, 33; IbZ 20 (1966), 220.

E

Eberlein, Valentin, Orgelbauer in Lorsch und Worms. 1823 Einhausen – 1881 Worms; nach der Lehre arbeitete er ein Jahr bei Förster in Lich und machte sich um 1850 in Lorsch selbständig. 1859 übersiedelte er nach Worms. Schwerpunkt seiner Tätigkeit waren Mainz und Rheinhessen, sporadisch blieben Aufträge aus Starkenburg. Eberlein baute Zylinderbälge, legte Transmissionsregister an, die auf beiden Manualen spielbar waren, und verwendete einige für ihn typische Register (Dulkan, Harmonika und Trompetin, ein von ihm erfundenes Labialregister mit trompetenartigem Ton). Ein 1851 geborener Sohn Jakob wurde ebenfalls Orgelbauer. Ob Valentin II Eberlein († 1933) Sohn oder Enkel war, steht nicht fest. Das Werkverzeichnis ist erst mit ca. 25 Neu- oder Umbauten ermittelt. Zwischen 1880 und 1890 sind nur Reparaturarbeiten bekannt.
Bösken-Archiv; Balz, Starkenburg, 357–361; Flade.

Ebner, Hans, Orgelbaumeister in Hannover. Er war in den 1930er Jahren bis zum Zweiten Weltkrieg tätig und baute einige Orgeln im Raum Hannover-Braunschweig.
Flade; Pape, Stadt Braunschweig, 77.

Eckardt, Stephan, Orgel- und Klaviertechniker in Bad Dürkheim. Er war ab 1920 Verbandsmitglied.

Edenhofer, Orgelbauanstalt in Regen und Deggendorf (Niederbayern). Sie wurde 1852 durch Karl Ludwig Edenhofer (1828–1895) in Regen gegründet; er war Schüler von Zimmermann (München) und Ullmann (Wien) und hatte 1844 die Meisterprüfung abgelegt. Die Zahl seiner Werke bis 1895 wird mit 210 angegeben, meist kleinere Orgeln mit unter 10 Registern. Einige Orgeln lieferte er nach Rußland. Er war ferner ein ausgezeichneter Violinspieler, verfaßte einen Reisebericht durch Südrußland und schenkte 1885 dem Reichskanzler von Bismarck, „dem Tonangeber im europäischen Konzert", eine Stimmpfeife zum Geburtstag. 1893 wurde die Werkstatt von Regen in eine stillgelegte Zündholzfabrik bei Deggendorf verlegt. Die „Fabrik mit Dampfbetrieb" übernahm 1895 der Sohn Ludwig Edenhofer (1861–1940) und sicherte den florierenden Fortbestand, verkaufte aber den Betrieb 1921 an die Pianofabrik „Baldurwerke". Er dürfte rund 180 Orgeln ausgeliefert haben mit eigener Opuszählung. 1930 gelangte der Besitz in die Hände von Karl Huber (1885–1946), der die Edenhofer-Werkstatt weiterführte bis zu seinem Tode, allerdings mit erheblich verminderter Bedeutung. Um 1880 erfolgte die Umstellung von Schleiflade auf Kegellade, um 1900 von der mechanischen zur pneumatischen Traktur. Die Zahl der Mitarbeiter belief sich 1895 auf 10, was auch etwa der jährlich gefertigten Orgelzahl entsprach.
Flade; Kümmerle I, 358; ZfI 16 (1895/96), 435, 672; Brenninger, Altbayern, 146 f., 158.; HO Oberpfalz, 76.

Eggert, Orgelbauerfamilie in Paderborn. 1805 wurde der Tischler Georg Josias Eggert (1775 Klein-Oschersleben – 1882 Paderborn) Bürger in Paderborn, nachdem er als preußischer Soldat hierhergekommen war und eine Bürgerstochter geheiratet hatte. In seiner Tischlerei beschäftigte er sich auch mit Orgelarbeiten. Von den sieben Kindern übernahm der Sohn Karl Joseph (1808 Paderborn – 1886 ebenda) im Jahre 1840 die väterliche Werkstatt und verlegte sich stärker auf den Orgelbau. Er war ausgebildet von Müller (Reiferscheidt), arbeitete bei Borgholz in Herstelle bis 1833, ehe er sich selbständig machte. 1847 bewarb er sich um die Nachfolge von Heeren in Höxter ohne Erfolg. Nach und nach wurden neue Orgeln gebaut und 1850 beschäftigte er bereits sieben Gehilfen.

Neben dem Orgelbau betrieb er einen Klavierhandel und fertigte Wanduhren, da er ein außerordentlich geschickter Bastler war. Wirkliche Bedeutung erhielt die Werkstatt erst in der dritten Generation durch Franz Eggert (1849 Paderborn – 1911 Bad Reichenhall); er lernte zuerst beim Vater von 1863–1868 und bildete sich noch weitere 6 Jahre fort bei Förster, Sonrek, Weigle, Steinmeyer und Ladegast. 1874 übernahm er den väterlichen Betrieb und baute dann jährlich mindestens zwei neue Orgeln, darunter auch mehrere dreimanualige Werke. 1895 gehörte er zu den Gründungsmitgliedern des Vereins deutscher Orgelbaumeister. 1902 zog er sich aus gesundheitlichen Gründen vom Geschäft zurück und übergab es an den Kölner Orgelbauer Anton → Feith (1872–1929), der die Firma nach Größe und Kapazität zu den bedeutendsten in Deutschland weiterentwickelte. Franz Eggert erfand 1879 eine Kegelladenvariante mit Hängeventilen und eigentümlich geformten zweiarmigen Stecherhebeln, parallel zur gleichzeitigen Hahnenlade seines Paderborner Konkurrenten Randebrock, die eine Kastenlade war, aber ähnliche Stecherhebel hatte. Eggert baute ab 1874 Kegelladen mit mechanischer Traktur, ab 1884 mit Barkerpneumatik, ab 1894 parallel dazu auch mit pneumatischer Röhrentraktur. Sein Arbeitsgebiet lag im östlichen Westfalen und südlichen Niedersachsen.

Flade; ZfI 32 (1911/12), 233 f.; Kümmerle I, 355; Hans Joachim Oehm, Die Paderborner Orgelbau-Werkstatt Eggert-Feith-Sauer, in: Die Orgel im Dom zu Paderborn (Begleitheft zur Schallplatte ca. 1981); Mundus, 71, 81; Acta 12 (1978), 215.

Ehlers, Gustav, Orgelbauer in Stade. 1873 Campe – ?; erlernte den Orgel- und Instrumentenbau bei Röver in Stade und machte sich hier 1899 selbständig. Seine Tätigkeit bestand hauptsächlich im Stimmen von Orgeln und Klavieren, dem Aus- und Wiedereinbau von Prospektpfeifen und der Pflege der meisten Orgeln in der Umgebung. Gelegentlich führte er auch größere Renovierungen durch. 1938 gab er wegen eines körperlichen Leidens die Arbeit auf.

B. Wirtgen, Stader Orgelbauanstalten des 18. und 19. Jahrhunderts, in: 125 Jahre Stadtsparkasse Stade 1836–1961, 78–80.

Ehrlich, Orgelbauerfamilie in Süddeutschland. Der Stammvater Johann Adam (Lebensdaten unbekannt) lebte in Wachbach bei Bad Mergentheim. Von seinen drei Orgelbauersöhnen ging der älteste, Johann Ludwig Ehrlich (ca. 1737–1814), nach Lauingen/Donau, verzog aber später donauabwärts nach Wiesent bei Regensburg. Der 2. Sohn Johann Anton (ca. 1743 – nach 1825) verlegte die väterliche Werkstatt von Wachbach nach Mergentheim und arbeitete in Nordbaden, Hohenlohe und in den Deutschordensgebieten Mittelfrankens. Der 3. Sohn Johann Bernhard wurde außerdem Musiker in Waldenburg; sein Sohn Christoph Ehrlich (1792–1830) kam als Orgel- und Instrumentenmacher nach Bamberg. Während von den fränkischen Linien keine Orgelbauer mehr ausgingen, verzweigte sich die Familie von Johann Ludwig über das Donautal nach Osten: der älteste Sohn von Johann Ludwig namens Ludwig Ehrlich (1775 Lauingen – 1844 Landshut) kam von Wiesent nach Moosburg und übersiedelte später noch nach Landshut. Der jüngere Sohn Adam Ehrlich (ca. 1777 Lauingen – 1848 Passau) ließ sich in Passau nieder. Von dessen drei Orgelbauersöhnen übernahm Georg Adam Ehrlich (1812–1861) die väterliche Werkstatt in Passau (sein Nachfolger wurde dann Martin → Hechenberger), Anton Ehrlich (1814–1881) übernahm eine Werkstatt in Straubing (wo → Braumandl sein Nachfolger wurde), und Johann Ehrlich (1819–1860) setzte die Schweinacher-Werkstatt in Landshut fort (wo auch sein Onkel Ludwig inzwischen verstorben war). Ein nachgeborener Sohn von Georg Adam namens Adam II

(*1863) wurde ebenfalls Orgelbauer, wo, ist nicht bekannt. Ludwig Ehrlichs Sohn Xaver Ehrlich (*1800 in Landshut) übersiedelte schließlich nach Bärnau in die nördliche Oberpfalz, von wo aus auch sein Sohn Joseph (*1833) noch bis zum Ende des 19. Jahrhunderts wirksam war. Ob nun der im 20. Jahrhundert in der Oberpfalz nachweisbare Franz Anton Ehrlich (mit wechselndem Wohnsitz in Amberg, Furth, Neumarkt und Passau) von der Bärnauer Linie abstammt oder von der Passauer, ist nicht geklärt. Hinweise sprechen für die Herkunft aus Passau, d. h. er wäre vermutlich ein Sohn des nachgeborenen Adam II gewesen. Ein Paul Ehrlich (Wohnort nicht bekannt) war im 19. Jahrhundert als Instrumentenmacher tätig. Ob der für Wiesent genannte Wilhelm Ehrlich existierte, erscheint vorläufig ungewiß. Schließlich war die Familie auch in Braunau am Inn vertreten: Christoph Ehrlich (Lebensdaten und Herkunft unbekannt) scheint bis etwa 1850 tätig gewesen zu sein, und sein Sohn Franz Sales läßt sich mit mehreren Orgelbauten in Oberösterreich zwischen 1850/80 nachweisen. Sind auch die verwandtschaftlichen Zusammenhänge mit den bayerischen Ehrlichs noch unklar, so sind sie aber doch kaum von der Hand zu weisen.

Flade; Brenninger, Altbayern; Eberstaller, Orgeln und Orgelbauer in Österreich; Georg Brenninger, Der Moosburger Orgelbauer Ludwig Ehrlich, in: Amperland 12 (1976), 166–168; ders., Die Passauer Orgelbauer des 19. Jahrhunderts, in: Ostbaierische Grenzmarken 17 (1975), 167–183.

Ehrlich, Paul, Instrumentenbaumeister in Leipzig. *1849 Reudnitz; er gründete 1876 sein Geschäft und führte es 1880 in die „Fabrik Leipziger Musikwerke, vorm. Paul Ehrlich & Co." über. Das Unternehmen fertigte alle möglichen Musikautomaten, insbesondere das von ihm erfundene „Ariston", das erste Musikwerk mit durchlochtem runden Notenblatt. 1885 beschäftigte er bereits 700 Arbeiter. Ehrlich baute 1897 für die Sächsisch-Thüringische Industrie- und Gewerbe-Ausstellung in Leipzig eine „Reformorgel" mit 25 Registern auf 2 Manualen und Pedal, Hängeventilladen und mechanischer Traktur als Opus 1, die von Max Allihn positiv beurteilt wurde, obwohl der Erbauer kein gelernter Orgelbauer war.

ZfI XVII (1896/97), 624 f.; 901.

Eichenauer, Orgelbauerfamilie in Speyer und Kaiserslautern. Der Orgel- und Instrumentenmacher Johann Eichenauer (1807 Speyer – 1892 Kaiserslautern) heiratete 1844 in Speyer und etablierte sich hier bis etwa 1880. Arbeitsnachweise gibt es seit 1842, Neubauten sind bisher nicht bekannt. Sein Sohn Emil Eichenauer (1845 Speyer – 1911 Kaiserslautern) lernte wohl beim Vater, heiratete aber 1860 nach Kaiserslautern. Da er 1880 die dortige Werkstatt des Karl Wagner (1798–1885) übernahm, ist anzunehmen, daß er schon vorher bei ihm tätig war.

HO Pfalz, 278.

Eichfelder, Thomas, Orgelbaumeister in Bamberg. *1960 Bamberg; er lernte bei Steinmeyer in Oettingen ab 1976 und machte 1986 die Meisterprüfung in Ludwigsburg. 1988 etablierte er sich in seiner Heimatstadt Bamberg, wo es seit 1905 keinen Orgelbauer mehr gab, um den traditionsreichen fränkischen Orgelbau wieder aufzunehmen, sowohl in der Restaurierung des Orgelbestands als auch bei Neubauten im Zweimannbetrieb.

Wieder Orgelbauer in Bamberg, in: Fränkisches Volksblatt (Würzburg) Nr. 226 vom 2. 10. 1989, S. W 27; Umfrage 1989.

Eichhorn, Orgelbauerfamilie in Weilmünster. Johann Ludwig Eichhorn (1831–1898 Weilmünster) war Schüler von Peter Weil in Weilmünster, heiratete dessen Tochter und

wurde so dessen Nachfolger. Nachweise seiner Tätigkeit im Raum Weilmünster liegen vor zwischen 1872 und 1897. Sein Sohn Heinrich Eichhorn (1853 Weilmünster – 1939 ebenda) lernte in der väterlichen Werkstatt und setzte sie nach 1898 fort; seine Tätigkeit beschränkte sich hauptsächlich auf Reparaturen und Umbauten. 1923 heiratete seine Tochter den Orgelbauer Adolf → Eppstein, der dann das Geschäft übernahm.
Archiv Bösken.

Eichler, Friedrich, Orgelbaumeister in Darmstadt. *1954 Kassel; er lernte seinen Beruf bei Oberlinger (Windesheim) und Woehl (Marburg), legte 1985 die Meisterprüfung ab und machte sich im gleichen Jahr selbständig. Die Werkstatt beschäftigt 2 Mitarbeiter, ist auf handwerklichen Orgelbau konzentriert und stellt auch die Orgelpfeifen selbst her. Bisher wurden zwei neue Orgeln errichtet.
Umfrage 1990.

Eichler, J. G. Hermann, Orgelbauer in Görlitz. ? –1915; die einzige von ihm bekannte Orgel erbaute er 1888 in Lauban. 1889 machte er sich in Görlitz selbständig, wo er sich als Hersteller von Kastenbälgen und Luft-Pumpen in Inseraten bekannt machte. Das Weltadreßbuch bezeichnet ihn als Orgelreparateur und Drehorgelmacher. Sein Sohn Max Eichler (Lebensdaten unbekannt) wurde ebenfalls Orgelbauer; über sein weiteres Wirken ist nichts bekannt.
Flade; Burgemeister², 153; Obz 2, 200.

Eickhoff, Christian, Orgelbaumeister und Inhaber der Firma Hammer (→ Furtwängler & Hammer) in Arnum. *1935 Shanghai, Enkel von Emil Hammer (1878–1958); er arbeitete u. a. bei Kuhn in Männedorf und übernahm 1958 die Firma Hammer in Hemmingen-Westerfeld. 1965 verlegte er die Betriebstätte nach Arnum.
Umfrage 1990.

Eifert, Orgelbauanstalt in Stadtilm (Thüringen). Adam Eifert (1841 Grebenau/Oberhessen – 1910 Stadtilm) war Schüler von Bernhard in Romrod 1858–1861, arbeitete als Geselle bei R. Ibach in Barmen, dann bei Martin in Riga. Etwa 1865 kam er zu August Witzmann nach Stadtilm, mit dem er sich 1867 assoziierte und dessen Tochter er heiratete. 1871 übernahm er die Leitung der Werkstatt. Adam Eifert trug den Titel Großherzogl. Sächsischer Hoforgelbauer. Ab 1907 folgte ihm sein Neffe Johann Eifert (1870–1944) mit der Firmenbezeichnung „Adam Eifert Nachf." und lieferte bis 1926 42 neue Orgeln. Das Œuvre ist mit etwa 175 Werken fast lückenlos bekannt, nur die Werke ab 1907 sind unvollständig ermittelt. 1936 übernahm der Mitarbeiter Otto Schäfer (1891–1954) den Eifert-Betrieb und baute noch 2 kleinere Orgeln. Er kehrte aus dem Zweiten Weltkrieg nicht mehr zurück. Nachfolger wurde 1946 Orgelbaumeister Lothar → Heinze (1905–1969), ein Sohn von Gustav Heinze in Sorau. 1967 übergab er den Betrieb an Karl-Heinz → Schönefeld. Eifert baute anfangs Schleifladen, 1878 wird eine pneumatische Maschine erwähnt, 1879 ist von Metallschleifen aus Zink die Rede, 1887 von der Kegellade und 1891 von der Röhrenpneumatik. Er scheint aber mehrere Jahre beide Systeme (Mechanik bzw. Pneumatik) nebeneinander gebaut zu haben. Nach 1900 siegte die Pneumatik. Die pneumatische Maschine war eine pneumatische Schleifenbetätigung.
Gedrucktes Werkverzeichnis; Kümmerle I, 360 f.; Flade; Orgelbauertreffen, 27 f.

Eisenbarth, Orgelbauwerkstätte in Passau. Ludwig Eisenbarth (*1909 Oettingen) lernte bei Steinmeyer, arbeitete ferner bei Schuke (Potsdam) und Späth (Ennetach) und legte

Eisenschmid

1945 die Meisterprüfung ab. Im gleichen Jahr eröffnete er eine eigene Firma in Passau, zunächst in gemieteten Räumen, ab 1957 in eigenen Werkstätten, die 1978 noch erweitert werden mußten. Bis zur Geschäftsübergabe an den Sohn Wolfgang Eisenbarth (*1941) am 1. 1. 1987 wurden etwa 250 neue Orgeln gebaut bei einem Mitarbeiterstab von ca. 25 – 30 Leuten. Wolfgang lernte nach dem Abitur 1962 beim Vater und machte 1971 in Stuttgart die Meisterprüfung. In den drei Jahren seiner Geschäftsführung stieg die Zahl der vollendeten Werke auf 300 Opera. Ludwig Eisenbarth baute anfangs einige Kegelladen, dann bis 1958 Taschenladen mit stehenden Taschen, pneumatischer oder elektrischer Traktur. Seitdem bilden Schleifladen und mechanische Traktur das Bauprogramm. Die Firma hat sich nicht nur in Niederbayern, der Oberpfalz, in Oberfranken und Oberbayern einen Namen gemacht, sondern auch mit dem Bau der Passauer Domorgel der bisher größten Kirchenorgel 1977–1981 ein neues Klangbild gegeben. Sie genießt ferner mit Exporten nach Österreich und Polen internationale Anerkennung.

Umfrage 1990.

Eisenschmid, Orgelbauerfamilie in Erling und München. Ludwig I Eisenschmid (1879–1959) erlernte das Orgelbauerhandwerk bei seinem Onkel Georg Beer in Erling-Andechs, arbeitete in verschiedenen in- und ausländischen Firmen, legte in München die Meisterprüfung ab und war dann Werkstattmeister bei der Firma Maerz in München. 1911 machte er sich mit seinem Bruder Hans Eisenschmid in München selbständig und spezialisierte sich von Anfang an auf die Herstellung von Spieltischen und Orgelteilen. Hans Eisenschmid schied später wieder aus und betrieb eine eigene Spieltischwerkstatt in München in der Lindwurmstraße. Der Sohn Ludwig II Eisenschmid (1900 Erling – 1984 ebenda) wurde vom Vater ausgebildet, bildete sich u. a. durch Fachkurse in Elektrotechnik weiter und übernahm nach der Meisterprüfung 1935 die Geschäftsnachfolge. Unter seiner Leitung konnte der Kundenkreis erheblich erweitert werden. Neben mechanischen und pneumatischen wurden auch elektrische Spieltische schon damals überwiegend exportiert. Im Zweiten Weltkrieg verlegte er den Betrieb in die frühere Beer-Werkstatt nach Erling-Andechs und baute hier 3 neue Orgeln. Nach 1950 entstanden hier neue Werkstätten. 1953 wurde die Klaviaturenherstellung durch Herbert Raaz (früher Raaz & Gloger in Langenberg bei Gera) aufgenommen und viele Jahre geleitet. Ludwig II Eisenschmid war Obermeister der Musikinstrumenteninnung. 1971 ging sein Geschäftsanteil an den Großneffen Ludwig Reiser (*1949) über, der 1968 Bundessieger der Handwerkerjugend war und 1974 die Meisterprüfung ablegte. Seit 1984 ist er Alleininhaber. 1987 wurde die Klaviaturenabteilung auf moderne Herstellungsverfahren (CNC-Steuerungstechnik) umgestellt. Die Produktion umfaßt Spieltische aller Systeme, Klaviaturen, Orgelteile und elektronische Steuerungen.

Flade; Das Musikinstrument 19 (1970), 1418–1420; Umfrage 1990.

Elenz, Winfried, Orgelbaumeister in Würzburg. *1944 Würzburg; Ausbildung bis 1965 bei Klais (Bonn), 1970 Meisterprüfung in Ludwigsburg und 1971 selbständig in Oberdürrbach bei Würzburg. 1976 Umzug nach Würzburg. Elenz baute etwa 25 neue Orgeln und führte Umbauten und Restaurierungen durch. Das Arbeitsgebiet ist das mittlere und nordöstliche Unterfranken.

HO Unterfranken; Umfrage 1990.

Elsen, Hubert, Orgelbauer in Wittlich (Eifel). Lebensdaten unbekannt; bis jetzt ist nur eine größere Arbeit von ihm bekannt (um 1960). Im übrigen war er laut Anzeige auf die

Herstellung von Orgelteilen spezialisiert, hauptsächlich auf Metall- und Holzpfeifen.
Archiv Bösken; IbZ 1964/12.

Embach, Orgelbauerfamilie im Rheingau (Neudorf, Hallgarten, Rauenthal, Frauenstein) und Mainz. Ältester Vertreter ist Joseph Petrus Embach, der 1718 in Ravengirsburg arbeitete. Johann Kaspar Embach (†vor 1796) war vermutlich dessen Sohn, er wurde Lehrer und Orgelbauer. Seine Söhne Nikolaus (1755 Neudorf – 1834 Rauenthal) und Peter Embach (1757 Neudorf – 1811 Rauenthal) arbeiteten als Orgelbauer zusammen in Rauenthal. Die Söhne des Peter, Philipp (1785 Rauenthal – 1845 Weisenau) und Joseph (1790 Rauenthal – 1863 Weisenau ?) zogen später nach Mainz-Weisenau. Ein weiterer Sohn, Karl Matthias (1797 Rauenthal – 1865 Frauenstein), heiratete nach Wiesbaden-Frauenstein und arbeitete dort als Orgelmacher. Die beiden Söhne des Nikolaus, Konrad (1800 Rauenthal – nach 1842) und Kaspar Embach (1803 Rauenthal – 1852 ebenda) blieben zunächst in der Werkstatt des Vaters zu Rauenthal, zerstritten sich aber später. Kaspar heiratete seine Cousine Maria Josepha in Hallgarten, eine Tochter des Peter Embach. Aus dieser Ehe ging der Orgelbauer Philipp Adam (1837 Rauenthal – ?) hervor, der wahrscheinlich zu seinem Onkel Joseph nach Weisenau zog, um dort zu lernen, und dann vermutlich zu Bernhard Dreymann (1788–1857) als Geselle ging. Dort war nach Hermann Dreymanns Weggang 1860 Joh. Georg Finkenauer als Werkführer tätig. 1862 übergab die Witwe Dreymanns Philipp Embach und Georg Finkenauer das Geschäft, die es unter ihrem Namen gemeinsam weiterführten. Nach Finkenauers Tod 1865 wurde Embach Alleininhaber und heiratete die Tochter Finkenauers. Sein Sohn Adam Nikolaus Embach (1870 Mainz – 1923 ebenda) trat als Orgelbauer kaum noch in Erscheinung. Nicht zuzuordnen ist vorläufig ein Martin Embach aus Frauenstein mit Tätigkeitsnachweisen um 1870. Schließlich wäre noch ein Christoph Embach zu nennen, der 1895 in Hachenburg eine Orgel errichtete. Die Familie stellte außer Orgelbauern auch Lehrer und Organisten. Die verschiedenen Zweigwerkstätten waren hauptsächlich pflegerisch tätig und führten Reparaturen aus. Etwa ein Dutzend Neubauten ist bekannt.
Archiv Bösken.

Engel, Albert, Orgelbaumeister in Meerane (Sachsen). Lebensdaten unbekannt; das Geschäft wurde 1854 gegründet und bestand noch am Ende des vorigen Jahrhunderts, scheint aber danach eingegangen zu sein. Engel betrieb neben dem Orgelbau, der für die 1880er und 90er Jahre mehrfach belegt ist, auch einen Pianohandel. Soweit ersichtlich, baute er Kegelladen mit mechanischer Traktur.
Flade; Oehme S, 82; W. Hüttel, Musikgeschichte von Glauchau (Diss. Berlin 1977, maschr.), 345.

Engel, Conrad und Leonhard, Orgelpfeifengeschäft in Oettingen. Um 1890 nachweisbar.

Engelfried, Orgelbauerfamilie in Mühringen Kr. Horb und Rottenburg/Neckar. Der Stammvater Alois Engelfried († 1834 Mühringen) war Schulmeister und betätigte sich nebenbei als Orgelbauer. Neubauten sind nicht bekannt. Der Sohn Franz Anton Engelfried (*1794 Mühringen) wurde vom Vater ausgebildet und gründete 1829 in Rottenburg ein eigenes Geschäft. Orgeln am oberen Neckar, in der Baar und in der Nordostschweiz gingen daraus hervor. Sein jüngerer Bruder Franz Xaver (1808–1881) blieb als Orgelbauer in Mühringen, baute Dorforgeln im klassizistischen Stil und wanderte 1853 aus politischen Gründen in die USA aus. Seine Söhne Georg und Karl blieben in Amerika im angestammten Gewerbe. Franz Anton Engelfried in Rottenburg hatte drei Söhne: Franz (1837 Rottenburg – 1928 ebenda), zuerst Lehrer, dann rühriger Orgelbauer mit zahlreichen Dorforgeln im traditionellen Stil; Albert (*1842) und Adolf Engelfried (1844–1862) als mithelfende Familienangehörige. Aus dem 20. Jahrhundert sind keine Werke mehr bekannt.

Acta 12 (1978), 162 f. (Kleemann); Flade, 869; Völkl 25 f.; Kares, Deutschstämmige Orgelbauer, 30 f.

Engelhardt, Orgelbauerfamilie in Herzberg. Andreas Engelhardt (um 1800–1866 Herzberg) machte sich kurz vor 1830 in Herzberg selbständig und eroberte sich neben dem ehemaligen Herzogtum Braunschweig auch Teile Hannovers als Wirkungsfeld, das von Braunschweig bis Duderstadt quer durch den Harz reichte, trotz der starken Konkurrenz durch Philipp Furtwängler. 1858 wurde er arbeitsunfähig, 1859 geriet das Geschäft in Konkurs. Nach 1866 führte der Sohn Gustav Engelhardt (1843 – nach 1891) das Geschäft weiter, konnte auch noch einige Orgeln bauen, mußte aber 1889 wegen erneuter Zahlungsschwierigkeiten den Betrieb aufgeben, der danach erloschen ist.

Flade; Pape, Frühromantischer Orgelbau in Niedersachsen, Berlin 1977, 68.

Engstle, Franz, Orgelbauer in Südbaden. Er hat um 1955 einen Orgelumbau in Ettlingenweier durchgeführt.

HO Baden, 42.

Enzensberger, Fritz, Orgelbaumeister in Lindau-Schachen. Er war in den 50er Jahren als Vertreter für die Firma Rieger, Schwarzach (Vorarlberg), im südschwäbischen Raum tätig.

Eppstein, Adolf, Orgelbauer in Weilmünster (Taunus). *1894; er erlernte den Orgelbau bei → Eichhorn in Weilmünster, war außerdem bei Weigle in Echterdingen tätig und heiratete 1923 die Tochter seines Lehrmeisters Eichhorn Damit übernahm er dessen Weilmünsterer Werkstatt. Seine Aufträge bestanden vorwiegend aus Reparaturen und Umbauten bis in die 1960er Jahre.

Archiv Bösken; Flade.

Erdmann, Orgelbaumeister in Neuhaldensleben, wo er vor 1913 mit Märtens assoziiert war. Danach verkauften beide an den Troch-Nachfolger Hugo → Hülle aus Halberstadt. Wie lange die Werkstatt bestand, ist nicht bekannt. Bereits 1900 wurden pneumatische Orgeln gebaut.

Flade.

Erler, August Wilhelm, Orgelbauer in Schneeberg, Börtewitz bei Mügeln, Kreina bei Oschatz und Mulda. 1820 Haselbach – ?; seine Tätigkeit in Sachsen ist nachweisbar ab etwa 1850 bis in die 80er Jahre hinein. Der Sohn Theo Erler war Kapellmeister und Opernkomponist in Plauen.

Flade; Oehme S, 82.

Esch, Karl-Heinz, Orgelpfeifenbau in Ruppichteroth (Rhein-Sieg-Kreis). *1937 Bonn; ausgebildet bei Gebr. Käs (Beuel), war er bei Klais (Bonn) tätig und anschließend Zweigstellenleiter bei Woehl in Marburg. Seit 1989 ist er selbständig und fertigt im Zwei-Mann-Betrieb Labial- und Zungenpfeifen nach alter Bauart (handabgezogen und nach oben ausgedünnt).

Umfrage 1991.

Etthöfer, Orgelbauerfamilie in Margetshöchheim, Hammelburg, Karlstadt und Würzburg. Anton Etthöfer (1828 Margetshöchheim – 1886 Würzburg), 1845 erstmals durch eine Orgelinschrift bezeugt, war damals in Margetshöchheim, verzog 1865 nach Hammelburg, 1874 nach Karlstadt und 1885 nach Würzburg. Er war ein „Rucksackorgelbauer", der weit herumkam und Orgeln reparierte, aber soweit bekannt nur einen Neubau ausführte. Ein Christoph Etthöfer aus Würzburg baute um 1820 mehrere Orgeln in Unterfranken. Ein Philipp Etthöfer aus Würzburg und Karlstadt betätigte sich in den 1860er Jahren im Orgelbau, ebenso ein Michael Joseph Etthöfer. Es dürfte sich wohl um Brüder von Anton handeln. Ein Sohn Alois Etthöfer (aus Würzburg) kommt ab 1871 vor; ein weiterer Sohn von Anton dürfte Franz (Anton) Etthöfer gewesen sein, der ab 1887 mit Reparaturen und Stimmungen bis 1917 nachzuweisen ist. Er war zuerst in Würzburg (1890), dann Kitzingen (1908) und ab 1910 in Lohr a. Main ansässig. Er starb 1918 an einer Nervenkrankheit.

HO Oberfranken, 34; Acta 12 (1978), 56 f.

Eul, Franz Jakob, Orgelbauer in Lippstadt. Er war um die Jahrhundertwende in Lippstadt und Umgebung tätig.

A. Rump, Urkundenbelege über den Orgelbau im Kreis Lippstadt, Diss. Münster maschr. 1949; Acta 18 (1985), 310.

Eule, Hermann, Orgelbau in Bautzen. 1872 gegründet von Hermann August Eule (1846 Löbau – 1929 Bautzen). Sein Lehrmeister war Leopold Kohl in Bautzen. Die Wanderjahre führten ihn zu Voigt (Halberstadt) und Schlimbach (Würzburg). 1888 erfolgte der Umzug in die neuen, noch bestehenden Werkstätten. Die 173 von ihm zwischen 1873 und 1929 gebauten Orgeln, geprägt von der Orgelromantik, sind hauptsächlich in Sachsen, aber auch in Schlesien, Böhmen und Brandenburg zu finden, davon als größte 1908 die Bautzener Domorgel mit 62 Registern und pneumatischer Setzerkombination. Der einzige Sohn Georg fiel 1918, daraufhin leitete seine Tochter Johanna von 1929–1957 den Betrieb. In dieser Zeit entstanden 122 neue Orgelwerke, darunter bereits 1936 die erste Schleifladenorgel in der Kreuzkirche zu Chemnitz. 1957 übernahm ihr Adoptivsohn Hans Eule (1923–1971) die Leitung und führte den Betrieb zu neuer Blüte, u. a. mit Exporten nach Schweden, der Sowjetunion und in die Bundesrepublik. Der Höhepunkt seines Schaffens mit 134 Orgelneubauten war die größte Kirchenorgel der ehemaligen DDR im Dom zu Zwickau (IV/77). Nach seinem frühen Tod führte die Ehefrau Ingeborg Eule das Unternehmen bis 1988 weiter, auch nach der Zwangsverstaatlichung 1972, die 1990 durch Reprivatisierung des Betriebs beendet wurde. Seit 1988 führt Orgelbaumeister Armin Zuckerriedel, seit Jahren Konstrukteur und Werkstattleiter des Betriebs, die Geschäfte. Von 1971–1990 wurden 168 neue Orgeln gebaut, der Export nach Polen (Warschau, Kathedrale, III/60) und Ungarn erweitert. Besonderes Augenmerk gilt der Restaurierung von Barockorgeln im sächsisch-thüringischen Raum, wobei die Trost-Orgel in Altenburg und die Silbermann-Orgeln in Rötha, Ponitz und Großhartmannsdorf besonderen Stellenwert einnehmen. Der Betrieb beschäftigt 43 Mitarbeiter. Das Ladensystem der Firma war bis 1900 die mechanische Kegellade, danach die pneumatische Taschenlade. Der generelle Übergang zur mechanischen Schleiflade erfolgte 1953.

110 Jahre Orgelbau Eule Bautzen 1872–1982 (Festschrift); Flade; Schäfer, Laudatio, 205; Ars 1982, 223 ff.; Umfrage 1991.

Euler, Orgelbauerfamilie in Gottsbüren und Hofgeismar. Als frühester Vertreter gilt der Lehrer Balthasar Euler in Frischborn (Oberhessen). Sein Sohn Johann Friedrich Euler (1759 Frischborn – 1795 Gottsbüren) war gelernter Orgelmacher. Er heiratete 1784 die

Tochter des Gottsbürener Orgelbauers Stephan Heeren (1729–1804) und übernahm damit dessen Werkstattnachfolge. Friedrich Euler starb aber schon wenige Jahre später im Alter von nur 36 Jahren. Die Witwe heiratete erneut einen Orgelmacher, den Hannoveraner Johann Dietrich Kuhlmann (1755–1846), der nun die Werkstatt weiterführte, bis Friedrich Eulers Sohn Balthasar Conrad I (1791 Gottsbüren – 1874 ebenda) als Mitarbeiter hinzukam. Sie firmierten dann als „Euler et Kuhlmann". Conrad Euler wurde Bürgermeister von Gottsbüren und trennte sich zu unbekanntem Zeitpunkt von seinem Stiefvater Kuhlmann, der sich mit seinem Sohn George Karl Kuhlmann (1805–1868) – dem Stiefbruder von Conrad Euler – ebenfalls in Gottsbüren selbständig machte. Mit Conrad Eulers Söhnen Friedrich Wilhelm (1827 Gottsbüren – 1893) und Heinrich Ludwig Euler (1837–1906), die etwa um 1860 die Nachfolge übernahmen, als Gebr. Euler firmierten und 1878 zu Hoforgelmachern ernannt wurden, nahm die Euler-Werkstatt starken Aufschwung. Friedrichs Sohn Conrad II (1866–1947) führte ab 1893 das Geschäft ins 20. Jahrhundert. Er wurde bereits 1896 Hoforgelmacher und verlegte die Werkstätten von Gottsbüren nach Hofgeismar. 1935 folgte ihm sein Sohn Friedrich Euler (*1905) in der Geschäftsleitung, und von diesem ging sie auf den jetzigen Inhaber Friedemann Euler (*1939) über, der damit die siebte Generation als Orgelbauer in der Familie darstellt. Die Orgelmacher Euler spielten wie schon ihre Werkstattvorgänger Heeren in Nordhessen und Ostwestfalen im 18. und 19. Jahrhundert eine bedeutende Rolle, zumal die Werkstatttradition weit über 300 Jahre zurückreicht und somit eine der ältesten in Deutschland überhaupt ist. Die Gesamtzahl der gebauten Orgeln ist unbekannt. Auch ins Ausland und nach Übersee wurden Euler-Orgeln geliefert. Die Euler-Werkstatt hielt sehr lange an der Schleiflade fest. Um 1890 ließen die Gebr. Euler eine pneumatische Kastenlade mit großer Ähnlichkeit mit der Sanderschen patentieren; erfolgreich waren sie damit wohl nicht. Später ging Euler zur pneumatischen Membranenlade über. Nach dem Zweiten Weltkrieg wurden die Laden- und Trakturenformen gebaut, die vom Auftraggeber gewünscht waren.

Flade; Trinkaus, Ziegenhain, 331 ff.; Hans Römhild, Deutschlands ältestes Orgelbauunternehmen, in: Hessische Heimat NF 17 (1967), 110–116; Ars 1982, 180.

F

Faber, Heinrich, Orgelbauer in Salzhemmendorf. Er gründete 1863 eine Orgelbauwerkstätte und baute im wesentlichen kleine einmanualige Werke. Gegen Ende des Jahrhunderts wandte er sich wie andere Orgelbauer der Pneumatik zu. Um 1905 nahm er F. K. Greve als Teilhaber ins Geschäft, das nunmehr als „Faber & Greve" firmierte. In der Folgezeit entwickelte es sich deutlich aufwärts, zweimanualige Orgeln wurden zur Regel, wobei allerdings eine Bevorzugung des Multiplexsystems zu konstatieren ist. Mit Sub- und Superoctavkoppeln auf beiden Manualen und Stimmentransmission können viele Register vorgetäuscht werden, was manchen Auftraggeber beeindruckt hat und mit zum geschäftlichen Erfolg beitrug. Nach dem Ersten Weltkrieg trennten sich die Partner, Faber verband sich einige Zeit noch mit Dienes; aber 1926 waren die Söhne August und Heinrich Faber bereits Geschäftführer der Firma, die sich nun „Faber & Söhne" nannte. Sie verteidigten ihr patentiertes System auch in Fachzeitschriften mit entsprechenden Beiträgen; es fußte auf der pneumatischen Membranenlade.
Flade; ZfI vom 1. 3. 1908.

Fabian, Ernst, Orgelbaumeister in Bromberg und Münchhof Kr. Strehlen (Schlesien). Er lebte ca. 1815 – um 1893, machte sich weniger als Orgelbauer, sondern mehr als Orgelbautheoretiker und -schriftsteller einen Namen. Schon 1851 ernannte ihn die Kgl. Akademie der Wissenschaften in Berlin aufgrund seiner Leistungen im Orgelbau und seiner praktischen Vorschläge zum „Akademischen Künstler". Seine Veröffentlichungen umfassen die wichtigsten Neuerungen des 19. Jahrhunderts: Mechanik der Kegellade – Wert von Oktavkoppeln – Erfindung eines Melodieführers 1864 – Erfindung eines Windverstärkungsapparats – Anbringen von Seitenbärten – Kernstiche – Stimmschlitze – Pfeifenabstand – Aliquoten – Zungenstimmen – Vorrichtung zum automatischen Anpassen der Stimmung einer Zungenpfeife an die Labialpfeifen – Kritik an den um 1888 herrschenden Windladensystemen. Seine Diskussionsbeiträge wurden in der Fachpresse beachtet. 1882 suchte er einen Compagnon, wahrscheinlich zum Zwecke der Werkstattübergabe. 1893 bestand das Geschäft noch in Bromberg, 1897 erscheint es unter dem Ortsnamen Münchhof. Fabian beruft sich auf folgende Erfindungen: Kernspalten aus Messing an Holzpfeifen, konstante Stimmung an Rohrwerken durch eine entsprechende Vorrichtung, Konstruktion einer Melodiekoppel und einer Pedalkoppel, die die Tasten nicht mitzieht.
Flade; Obz 1, 193 f.; 3, 331 ff.; 4, 98; 5, 321.

Fabritius, Orgelbauerfamilie in Grevenbroich und (Düsseldorf-)Kaiserswerth. Begründer war Johann Adam Fabritius, der 1740 in Grevenbroich mit einem eigenen Geschäft begann. Johann Franz Fabritius (1763–1827) und Johann Peter Fabritius (1789–1843) setzten es zwei weitere Generationen fort. Über ihre Tätigkeit ist wenig bekannt. Erst mit dem Urenkel Edmund Fabritius (1838–1914) nimmt die Firma in Kaiserswerth ab 1864 Gestalt an und reiht sich in die führenden Werkstätten des Rheinlands ein. Von seinen zwei Söhnen, die wiederum Orgelbauer wurden, fiel Otto im Ersten Weltkrieg, während Joseph Fabritius ab 1929 den Betrieb weiterführte. In der Zeit zwischen 1914 und 1929 zeichnete die Firma als „Fabritius & Brehm". Albert (Josef) Fabritius führte das traditionsreiche Unternehmen in die Gegenwart. So findet man Fabritius-Orgeln aus den letzten 120 Jahren vor. Die Orgel-Erfassungsliste von 1944 verzeichnete noch 53 vorhandene Werke. Bis 1889 wurden nur Schleifladen gebaut, danach bis 1895 Pedal-Kegelladen und Manual-Schleifladen mit mechanischer Traktur. Die Orgel in der

Düsseldorfer Liebfrauenkirche von 1895 hat bereits pneumatische Traktur, die danach zur Regel wurde. In den 1920er Jahren erfolgte der Übergang zur elektropneumatischen Traktur.

Flade; Acta 12 (1978); ZfI XXXIV (1913/14), 50 (Porträt).

Fahlberg, Ulrich, Orgelbaumeister in Eberswalde. *1939 Merseburg; er erhielt seine Ausbildung bei Kühn in Merseburg und vervollständigte sie bei Adam (Halle), Schuke (Potsdam) und Lahmann (Leipzig). 1965 übernahm Fahlberg den 1851 durch → Kienscherf gegründeten Orgelbaubetrieb und gab ihm die heutige Bezeichnung „Eberswalder Orgelbauwerkstatt". In den 25 Jahren ihres Bestehens wurden viele Instandhaltungen, Reparaturen und Umbauten durchgeführt. Außerdem entstanden 41 Neubauten in der Werkstatt, 40 Orgeln zwischen 1 und 7 Registern und 1990 eine Orgel mit 16 Registern. Die Kleinorgeln sind vielfach individuelle Werke, z. T. Hausorgeln.

Umfrage 1990.

Färber, Johann, Orgelbauer in Tönning (Eiderstedt, Schleswig-Holstein). 1820–1888; er lernte bei Marcussen in Apenrade und gilt als sein bester Schüler; In den 1850er Jahren machte er sich in Tönning selbständig. Sein Arbeitsgebiet waren die Herzogtümer Schleswig und Holstein entlang der Nordseeküste, wobei Schleswig bis 1864 dänisch war und danach erst zum Deutschen Bund kam. Cirsovius schätzt 1886 Färbers Werk auf etwa 20 bis 30 Opera.

Flade; Cirsovius, Orgel-Dispositionen aus Schleswig-Holstein, hgg. v. R. Jaehn, Kassel 1986; Schumann, Orgelbau im Herzogtum Schleswig vor 1800, München 1973.

Faust, Paul, Orgelbaumeister in Barmen und Schwelm. 1872 Schwelm – 1953 ebenda; nach Besuch des Realgymnasiums in Schwelm lernte er den Orgelbau bei Julius Schwarz in Rostock 1888–1892, besuchte die Kunstgewerbeschule, arbeitete in verschiedenen Werkstätten des In- und Auslandes, machte 1896 die Meisterprüfung bei Fabritius in Kaiserswerth und wurde 1898 Geschäftsführer bei Ernst Bernhard II → Koch in Barmen. Als dieser 1904 seine Werkstatt nach Ronsdorf verlegte, setzte Faust das bisherige Geschäft selbständig fort. 1910 bezog er neue Werkstatträume, 1920 verlegte er sie nach Schwelm. 1924 Neubau der Werkstatt, die durch einen Erdrutsch zerstört worden war. Bis 1953 wurden ca. 260 Orgeln gebaut, zunächst Kegelladen, nach 1920 Taschenladen mit stehenden Taschen, pneumatischer oder elektrischer Traktur. Wirkungskreis war das südliche Westfalen, das angrenzende Rhein- und Siegerland. Einzelne Werke gingen in den Export. Faust hatte ein Patent auf Orgelventilatoren und pflegte Kontakte zu P. Ellerhorst OSB, dem Komponisten Karg-Elert, Gerard Bunk und Albert Schweitzer.

1941 wurde Carl → Bürkle (1890 Ludwigsburg – 1960 Schwelm) Gesellschafter bei Faust. Nach seinem Tod führte sie die Witwe Bürkle weiter, bis sie 1974 Jürgen → Dahlbüdding (*1937) erwarb und unter dem Namen „Schwelmer Orgelbau Jürgen Dahlbüdding KG" weiterbetrieb bis zum Jahre 1982; seitdem ist die Faust-Tradition erloschen, die 1953 wieder zur Schleiflade zurückgekehrt war. Faust baute in erster Linie Gehäuse im Jugendstil, später im „Art deco". Helmut Klöpping ist als einziger seiner Schüler noch im Orgelbau tätig und seit 1978 Mitinhaber und Geschäftsführer der Firma Willi → Peter in Köln.

Flade; Joachim Dorfmüller, 300 Jahre Orgelbau in Wuppertal, Wuppertal 1980, 29–31; Umfrage 1989 und Materialien aus dem Nachlaß Faust (Helmut Klöpping); Manfred Schwartz, Paul Faust, ein von Sigfrid Karg-Elert geschätzter Orgelbauer, in: Mitteilungen der Karg-Elert-Gesellschaft 1989, 43–54; ders., *Der Orgelbauer Paul Faust. Eine Studie zu seinem Leben und Werk*, Examensarbeit, Köln 1989.

Feith, Orgelbauerfamilie in Paderborn. Anton Feith (1872 Köln – 1929 Paderborn) war Sohn eines Kölner Kaufmanns, besuchte das Gymnasium, machte eine Kunsttischlerlehre und wurde Orgelbauer bei Schlimbach in Würzburg. Anschließend arbeitete er noch bei Fabritius in Kaiserswerth und machte sich 1897 in Köln-Ehrenfeld selbständig. 1902 übernahm er das Geschäft von Franz → Eggert in Paderborn, wo er 1906 eine größere Fabrikanlage erstellte. Trotz der schwierigen Zeit im und nach dem Ersten Weltkrieg entstanden zwischen 1902 und 1930 über 600 neue Orgeln nicht nur in Westfalen – namentlich im Ruhrgebiet –, sondern auch für Belgien, Holland und Japan. Größtes Werk war die Domorgel zu Paderborn 1926/27 mit 115 Registern. Der Sohn Anton II Feith (1902 Paderborn – 1979 ebenda) besuchte ebenfalls zuerst Gymnasium und auch Konservatorium, lernte dann im elterlichen Betrieb, mußte aber wegen Unentbehrlichkeit auf weiterbildende Aufenthalte in anderen Firmen verzichten und übernahm 1929 das Geschäft. Zur Wehrmacht eingezogen, mußte der Betrieb 1939 mit 59 Angestellten geschlossen werden. Nach der Gefangenschaft und Zerstörung der Werkstätten begann 1946 der Wiederaufbau. Die Aufträge häuften sich, und 1960 gab es wieder 45 Arbeitsplätze im Betrieb. Mehrere bedeutende Orgeln entstanden noch bis Ende 1972, als sich Anton Feith aus dem Unternehmen zurückzog und es, da kinderlos, an Siegfried → Sauer in Ottbergen veräußerte. Die Gesamtzahl der Feith-Orgeln dürfte bei ca. 800 Opera liegen. Schleifladen wurden wieder ab 1961 gebaut.

Flade; ZfI (1929), 492; Hans-Joachim Oehm, Die Paderborner Orgelbau-Werkstatt Eggert-Feith-Sauer, in: Die Orgel im Dom zu Paderborn (Plattentext ca. 1981). Aufsätze von Feith in: ZfI IX – XXXIII (1914/15) über Windladen-Systeme und Hochdruckstimmen.

Fischer, Orgelbauerfamilie in Beckum, Boele und Hirschberg (Sauerland). Senior der Familie war Anton Fischer (1799 Beckum – nach 1869), der als Lehrersohn zuerst den Schreinerberuf ergriff, dann wohl bei Bernhard Dreymann (1788–1857) den Orgelbau erlernte. Seine Tätigkeit läßt sich zwischen 1829 und 1867 ansetzen. Er wohnte 1828–1832 in Werl, 1832–1834 in Beckum, 1834–1838 mit seiner Familie in Oedingen, danach wieder in Beckum. Er war „arm, aber tüchtig und brav". Mit seinen fachlichen Leistungen waren die Auftraggeber zufrieden. Wie die beiden anderen Namensträger: Adam Fischer (Lebensdaten unbekannt, Tätigkeit zwischen etwa 1849 und 1871), wohnhaft in Soest und Boele, und Adolph Fischer (Tätigkeitsnachweise zwischen ca. 1850 und 1886), wohnhaft in Hirschberg (Sauerland), zur Familie gehören, ist noch unbekannt. Ihre Tätigkeiten bestanden mehr aus Um- und Erweiterungsbauten sowie Reparaturen als aus Neubauten; der bedeutendste scheint also Anton Fischer (sen.) gewesen zu sein.

Joh. Beulertz, Die Orgeln der Pfarrkirche St. Walburga (Propsteikirche) zu Werl, Hagen 1981; Reuter, Westfalen.

Fischer, Kurt, Orgelbaumeister in Winterbach bei Schorndorf/Rems. Er baute in den 1970er Jahren mehrere Orgeln in Württemberg. Die Werkstatt wurde später nach Beilstein, Kreis Ludwigsburg verlegt und schließlich als Musikhaus weitergeführt, ist aber inzwischen erloschen.

Fischer, Lukas, Orgelbaumeister in Rommerskirchen-Nettesheim. *1934 Thusis (Schweiz); ausgebildet von L. Hintz in Saarbrücken, arbeitete er anschließend bei Walcker (Ludwigsburg) und in der Schweiz, machte 1967 die Meisterprüfung und

etablierte sich 1970 in Rommerskirchen-Frixheim, 1980 im Nachbarort Nettesheim. Er baut meist kleinere und mittlere Orgeln, hat aber auch einige größere Werke verfertigt und Restaurierungen ausgeführt.
Ommer, Neuzeitliche Orgeln, 285.

Fischer & Krämer, Orgelbauwerkstatt in Endingen/Kaiserstuhl. 1970 gegründet von Friedrich Wilhelm Fischer (*1933 Niedermarsberg), vorher beschäftigt bei Mendel (Brilon) und Späth (Ennetach, dann March-Hugstätten), und von Johannes Krämer (*1943 Bad Kreuznach), vorher beschäftigt bei Walcker und Späth. 1975 übersiedelten sie von Bad Krozingen-Schlatt in eine größere Werkstatt nach Endingen. Die Werkstatt sieht sich Vorbildern des badischen und elsässischen Orgelbaues verpflichtet, ergänzt dies aber in romantischer Klangrichtung. Sie hat bereits mehr als 130 Neubauten und Restaurierungen zu verzeichnen, darunter die bisher größte Orgel in Rheda-Wiedenbrück (1984, III/50).
Umfrage 1990; Ommer, Neuzeitliche Orgeln, 285.

Flachmann, Fritz, Orgelbauer in Köln. Er wird 1897 im Weltadreßbuch aufgeführt.
Acta 18 (1985), 319.

Fläge, Rudolf, Orgelbauer in Lübeck. Er wird um 1929 bei de Witt aufgeführt.
Flade.

Fleischer & Kindermann. 1899 gründeten Friedrich Fleischer (*um 1870) und Paul Kindermann (etwa 1870–1922 Dessau) in Dessau ein eigenes Orgelbauunternehmen, das bis zum Ende des Zweiten Weltkrieges bestand. Bis 1903 waren bereits 8 Werke erbaut; in der Orgelliste von 1944 sind 37 Orgeln von ihnen enthalten, meist kleinere und mittlere Instrumente mit zwei, auch drei Manualen mit pneumatischer Traktur. Von 1938 bis 1945 übernahm die Firma G. Steinmann das Werk als Zweigbetrieb.
Flade; ZfI XIX (1898/99), 933.

Fleischmann, Joseph, Orgelbauer in Wettstätten bei Ingolstadt. Lebensdaten und Ausbildung unbekannt; er ist ab etwa 1840 im nördlichen Oberbayern nachweisbar und baute sich 1846 in Wettstätten ein Haus. Die Werkstatt entwickelte sich in den folgenden Jahrzehnten zu einem beachtlichen Regionalbetrieb, der jährlich etwa zwei Orgeln baute, meist allerdings nur kleine Instrumente mit bis zu 10 Registern auf Schleifladen. 1895 wurde der Betrieb nach Ingolstadt (Donau) verlegt unter dem Nachfolger Otto Fleischmann, dessen Tätigkeit bis etwa 1910 nachweisbar ist, so daß der Betrieb wohl mit dem Ersten Weltkrieg spätestens zu Ende ging. Bei den Fleischmann-Orgeln handelt es sich häufig um Brüstungswerke mit angehängtem Pedal, wie sie in Bayern häufig gebaut wurden. Die letzten Orgeln von Otto Fleischmann sind pneumatische Kegelladen; wann die Umstellung zur Kegellade bzw. zur Pneumatik erfolgte, ist nicht geklärt.
Brenninger, Altbayern, 120, 200; Brenninger, Zwei Orgelbaufamilien der Region Ingolstadt: Fleischmann in Wettstätten und Schin in Neuburg, in: Ingolstädter Heimatblätter 39 (1976), 3–4; Flade.

Fleiter, Orgelbauerfamilie in Münster. Friedrich I Fleiter (1836 Verl – 1924 Münster) erlernte den Orgelbau bei → Haupt in Osnabrück und ging später als Werkmeister zur Firma Sonrek nach Köln. 1872 gründete er seine eigene Orgelbaufirma in Münster und war Gründungsmitglied des BDO. Er baute bis 1892 sehr solide Schleifladenorgeln mit mechanischer Traktur und mechanischen Registerkombinationen, benutzte dann die

Röhrenpneumatik und entwickelte ein eigenes Windladensystem (Kapsellade), verwandte eine Pedalkombination, den Schwelltritt (Crescendo als Balancier) und Einhak-Registerzüge. 1912 übergab er das Geschäft an seinen Sohn Ludwig Fleiter (1880 Münster – 1963 ebenda), der es durch schwierigere Zeiten steuerte, aber doch weiter expandierte, so daß er die Werkstätten erweitern mußte. Der Enkel Friedrich II Fleiter (*1911 Münster) übernahm 1947 die im Zweiten Weltkrieg völlig ausgebombten Betriebe seines Vaters und baute sie wieder auf. Er konnte durch neue Aufträge und Arbeiten für den Export nach Holland, Dänemark und Peru eine beachtliche Blüte des Unternehmens herbeiführen, dessen Leiter seit 1969 der Urenkel Friedhelm Fleiter (*1944 Burgsteinfurt) ist. Seit 1977 befindet sich die Firma in den neuen Betriebsgebäuden in Münster-Nienberge. Von 1872–1990 wurden ca. 1200 neue Orgeln gebaut. Fleiter besitzt ein firmeneigenes Orgelmuseum.

Flade; Umfrage 1990 mit maschr. Firmenchronik.

Flinzer, M., Orgelbaumeister in Trebbin (Kr. Teltow). Er wird 1897 im Weltadreßbuch genannt.

Acta 18 (1985), 319.

Forrell, Jacob, Orgelbauer in Kehl und Freiburg-Wiehre. 1821 Morbach/Pfalz – 1893 Freiburg-Wiehre; er kam 1842 als Geselle zu Franz Joseph Merklin, heiratete 1847 dessen Tochter und ging 1849–1854 als Orgelbaumeister nach Kehl. Als Merklin 1857 starb, übernahm Forrell den Betrieb des Schwiegervaters in Freiburg-Wiehre. Nach dem Tod seiner ersten Frau 1887 heiratete er 1890 ein zweites Mal. Forrell baute seit 1849 Kegelladen, wohl ein Grund für die vorübergehende Übersiedlung nach Kehl.

HO Baden, 285; Mundus, 68, 342.

Förster & Nicolaus, Orgelbauanstalt in Lich (Oberhessen). Johann Georg Förster (1818 Lich – 1902 ebenda) ging nach einer Schreinerlehre in Steinbach bei Gießen nach Romrod zu Hartmann Bernhard, um dort den Orgelbau zu lernen. Es folgten Gesellenjahre bei Johann Georg Bürgy in Gießen, Walcker in Ludwigsburg, Dreymann (Mainz) und schließlich bei Heinrich Krämer in Leusel, dessen Tochter er 1842 heiratete. Gleichzeitig machte er sich in seiner Heimatstadt selbständig, nachdem dort sein Vorgänger Bürgy 1841 ohne Nachkommen gestorben war. Aus der Familie gingen weitere Orgelbauer hervor: Philipp Förster (1827–1890) war ein Bruder von Johann Georg, im Hauptberuf aber Uhrmacher. (Friedrich) August (Leonhard) Förster (1845–1923) war ein Sohn von Johann Georg, ebenso Heinrich I (1852–1878), dessen Sohn Heinrich II (1877–1910) als Orgelbauer in Basel tätig war. Karl Förster (1868–1934) war ein Neffe, der 1893 bei Landolt in Heimersheim einheiratete. Ein weiterer Sohn Johann Georgs, Philipp Sebastian (1850–1881) wurde in den Adreßbüchern von New York/USA als Orgelbauer geführt. Ein Nachfolger fand sich jedoch nicht unter den eigenen Söhnen.

1884 trat der Geselle Karl Nicolaus (1860–1929), aus Steinbach gebürtig, in Försters Betrieb ein, heiratete 1889 dessen Tochter Louise und wurde Geschäftsteilhaber, 1900 Alleininhaber. Die Firma wurde in Förster & Nicolaus umbenannt. Ernst Nicolaus (1897–1966) leitete die Firma in der 3. Generation ab 1923, und Manfred Nicolaus (*1926) als letzter Familiensproß in der 4. Generation von 1966 bis 1988. Seitdem ist die Firma Förster & Nicolaus im Besitz von → Martin Müller und Joachim Müller.

Johann Georg Förster baute Schleifladen, ab 1848 in verbesserter Form als Transmissionsschleiflade. 1852 baute er erstmals eine „Springlade" (Kegellade) nach dem Vorbild Schäfer (Heilbronn) für das Pedal. 1857 wurde die Kegellade zur Regel, aber die

Schleiflade noch lange nicht aufgegeben. 1881 entstand eine Hängeventillade. 1894 wurde die Pneumatik eingeführt in Verbindung mit der Kegellade, in einem Falle eine pneumatische „Lappenlade" gebaut. 1946 begann wieder der Schleifladenbau und wurde ab 1956 die Regel. Anfangs war Oberhessen das Arbeitsgebiet, in das sich die Werkstätten Bernhard und Förster teilen mußten. Später, mit dem Rückgang der Firma Bernhard, konnte sich Förster, dann Nicolaus, stärker ausdehnen und Orgeln über Oberhessen hinaus nach Rheinhessen und Starkenburg, Hessen-Kassel, Hessen-Nassau, Thüringen und Unterfranken liefern. 1907 lag die Opuszahl bei etwa 130, gegenwärtig bei etwa 630. Zwischen 1922 und 1930 wurden auch 146 Harmoniums gebaut.

Förster & Nicolaus, Orgelbau, Lich (Festschrift); Umfrage 1990; Balz, Starkenburg, 397–400; ders., Orgeln und Orgelbauer in Südhessen (Orgeltagung Frankfurt 1979), 79 f.; MGG XVI, Sp. 319 f. (Bösken).

Förster, Orgelbauerfamilie in Heimersheim und Alzey. Karl Förster (1868 Lich – 1934 Alzey) war Neffe von Johann Georg Förster in Lich, bei dem er ausgebildet wurde. Anschließend war er bei Voigt in Igstadt und bei August Landolt in Heimersheim tätig. Nach dessen Tod 1891 fungierte er wohl als Werkmeister und übernahm 1893 durch Einheirat die Werkstatt → Landolts. Von den 19 Kindern wurden zwei Orgelbauer: Hermann Förster (1893 Heimersheim – 1920 Alzey) als Mitarbeiter in der Werkstatt und Ernst Albert Förster (1900 Heimersheim – ?), der sich später auf den Klavierbau verlegte, 1925 in Oberwiesen/Rheinpfalz heiratete und später in Niederwalluf bei Mainz als Klavier- und Orgelstimmer tätig und seßhaft war. Karl Försters Tätigkeit erstreckte sich von 1893 bis etwa 1923; danach soll er bei Roethinger in Straßburg gearbeitet haben. 1932 war er wieder selbständig tätig. Neben einer Reihe von Reparaturen und Renovierungen sind auch mehrere Orgelneubauten auf Kegelladenbasis bekannt.

Archiv Bösken; Bringezu, Bürgy, 232.

Fortmann, Orgelbaumeister in Speyer am Rhein. Lebensdaten unbekannt; er war von 1891 bis 1893 Compagnon von Franz Kämmerer in Speyer. Über seine Ausbildung und weitere Tätigkeit ist nichts bekannt.

HO Pfalz, 279.

Foertsch, Adalbert, Orgelbaumeister in Blankenhain bei Weimar. 1826 Burgwerden – 1880; er lernte den Orgelbau ab 1841 bei Louis Witzmann in Kleinrudestädt, arbeitete ab 1846 bei Strobel (Frankenhausen), Schmidt (Magdeburg), Kühn (Bürenburg) und Weldner (Eisleben). 1858 machte er sich in Blankenhain selbständig und baute bis 1878 etwa 50 neue Orgeln für Kirchen des Weimarer Landes. 1873 wurde er zum Hoforgelbaumeister ernannt. 1878 übergab er sein Geschäft an seinen Schüler Walter → Drechsler und privatisierte bis an sein Lebensende in Weimar. Foertsch war wohl der erste, der in Thüringen Kegelladen baute.

Flade; Kümmerle I, 414; Theobald, Markert, 65.

Franzen, N., Orgelbauer in Trier. †1927; er war etwa ab 1900 tätig und baute pneumatische Orgeln.

Archiv Bösken; Acta 12 (1978), 222.

Freiburger Orgelbau, Hartmut Späth, Orgelbaumeister in March-Hugstetten. 1964 trennte sich August Späth (1908–1979), Sohn von Franz-Xaver → Späth in Ennetach, von der väterlichen Firma, die Dr. Karl Späth weiterführte, und wandelte die bisherige

Freiburger Filiale in eine selbständige Firma mit dem Namen „Freiburger Orgelbau" um. Sein Sohn Hartwig Späth (*1942), begann die Lehre 1958, studierte 1959-1965 an der HTL München mit Abschluß als Wirtschaftsingenieur, wurde 1967 Teilhaber, legte 1970 die Meisterprüfung ab und führt jetzt den Betrieb, der sich seit 1967 in einer ehemaligen Zigarrenfabrik befindet. Ab 1964 wurden über 150 Orgeln gebaut, 25 davon gingen ins Ausland (USA, Tansania, England, Irland). Die Späth-Orgeln mit einer sich an der Raumarchitektur orientierenden Prospektgestaltung gelten bei historisierender wie moderner Ausführung als gute Beispiele des südwestdeutschen Orgelbaues der Gegenwart.
Umfrage 1990.

Frerichs, Albrecht, Orgelbaumeister in Göttingen. *1930 Flensburg; die Ausbildung erhielt er bei Ott in Göttingen, arbeitete dann bei Steinmann in Vlotho und erwarb 1958 den Meisterbrief. 1965 eröffnete er sein Geschäft in Göttingen, in dem gegenwärtig noch zwei Mitarbeiter tätig sind, und baute bisher etwa 40 neue Orgeln. Daneben wurden Restaurierungen in gleicher Anzahl durchgeführt. Das Arbeitsgebiet erstreckt sich auf Niedersachsen und Nordhessen.
Umfrage 1990.

Friebe, Orgelbauerfamilie in Breslau. Hugo Friebe (Lebensdaten unbekannt) gründete das Geschäft 1885 und war bis mindestens 1916 tätig. Willibald Friebe war wohl sein Sohn und Nachfolger, von dem einige Arbeiten bekannt sind, und der bis mindestens 1940 existierte.
Burgemeister[2], 170, 312.

Friedrich, Arthur, Orgelbauer in Schweidnitz (Schlesien). Er war bis 1937 Mitglied des BDO.

Friedrich, Benedikt, Orgelbaumeister in Oberasbach → Bauer, Erich.

Friedrich, G. Albert, Orgelbaumeister und Musikinstrumentenhändler in Wittenberg (Elbe). Er wird Ende des vorigen Jahrhunderts im Weltadreßbuch aufgeführt. Arbeiten sind nicht bekannt.
Acta 18 (1985), 319.

Friedrich, Edmund, Orgelbauer des 20. Jahrhunderts in Heilbronn und Stuttgart. Er war weniger praktischer Orgelbauer als ein Orgelschriftsteller, der sich über die Multiplexorgel und das Multischwell-Registriersystem mehrfach geäußert hat; eine solche von ihm erbaute Multiplex-Orgel stand in den 1950er Jahren in einer Dorfkirche bei Waiblingen, in einem barock-imitierten Gehäuse. Er besaß ein Patent auf die Herstellung von Orgelpfeifen aus plattiertem Aluminium.
ZfI L (1929/30), 442; Mitteilung R. Rensch.

Friese, Orgelbauerfamilie in Parchim und Schwerin. Friedrich I Jacob Friese (1765 Bassendorf – 1833 Parchim) war ab 1792 in Polchow bei Güstrow tätig, ab 1802 in Parchim. Er lernte wohl bei seinem Vater Matthias Friese (1739–1786), der Autodidakt im Orgelbau war. Sein Neffe Friedrich II Friese (1792 Kummerow – 1863 Schwerin) war Organist und Orgelbauer und überführte die Werkstatt 1833 nach Schwerin. Dessen Sohn Friedrich III Friese (1827 Schwerin – 1896 ebenda) arbeitete zunächst beim Vater, dann bei Buchholz (Berlin) und Cavaillé-Coll, und leitete von 1856 bis 1890 die Werkstatt, aus der insgesamt 110 Schleifladenorgeln für Mecklenburg hervorgingen. 1896 wurde die Werkstadt von Marcus → Runge übernommen.

J. Massmann, Die Orgelbauten der Residenzstadt Schwerin, Wismar 1875, Fakimile. der Originalausgabe mit Kommentaren und Ergänzungen von H. J. Busch und R. Jaehn, Kassel 1988; Kümmerle I, 436; Flade.

Frings, Wilhelm, Orgelbauer und Musikinstrumentenhändler in Solingen. Er wird Ende des vorigen Jahrhunderts im Weltadreßbuch aufgeführt. Arbeiten sind nicht bekannt.
Acta 18 (1985), 319.

Fritz, Joseph, Orgelbauer in Seeg und Kempten (Allgäu). 1837–1893; als Kleinmeister baute er in bayerisch Schwaben nach 1870 mehrere Orgeln, laut Mettenleiter „gut und für den Gottesdienst ganz geeignet", war aber wohl hauptsächlich als Reparateur tätig und der Konkurrenz größerer Firmen zweifellos nicht gewachsen.
HO Schwaben, 288; Brenninger, Schwaben, 93.

Fröhlich, Albert, Orgelbauer in Freiburg im Breisgau. Er stammte aus Köln und zog 1863 in Freiburg zu, assoziierte sich 1865–1868 mit Alexander Merklin (1835–?) in Freiburg, danach mit W. Beck. Nach Fröhlichs Tod 1870 verließ Beck Freiburg und assoziierte sich mit Weisser in Bretten (Beck & Weisser).

B. Sulzmann, Freiburger Orgelmacher des 17., 18. und 19. Jahrhunderts, in: Schau-ins-Land 98, Freiburg 1979, 81–120.

Frosch, Orgelbauerfamilie in München. Der Begründer Franz Frosch (ca. 1765–1829) stammte aus Mutterstadt/Pfalz und ist seit 1784 als „Hofschutzverwandter und Orgelmacher in München" nachweisbar. Er baute nicht nur in München und Oberbayern Orgeln, sondern auch in St. Gallen/Schweiz. Mit seinem Sohn Joseph Frosch (1785 – ca. 1868) firmierte er auch als Franz Frosch & Sohn. Es ist noch ungeklärt, ob Joseph die drei Söhne Joseph Philipp (ca. 1810–1869), Ludwig (1835–1896) und Franz Xaver (1838–1909) hatte, oder ob Joseph Philipp der einzige Sohn war, Ludwig und Franz Xaver also die Enkel von Joseph. Wahrscheinlich ist dies der Fall, so daß die Familie Frosch durch vier Generationen im Orgelbau tätig war (Franz – Joseph – J. Philipp – Ludwig & Xaver). Nach Philipps Tod (1869) firmierten Ludwig und Franz Xaver als Gebrüder Frosch bis 1878, danach verselbständigte sich Franz Xaver in München. Neben der Hauptlinie existierte in München ein Seitenzweig: Karl Frosch (1794 Mutterstadt – 1845 München) lernte bei seinem Onkel Franz in München ab 1802, arbeitete danach noch viele Jahre mit ihm zusammen und erhielt 1826 die Konzession als Orgel- und Instrumentenmacher in München. Er baute u. a. die Domorgel in Speyer. Von den ca. 150 bekannten Frosch-Orgeln ist häufig nicht zu unterscheiden, welches Mitglied der Familie sie gebaut hat. Nach 1895 sind keine Neubauten mehr bekannt. Nachfolger von Karl Frosch wurde 1846 Franz Zimmermann (1821 Wertingen – 1861 München). Um 1880 gingen die Froschs zum Bau von Kegelladen über.

Fischer-Wohnhaas, Speyerer Domorgel, 166; Brenninger, Altbayern 100 ff.; HO Schwaben, 288.

Frosch & Söhne, Carl (Inh. Carl Frosch), Orgelbauanstalt in Jesuborn bei Gehren (Thüringen). Die Werkstatt wurde 1870 gegründet und bestand noch an der Jahrhundertwende. Näheres ist nicht bekannt.
Acta 18 (1985), 319.

Führer, Alfred, Orgelbau GmbH & Co. KG, Wilhelmshaven. Alfred Führer (1905 Wilhelmshaven – 1974 ebenda) erlernte den Orgelbau bei Furtwängler & Hammer, arbeitete danach bei der Orgelbau AG Willisau (Schweiz) und bei Kilgen & Sons (St. Louis, USA), ehe er sich 1933 in seiner Heimatstadt selbständig machte, wo es bisher keine Orgelbauwerkstätte gab. Von Anfang an baute Führer mechanische Schleifladenorgeln; insgesamt entstanden nur 3 Orgeln mit elektrischer Spieltraktur, aber überhaupt kein pneumatisches Instrument. Die frühe Begegnung mit den historischen Orgeln der Regionen Ostfriesland und Oldenburg beeinflußte seine Bauweise, die, ohne Stilkopie zu sein, organisch aus der landschaftsgebundenen Tradition herausgewachsen ist. Beispielhaft waren seine Restaurierungen, die die erhaltene Substanz stets unangetastet und unverändert beließen. Nach dem Kriege wuchs die Belegschaft rapide auf 90 Mann. Nach dem Tode Führers übernahmen die Witwe Liddy Führer und der Neffe Fritz Schild (*1933 Bohlenbergerfeld) die Firma, Schild auch als Geschäftsführer. Mit der bewußten Rückkehr zum handwerklichen Orgelbau wurde die Zahl der Mitarbeiter auf 35 begrenzt und die Restaurierungstätigkeit verstärkt fortgesetzt. Alle Orgelteile, einschließlich der Pfeifen und Zungenregister, werden im eigenen Betrieb angefertigt. Die Zahl der Neubauten belief sich Mitte 1989 auf 947. Über 1000 Orgeln werden durch Mitarbeiter gewartet und gepflegt.

Pape, Tracker Organ, 417; Wolfram Syré, Jubiläum bei Orgelbau Alfred Führer in Wilhelmshaven, in: Ars organi 31 (1983), 170 f.; U. Pape (Herausg.), Festschrift Fünfzig Jahre Orgelbau Führer, Berlin 1983; Umfrage 1989.

Fuhrmann, Johannes, Orgelbauer in Siegen. Er erfand um 1883 eine pneumatische Kastenlade, die aber ohne Bedeutung blieb.
Flade (Urania 1883).

Furtwängler & Hammer, Orgelbauanstalt in Elze, Hannover, Empelde, Hemmingen-Westerfeld und Arnum. Schon 1822 ließ sich der Uhren- und Orgelmacher Philipp Furtwängler (1800 Gütenbach/Baden – 1867 Elze) in Elze nieder. Als Großuhren-Erbauer lernte er in den Kirchen die Orgeln kennen und ließ sich bei einem süddeutschen Meister und auch bei Wilhelmi in Stade weiterbilden. Sein Opus 1 entstand 1838 in Amelsen. Insgesamt baute er 68 neue Instrumente, von Umbauten sind 33 bekannt. Seine beiden Söhne Wilhelm I (1829 Elze – 1883 ebenda) und Pius Furtwängler (1841 Elze – 1910) lernten bei ihm das Orgelbauhandwerk. Wilhelm wurde 1854 Teilhaber (Philipp Furtwängler & Sohn), Pius trat 1862 ins väterliche Geschäft ein (Ph. Furtwängler & Söhne).

Nach Wilhelms Tod wurde Adolf Hammer (1854 Herzberg – 1921 Hannover), der bei Furtwänglers gelernt und in Schlesien im Raum Breslau ein erfolgreiches Orgelbauunternehmen aufgebaut hatte, von Pius Furtwängler als Teilhaber zurückgerufen (P. Furtwängler & Hammer). Die Verlegung der Werkstätten nach Hannover 1883 machte Adolf Hammer zur Bedingung. 1900 wurden über 120 Mitarbeiter beschäftigt. Der gleichnamige Sohn Wilhelm II (1875–1959) des ältesten Sohnes von Philipp Furtwängler trat nach seiner Ausbildung nicht in die väterliche Firma ein. Er vervollkommnete sich bei Kuhn in der Schweiz und arbeitete bei Klais als Werkstattmeister. 1909 übernahm er die Firma Carl → Giesecke & Sohn in Göttingen.

Nach Hammers Tod übernahm sein Neffe Emil Hammer (1878 Wesermünde – 1958 Hannover) die Leitung der Firma, die ab 1937 bis heute unter seinem Namen weitergeführt wird (Emil Hammer Orgelbau). Emil Hammer war ab 1928 1. Vorsitzender des

BDO und einer der führenden Orgelreformer in enger Zusammenarbeit mit Christhard Mahrenholz. Die Werkstatt in Hannover wurde im Oktober 1943 völlig ausgebombt. 1949 wurde die Arbeit im Vorort Empelde weitergeführt und 1958 nach Hemmingen-Westerfeld verlegt. Christian Eickhoff (*1935 Shanghai) übernahm nach dem Tode seines Großvaters die Firmenleitung 1961. Seit 1965 befindet sich die moderne Werkstatt im Nachbarort Arnum.

Die Leistung der Firma zeigt sich in folgenden Zahlen: um 1878 ca. 160 Opera, 1904 entstand Opus 500, 1929 Opus 1000, 1990 belief sich die Opuszahl auf über 2000. 1875 bauten die Söhne des Gründers erstmals Kegelladen, 1888 konstruierten Furtwängler & Hammer eine Freie Combination, Doppelregistratur genannt. 1889 verwandten sie die pneumatische Traktur und 1901 die elektrische Traktur in Verbindung mit der Kegellade. 1909 bauten sie eine pneumatische Kastenlade und in der Folgezeit die pneumatische oder elektropneumatische Taschenlade. Bereits in den 1870er Jahren war die Holzbearbeitung durch Säge-, Hobel- und Bohrmaschinen eingeführt. Die Absatzgebiete lagen besonders in Nord- und Mitteldeutschland, erstreckten sich aber bis nach Ostpreußen. Auch verschiedene überseeische Länder wurden beliefert. Nach Holland und Skandinavien bestand ein regelmäßiger Export.

Flade; Festschrift 125 Jahre Emil Hammer Orgelbau Hannover-Hemmingen II; Acta 18 (1985), 121, 157–160; Bericht über die Fachtagung Frühromantischer Orgelbau in Niedersachsen; IbZ 10 (1955), 48; Umfrage 1990; Riemann I, 565 f.

G

Gabius, Orgelbauer in Königsberg (Ostpreußen). Er war in den 1930er Jahren Verbandsmitglied.

Gabriel, Klaus, Orgelbaumeister in Petersberg bei Fulda. *1949 Dorsten als Sohn eines Orgelbauers; lernte und arbeitete bei Kreienbrink in Osnabrück, machte 1974 die Meisterprüfung, übernahm 1975 als selbständiger Leiter die Kreienbrink-Filiale in Fulda-Petersberg, die 1980 als selbständiges Unternehmen von der Firma Kreienbrink getrennt wurde. 2 Mitarbeiter sind bei ihm beschäftigt. Seit 1980 wurden 18 neue Orgeln gebaut und eine größere Zahl von Restaurierungen durchgeführt.
Umfrage 1990.

Garhammer, Josef, Orgelbaumeister in Weilheim. *1935 Obergünzburg; er lernte bei Eisenschmid in München, legte 1976 die Meisterprüfung ab und machte sich 1977 in Weilheim selbständig. In seinem Betrieb waren bis zu 8 Mitarbeiter tätig, so daß jährlich bis zu 5 neue Orgeln in Südbayern erstellt werden konnten. Auch Restaurierungen wurden durchgeführt. 1989 zog er sich aus gesundheitlichen Gründen vom Geschäft zurück, das seitdem unter der Leitung von Orgelbauer Leonhard Zach (*1964) steht und mit 4 Mitarbeitern als „Garhammer GmbH" firmiert.
Umfrage 1990.

Gast, Orgelbauerfamilie in Fürstenberg a. d. Oder. Der Stammvater Johann Georg Gast kam aus Bahro und machte sich um 1805 in Fürstenberg selbständig. Er war von Haus aus Schneidermeister gewesen, hatte sich aber bald dem Orgelbau zugewandt. Der Sohn Johann Friedrich I Gast (*1782) setzte die Orgelbauerei in Fürstenberg fort und vererbte sie an seinen Sohn Johann Friedrich II Gast (1815–1893). Von diesem ging sie noch eine Generation weiter an Friedrich August Gast (1839–1905), den Urenkel des Gründers. Über die Tätigkeit der Familie Gast gibt es noch keine genaueren Erkenntnisse.
Flade; Liers, Orgelbauer der Mark Brandenburg, 58.

Gegenbauer, Martin, Orgelbaumeister in Leutkirch (Allgäu). *1949; die Lehr- und Gesellenzeit verbrachte er bei Firma Karl in Aichstetten. 1980 legte er die Meisterprüfung ab und machte sich 1982 selbständig. In seinem Betrieb sind durchschnittlich 2 Mann beschäftigt. Insgesamt wurden bisher 10 neue Orgeln erbaut und einige Restaurierungen ausgeführt. Gegenbauer bevorzugt Mensuration und Intonation französischer Prägung; ab 16 Register werden Streicherstimmen in die Disposition aufgenommen. Sein Tätigkeitsbereich erstreckt sich über das württembergische Allgäu und den Raum Göppingen; eine Orgel wurde nach Brasilien geliefert.
Umfrage 1990.

Gehlhaar, Ernst, Orgelbaumeister in Bremen und Leipzig. Der persönliche Werdegang ist noch ungeklärt; er ist vermutlich verwandt mit dem bei Schubert-Schwartz genannten G. Gelhaar in Königsberg (Ostpreußen). Ernst Gelhaar († 1919 Jena) baute einzelne Orgeln in Bremen und Hamburg. Er beantragte 1908 in Bremen Konkurseröffnung. 1909 begann er in Leipzig ein neues Unternehmen (Gehlhaar & Co.) als Spezialfabrik für Orgel- und Orchestrionteile, Windladen verschiedener Systeme, pneumatische Relais und Apparate. Bis 1914 konnten 960 Register ausgeliefert und 176 Spieltische verkauft werden. Bemerkenswert ist die Gehlhaar-Orgel im Innern des Völkerschlachtdenkmals bei Leipzig von 1914. Gehlhaar beansprucht die Erfindung einer „vollkommenen Pedalumschaltung" für sich (1910). In Königsberg/Ostpr. bestand um die Jahrhundertwende die Orgelbauanstalt G. Gehlhaar.

Flade; ZfI 27 (1906/07), 849; 29 (1908/09), 1111; 34 (1913/14), 1289; Acta 18 (1985), 309.

Geiger, Max und Sohn, Orgelbauer in Traunstein, Passau und München. Max Geiger (*1820 Raitenhaslach – ?) ist seit 1854 mit Arbeiten nachweisbar, hauptsächlich Reparaturen und etwa 6 Neubauten. Zuerst hatte er seine Werkstatt in Traunstein, von 1861–1867 in Passau und anschließend in München, wo der Sohn Maximilian (Lebensdaten unbekannt) noch mindestens bis in die 1890er Jahre tätig war.

Helga Schmiedinger, Das Musikleben in Passau ab 1800, maschr. Passau 1961, 81; Brenninger, Altbayern, 100, 120, 145; Fischer-Wohnhaas, Daten über Orgelbauer, 147 f.

Geis, Johann, Orgelbauer zu Zöblitz/Erzgebirge. Lebensdaten unbekannt; Geis baute 1885 eine kleine Orgel nach Sandlofs (Oberhessen) mit 3 Registern, angehängtem Pedal und pneumatischer Traktur. Ein Orgelbauer Geis aus Meiningen reparierte 1931 die Orgel in Euerbach bei Schweinfurt. Möglicherweise besteht ein Zusammenhang zwischen den beiden.

Flade.

Geissler, Konrad, Orgelbaumeister in Eilenburg (Sachsen). 1825 Eilenburg – 1897 ebenda; er lernte 1839–1845 bei Ludwig Weineck in Eilenburg (ab 1845 Bayreuth), arbeitete dann bei Mende in Leipzig 1846–1848, 1848–1850 bei Ullmann in Wien und Maerz in München, 1851 bei Walcker in Ludwigsburg und Gustav Schlimbach in Speyer und machte sich 1852 in seiner Heimatstadt selbständig. 1855 baute er die erste mechanische Kegelladenorgel in Mitteldeutschland, die auch schon mit einem Rollschweller ausgestattet war. Später mußte er diese Bauweise (Kegelladen und freistehender Spieltisch) wieder aufgeben zugunsten der herkömmlichen und in Sachsen noch weiterhin üblichen Schleiflade und des eingebauten Spielschranks. Das zweite Manual stellte er gern in einen Schwellkasten, der mit einem Tritt gesteuert wird. Die Gesamtzahl seiner Werke beträgt 118, seine größte Orgel stand in Torgau mit III/45 Registern.

Flade, Kümmerle I, 467. Oehme S; ZfI XVII (1896/97), 707.

Geist, Alois, Orgelbauer in Weikersheim; er empfahl sich 1919 zu Umbau- und Pflegearbeiten, die er auch mehrere Jahre ausführte.

Gerbig, Karl, Orgelbauer in Eberswalde (1888–1971); er war Schüler und Nachfolger von Albert → Kienscherf in Eberswalde und leitete den Betrieb von 1928–1965. Danach übernahm ihn Ulrich → Fahlberg.

Orgelbauertreffen 11.

Gerhardt, Friedrich, Orgelbaumeister in Merseburg. 1826 Kölleda – 1922 Merseburg; er lernte ab 1841 bei Hesse in Dachwig, war ferner Schüler von Kreutzbach, Buchholz, Sonreck, Korfmacher, Schmid und arbeitete in verschiedenen ausländischen Orgelbauwerkstätten. 1853 machte er sich in Kölleda selbständig und verlegte 1863 die Werkstatt nach Merseburg. 1882 erhielt er ein Patent auf Verbesserungen der sog. Gümbelschen Saiten-Orgel. 1894 gab er sein Geschäft auf und widmete sich danach wieder der Saiten-Orgel; die Bemühungen blieben jedoch ohne nennenswertes Ergebnis. Sein Œuvre belief sich in der Zeit von 1853 bis 1894 auf 46 Orgeln, darunter auch einige größere Werke wie die Stadtkirchenorgeln in Merseburg und Tennstädt, die Domorgel in Naumburg und eine Orgel in Soest. Auch in die USA lieferte er eine Orgel.

Flade; Kümmerle I, 472; Thomas Hübner, Festschrift Gerhardt-Orgel Köln-Rondorf (Gemeindebuch Bd. 2), Köln 1990.

Gerhardt, Orgelbauerfamilie in Boppard. Christian I Gerhardt (1858 Dillhausen – 1937 Boppard) erlernte den Orgelbau bei Voigt & Söhne in Igstadt und gründete 1888 sein eigenes Geschäft in Boppard. 1919 übernahmen es die Söhne (Chr. Gerhardt & Söhne), nach dem Zweiten Weltkrieg war Christian II Gerhardt (*1889) Geschäftsinhaber. Die Firma entfaltete im Mittelrheingebiet eine rege Tätigkeit, die sich vom Taunus – Westerwald über Eifel und Hunsrück bis ins Saarland erstreckte. Christian I machte auch als Erfinder von sich reden (Doppelkegelventillade 1896; pneumatisches Glockenläutewerk) und gilt als Spezialist für pneumatische Systeme.

Flade; Bösken II.

Gerstgarbe, Hugo, Orgelbauer in Fredeburg (Westfalen). Seine Tätigkeit fällt in die Mitte des vorigen Jahrhunderts.

Reuter, Westfalen; Busch, Siegen, 145.

Gesell, Orgelbauerfamilie in Potsdam. Carl Ludwig Gesell (1809 Potsdam – 1867 ebenda) war Schüler von Haas (Luzern) und 8 Jahre Geselle bei G. Heise in Potsdam, bevor er 1847 Heises Werkstatt übernahm, zunächst zusammen mit C. Schulz, der sich aber bald darauf in Crossen (Oder) selbständig machte. Als Landorgelbauer der Mittelmark baute er zumeist einmanualige Werke. Der Sohn Carl Eduard Gesell (1845 Potsdam – 1894 ebenda) lernte zunächst beim Vater, vervollständigte sein Handwerk dann bei Sonreck (Köln) und Meyer (Herford) zwischen 1863/67. Dann übernahm er das Geschäft vom Vater, baute wie dieser vorwiegend einmanualige Orgeln in der Mittelmark, hatte aber auch einige Exportaufträge für Buenos Aires und Konstantinopel. Seine Orgeln in der Umgebung von Potsdam wurden von Kaiser Friedrich angeblich besonders geschätzt. Da er kinderlos blieb, wurde sein Schüler Alexander → Schuke 1894 Geschäftsnachfolger, dessen Firma noch in der Gegenwart besteht.

Flade, Bergelt, Brandenburg, 91 f.; Schuke, Hans Joachim, 150 Jahre Orgelbau in Potsdam 1971.

Giesecke & Sohn KG, Zungenstimmen, Göttingen. 1844 gründete der bei Schulze in Paulinzella ausgebildete Orgelbauer Carl Giesecke (1812–1888) eine Orgelbaufirma in Göttingen. Der Sohn Hermann Giesecke (1847–1928) zeigte hervorragende Fähigkeiten in der Herstellung von Zungenstimmen, so daß er die vom Vater seit 1870 eingeleitete Umstellung auf die Zungenstimmenherstellung fortsetzte und mit seinen neuen Verfahren große Erfolge hatte. Die Nachfrage nach Giesecke-Zungen führte schließlich zur Aufgabe des Orgelbaues ab etwa 1880. Bis dahin baute die Firma ca. 50 Orgeln. 1912 trat Wilhelm Furtwängler (1875–1959), Sohn des gleichnamigen Orgelbaumeisters der Firma Philipp Furtwängler & Söhne, Elze, als Nachfolger Hermann Gieseckes in die Firma ein. Die Spezialisierung auf die Herstellung von Zungenstimmen und ab ca. 1925 auch auf Labialpfeifen wurde weiterhin erfolgreich vorangetrieben. 1930 trat Philipp Furtwängler (1905–1946) in die Firma ein und wurde 1940 Nachfolger Wilhelm Furtwänglers. Nach dem plötzlichen Tode Philipp Furtwänglers übernahm zunächst dessen Vater die Leitung der Firma wieder, bis 1949 Hans Wolf Knaths (1913 Elbing – 1984 Göttingen), der Philipps Witwe geheiratet hatte, an seine Stelle trat. Nach dem Tode von Hans Wolf Knaths übernahm sein Stiefsohn Klaus Wilhelm Furtwängler (*1936) die Leitung der Firma. Die individuelle Fertigung sowie Rekonstruktion und Restauration von Zungenregistern und Labialpfeifen und die Herstellung durchschlagender Zungenstimmen gehören jetzt zu den herausragenden Leistungen der Firma.

Umfrage 1990; Flade; Unsere Zungenstimmen und ihre Bauart (Göttingen) 1920; Festschrift „Zungenstimmen", Göttingen 1963; verschiedene Kataloge (1920, 1928); Riemann I, 623.

Glatzl, Georg, Orgelbaumeister in Altmühldorf. Lebensdaten unbekannt (er soll vor 1950 gestorben sein); er war Schüler von Siemann in München und machte sich ca. 1912 in Altmühldorf selbständig. Die Firma nannte sich „St. Gregoriuswerk", Glatzl war der Betriebsleiter. Nach dem Ersten Weltkrieg entwickelte sich das Unternehmen zusehends und erreichte in den 1930er Jahren eine beachtliche Produktivität (ca. 5 Orgeln pro Jahr). Nach 1945 konnte die Firma unter ihrem neuen Leiter Max Sax (Lebensdaten unbekannt) nochmals einen bescheidenen Anteil am südostbayerischen Orgelbau erringen. Glatzl baute pneumatische Orgeln von unterschiedlicher Größe (6–40 Register), gelegentlich auch mit elektrischer Traktur.

Flade; Brenninger, Altbayern, 158, 171.

Glauning, Heinrich, Orgel-, Zinn- und Zinkpfeifengeschäft in Oettingen. †1930. Er war in den 1920er Jahren Verbandsmitglied.

Glockner, Orgelbauerfamilie in Mühldorf a. Inn und Mößling. Balthasar Glockner (1910 Passau – 1983 Plattling) erlernte den Orgelbau bei Weise in Plattling, arbeitete anschließend bei Glatzl in Mühldorf, danach in Rostock bis zum Zweiten Weltkrieg und machte sich 1949 in Mühldorf selbständig. In den sechs Jahren bis zur Geschäftaufgabe 1955 erstellte er etwa 10 neue Orgeln; danach ging er 5 Jahre nach Belgien und arbeitete am Schluß wieder bei Weise in Plattling, wo er in den Ruhestand trat. Sein Sohn Friedrich Glockner (*1947 Mühldorf) lernte ebenfalls bei Weise, war dann bei Wolfram in Osnabrück, bei Schuster in München, kehrte noch einmal zu Weise zurück und übernahm 1976 das Geschäft von Wastlhuber in Mössling; gleichzeitig erwarb er den Meistertitel. Er arbeitet gegenwärtig allein und hat bisher ca. 12 neue Orgeln gebaut, alles Schleifladen mit mechanischer Traktur.

Umfrage 1990.

Glöckner, Ludwig, Orgelbaumeister in Berlin. Er gründete 1947 seine Werkstatt; Nachfolger wurde 1977 Axel Stüber. Die Werkstatt konzentrierte sich auf den Kleinorgelbau, Reparaturen und Restaurierungen.

Bergelt, Brandenburg, 107.

Goebel, Orgelbauerfamilie in Königsberg, Danzig und Leichlingen. 1894 übernahm Bruno Goebel (1860 Landsberg/OS – 1935) die Werkstatt von Rohn in Wormditt und 1898 die von Terletzki in Königsberg. Er war ab 1875 ausgebildet von Czopka in Rosenberg, arbeitete bei Schlag, Koulen, Kuhn, Angster, Steinmeyer und Cavaillé-Coll, ehe er sich selbständig machte. Er baute 251 pneumatische Orgeln in Ostpreußen oder ältere Orgeln auf pneumatische Windladen um. Die Söhne Joseph Goebel (1893 Fünfkirchen – 1969 Leichlingen), Fritz Goebel (1900–1971 Bonn) und Dr. Alfons Goebel erlernten beim Vater den Orgelbau, daher die Firmierung Goebel & Söhne. 1920 eröffnete Joseph Goebel in Danzig einen Zweigebtrieb. 1932 erlosch der Hauptbetrieb in Königsberg für einige Zeit, wurde aber nach dem Wirtschaftsaufschwung von den Söhnen nach 1933 neu gegründet. Nach dem Zusammenbruch fanden die Geschwister Goebel im Rheinland eine neue Bleibe und setzen 1950 die Firma Hugo Koch in Leichlingen fort. Joseph Goebel hat in der unmittelbaren Nachkriegszeit zwischen Sauerland und Main viele Orgeln im damaligen Sinne modernisiert. Er war schon in den 1920er Jahren ein Pionier der Orgelreform, baute in den 1930er Jahren Positive und befaßte sich wissenschaftlich mit der Obertonforschung zusammen mit Paul Smets; Kugelflöte und Mollterz sind seine Erfindungen. Die Firma Goebel baute in Königsberg 251 Opera, in Danzig 1920–1945 73 Orgeln und in Leichlingen 1945–1969 34 Opera.

Fritz Goebel war von 1925 bis 1965 mit Unterbrechungen bei der Firma Klais in Bonn, zuletzt als Werkmeister, tätig.
Flade; IbZ 25 (1971), 294 (Nachruf Fritz Goebel); Musikinstrument 1969, 1284 (Nachruf Joseph Goebel); Orgelbaumeister Bruno Goebel 75 Jahre alt (1935); Chronik der Firma anläßlich der Übernahme des Unternehmens H. Koch, Leichlingen (1951).

Göbel, Johann, Orgelbaumeister in Altomünster. Um 1897–1965; über seine Tätigkeit ist nichts weiter bekannt.

Göckel, Karl, Orgelbaumeister in Malsch bei Wiesloch (Baden). *1957 Malschenberg; seine Ausbildung zum Orgelbauer begann bei Vleugels in Hardheim und wurde in der Schweiz und Frankreich fortgesetzt. 1983 legte er die Meisterprüfung ab; im gleichen Jahre machte er sich auch selbständig. In dem jungen Betrieb sind durchschnittlich 10 Mitarbeiter beschäftigt. Bisher wurden 20 neue Orgeln fertiggestellt und verschiedene Restaurierungen durchgeführt. Er ist spezialisiert auf Barkermaschinen mit automatischer Rückstellhilfe, auf den Bau von Streichern und überblasenden Flöten im symphonischen Stil und von Zungenpfeifen.
Umfrage 1990.

Göhler, Adolph August, Orgelbauer und Instrumentenmacher in Chemnitz. Die wenigen Nachweise seiner Tätigkeit beziehen sich nur auf Reparaturen und Stimmungen zwischen 1854 und 1885.
Flade; HO Sachsen, 34.

Goll, Orgelbauerfamilie in Bissingen und Kirchheim u. Teck (Württemberg), sog. Bissinger Linie. Christoph Ludwig Goll (1824 Bissingen – 1897 Kirchheim u. Teck) lernte den Orgelbau bei Joh. Viktor Gruol in Bissingen von 1835–1841, arbeitete danach bei Schäfer (Heilbronn), Weigle (Echterdingen) und ab 1845 wieder bei Gruol, dessen Associer er 1850–1856 war. 1856 verlegte er die Werkstatt nach Kirchheim u. Teck und nannte sie eine „mechanische Orgelbauanstalt". Um 1888 beschäftigte er 10–12 Leute. Um 1895 firmierte er als „C. L. Goll und Sohn"; dieser hieß Gustav Adolf (1858 Kirchheim u. Teck – 1902 ebenda), trat aber in der Firma nicht nennenswert hervor. Um 1896 bestimmte Goll Friedrich Schäfer (*1863) aus Göppingen zum Geschäftsführer. Dieser führte dann nach 1897 die Firma weiter bis 1914. Danach ist sie erloschen.
Friedrich Goll (1839–1911) in Luzern war der jüngere Bruder von Christoph Ludwig. Die Zahl der Goll-Orgeln in Württemberg wird mit über 100 angegeben. Bemerkenswert sind die ausgebauten mechanischen Oktavkoppeln in Verbindung mit der Kegellade.
Flade; Acta 12 (1978), 167 f. (Kleemann); Völkl, Orgeln in Württemberg, 26, 236; Kümmerle I, 437 f.; MGG 5, 491 (W. Supper).

Göller, Carl, Orgelbauer in Tauberbischofsheim und Heidelberg. 1801–1887; er soll ein Enkel von Konrad Zahn in Großostheim gewesen sein, wurde bereits um 1826 Kreisorgelbauer in Tauberbischofsheim und baute Orgeln im badischen Bauland und im Taubergrund. 1859 assoziierte er sich mit dem Instrumentenbauer und Musiklehrer Eduard Pfeifer (1811 Höpfingen – 1881 Heidelberg) in Heidelberg und verlegte damit sein Arbeitsgebiet mehr nach Mittelbaden. Den Neffen Karl Josef Krüger (†1891) bildete er zum Orgelbauer und Nachfolger in Tauberbischofsheim aus.
HO Baden, 285; B. Sulzmann, Die Orgel der Ev. Kirche Meckesheim (1985), 60.

Goerres, Augustin und Sohn, Orgelbauer in Katzem (Kr. Erkelenz), dann Neuß. Lebensdaten unbekannt; es handelt sich vermutlich um einen Schüler von Gebr. Kemmerling in Katzem, da Augustin Goerres deren Nachfolge antrat und von 1870 bis 1899 mit

Reparaturen und Wartungen im Kreis Erkelenz auftrat; von Neubauten ist bisher nichts bekannt. Im Orgelbauerverzeichnis von 1897 wird er nicht erwähnt.
Hilberath, Erkelenz, 233.

Göthel, Christian Friedrich, Orgelbauer in Borstendorf/Erzgebirge. 1804 Borstendorf – 1873 ebenda; als Autodidakt begann er wie sein Vater mit dem Bau von Vogelorgeln und kam so zum Orgelmacherberuf. Er fertigte etwa 25 Orgeln, in der Mehrzahl zweimanualig mit über 20 Registern. Guido H. Schäf (Freiberg) war sein Schüler. Die erhaltenen Instrumente sind wegen ihrer klanglichen Qualität geschätzt.
Flade; Oehme S, 84; Klaus Walter, Der sächsische Orgelbauer Christian Friedrich Göthel (1804–1873), in: Acta 20 (1988), 162–291.

Gottleuber, Carl Gottlob, Orgelbauer in Colditz. 1804–1871; er war Schüler von J. G. F. Zöllner in Hubertusburg in den 1820er Jahren. Über sein späteres Wirken ist wenig bekannt.
Oehme S, 84; Flade; HO Sachsen, 312.

Gregorius-Werk → Glatzl.

Grassmuck, Carl, Schreiner und Orgelbauer in Coburg. 1862 Coburg – 1933 ebenda; als gelernter Schreiner wechselte er als Autodidakt zum Orgelbau über. 1889 baute er seine erste Orgel. Um 1904 wurde er Nachfolger von Hasselbarth im Coburger Land. Seine Tätigkeit beschränkte sich hauptsächlich auf Reparaturen und Umbauten.
Hermann Fischer und Theodor Wohnhaas, Alte Orgeln im Coburger Land, in: Jahrbuch der Coburger Landesstiftung 1972, 110; HO Oberfranken, 35.

Greve, F. K. → Faber

Grisard, Wilhelm, Orgelbauer in Kolberg. Er wird 1897 im Weltadreßbuch genannt und war 1917 noch tätig.
Flade; Acta 12 (1978), 223, und 18 (1985), 307.

Grollmann, Franz, Orgelbaumeister in Hamburg. *1911 Hamburg; er eröffnete 1958 in seiner Heimatstadt eine Orgelbauwerkstatt, in der nur Schleifladen mit elektrischer oder mechanischer Traktur gebaut wurden. 1977 übernahm sein Mitarbeiter und Meistergeselle Heinz → Hoffmann den Betrieb, in dem bis 1990 etwa 40 neue Orgeln gebaut und ebensoviele restauriert oder umgebaut wurden.
Umfrage 1990.

Grübl, Josef, Orgelbauer, Lehrer und Schreiner in Waltendorf bei Bogen (Niederbayern). Lebensdaten unbekannt; seine Tätigkeit läßt sich zwischen 1850 und 1890 durch mehr als ein Dutzend kleinere einmanualige Orgeln im niederbayerischen Hügelland und Donautal verfolgen. Brenninger weist auf den flachbogigen Prospektabschluß hin, der für Grübl typisch ist und auf den Architekten Georg Aichinger zurückgehen dürfte. Er baute nur Schleifladen mit mechanischer Traktur und disponierte sehr konservativ.
Brenninger, Altbayern, 148; Flade.

Grüneberg, Orgelbauerfamilie in Stettin, Finkenwalde und Barssel. 1782 gründete Georg Friedrich Grüneberg (ca. 1750–1823 Stettin) die Werkstatt; seine Vorfahren waren Orgelbauer in Magdeburg. Er baute Orgeln im Gebiet zwischen Oder und Elbe bis nach Magdeburg im Südwesten; sein Sohn Johann August Wilhelm Grüneberg († 1837) setzte den Orgelbau 1824 in Stettin fort. Am bedeutendsten war ab 1854 Barnim I Grüneberg (1828 Stettin – 1906 ebenda), der bei seinem Onkel Buchholz in Berlin, bei

Walcker und Cavaillé-Coll ausgebildet worden war; er wurde 1894 zum Hoforgelbauer ernannt, erfand 1855 die sog. Knopflade und baute 1885 in Libau eine viermanualige Orgel mit 131 Registern auf Schleifladen. Die Ratzeburger Domorgel von 1902 war Opus 450. Ab 1900 benutzte er die Röhrenpneumatik in Verbindung mit der Kegellade und konstruierte einen Knieschweller. Er war Gründungsmitglied des Vereins Deutscher Orgelbaumeister. 1905 übergab er das Geschäft seinem Sohn Felix Grüneberg, der es 1906 nach Finkenwalde verlegte. Bis zum Ersten Weltkrieg setzte sich die gute Konjunktur fort, und trotz des anschließenden Rückgangs wurde 1933 die Opuszahl 1000 bereits überschritten. Nach 1945 lebte die Werkstatt unter dem Ururenkel des Gründers, Barnim II Grüneberg († 1963) nochmals auf, allerdings nur mit Reparatur- und kleineren Umbauarbeiten beschäftigt.

Flade; Kümmerle I, 522 f.; ZfI XXVII (1906/07), 1039; W. Schwarz, Orgelbau und Orgelbauer in Pommern, in: Musik des Ostens Bd. 9, Kassel 1983, 115f.

Grünsfelder, Adam, Orgelbaumeister in Ochsenfurt und Salzburg. 1861 Ochsenfurt – 1934 Salzburg; er arbeitete 14 Jahre bei Walcker in Ludwigsburg, machte sich anschließend in seiner Heimatstadt am Main selbständig und wirkte hier fast drei Jahrzehnte mit Orgelarbeiten im südlichen und südöstlichen Unterfranken. Bekannt sind etwa 14 Neubauten, darunter einer in Oberfranken und einer in der Schweiz, alles Kegelladenorgeln, bis 1895 mit mechanischer und danach mit pneumatischer Traktur. Als im Jahre 1917 der Salzburger Orgelbauer Albert Mauracher (1858–1917) starb, wurde sein Compagnon Grünsfelder auch Werkstattnachfolger in Salzburg; demnach muß er vor diesem Zeitpunkt nach Salzburg gezogen sein. 1921 meldete er die Firma unter seinem Namen in Salzburg an, wo sie bis Ende 1932 noch existierte, aber nurmehr mit unbedeutenden Reparaturarbeiten beschäftigt war.

Flade; HO Unterfranken, 30; Walterskirchen, Salzburg, 182 f.

Gruol, Orgelbauerfamilie in Bissingen unter Teck. Begründer war Johann Viktor I Gruol (1766–1835), der an die 30 Orgeln zwischen etwa 1793 und 1835 baute und hohe Wertschätzung genoß. Der gleichnamige Sohn Johann Viktor II Gruol (1807–1871) lieferte etwa die gleiche Zahl, u. a. für Beuren, Krs. Nürtingen 1839. Sein Nachfolger wurde Christoph Ludwig Goll (1824–1897) etwa ab 1850 bis 1856 (Gruol und Goll), danach ca. 1860 bis 1863 Wilhelm Blessing (Gruol und Blessing).

Kleemann, Württemberg, 210 f.; Völkl, Württemberg, 26; Flade; Acta 12 (1978), 164 ff. (Kleemann).

Grysziewicz, J., Orgelbaumeister in Posen (ehemalige Provinz Posen, heute Poznan). Lebensdaten unbekannt; er wird 1897 im Weltadreßbuch aufgeführt.

Acta 18, (1985) 320.

Gundling, Gebr. Josef und Sebastian, Orgelbauer in Kirn a. d. Nahe. Sie waren die Nachfolger des 1906 verstorbenen Gustav Stumm, des letzten Vertreters dieser berühmten Orgelbauerfamilie aus dem Hunsrück. Schon nach drei Jahren, 1909, mußten sie Konkurs anmelden. Bis jetzt sind drei Werke aus ihrer Fertigung bekannt.

Flade; ZfI XXIX (1908/09), 1016; Bösken, Stumm[2,] 113.

H

Haaser, Orgelbauerfamilie in Stiefenhofen und Immenstadt (Oberallgäu). Drei Generationen sind zu unterscheiden: Franz Anton Haaser (1763 Stiefenhofen – 1825 Mollen), der zwischen 1794 und 1825 unter anderem mit 13 Neubauten nachweisbar ist. Seine Söhne Remigius Haaser (1797 Stiefenhofen – 1860 Immenstadt) und Martin Haaser (*1806) bauten zwischen 1821 und 1860 mindestens 22 neue Orgeln, wobei Remigius der führende Meister war. Schließlich Fidelis Haaser (ca. 1830 – nach 1880), Sohn von Remigius, von dem man 11 Orgelbauten nachgewiesen hat. Schon gegen 1818 war die Werkstatt nach Rückholz verlegt worden, um 1825 war sie wahrscheinlich in Seeg und einige Jahre später in Immenstadt, wo Remigius 1833 Bürger war. Die Orgelbauer Haaser arbeiteten im Allgäu, im angrenzenden Vorarlberg und in der Nordostschweiz. Rein äußerlich sind ihre originellen klassizistischen Gehäuse, teilweise in die Brüstung integriert, bemerkenswert. Klanglich stehen sie zwischen Spätbarock und beginnender Romantik bei zunehmend „löcherigem" Principalchor, schwach besetztem Pedal und typischen Farbregisterkombinationen, gelegentlich auch mit einem zweiten Manual als Farb-Begleitmanual.

Nadler, Orgelbau in Vorarlberg und Liechtenstein; HO Schwaben, 289; Brenninger, Schwaben, 89 f.

Hackl, Joseph, Orgelbaumeister in Rosenheim. *1859 in Au/Bad Aibling; er arbeitete nach seiner Ausbildung bei Jakob Müller in Rosenheim und wurde 1890 dessen Compagnon; die Werkstatt firmierte als „Müller & Hackl". Nach Müllers Tod 1899 wurde Hackl Alleininhaber. Unter seiner Leitung hatte die Werkstatt bis in den Ersten Weltkrieg hinein noch viel zu tun, danach gingen die Aufträge zurück. Die letzte Orgel ist bekannt für die Englischen Fräulein in Regensburg aus dem Jahre 1926. Hackl baute wie sein Vorgänger Müller Kegelladen, zunächst mit mechanischer Traktur. Die Orgel von Hattenhofen (1901) hatte eine kombinierte pneumatisch-mechanische Traktur und galt als mißlungen; die späteren Orgeln sind pneumatisch.

Flade; Brenninger, Altbayern, 131.

Hahn, Franz, Orgelbauer in Braunsberg (Ostpreußen). Er war in den 1920er und 30er Jahren Verbandsmitglied.

Hahner, Orgelbauerfamilie in Fulda. Der Vater Martin Hahner (1804 Maberzell – 1866 Fulda) war gelernter Schreiner und beschäftigte sich auch mit Klavier- und Orgelbau, hat aber keine neuen Orgeln verfertigt. Der älteste Sohn Heinrich Hahner (1843 Fulda – 1889 ebenda) lernte sein Handwerk wohl beim Vater, dann bei Walcker in Ludwigsburg und arbeitete 1867/68 bei Braungart in Zeitlofs als Geselle. 1868 machte er sich in Fulda selbständig, pflegte die Orgeln der Stadt und im weiteren Umkreis und baute wohl nicht mehr als fünf neue Orgeln, alle mit Kegelladen und mechanischer Traktur. In der thüringischen Rhön erweiterte er einige ältere Instrumente um ein zweites Manual. Nach seinem Tod übernahmen die Orgelbauer Clewing und Rieschick die Werkstatt. Der jüngere Bruder Karl Hahner (1855 Fulda – 1940 ebenda) half in der Werkstatt mit, führte Reparaturen auf dem Lande durch, ging aber wieder mehr zur Schreinerei über. Heinrichs Sohn August (1872 Fulda – 1942 Gotha) war ebenfalls Orgelbauer. Er war eine Zeitlang Teilhaber von Kratochwill, arbeitete dann als Intonateur bei Klais in Bonn und verbrachte seinen Ruhestand in Gotha.

G. Rehm, Die Fuldaer Orgelbauerfamilie Hahner, in: Acta 15 (1981), 114–125; Flade.

Hammer → Furtwängler & Hammer.

Handel, Alois, Orgelbauer in Lohr-Rodenbach a. Main. 1912 Rodenbach – 1972 ebenda; nach einer Schreinerlehre am Ort wandte er sich dem Orgelbau zu und war bei Georg Glatzl in Altmühldorf (St. Gregoriuswerk) und wahrscheinlich noch bei Siemann in München tätig. Drei Jahre besuchte er die Orgelbauschule. Nach dem Zweiten Weltkrieg machte er sich in Rodenbach selbständig, eroberte sich schnell als Einheimischer in Unterfranken einen Markt und Vertrauen für seine Orgeln, die in der Nachkriegszeit guten Anklang fanden, modern in Disposition und Prospektgestaltung waren, durchweg mit Kegelladen und pneumatischer Traktur. Als Ein-Mann-Betrieb mußte er allerdings viele Orgelteile beziehen. Insgesamt baute er rund 40 neue Orgeln in Unterfranken, die aber häufig den heutigen Ansprüchen nicht mehr entsprechen.
Aschaffenburger Volksblatt vom 16. 6. 1972.

Hanke, Fr. Orgel- und Drehorgelbauer in Berlin; erscheint 1897 im Weltadreßbuch.
Acta 18 (1985), 306.

Hansen, Orgelbauerfamilie in Flensburg. Vor 1843 gründete Niels Peter Hansen (1814–1870) eine Orgelbauwerkstätte in Flensburg, in der eine Reihe kleinerer bis mittlerer Orgeln für Schleswig-Holstein entstanden, die aber unter der mächtigen Konkurrenz von Marcussen im nordschleswigschen Apenrade in der Region nicht die führende Rolle spielten. Der Sohn Emil Hansen (1843 Flensburg – 1933) reaktivierte nach → Färbers Tod 1888 die väterliche Werkstätte in Flensburg, die bis zum Ersten Weltkrieg noch weiterbestand und offensichtlich auch gut beschäftigt war. Emil Hansen war Schüler von Ohlsen und Köhne (Kopenhagen), Mehmel (Stralsund), Kaltschmidt (Stettin) und Marcussen (Apenrade).

Vermutlich war der Tischler und Orgelbauer-Autodidakt Christian Hansen in Satrup, der sich 1798 um einen Orgelbau in Wilstrup bewarb, ein Verwandter oder Vorfahre der obigen.
Flade; Cirsovius 154; Schumann, Orgelbau Schleswig.

Hardt, Orgelbauerfamilie in Möttau bei Weilburg. August Hardt (1861–1946 Möttau) war Geselle bei Gustav Raßmann in Möttau gewesen und wurde bereits in den 1880er Jahren eigenverantwortlicher Mitarbeiter; 1896 erwarb er das Geschäft. Sein Sohn Alfred Hardt (1900 Möttau – 1960 ebenda) arbeitete 1925/26 bei Steinmeyer und spezialisierte sich hier auf den Spieltischbau. Nach seiner Rückkehr in die eigene Werkstatt setzte er 1930 mit deren Übernahme die Orgelbautradition fort und übernahm Reparaturen und Wartungen in Hessen-Nassau, überließ dagegen die Neubauaufträge der Firma Steinmeyer; aus diesem Grund sind zwischen 1920/40 kaum Neubauten der Firma bekannt. In der dritten Generation führt nun Günter Hardt (*1933) den Betrieb und behauptet sich erfolgreich im angestammten Arbeitsgebiet gegen die Konkurrenz der Großfirmen. Er baute seit 1953 vorwiegend kleinere Instrumente, hat sich aber auch mit Restaurierungen einen Namen gemacht.
Flade; Archiv Bösken; Klotz, der Orgelbauer aus Möttau, in: Weg und Wahrheit 24/Nr. 12 v. 22. 3. 1987.

Haerpfer → Dalstein & Haerpfer.

Hartenthaler, Erich Rudolf, Orgelbaumeister in Freiburg i. B. *1931; nach der Ausbildung und Meisterprüfung gründete er 1980 seinen eigenen Betrieb in Freiburg, der sich außer den üblichen Stimmungen, Reparaturen und Reinigungen fast ausschließlich

mit Restaurierungen befaßt und in allen Ladensystemen und Trakturarten firm ist. Dabei unterstützen ihn ein bis zwei Mitarbeiter. In seinem Planungsbüro erstellt er außerdem Orgelpläne für andere Firmen.
Umfrage 1990.

Hartmann, August, Orgelbauer in Regensburg. *1931 Oberdeggenbach; Lehre und Gesellenzeit bei → Hirnschrodt; seit 1982 selbständig, führte er mehrere Neubauten und Restaurierungen in Ostbayern durch.
HO Oberpfalz, 78.

Hartmann, Moritz, Orgelbauer in Apolda. Er war als Reparateur und Stimmer tätig.
Acta 18 (1985), 329.

Hartmann, Otto, Orgelteilehersteller in Werdau.
Acta 18 (1985), 328.

Hasenmüller, Josef und Chr., Orgelbauer in Donauwörth (und München). Von Joseph Hasenmüller, der um 1867 starb, besitzen wir Arbeitsnachweise aus den Jahren 1842–1867, hauptsächlich Reparaturen, und zwar in der Gegend zwischen Weißenburg und Aichach. Der zweite Namensträger soll aus München sein und tauchte 1886/87 mit Reparaturen in Kronach und Ebrach auf, wo er im Gefängnis einsaß. Näheres ist nicht bekannt.
HO Schwaben, 289.

Haspelmath, Martin, Orgelbaumeister in Walsrode. *1935 Walsrode; Schüler von Ott in Göttingen, bei dem er sich auch auf sein Fachgebiet spezialisierte. 1968 legte er die Meisterprüfung ab; 1969 machte er sich in seinem Heimatort selbständig. Haspelmath ist Spezialist für die Restaurierung historischer Orgeln, womit er sich ausschließlich beschäftigt. Der Bau neuer Orgeln steht nicht auf dem Programm. Drei Mitarbeiter unterstützen ihn bei der Arbeit.
Umfrage 1990.

Hasselbarth, Friedrich Anton, Orgelbauer in Coburg. Ca. 1850 Großtabarz – 1904 Coburg; Ausbildung und Werdegang sind nicht bekannt. Er arbeitete bis 1873 mit seinem Landsmann Franz Köllein zusammen, von dem er sich dann trennte, der ihm aber als Pfeifenlieferant weiterhin behilflich war. Die Zahl der Neubauten liegt bei etwa 25–30, dazu kommen Umbauten, Reparaturen und Wartungen im Coburger Land und in Südthüringen. Bis 1893 behielt er Schleifladen und mechanische Traktur bei. Die erste pneumatische Kegellade lieferte er im genannten Jahr nach Untersiemau. In Seidmannsdorf baute er 1896 eine mechanische Kegellade mit pneumatischer Registertraktur, danach nur noch pneumatische Orgeln.
Fischer-Wohnhaas, Coburg III, 110 f.; Flade.

Haupt, Orgelbauerfamilie in Damme, Ostercappeln und Osnabrück. Wilhelm Haupt (1802–1863) war ein Schüler von J. G. Schmid in Oldenburg und machte sich 1827 in Damme selbständig. Er nahm 1844 seinen jüngeren Bruder Carl (1810–1898) ins Geschäft; sie firmierten danach als Gebr. Haupt. Nach dem Konkurs der Firma wurde Carl 1859 bis 1875 Alleininhaber, dann nahm er seinen Sohn Rudolf Haupt (1842–1913) zum Teilhaber. Dieser leitete von 1898 bis 1913 die Werkstätte und verlegte sie 1898

nach Osnabrück. Danach ging sie in die Hände seines Sohnes Karl Haupt über, der noch bis nach dem Zweiten Weltkrieg tätig war. Die Gebr. Haupt lösten offensichtlich den Orgelbauer Brinkmann aus Herford in seinem Arbeitsgebiet ab.
Bösken, Osnabrück; Flade; Pape, Führer, 145; Schlepphorst, Niedersachsen, 56 f.

Hechenberger, Orgelbauerfamilie in Passau. 1863 heiratete der Orgelbaumeister und Werkführer Martin Hechenberger (1836 Stadtamhof – 1919 Passau) die Witwe seines verstorbenen Meisters Adam Ehrlich (1812–1861) in Passau und übernahm damit auch dessen Werkstatt. In der Zeit von 1861 bis 1916 wurden in der Hechenberger-Werkstatt etwa 300 neue Orgeln gebaut, die meisten waren einmanualige kleinere Dorforgeln. Gelegentlich entstanden aber auch mittlere zweimanualige Instrumente, und von 1886–1889 baute Hechenberger die damals größte Orgel Bayerns im Passauer Dom mit 74 Registern. Es ist auffallend, wie unter seiner Leitung die Passauer Werkstatt an Bedeutung gewann und den Wirkungskreis von Niederbayern nach Oberösterreich, ja nach Kärnten ausdehnen konnte. Hechenberger baute zunächst wie sein Lehrmeister Schleifladen, Mitte der 1870er Jahre erscheinen im Pedal erste Kegelladen. Mit dem Bau der Passauer Domorgel setzt sich die Kegellade auch im Manual durch und wird schließlich zur Regel. Um 1897 kommt erstmals die Röhrenpneumatik zur Anwendung. Hechenberger baute auch freistehende Spieltische noch in Verbindung mit der Schleiflade. 1892 wurde er zum kgl. Hoforgelbauer ernannt. Um 1910 zog er sich vom Orgelbau zurück, den nun der Sohn Max Hechenberger (*1870 Passau) übernahm. Es gelang ihm aber nicht mehr, gegen die Konkurrenz Edenhofers anzukommen, so daß er einen Maschinenhandel begann und um 1918 den Orgelbau völlig aufgab.
Flade; Brenninger, Altbayern, 136, 145; ders., Passauer Orgelbauer, 173–180.

Heckel, Georg, Orgelbauer in Langwaid und Kirchheim bei Mindelheim (Mittelschwaben). Lebensdaten unbekannt; er war bereits in den 1930er Jahren tätig, baute kleinere Werke mit Kegelladen und pneumatischer Traktur und konnte unmittelbar nach dem Zweiten Weltkrieg vorwiegend mit Umbauarbeiten seine Tätigkeit fortsetzen. 1955 mußte das Geschäft Konkurs anmelden; seitdem sind auch keine nennenswerten Arbeiten mehr bekannt geworden.
Flade.

Heerwagen, Orgelbauanstalt in Klosterhäseler, Bad Kösen und Weimar. 1855 eröffnete Wilhelm Heerwagen (1826–1876) eine Werkstatt in Klosterhäseler bei Naumburg. Er war vermutlich ein Schüler von Schulze in Paulinzella. Der Sohn Friedrich Wilhelm Emil Heerwagen (1858–1935) mußte schon als Zwanzigjähriger den Betrieb übernehmen. 1892 ging er zum Konkurs, 1893 siedelte er nach Bad Kösen um, endlich 1896 nach Weimar. Heerwagen baute Kegelladen mit mechanischer Traktur, ab etwa 1900 mit Röhrenpneumatik im Pedal. Der kleine Betrieb fertigte etwa eine, höchstens zwei Orgeln im Jahr von mittlerer Größe.
Flade; Acta 18 (1985), 320.

Hegermann, Heinrich, Orgelbauer in Altenburg (Thüringen). 1860–1922; er war ein Schüler von Ladegast, machte sich um 1890 selbständig und verwendete anfänglich die mechanische und pneumatische Traktur nebeneinander. Neben einigen Orgelneubauten war er mit der zeitgemäßen Umgestaltung verschiedener Orgeln beschäftigt.
Flade; Oehme S, 85; Friedrich-Bauer, Schmölln, 17.

Hehre, Hugo, Orgelbaumeister und Kunsttischler in Brieg (Oder); die Tischlerei erlernte er bei seinem Vater, den Orgelbau bei seinem Onkel Wilhelm Reipke (*1842), der 1884 das Orgelbaugeschäft von Gottfried Riemer übernommen hatte. 1901 wurde Hehre Nachfolger seines Onkels in Brieg und baute bis Ende der 1930er Jahre zahlreiche Orgeln oder führte Reparaturen an historischen Instrumenten aus. Über seinen Tüchtigkeit finden sich gegensätzliche Urteile. 1930 konnte die Firma Hehre, Tischlerei, Orgel- und Instrumentenbau, Brieg, ihr 100jähriges Bestehen feiern.
Flade; Burgemeister[2], 181, 313; ZfI L (1929/39), 506.

Heick, Heribert, Orgelbaumeister in Regensburg. *1933 Regensburg; begann 1948 die Lehre bei Hirnschrodt, arbeitete später als Intonateur bei verschiedenen Firmen und machte sich 1988 in seiner Heimatstadt selbständig.
Kraus, HO Oberpfalz, 78.

Heim, Primus, Orgelbauer in Furtwangen und Ulm (Donau). *1851 Furtwangen; arbeitete bis 1881 bei dem Musikwerkefabrikanten Schönstein & Wintermantel in Furtwangen und machte sich dann selbständig. 1898 verlegte er den Werkstattsitz nach Ulm. Aus der Zeit vorher sind hauptsächlich Reparaturarbeiten bekannt; über die Ulmer Tätigkeit weiß man noch nichts.
Sulzmann, Martin, 226.

Heinrichsdorf, Orgelbauerfamilie in Danzig. Der Danziger Orgelbau hat eine lange Tradition. Am Ausgang des 18. Jahrhunderts wirkte hier bis etwa 1830 der Orgelmacher Arendt. 1832 eröffnete Karl Friedrich → Schuricht (1809–1864) eine Werkstatt, die dann sein Sohn Karl Gotthilf Schuricht (1832–1890) fortsetzte. 1890 übernahm Otto Heinrichsdorf diesen Betrieb, dem sein Sohn Karl Heinrichsdorf nachfolgte. Nach 1916 gab die Firma den Bau von Orgeln auf und verlegte sich auf den Klavierhandel. Die Firma bestand bis 1941.
Flade; Renkewitz-Janka, 300.

Heintz, Georges, Orgelbaumeister in Schiltach. *1938; nach seiner Ausbildung und Meisterprüfung machte er sich in Schiltach 1970 selbständig, begann aus kleinsten Anfängen den Betrieb auszuweiten, so daß von 1970 bis 1985 insgesamt 75 Neubauten und Restaurierungen durchgeführt werden konnten; darunter sind viele Kleininstrumente für Kapellen und Gemeinderäume, überwiegend im südbadischen Raum, aber auch mehrere dreimanualige Werke mit mehr als 35 Registern.
Festschrift Orgelbau Heintz, Schiltach; Die Auslese 1986/I, 8.

Heinze, Franz, Orgelbaumeister in Nürnberg. *1931 Gotha; nach der Lehre bei Rudolf Böhm in Gotha arbeitete er unter anderem viele Jahre bei bzw. als Vertreter für Walcker, Ludwigsburg. Seit der Gründung einer eigenen Firma 1978 in Nürnberg baute er bis 1990 10 neue Orgeln mit Schleifladen, mechanischer Spiel- und Registertraktur, teilweise auch elektrischer oder Doppelregistratur, und führte zahlreiche Umbauten, Erweiterungen und Restaurierungen aus. Die Werke werden individuell konzipiert, auf größtmögliche Haltbarkeit angelegt und aus den besten Materialien hergestellt (Massivholzgehäuse mit integrierten Windladenlagern, klare Werkgliederung, meist Terzteilung).
Umfrage 1990; HO Oberfranken, 36.

Heinze, Gustav, Orgelbaumeister in Sorau (Niederlausitz). 1874 Benau – 1949. Gustav Heinze lernte zunächst bei Uebe in Neuzelle und bildete sich bei Ladegast und Sauer weiter. 1904 eröffnete er in Sorau einen eigenen Betrieb, der sich rasch ein Arbeitsgebiet in der Niederlausitz eroberte, das sich schließlich bis nach Oberschlesien ausdehnte. Besonders in den 20er Jahren überrundete Heinze die Firma Schlag & Söhne in Schweidnitz. Im Jahre 1927 wurde Opus 150 erreicht, 1938 Opus 230. Die Heinze-Orgeln haben pneumatische oder elektropneumatische Traktur. Der Sohn Lothar Heinze wurde ebenfalls Orgelbauer und machte 1935 die Meisterprüfung. Nach der Vertreibung aus der an Polen gefallenen Niederlausitz kam Lothar Heinze 1946 nach Thüringen und übernahm die Eifert-Werkstatt in Stadtilm.

Flade; Burgemeister[2], 184 f., 314; ZfI 49 (1928/29), 560.

Heinze, Lothar, Orgelbaumeister in Stadtilm (Thüringen). 1905 Sorau – 1969 Stadtilm; er erlernte den Orgelbau bei seinem Vater Gustav Heinze (1874–1949) in Sorau, dessen 1904 gegründetes Geschäft mit der Vertreibung 1945 erlosch. Lothar Heinze kam 1946 nach Thüringen und übernahm die verwaiste Werkstatt des im Kriege gefallenen Eifert-Nachfolgers Otto Schäfer. Er begann mit kleinen Arbeiten und baute 1948/49 aus Altmaterial zwei Orgeln nach Rudolstadt. In den 50er und 60er Jahren baute er hauptsächlich Elektrogebläse und installierte sie in die Orgeln; 1958 begann er mit dem Bau neuer Orgeln, bis 1967 wurde 19 Opera fertiggestellt und 6 Lehrlinge ausgebildet. Nach 21 Jahren übergab er den Betrieb an seinen Mitarbeiter Karl-Heinz → Schönefeld, der ihn bis heute auf ein hohes Niveau gebracht hat.

Orgelbauertreffen, 27.

Heinze, Reinhold, Orgelbauer in Kolberg (Pommern) und Stralsund. Er war von etwa 1900 bis zum Zweiten Weltkrieg tätig und baute Kegelladenorgeln mit pneumatischer Traktur. In den 1930er Jahren übersiedelte er nach Stralsund. Er bemühte sich um die Erhaltung bzw. Erneuerung alter Orgeln im Sinne der Orgelbewegung.

Flade.

Heißler, Orgelbauerfamilie in Markelsheim. Franz Heißler (1908 Reichenbach – 1962 Markelsheim) besuchte das Gymnasium und erhielt eine musikalische Ausbildung, ehe er sich der Orgelbaulehre bei Laukhuff in Weikersheim unterzog. Nach der Lehrzeit blieb er noch 1929–1935 in der Firma, machte sich dann im benachbarten Markelsheim selbständig. Bei guter Auftragslage in Tauber- und Mainfranken entwickelte sich das Unternehmen günstig. Im Zweiten Weltkrieg wurde er allerdings fast 10 Jahre mit jahrelanger Gefangenschaft in Sibirien aus seiner Tätigkeit gerissen. Nach 1948 setzte sich der Aufschwung fort, außerdem wurde die Fabrikation von Orgelteilen aufgenommen. 1980 wurde der Familienbetrieb in eine GmbH übergeführt, und 1962 übernahm sein gleichnamiger Sohn Franz II Heißler die Leitung.

IbZ 16 (1962), 362.

Helbig, Friedrich Christian Theodor, Orgelbaumeister in Hanau. 1804 Gotha – 1869 Hanau; er wurde vermutlich in seiner thüringischen Heimat (bei Ratzmann?) ausgebildet, heiratete 1837 (in Steinau?) und war ab 1845 in Hanau tätig. Neben Reparaturen im hessischen Untermaingebiet baute er einige größere Orgeln in Hanau und Marburg (Elisabethenkirche II/30).

Archiv Bösken.

Helfenbein, Wiegand, Orgelbaumeister in Gotha. *1898; 1919 wurde er als Schwiegersohn von Alwin Hickmann (?–1923) dessen Geschäftsnachfolger und baute in der Zeit bis zum Zweiten Weltkrieg hauptsächlich im Nordwesten Thüringens Kegelladenorgeln mit pneumatischer Traktur. Nach der deutschen Teilung gelangte auch das Gebiet südlich des Thüringer Waldes und die thüringische Rhön in sein Arbeitsgebiet. Der Sohn

betreibt das Geschäft als Alleininhaber weiter und beschränkt sich auf Reparaturen und Stimmungen sowie die Neuherstellung einzelner Orgelteile.
Flade; Orgelbauertreffen, 9; Haupt, Suhl.

Henseler, Chrysant, Orgelbauer in Kempen bei Krefeld. 1831 Ahrweiler – 1913 Kempen; er war als Gehilfe bei Sonreck (Köln) und wurde Schwiegersohn von Josef Koulen (Heinsberg). Seine Tätigkeit im letzten Viertel des vorigen Jahrhunderts umfaßt kleineren Arbeiten und einen Neubau unter wirtschaftlichen Schwierigkeiten.
Acta 18 (19185), 309; Hilberath, Erkelenz, 234; W. Arbogast, Die Wachtendonker Henseler-Orgel von 1883, in: Geldrischer Heimatkalender 1985, 126–135.

Herbrig, Orgelbauerfamilie in Stolpen, Ottendorf und Langenwolmsdorf (Sachsen). Der Vater Christian Gottfried Herbrig (1772–1850) führte das Geschäft wohl bis in die 1830er Jahre; nach 1840 war der Sohn Wilhelm Leberecht maßgebend, der eine ganze Reihe kleinerer Werke im Raum Pirna-Stolpen verfertigte und mindestens bis Ende der 1860er Jahre tätig war.
Flade; Oehme S, 85 f.; Acta 14 (1980), 182.

Herbst, Orgelbauerfamilie in Dortmund. Das Geschäft bestand bereits 1812; Karl Herbst (Lebensdaten unbekannt) baute Mitte des vorigen Jahrhunderts Orgeln im östlichen Ruhrgebiet und ist bis 1881 zu verfolgen. In den 70er Jahren trat der Sohn Fr(iedrich?) hinzu (Herbst & Sohn), der sich 1897 nur noch als Orgelreparateur und Pianohändler bezeichnete. Somit dürfte die Werkstatt schon um die Jahrhundertwende erloschen sein.
Böckeler, Aachen; Flade; Acta 18 (1985), 148.

Herig, Karl, Orgelbauer in Rodach (Kr. Coburg). 1869 – nach 1937; er war ab 1883 mit Reparaturen und einigen Orgelneubauten im Raum Coburg beschäftigt.
HO Oberfranken, 37.

Hermann, Julius, Orgelbauer in Illerberg (Kr. Neu-Ulm). Lebensdaten und Einzelheiten seines Wirkens sind unbekannt. Er war in den 1920er Jahren mehrfach mit Reparaturen in Nordschwaben betraut.
HO Schwaben, 290.

Herrmann, Hans → Bach, Karl.

Hess, Karl, Orgelbaumeister in Karlsruhe-Durlach. 1879–1943 Durlach; Lehrzeit bei Link in Giengen, anschließend fortgebildet bei Goll (Luzern), in Belgien, Paris und bei Koulen in Oppenau. Er arbeitete dann 6 Jahre als Intonateur bei Walcker, 3 Jahre bei Laukhuff und noch 8 Jahre bei Voit, bis dieser seinen Betrieb in den Jahren 1924/27 aufgab. 1927 übernahm er dann die Voit-Werkstätten und assoziierte sich mit Binder. Unter der Firmenbezeichnung Hess & Binder existierte das Unternehmen bis 1954. Danach führte die Witwe Hess zusammen mit ihrem Werkmeister Friedrich Hoffmann aus Steinsfurt die Firma bis etwa 1960 weiter. Aus diesen Jahren lassen sich mehrere Dutzend Orgeln im mittelbadischen Raum nachweisen, meist mit elektrischer Traktur und mit unglücklichem Schicksal, da das gerade in diesen Jahren verwendete Material und der Zeitstil den vollkommen gewandelten Ansichten der Nachkriegszeit nicht mehr entsprachen.
Flade; HO Baden; Mitt. R. Rensch.

Hesse, Orgelbauerfamilie in Dachwig bei Erfurt. Johann Michael Hesse (1734 Moslschleben – 1810 Dachwig), ein Müllersohn, erlernte den Orgelbau bei Daniel Schulze in Nottleben ab 1747 und machte sich etwa 1755 nach einem Orgelbau in Dachwig selbständig. Ein gutes Dutzend seiner Orgelwerke ist bekannt. Er galt bei seinen Zeitgenossen als guter Orgelbauer, der bestes Material meisterhaft verarbeitete, eine gute Spielart erzielte und gut intonieren konnte. Er soll eine Manualkoppel, die beim Spiel schaltbar war, konstruiert haben, ebenso eine von der Seite anblasbare Flûte traversière mit charakteristischem Klang. Seine beiden Söhne Ernst Ludwig (1768–1823) und Georg Andreas Hesse (*1784) setzten das Werk des Vaters fort und arbeiteten kurze Zeit mit Friedrich → Knauf in Großtabarz zusammen. Der ältere übernahm die Werkstatt. Seine Söhne Ernst Siegfried Hesse (*1789) und Johann Michael II Hesse (1806–1858) führten das Geschäft in der dritten Generation weiter. Sie bauten beachtliche Instrumente in Thüringen, als größtes die Domorgel in Erfurt 1825–1835 mit III/56 Registern. Ernst Siegfrieds Sohn Julius Hesse (um 1830 – ca. 1900) übernahm 1860 das Geschäft, wanderte aber 1862 infolge beruflicher Mißerfolge nach Rußland aus. Nachfolger wurde danach Karl → Hickmann (1823–1898).

Flade; Kümmerle I (nach Gerber NTL II, 661 und Wolfram, Anleitung zur Kenntnis der Orgeln, Gotha 1815, 30); Theobald, Markert, 65 f.

Hessing, Friedrich von, Gärtner, Schreiner, Schlosser und Orgelbauer in Göggingen bei Augsburg. 1838 Schönbrunn – 1918 Göggingen; er besaß hervorragende Fähigkeiten im Bau und in der Konstruktion mechanischer Instrumente. Den Orgelbau erlernte er bei Steinmeyer in Oettingen ab 1858, den Harmoniumbau ab 1860 bei Schiedmayer in Stuttgart; er führte ihn danach bei Steinmeyer ein. 1864 ging er als Gehilfe in die Klavierfabrik Schramm nach Augsburg. 1866 erhielt er die Lizenz als Orgelbauer, befaßte sich aber mehr und mehr mit dem Bau orthopädischer Apparate und Prothesen und gründete 1869 in Göggingen die noch bestehende orthopädische Anstalt.

Peter Bock, Der Laienorthopäde Friedrich von Hessing (1838–1918) als Wirtschaftsmanager, Diss. Würzburg 1973; NDB 9, 25; G. Grosch, Friedrich v. Hessing (1838–1918), in: Lebensbilder aus Schwaben 11, 250–262.

Heuss, Otto, Orgelbaumeister in Lich (Oberhessen). 1895–1965 Lich; er erlernte den Orgelbau bei Mönch in Überlingen, blieb dort bis 1921 (mit Unterbrechung durch den Krieg 1914–1918). 1921 wechselte er zur Firma Ziegler in Steinsfurth. 1922 übernahm er die Stelle des Werkmeisters bei Karl Reinisch in Steinach am Brenner. In gleicher Eigenschaft ging er 1927 zu Förster & Nicolaus in Lich. 1953 gründete er am gleichen Ort eine Werkstätte für Spieltischbau. In der ersten Zeit wurden ausschließlich Spieltische mit elektrischen Trakturen hergestellt. 1958 wurde ein neues Werksgebäude bezogen und die Fertigung auf Mechanikteile und Einbauchassis ausgeweitet. Das erste Einbauchassis im Orgelbau wurde von Heuss entwickelt und gebaut. 1959 kamen der Schleifenzugmotor, 1972 der elektromagnetische Setzer, 1975 der elektronische Setzer, 1976 Glockenspiel und Cymbelstern dazu. Der Sohn Otto II Heuss (*1925 Steinach) lernte 1939–1942 bei Förster & Nicolaus, wo er auch nach Kriegsdienst und Gefangenschaft wieder arbeitete. Nach der Arbeit bei anderen Firmen legte er 1955 die Meisterprüfung ab und trat im gleichen Jahr ins väterliche Geschäft ein, das 1963 in eine KG umgewandelt wurde. Seit 1979 GmbH & Co. KG, ist neben dem Vater Otto II auch sein Sohn Stefan-Otto (*1964) Geschäftsführer der Firma. Er erlernte den Beruf bei Bosch in Kassel und arbeitete in den USA. 1990 umfaßte die Belegschaft 50 Mitarbeiter.

Otto Heuss 1953–1978, Lich 1978; IbZ 18 (1964), 170; Umfrage 1990.

Hey, Orgelbauerfamilie in Sondheim und Urspringen v. d. Rhön. 1874 gegründet durch Wilhelm Hey (1840–1921) in Sondheim/Rhön als Nachfolge der Rhöner Orgelbauer Andreas Schneider (1790–1859) aus Allmus/Fulda und Alfred Katzenberger (1813–1874) Oberelsbach/Rhön. Wilhelm Hey erlernte den Orgelbau bei Randebrock in Paderborn, wo er 1870 für Randebrock in Detroit/USA ein größeres Orgelwerk aufzustellen hatte. 1874 kehrte er in die Heimat zurück und übernahm den Betrieb von Michael Katzenberger, der im gleichen Jahr verstorben war. In der Geschäftsleitung folgten sein Sohn Otto Hey (1875–1946), danach der Enkel Erich Hey (1906–1962), der im elterlichen Betrieb, bei Faust (Schwelm) und Steinmeyer (Oettingen) ausgebildet worden war und 1936 die Meisterprüfung ablegte. Dessen Söhne Wolfgang Hey (*1929) und Gotthard Hey (*1934) lernten im elterlichen Betrieb und bei Kreienbrink. Wolfgang Hey verlegte den Betrieb 1962 nach Urspringen/Rhön und bezog bei stetiger Zunahme des Auftragsvolumens 1972 neue Werksgebäude. Die Firma baute mit etwa 15 Mitarbeitern im gesamten Bundesgebiet (Schwerpunkt Mittel- und Süddeutschland) 280 neue Orgelwerke, das größte in Bad Windsheim (St. Kilian, IV/60). Daneben führte sie zahlreiche Restaurierungen oder Umbaumaßnahmen durch. Die ersten Hey-Orgeln hatten mechanische Schleifladen; um 1900 wurde der Bau von Kegelladen eingeführt und bis etwa 1960 die pneumatische Traktur verwendet. Danach ging Hey zur elektrischen Traktur über. Ab 1964 entstanden wieder Schleifladen mit mechanischer Traktur. Inzwischen arbeitet auch die 5. Generation im Familienbetrieb: die Orgelbaumeister Herbert Hey (*1954) und Erhard Hey (*1958), beide ausgebildet unter anderem bei Bosch in Kassel, sind für die technische und musikalische Richtung maßgebend und widmen sich besonders der Restaurierung historischer Orgeln.

Ein Meisterwerk der Orgelbaukunst, in: Rhön-Grabfeld-Anzeiger (Bad Kissingen) Nr. 40 vom 2. 10. 1986; G. Rehm, Die Rhöner Orgelbauerfamilie Hey, in: Buchenblätter (Beilage der Fuldaer Zeitung) 57 (1984), 6; Umfrage 1990.

Heyder, (Johann Christoph) Carl, Orgelbaumeister in Heiligenstadt und Mühlhausen (Thüringen). 1821 Singen/Thüringen – 1902 Mühlhausen; er war ein Schüler von Schulze in Paulinzella, machte sich wohl in den 1840er Jahren in Heiligenstadt selbständig, heiratete hier 1852 in 2. Ehe und verzog um 1860 nach Mühlhausen, nachdem sich ein 1860 geplanter Umzug nach Osterode zerschlagen hatte. Von ihm stammen mehrere Orgeln im Raum Eichsfeld – Südharz, in der Regel kleine bis mittlere Orgeln um die 20 Register. In seinen letzten Jahren betätigte er sich meist als Reparateur.

Flade; Weltadreßbuch 1897.

Hickmann, Orgelbauerfamilie in Dachwig bei Erfurt. Gründer war Karl Hickmann (1823–1898), der die Werkstatt von Julius → Hesse 1862 übernahm. Karl Hickmann baute schon sehr früh die Röhrenpneumatik, z. B. 1890 in Plaue in Verbindung mit der Kastenlade, ab 1894 eine Membranenlade mit Registerkanzellen und Bleiventilen, und ging später zur Taschenlade über. Nach Karl Hickmanns Tod führte der Sohn Albin Hickmann († 15. 4. 1923) die Werkstatt fort. Er nahm 1898 Georg Hoecke aus Erfurt zum Teilhaber und geriet 1907 in Konkurs. Er arbeitete aber weiter und überschrieb 1919 das Geschäft an seinen Schwiegersohn Wiegand → Helfenbein, der es nach Gotha verlegte, wo es heute noch existiert. Die Firma nannte sich zuletzt „Albin Hickmann & Comp. Inh. Hickmann & Georg Hoecke".

Flade.

Hiendl, Joseph, Orgelbauer in Passau. 1887 Mitterberg b. Bogen – 1960 Passau; er lernte zuerst die Schreinerei, dann den Orgelbau bei Weise in Plattling und machte sich

1925 zusammen mit Julius → Becker, einem guten Intonateur, in Passau selbständig; beide firmierten als Becker & Hiendl. Waren die ersten Jahre mühsam, so entstanden ab 1929/30 zahlreiche mittlere Werke mit pneumatischer Traktur für Passau und die niederbayerische Umgebung. Nach dem Tode Beckers 1935 führte Hiendl die Werkstatt alleine weiter, in der er die Holzarbeiten ausführte, während er die Metallpfeifen bei Meisinger in Simbach bezog. Bei der Beschießung von Passau 1945 verlor Hiendl ein Auge, gab dann den Orgelbau auf und betrieb bis zu seinem Tode nur noch eine Schreinerei und einen Möbelhandel. Sein bisheriger Intonateur Ludwig Eisenbarth übernahm ab 1945 den Passauer Orgelbau in eigener Regie.

Flade; Helga Schmidinger, Das Musikleben in Passau ab 1800, (maschr. Passau 1961), 81 f.

Hildebrand(t), Orgelbauerfamilie in Leipzig. Gottfried Hildebrand stammte aus Untermaßfeld bei Meiningen (Lebensdaten unbekannt) und gründete 1869 in Leipzig ein Orgelbaugeschäft, das 1922 noch bestand. 1871 legte er die Meisterprüfung ab, 1893 erhielt er den Titel Herzogl. Meiningischer Hoflieferant. Er baute eine Reihe neuer Orgeln im zeitgemäßen Stil und führte zahlreiche Reparaturen und Umbauten durch. 1904 erhielt er ein Patent auf ein elektropneumatisches Relais mit Quecksilberkontakten. Er fertigte Magazinbälge mit doppelt wirkender Luftpumpe.

Flade; ZfI XVI (1896/97), 407; MuKi 18 (1948), 191, A 9.

Hildenbrand, Erich, Orgelpfeifenwerkstätte und Intonateur in Überlingen. *1920 Kreuzlingen (Schweiz); er erhielt seine Orgelbauer-Ausbildung ab 1946 in Genf, war dort bis in die 1950er Jahre Teilhaber der Firma, arbeitete anschließend bei Rieger, 1962–1964 bei Hillebrand in Altwarmbüchen und 1964–1965 bei Hofbauer (Göttingen). 1965 gründete er eine eigene Metallpfeifenwerkstätte in Überlingen, die im Jahr bei 14 Mitarbeitern ca. 650 Register herstellt.

Umfrage 1990.

Hillebrand, Orgelbau in Isernhagen-Altwarmbüchen. Hermann Hillebrand (1904 Hannover – 1966 ebenda) war ein Schüler von Hammer, machte nach dem Zweiten Weltkrieg die Meisterprüfung und ließ sich 1948 in Altwarmbüchen als selbständiger Orgelbauer nieder. Er bildete auch seine beiden Söhne Harry (1930–1987) und Gundram Hillebrand (*1934) zu Orgelbauern aus, die den Betrieb als Gebr. Hillebrand übernahmen und erfolgreich weiterführen und etwa 25 Mitarbeitern einen Arbeitsplatz bieten. Das Arbeitsgebiet erstreckt sich über ganz Norddeutschland und Hessen bis zum Rhein-Main-Gebiet, dazu kommen Exportaufträge in die USA und Danzig. Neubauten und Restaurierungen halten sich etwa in der Waage, mit den Reparaturen beläuft sich die Zahl der Arbeiten auf gegenwärtig 475. Die Firma wurde 1986 mit dem Kulturpreis Niedersachsen ausgezeichnet.

Umfrage 1990.

Hilpert, August, Orgelbauer in Floh bei Schmalkalden. Ca. 1800–1870; er wurde 1825 für Hersfeld und Schmalkalden als Kreisorgelbauer bestellt. Diese Tätigkeit läßt sich bis 1888 verfolgen und wurde wohl von seinem Sohne fortgesetzt. Es sind verschiedene Neubauten bekannt, wobei er eine Vorliebe für farbige Grundregister entwickelte und so klanglich neue Wege ging.

Flade; Theobald, Markert, 66.

Hindelang, Orgelbauanstalt in Ebenhofen bei Marktoberdorf (Allgäu). 1874 gründete Paul Hindelang die Werkstatt, übergab sie seinen Söhnen, den Gebr. Paul II (1860–1943) und Heinrich Hindelang († 1911), unter deren Nachfolgern Friedrich (*1897), Adolf und Xaver Hindelang sie in der dritten Generation 1974 das 100jährige Jubiläum der Firmengründung feiern konnte. Von Anfang an baute Hindelang Kegelladen, die vereinzelten Schleifladen dürften aus Vorgängerorgeln stammen. 1899 wurde die mechanische Traktur durch die pneumatische ersetzt. Bis 1914 belieferte die Firma nur schwäbische Kirchen, nach 1918 kamen vereinzelt oberbayerische Abnehmer hinzu. 1929 wurde die erste Orgel nach Würzburg geliefert, ab 1932 öffnete sich in Unterfranken ein größeres Absatzgebiet, das noch bis Mitte der 1960er Jahre beliefert wurde. Einzelne Orgeln gelangten nach Oberfranken, Berlin, Hamburg, Frankfurt und Hanau. 1974 zählte das Œuvre mit Umbauten mehr als 350 Nummern; seitdem ist es stiller um die Firma geworden, die über eine eigene Metallpfeifenherstellung verfügte.

Gedrucktes Werkverzeichnis bis 1966; Das Musikinstrument 18 (1969), 1382; Ulrichsblatt (Augsburg) 14. 7. 1974; Flade.

Hinkel, Ernst, Harmoniumfabrikant in Ulm. Der Betrieb wurde 1881 gegründet; Hinkel war Königlich Württembergischer Hoflieferant und 1949 Mitglied des BDO.

Acta 18 (1985), 312.

Hintz, Lothar, Orgelbaumeister in Saarbrücken-Heusweiler. Ca. 1908–1982 Heusweiler; er machte sich nach dem Zweiten Weltkrieg in Köln selbständig, wo er als Meisterstück eine Orgel in einen Kronleuchter eingebaut hatte. Später verlegte er den Betrieb ins Saarland. Seine Tätigkeit erstreckte sich über das gesamte Mittelrheingebiet zwischen Kölner Bucht, Saarland und Oberhessen.

Hirnschrodt, Eduard, Orgelbaumeister in Regensburg. (1875–1933); die Firma kann als Nachfolgerin der Firma Binder aufgefaßt werden, die als Zweigebetrieb von Siemann-München noch bis etwa 1918 bestand. Danach entwickelte sich Hirnschrodt ab 1925 zur führenden Werkstätte in Regensburg und existierte unter dem gleichnamigen Sohn bis 1974. Insgesamt baute Hirnschrodt 112 Orgeln in rund 50 Jahren, sein Arbeitsgebiet reichte über die gesamte Oberpfalz nach Niederbayern, vereinzelt arbeitete er auch im fränkischen Raum. Er modernisierte häufig Orgeln aus der Zeit vor 1914 und gehörte zu den ersten in Bayern, die Barockorgeln restaurierten. Die Werkstatt wurde zunächst 1974–75 von Jann übernommen, 1976–1981 von Hermann Kloss und 1981–82 von August Hartmann, danach stillgelegt.

Flade; Kraus, Regensburg, 73; HO Oberpfalz, 79.

Hirsch, Friedrich, Orgelbauer in Dinkelsbühl. Lebensdaten unbekannt; er arbeitete 1862–1870 bei Steinmeyer in Oettingen, heiratete 1870 in Dinkelsbühl, wo er sich anschließend selbständig machte. 1876 nahm er vorübergehend den Ansbacher Orgelbauer Christian Näser nach dessen Geschäftsaufgabe zum Compagnon. Hirsch baute jährlich etwa zwei Orgeln, hauptsächlich im Raum Dinkelsbühl – Rothenburg – Uffenheim, und fertigte etwa 50 neue Orgeln, alle nach dem Kegelladensystem mit mechanischer Traktur. Um 1895 gab er sein Geschäft auf.

A. Gabler, Dinkelsbühler Orgelbauer, in: Alt-Dinkelsbühl 1985, 28.

Hochrein, Orgelbauerfamilie in Münnerstadt. 1870 gründete Franz Hochrein seine Werkstatt in Mühlbach bei Bad Neustadt (Saale); um 1895 verlegte er sie nach Münnerstadt, wo sie heute noch unter dem Enkel existiert. Auf den Begründer folgten Otto, Heinrich und Wilhelm Hochrein. Die Firma baute von Anfang an mechanische Kegelladen und führte um 1905 die Pneumatik ein. Die Blütezeit des Betriebs war vor dem

Ersten Weltkrieg. In den 1920er Jahren ging die Zahl der Neubauten stark zurück. Nach dem Zweiten Weltkrieg verlegte sich die Firma stärker auf den Instrumentenhandel und unter anderem auch auf den Vertrieb von elektronischen Instrumenten.
Flade; HO Unterfranken, 311; Fischer, Bad Kissingen, 27 f.

Hock, Mamert, Fabrikant von Orgeln, Orchestrions und Musikautomaten in Saarlouis. †1907 Saarlouis; der Betrieb wurde 1835 vom Vater, Sylvester Hock, in Schonach gegründet und später nach Saarlouis verlegt. Hier fertigte er bis 1879 in der Pfalz und in Lothringen 30 Kirchenorgeln. Mamert Hock setzte die Dampfkraft ein, führte 1884 ein Symphonion in Leipzig vor und spezialisierte sich mehr auf den Export selbstspielender Orchestrions. Die Firma bestand noch 1917.
Flade; ZfI VI (1885/86), 299; X (1889/90), 415.

Hock, W. A., Orgelbauer in Niederlahnstein. Er ist 1895 durch eine Reparatur in Anrath dokumentiert.

Hoecke, Georg, Orgelbauer in Dachwig (Kr. Erfurt). Er steht auf der Orgelbauerliste 1917. → Hickmann.
Acta 12 (1978), 223.

Hofbauer, Orgelbauerfamilie in Göttingen. Carl Hofbauer (1895–1975 Göttingen) gründete 1932 in Mindelheim einen Spezialbetrieb für Orgelpfeifen (Hofbauer & Haider). Nach 1945 verlegte er den Betrieb nach Göttingen, wo der Sohn Carl-Heinz Hofbauer (*1927 Mindelheim) 1955 die Meisterprüfung ablegte. 1973 präsentierte er eine vollmechanische Pfeifenorgel im Baukastenprinzip: die Varia-Orgel. Es folgte die Entwicklung des neuen Pfeifenmetalls „Hofbauer Pb 82". Die Verbindung von Mechanik und Elektronik ließ den „Organo-Player" – eine computergesteuerte Spiel- und Lernhilfe – entstehen. Die Ablösung der alten Digitalspeicher „Walze" und „Lochband" durch den modernen Speicher „Chip" führte zu einer internationalen Renaissance bei mechanischen Musikinstrumenten. Von der Flötenuhr über die Dreh- bis hin zur Kirmesorgel werden heute in Göttingen alle Orgeltypen produziert.
Umfrage 1990.

Hoffmann, Carl, Orgelbauer in Stettin und Neuruppin. 1862–1941; nach einer vorübergehenden Tätigkeit in Stettin etablierte er sich um die Jahrhundertwende in Neuruppin, vermutlich als Nachfolger des 1904 verstorbenen Albert → Hollenbach, und machte sich als Orgelstimmer und -reparateur in der Mark Brandenburg um die alten Orgeln verdient, da er sich mit Neubauten wohl nicht befaßte.
D. Liers, Über Orgelbauer der Mark Brandenburg, in: Österreichisches Orgelforum 1989, 59.

Hoffmann (und Markert), Orgelbauerfamilie in Ostheim v. d. Rhön. 1848 gründete Johann Georg → Markert (1813 Ostheim – 1891 ebenda) eine eigene Orgelbauwerkstätte in dem damals sachsen-weimarischen Städtchen Ostheim. Sein Sohn Otto Markert (1860 Ostheim – 1944 ebenda) übernahm 1886 das elterliche Geschäft. Ab 1920 ließ er seine Enkel Louis (1906–1965) und Otto Hoffmann (*1913 Ostheim) als Orgelbauer ausbilden. Louis machte 1934, Otto 1936 die Meisterprüfung, nachdem sie bei Link (Giengen) und Eule (Bautzen) bzw. bei Keller in Selb ihre Gesellenzeit verbracht hatten. Nach der Heimkehr aus dem Zweiten Weltkrieg führten beide 1945 die Werkstatt in Ostheim weiter, das durch die Teilung Deutschlands an Bayern kam. Dabei verloren sie ihr thüringisches Arbeitsgebiet. Um 1955 war es gelungen, einen neuen Kundenkreis aufzubauen und den Betrieb entsprechend zu erweitern. Der Bau von Schleifladen wurde wieder aufgenommen. 1965 wurde Otto Hoffmann Alleininhaber. 1970 wurde ein neues Betriebsgebäude bezogen. Mit seinen Söhnen Horst (*1944 Ostheim, Meisterprüfung 1971) und Günter Hoffmann (*1947, Meisterprüfung 1980), den Ururenkeln des Gründers und Inhaber seit 1985, hat er in den 70er Jahren die Werkstätte zu einer der führenden in Unterfranken entwickelt und sich mit zahlreichen Restaurierungen einen Namen gemacht (unter anderem die Herbst-Orgel in Lahm im Itzgrund). Gegenwärtig sind 18 Mitarbeiter beschäftigt. Bis 1990 wurden etwa 200 Orgeln erbaut und 100 historische Instrumente restauriert.

Theobald, Markert; 125 Jahre Orgelbaufirma Hoffmann, in: Rhön-Wacht 1974, 48; —, Geliebte Königin der Instrumente, ältester nordbayerischer Meisterbetrieb in Ostheim baut noch Orgeln in Handwerksarbeit, in: Main-Post (Würzburg) Nr. 202 vom 4. 9. 1970, 12; Umfrage 1990.

Hoffmann, G., Kirchenorgelbauer und -stimmer in Berlin. Er wird 1898 im Branchenverzeichnis geführt.

Acta 18 (1985), 306.

Hoffmann, Heinz, Orgelbaumeister in Hamburg. *1935; nach der Ausbildung trat er 1960 bei Franz Grollmann ein und übernahm 1977 dessen Betrieb, der seit 1958 ca. 40 Neubauten ausgeführt hat und etwa die gleiche Zahl an Restaurierungen und Umbauten. Die Belegschaft zählt 4 Mann.

Umfrage 1990.

Hoffmann, Ludwig, Orgelbaumeister in Betheln. *1932 Friesau (Thüringen). Er wurde bei Schuke in Potsdam ausgebildet und blieb dort auch als Geselle bis zur Übersiedlung in die Bundesrepublik 1954. Hier arbeitete er bei v. Beckerath (Hamburg) und Stahlhuth (Aachen), legte 1958 die Meisterprüfung ab und machte sich im gleichen Jahre zunächst in Kassel selbständig, zusammen mit Paul → Klein; 1962 trennten sie sich. 1964 verlegte er die Werkstatt nach Betheln bei Elze an der Leine. Hoffmann baute bisher etwa 20 neue Orgeln, arbeitet gegenwärtig als Alleinmeister, kooperiert aber seit vielen Jahren mit dem französischen Orgelbauer Jean David in Lyon.

Umfrage 1990.

Hofmann, Orgelbauerfamilie in Unfinden und Hofheim (Unterfranken). Michael Hofmann in Unfinden (Lebensdaten unbekannt) ist ab 1848 mit einigen Reparaturen nachweisbar, in den 1860er Jahren entstanden auch neue Orgeln. Um 1890 wurde der Sohn Eduard Hofmann (um 1856 Unfinden – 1941 Hofheim) Werkstattnachfolger, nachdem er seine Militärübung in Würzburg abgeleistet hatte. Aus seiner Zeit ist eine ganze Reihe von Orgelneubauten bekannt, die in den Haßbergen, im Grabfeld, in der bayerischen Rhön, sogar im westlichen Spessart aufgestellt wurden. Michael Hofmann baute nur Schleifladen, Eduard wahrscheinlich von Anfang an Kegelladen mit mechanischer Traktur und ging um 1907/1908 zur pneumatischen Traktur über. Die Hofmann-Werkstatt in Hofheim hat offensichtlich nach der Schließung der Schlimbach-Werkstatt in Königshofen deren Arbeitsgebiet übernommen. Die mechanischen Hofmann-Orgeln sind kleine Dorforgeln mit eigenem Charakter, die pneumatischen dagegen störanfällig und wenig dauerhaft.

Flade.

Högn, Josef, Orgelbauer in Plattling. Er soll 1941 eine Orgel in Lengenfeld gebaut haben.

Holland, Orgelbauerfamilie in Schmiedefeld/Rennsteig. Johann Kaspar Holland (1747–1834) kam zweifellos aus der Werkstatt der Gebr. Wagner (Mitarbeit in Dresden 1780) und wurde um 1790 deren Nachfolger. Um 1820 übernahm sein Sohn Johann Michael (†1842) das Geschäft. Dessen Sohn Friedrich Wilhelm Holland (1804–1879) setzte es ab etwa 1837 in der dritten Generation fort. Ihm folgte noch ein August Holland (†1902), dessen Verwandtschaftsverhältnis nicht genau bekannt ist, der aber 1880 nach Untersuhl verzog; denn schon ab 1873 war Theodor Kühn Geschäftsführer bei Holland und machte sich 1874 in Schmiedefeld selbständig, wo die Schmidt-Möller-Werkstatt, eine Konkurrenz zu Holland, um diese Zeit eingegangen ist. Kühn setzte also die Holland-Tradition fort, verdrängte aber den letzten Namensträger vom Ort. Etwa 74 Werke der Holland-Werkstatt sind bekannt, nicht wenige davon noch vorhanden. Sie stehen bzw. standen im Thüringer Wald und Werragebiet, in Erfurt, vereinzelt in Sachsen und im Coburger Land. Die Holland gehörten zu den bedeutenderen Orgelbauern Thüringens im vorigen Jahrhundert; soweit bekannt, bauten sie nur Schleifladen mit mechanischer Traktur.

Flade; Oehme S, 78; Acta 1 (1967), 108 f.; HO Sachsen, 304; HO Oberfranken, 38; M. Wähler, Schmiedefeld am Rennsteig, Erfurt 1939, 28.

Holländer, Orgelbauerfamilie in Feuchtwangen (Mittelfranken). 1890 gründete Orgelbaumeister Georg Holländer (Lebensdaten nicht bekannt), der 1877/78 bei Pröbstl in Füssen gearbeitet hatte, sein Geschäft in Feuchtwangen. Die ersten Arbeiten gingen hauptsächlich in die fränkische Umgebung. Nach 1920 begann eine starke Produktivität der Firma. Um 1935 übernahm der Sohn Wilhelm Holländer den Betrieb und konnte ihn auch nach 1945 wieder mit Aufträgen für die bayerische Landeskirche versorgen. Ab 1963 suchte er dann alters- und krankheitshalber einen Nachfolger, der sich schließlich in seinem Schüler Konrad → Koch fand, der 1970 das Geschäft käuflich erwarb. Holländer baute am Anfang mechanische Kegelladen, ging um 1900 zur Pneumatik über in Verbindung mit Taschenladen und der Schüssellade. Die kleine Werkstatt beschäftigte meist zwei bis drei Mitarbeiter.

Flade; HO Oberfranken, 38.

Hollenbach, Albert, Orgelbaumeister in Neuruppin (Brandenburg). 1850–1904 Neuruppin; er war Schüler von Lütkemüller (6 Jahre), Ladegast und Walcker, ehe er sich 1877 in Neuruppin ansässig machte. Er baute bis nach 1900 noch immer mechanische Schleifladen, allerdings erwähnt Flade auch eine pneumatische Membranenlade (System Weigle). Die bekannten Werke sind von kleiner bis mittlerer Größe und standen hauptsächlich in der nördlichen Mark Brandenburg. 20 Orgeln lieferte er nach Schweden und Norwegen. Mit seinem Tod erlosch die Werkstatt durch Konkurs. Die OPbZ rühmt seine Zimmerorgeln mit 6 Registern auf 2 Manualen in Nußbaumgehäuse, die sich gut absetzen ließen.

Flade; Bergelt, Brandenburg, 49, 93.; OPbZ 5 (1883), 241 ff.

Horn, Carl, Orgelbaumeister in Limburg. Lebensdaten unbekannt; er begann seine Werkstatt 1895 in Limburg, da die bisherige Werkstatt von Michael Keller durch Tod verwaist und von Klais (Bonn) erworben worden war. Horn lieferte seine Orgeln in den Bereich der Diözese Limburg (Taunus, Westerwald), insgesamt etwa 70–80 Instrumente. Opus 60 wurde 1916 aufgestellt. Er baute durchweg Kegelladen mit pneumatischer Traktur. Etwa ab 1932 setzte Eduard → Wagenbach die Limburger Orgelbautradition fort.

Flade; Peine, Frankfurt, 175 ff.; Bösken II; Hammer, Westerwald, 72, 90.

Horn, Eduard, Orgelbaumeister in Breslau. 1830 Kreidelwitz – 1893 Breslau; er ist wahrscheinlich Schüler von Müller in Breslau und machte sich um 1865 selbständig. Er erbaute eine Reihe Orgeln von mittlerer Größe in Breslau und Schlesien. Nach seinem Tod ließ die Witwe die noch vorhandenen Aufträge durch Eduard Wilhelm ausführen, *Burgemeister² , 193 f., 315.*

Huber, Orgel, Harmonium- und Klavierbauerfamilie in Pirmasens. Johann Heinrich Wilhelm Huber (1842 Pirmasens – 1910 ebenda) begann sein Geschäft in den 1870er Jahren und nahm später seine beiden Söhne hinzu: Friedrich Wilhelm Ludwig (1887 Pirmasens – 1971 ebenda) und Albert Friedrich Ludwig Huber (1890 Pirmasens – 1950 ebenda). Es gab ferner die Gebr. Huber, deren Tätigkeit zeitlich mit der von Johann Heinrich zusammenfällt. Wahrscheinlich handelte es sich dabei um Johann Heinrich und seinen Bruder August Huber. Orgelbauarbeiten aus der Zeit nach dem Ersten Weltkrieg sind nicht bekannt; denn die Söhne betätigten sich nur noch als Klavierstimmer und betrieben in Pirmasens ein Musikaliengeschäft bis 1964.
HO Pfalz, 278 f.

Huber, Karl, Orgelbaumeister in Deggendorf. Karl Huber (1885 Mietraching – 1946 Deggendorf) bezeichnete sich als Nachfolger der Firma Edenhofer in Deggendorf, war dort als Intonateur von 1930–1943 tätig und übernahm sie dann, allerdings mit erheblich verminderter Bedeutung. Er baute einige Kleinorgeln mit pneumatischen Kegelladen im niederbayerischen Raum.
Flade; Brenninger, Altbayern, 158; HO Oberpfalz, 79.

Hubert, Joseph, Orgelbauer in Dortmund. Lebensdaten unbekannt; das Geschäft bestand bereits im Ersten Weltkrieg und wurde noch um 1930 als Orgelbau-GmbH geführt.
Flade; Acta 12 (1978), 223.

Hübner, Urban, Orgelbauer in Bayreuth. Sein Name steht 1897 im Branchenverzeichnis; von seiner Tätigkeit ist nur ein Orgelbau in Weidenberg bekannt.
Acta 18 (1985), 320.

Hüfken, Reinhard, Orgelbaumeister in Halberstadt. *1951 Tangermünde; Meisterprüfung 1984. Nach achtjähriger beruflicher Tätigkeit im Potsdamer Schuke-Orgelbau kam Reinhard Hüfken nach Halberstadt, um die Werkstatt von Wilhelm Sohnle zu übernehmen, der hier als Alleinmeister tätig war. Da diese Übernahme nicht zustande kam, trennte sich Hüfken 1982 von Sohnle, so daß es neben der Firma W. Sohnle den „Halberstädter Orgelbau" gibt. Der Schwerpunkt der Arbeiten der Orgelbauwerkstatt mit 5 Angestellten liegt vorwiegend auf dem Reparatur- und Restaurierungssektor. In den Wintermonaten werden Positive hergestellt.
Orgelbauertreffen, 13 f.; Umfrage 1991.

Hülle, Orgelbauerfamilie in Halberstadt. Der Stammvater Eduard Hülle (*ca. 1830) war ein Schüler von Schulze (Paulinzella) und übernahm 1882 die Werkstatt des Wilhelm Bergen (ca. 1830 Halberstadt – ca. 1880 ebenda), der seit 1840 in Halberstadt selbständig war. 1900 folgte der Sohn Albin Hülle als Geschäftsinhaber bis 1925, danach der Enkel Paul Hülle bis 1935. 1936 ging der Betrieb an Wilhelm Sohnle über, der 1937 mit Ernst Palandt in Hildesheim eine KG bildete und deren Filiale in Halberstadt bis zu seiner Einberufung zur Wehrmacht 1940 leitete. Die Werkstatt Hülle baute bis ca. 1900 mechanische Orgeln, danach pneumatische; das Ladensystem ist nicht bekannt. Aus der Familie Hülle stammt auch der Orgelbaumeister Hugo Hülle, der 1898 die 1847 gegründete Werkstatt des A. Troch in Neuhaldensleben übernahm und unter der Bezeichnung „Hugo Hülle, A. Troch Nachfolger" firmierte. 1910 assoziierte er sich mit den Orgelbauern Erdmann und Märtens zur neuen Firma „Märtens & Troch". Die Firma existierte noch 1938.

Flade; Hildesheimer Orgelchronik 1962, 9, 36.

Hünd, Ludwig, Orgelbaumeister in Linz am Rhein. 1812 Bocholt – 1899 Linz a. Rh.; er ließ sich um 1850 in Linz nieder und war der Lehrmeister von → Stockhausen, der 1873 Teilhaber in seinem Geschäft wurde und danach den Betrieb ganz übernahm, da sich Hünd aus dem Geschäft zurückzog.

Hundek, Reinhold Karl und Max, Orgelbauer in Oberglogau (Schlesien). Reinhold Hundek (1853–1883 Oberglogau) gründete nach seiner Ausbildung zuerst in Grüben, ab 1877 in Oberglogau, eine Orgelbauwerkstatt, in der eine ganze Reihe kleinerer Orgeln entstanden. 1880 suchte er in der Fachpresse nach Gehilfen; 1881 machte er den Vorschlag, eine Produktiv-Genossenschaft zum Bau der Sanderschen sog. Pneumatom-Windlade zu gründen. Außerdem konstruierte er eine „Röhrenlade mit isolierter Schiebstange und selbstschließendem Spund". Er starb nach langem, schweren Leiden 30jährig 1883. Der jüngere Bruder Max Hundek (1859 Friedland/Oberschlesien – 1889 Neisse) verlegte die Werkstatt, über die 1883 der Konkurs eröffnet worden war, anschließend nach Neisse, starb aber schon wenige Jahre später (durch Selbstmord?). Über den Nachlaß wurde Konkurs eröffnet. → Berschdorf war sein Schüler.

Flade; Burgemeister², 194 (Angaben unkorrekt); OPbZ 5 (1883), 192, 215; ZfI IX (1888/89), 290, 378.

Huth, O., Orgelbauer in Rasberg bei Zeitz; wird 1898 im Branchenverzeichnis aufgeführt.

Acta 18 (1985), 311.

I

Ibach, Orgel- und Klavierbauerfamilie in (Wuppertal-)Barmen. Johannes Adolph Ibach (1766 Lüttringhausen – 1848 Unterbarmen) gründete nach Lehr- und Wanderjahren 1794 in Barmen eine eigene Werkstatt für Klavier- und Orgelbau. Drei Söhne übernahmen seinen Beruf: Rudolph (1804 Wupperfeld – 1863 Unterbarmen), Richard (1813 Wupperfeld – 1889 Barmen) und Adolph (1823 Unterbarmen – 1883 Bonn) und traten 1834, 1839 bzw. 1844 nacheinander als Teilhaber ins Geschäft ein; der vierte Sohn Gustav Adolph (1815–1880) gründete 1862 eine eigene Klavierfabrik. Bis 1889 wurden mindestens 235 Orgeln hergestellt, etwa 4–5 jährlich; rund 1/6 wurde exportiert in die Niederlande, Belgien, Spanien, USA und Südafrika. 1850 waren bereits mehr als 70 Arbeiter in der Fabrik beschäftigt. Bis 1862 firmierten die drei Brüder als „Ad. Ibach & Söhne". 1869 übernahm Richard Ibach den Orgelbaubetrieb allein, sein Bruder Adolph eröffnete in Bonn um 1865 eine Orgel- und Klavierwerkstätte. Der Sohn des 1863 verstorbenen Bruders Adolph, der ebenfalls den Namen Rudolph II (1834 Barmen – 1892 Herrenalb) trug, führte als „Rudolph Ibach Sohn" die Klavierfabrikation weiter und eröffnete eine Filiale in Köln. Mit Richard Ibachs Tod 1889 erlosch der Orgelbau in der Familie, während die Klavierfabrikation noch heute besteht. Die Ibach bauten fast nur Schleifladen mit mechanischer Traktur, um 1860 die ersten Konzertsaalorgeln, nach 1880 auch wohl Kegelladen mit vielfältigen Spielhilfen und experimentierten in einigen Fällen mit Hängeventilladen; beim Trakturbau bevorzugten sie die Winkelmechanik. Eine Ausstellungsorgel erhielt 1880 in Düsseldorf die Broncemedaille.

Gisela Beer, Orgelbau Ibach Barmen (1794–1904), Köln 1975; Joachim Dorfmüller, 300 Jahre Orgelbau in Wuppertal, Wuppertal 1980, 20–26; MGG 6, 1033 ff.; Riemann I, 848; OPbZ III (1881), 273 f.

Ismayr, Günter, Orgelbaumeister in Bernried und Weiden (Oberpfalz). Er machte sich 1971 in Bernried selbständig und baute zahlreiche Kleinorgeln in ganz Westdeutschland, größere Werke in Oberbayern und in der Oberpfalz, wohin er 1984 seine Werkstatt verlegte (Weidener Orgelbau).

HO Oberpfalz, 79.

J

Jäger, Heinz und Brommer, Wolfgang, Orgelbaumeister in Waldkirch (Baden). Heinz Jäger (*1958 Waldkirch) ist Schüler von Späth in Hugstetten, machte 1986 die Meisterprüfung und eröffnete 1988 einen Betrieb zusammen mit Wolfgang Brommer (*1958 Merdingen); dieser ist Schüler von Fischer & Krämer in Endingen und erwarb 1990 den Meisterbrief. Die Firma baute bisher drei Kirchenorgeln, fertigt auch Drehorgeln und beschäftigt zwei Mitarbeiter.
Umfrage 1990.

Jahn, Orgelbauerfamilie in Dresden. Der Stammvater Friedrich Nikolaus Jahn (1798–1875 Dresden) arbeitete nach seiner Ausbildung als Geselle bei Karl August Kayser (1785–1824) in Dresden und heiratete 1827 dessen Witwe, womit er die Kayser-Werkstatt fortsetzte. Seinen Sohn Julius Jahn (1829 Dresden – 1910 ebenda) bildete er zum Orgelbauer aus, zusammen firmierten sie dann als Friedrich Jahn und Sohn. 1875 wurde Julius Alleininhaber. Mit seinem Sohn Johannes Jahn (1868–1933) ging das Geschäft zunächst als „Julius Jahn & Sohn" in die dritte Generation, mit der es 1933 erloschen ist. Johannes Jahn erhielt 1904 den Titel Hoforgelbauer und baute etwa 90 Orgeln. Mit dem Namen Jahn sind einige wichtige Orgelneubauten in Sachsen und Umbaumaßnahmen an Silbermann-Orgeln verbunden. Jahn benutzte als erster einen pneumatischen Arbeitsbalg mit pneumatischer Steuerung für Schleifladen anstelle des Barkerhebels. Er erfand um 1910 eine Art Lochkartensetzer, disponierte bereits 1849 eine Septime in Schneeberg und experimentierte 1899 mit Porzellanpfeifen der Ocarinafabrik Freyer & Co. aus Meißen. Die erste Porzellanpfeifen-Orgel führte er in Dresden vor.
Flade, Silbermann, 211; Oehme S, 87; ZfI XXXI (1910), 116 (mit Porträt); ZfI LIII (1933), 199.

Jahnn, Hans Henny, Orgelbau-Sachverständiger, Schriftsteller und Verleger in Hamburg und Bornholm. 1894 Stellingen – 1959 Hamburg; er restaurierte 1923 die Schnitger-Orgel in Hamburg, St. Jacobi, und gab wichtige Impulse für die Orgelbewegung. Jahnn sah in der Orgel ein Instrument der „Verkündigung der Schöpfungsharmonie".
MGG XVI, 858; R. Wagner, Der Orgelreformer Hans Henny Jahnn, Stuttgart 1970.

Jaiser, Julius, Orgelbauer in Stralsund. Er war in den 1920er Jahren tätig. Näheres nicht bekannt.

Janke, Johann Gottlieb, Orgelbauer in Kamenz. 1816–1877; er ist mit einigen Reparaturarbeiten in Sachsen nachzuweisen.
Oehme S, 88; HO Sachsen, 146, 155.

Janke, Rudolf, Werkstätte für Orgelbau in Bovenden bei Göttingen. Seine Ausbildung genoß Janke (*1930 Göttingen) bei Ott und arbeitete anschließend in verschiedenen Werkstätten (unter anderem in Schweden). 1957 machte er sich selbständig, legte 1958 die Meisterprüfung ab und beschäftigt seitdem etwa 8–10 Mitarbeiter. In den Werkstätten 1957 in Veckerhagen, 1959 in Gertenbach, seit 1963 in Bovenden, wurden bis jetzt über 100 Neubauten gefertigt und 30 Restaurierungen durchgeführt. Janke baute von Anfang an Schleifladen mit mechanischer Traktur und geschlossene Gehäuse aus Massivholz. Er intoniert seine Instrumente selbst und behält alle wichtigen Arbeiten in seiner Hand, um sie bis ins Detail individuell auszuarbeiten. Fast alle Teile einschließlich

der Pfeifen und Zungen werden in den eigenen Werkstätten hergestellt. Janke ist künstlerisch an nord- und mitteldeutschen Orgeln der klassischen Zeit des Orgelbaues bis etwa 1850 orientiert.
Piper, Gifhorn, 36; Umfrage 1989; ISO INFORMATION Nr. 14, 959.

Jann, Georg, Orgelbau-Meisterbetrieb in Allkofen (Laberweinting 4) in Niederbayern. Georg Jann (*1934 Kalkberge b. Berlin) lernte bei Alexander Schuke in Potsdam, spezialisierte sich zum Intonateur und wechselte dann zu Karl Schuke nach West-Berlin. Anschließend arbeitete er bei verschiedenen Firmen im In- und Ausland: Rieger (Schwarzach/VA), Ziegler (Schweiz) und Hubert Sandtner (Dillingen). Nach der Meisterprüfung 1971 machte er sich 1974 in den Räumen des Orgelbaumeisters Eduard Hirnschrodt in Regensburg selbständig und verlegte 1977 den Betrieb in eigene Räume nach Allkofen im Landkreis Straubing. Die Belegschaft wuchs ständig, von 6 Mitarbeitern am Anfang bis zur jetzigen Zahl von 30. In den 15 Jahren seines Bestehens fertigte der Betrieb 160 Neubauten (der bisher größte mit V/101 Registern in Waldsassen) und restaurierte eine ganze Anzahl romantischer Kegelladenorgeln. Jann baut Schleifladen aus Eiche, Holztrakturen und Massivholzgehäuse, seine Prospekte zeigen die ganze Palette moderner Architektur oder übernehmen das historisch Gegebene. Zu seiner Spezialität gehören Truhenpositive. So entwickelte sich die Firma rasch zu einer der angesehensten des gegenwärtigen süddeutschen Orgelbaues mit Aufträgen bis ins Ausland.
Umfrage 1989; H. Fischer und Th. Wohnhaas, Die Orgel der Stiftskirche in Waldsassen (Peda-Kunstführer Nr. 034. 1/89), Passau 1989.

Janssen, Orgelbauerfamilie in Aurich. Begründer war Gerd Sieben Janssen (1802 Esens – 1899 Aurich), der den Orgelbau wahrscheinlich bei Johann Gottlieb Rohlfs (1759–1847) in Esens lernte. 1834 verzog er nach dem Tode seiner ersten Frau nach Aurich, wo ihm in zweiter Ehe noch sieben Kinder geschenkt wurden, die im väterlichen Betrieb mithalfen bzw. ebenfalls im Orgelbau ausgebildet wurden. Vater und Söhne bauten in Ostfriesland meist kleine Orgelwerke unter 10 Registern ohne Pedal, seltener zweimanualige Instrumente mit über 10 Registern, alle mit Schleifladen. Die Werkstatt dürfte kurz vor der Jahrhundertwende eingegangen sein.
Kaufmann, Ostfriesland, 53, 269; Pape, Führer, 145.

Jauering, August, Orgelbauer in Deggendorf. Er betätigte sich nach 1945 als Reparateur im ostbayerischen Raum.
HO Oberpfalz, 79.

Jehle, Josef, Orgelbauer in Ebingen. Er war 1921 Verbandsmitglied.

Jehmlich, Orgelbauerfamilie in Dresden und Zwickau, deren Werkstatt zwischen 1973 bis 1989 als VEB Orgelbau Dresden fortbestand. Die drei aus dem Erzgebirge stammenden Orgelbauer-Brüder Friedrich Gotthelf (1779–1827), Johann Gotthold (1781–1861) und Carl Gottlieb Jehmlich (1786–1876) arbeiteten eine Zeitlang bei Johann Christian Kayser in Dresden und standen somit als Enkelschüler Gottfried Silbermanns in bester sächsischer Tradition. Zu eigener Werkstatt kamen sie 1808. 1839 trennte sich der jüngste der drei Brüder Karl Gottlieb von seinen Geschwistern und machte sich in Zwickau als Orgelbauer selbständig. Von seinen zwei Söhnen setzte der jüngere, Wilhelm Fürchtegott (1826–1874) die Zwickauer Werkstatt nach dem Tode des Vaters noch bis 1874 fort. Der ältere Sohn Karl-Eduard (1824–1889) übernahm 1862 die Dresdener Werkstatt seines Onkels Johann Gotthold, dessen Sohn Julius (1826–1858) zu diesem Zeitpunkt bereits verstorben war. Karl Eduard baute zwischen 1862 und 1889 etwa 60 Orgeln. Seine beiden Söhne Emil Jehmlich (1854–1940) und Bruno Jehmlich (1857–1940) führten als Gebr. Jehmlich das Geschäft ab 1889 in der dritten Generation weiter bis zum Jahre 1935. Emils Söhne Rudolf (1908–1970) und Otto Jehmlich (1903–1980) bauten in der vierten Generation zwischen 1938 und 1955 219 neue Orgeln. Rudolf wirkte als Kaufmann, Otto war der gestaltende Orgelbaumeister. Nach Rudolfs Tod ging der Betrieb in Volkseigentum über. Zwischen 1955 und 1970 entstanden rund 200 Orgeln. Mehr als 40 davon gingen nach Schweden, Finnland und Westdeutschland. Seit 1973 leitete Rudolf Jehmlichs Sohn Horst den VEB Jehmlich-Orgelbau Dresden. 1987 entstand Opus 1060, die Mitarbeiterzahl betrug 50. Wie keine andere Werkstatt war die Jehmlichsche mit den Silbermann-Orgeln verbunden und durch ihren Charakter geprägt. Bis etwa 1890 hielt man an der Schleiflade fest, danach wurde die Seifertsche Röhrentraktur gebaut. Seit 1948 ist auch die Schleiflade wieder eingeführt zusammen mit der neubarocken Intonationsweise. „Die Firma Jehmlich ist nicht bei der Kopie des unsinnlich-klaren barocken Orgel-Klangtyps stehengeblieben, sondern hat einen weniger strengen und sachlichen Klangtyp geschaffen, in dem das verbindliche Element dominiert". 1989 wurde die Firma reprivatisiert.

Flade, Die Orgelbauerfamilie Jehmlich in Dresden und Zwickau, in: Zeitschrift für Kirchenmusiker I (1934); MGG 6, 1844–1846 (Flade); –, Sächsischer Orgelbau pflegt barocke Orgelbautradition, in: Das Musikinstrument XX (1971), 711 f.; Oehme S, 88 f.; Schäfer, Laudatio, 202; Orgelbauertreffen, 15 f.; Urania 1897, 36 f. (O. Türke); ISO INFORMATION Nr. 5, 347.

Jehmlich, Siegfried, Orgelbaumeister in Leutkirch-Auenhofen, Bruder von Horst Jehmlich. *1939 Dresden; nach der Schreiner- und Orgelbaulehre in Dresden absolvierte er eine Spezialausbildung als Metallpfeifenmacher in Bautzen und war anschließend im Dresdener Familienbetrieb tätig. 1961–1966 arbeitete er als Intonateur bei Grönlund in Schweden, besuchte danach die Fachschule in Ludwigsburg, wo er 1969 die Meisterprüfung ablegte. 1979–1982 war er als Intonateur bei Albiez in Lindau tätig. Seit 1983 ist er selbständig als Alleinmeister, der auf Restaurierungen und Intonationen spezialisiert ist.

Umfrage 1990.

Jelacic, Johann, Orgelbauer in Speyer. 1840 Maunitz/Krain – 1899 Dammheim (im Schnee erfroren). Ausbildungsgang nicht bekannt; er war seit etwa 1879 in Speyer ansässig, nachdem er vorher bei Walcker gearbeitet hatte. 1893 Zusammenarbeit mit August Weidkam. 1887–1891 arbeitete Franz Kämmerer bei Jelacic. 1891 machte Jelacic Konkurs. Er baute mechanische Kegelladen, bezog aber die Teile mit Zubehör von Laukhuff, die Pfeifen von Gunzinger. Das nur unvollständig bekannte Œuvre dürfte ca. 50 Opera erreicht haben, 1891 waren es 35. Im übrigen war er mehr mit Umbauten und Reparaturen beschäftigt.

HO Pfalz, 279.

Jordan, Orgelbauer in Bremen. Lebensdaten unbekannt; er arbeitete 1922 an der Orgel in Scharrel.

Schlepphorst, Niedersachsen, 139.

K

Kalscheuer, Orgelbauerfamilie in Nörvenich bei Düren (Rheinland). Die Gebrüder Jakob (1822 Nörvenich – 1883 ebenda) und Heinrich Kalscheuer (1824 Nörvenich – 1885 ebenda) gründeten vor 1859 in Nörvenich ein Orgelbaugeschäft, das über 30 Jahre im Raum Köln-Aachen tätig war. Sie bauten Schleifladen und disponierten noch konservativ; das II. Manual bestand aus Transmissionsregistern des I. Manuals.
M. Blindow, Die Orgelbauwerkstatt Kalscheuer in Nörvenich und ihre Arbeiten im 19. Jahrhundert, in: Dürener Geschichtsblätter Nr. 31, Jan. 1963, 669–675.

Kaltschmidt, Orgelbauerfamilie in Wismar, Lübeck und Stettin. Joachim Christoph Kaltschmidt (ca. 1717–1806) ist um 1776 in Wismar nachweisbar; sein Sohn Joachim Christoph Kaltschmidt (1748–1819) arbeitete ab etwa 1780 in Lübeck. 1840 wurde eine Werkstatt in Stettin eröffnet, die mit den Namen Friedrich und Emil (jun.) verbunden ist und 1897 noch bestand. Sie ist bekannt durch einige größere Arbeiten in Danzig, unter anderem durch Einführung der mechanischen Kegellade in diesem Raum in den 1860er Jahren. Nähere Zusammenhänge sind noch nicht bekannt.
Renkewitz-Janca; Wölfel, Lübeck; Acta 18 (1985), 133.

Kämmerer, Franz, Orgelbauer in Speyer. 1868 Weisenheim/Sand – 1951 Heidelberg; er lernte bei Gustav Schlimbach in Speyer, 1887–1891 war er bei Jelacic tätig, arbeitete 1891–1893 mit Fortmann in selbständiger Tätigkeit zusammen und war ab 1893 Alleininhaber der Werkstatt. Kämmerer arbeitete in der Pfalz und in Baden und führte hauptsächlich Transferierungen, Umbauten und Erweiterungen aus. Es sind nur wenige Neubauten bekannt; ab 1899 betreute er die Speyerer Domorgel. 1935 mußte er Konkurs anmelden. Sein Nachfolger in Speyer wurde Paul Sattel.
HO Pfalz, 279; Fischer-Wohnhaas, Speyerer Domorgel, 166.

Kamp, Karl, Orgelbaumeister in Aachen. Lebensdaten unbekannt; Kamp führte nach 1945 eine gutgehende Werkstatt mit etwa 20 Beschäftigten und eigener Metallpfeifenherstellung. Er lieferte Orgeln vorwiegend für katholische Kirchen am Nieder- und Mittelrhein, auch in Oberbayern, und unterhielt eine Außenstelle in Villingen. Kamp-Orgeln sind neubarock disponiert und besitzen elektrische Taschenladen. Die Firma existiert nicht mehr.
BDO-Archiv.

Kampmann, A. W., Orgel- und Harmoniumbauer in (Wuppertal-) Elberfeld. Lebensdaten unbekannt; der Betrieb wurde 1850 gegründet und bestand noch um die Jahrhundertwende.
Acta 18 (1985), 307.

Kandler, Ludwig, Orgel-, Harmonium- und Klavierstimmer in Ernsthausen bei Kirchhain bei Marburg (Hessen). Lebensdaten unbekannt; Kandler bezeichnete sich als Vertreter der Orgelbauanstalt Helfenbein in Gotha, war demnach vor dem Zweiten Weltkrieg dort tätig gewesen. Seit 1946 war er in verschiedenen Orten Nordhessens mit Reparaturen und Umbauarbeiten unterwegs, die ihm schließlich 1954 ein Arbeitsverbot durch die Hessische Landeskirche einbrachten.
Trinkaus, Ziegenhain, 256.

Kaps, Christoph, Orgelbaumeister in München. *1959 München; zum Orgelbauer wurde er bei Nenninger (München) ausgebildet und spezialisierte sich daraufhin im Intonieren. 1986 machte er die Meisterprüfung und eröffnete anschließend eine eigene Werkstatt als Kleingewerbetreibender, schied aber erst 1988 aus der Firma Nenninger endgültig aus. Er baute bisher als Alleinmeister jährlich etwa eine neue Orgel und betätigt sich daneben mit Restaurierungen.
Umfrage 1990.

Kardos, Heinrich, Orgelbauer in Vilseck bei Amberg (Oberpfalz). Lebensdaten unbekannt; Kardos war in den Jahren 1947 bis etwa 1950 in der Amberger Gegend mit Reparatur- und Umbauarbeiten unterwegs, scheint aber nur vorübergehend selbständig gewesen zu sein.
HO Oberpfalz, 79.

Karhausen, Peter, Orgelbaumeister in Aitrang bei Kaufbeuren. *1950 Aachen als Sohn eines Kirchenmusikers, erlernte den Orgelbau bei Klais (Bonn) 1966–1969, arbeitete als Geselle bei G. Schmid (Kaufbeuren) 1970–1978 und machte sich 1979 in Aitrang selbständig, wo schon in der Barockzeit Orgelbauer ansässig waren. Sein Meisterstück ist die Orgel in St. Alban bei Görwang, an der er sein Geschick als Planer und Intonateur bewies. Im Ein-Mann-Betrieb sind erst wenige neue Orgeln entstanden, auf deren Bau er große Sorgfalt legt.
HO Schwaben, 290; Brenninger, Schwaben, 112.

Karl, Johannes (Hans), Orgelbaumeister in Aichstetten (Allgäu). 1916 Klingenstein – 1987 Aichstetten. Ausgebildet bei Späth in Ennetach, legte er 1949 die Meisterprüfung ab und machte sich 1950 in Aichstetten selbständig. In seiner Werkstatt waren durchschnittlich 5 Mitarbeiter tätig, vorübergehend auch über 10. Insgesamt wurden bisher 100 neue Orgeln gebaut, nicht gezählt die kleineren Umbauten oder Reparaturen. Nach seinem Tod leitet sein Sohn, Dr. Friedrich Karl, von Beruf Zahnarzt, den Betrieb, in dem neben drei Gesellen noch ein Orgelbaumeister tätig ist. Das Arbeitsgebiet umfaßt das Allgäu bis Mittelschwaben und Südwürttemberg.
Umfrage 1990.

Käs, Metallpfeifenfabrikanten in Beuel bei Bonn. 1921 gründeten die Gebrüder Anton I (1887 Regensburg – 1963 Bonn) und Jakob Käs nach ihrer Ausbildung bei Binder und anderen Firmen das Unternehmen als Gebr. Käs und inserierten als Experten für Orgelpfeifen, führend in der Herstellung von Mixturen, Aliquoten und anderen Kleinregistern. Jakob Käs schied später aus der Firma aus und eröffnete eine eigene Werkstatt, die sich auf die Herstellung von pneumatischen und elektrischen Spieltischapparaten spezialisierte, aber nicht mehr existiert. Antons Söhne Anton II Käs (*1914 Bonn) und Josef I Käs (*1919 Bonn) traten nach ihrer Ausbildung 1950 in die väterliche Firma ein und leiteten sie bis in die Gegenwart. Inzwischen ist auch die dritte Generation im Betrieb tätig: Toni Käs (*1946), Sohn von Anton II, und die Geschwister Josef II (*1949) und Dieter Käs (*1946), Söhne von Josef I.
Umfrage 1991.

Katzenberger, Michael, Orgelbauer in Oberelsbach (Rhön). 1813–1874; er war vermutlich Schüler von Nikolaus Sartorius in Oberelsbach, jedenfalls dessen Nachfolger. Er ist nachweisbar zwischen 1839 und 1873, hat aber nur vereinzelt neue Orgeln gebaut. Meist betätigte er sich als Reparateur. Ein Alfred Katzenberg reparierte 1876 die

Orgel in Wickers, vielleicht der Sohn. Das Arbeitsgebiet und die Werkstatt wurden ab 1874 von →Hey (Sondheim v. d. Rhön) übernommen, da Katzenberger keinen Nachfolger hatte.
HO Unterfranken, 311.

Katzer, Franz, Orgel- und Harmoniumbau, Bleidenstadt (Taunus). Lebensdaten unbekannt; er war Anfang der 1950er Jahre häufig im Taunus mit Umbaumaßnahmen im Sinne der damaligen Barockisierungswelle tätig. Aus früherer oder späterer Zeit liegen keine Orgelbaunachrichten vor.
Bösken II.

Kau, Gerhard E., Orgelbaumeister in München. *1947. → Nenninger.

Kaufhold, Orgelbaumeister in Bad Tennstädt nördlich Gotha (Thüringen). Lebensdaten unbekannt; er war ein Schüler von Friedrich Gerhard in Merseburg, heiratete 1864 und hielt sich dann längere Zeit in den USA auf, wo er seinen beruflichen Umkreis erweiterte. In den 1890er Jahren sind Arbeiten feststellbar. Wie lange die Firma existierte, ist unbekannt. Wahrscheinlich ist er mit Leberecht Kaufhold identisch, der in den 1880er Jahren in Zwönith/Erzgebirge tätig war.
Flade.

Kaufmann, Instrumentenmacherfamilie in Dresden. Johann Gottfried Kaufmann (1752 Siegmar – 1818 Frankfurt a. M.) war gelernter Uhrmacher, der sich auf den Bau von Flöten- und Harfenuhren verlegte. Mit seinem Sohn Friedrich Kaufmann (1785 Dresden – 1866 ebenda) zusammen konstruierte er 1805 das sog. Bellonion und erregte 1808 Aufsehen mit dem „künstlichen Trompeter". 1809 stellten sie ein Streichklavier, das „Harmonichord", der Öffentlichkeit vor und gingen 1817 zusammen mit dem „Chordaulodion" auf Kunstreise, während der der Vater starb. Die Kaufmannschen Automaten gingen bald in den Export nach Mittel- und Südamerika. 1839 erfand Friedrich Kaufmann das „Symphonion" und „Salpingion", mit denen er sich dann zusammen mit dem Sohn Friedrich Theodor Kaufmann (1828 Dresden – 1872 ebenda) auf eine weitere Kunstreise durch Europa begab. 1851 entstand daraus das Orchestrion, an dem auch die auffallend schönen Traversflöten große Beachtung fanden. Der Urenkel des Stammvaters, Karl Theodor Kaufmann (*1867 Dresden), erlernte den Orgelbau bei Mehmel in Stralsund und betätigte sich in diesem Beruf bis zur Auflösung der Firma um die Jahrhundertwende.
Flade; Sachs, Reallexikon; Riemann, Musiklexikon, [10]Berlin 1922, 617.

Kaulmann, Robert, Orgelbaumeister in Wegscheid (Bayerischer Wald). Lebensdaten unbekannt; Kaulmann machte sich gegen 1970 in Wegscheid selbständig und erbaute eine Reihe von Orgeln in Niederbayern und in der Oberpfalz. Seit einigen Jahren übt er den Beruf nicht mehr aus.

Kelle, E., Orgelbauer in Nordhausen am Harz. Lebensdaten unbekannt; Kelle war von Beruf Tischlermeister, arbeitete dann 7 Jahre bei Schulze in Paulinzella und war ab 1854 in Nordhausen tätig. Die Nachweise reichen bis 1879.
J. Schäfer, Nordhäuser Orgelchronik, Halle/Saale 1939; Flade.

Keller, Franz Emil, Orgelbauer in Ostrau b. Döbeln (Sachsen). 1843 Ottwig – 1925 Ostrau; Keller war Schüler von Ladegast und machte sich 1870 in Ostrau selbständig.

Er baute nur Schleifladen mit mechanischer Traktur und war ein entschiedener Feind der Pneumatik. Er brachte es jährlich auf höchstens eine bis zwei Orgeln, war mehr Idealist als Geschäftsmann und ehrenamtlicher Organist in Ostrau.
Flade; Nagler, Das klingende Land (1936); Oehme II und S, 90; HO Sachsen.

Keller, Georg Heinrich, Orgelbauer in Darmstadt. 1831 Darmstadt – 1894 ebenda; nach der Ausbildung arbeitete er bei Förster & Nicolaus in Lich und 1855–1857 bei Walcker (Ludwigsburg). 1857 machte er sich in Darmstadt selbständig, arbeitete aber auch dann noch mit Walcker zusammen, für den er z. B. Orgelmontagen in Rußland ausführte. Sein eigenes Geschäft wollte nicht florieren, obwohl er die Walckersche Schule in Starkenburg einführte; er konnte offenbar nicht wirtschaften.
Balz, Starkenburg, 362–371.

Keller, Heinrich, Orgelbaumeister in Selb. 1904 Köln – 1949 Selb. Er besuchte das Bayreuther Lehrerseminar und das Stuttgarter Konservatorium zum Orgelstudium, erlernte anschließend den Orgelbau bei Standart in Schiedam und in anderen holländischen Firmen und kam schließlich bei Link in Giengen als Spieltischbauer unter. 1932 machte er sich in Selb selbständig und baute bis zum Zweiten Weltkrieg etwa 20 Orgeln neu oder um. Nach dem Kriege sind keine nennenswerten Neubauten mehr bekannt. Er war auch musikpädagogisch tätig und schrieb Aufsätze über die Multiplexorgel, die Kinoorgel, den Einheitsspieltisch, die Spielhilfen und die Vorzüge der amerikanischen Orgelregistratur. In der Nachkriegszeit war der Organist Eberhard Bonitz bei Keller tätig.
Flade; Firmenprospekt Keller, ca. 1939.

Keller, Michael, Orgelbaumeister in Limburg a. d. Lahn. Herkunft und Geburtsjahr sind nicht bekannt, †1894 in Sindelfingen durch Schlaganfall. Zusammen mit seinem hochbegabten Bruder A., der aber schon früh verstarb, begann er 1871 in Limburg selbständig zu wirken, aber erst ab etwa 1875 ist ein fortlaufendes Œuvre ermittelt. Im Nachruf ist die Rede von Orgelwerken in Österreich und Rumänien, die vielleicht der Zeit vor 1875 angehören. Bei seinem Tod war Opus 71 in Arbeit. Die bis jetzt bekannten etwa 40 Werke stehen bzw. standen in Nassau. Nachdem sich für die Werkstatt kein Käufer fand, erwarb Klais (Bonn) die Einrichtung und den Kundenstamm. Nachfolger in Limburg, das vor Keller keinen eigenen Orgelbauer gehabt hat, wurde 1895 Karl → Horn als vollständige Neugründung.
ZfI XIV, 901; Bösken II.

Kemper, Orgelbauanstalt in Lübeck (bis 1924 „Kempper"). 1868 eröffnete Emanuel Philipp Kemper (1844 Lübeck – 1933 ebenda), Sohn eines Klavierbauers, die Werkstatt, nachdem er die Domschule besucht, den Tischlerberuf und den Orgelbau bei Marcussen in Apenrade erlernt hatte und dort zum Geschäftsführer avanciert war. Er übernahm 1868 auch die Lübecker Werkstatt des Th. Voigt und damit die Pflege fast aller Lübecker Orgeln, außerdem versah er eine Lübecker Organistenstelle. Für Lübeck und Umgebung baute er mehrere Orgeln, die genaue Zahl ist nicht bekannt. 1910 überschrieb er das Geschäft seinem Sohn Karl Reinhold Kemper (1880 Lübeck – 1956 ebenda). Dieser erlangte dadurch besondere Bedeutung, „daß er die Ideen der deutschen Orgelbewegung und zwar in ihrer norddeutschen Ausgestaltung in die Praxis übersetzte. So baute er mit niedrigstem Winddruck, der nur noch ein Hauch ist, er verwendete extrem weite Nachthörner und Rohrflöten" (Flade). In Altona „vereinigte er den Klangcharakter der Barockorgel mit den modernsten Einrichtungen für die Spieltechnik". 1919 wurde der

Betrieb erweitert, Ende der 20er Jahre begann die Neubarockwelle, die sich über ganz Norddeutschland ausbreitete bis nach Danzig und Ostpreußen, wo ein Filialbetrieb bestand, nach Luxemburg und an den Mittelrhein. Sogar nach Rom lieferte Kemper eine Orgel. Der Enkel Emanuel II Kemper (1906 Apenrade – 1978 Lübeck) konnte das enorme Arbeitsgebiet freilich nicht mehr halten, hatte aber neben Norddeutschland am Mittelrhein noch einen Schwerpunkt. Nach seinem Tod erlosch die Firma, wurde aber 1981 als Lübecker Orgelbau GmbH (E. Kemper) neueröffnet, Leiter ist der Orgelbaumeister Emanuel III Kemper (*1947 Lübeck).
MGG 7, 830 f.; IbZ 32 (1978), 480; Flade; HO Oberfranken, 39.

Kendel, Wilhelm, Orgelbaumeister in Oberndorf am Neckar. Er war ein Schüler von Weigle in Stuttgart und machte sich 1945 in Oberndorf am Neckar selbständig, starb aber bereits Ende 1947 an einem Kriegsleiden.
Mitteilung Vleugels.

Kenner, Karl, Orgelbaumeister in Höllrich und Schweinfurt. 1879 Höllrich – 1944 ebenda. Über die Ausbildung ist nichts bekannt; später arbeitete er längere Zeit bei Steinmeyer. Er machte sich wohl nach dem Ersten Weltkrieg selbständig, baute aber keine neuen Orgeln, sondern befaßte sich nur mit Reparaturen, Umbau- und Wartungsarbeiten. Arbeitsnachweise existieren zwischen 1922 und 1944, hauptsächlich im Maindreieck und im Saaletal.
Eigene Feststellungen.

Kenter, Horst, Orgelbaumeister in Bad Liebenzell-Monakam (Nordschwarzwald). *1933 Augsburg; nach der Schreinerlehre ging er 4 Jahre zu Steinmeyer nach Oettingen, um den Orgelbau zu erlernen, wechselte 1955 zu Weigle und erweiterte seine Ausbildung mit der Holztechniker-, Kaufmannsgehilfen- sowie 1967 Meisterprüfung im Orgelbau. Bei Weigle übernahm er ab 1965 die Arbeitsvorbereitung, Betriebswirtschaft und zuletzt die Betriebsleitung. 1979 eröffnete er in Bad Liebenzell-Monakam eine eigene Werkstatt. In dem Kleinbetrieb sind durchschnittlich zwei Mitarbeiter in beschäftigt. Bisher wurden rund 20 Orgeln errichtet und technisch manch Wertvolles für den Orgelbau entwickelt und entworfen.
Umfrage 1990.

Kern, Alfred, Orgelbaumeister in Straßburg-Kronenburg. *1910, † 1986; erlernte den Orgelbauerberuf bei Roethinger in Straßburg, wechselte dann zu seinem Schwager Ernest Mühleisen über, der sich 1942 in Straßburg selbständig gemacht hatte. 1952 eröffnete er eine eigene Werkstatt und verlegte sich mehr und mehr auf den historischen Orgelbau. Durch seine Restaurierungspraxis zwang er die gesamte „elsässische Orgelwelt" auf den Weg zur Umkehr und Besinnung auf den klassischen Orgelbau im Elsaß und krönte seine Karriere mit dem Wiederaufbau der Thomas- und Münsterorgel in Straßburg. Der Betrieb wird von seinem Sohn fortgeführt.
HO Elsaß, 36.

Kerssenbrock, Hubertus Graf von, Orgelbaumeister in Grünwald bei München. *1932; er eröffnete 1969 seine Werkstatt, in der 4 Personen beschäftigt sind. Das Schwergewicht seiner Tätigkeit lag anfangs in der Restaurierung alter, teilweise schon sehr verkommener historischer Instrumente, zu deren Erhaltung er sich auch um die

Instandsetzung von stark zerstörten Details bemühte. Seine Neubauten sind nach alten Vorbildern gefertigt, wobei nur einheimische Hölzer Verwendung finden, aber keine modernen Ersatzstoffe wie Platten, Kunststoffe und dergleichen.
Umfrage 1989.

Kersting, Orgelbauerfamilie in Münster. Der Vater Johann Kersting († 1854) lernte den Orgelbau bei seinem Onkel Vorenweg (1753 – um 1835) in Münster, dessen Teilhaber er ab etwa 1800 wurde, so daß er nach Vorenwegs Tod die Werkstatt weiterführen mußte. Er arbeitete vorwiegend im Münsterland und in steigendem Maße auch im Emsland. Sein Sohn Melchior Kersting († ca. 1879) lernte beim Vater und kam auf der Wanderschaft nach Paris und London. Seit 1840 arbeitete er daheim an der Seite des Vaters und war auch nach dessen Tod noch vielbeschäftigt in Westfalen. Er gilt als einer der besten Orgelbauer im westfälischen Raum im 19. Jahrhundert und besaß einen guten Ruf.
Wolf Kalipp, Die westfälische Orgelbauerfamilie Vorenweg-Kersting (1784–1879), Kassel 1984

Kessler, Peter, Orgelbaumeister in Kisselbach bei Oberwesel (Kr. Simmern). Lebensdaten unbekannt; er ist nachzuweisen zwischen 1870 und 1893. Die einzige bekannte Orgel von ihm steht in Wiebelsheim.
Archiv Bösken; Weltadreßbuch 1893.

Kewitsch, Orgelbauer in Berlin → Buchholz.

Kiene, Orgelbauerfamilie in Leutkirch, Langenargen und Waldkirch i. Br. Der Stammvater Gebhard Kiene (1748–1814) befaßte sich im Kreis Wangen seit etwa 1770 mit Orgelbauarbeiten. Der Sohn Franz Anton Kiene (1777 Amtszell – 1847 Langenargen) lernte zunächst in der väterlichen Werkstatt, heiratete 1808 nach Kißlegg und verlegte 1828 den Betrieb nach Langenargen. In seiner Zeit wurden zahlreiche Orgeln im gesamten Bodenseeraum von Bayerisch Schwaben über Oberschwaben, die Nordostschweiz bis nach Vorarlberg gebaut, so daß er einer der führenden Meister in der Region war. Der Enkel Johann Nepomuk Kiene (1812 Kißlegg – 1902 Langenargen) setzte diese Tätigkeit erfolgreich fort, vor allem in der Schweiz. Der Urenkel Johann Franz Anton Kiene (1845 Langenargen – 1908 Waldkirch) wurde bei Förster in Lich, Ladegast (Weißenfels) und Voit in Durlach ausgebildet, ehe er sich 1887 in Waldkirch niederließ, wo die Werkstatt unter dem Ururenkel Rudolf Kiene (1888 Waldkirch – 1971 ebenda) noch bis 1960 bestand. Während die Werkstatt in Langenargen bereits in den 1870er Jahren abnehmende Tendenz zeigte, konnte Anton in Waldkirch nochmals eine bescheidene Blüte zustandebringen, die mehr und mehr unter dem Konkurrenzdruck der Großen zu leiden hatte. Ab 1925 widmete sich Rudolf Kiene der gewissenhaften Pflege historischer Orgeln und trat 1933 für kurze Zeit in Geschäftsverbindung mit den Gebr. Späth in Mengen. Kiene baute ab 1855 neben der Schleiflade auch Kegelladen, führte 1897 die pneumatische Traktur ein mit pneumatischen Windladen, danach die Elektropneumatik. Bis 1919 wurden historisierende Prospekte gebaut, bis 1937 dann Freipfeifenprospekte. Seit 1986 ist die Werkstätte Kienes durch Wolfram → Stützle (*1956), einem Enkel von Rudolf Kiene, reaktiviert.
Flade; HO Baden, 286; HO Schwaben, 291; Sulzmann, Martin; Ars 47, 2167; 1985/1, 29; Acta 12 (1978), 176; J. B. Kichler, Die Geschichte von Langenargen und des Hauses Montfort, Friedrichshafen 1926, 155, 211, 255.

Kienscherf, Orgelbauerfamilie in Eberswalde. 1851 gründete Friedrich Kienscherf (1817–1890) in Eberswalde sein Geschäft, in dem auch sein Bruder Rudolf Kienscherf (1836–1912) zeitweilig arbeitete. Die Söhne Albert Kienscherf (†1928) und Hermann Kienscherf (†1912) übernahmen 1890 diese Werkstatt, die sich sowohl mit dem Orgelneubau als auch mit der Instandhaltung und Pflege des vorhandenen Orgelbestands beschäftigte. Sie sollen an die hundert Orgeln gebaut haben. Von 1928 bis 1965 war Orgelbauer Karl Gerbig (1888–1971) Geschäftsinhaber, der zunächst Schüler von Kienscherf war, seine Ausbildung aber bei Sauer, Klais, Rother und Schuke erweitert hatte. 1965 übernahm Ulrich → Fahlberg (*1939) den Betrieb und gab ihm die Bezeichnung „Eberswalder Orgelbauwerkstatt".

Flade; Orgelbauertreffen, 11 f.; Bergelt, Brandenburg, 107; D. Liers, Über Orgelbauer der Mark Brandenburg im 18. und 19. Jahrhundert, in: Österreichisches Orgelforum 1989, 58f.

Kiessling, Ernst K. & Sohn, Orgelbauer zu Bleicherode. Die Firma ist nachweisbar ab 1894 mit kleineren Orgelbauten in Bleicherode und Tätigkeiten in Nordhausen bis ca. 1930.

Flade; Schäfer, Nordhausen, 77.

Killinger, Roland, Orgelbaumeister, Inhaber der Süddeutschen Orgelpfeifen-Werkstatt in Freiberg-Beihingen am Neckar (bei Ludwigsburg). Die Firma wurde 1925 von Hermann Vetter gegründet und von ihm bis 1954 geleitet. Danach übernahm sie Orgelbaumeister Roland Killinger (*1928), der seine Ausbildung bei Walcker in Ludwigsburg erhalten hatte. Der Betrieb fertigt Metallpfeifen, seit 1958 auch Zungenstimmen; die Belegschaft beträgt durchschnittlich 19 Personen.

Umfrage 1990.

King, Leopold, Orgelbaumeister in Aschaffenburg. 1896 Waldkirch – 1978 Aschaffenburg; er kam 1902 mit seinem Vater, der Konstrukteur bei der Orgelbaufirma → Philipps war, nach Frankfurt a. Main, wo die Familie in Heimarbeit Orgelteile herstellte. Nach Leipzig übergesiedelt, wo der Vater ein eigenes Geschäft gründete, begann Leopold King die Orgelbaulehre, machte den Ersten Weltkrieg mit, kehrte nach Leipzig zurück, folgte dann in den 20er Jahren einem Ruf der Firma Philipps nach Aschaffenburg zur Leitung eines neu eröffneten Zweigbetriebes, der bis ca. 1953 bestand, aber zuletzt fast nur noch in der Möbelbranche tätig war, während der ursprüngliche Schwerpunkt auf dem Bau von Kinoorgeln, elektrischen Klavieren und ähnlichem lag. Ab 1953 war King selbständiger Orgelbauer, erbaute einige neue Orgeln in der Umgebung Aschaffenburgs und baute verschiedene ältere Werke um. Sein Hauptinteresse galt aber dem Bau und später der Reparatur pneumatischer und elektrischer Musikautomaten und elektrischer Klaviere. Auf diesem Gebiet war er anerkannter und von Instrumentenmuseen gesuchter Fachmann.

Presseberichte und eigene Feststellungen.

Kircheisen, Bruno, Orgelbauer in Zwickau und Dresden. 1830–1902; er war ein Enkel von Jehmlich und daher wohl auch in der Jehmlich-Werkstatt ausgebildet. Über seine weitere Entwicklung besteht noch keine Klarheit, ebensowenig über das Jahr seiner Geschäftsgründung (wohl 1860er Jahre). Die bekannten Orgelbauten datieren ab den 1880er Jahren. Sein Sohn (?) starb 1921 an einem Herzschlag. Kircheisen baute Kegelladen mit mechanischer Spiel- und pneumatischer Registertraktur, später auch vollpneumatisch gesteuerte Kegelladen.

Flade; Oehme S, 90.

Kirchner, Ferdinand, Orgelbauer und Kunstschreiner in Untereschenbach bei Hammelburg. 1857–1934 Untereschenbach; er wurde vermutlich bei Menger oder Schlimbach ausgebildet, war um 1876 bei Pröbstl in Füssen tätig, ist 1879 erstmals mit einer Reparatur selbständig nachweisbar. Die einzige von ihm bekannte Orgel stand in Untereschenbach (1883, mechanische Schleiflade), ansonsten besorgte er Reparaturen und Stimmungen im Hammelburg – Gemündener Raum, 1917 den Ausbau der Prospektpfeifen für Kriegszwecke und auch teilweise den Wiedereinbau.
Fischer, Kissingen, 35, 226.

Kirchner, Gerhard, Orgelbaumeister in Weimar. 1907 Markersdorf – 1975 Weimar; Kirchner war Pfarrerssohn und Thomaner in Leipzig gewesen, lernte ab 1927 bei Sauer (Frankfurt/Oder) den Orgelbau und studierte bei Biehle an der TH Berlin. Ab 1932 war er Vertreter der Firma Sauer (Frankfurt/Oder) für Thüringen, machte sich aber nach der Meisterprüfung 1934 selbständig. Nach dem 2. Weltkrieg arbeitete er zunächst bei Walcker in Ludwigsburg, kehrte jedoch 1948 nach Weimar zurück und führte den Betrieb weiter bis in die 1960er Jahre. 1966 übernahm Günther Bahr einige Räume und machte sich darin selbständig; 1979 wurde Norbert Sperschneider indirekter Werkstattnachfolger.
Flade; Orgelbauertreffen, 34 f.; Mitteilung R. Rensch.

Klais, Johannes, Orgelbau GmbH & Co. KG in Bonn. Das Unternehmen wurde 1882 von Johannes Klais (1852 Lüftelberg – 1925 Bonn) gegründet. Die Ausbildung erhielt er bei dem entfernt verwandten Orgelbauer Wilhelm Bertram in Engers am Rhein etwa ab 1874, anschließend bei Heinrich Koulen in Straßburg, von wo aus er zu Studienaufenthalten in Süddeutschland, Frankreich und in der Schweiz aufbrach. Von Straßburg aus betrieb er dann die Gründung eines eigenen Geschäfts in Bonn, mit dessen Bau 1881 begonnen wurde, und das 1882 den Betrieb eröffnete. 1896 übersiedelte er in neue Werkstaträume, die 1944 ausgebombt und, nach dem Kriege wiederhergestellt, noch heute den Betrieb beherbergen. Aus kleinsten Anfängen heraus (3 Mitarbeiter) wuchs der Betrieb stetig, so daß er 1914 schon fast 100 Belegschaftsmitglieder erreicht hatte. Etwa 1889 begann Klais mit der maschinellen Holzbearbeitung in eigenen Maschinenräumen, kurz darauf stellte er auch die Metallpfeifen selbst her. Seit 1882 fertigte Klais nur Schleifladenwerke, stellte jedoch gleichzeitig mit dem Einsatz von Maschinen auf Kegelladen um; er beteiligte sich um 1890 an den Experimenten zur Einführung der Röhrenpneumatik, die er ab 1891 in Verbindung mit der Kegellade verwendete. Vor 1900 konstruierte er Hochdruckstimmen mit Doppellabien (gegenüber oder über Eck), 1906 wurde erstmals die elektrische Traktur angewandt. Bei der Geschäftsübernahme durch den Sohn Hans Klais (1880 Bonn – 1965 ebenda) hatte die Opuszahl fast 1000 erreicht. Hans Klais machte zuerst Abitur, lernte dann beim Vater, bei Rinckenbach in Ammerschwihr und ab 1910 bei Steinmeyer in Oettingen. Danach studierte er drei Jahre in Bonn. Unter seiner Leitung profilierte sich die Firma durch progressive Neuerungen: 1924 spezielle Spieltischform mit ergonomisch geformten Rundungen, ca. 1929 betriebssichere elektrische Traktur. Klais unterhielt Kontakte zu Bauhaus-Architekten mit der Entwicklung des spezifisch Klais'schen Freipfeifenprospekts (kleinste Pfeifen vorne, Werkprinzip, gebündelte Zungen). Der Rückgriff zur Schleiflade begann 1928, die ersten elektrischen Schleifladen wurden 1934 gebaut, seit 1958 nur noch mechanische Schleifladen. Die Belegschaft schwankte in den Kriegs- und Inflationsjahren, lag aber durchschnittlich bei 80. Hans Klais war Stadtrat in Bonn, Träger des Bundesverdienstkreuzes, Vorsitzender des Beethoven-Hauses in Bonn und des BDO. Seit 1965 leitet sein Sohn Hans Gerd (*1930) das Unternehmen (seit 1929 GmbH, seit 1938 KG); er lernte ebenfalls beim Vater, machte Abitur, studierte Volkswirtschaft und Physik und beteiligte sich in zahlreichen Vorträgen und Veröffentlichungen an der Diskussion zur Entwicklung des modernen deutschen Orgelbaues. Daneben wirkt er in mehreren Ehrenämtern (BDO-Vorsitzender, GdO, Deutscher Orden, Beethoven-Haus Bonn). Unter seiner Regie entstanden avantgardistische Gehäusegestaltungen und eigenwillige Orgelwerke größten Stils mit mechanischen Schleifladen und elektrischen Registertrakturen sowie Doppeltrakturen (mechanische Registertrakturen in Verbindung mit elektronischem Setzer). Die Klais-Orgel ist ein Begriff im deutschen Orgelbau; sie erstrebt eine Synthese zwischen Architektur, historischen Gegebenheiten, der französischen symphonischen Orgel und den jeweils zeitgemäßen deutschen Orgelstilen (katholischer Prägung), ohne zu historisieren oder Zeitgenossen zu imitieren. Ihre Verbreitung in zahlreichen deutschen Domen und inzwischen auch weltweit ist ein Indiz für ihren Rang, der heute auch im Restaurierungswesen bedeutend ist.

MGG 7, 977 f. (Hans Klotz); Riemann 1, 928; Beiträge zur Geschichte und Ästhetik der Orgel. Aus Anlaß der Einhundertjahrfeier Orgelbau Johannes Klais. 1882–1982. Herausgegeben von Hans Gerd Klais, Bonn 1983; Gabriel Hammer, Der Orgelbauer Johannes Klais, in: Musik und Kirche 31 (1961), 73–75; Hans Hulverscheidt, Die Bonner Orgelbauanstalt Johannes Klais, in: Bonner Kirchenmusik, hgg. Wilhelm Lueger, Bonn 1970; Hans Gerd Klais und Johannes Klais Orgelbau KG Bonn, in: ISO INFORMATION 1970, 218 f.; Johannes Klais, in: Rheinische Musiker 2. Folge, Köln 1962, 41–46; Klais Johannes, 50 Jahre Orgelbau Johannes Klais Bonn 1882–1932; Raugel, Félix, Johannes Klais. 1890–1965, in: L'Orgue, Paris 1966, Nr. 120, 137 f.; Das große Lexikon der Musik in 8 Bänden, hgg. von M. Honegger und G. Massenkeil, Freiburg 1976, (H. J. Busch).

Klassmeier, Orgelbauerfamilie in Kirchheide bei Lemgo. 1872 gründete Ernst Klassmeier (1840 Talle – 1926 Lemgo) sein Geschäft in Kirchheide; er war gelernter Klavierbauer bei Th. Mann (Bielefeld), kam zum Orgelbau bei Krämer in Osnabrück und vervollkommnete sich schließlich bei Ladegast bis 1872. Seine Orgeln hatten zunächst im Manual noch Schleifladen, Kegelladen nur im Pedal; diese Bauweise scheint er bis in die 1880er Jahre gehabt zu haben, obwohl Klassmeier 1878 eine verbesserte Form der Kegellade mit auswechselbaren Kegelventilen konstruiert hat. Der Röhrenpneumatik wandte er sich schon Anfang der 1890er Jahre zu, jedoch zuerst probeweise nur im Pedal, während im Manual die mechanische Kegellade beibehalten wurde. Die Detmolder Gewerbeausstellung verhalf seinem Geschäft zu größerem Aufschwung und dem Meister zum Titel „Schaumburg-Lippischer Hoforgelbauer". Bis 1900 verließen etwa 80 Orgeln die Werkstatt; man findet sie in Rheinhessen, im Rheinland und in Westfalen, in den Niederlanden, einige auch in Südamerika und im Orient. 1907 übergab er den Betrieb an seinen Sohn Friedrich Klassmeier (1880 Talle – 1943 Lemgo), einem Schüler von Goebel und Furtwängler, der vor allem mit Hilfe der verbesserten Pneumatik viele Spielhilfen anbrachte (Melodiekoppel) und Registertasten statt Wippen verwendete. 1926 war die Opuszahl 200 erreicht; im Gesamtwerk der Firma, die 1942 erloschen ist, sind mehrere Orgeln mit über 50 Registern vertreten.

Flade; ObZ 1 (1879), 6; 25-jähriges Geschäftsjubiläum 1897, Urania 1897, 57.

Klatt, Paul, Orgel- und Klavierbauer in Berlin. Um 1835–1926 Berlin; er erfand um 1860 ein selbstspielendes Klavier und konstruierte später auch selbstspielende Kirchen-

orgeln. Die Firma lautete Kuhl & Klatt, Berlin; Klatt ist auch im Weltadreßbuch 1893 aufgeführt.
Flade.

Klein, Orgelbauerfamilie in Obersteinebach (Kr. Altenkirchen/Westerwald). Peter Klein (Lebensdaten unbekannt) war Orgelbaulehrling bei seinem Onkel Peter Dasbach in Obersteinebach von 1884–1889, ging dann als Geselle zu Breil (Dorsten), Eggert (Paderborn) und Fabritius (Kaiserswerth), weiter nach Köln und Königsberg und arbeitete schließlich von 1901–1911 bei Klais in Bonn. 1911 übernahm er das Geschäft in Obersteinebach; über den Ersten Weltkrieg wurde es stillgelegt. 1939 folgte sein Sohn Josef Klein, der 1924 seine Orgelbaulehre beim Vater begonnen hatte, in der Leitung der Werkstatt, die im Zweiten Weltkrieg erneut stillgelegt war. In den Nachkriegsjahren gingen zahlreiche kleine Instrumente für Westerwaldgemeinden daraus hervor.
Flade; Hammer, Westerwald, 23.

Klein, Orgelbauer in Gleiwitz (Schlesien). Er wird 1894 in der Adressenliste zum Gründungsaufruf des BDO erwähnt. Vermutlich besteht ein Zusammenhang mit dem Orgelbauer Klein in Bauerwitz, von dem es Tätigkeitsnachweise aus den 1840er Jahren gibt.
Acta 12 (1978), 211; Burgemeister[2], 199.

Klein, Orgelpfeifenwerkstätte in Calden bei Kassel. Paul Klein (*1911 Neiße) lernte den Orgelbau bei Berschdorf in seiner Heimatstadt, arbeitete nach dem Zweiten Weltkrieg bei Seiffert (Kevelaer) und Bosch (Kassel) und machte sich 1958 zusammen mit Ludwig Hoffmann (heute in Betheln) selbständig. 1962 trennten sie sich, Paul Klein setzte die Werkstatt unter eigenem Namen fort. 1964 legte der Sohn Leo Klein (*1940 Neiße), ausgebildet bei Bosch (Kassel), die Meisterprüfung ab und wurde später Geschäftsnachfolger. Dessen Sohn Jens Klein (* 1968 Kassel) ist inzwischen im elterlichen Betrieb ausgebildet und tätig. Der Betrieb stellt mit 3 Mitarbeitern ausschließlich Metallpfeifen (Labiale) her und ist exportorientiert.
Umfrage 1991.

Kleuker, Hans-Detlef, Orgelbaumeister in Brackwede bei Bielefeld. 1922 Flensburg – 1988 Brackwede; Kleuker erlernte nach Abitur und Marinedienst 1945–1947 den Orgelbau bei Kemper in Lübeck und blieb noch weitere sieben Jahre bei dieser Firma. 1954 machte er sich in Brackwede selbständig, legte 1955 die Meisterprüfung ab und entwickelte in kurzer Zeit seine Werkstätte zu einer der führenden in Norddeutschland. Bis 1983, also in 30 Jahren, fertigte er 350 Orgeln, die in 20 verschiedene Länder der Welt exportiert wurden, unter anderem nach Nord- und Südamerika. In den französischen Alpen steht die bekannte Kleuker-Orgel mit dem als „Hand Gottes" gebildeten Prospekt, den ein französischer Architekt entwarf. Kleuker entwickelte eine witterungsbeständige bzw. tropenfeste Bauweise der Schleifladenorgel, zunächst auf der Basis von Vierkantrohren aus Pertinax, später durch ein aufwendiges Verfahren mit kunstharzgetränktem (Sperr-)Holz. Aluminium wurde für Ventile und Traktur verwendet. Auch verschiedene Schleifenkonstruktionen dienten diesem Zweck; schon 1954 verwendete er sogenannte Drehschleifen, später Messingschleifen in einem Messingbett als unabhängiges Einbauelement. Zahlreiche Patente und Gebrauchsmuster wurden auf seinen Namen eingetragen. Später wendete er wieder eher traditionelle Bauweisen an. Als Orgelrestaurator war er ein ebenso gesuchter Meister. Kleuker vertrat einen an der norddeutschen Barockorgel orientierten Gegenwartsstil mit geschlossenen, kantigen Gehäusekästen. Seit 1986 ist Siegfried Bäune Nachfolger als Geschäftsführer des als GmbH fortgeführten Betriebes.

Pape, Orgelbewegung, 118 f., 422; Die Auslese 1989/III; Ommer, Neuzeitliche Orgeln, 286; ISO INFORMATION Nr. 6, 437.

Klimosch, Valentin, Orgelbaumeister in Rybnik (Oberschlesien). 1878–?; er wurde nach der Tischlerlehre von Dürrschlag & Sohn zum Orgelbauer ausgebildet, arbeitete dann bei verschiedenen deutschen und ausländischen Firmen und assoziierte sich 1913 mit seinem Lehrmeister zur Firma „Klimosch & Dürrschlag" in Rybnik. Wie lange sie existierte, ist nicht bekannt.

Flade; Burgemeister², 199.

Klingenhegel, Orgelbauer in Münster (Westfalen). Er war Werkführer bei Fleiter in Münster und ist 1946–1948 mit Arbeiten im westlichen Niedersachsen vertreten.

Schlepphorst, Niedersachsen, 183, 244.

Klingler, Orgelbauerfamilie in Ennetach und Rorschach. Vitus Klingler aus Hardt bei Haigerloch gründete 1843 sein Geschäft in Ennetach und arbeitete im katholischen Oberschwaben, wo es keinen Orgelbauer mehr gab. 1862 übernahm sein Schüler Alois Späth den Betrieb, der noch heute besteht. Klingler betrieb nach 1862 eine Mühle. In Rorschach (Schweiz) bestand seit 1850 die Orgelbauanstalt Max Klingler, in Rorschacherberg seit 1875 als Gebr. Klingler, Inh. Max Klingler. Dieser starb 1903 in St. Gallen; danach wurde das Geschäft an August Merklin in Freiburg i. Br. verkauft. Verwandtschaftliche Zusammenhänge mit Vitus Klingler sind zu vermuten.

Flade; ZfI XXV (1904/05), 580; Acta 12 (1978), 189 (Kleemann); 18 (1985), 317.

Kloebinger, Johann Nepomuk, Orgelbaumeister in Bad Mergentheim. Lebensdaten nicht bekannt; ab 1830 ist er in Mergentheim nachweisbar, 1840 bestand er die Orgelbauerprüfung in Mannheim mit Approbation als Orgelbaumeister und 1841 verlegte er seine Werkstatt nach Edelfingen. Nachweise seiner Tätigkeit, darunter etwa ein Dutzend Neubauten, fallen in die Zeit zwischen 1830 und 1879.

HO Baden, 286; B. Sulzmann, Orgelmacher und Orgeln der Bruchsaler Region im 19. Jahrhundert, in: Badische Heimat, 1975, 425.

Klöpping, Helmut, Orgelbauer in Köln → Faust, → Peter.

Kloss, Hermann, Orgelbaumeister in Kelheim (Donau). *1931 Jägerndorf (CSFR); ausgebildet von seinem Vater Josef Kloss (1885–1963), der von 1917–1937 technischer Direktor der Firma Rieger in Jägerndorf und dort von 1937–1945 selbständig war. Nach dem Kriege arbeitete er zunächst bei Rieger in Jägerndorf, kam dann als Spätaussiedler in die Bundesrepublik und machte sich 1967 in Kelheim selbständig. Bis 1985 wurden ca. 50 Neu- und Umbauten bzw. Restaurierungen in Niederbayern, Oberpfalz und Oberfranken durchgeführt.

HO Oberfranken, 39; Umfrage 1990; Burgemeister², 202.

Kluge, Hermann, Klaviaturfabrikant in Wuppertal-Barmen. Die Firma wurde 1876 gegründet und feierte 1976 ihr 100jähriges Bestehen. Der Mitinhaber Albert Narath starb 1966. Der Betrieb wird von seinem Sohn Hans-Georg Narath (*1936) weitergeführt.

Knaisch, Gustav, Orgelbauer in Balingen-Geislingen. Lebensdaten und Ausbildung sind unbekannt; Knaisch übernahm 1883 die Orgelbauwerkstatt von Blasius Braun, führte sie aber nur wenige Jahre, da er 1891 Konkurs anmelden mußte.
Flade; Urania 1891; MIZ 1 (1890/91), 156.

Knauf, Orgelbauerfamilie in Großtabarz, Gotha und Bleicherode. 1838 gründete Friedrich Knauf in Großtabarz den Betrieb; um 1870 übernahm der Sohn Guido Knauf (Lebensdaten nicht bekannt) das Geschäft und verlegte es nach Bleicherode, etwa 1885. Ob der Orgelbauer Robert Knauf ein Bruder oder Sohn von Guido war, ist noch unklar; laut Flade wäre er der Sohn von Guido und soll um 1880 das Geschäft übernommen haben. Zeitweise bestand auch eine Zusammenarbeit mit der zweiten Hesse-Generation in Dachwig, was sich nur auf Friedrich Knauf beziehen läßt; vermutlich hatte er dort gearbeitet, ehe er sich selbständig machte. Bis etwa 1895 wurden Schleifladen mit mechanischer Traktur gebaut, danach Kegelladen. Die bis jetzt bekannten Werke von Knauf verteilen sich auf Südwestthüringen, den Thüringer Wald, Nordthüringen und Südwestfalen. Die Instrumente sind solide gebaut und von hoher klanglicher Qualität, die Prospekte historisierend. 1900 kaufte Hugo Böhm die Werkstätte von Knauf auf und spezialisierte sich dann ganz auf Orgelteile (Ledermembranen, Spieltische). 1908 ist Fr. Johnson Inhaber der Firma, 1910 wurde Konkurs angemeldet, nachdem die Umwandlung in eine AG nicht zustande kam. Es dürften mindestens 200 Orgeln gebaut worden sein.
Flade; Acta 16 (1982), 16–19; Urania 28, 20–23.

Knittel, E., Orgel- und Pianobauer in Waldenburg (Schlesien). Er wird im Orgelbauerverzeichnis von 1898 genannt.
Acta 18 (1985), 313.

Knöbel, Orgelbauerfamilie in Freiberg (Sachsen). Johann Christian Knöbel (um 1750 Freiberg – ca. 1830 ebenda) war als Orgel- und Instrumentenmacher Schüler von Oehme und betätigte sich hauptsächlich im Klavierbau. Von seinem Sohn Wilhelm Gottlob Knöbel (1775–1859 Freiberg) ist ein Orgelbau bekannt.
Flade; Oehme S, 90.

Köberle, Peter Paul, Orgelbaumeister in Schwäbisch Gmünd. *1928 Schwäb. Gmünd; nach einer Schreinerlehre wurde er von Weigle zum Orgelbauer ausgebildet, wo er auch noch als Geselle tätig war. 1960 legte er die Meisterprüfung ab und machte sich danach in seiner Heimatstadt selbständig. In den vergangenen 30 Jahren beschäftigte er bis zu 8 Mitarbeiter im Betrieb. Die Zahl der Neubauten einschließlich der Umbauten und größeren Renovierungen beträgt über 100. Köberle baute anfangs bis etwa 1965 Springladen, was eine Besonderheit im deutschen Nachkriegsorgelbau war; mit der Einführung der Teleskophülsen als Schleifendichtung aber auch er auf die Schleiflade über. Sein Tätigkeitsfeld reicht vom östlichen Württemberg über württembergisch Franken bis nach Mittel- und Oberfranken. Auch nach Japan und Taiwan wurden einige Orgeln exportiert.
Umfrage 1990.

Koch, Orgelbauerfamilie in Gotha und Wuppertal. Stammvater war Adam Koch (*1775 Neustädtel/Sachsen), ausgebildet als Schreiner und Orgelbauer, der 1800 in Gotha ein eigenes Geschäft gründete und seinen Sohn Gustav Hermann Hieronymus Koch (1819 Neustädtel – 1901 Gotha) zum Nachfolger bestimmte. Dieser verlegte die Werkstatt in den 1840er Jahren nach Gräfentonna (Thüringen), wo der Enkel Ernst Bernhard I Koch (1848 Gräfentonna – 1918 Barmen) die Orgelbauertradition fortsetzte. Er gründete 1880 das Unternehmen in Barmen, obwohl die Firma Ibach noch tätig war, aber schon stark zum Klavierbau tendierte. Trotzdem geriet Koch in eine schwierige Marktsituation, so daß sich sein Sohn Ernst Bernhard II (1877 Barmen – 1935) ein neues Arbeitsgebiet suchte, 1905 mit einer neuen Werkstatt in Ronsdorf und 1918 in Winterswijk (Holland). Von seinen vier Söhnen, die Orgelbauer wurden (5. Generation), übernahm Herbert Koch (1909 Ronsdorf – 1979 Apeldoorn) die inzwischen 1934 nach Apeldoorn verlegte Werkstatt. Dessen Sohn Ernst Bernhard III Koch (*1952 Apeldoorn) ist dort sein Nachfolger. Die drei anderen Söhne des Ernst Bernhard II kehrten nach ihrer Ausbildung im väterlichen Betrieb und bei Walcker in Ludwigsburg nach Wuppertal zurück, wo Bernhard Koch (1905 Ronsdorf – 1978 Wuppertal-Barmen) 1928 eine Werkstätte wiedereröffnete, in die dann nach und nach die beiden jüngeren Brüder eintraten: Gerhard Koch (*1913 Ronsdorf) im Jahre 1942 und Hans Koch (1908 Ronsdorf – 1977 Schwelm) im Jahre 1947. Es gelang den Gebr. Koch, im Neubaugeschäft der Nachkriegszeit mit dem Bau von Positiven und Kleinorgeln bis 20 Register beachtliche Erfolge zu erzielen, während die ersten beiden Jahrzehnte des Wiederbeginns in Wuppertal recht dürftig mit Reparatur- und Wartungsarbeiten sowie mit dem Harmonium- und Pianohandel überbrückt werden mußten. Das Haus Koch baute mindestens seit 1900 pneumatische Kegelladen.

Dorfmüller. Wuppertal, 26–29; Flade.

Koch, Hugo, Orgelbaumeister in Köln und Leichlingen. Lebensdaten unbekannt; die Werkstatt Koch entstand wohl in den 1920er Jahren und wurde nach 1930 nach Leichlingen verlegt. 1944 wurden die Gebäude zerstört. Nach 1945 übernahmen die Gebrüder Josef und Alfons Goebel aus Danzig bzw. Königsberg den Betrieb, bauten ihn neu auf und führten bis in die 1960er Jahre über 30 Orgelbauten aus. Ein Zusammenhang mit der Familie Koch in Wuppertal ist wahrscheinlich, aber nicht erwiesen. Hugo Koch baute pneumatische und elektrische Orgeln, über seine Tätigkeit ist erst wenig bekannt.

Koch, Konrad, Orgelbaumeister in Feuchtwangen (Mittelfranken). *1934 Hürten; nach der Schreinerlehre wurde er von Wilhelm Holländer in Feuchtwangen zum Orgelbauer ausgebildet. 1968 legte er die Meisterprüfung ab; 1970 erwarb er den Betrieb seines verstorbenen Lehrmeisters Holländer und führt ihn seitdem mit 2–4 Mitarbeitern selbständig weiter. In den letzten zwei Jahrzehnten baute er mehr als 50 neue Orgeln, zahlreiche weitere wurden umgebaut oder erweitert in Anpassung an das vorhandene System. Das Arbeitsgebiet erstreckt sich teilweise auf Württemberg, Oberbayern, Mittelfranken, einzelne Orgeln stehen auch in Norddeutschland.

Umfrage 1990; H. Winter, Wie ein Stück von einem selbst, in: Sonntagsblatt, Ev. Wochenzeitung für Bayern, Nr. 53 v. 31. 12. 1989, 12 f.

Kofler, Franz, Orgelbauer in Buchloe (Bayer. Schwaben). Lebensdaten unbekannt; aus dem 1930er Jahren sind einige Arbeitsnachweise bekannt; laut Flade baute er kleinste Orgeln in der Umgebung von Buchloe schon ab 1900. Die Firma erlosch um 1937.

Flade; Brenninger, Schwaben, 110.

Kohl, Albert, Orgelbauer zu Stendal. Lebensdaten unbekannt; um 1916 erwarb er die Firma Voigt von deren letzten Inhaber Bruno Voigt, so daß 1917 die Firma auf „Bruno

Voigt, Inh. Albert Kohl" lautete. Orgelbauten von Kohl sind aus dem Zeitraum 1916 bis 1932 bekannt.

Kohl, Leopold, Orgelbauer in Bautzen und Leipzig. 1814–1896 Leipzig; er arbeitete anfangs mit Mende in Leipzig zusammen, der 1850 starb. Danach führte er mit der Witwe noch eine Zeitlang das Geschäft (Kohl & Mende) weiter. Um 1855 ließ er sich in Bautzen nieder, wo er zahlreiche Orgeln für die Ober- und Niederlausitz baute. Zu seinen Schülern zählen Schuster (Zittau) und Hermann Eule (Bautzen), an den er 1872 sein Geschäft verkaufte. Danach trat er in die Firma Blüthner, Leipzig als Klavierbauer ein.

Flade; Oehme S, 91; ZfI XVI (1896), 521.

Köhler, Orgelbauer in Pretzsch a. d. Elbe (Sachsen-Anhalt). Lebensdaten nicht bekannt; es existieren Arbeitsnachweise aus der Zeit von 1933 bis 1959.

Flade; HO Sachsen, 147, 159.

Köhler, Orgelbaumeister in Stargard (Pommern). Lebensdaten unbekannt; Köhler meldete 1881 laut Orgelbauzeitung eine Orgel zur Ausstellung in Colberg an.

ObZ 3 (1881), 293.

Köhler, Hubert, Orgelbaumeister in Nürnberg. *1929 Reicholzheim; er begann seine berufliche Laufbahn 1944–1950 bei Palandt in Hildesheim, wurde 1951 Mitarbeiter von Erich Stellmacher in Nürnberg, dessen Werkstatt er ab 1968 für die Witwe weiterführte. 1973 legte er die Meisterprüfung mit Auszeichnung (Goldmedaille) ab, 1989 machte er sich in Nürnberg selbständig. Bisherige Arbeiten: mehrere Neu- und Umbauten, Renovierungen und Reparaturen.

Umfrage 1990.

Köhler, Jakob, Orgelbauer in Westhofen (Alzey). 1805 Gau-Algesheim – 1877 Westhofen; er war vermutlich bei Dreymann tätig, dann bei Georg Klein in Westhofen, bei dem er Werkführer und Schwiegersohn wurde. Später erhielt er den Titel eines hessischen Hoforgelbauers. Die Arbeiten, vorwiegend Reparaturen in Rheinhessen, datieren unter seinem Namen ab 1836. Der gleichnamige Sohn Georg Jakob II Köhler (ca. 1850–1880) wurde ebenfalls Orgelbauer, überlebte aber den Vater nur um wenige Jahre, so daß mit ihm der Familienbetrieb erlosch.

Archiv Bösken.

Köllein, Franz, Orgelbauer in Großtabarz (Thüringen). ca. 1838–1905; seine Ausbildung ist unbekannt; er war bis etwa 1873 Compagnon von Anton Hasselbarth in Coburg, ist daher bei dessen Arbeiten häufig nachweisbar; danach wurde er dessen Pfeifenlieferant. Beide stammten aus Großtabarz. Von Köllein ist eine Orgel aus dem Land Hadeln bekannt.

Flade; Fischer-Wohnhaas, Coburg III.

Kollibay, Dieter, Orgelbaumeister in Hildesheim. 1929 Annaberg b. Ratibor – 1986 Hildesheim; 1949 kam er zu Ernst → Palandt, Hildesheim, in die Lehre und erwarb sich im Laufe der Jahre die Stellung des Werkmeisters. Als sich Palandt um 1970 mehr und mehr vom Geschäft zurückzog, führte Kollibay die Werkstatt weiter und stellte sich auf Wartungen und Stimmungen um, die er vorwiegend im Einmannbetrieb erledigte. In den ersten Jahren baute er noch einige neue Orgeln, daneben führte er verschiedene Restaurierungen durch. Mit seinem Tod erlosch die Hildesheimer Orgelbauwerkstatt.

Umfrage 1990.

Kollibay, Robert, Orgelbauer in Schweidnitz. Lebensdaten unbekannt; Robert Kollibay war langjähriger Mitarbeiter der Firma Schlag & Söhne in Schweidnitz, dann technischer Betriebsleiter und später Teilhaber und Prokurist. Nach dem Erlöschen der Firma Schlag 1923 eröffnete er ein eigenes Geschäft, das noch bis Kriegsende bestand. Ein Zusammenhang mit Kollibay in Hildesheim besteht angeblich nicht.
Burgemeister[2], 203, 316.

Kopetzki, Klaus, Orgelbaumeister in Murr a. d. Murr, *1943 Breslau; die Orgelbaulehre absolvierte er bei Weyland in Opladen, dann war er längere Zeit bei Walcker in Ludwigsburg tätig, legte 1970 die Meisterprüfung ab und machte sich 1975 in Murr (Württemberg) selbständig. Mit durchschnittlich zwei bis drei Mitarbeitern erbaute er bisher 22 neue Orgeln, außerdem restaurierte er zahlreiche Instrumente.
Umfrage 1990.

Koepp, Orgelbauerfamilie in Grevenbroich. Der Vater, Hermann Josef Koepp (1822 Rees – 1904 Grevenbroich) erlernte den Orgelbau bei Sonreck in Köln ab 1854 und blieb in der Firma bis etwa 1860 als weitgehend selbständig arbeitender Monteur; danach ließ er sich in Grevenbroich nieder und arbeitete auf eigene Rechnung. Über seine Arbeiten ist bisher wenig bekannt. Der Sohn Josef Koepp (1865 Grevenbroich – 1937 Düren) kam um 1885 nach Köln zu Sonreck in die Lehre und lernte hier die Pneumatik kennen. Um 1900 übernahm er den Betrieb des Vaters. Sein Arbeitsgebiet lag in dem Landschaftsstreifen zwischen Voreifel und Niederrhein entlang der holländischen Grenze, wo er zahlreiche Orgeln mit pneumatischer Traktur versah und reparierte; die Neubauten von ihm haben pneumatische Traktur.
Vogt, Sonreck, 51; Flade.

Kopp, Hermann, Orgelbauer in Apolda und Bürgel/Thüringen. 1837–1892; Kopp war ein Schüler von Ladegast, arbeitete ferner bei Kreutzbach (Borna) und Ibach (Barmen), machte sich 1870 in Apolda selbständig, verzog aber um 1875 nach (Stadt-)Bürgel. Hugo Schramm war dort sein Schüler, Mitarbeiter und späterer Nachfolger. Kopp baute meist kleinere Orgeln in Ostthüringen.
Flade.

Koppenberger, Peter und Max (Vater und Sohn?), Orgelbauer in Freising. Lebensdaten unbekannt. Ab etwa 1850 läßt sich Peter Koppenberger im Landkreis Freising mit Reparaturen nachweisen. Neubauten sind bis jetzt nur zwei bekannt, kleine 7- bzw. 8-registrige Schleifladenwerke mit historisierenden Kastengehäusen. Ab etwa 1900 trat Max zunehmend in den Vordergrund und scheint bis zum Ersten Weltkrieg tätig gewesen zu sein; von ihm sind keine Neubauten bekannt.
Flade; Brenninger, Altbayern, 120.

Körfer, Michael, Orgelbauer in Gau-Algesheim. †ca. 1951; er war Schüler von Dauzenberg in Linnich b. Aachen (Enkelschüler von Korfmacher ebenda) und machte sich 1893 in Sobernheim selbständig. Um 1907 verlegte er die Werkstatt nach Gau-Algesheim und versorgte bis zum Zweiten Weltkrieg den südlichen Teil des Bistums Mainz mit den anfallenden Orgelarbeiten, darunter über 50 Neu- und Umbauten. Die Körfer-Orgeln besitzen Kegelladen und pneumatische Traktur.
Flade; Balz, Starkenburg, 401; Bösken I, II, III.

Koroschak, Franz, Orgelbauer in Rosenheim. Lebensdaten unbekannt; er stammte aus Siegsdorf und war ein Schüler von Müller in Rosenheim. Es sind nur einige Arbeiten aus der Zeit zwischen 1870 und 1895 bekannt.
Fischer-Wohnhaas, Daten über Orgelbauer, 148; Brenninger, Altbayern, 131.

Korte, Inigo, Orgelbaumeister in Essen. * 1953 Essen; ausgebildet bei Stockmann (Werl), war er anschließend bei Walcker tätig, legte 1983 die Meisterprüfung ab und machte sich 1985 in Essen selbständig. Der Schwerpunkt seiner Tätigkeit liegt in der Orgelpflege; bisher hat er eine neue Orgel gebaut.
Umfrage 1991.

Koulen, Orgelbauerfamilie in Waldfeucht bei Aachen, Heinsberg und Straßburg/Oppenau/Augsburg. Begründer war um 1840 Wilhelm Koulen in Waldfeucht, dessen beide Söhne Heinrich (1845 Waldfeucht – 1919 Augsburg) und Josef (Lebensdaten unbekannt) den Beruf des Vaters erlernten, aber verschiedene Wege gingen: Während Josef zunächst in der väterlichen Werkstatt blieb, sich erst später in Heinsberg selbständig machte und solide Orgelwerke zu „einem billigen Preis" lieferte, ging Johann Heinrich zur Fortbildung zu Merklin nach Paris und gründete 1873 ein eigenes Geschäft in Straßburg, das er 1895 in die Filiale Oppenau (Renchtal) und 1903 schließlich nach Augsburg verlegte. Er baute zuerst nur Kegelladen, aber schon ab 1884 mit pneumatischer Traktur, konstruierte eigene Membranladen (System Koulen) und verwendete ab 1891 die Elektropneumatik. Als „strebsamer, erfinderischer Geist" und guter Intonateur war er ganz Kind seiner Zeit, verwirklichte seine fortschrittlichen, noch unerprobten Ideen meist schnell; Kurzlebigkeit war die Folge, und viel historische Substanz ging dadurch verloren. Die Koulen-Orgeln aus der Zeit nach 1900 in Schwaben sind – soweit erhalten – technisch interessant und klanglich reizvoll. Pauschale Verurteilungen, wie oft geschehen, sind nicht angebracht. Der Sohn Max Koulen (Lebensdaten unbekannt) trat 1910 in die Firma ein, die noch bis 1922 bestand; danach fand er Anstellung bei Welte-Mignon in Freiburg i. Br. Opus 207 soll die letzte Orgel gewesen sein. Im Elsaß wurden etwa 80 Arbeiten ausgeführt, weitere 40 in Oppenau, die restlichen in Augsburg.
M. Barth, Elsaß das Land der Orgeln im 19. Jahrhundert, Straßburg 1966, 96–99; HO Elsaß, 32; Friesenegger-Hofmiller, Die St. Ulrichsorgel, Augsburg 1903; Flade; Hilberath, Erkelenz, 234 f.

Kralapp, Johann, Orgelbauer in Leisnig. 1827–1891; er wirkte zwischen etwa 1860 bis zu seinem Tode in verschiedenen Orten Westsachsens und baute durchweg mechanische Orgeln. Wohnsitz war die meiste Zeit Chemnitz, zwischendurch Einsiedel, zum Schluß Leisnig. 1875/76 war er vorübergehend Werkführer bei C. E. Schubert, zu dem er sonst in Konkurrenz stand.
Flade; Oehme S, 91; HO Sachsen; Acta 16 (1982).

Krämer, Karl, Orgelbauer in Osnabrück. Lebensdaten nicht bekannt; er war 6 Jahre Lehrling bei Ibach in Barmen, dann Gehilfe in Köln, Linz, Konstanz, Halle, anschließend 4 Jahre Werkführer bei Randebrock in Paderborn und machte sich 1859 in Osnabrück ansässig. Bis 1872 hatte er 22 neue Werke in der Osnabrücker, Münsterschen und Kölnischen Diözese aufgestellt, darunter Werke von mittlerer Größe und mehr als 20 Registern. Zu seinen Schülern zählt Ernst Klaßmeier in Kirchheide. Unter dem Konkurrenzdruck der Gebr. Rohlfing dürfte die Krämer-Werkstätte um 1885/90 erloschen sein. 1893 wird sie nicht mehr im Weltadreßbuch geführt.
Franz Bösken, Musikgeschichte der Stadt Osnabrück, Regensburg 1937, 117 (A 5); Flade.

Kratochwill, Otto, Orgelbauer in Friesheim (Rheinland), Bonn und Deggendorf. Lebensdaten und Werdegang unbekannt; in den 1920er Jahren baute er Orgeln am Niederrhein; von 1953 ist eine Reparatur aus Unterfranken bekannt, bei der Plattling als Herkunftsort angegeben ist.
Flade.

Krätzer, Volkmar, Orgelbaumeister in Nürnberg. *1936 Nürnberg; ausgebildet als Schreiner und Orgelbauer bei sechs renommierten Firmen, machte er sich 1974 in Nürnberg selbständig. Opus 1, sein Meisterstück, war ein Positiv mit 6 Registern für Nürnberg, St. Gabriel. In den ersten 10 Jahren seiner Tätigkeit entstanden ca. 30 neue Instrumente in Mittel- und Oberfranken.

Kraul, Peter, Orgelbaumeister in Schwende → Schwendener Orgelbau.

Krebs, Albert, Orgelbauer in Mindelheim. Lebensdaten und Einzelheiten seines Wirkens sind unbekannt. Er war offensichtlich Nachfolger von Othmar Sauter ab etwa 1870 und ist in den darauffolgenden Jahren mit einigen Orgelbauten nachweisbar. Gegen 1890 wurde er von Julius Schwarzbauer abgelöst.
HO Schwaben, 291.

Krebs, Hugo, Orgelbaumeister in Oppeln (Oberschlesien). Er war hier seit 1904 ansässig und führte nur Stimmungen und Reparaturen aus. Sein Bruder, der ihm dabei half, fiel 1914 im Krieg. Der Bruder Oskar Krebs war selbständiger Orgelbauer in Beuthen.
Flade (nach Mitteilung Krebs).

Krehl, Hermann & Voit, Hans Heinrich, Orgelbauer zu Stendal. Sie gründeten ihr Geschäft 1930; Näheres nicht bekannt.
ZfI L (1929/30), 719.

Kreienbrink, Matthias, Orgelbauwerkstätten in Osnabrück-Hellern. *1924; er arbeitete bei der Firma Rohlfing, die 1790 von Franz-Anton Schmidt gegründet und 1846 von dessen Schwiegersohn Johann Christian Rohlfing übernommen wurde und bis 1951 unter diesem Namen bestand. Kreienbrink trat 1951 als Teilhaber ein und übernahm 1955 die Firma. 1957 verlegte er den Betrieb aus der Behelfswerkstatt in Natbergen in das neue Werk I Hellern, gründete 1956 eine Filiale in Münster (Westfalen) und 1964 einen Zweigbetrieb in Fulda; dieser wurde Ende der 70er Jahre abgegeben (→ Gabriel). 1967 stellte er einen standardisierten Orgeltyp mit Terzenteilung und geschnitzten Schleierbrettern sowie neuen Mensuren vor, an denen noch heute festgehalten wird. Kreienbrink stellt alle Orgelteile außer den Zungenstimmen selbst her. Die Werkstatt produzierte von 1955 bis 1990 etwa 600 Instrumente, deren Verbreitungsgebiete in Westfalen, Hessen, Rheinland und Niedersachsen liegen. Neben Neu- und Umbauten wurden auch zahlreiche Restaurierungen durchgeführt. 1978 ist der erste Sohn Michael (*1953 Osnabrück) in den Betrieb eingetreten, 1984 der zweite Sohn Joachim (*1956 Osnabrück).
175 Jahre Orgelbau (Matthias Kreienbrink), Osnabrück (1965); Umfrage 1990.

Krell, Orgelbauerfamilie in Duderstadt. 1866 gründete Louis Krell (1832–1919) in Gieboldehausen das Geschäft und verlegte es 1868 nach Duderstadt. Sein Sohn Friedrich lernte bei ihm das Orgelbauhandwerk und übernahm dann den Betrieb bis 1937. Friedrich Krell (†1937) bildete seine drei Söhne Franz (*1905 Duderstadt), Rudolf (1907 Duderstadt – 1971 durch Unfall) und Josef Krell (1910 Duderstadt – 1969 durch

Unfall) ebenfalls zu Orgelbauern aus. Franz arbeitete anschließend noch bei Mönch in Überlingen und Rudolf bei Offner in Augsburg, während Josef im heimischen Betrieb blieb und sich vorwiegend mit Klavierbau beschäftigte. 1937 machten alle drei die Meisterprüfung in Osnabrück und firmierten dann als Gebr. Krell bis 1971. Franz Krell schied 1966 aus dem Geschäft aus. Nach den tödlichen Unfällen von Josef und Rudolf übernahm 1971 Werner Krell (*1933 Duderstadt), Sohn von Rudolf Krell, das Geschäft. Er hatte bei Walcker gearbeitet und 1973 die Meisterprüfung abgelegt. Der Betrieb beschäftigt gegenwärtig vier Mann; die Gesamtzahl der aus der Werkstatt Krell hervorgegangenen Orgeln beträgt etwa 250. Das Arbeitsgebiet lag ursprünglich im gesamten Eichsfeld, verlagerte sich aber nach 1945 ins östliche Niedersachsen und Rheinland. Nach dem zeitbedingten Bau pneumatischer oder elektropneumatischer Orgeln kehrte die Firma um 1960 zur Schleiflade zurück.
Umfrage 1990.

Kreutzbach, Orgelbauerfamilie in Borna bei Leipzig. Urban Kreutzbach (1796 Kopenhagen – 1868 Borna) lernte zunächst Tischlerei, wanderte um 1820 nach Deutschland aus und wurde hier Orgelbauer. 1830 ließ er sich in Borna südlich von Leipzig nieder. Seine Söhne Richard (1839 Borna – 1903 ebenda), Bernhard (Lebensdaten unbekannt) und Julius (1845 Borna – 1915 Leipzig) bildete er im Orgel- und Instrumentenbau aus. Nach seinem Tod 1868 übernahmen Richard und Bernhard die Leitung der Werkstätten, Bernhard schied aber 1875 wieder aus. Julius begründete in Leipzig eine bekannte Klavierfabrik. Richard, ab 1875 Alleininhaber, wurde 1882–1887 unterstützt von seinem Neffen und Geschäftsführer Emil Müller, der später in Werdau selbständig war, den Bau von Kegelladen beherrschte und bei Kreutzbach einführte. Er entwarf auch eine pneumatische Kastenlade mit Hängeventilen aus Glas (Gera 1886). Um 1900 war Hermann Walcker verantwortlicher Geschäftsführer. Da Richard Kreutzbach ohne männlichen Nachkommen blieb, ging das Geschäft 1903 ein. Kreutzbach baute insgesamt etwa 300 Orgeln, anfangs Schleifladen, ab den 1870er Jahren vermutlich teilweise Kegelladen, mindestens ab 1883 bereits Kastenladen mit Hängeventilen und pneumatischer Traktur. 1896 werden in Pößneck pneumatische Membranladen gebaut. Richard Kreutzbach verwendete Kollektivtritte, speziell für das Pedal, eine Crescendo-Einrichtung und das III. Manual gerne als Schwellwerk. Schon um 1858 erfand Urban Kreutzbach eine „Spielventilschleiflade", die beliebige Kombinationszüge ermöglichte. Als wichtigster Schüler gilt Friedrich Ladegast. Nachfolger wurden die Orgelbauer → Schmidt & Berger.
Flade; Oehme.

Krieger, Norbert, Orgelbaumeister in Retzbach a. Main. *1931 Retzbach; er lernte den Orgelbau bei Gustav Weiß in Zellingen 1951–1958 und arbeitete anschließend zwei Jahre bei Walcker in Ludwigsburg. 1961 machte er sich in seinem Heimatort selbständig und baute in den fast drei Jahrzehnten bis 1990 etwa 70 neue Orgeln nebst Umbauten und verschiedenen Restaurierungen. Seine Werke enthalten meistens Schleifladen und stehen vorwiegend in Unterfranken, einzelne im übrigen Deutschland. Er arbeitet mit 2 Mann.
Umfrage 1990.

Kriess, Orgelbauerfamilie in Molsheim (Elsaß). Franz Xaver Kriess (1850–1937) stammte aus Eschweiler bei Aachen und eröffnete 1886 eine eigene Werkstätte in Molsheim westlich Straßburg, um im Bereich Molsheim-Zabern und im Breuschtal (nördliche Vogesen) tätig zu werden, weil die Firma Wetzel in Straßburg Auflösungserscheinungen zeigte. Kriess baute meist kleinere Orgeln mit wenig über 20 Registern im nördlichen Elsaß und Lothringen, im Schnitt 1–2 Instrumente pro Jahr. Bereits 1892 benutzte er pneumatische Membranenladen nach dem System Weigle, „hat trotzdem nicht alle ihm anvertrauten Orgeln pneumatisiert". Sein Sohn Franz Heinrich Kriess (1886 Molsheim – 1964 ebenda) führte den Betrieb bis nach dem Zweiten Weltkrieg weiter. Danach übernahm ihn der Enkel Robert Kriess (*1925).

Barth, Elsaß das Land der Orgeln im 19. Jahrhundert, Straßburg 1966, 247; HO Elsaß, 34.

Kröger, Orgelbauerfamilie in Goldenstedt (Hunte) bei Vechta. Johann Bernhard Kröger (1798 Dingel – 1878 Frisoythe) war zunächst gelernter Tischler, trat aber erstmals 1825 als Orgelbauer in Erscheinung und mußte erst bittere Erfahrungen sammeln, ehe er sich als Landorgelbauer etablieren konnte. Ab 1853 kommen seine beiden Söhne in der Werkstatt hinzu: Arnold Bernhard Kröger (1823 Goldenstedt – 1893 ebenda) und Gorgonius Kröger (1829–1892). Ab ca. 1865 firmierten sie als J. B. Kröger und Söhne. Nach des Vaters Tod trennten sich die Brüder, Arnold blieb in Goldenstedt, Gorgonius eröffnete in Vechta ein eigenes Geschäft, das 1892 sein Sohn Bernhard Joseph Kröger (1861 Goldenstedt – 1918 Vechta) bis 1918 weiterführte; danach ist es erloschen. Arnolds Sohn Hermann Kröger (1862 Goldenstedt – 1935 ebenda) erhielt die Stammwerkstatt nach 1893 zwar aufrecht, befaßte sich aber nur noch mit Reparaturen. 1931 übergab er sie an Otto Ritter, der sie bis 1958 betrieb. Die Kröger betreuten den nördlichen Bereich des ehemaligen Niederstifts Münster und das östlich angrenzende Nachbargebiet, bauten viele neue Orgeln, reparierten alte und hielten bis etwa 1890 an der Schleiflade fest. Ihre Instrumente waren solide handwerkliche Leistungen, sie galten als fähig und zuverlässig.

Musicae sacrae ministerium, Beiträge zur Geschichte der kirchenmusikalischen Erneuerung im XIX. Jahrhundert (Festschrift K. G. Fellerer), Köln 1962, 189; Schlepphorst, Niedersachsen, 54 f.

Kroschel, F., Orgelbauer in Berlin. Er wird im Orgelbauerverzeichnis 1897 und im Weltadreßbuch genannt.

Acta 18 (1985), 306.

Krüger, C., Orgelbauer in Genthin (Sachsen-Anhalt). Er wird 1917 im Orgelbauerverzeichnis genannt.

Acta 12 (1978), 224.

Krüger, Karl Josef, Orgelbauer in Tauberbischofsheim. †1898; Krüger war Neffe von Carl Göller und Lehrling bei ihm. Mit Göllers Übersiedlung nach Heidelberg übernahm er dessen Werkstatt und Arbeitsgebiet, das sich zwischen unterem Neckar, Bergstraße und Taubertal über ganz Nordbaden erstreckte. Krüger war aber nur noch als Reparateur tätig, neue Orgeln sind nicht bekannt. Er hatte 6 Kinder.

B. Sulzmann, Die Orgel der Ev. Kirche Meckesheim (1985), 60.

Krummhörner Orgelbauwerkstatt, Inh. Regina Stegemann, in Krummhörn-Greetsiel. Regina Stegemann erlernte den Orgelbau bei Bosch, macht gegenwärtig (1990) die Meisterprüfung und ist seit 1986 mit 5 Fachkräften selbständig. Der junge Betrieb stellt Positive und Kleinorgeln her (Opuszahl 15), die an barocken Vorbildern orientiert, aber keine Kopien sind. Alle Orgelteile (außer dem Elektrogebläse) werden in der eigenen Werkstatt hergestellt.

Umfrage 1990.

Krumrey, Richard, Orgelbaumeister in Memmingen. Lebensdaten nicht bekannt; Krumrey begann um 1940 selbständig zu arbeiten. Opus 8 entstand 1948 für die Klosterkapelle Münsterschwarzach (Ufr.). Spätere Arbeiten sind nicht bekannt geworden. Das Geschäft erlosch 1949 infolge Zahlungsunfähigkeit.
HO Schwaben, 291; Jahrbuch der Musikwelt 1950, 555.

Kruse, H., Orgelbauer in Lohne (bei Vechta). Lebensdaten unbekannt; er baute in den Jahren 1954 bis 1963 verschiedene Orgeln vorwiegend in katholischen Kirchen in der Umgebung von Vechta. Er starb ca. 1963.
Schlepphorst; Pape, Führer, 146.

Kubak, Rudolf, Orgelbaumeister in Augsburg. *1927 Augsburg, wo er schon während seiner Gymnasialzeit eine kirchenmusikalische Ausbildung erhielt. Nach dem Kriegsdienst absolvierte er eine Orgelbaulehre bei Steinmeyer in Oettingen und arbeitete danach als Intonateur bei Weise (Plattling) und Mönch (Überlingen). 1960 legte er die Meisterprüfung ab und machte sich 1961 in Augsburg selbständig. Von Anfang an baute er Schleifladenorgeln mit mechanischer Traktur und selbsttragenden Gehäusen. Er entwickelte einen eigenen klanglichen Stil, der unverkennbar im historischen schwäbischen Orgelbau verwurzelt ist, mit dem er sich gründlich befaßte. Als Restaurator war er ebenso Schrittmacher wie mit seinen Neubauten frühzeitig Träger einer künstlerisch selbständigen schwäbischen Orgelkultur der Gegenwart. Mit seinem Team von 10 Mitarbeitern baute er bis 1990 90 neue Orgeln. Dazu wurden viele Restaurierungen ausgeführt, speziell auch von altitalienischen Instrumenten.
Umfrage 1989; 25 Jahre Orgelbauwerkstatt Rudolf Kubak Augsburg; Firmenjubiläum 1986 (Privatdruck Augsburg 1986); 10 Jahre Orgelbauwerkstatt Rudolf Kubak Augsburg (Privatdruck Augsburg 1971).

Kügler, Gustav, Orgelbauer in Hirschberg (Schlesien). 1829 Hirschberg – 1913 ebenda; er war Sohn des Instrumentenmachers Ernst Kügler und scheint hauptsächlich als Reparateur und Stimmer tätig gewesen zu sein. Die einzige von ihm bekannte Orgel mußte schon nach kurzer Zeit wieder erneuert werden.
Burgemeister[2], 206 und 316; Flade.

Kuhl, Robert, Orgelbauer in Remscheid-Lennep. Er war im 1. Viertel unseres Jahrhunderts tätig.
Acta 12 (1978), 224; BDO-Mitglied 1921.

Kühn, Orgelbauerfamilie in Schmiedefeld, Schleusingen und Merseburg. Theodor Kühn (1840–1902) war sei 1873 als Geschäftsführer bei → Holland und übernahm 1874 die Orgelbauwerkstatt von Michael Schmidt in Schmiedefeld, die 1835 eröffnet worden war. Sein Sohn Ernst Kühn (1875–1942) wurde 1902 Geschäftsnachfolger und verlegte die Werkstätten 1908 von Schmiedefeld nach Schleusingen. Hier wuchsen auch dessen Söhne Rudolf (1898–1952) und Gustav Kühn (*1902) in den Betrieb hinein und setzen die Orgelbautradition fort. Der jüngere Bruder Gustav übernahm 1936 die Werkstatt, die aber nicht mehr existiert. Der ältere Bruder Rudolf machte sich schon 1935 in Merseburg selbständig, wo er sich zweifellos einen besseren Wirkungskreis versprach. Nach seinem Tode ging die Werkstatt an den Sohn Gerhard Kühn (*1926) über, der darin bis zu acht Mitarbeiter beschäftigt und wieder Schleifladenorgeln fertigt. Spätestens 1894 baute Theodor Kühn schon pneumatische Orgeln, daneben auch noch mechanische Schleifladen; Kegelladen hat er wohl nicht gebaut. Theodor Kühn hatte noch einen weiteren Sohn als Orgelbauer, Alfred Kühn (1869–1945), dessen Stellung bzw. Funktion innerhalb der Familie nicht genau bekannt ist; wahrscheinlich stand er im Schatten von Ernst Kühn.

Haupt, Suhl, 9; Flade.

Kuhn, Georg, Orgelbauer in Niederaula. Er war bis 1937 BDO-Mitglied.

Kuhn, Gerhard, Esthal (Pfalz). *1943 Esthal; Orgelbaulehre bei Wolfgang Scherpf in Speyer; 1974 Meisterprüfung. 1974–1976 arbeitete er bei Walcker und anschließend noch bei Hugo Wehr in Haßloch, ehe er sich 1977 in Esthal selbständig machte. In der Werkstatt sind durchschnittlich 5 Mann beschäftigt. Bisher wurden etwa 20 Neubauten ausgeführt, daneben verschiedene Restaurierungen.

HO Pfalz; Umfrage 1990.

Kühne, Orgelbauerfamilie in Segeberg. Johann Christoph Kühne (1774–1842) erlernte den Orgelbau als Autodidakt und erhielt 1821 die Konzession; sein Sohn Heinrich Kühne (1806–1892) übernahm ca. 1842 die Werkstatt.

Cirsovius, Orgeldispositionen.

Kummer, Ferdinand Friedrich Wilhelm, Orgelbauer und Klavierhändler in Minden (Westfalen). Es handelt sich wohl um zwei verschiedene Generationen; denn Wilhelm Kummer starb 1912, die Arbeitsnachweise reichen aber von 1834 bis in die 1880er Jahre. 1838 bewarb sich Kummer um die Zulassung bei der Regierung in Minden, die ihm gewährt wurde. Vermutlich besteht ein Zusammenhang mit dem Orgelbauer Kummer in Berlin, der um 1825 tragbare Drehorgeln fertigte. Ein Johann Georg Kummer ist von 1773 bis 1802 in Erfurt nachweisbar. Die Zusammenhänge sind noch ungeklärt.

Flade; Reuter, Westfalen, passim; Boeckeler, Aachen, 87.

Kunz, Christian, Orgelbauer in Rain am Lech. Um 1814 Schwandorf – 1887 Rain/Lech; er war als Türmer und Musiker ausgebildet und übte den Orgelbau als Zweitberuf aus. 1860 wird eine Zusammenarbeit mit Josef Hasenmüller erwähnt. Von Kunz kennen wir Tätigkeitsnachweise der Jahre 1847 bis 1876, und zwar 11 Neubauten, alles Kleinorgeln mit einem Manual und zwischen 5–10 Registern. Nur eine scheint erhalten zu sein, die meisten anderen fielen schon nach wenigen Jahrzehnten Neubauten größeren Umfangs zum Opfer; in zwei Fällen ist von mißglückten Orgeln die Rede. Stilistisch ist er in seiner Dispositionsweise noch ziemlich konservativ.

HO Schwaben, 291; Brenninger, Schwaben, 91.

Kurzer, Ernst, Orgelbaumeister in Gleiwitz. 1836–1913; Geschäftsgründung 1884 in Gleiwitz. Von ihm sind einige Orgelbauten aus Oberschlesien bekannt. Gehilfe und Nachfolger in seinem Geschäft wurde Urban Scholtyssek (1860–1914), der ihn aber nur wenige Monate überlebte.

Flade; Burgemeister[2], 206 und 317.

Kutz, Orgelbauer in Groß-Schimmitz. Er war bis 1937 BDO-Mitglied.

L

Ladegast, Friedrich, Orgelbaumeister in Weißenfels. 1818 Hochhermsdorf – 1905 Weißenfels; er erlernte den Orgelbau zunächst bei seinem Bruder Christlieb Ladegast (*1813 Geringswalde), dann bei Urban Kreuzbach in Borna, arbeitete ferner bei Mende (Leipzig), Zuberbier (Dessau) und Wetzel (Straßburg) und wurde schließlich bei Cavaillé-Coll in Paris entscheidend geprägt. Mit der Gründung einer eigenen Werkstatt 1846 in Weißenfels begann eine überdurchschnittliche Aufwärtsentwicklung mit Orgellieferungen über Mitteldeutschland hinaus nach Westfalen, Schlesien, Österreich, Rußland und Südafrika. Ladegast war einer der bedeutendsten Orgelbauer Deutschlands im 19. Jahrhundert, dem die romantische Orgel mit ihrem Klangcharakter viel verdankt. Das Œuvre des Meisters belief sich bis zu seinem Tode auf 220 Neubauten. Er baute überwiegend Schleifladen, bei großen Werken mit Barker-Hebel, und wandte sich ab etwa 1880 auch der Kegellade zu. Er erfand eine freie Combination und experimentierte etwa 1875 auch mit der Röhrenpneumatik, die ab 1892 bei Neubauten neben die mechanische Traktur trat. Der Sohn Oskar Ladegast (1858 Weißenfels – 1944 ebenda) übernahm 1898 die Leitung der Werkstatt. Der zweite Sohn Friedrich Ernst (*1853 Merseburg) ging als Orgelbauer nach Australien.
Flade; J. Maßmann, Die Orgelbauten des Großherzogtums Mecklenburg-Schwerin, Wismar 1875, 122–141, und ²Kassel 1988, 207–217.

Lahmann, Hermann, Orgelbaumeister in Leipzig. *1905; 1947 übernahm er eine Außenstelle der Fa. Gebr. Jehmlich und führte sie ab 1955 selbständig. Im Rentenalter betätigt er sich noch mit kleineren Reparaturen und Stimmungen in Leipzig.
Orgelbauertreffen, 9; Oehme S, 92.

Landau, Richard, Orgelbauer in Schweidnitz. *1937 Schweidnitz; er war zwischen den beiden Weltkriegen tätig, ersetzte vielfach die 1917 abgelieferten Prospektpfeifen und baute einige neue Orgeln. Er nutzte wahrscheinlich das Ende der Fa. Schlag & Söhne, um sich als Kleinbetrieb zu etablieren.
Burgemeister², 208 und 317; Flade.

Landolt, Orgelbauerfamilie in Heimersheim bei Alzey (Rheinhessen). Der Stammvater und Begründer Carl Landolt (1797 Homburg v. d. H. – 1887 Heimersheim) war ein Enkel von Bürgy und lernte wohl bei ihm den Orgelbau. Durch Heirat übernahm er 1836 die Werkstatt seines Schwiegervaters Berthalot in Heimersheim, wo er mehrere Orgeln baute und die Orgeln in Rheinhessen pflegte. Die Söhne Philipp Ludwig, genannt Louis (*1833 Alzey), Mitarbeiter in der Werkstatt, und August Landolt (1840 Heimersheim – 1891 ebenda) als Chef, führten den Betrieb weiter. Augusts Tochter Antoinette (1877–1954) heiratete den Orgelbauer Karl Förster (1868–1934) aus Lich, der 1891 die Nachfolge übernahm, da sein Schwager Karl Landolt (1881 Heimersheim – 1902 Alzey) noch zu jung war und später als Orgelbaugehilfe nach einem Unfall starb. Neben einer großen Anzahl von Reparaturen und Revisionen sind nur wenige Neubauten oder Orgelversetzungen bekannt.
Bringezu, 203–212; Bösken I; HO Pfalz, 279.

Landow, Orgelbauerfamilie in Wriezen und Bad Freienwalde (Mark Brandenburg). Der Stammvater Johann Gottlieb Landow (1789–1839 Wriezen) war Tischler und Musikus, auch Schullehrer, und wandte sich als Autodidakt etwa 1815 dem Orgelbau zu. Der Sohn Carl Ferdinand Landow (1816 Wriezen – nach 1869) lernte beim Vater und führte die Werkstatt professionell weiter. Nach der Zeitschrift Urania (1859) baute er mehrere Orgeln im Gebiet nordöstlich von Berlin. Sein Sohn Carl Gottlieb (1843 Wriezen – 1903 Bad Freienwalde) verlegte um 1890 die Werkstatt nach Bad Freienwalde, nachdem der dortige Orgelbauer Mickley 1889 verstorben war. Die Bauweise und Bedeutung dieser Orgelbauerfamilie ist noch wenig erforscht.

Flade; Dagobert Liers, Über Orgelbauer der Mark Brandenburg im 18. und 19. Jahrhundert, in: Österreichisches Orgelforum 1989, 57 f.

Lang, Albert, Orgelbauer in Berlin. Er verfertigte 1885 eine künstlerisch wertvolle Orgel für Finkenstein in Westpreußen, die auch im Ersten Weltkrieg nicht angetastet wurde. Er wird noch 1897 im Weltadreßbuch geführt. Vermutlich handelt es sich um einen Nachkommen des Wilhelm Lang, aus dessen Werkstatt sich die Firma Dinse entwickelte.

Flade; Acta 18, 321.

Lang, Franz, Orgelbaumeister in Irsee bei Kaufbeuren. *1940 Kaufbeuren; erlernte den Orgelbau bei G. Schmid in Kaufbeuren, arbeitete anschließend bei Mårtenssons Orgelbyggeri in Lund (Schweden), machte 1974 die Meisterprüfung und ließ sich 1977 als selbständiger Meister in Irsee nieder. Außer dem Bau zweier neuer Orgeln befaßt er sich als Alleinmeister ausschließlich mit Restaurierungen historischer Orgeln (z. B. Irsee).

Umfrage 1990.

Laudenbach, Johann, Orgelbauer in Dülmen (Westfalen). Lebensdaten unbekannt; Laudenbach baute ab etwa 1850 zahlreiche Orgeln kleineren und mittleren Umfangs im Münsterland. Die letzten Nachweise stammen aus den 1880er Jahren; es handelte sich um Schleifladenorgeln. 1897 wird der Betrieb noch im Orgelbauerverzeichnis genannt, scheint aber dann eingegangen zu sein.

Acta 18, 307; Reuter, Westfalen; Schlepphorst, Niedersachsen.

Laukhuff, Orgelbauerfamilie in Pfedelbach und Weikersheim. Andreas Laukhuff (1798 Bretzfeld – 1871 Pfedelbach) war Orgelbauschüler von J. Eberhard Walcker in Cannstadt, heiratete dessen Tochter und wurde 1823 sein Werkstattnachfolger in Cannstadt, da sich sein Schwager Eberhard Friedrich Walcker 1820 in Ludwigsburg selbständig gemacht hatte. 1842 verlegte Laukhuff die Werkstatt nach Pfedelbach im Hohenlohischen, wo auch der Schwiegervater den Lebensabend verbrachte. Hier wurden die drei Söhne geboren, die ebenfalls den Orgelbauerberuf ergriffen: August (1850–1886), Adolf (1857–?) und Andreas II Laukhuff (1858 Pfedelbach – 1933 Weikersheim). August übernahm als Ältester 1871 den Betrieb; er hatte die Idee, Orgelpfeifen und -teile für andere Orgelbauer in größter Vielfalt und Präzision zu fertigen und sie anderen Orgelbauern anzubieten. Nach seinem frühen Tod wurde Andreas der führende Kopf des Betriebes, der seit 1878 auf einem größeren Gelände in Weikersheim steht, und dehnte die Geschäftsbeziehungen auf internationaler Ebene aus. 1911 wurde er für seine Verdienste zum Kommerzienrat ernannt. Zwischen den beiden Weltkriegen baute man nebst Kirchen- auch Kinoorgeln, sowie bereits Klaviaturen für alle Tasteninstrumente. Besonders erwähnenswert ist die Entwicklung der „Lichttonorgel", die Edwin Welte mit dem Hause Laukhuff bis ca. 1944 zur Produktionsreife brachte. 1933 führten seine Söhne Otto (1898 Weikersheim – 1989 ebenda) und Wilhelm Laukhuff (1903 Weikersheim – 1981 ebenda) das Unternehmen weiter. Die schweren Zeiten von Kriegswirtschaft, völliger Zerstörung und Wiederaufbau der Firma wurden erfolgreich bewältigt.

Otto Laukhuff übergab seinen Anteil 1972 an seinen Sohn Hans-Erich (*1944 Würzburg), Wilhelm Laukhuff den seinen 1973 an seinen Sohn Peter (*1937 Weikersheim), die heute zusammen das Unternehmen leiten. Der Betrieb wuchs in Weikersheim aus kleinsten Anfängen auf etwa 10 Mitarbeiter im Jahre 1880, 1890 waren es etwa 110, 1930 über 300 Arbeiter. Gegenwärtig bietet er etwa 230 Arbeitsplätze für einen Stamm von geschulten Facharbeitern aus der näheren Umgebung. Die Firma Laukhuff baut heute nach wie vor komplette Orgelwerke, die in alle Welt exportiert werden. Für Orgeln unter ihrem Namen beschränkt sie sich jedoch auf ihren Umkreis. In erster Linie ist sie Hersteller von allen Orgelteilen für andere Fachbetriebe, angefangen vom Design (Musterprospekte, Spieltischausstattung) bis zum modernsten technischen Detail für den Windladenbau, für elektronische Schaltungen oder den bewährten Ventus-Winderzeuger. Die Laukhuff-Orgeln der 1. Generation waren mechanische Schleifladen. August ging wohl zum Bau der mechanischen Kegellade über, und Andreas II führte in den 1890er Jahren die Röhrenpneumatik in Verbindung mit der Kegellade ein.

Flade; Festschriften „ALW 1823–1973" und „Werdegang und Entwicklung" (ohne Jahr), herausgegeben von der Fa. Laukhuff, Weikersheim, Orgelteile; Umfrage 1990.

Lederer, Georg, Fabrikant in Oettingen (Ries). Hersteller von Zungen für Orgelregister und Harmoniums. – Ein H. Lederer war Zungenlieferant in Reichenhall und gab 1893 sein Geschäft auf. Es ist möglich, daß zwischen beiden Firmen ein Zusammenhang bestand.

Leichel, Orgel- und Klavierbauerfamilie in Duisburg und Arnheim. 1854 gründete Ehrenfried Leichel (1828 Emmerich – 1905 Arnheim) ein Klavier- und Orgelbaugeschäft in Duisburg und verlegte es 1885 nach Arnheim in Holland, wo er sich mehr dem Orgelbau zuwandte und seine Instrumente auch in die Kolonien exportierte. Die Söhne Heinrich und Friedrich Ehrenfried Leichel führten die Firma unter dem Namen „Ehrenfried Leichel & Söhne" fort.

ZfI 26 (1905/06), 294.

Lenk, Orgel- und Instrumentenbauerfamilie in Berlin. Um 1850 kam der Nadlermeister Eduard Lenk aus Schönheide bei Zwickau nach Berlin und spezialisierte sich auf die Herstellung von Zungenstimmen für Harmoniums und Orchestrions, wozu er eine Zungenfeilmaschine mit Fußbetrieb entwickelte. 1875 wurde aus dem Heimbetrieb die „Werkstatt für Orgel- und Instrumentenbau", die zunehmend Aufträge bekam und Mitarbeiter einstellte. Der Sohn Albin Lenk (1858 Berlin – ?) übernahm den Betrieb und weitete ihn aus durch die Herstellung von Orchesterorgeln und selbstspielenden Automaten, durch Generalvertretungen und Erfindungen, wie den „freieinstellbaren Registerschweller", die Kombinationsschaltung und anderes mehr. Er baute Forschungsmodelle und größere Kinoorgeln im ganzen Reich. Während des Dritten Reiches wurden für die Ufa 40 Orgeln laufend unterhalten, womit der Enkel des Gründers, Alfred Lenk, die schwierige Zeit überbrückte. Nach 1945 profilierte sich die Spezialfirma mit Bestandteilelieferungen, Sonderaufträgen für Museen und dem Bau von elektronischen Instrumenten. 1960 konnte die Firma das 85jährige Betriebsjubiläum feiern.

IbZ 15 (1960/61), 74; Flade.

Liebmann, Ernst Erich, Orgelbaumeister in Gera. Er war ab etwa 1900 Nachfolger der Firma Zillgitt und stand noch 1917 im Orgelbauerverzeichnis.

Acta 12 (1978), 224.

Liemen, Alexander, Orgelbaumeister in Merseburg. 1851–1931; das Orgelbaugeschäft soll durch drei Generationen bestanden haben. Bis jetzt konnte jedoch außer der Erweiterung der Orgel in Lützen kein weiterer Baunachweis erbracht werden.
Flade; ZfI XIV (1893/94), 591/593.

Limpert, Orgelbauer in Gersfeld (Rhön), Trennfeld a. Main und Massing (Niederbayern). Ob zwischen den drei Namensträgern ein Zusammenhang besteht, ist noch nicht untersucht. Am Hünkelshäuptchen bei Gersfeld lebte 1775–1851 der Orgelmacher Georg Limpert; er fertigte vermutlich nur Dreh- und Vogelorgeln. Sein Sohn Nikolaus Limpert (1801–?) reparierte auch Kirchenorgeln in der Rhön; der andere Sohn Peter Limpert (1806–1868) war Drehorgelmacher. – Franz Joseph Limpert aus Trennfeld bei Marktheidenfeld war in den 1860er Jahren im westlichen Unterfranken als Reparateur unterwegs. – Ein F. J. Limpert wird 1898 als Orgelbauer in Massing aufgeführt.
G. Rehm, Gersfelder Orgelbauer des 19. Jahrhunderts, in: Buchenblätter (Fuldaer Zeitung) 38, Nr. 32, vom 10. 12. 1965, 125.

Link, Orgelbauerfamilie und Orgelbauanstalt in Giengen a. d. Brenz. 1851 gegründet durch die beiden Zwillingsbrüder Paul (1821 Aldingen – 1891 Giengen) und Johann Link (1821 Aldingen – 1871 Giengen); beide hatten bei Blasius Braun in Spaichingen gelernt, dann bei Walcker in Ludwigsburg und Johann Viktor Gruol in Bissingen unter Teck gearbeitet. Die in dessen Auftrag gefertigte Orgel der ev. Stadtkirche in Giengen war ihr Opus 1, nach dem sie sich dort selbständig machten. In den ersten Jahrzehnten überwog der Bau kleiner ein- oder zweimanualiger Kegelladenorgeln mit mechanischer Traktur. Paul Link übergab mit 65 Jahren 1886 das Geschäft an seinen Sohn Eugen Link (1855 Giengen – 1940 ebenda), nachdem er seit 1871 Alleininhaber gewesen war. Eugen Link lernte zunächst im elterlichen Betrieb, arbeitete dann bei Ladegast (Weißenfels), Böttcher (Sömmerda), Geisler (Eilenburg), Forster & Andrew (Hull/England), Jardin (Manchester), Stahlhuth und Wendt (Aachen) und in Lyon. 1876 kehrte er in den heimischen Betrieb zurück, zunächst als Mitarbeiter, ab 1886 als Nachfolger in der Geschäftsleitung, die er bis 1921 mit seinem Vetter Christian Link teilte, der altershalber ausschied, danach mit seinem Sohn Reinhold Link. In den Jahren bis zum Ersten Weltkrieg erlebte die Firma eine Hochblüte, bis Ende 1913 war die Opuszahl 600 erreicht, 1884 lag sie noch bei 100. Das Einzugsgebiet der Firma reichte von Württemberg über Baden in die Rheinpfalz, ins Elsaß, nach Schwaben und Unterfranken; eine Niederlassung in Namur/Belgien erschloß den dortigen Bereich. Zahlreiche Orgeln gingen nach Übersee, wahrscheinlich über Missionsgesellschaften. Eugen Links Vetter Christian (1854–1926) war der Sohn von Johann Link und vornehmlich von → Marcussen in Apenrade geprägt; er war als Teilhaber in der Betriebsleitung tätig. Nach seinem Ausscheiden 1921 trat Reinhold Link (1888 Giengen – 1946 ebenda) in die Firma ein; er war der Sohn von Eugen Link. Die Jahrzehnte von 1921 bis 1951 brachten einen merklichen Geschäftsrückgang (Opus 650 bis 800), danach folgte eine neue Blüte. 1940 übernahm sein Bruder Werner Link (1904 Giengen – 1986 ebenda) den Betrieb ab 1947 zusammen mit dem Schwiegersohn von Reinhold Link, Friedrich Schmid (*1910), der früher bei Schuster in München gearbeitet hatte. 1977 trat Werner Link in den Ruhestand; bemerkenswert ist seine intensive Zusammenarbeit mit dem Komponisten und Organologen Helmut Bornefeld und teilweise auch mit Walter Supper. Friedrich Schmidt führte die Firma weiter bis 1988, wo Orgelbaumeister Christoph Naacke (*1955), der Sohn von Johannes → Naacke, die Firma als Geschäftsführer übernahm. – Die Firma Link baute von Anfang an Kegelladen mit mechanischer Traktur. Ab etwa 1893 trat die Röhrenpneumatik an die

Stelle der mechanischen Traktur, die Kegelladen wurden meist beibehalten. Die Firma erfand auch eine rein pneumatische Windlade, ein automatisches Pianopedal und einen Akkordspielapparat.

Werkverzeichnis von ca. 1931; Meyer-Siat, Link, 212–259; Fischer-Wohnhaas, Link-Orgeln, 471–484; Umfrage 1990; M. Roos, Orgeln und Kirchenmusik an der Pfarrkirche zum hl. Georg zu Stimpfach, Stimpfach 1987, 43–48.

Linsert, Robert, Orgelbauer in Schweidnitz (Schlesien). 1853 Klein Wülknitz – 1912 Schweidnitz; er machte sich 1883 in Schweidnitz selbständig und errichtete eine Reihe neuer Orgeln, soll aber schon 1895 sein Geschäft aufgegeben haben. Spätere Arbeitsnachweise sprechen dagegen.

Flade; Burgemeister[2], 210 und 317; ZfI X, 372.

Lobback, G. Christian, Orgelbaumeister in Wedel und Neuendeich bei Hamburg. *1938 Hamburg; nach dem Geigenstudium am Konservatorium Blankenese kunstgeschichtliches Studium in Hamburg; den Orgelbau lernte er von 1958–1961 bei Kemper in Lübeck. Danach freiberufliche Tätigkeit für Walcker (Ludwigsburg) und Kleuker (Brackwede). 1964 gründete er eine eigene Werkstatt, die 1981 von Wedel nach Neuendeich verlegt wurde und einen bewußt zeitgenössischen Stil unter Vermeidung von kopierten Stilmitteln pflegt. Seit 1959 Forschungstätigkeit über Hans Henny → Jahnn. Neben seinen Orgelneubauten (Garrel, Peter u. Paul, III/42; Bremerhaven-Lehe, Herz-Jesu, III/42; Rheine, Basilika, III/54; Lohne, St. Gertrud, III/50) führte er zahlreiche Restaurierungen früh- und spätromantischer Instrumente pneumatischer und mechanischer Konstruktion durch, besonders zu erwähnen die Restaurierung und Bestandssicherung von Jahnn-Orgeln in Hamburg.

Umfrage 1990.

Lobbes, Orgelbauerfamilie in Niemegk am Fläming (Mark Brandenburg). Friedrich Gottlieb Lobbes (1806–1839) war Instrumentenmacher; nach seinem frühen Tod heiratete die Witwe den Orgel- und Instrumentenmacher Gottfried Wilhelm Baer (1821 Zwebendorf – 1875 Niemegk), der die Werkstatt weiterführte und kleinere Orgeln im Umkreis von Niemegk errichtete. Er bildete auch seinen Stiefsohn Friedrich Wilhelm Lobbes (1838 Niemegk – 1911 ebenda) zum Orgelbauer aus und übergab ihm um 1870 das Geschäft, das noch über die Jahrhundertwende hinaus existierte und traditionelle kleinere mechanische Orgelwerke im Raum südwestlich von Berlin aufstellte oder in Pflege hatte.

Flade; Liers, 52–54; W. Bergelt, Brandenburg, 87, 94.

Löber, Louis, Orgelbauer in Predel und Theissen bei Zeitz. Lebensdaten und Werdegang unbekannt. Es existieren einige Arbeitsnachweise aus den Jahren 1898 bis 1908. 1921 stellte er altershalber den Betrieb ein.

Flade; HO Sachsen; BDO-Mitglied 1921.

Löbling, Friedrich, Orgelbaumeister in Erfurt. Er war Schüler von Rühlmann in Zörbig und begann 1947 mit einer eigenen Werkstatt in Erfurt, zumal auch die Firma Rühlmann erloschen war. 1953 übernahm er die väterliche Schreinerwerkstatt und erbaute im Laufe der nächsten 25 Jahre bis 1978 insgesamt 67 neue Orgeln, hauptsächlich Kleinorgeln, bei durchschnittlich drei Mitarbeitern im Betrieb. Der Sohn Herbert bestand 1975 die Meisterprüfung und übernahm 1978 die Betriebsführung. Mit dem Vater, der die Metallpfeifen herstellt, und zwei Lehrlingen arbeiten nun sechs Mann in der

Werkstatt. Löbling hat sich auf dem Restaurierungssektor einen Namen gemacht und findet seine Aufträge in Thüringen; er ist Obermeister der Musikinstrumentenmacher-Innung. Die Werkstatt ist darauf bedacht, möglichst alle Orgelteile selbst herzustellen.
Orgelbauertreffen, 23; Schäfer, Laudatio, 204 f.; Haupt, Suhl.

Lohse, Ernst Louis, Orgelbaumeister in Dippoldiswalde. 1850–1932; nach der Ausbildung arbeitete er bei Koulen in Straßburg und trat dann 1881 die Nachfolge von Karl Traugott Stöckel (1804–1881) in Dippoldiswalde an, nannte sich daher „Stöckels Nachf." Es sind nur wenige Arbeitsnachweise bekannt, hauptsächlich Reparatur- und Pflegearbeiten, vornehmlich an Silbermann-Orgeln. 1931 wurde sein Geschäft von Barth & Boscher übernommen. Erich Barth (1906–1976) führte nach dem Ausscheiden von Ludwig Boscher (1939) den Betrieb allein weiter bis etwa 1974. Ludwig Boscher erwarb das Geschäft von Ladislaus Hauser in Turn-Teplitz und betätigte sich in Böhmen, wo mit Kriegsende und Vertreibung wahrscheinlich seiner Tätigkeit ein Ende gesetzt wurde.
Flade; Oehme S, 79, 92; HO Sachsen.

Loos, Orgel- und Instrumentenmacher in Siegen. Hermann I Loos (1809 Siegen – 1869 ebenda) etablierte sich 1839 in seiner Heimatstadt und versuchte im Bereich Obere Sieg, Dill und Lahn Fuß zu fassen, was ihm aber nicht recht gelang. Daher konnte er nur wenige neue Orgeln bauen, als größte die Lettner-Orgel im Dom zu Wetzlar. Der gleichnamige Sohn Hermann II Loos (1849 Siegen – 1898 ebenda) verlegte sich mehr auf den Klavierbau. Die Firma existierte noch bis nach dem Ersten Weltkrieg, danach wurde sie ein reines Musikgeschäft.
Busch, Siegen, 204 f.; Bösken II.

Lorentz, Otto Carl Wilhelm, Orgelbauer in Norden (Ostfriesland). 1832 Norden – 1900 ebenda; er war wohl Schüler von Arnold Rohlfs (1808–1882) in Esens. Über sein unbedeutendes Wirken ist wenig bekannt.
Kaufmann, Ostfriesland, 53, 269.

Lösche, Orgelbauerfamilie in Rudolstadt (Thüringen). Carl Lösche (?–1919) stammte aus Reschwitz und etablierte sich in Rudolstadt. Er baute eine Reihe kleinerer Dorforgeln in Ostthüringen ab etwa 1870, verlegte sich aber mehr und mehr auf die Herstellung von Musikautomaten. So suchte er 1893 per Anzeige Orgelbauer für seinen Betrieb. Der Sohn Paul Lösche (†1925) war ebenfalls Orgelbauer und verwandte die Röhrenpneumatik und Windladen nach dem Weigleschen System.
Flade; (ZfI XIII (1892/93), 489).

Lötzerich, Karl, Orgelbaumeister in Wolfhagen-Ippinghausen (am Habichtswald/Nordhessen). *1932 Ippinghausen, erlernte den Orgelbau bei Bosch in Sandershausen bis 1952, war danach bei Bürkle (Schwelm), Peter (Köln) und Kleuker (Brackwede) tätig, machte 1962 die Meisterprüfung und etablierte sich im gleichen Jahr in seinem Heimatort Ippinghausen. Lötzerich spezialisierte sich von Anfang an auf die Verwendung neuer Werkstoffe im Orgelbau (Schleifladen aus glasfaserverstärktem Kunststofflaminat, Vielschichtsperrholz, Schleifen aus Hartgewebe auf Teleskophülsen, Alu-Trakturen, waagrecht aufgehende Ventile mit Spiralfedern). In seinen Werkstätten sind 6 Mitarbeiter

beschäftigt. Bisher wurden etwa 120 Orgelwerke und Positive hergestellt und nach Norddeutschland, insbesondere nach Hamburg und Berlin geliefert.
Umfrage 1989; IbZ 26 (1972), 470.

Ludwig & Cie., Hersteller von Zinn- und Zinkpfeifen, Orgel- und Harmoniumteilen in Stuttgart-Wangen, laut Branchenverzeichnis von 1898.
Acta 18 (1985), 328.

Luedtke, Hans, Musikwissenschaftler und Organist in Geismar bei Göttingen. 1889 Mittelwalde – 1953 Geismar; mit Oskar Walcker entwickelte er 1920 einen Kino-Orgeltyp, das „Oskalyd", der in einer Tochterfirma von Walcker (Oskalyd-Orgelbau) bis 1932 gebaut wurde. Eine große Oskalyd-Orgel stand im Ufa-Theater Berlin. Das Oskalyd ist eine Pfeifenorgel mit stark changierenden Stimmen, die die verschiedensten Klangfarbengebiete berühren und ein Unterhaltungsorchester nachahmen.
Burgemeister[2], 211; IbZ 8 (1953/54), 89.

Lütkemüller, Friedrich Hermann, Orgelbaumeister in Wittstock. 1815 Papenbruch – 1897 Wittstock; lernte bei Thurley (Treuenbrietzen) ab 1832, ging 1834 zu Buchholz nach Berlin, anschließend zu Heise (Potsdam) und war von 1837–1842 bei Walcker in einer Vertrauensstellung; er erlebte dabei die Entwicklung der Kegellade mit. 1843 gründete er ein eigenes Geschäft in Wittstock, von wo aus er in der Prignitz und Altmark seine Schleifladenorgeln baute. Über das Œuvre besteht noch keine annähernde Übersicht. Eine Besonderheit von ihm war die Konstruktion einer Doppeltraktur, mit deren Hilfe man von einem Manual aus mittels zweier Druckpunkte zwei verschiedene Werke anspielen konnte, was eine ganz neue Spielweise zur Folge hatte.
Flade; Ars 1987/1, 33 f.; Bergelt, Brandenburg, 44.

Lux, Orgelbauerfamilie in Bad Landeck (Schlesien). Joseph Lux (1831 Nieder Thalheim – 1896 ebenda) ging 1862 nach der Tischlerei zum Orgelbau über und betrieb dann ein kleines Geschäft vorwiegend mit Reparaturen und Orgelumbauten. Im ganzen soll er 34 kleinere und mittlere Werke geschaffen haben. Sein Sohn und Schüler Franz Lux (1864 Nieder Thalheim – 1926 ebenda) übernahm 1897 den Betrieb und hatte 1915 bereits 76 Opera fertiggestellt, meist mittlere Instrumente in der Grafschaft Glatz. 1926 erlosch der Betrieb mit seinem Tode.
Flade; Burgemeister[2], 213 und 317.

M

Maderer, Jörg, Orgelbaumeister in Nürnberg. *1962 Nürnberg; ausgebildet bei Krätzer in Nürnberg, machte er 1987 die Meisterprüfung und eröffnete anschließend eine eigene Werkstätte in seiner Heimatstadt. Mitinhaber ist der Orgelbauer und Schreinermeister Alexander Schramm. Mit 4 Mitarbeitern wurden bisher 4 neue Orgeln gebaut.
Umfrage 1990.

Magunia, Rudi (Stader Orgelbau) in Stade. 1934 Rastenburg – 1989 Stade; nach einer kaufmännischen Ausbildung machte er sich 1970 mit einem Musikinstrumentengeschäft selbständig, dem ein umfangreicher Reparaturbetrieb angegliedert war, der sich auch mit Orgelreparaturen befaßte. So entstand als neuer Schwerpunkt eine Orgelbauwerkstatt mit 2–3 Mitarbeitern als Familienbetrieb, die seit 1984 drei Orgeln gebaut hat. Nach dem Tode des Gründers strebt der Sohn Frank Magunia (*1960) nach der Ausbildung im väterlichen Betrieb die Meisterprüfung zur Geschäftsübernahme an.
Umfrage 1990.

Mann, Orgelbauerfamilie in Bayreuth und Marktbreit (Unterfranken). Emil Mann (1886 Bad Cannstatt – 1968 Frankenreuth) kam nach seiner Ausbildung als Klavier- und Orgelbautechniker und der Teilnahme am Ersten Weltkrieg als Geschäftsführer in die Firma →Wolf, Bayreuth, die die Schwester des 1916 gefallenen Karl Georg Wolf zunächst weitergeführt hatte. Unter Mann verlegte sich die Firma in den 1920er Jahren auf den Instrumentenhandel. 1932 kehrte Emil Mann zum Orgelbau zurück und betätigte sich in Oberfranken mit Reparatur- und Umbauarbeiten. Nach dem Zweiten Weltkrieg kam der Sohn Rudolf (*1913) in die Firma. Dieser kaufte 1946 die mit dem Tode von Ludwig Edenhofer (1861–1940) verwaiste Werkstätte in Deggendorf auf. 1952 verlegte Rudolf den Betrieb, in den inzwischen auch der Sohn des Gründers Hellmuth (*1920) eingetreten war, nach Marktbreit a. Main. Bisher wurden über 350 Orgelwerke erbaut und z. T. restauriert, davon allein über 100 in Baden, die meisten davon in enger Zusammenarbeit mit dem Akustiker und Orgelsachverständigen Dr. Walter Leib, mit dem zusammen die Firma 1960–1970 einige kleine Werke mit elektronischem Auxiliaire ausstattete. Das Arbeitsgebiet erstreckt sich von Oberfranken westlich bis nach Nordbaden.
HO Oberfranken, 40; Umfrage 1990.

Mann, Werner, Orgelbaumeister in Stade und Dorfprozelten. *1951 Sassanfarth; Sohn von Hellmuth Mann (Marktbreit); er wurde im Familienbetrieb in Marktbreit ausgebildet, ging dann zu Hirnschrodt und Jann nach Regensburg bzw. Allkofen und machte 1985 die Meisterprüfung. Anschließend arbeitete er in einer Klavierfabrik in Stade, machte sich aber 1988 als Orgelbauer dort selbständig und fertigte einige Truhenorgeln im Zweimannbetrieb. 1991 soll die Werkstatt nach Dorfprozelten a. Main verlegt werden.
Umfrage 1990.

Marcussen & Sohn, Orgelbauanstalt in Apenrade (Nordschleswig/Dänemark). 1806 gründete Jürgen Marcussen (1781 Schnabeck – 1860 Apenrade) eine kleine Werkstatt in Vester Sottrup und erhielt 1811 die Orgelbaukonzession. 1826 nahm er seinen Schüler und Mitarbeiter Andreas Reuter zum Teilhaber; beide firmierten bis 1848 als Marcussen & Reuter. 1830 übersiedelten sie nach Apenrade und wurden 1836 kgl. dänische Hoforgelbauer. Nach 1848 wurde Marcussens Sohn Jürgen Andreas (1816–1900) neuer Teilhaber; dieser nahm 1886 seinen Sohn Hartwig Marcussen (1859–1897) in die Firma auf. Als mit dessen Tod die direkte Erbfolge abbrach, übernahm der Urenkel des Gründers, Johann Zachariassen (1864 Loit – 1922 Apenrade), im Jahre 1902 den Betrieb. 1922 folgte ihm sein Sohn Sybrand Zachariassen (1900–1960) als Unternehmensleiter nach, der die Firma 1957 wiederum seinem Sohn Sybrand Jürgen Zachariassen (*1931) überschrieb. Jürgen Marcussen wandte angeblich als erster Stimmschlitze und Stimmschrauben an (die Erfindung der Stimmschlitze war sicher älter). Er ist der Erfinder des Kastenbalgs, den sein Sohn Jürgen Andreas, der Anfang der 1840er Jahre eine Zeitlang bei Walcker in Ludwigsburg arbeitete, nach Süddeutschland brachte. Johann Zachariassen führte die Röhrenpneumatik für seine Orgelbauten ein. Sybrand Zachariassen war ein Pionier der neuen Orgelbewegung in Skandinavien, verwendete relativ viele Obertonstimmen und baute 1930 wieder die erste Schleifladenorgel nach klassischem Vorbild. Als einer der ersten disponierte er auch die Prospektzungen nach spanischem Muster. Die Firma gehört zu den führenden in Europa.

Flade; MGG VIII, 1630–1633 (Friis), dort weitere Literatur.

Markert, Orgelbauerfamilie in Ostheim v. d. Rhön. Johann Georg Markert (1781 Ostheim – 1853 ebenda) war Schreiner und Instrumentenmacher; von ihm existiert ein bundfreies Pedalclavichord im Bachhaus zu Eisenach (1806). Sein Sohn Johann Georg II (1813 Ostheim – 1891 ebenda) lernte zuerst das Schreinerhandwerk zu Hause, danach den Orgelbau bei Hartmann Bernhard in Romrod (1835 bis 1841). Auf der Wanderschaft kam er über Regensburg nach Wien, Prag, Dresden und schließlich nach Eschwege, wo er drei Jahre bei Krebaum arbeitete. Nach der Orgelbauerprüfung 1841 machte er sich 1848 in seiner Heimatstadt selbständig. 1851 empfahl ihn das Großherzogl. Kultusministerium den thüringischen Gemeinden als Orgelbauer. Sein Hauptarbeitsgebiet war das Eisenacher Oberland, wo ihm die Kontakte zu Töpfer und dessen Nachfolger Gottschalg in Weimar nützlich waren. Der Sohn Otto Markert (1860 Ostheim – 1944 ebenda) lernte in der väterlichen Werkstatt und arbeitete als Geselle mehrere Jahre bei Eifert in Stadtilm. 1886 übernahm er das elterliche Geschäft und führte gleichzeitig den Bau der Kegellade in der Werkstatt ein, hielt aber bis 1914 an der mechanischen Traktur fest. Nach seinem Tod ging der Betrieb an die Enkel Otto und Louis → Hoffmann über und ist seit 1985 im Besitz von Horst und Günter Hoffmann, den Söhnen von Otto Hoffmann.

Hans-Wolfgang Theobald, Der Orgelbauer Johann Georg Markert und sein Werk; 50jähriges Geschäftsjubiläum des Orgelbaumeisters Otto Markert, Ostheim, in: ZfI LVI (1936). 257 f.; Johann Georg Markert, in: Geschichtliches aus Ostheim v. d. Rhön (Heimatkundl. Beilage zur Ostheimer Zeitung) Nr. 6 vom 24. 10. 1931).

Märtens, Orgelbauer in Neuhaldensleben, → Erdmann, → Troch.

Martin, Friedrich, Orgelbaumeister in Freienhagen (Waldeck). 1829 Freienhagen – 1916 ebenda; nach einer Schreinerlehre 1843–1845 wurde er 1846–1850 von Ernst Hesse in Dachwig im Orgelbau ausgebildet, arbeitete danach bei Hilpert (Floh), kam auf der Wanderschaft zu Dreymann nach Mainz und Gustav Schlimbach in Speyer und machte sich 1856 in Freienhagen selbständig. Einer seiner Gehilfen war Schmerbach aus Frieda. Sieben Neubauten und mehrere Reparaturen kennt man.

B. Martin, Aus dem Leben eines waldeckischen Orgelbauers, in: Geschichtsblätter für Waldeck 66 (1977), 179–185.

Maerz, Orgelbauanstalt in München. Begründet 1796 durch Conrad Maerz (1768 Waldsassen – 1848 München); in den 50 Jahren seines Wirkens soll er 130 Orgeln gebaut haben, für seine Tätigkeit erhielt er den kgl. Hoftitel. Der Sohn Max Maerz (1812 München – 1879 ebenda) war ebenfalls Orgelbauer und übernahm 1844 das Geschäft, das sich von Jahr zu Jahr vergrößerte. Waren es 1844 etwa zwei Orgeln pro Jahr, die

die Werkstatt verließen, so wuchs ihre Zahl auf mindestens fünf bei steigender Registerzahl in seinem Todesjahr. Da die Ehe kinderlos geblieben war, adoptierte Max Maerz 1868 Franz Borgias Rothwinkler (1848 München – 1910 ebenda), der 1879 als „Max Maerz & Sohn, Inh. Franz Borgias Maerz" die Firma übernahm. Unter ihm sollen allein rund 500 neue Orgeln gebaut worden sein, darunter etwa 60 für Münchner Kirchen. 1902 wurde er zum kgl. bayer. Hof-Orgelbaumeister ernannt. Relativ gering war die Zahl dreimanualiger Orgeln (München, Michaels-Hofkirche, III/38, München, Benno, III/42, Straubing, Jakob, III/37, München, Josef, III/46, München, Maximilian, III/47, München, Paul, III/50, und München, Peter, III/54). Schleifladen wurden noch bis fast 1870 gebaut, aber schon ab 1865 auch Kegelladen vorgesehen. Bei vielen Orgelbauten handelte es sich um Renovierungen oder Umbauten von Barockorgeln, also um Beibehaltung alter Substanz. Max Maerz hat nach Angabe seines Adoptivsohns die Windladen verbessert, gute Windführungen angelegt und Koppeln nach neuen Gesichtspunkten konstruiert. Franz Borgias begann 1890 mit der Röhrenpneumatik Erfahrungen zu sammeln und baute 1893 die erste pneumatische Orgel in München, St. Anna. Er verwendete hauptsächlich pneumatische Kegelladen, daneben aber auch Witzig-Taschenladen mit liegenden Taschenventilen, benannt nach ihrem Erfinder Witzig, der zuerst bei Steinmeyer, dann bei Strebel und zuletzt bei Maerz tätig war. Ab 1910 ging die Firma Maerz an den Mitarbeiter Albert → Schönle über und existierte, durch den Ersten Weltkrieg geschwächt und die sich verselbständigenden ehemaligen Mitarbeiter als Konkurrenten bedrängt, noch bis in die 20er Jahre. In der Firma arbeiteten bis zu 30 Mitarbeiter, zahlreiche namhafte Meister gingen daraus hervor (Moser, Nenninger, Eisenschmid, Behler, Waldenmaier). Die noch vorhandenen Maerz-Orgeln sind handwerklich sauber gearbeitet und abgesehen von der Pneumatik von guter Qualität. Die Firma gehörte zu den führenden in Bayern, namentlich im katholischen Bereich Südbayerns.

Kümmerle II, 119; Brenninger, Altbayern, 113–116; Orgelbau-Anstalt Max Maerz & Sohn, Inhaber Franz Borgias Maerz. Kgl. Bayer. Hoforgelbaumeister München (Werbeschrift ca. 1905); Fischer-Wohnhaas, Zum Œuvre der Münchener Orgelbauer Maerz, in: Acta 10 (1976), 213–225; ZfI 1909/10, 779; Flade.

Maucher, Max, Orgelbauer in Emden. 1880 Erbach b. Ulm – 1942 Emden; ausgebildet von Schefold in Biberach, danach tätig bei Sauer (Frankfurt/Oder) und Furtwängler & Hammer (Hannover). Nach 1918 ließ er sich in Emden nieder, wo er hauptsächlich mit der Pflege fast aller ostfriesischen Orgeln betraut war. Neubauten traten dagegen zurück.

Kaufmann, Ostfriesland, 343.

Mayer, Hugo, Orgelbaumeister in Heusweiler (Saar). 1912 Wengen – 1980 Heusweiler; ab 1927 erlernte er bei Hindelang in Ebenhofen den Orgelbau, arbeitete ab 1935 bei Link in Giengen, ab 1936 bei Welte (Freiburg) und von 1938–1952 bei Walcker (Ludwigsburg), zuletzt als Werkführer. 1952 machte er sich in Brebach (Saar) selbständig und verlegte die Werkstatt 1957 in die aufgelassene Schule von Heusweiler. Von 1947–1952 war Mayer auch als Gewerbelehrer an der Orgelbauschule in Ludwigsburg tätig. Der aufstrebende Betrieb baute anfangs elektrische Kegelladen, dann Schleifladen mit elektrischer bzw. mechanischer Traktur. Bis 1990 wurden etwa 450 Neubauten im Saarland, in der Pfalz und in Frankreich ausgeführt. Darüber hinaus stehen Mayer-Orgeln im gesamten Bundesgebiet zwischen Norderney und Bad Reichenhall. Der Betrieb wird seit 1974 vom Sohn, Orgelbaumeister Gerd Mayer (*1941), geführt. Es

werden etwa 35 Mitarbeiter beschäftigt, die mit Ausnahme der Zungenstimmen alle Orgelteile selbst herstellen, auch die Gehäuse und Metallpfeifen.
Die Auslese 1989 IV, 14; K. A. Schleiden, Orgelbau im Saarland, in: Saarheimat 19 (1975), 132–135; Umfrage 1990.

Mayer, Johann, Orgelbauer in Hainstadt bei Buchen (Odenwald). Ca. 1837 – nach 1896; nach seiner Ausbildung wurde er 1858 in Karlsruhe geprüft und für Baden zugelassen. Er baute vorwiegend kleine Schleifladenorgeln im badischen Bauland, Odenwald und am bayerischen bzw. hessischen Untermain. Die letzte nachweisbare Orgel steht im Elsaß. Schon 1868 fertigte er auch eine „Springladenorgel" (Kegellade). Er beschäftigte bis zu 8 Mitarbeiter. Die Opuszahl lag 1867 bei 15, 1872 bei 25. Danach ging der Kirchenorgelbau zurück zugunsten des Drehorgelbaues; schließlich reduzierten sich die Arbeiten auf Reparaturen. 1897 wird er im Orgelbauerverzeichnis nicht aufgeführt.
Flade; HO Baden, 286; Balz, Starkenburg, 371 f.

Mayr, Michael, Orgelbauer in Wertingen (Schwaben). *1819 Obergermaringen; die Nachweise seiner Tätigkeit belegen den Zeitraum von 1859 bis in die 1880er Jahre; man kennt etwa ein Dutzend Neubauten von ihm. Sie hatten meist keine lange Lebensdauer und wurden schon nach 30–40 Jahren umgebaut oder durch neue ersetzt. Ein Xaver Mayr war in den 1850er Jahren bei Pröbstl in Füssen beschäftigt.
HO Schwaben, 292; Brenninger, Schwaben, 91; Flade.

Mebold, Hans Peter, Orgelbaumeister in Siegen-Breitenbach. *1942 Siegen-Weidenau; er lernte 1959–1963 bei Dentler in Siegen, erweiterte seine Kenntnisse 1963–1975 bei Hammer (Hannover), Rensch (Lauffen), Hardt (Möttau) und im Germanischen Nationalmuseum Nürnberg, dann bei Woehl in Marburg und legte dazwischen 1968 die Meisterprüfung ab. 1976 machte er sich zuerst in Frauenberg bei Marburg selbständig, übersiedelte aber 1979 in seine Heimatstadt, wo er 1984 im Ortsteil Breitenbach neue Werkräume bezog. Anfangs alleine, dann im Team mit heute 4 Mitarbeitern wurden bisher 18 neue Orgeln gebaut und mehrere Restaurierungen ausgeführt.
Umfrage 1990.

Mehmel, Orgelbauerfamilie in Stralsund. Friedrich August Mehmel (1827 Allstedt/Thüringen – 1888 Stralsund) lernte bei Schulze in Paulinzella und arbeitete ab 1845 bei verschiedenen Firmen: Ibach (Barmen), Strobel (Frankenhausen) und Ladegast (Weißenfels). 1858 übernahm er die Nachfolge der durch Tod verwaisten Werkstatt des W. Fernau in Stralsund und eröffnete 1872 noch eine Filiale in Wismar. Bis 1874 erbaute er etwa 50 neue Orgeln hauptsächlich im nördlichen Mecklenburg und in Pommern. Ihm folgte als Inhaber der Sohn Paul Mehmel, der aber schon 1896 starb. Über den Nachlaß wurde der Konkurs eröffnet. Nachfolger in Stralsund wurde dann August Stutz. Friedrich August Mehmel machte sich einen Namen durch die Erfindung einer mechanischen Kastenlade, die er „Präzisionslade" nannte. Laut Kümmerle erfand er auch eine pneumatische Traktur ohne Winkel, Wellen oder Abstrakten; Sander bestritt Mehmels Priorität als Erfinder der Pneumatik und setzte seinen eigenen Prioritätsanspruch durch. Mehmel baute Schleifladen mit mechanischer Traktur, in Stralsund sogar mit Fernwerk, die Präzisionslade offenbar nur selten. 1859 entwickelte er ein Doublettensystem, d. h. jedes Register konnte für sich selbständig eine Oktave höher gespielt werden, also eine Art Multiplexsystem.
ZfI IX (1888/89), 156; Flade; Kümmerle II.

Meier, Orgelbauer in Plattling und Passau. Josef Meier (Lebensdaten unbekannt) wird um 1920 Nachfolger von Hechenberger in Passau, wo er eine ganze Reihe kleinerer Orgeln mit pneumatischer Traktur für Niederbayern baute. 1925 soll er das Geschäft verkauft haben, wahrscheinlich an Becker & Hiendl, die im gleichen Jahr ihre Firma in Passau eröffneten. 1950 etablierte sich Friedrich Meier (1913–1978 Plattling) in Plattling; er entfaltete in den folgenden Jahrzehnten mit teilweise größeren Orgelwerken, Umbauten und Elektrifizierungen in Niederbayern und in der Oberpfalz eine rührige Tätigkeit.

Meisinger, Orgelpfeifen-Spezialwerkstätten in Simbach am Inn. 1877 begründete Adolf Meisinger nach seiner Ausbildung bei Maerz in München das Geschäft in seinem Heimatort mit einer Filiale in Braunau am Inn (OÖ). 1918 übernahm sein Sohn Karl Meisinger (1888–1935) den Betrieb. Der plötzliche frühe Tod des Inhabers stellte die Witwe und den noch minderjährigen Sohn Karl II vor schwere Aufgaben, die mit Hilfe tüchtiger Mitarbeiter bewältigt werden konnte. Nach der Rückkehr aus dem Zweiten Weltkrieg übernahm Karl II Meisinger (1921–1990) den Betrieb und legte 1947 die Prüfung als Orgel- und Metallpfeifenmacher ab. Er vergrößerte ihn noch durch Anbau einer modernen Gießerei und Intonierwerkstatt. Mit Ulrich Meisinger (*1958) ist heute die 4. Generation in der Geschäftsführung tätig. Zwanzig Mitarbeiter beliefern Orgelbauer in aller Welt mit Orgelpfeifen.
Umfrage 1989; IbZ 3 (1949), 73.

Meissner, Friedrich und Georg, Orgelbauer in Gorsleben a. d. Unstrut und Zörbig. Lebensdaten unbekannt; Friedrich Meissner war ab etwa 1874 bis zum Ersten Weltkrieg im Raum nordöstlich des Thüringer Waldes tätig. Er baute 1880 noch mechanisch, nach 1900 dann pneumatisch. Georg Meissner wird 1915 mit einer Reparatur erwähnt. Um 1922 wurde die Firma nach Zörbig verlegt.
Flade.

Meister, Carl, Orgelbauer in Ludwigshafen. 1812 Buxweiler (Elsaß) – 1893 Ludwigshafen; er ließ sich 1864 in Ludwigshafen nieder und baute einmanualige Schleifladenorgeln in verschiedenen pfälzischen Kirchen. Er bezeichnete sich selbst als Instrumentenmacher. Der Sohn Georg Meister (Lebensdaten unbekannt) führte nach 1893 das Geschäft weiter, wird aber in den einschlägigen Listen nicht mehr aufgeführt.
HO Pfalz 279.

Melcher, Johann, Orgelbauer in Schwabmünchen. Lebensdaten unbekannt; er war 1940–42 mit kleineren Arbeiten im nordschwäbischen Raum tätig, scheint aber keine größere Bedeutung gehabt zu haben.

Mendel, Rudolf, Orgelbaumeister in Rixen bei Brilon. *1911 Bayreuth; er machte sich nach seiner Ausbildung 1951 im Sauerland selbständig, wo er zahlreiche alte Orgeln kennengelernt hatte und 15 alte Werke unter Denkmalschutz stellen ließ. Bis 1963 baute er im Sauerland etwa 40 neue Orgeln mit Schleifladen, elektrischer oder mechanischer Traktur. Die Tochter Judith Barbara Mendel-Koch erlernte beim Vater den Beruf, wurde 1965 mit ihrem Gesellenstück Bundessiegerin und legte 1968 die Meisterprüfung ab. Seitdem ist sie maßgeblich am Bau neuer Orgeln beteiligt, außerhalb des Sauerlands für Kirchen in Bayreuth, Dortmund, Essen, Frankfurt, Gelsenkirchen, Heidelberg, Marl und Offenbach. Ihre Opus-Zahl lag 1985 bei etwa 15 Instrumenten.
Magdalena Padberg, Der Hochsauerlandkreis als Orgellandschaft, Meschede (1985), 36; –, Ein Bayreuther Orgelbaumeister im Sauerland, in: Bayreuther Tagblatt vom 28./

29.6.1963; Kostbarkeiten in barocken Prospekten, in: *Westfalenpost, Heimatpost aus dem Sauerland Nr. 68 vom 21.3.1952.*

Menger, Heinrich, Orgelbauer in Euerdorf b. Hammelburg. 1815–?; sein Werdegang ist nicht bekannt; er muß aber im Rahmen seiner Ausbildung zu Johann Kirchner (1784 Euerdorf – 1853 ebenda) gekommen sein, denn er heiratete dessen Tochter und wurde gegen 1848 Kirchners Werkstattnachfolger. Von ihm sind bis jetzt 15 Orgelbauten bekannt, die zwischen 1848 und den 1880er Jahren entstanden und zum Teil noch erhalten sind. Er baute Schleifladen mit mechanischer Traktur. 1859 sah er für einen Neubau auch Kegelladen vor.

H. Fischer, Die Orgeln des Landkreises Bad Kissingen, Bad Kissingen 1985, 36.

Merklin, Orgelbauersippe in Oberhausen (Breisgau) und Freiburg-Wiehre mit elf Orgelbauern in vier Generationen. Erster Vertreter war Franz Josef I Merklin (1788 Oberhausen – 1857 Freiburg); er erlernte zuerst das Schreinerhandwerk, dann ab 1820 den Orgelbau bei Stephan Just in Oberhausen, erhielt 1823 die Lizenz und übersiedelte 1832 nach Freiburg-Wiehre, wurde 1837 Bürger und beschäftigte zwölf Arbeiter. Er baute nur Schleifladenorgeln. Seine beiden Söhnen Josef II (1819 Oberhausen – 1905 Nancy) und Gustav Adolf (1839 Freiburg – 1879 ebenda) wurden ebenfalls Orgelbauer. Josef II lernte beim Vater, arbeitete dann bei Haas (Luzern) und Walcker und machte sich 1846 in Belgien selbständig; 1855 kaufte er Ducroquet in Paris auf und eröffnete 1865 eine Filiale in Lyon. In seinen 3 Betrieben beschäftigte er 70 Mitarbeiter und gehörte neben Cavaillé-Coll zu den führenden französischen Orgelbaufirmen. Die Zahl seiner Opera beläuft sich auf etwa 550 in Frankreich und Spanien. Sein jüngerer Bruder Gustav Adolf wurde auch zuhause ausgebildet und kam auf der Wanderschaft nach Wien und Berlin. 1865 arbeitete er selbständig in Freiburg, ernährte sich neben dem Orgelbau auch vom Lebensmittelhandel. Bis jetzt ist erst ein selbständiges Opus bekannt. Zwei Schwiegersöhne von Josef I waren Orgelbauer: Jakob **Forell** (1821 Morbach/Pfalz – 1893 Freiburg), der beim Schwiegervater gelernt hatte, dann vorübergehend in Kehl selbständig tätig war, ab 1854 die Freiburger Merklin-Werkstatt weiterführte und tüchtige Kegelladen-Orgeln baute, sowie Friedrich **Schütze** (1808 Dessau – ?), Schüler von Zuberbier in Dessau und Walcker; er arbeitete von 1838–1847 bei seinem Schwiegervater Josef I Merklin und wurde Geschäftsteilhaber, schloß sich aber dann seinem Schwager Josef II an und etablierte sich 1854 endgültig in Brüssel. Das Freiburger Stammhaus endete mit dem Tode Forrells.

Ein anderer Familienzweig, auf Josefs I Bruder Georg Anton zurückgehend, brachte weitere Orgelbauer hervor: Bernhard (1808 Oberhausen – 1867 ebenda) lernte bei seinem Onkel Josef I, erhielt 1842 die Baulizenz in Oberhausen und unterhielt Filialen in Mannheim (ab 1844) und Mulhouse (1854–1858); Fridolin (1821 Oberhausen – 1900 Freiburg) lernte bei seinem Bruder Bernhard, war eine Zeitlang dessen Mitarbeiter in Mannheim und machte sich 1856 in Freiburg selbständig, wo er einige Schleifladenorgeln bauen konnte, aber hauptsächlich von Reparaturen leben mußte. Sein Sohn August Merklin (1860 Freiburg – 1940 ebenda) hatte bei ihm gelernt und sich bei Josef II in Frankreich fortgebildet, assoziierte sich 1883 mit dem Vater und machte sich 1899 in Freiburg selbständig, wo er 20 Arbeiter beschäftigte. Aus seiner Werkstatt sind von 1889–1904 ca. 35 Neubauten hervorgegangen; 1904–1907 unterhielt er auch eine Werkstatt in Rorschach, die 16 Opera in der Schweiz erbaute und durch Brandstiftung endete. In den folgenden Jahrzehnten reduzierte sich das Geschäft rapide. Seine Söhne Albert (1892 Freiburg – 1925 Madrid) und Friedrich (1902 Freiburg – 1921 Plattling) gingen als Orgelbauer nach Spanien, um die Firma Walcker dort zu vertreten. Ein Vetter von August, Alexander Merklin (1835 Oberhausen – ?), lernte bei seinem Onkel Bernhard, assoziierte sich 1865–1868 mit Albert → Fröhlich aus Köln († 1870), verzog danach nach Kenzingen und kehrte 1871 in seinen Heimatort Oberhausen zurück; er hatte wegen schlechter Arbeiten mehrere Prozesse.

B. Sulzmann, Zur Genealogie der Orgelbauerfamilie Merklin, in: Ars H. 57 (1978), 441–444; ders., Freiburger Orgelmacher des 17., 18. und 19. Jahrhunderts, in: Schau-ins-Land 98 (Freiburg 1979), 81–120, bes. 97–107; Kümmerle II, 259 f.; Flade; HO Baden, 286 f.

Meyer, Alfred, Orgelbauer in Schmalkalden. Lebensdaten unbekannt; er arbeitete als Geselle in Süddeutschland und in der Schweiz, vorübergehend auch bei Euler in Hofgeismar, und übernahm dann um 1912 die Werkstatt von August Schreiber jun. in Schmalkalden. Es sind einige Arbeiten in Nordhessen aus der Zeit zwischen 1912/19 bekannt.

Trinkaus, Ziegenhain, 265.

Meyer, Friedrich Bernhard, Orgelbaumeister in Herford (Westfalen). † 1898; zusammen mit seinem Bruder Wilhelm Meyer (Gebr. Meyer) arbeitete er ab 1857 im Weserbergland und in Südwestfalen. Eine Liste mit etwa 20 Neu- oder Umbauten enthält zweifellos nur ein Bruchteil der Arbeiten dieser Werkstatt. Ab mindestens 1866 wurden Kegelladen mit mechanischer Traktur gebaut.

Flade.

Meyer, Julius Lebegott, Orgel- und Klavierbauer in Köslin. † 1907 Köslin.

ZfI 28 (1907/08), 332.

Meyer, Orgelbauerfamilie in Hannover. Ernst Wilhelm Meyer (1779 Hannover – 1868 ebenda) begann sein Orgelbaugeschäft 1810, wurde zum Hoforgelbauer ernannt und übergab es 1838 an seine Söhne: Friedrich Eduard (1806 Hannover – 1889 ebenda) und Karl Wilhelm Meyer (1808 Hannover – 1882 ebenda). 1870 gaben sie den Orgelbau nach insgesamt 100 Neubauten auf; darunter befanden sich bedeutende Werke in Hannover und Niedersachsen mit 3 Manualen und über 40 Registern.

Flade; Kümmerle II, 269.

Michel & Löber, Orgelpfeifenhersteller in München. Die Firma war 1933 Verbandsmitglied.

Michel, Georg und Karl, Orgelbauer in Roth bei Gelnhausen, wahrscheinlich Vater und Sohn. Lebensdaten unbekannt; Georg Michel ist nachweisbar ab mindestens 1830, nach 1850 trat Karl Michel an seine Stelle bis etwa 1880. Ihre Tätigkeit bestand hauptsächlich aus Reparaturen; Neubauten sind nicht bekannt.

Bösken III; Rehm, Schlüchtern.

Michel, Hans, Orgelbaumeister in Crimmitschau. Lebensdaten nicht bekannt; er war ein Bruder des Kantors und Organisten Paul Michel in Crimmitschau und eröffnete hier 1923 sein Orgelbaugeschäft, in dem bis in die 1930er Jahre mehrere neue Orgeln entstanden sind. Er ersetzte häufig die abgelieferten Prospektpfeifen durch Zinkprospekte und nahm noch bis nach 1945 Umdisponierungen vor.

Flade; HO Sachsen.

Miklis, Günter, Orgelbaumeister in Bielefeld. *1926 Laurahütte/Oberschlesien; Schulbesuch in Hindenburg mit anschließendem Kriegsdienst und -gefangenschaft. 1948 begann die Ausbildung zum Orgelbauer bei Raimund Thiel (Fa. Rieger) in Beuthen, 1951 Meisterprüfung in Kattowitz. Danach selbständige Tätigkeit in Hindenburg mit etwa 5 Mitarbeitern bis 1958. Unter schwierigsten wirtschaftlichen und politischen Bedingungen wurden in dieser Zeit außer zahlreichen Reparaturen, Um- und Erweiterungsbauten 5 neue Orgeln (pneumatische bzw. elektropneumatische Traktur, Windladen mit liegenden runden Taschen) gebaut. Das größte Werk mit III/37 Registern befindet sich in der Salesianerklosterkirche in Auschwitz. 1958 übersiedelte er in die Bundesrepublik, arbeitete zuerst bei Walcker, danach von 1959–1972 bei Kleuker (Brackwede) in leitender Funktion, wobei er 1962 nochmals die Meisterprüfung ablegte. Nach einer Umschulung zum Technischen Zeichner machte er sich 1974 als Alleinmeister selbständig, wurde 1977 bis zur Schließung 1984 Geschäftsführer der Paderborner Orgelbau GmbH mit durchschnittlich 8 Mitarbeitern in den Räumen der früheren Firma Anton Feith in Paderborn. Seit 1984 befaßt er sich nur noch mit Reparatur- und Pflegearbeiten.

Umfrage 1990.

Milich, Theodor, Orgelbauer und Pfeifenhersteller in Frankfurt a. d. Oder. Inserierte 1889 in den Fachzeitschriften.

Mittermaier und Söhne GmbH, Orgelpfeifenherstellung in Sinsheim-Reihen (Baden). 1945 gründete Albert Mittermaier (1905 Simbach – 1974 Reihen) die Orgelpfeifenwerkstätte in Reihen; er hatte bei Meisinger (Simbach) gelernt, dann in mehreren in- und ausländischen Betrieben Berufserfahrungen gesammelt und 1941 die Meisterprüfung abgelegt. Sein Sohn Wolfgang Mittermaier (*1937 Lich) trat 1952 in den Betrieb ein und führt ihn seit 1974 weiter. Er legte 1961 die Meisterprüfung ab. 1985 wurde die Firma Mittermaier & Sohn in eine GmbH umgewandelt mit den Gesellschaftern Wolfgang sowie seinen Söhnen Thomas (*1964) und Bruno (*1965). Die Firma stellt nur Labialpfeifen her, etwa 400 Register im Jahr, beschäftigt insgesamt ca. 10 Personen und liefert in fast alle Länder der Welt.

Umfrage 1989; IbZ 29 (1975), 27; Musikinstrument 1975, 394.

Mockers, (und Stiehr), Orgelbauerfamilie in Seltz (Elsaß). Die Werkstatt wurde 1780 von Michael Stiehr (1750–1829) gegründet; seine drei Söhne: Joseph (1792–1867), Ferdinand (1803–1872) und Xavier (1806–1873) bildeten zusammen mit ihrem Schwager Xavery Mockers (1780–1861) einen Familienbetrieb, in den später auch Xaverys Sohn Felix Mockers (1818–1881) eintrat. Das Stammhaus Stiehr-Mockers wurde in der 3. Generation von Leon Stiehr (1840–1891) geführt. Ihm folgte in der 4. und letzten Generation Louis Mockers (1859–1926), ein jüngerer Sohn von Felix Mockers. Die Familie Stiehr-Mockers blieb bis zuletzt der Schleiflade mit mechanischer Traktur verbunden. Meyer-Siat ermittelte 374 Orgeln.

P. Meyer-Siat, Stiehr-Mockers, Haguenau 1972; HO Elsaß, 26 f.; Orgues en Alsace I (ARDAM 1985), 36; Barth, Elsaß, 64–66.

Mohrmann, Sieghart, Orgelbaumeister in Lamstedt (Kr. Cuxhaven). *1940 Tungkun/China; nach der Tischlerlehre trat er als Orgelbauschreiner bei Karl Schuke in Berlin ein und vervollkommnete seine Ausbildung zum Orgelbauer in den Jahren 1960–1966; 1968 erwarb er den Meisterbrief und machte sich 1971 als Alleinmeister in Lamstedt selbständig. Er fertigte in erster Linie Prospektentwürfe und Konstruktionszeichnungen im Auftrag anderer Firmen, baut also selbst nur in Ausnahmefällen neue Orgeln.

Umfrage 1990.

Möller, Burkhard, Metallpfeifenbauer in Blankensee bei Berlin.

Möller, Christian Ferdinand, Orgelbauer, Kaufmann und Schulze in Schmiedefeld am Rennsteig. 1829–1888 Schmiedefeld; er war ein Neffe des Schmiedefelder Orgelmachers Michael Schmidt (1798–1872), der sich um 1835 neben der bereits bestehenden Holland-Werkstatt selbständig gemacht hatte. Orgelbauten von Schmidt sind bis 1869 nachweisbar, Möller-Orgeln datieren zwischen etwa 1860 und 1880. Während Schmidt vorwiegend im thüringischen Raum arbeitete, drang Möller weiter nach Süden ins fränkische Grabfeld vor. 1872 übernahm Theodor → Kühn (1840–1902) die Schmidt-Werkstatt. Da Möller noch eine Reihe von Jahren selbständig wirkte, ist anzunehmen, daß er von Anfang an, also ab etwa 1860, eigenständig war, so daß es in Schmiedefeld 3 Werkstätten nebeneinander gab: Holland, Schmidt und Möller.

Flade; Martin Wähler, Schmiedefeld am Rennsteig, Erfurt 1939, 28; HO Oberfranken, 41 und 43: Haupt, Suhl.

Möller, Orgelbauerfamilie in Rotenburg a. d. Fulda. Valentin Möller (1811 Ziegenhain – 1887 Rotenburg) erlernte den Orgelbau bei seinem Onkel Johannes Vogt in Rotenburg, war danach Gehilfe und schließlich Werkführer bei dessen Nachfolger Bechstein. 1841 bestand er die Orgelbauerprüfung, wurde 1842 Beisitzer in Ziegenhain, übernahm ab 1847 Vertretungen für Bechstein und wurde 1855 dessen Nachfolger in Rotenburg. Unter seinem Sohn Heinrich I Möller (1844 Rotenburg – 1915 ebenda), der vom Vater ausgebildet worden war, nahm die Werkstatt an Bedeutung stark zu, zumal die Nachbarorgelbauer Röth (Ziegenhain) und Wagner (Hersfeld) gestorben waren. Der Enkel August Möller (*1873 Rotenburg) leitete den Betrieb von 1915 bis in die 30er Jahre, dann unterstützte ihn sein Sohn Heinrich II (August Möller & Sohn). Seit 1964 ist die Werkstatt im Besitz von Dieter → Noeske. Soweit ersichtlich, bauten die Möller noch bis zum Ersten Weltkrieg Schleifladen mit mechanischer Traktur. August Möller ging dann zur Kegellade mit pneumatischer Traktur über.

Flade; Trinkaus, Ziegenhain, 336 f.; Rehm, Kreis Fulda, 253; Dieter Großmann, 140 Jahre Orgelbau in Rotenburg, in: Hessische Heimat NF 14 (1964), 13–16.

Mönch, Orgelbauerfamilie in Überlingen am Bodensee. 1875 gründete Xaver Mönch (1843 Reichenstein – 1907 Überlingen) das Geschäft in Überlingen und erbaute bis zur Jahrhundertwende etwa 50 Kegelladenorgeln mit mechanischer Traktur im Bodenseegebiet, im südlichen Schwarzwald und im badischen Unterland. Mit dem Tätigwerden der Söhne Otto und Franz firmierte die Werkstatt als „X. Mönch Söhne, Orgelbauanstalt". 1907 übernahm Otto Mönch (1876 Überlingen – 1954 ebenda) die Leitung der väterlichen Werkstatt, die seit 1898 Taschenladen mit pneumatischer Traktur baute, bei größeren Instrumenten ab ca. 1932 auch mit elektrischer Traktur. Mit Ausnahme der Kriegszeiten wurden dauernd 6–8 Gesellen beschäftigt. 1952 entstand die erste Schleifladenorgel, nachdem sich das Verständnis vom Instrument gewandelt hatte, und ab 1959 wurden ausschließlich Schleifladenorgeln neu gebaut. Gleichzeitig wuchs die Tätigkeit über das gesamte Gebiet der Erzdiözese Freiburg und in die angrenzende Schweiz. 1954 übernahm der Enkel des Gründers, Karl-Otto Mönch (1909 Überlingen – 1983 ebenda) die Betriebsführung. Es entstanden in den 1960er Jahren verschiedene dreimanualige Werke. Mit Horst F. Prachtel (1934 Heesen – 1986 Überlingen) gewann die Werkstatt 1972 einen erfahrenen Orgelbaumeister als Teilhaber hinzu, der grundlegend neue Impulse setzte. 1975 übernahm Peter Mönch (*1952) die Aufgaben seines Vaters, das Unternehmen firmierte nun als „Mönch und Prachtel". Die 4. Generation leitete eine neue Entwicklungsphase ein, die gekennzeichnet ist durch die Beschäftigung mit historischen Instrumenten, verstärkter Restaurierungstätigkeit und der Ausbildung junger Mitarbeiter in allen Bereichen des Orgelbaues. Seither werden alle Arbeiten von der Werkstatt selbst ausgeführt, vom Entwurf bis zur Intonation, von der Anfertigung der Metallpfeifen bis zum Bau von Orgelgehäusen. Von 1976 bis 1985 entstanden so 47 neue Orgeln in mechanischer Ausführung, als Höhepunkt dieser Periode die Orgel in Duisburg-Hamborn (III/45), während deren Fertigstellung Horst Prachtel bei einem Autounfall in der Nähe von Heilbronn tödlich verunglückte. Peter Mönch leitet seitdem die Firma allein, sein Bruder Hans Mönch (*1956) unterstützt ihn, nachdem er jahrelang bei Andreas Ott in Bensheim als Geselle gearbeitet hatte und 1988 die Meisterprüfung ablegte. Stetiges Bemühen um kunstfertige Arbeit nach überkommenen handwerklichen Regeln mit zeitgemäßen Ideen und Lösungen kennzeichnen die Instrumente der Werkstatt, in der rund 20 Mitarbeiter zusammenwirken.

Umfrage 1989; Flade, IbZ 8 (1953/54), 125; Ommer, Neuzeitliche Orgeln, 286.

Moser, Albert, Orgelbaumeister in München. 1878 Luzern – 1960 München; Moser kam 1904 aus Krotzingen (OA Staufen) nach München und arbeitete mehrere Jahre bei Maerz. Als Borgias Maerz 1910 starb, wurde die Firma zwar von Albert Schönle weitergeführt, aber mehrere bisherige Mitarbeiter machten sich nun selbständig, so auch Albert Moser 1910. Zunächst arbeitete er bis 1918 mit Leopold Nenninger zusammen (Nenninger & Moser), danach gingen beide getrennte Wege. In der gemeinsamen Zeit entstand die Orgel für München, St. Margareth, ein Instrument mit damals bahnbrechender Wirkung im Sinne der elsässischen Orgelreform. Von 1918 bis zum Zweiten Weltkrieg baute Moser zahlreiche Reformorgeln, die ein positives Echo fanden und dem Münchner Orgelbau Geltung weit über die Grenzen Bayerns verschafften. Diese Orgeln hatten Kegelladen mit elektrischer bzw. pneumatischer Traktur und Dispositionen reichen neubarocken Stils. Der Gesamtklang „ist männlich und von strahlendem Glanz, aufgehellt durch silberne Aliquoten und Mixturen und bereichert durch eine Reihe schöner Zungenstimmen", jeweils nach dem Werkprinzip verschieden charakterisiert. Moser konnte auch nach 1945 noch am Wiederaufbau zerstörter Münchner Orgeln teilhaben, obwohl auch seine Werkstätte einem Luftangriff zum Opfer gefallen war. In dieser Zeit baute er mechanische Schleifladenorgeln (z. B. Gauting, Ev. Kirche). Um 1955 erlosch der Betrieb aus Altersgründen des Meisters.

HO Oberfranken; Brenninger, Altbayern.

Mühlbauer, Orgelbauerfamilie in Augsburg. Josef I Mühlbauer (1818 Train – 1848 Augsburg) war Lehrersohn und kam als Geselle nach Bayreuth zu Johann Friedrich Heidenreich (1778–1843), wurde dessen Geschäftsführer und heiratete 1846 die Witwe Heidenreich. Die Orgelbaukonzession für Bayreuth erhielt aber nicht er, sondern der ältere Ludwig Weineck, so daß Mühlbauer wieder in seine altbayerische Heimat ausweichen mußte. Der gleichnamige Sohn Josef II Mühlbauer (1847 Schongau – 1916 Augsburg) wurde bei Schlimbach (Würzburg) ausgebildet, arbeitete dann bei Müller (Rosenheim), Pröbstl (Füssen) und Maerz (München). 1887 wurde er Geschäftsführer bei Offner in Augsburg, der soeben verstorben war, heiratete 1888 die Witwe und erhielt 1889 das Augburger Bürgerrecht. Als Inhaber der seit 1873 bestehenden Offner-Werkstatt errichtete er zahlreiche Orgeln in Schwaben und Oberbayern. Mühlbauer baute nur Kegelladen, zuerst mit mechanischer, ab etwa 1900 mit pneumatischer Traktur. 1916 ging das Geschäft an seinen Stiefsohn Max Offner (1880–1961) über, unter dessen Nachkommen es noch besteht. Es existierte ferner noch ein Karl Mühlbauer

(Lebensdaten unbekannt), der vermutlich zur Verwandtschaft gehörte und nach Braunau/Inn zog.
Flade; HO Schwaben, 292.

Mühleisen, Konrad, Werkstätte für Orgelbau in Leonberg-Eltingen. Die Werkstätte entstand durch den Zusammenschluß ehemaliger Weigle-Mitarbeiter. Mühleisens Vater war Orgelbaumeister und Werführer bei Weigle gewesen; dessen älterer Bruder hatte 1942 die heute noch bestehende Werkstatt Mühleisen in Straßburg gegründet.

Mühlhaupt, Arthur, Orgelbauer in Umballe (Indien) und Plattling. †1930 Plattling; er war vor dem Ersten Weltkrieg als Reparateur und Stimmer in Indien tätig und verstand es, den Export deutscher Musikinstrumente nach Indien durch seinen Einsatz zu verstärken. Während des Krieges war er interniert, kehrte danach nach Deutschland zurück und wurde Mitarbeiter der Firma Weise in Plattling.
Flade; ZfI XLVIII, 659.

Müller, Orgelbauerfamilie in Breslau. Der Stammvater Johann Christian Benjamin Müller (1771–1847) war ein Schüler von Engler in Breslau, arbeitete mit dessen Sohn bis etwa 1800 zusammen, erhielt 1801 das Bürgerrecht und war danach selbständig tätig. 1830 nahm er seinen Sohn Moritz Robert (ca. 1803–1863) ins Geschäft auf und begab sich 1833 in den Ruhestand, während sein Sohn die Werkstatt weiterführte, aber in den 1850er Jahren in finanzielle Schwierigkeiten geriet. Mit seinem Tod endete die Reihe der bedeutenden Breslauer Orgelbauer. 1863 übernahm dann der Enkel des Gründers, Alfred Müller (1833 Breslau – 1885 ebenda) das Geschäft vom Vater mit Theodor Ackermann (1836–1892), einem Pflegesohn seines Vaters, als Compagnon. Sie firmierten als „Ackermann & Müller". Bis 1892 arbeitete in der Werkstatt auch Alfreds Sohn Robert Müller (1861 Breslau – ?), verzog dann nach Schweidnitz, wo er vermutlich in die Dienste einer anderen Firma trat. Ein zweiter Sohn des Stammvaters namens Otto Müller (? – 1865 Breslau) machte sich 1844 in Breslau selbständig; die Witwe führte ab 1865 das Geschäft mit Johann **Schneider** fort. Damit endete auch dieser Zweig der Familie Müller. Johann Christian Benjamin Müller gilt als Erfinder des Registers Portunalflöte.
Burgemeister[2], 227–234, 319; Flade.

Müller, Orgelbauerfamilie in Reifferscheidt. 1802 gründeten die Gebrüder Paul (1773–1843) und Nikolaus Müller (1777–1862) eine Orgelbauwerkstätte in Reifferscheidt bei Aachen. Während Nikolaus später Geistlicher wurde, wuchsen Pauls Söhne Josef (1803–1876), Michael (Lebensdaten unbekannt) und Christian (1811–1896) in der väterlichen Werkstatt heran und übernahmen dann die Nachfolge nach des Vaters Tod, vermutlich aber schon ab 1829. Josef, der älteste der Brüder, hatte selbst wieder 4 Söhne, die das Geschäft in der 3. Generation betrieben: Johann Paul (1841–?), Josef II (1848–1880), Alois (1850–1907) und Eduard (1851–1915). Von 1915–20 führte eine Schwester den Betrieb, der inzwischen weitgehend von leitenden Angestellten abhängig war, darunter auch der spätere Nachfolger Josef I Weimbs, der sich mit seiner Werkstattgründung 1926 in Hellenthal in der Tradition der inzwischen erloschenen Müller-Werkstatt versteht. Das den Zeitraum 1829/91 umfassende Werkverzeichnis enthält 105 Neubauten, das Gesamtwerk der Firma dürfte aber mehr Opera enthalten, die in der Eifel und in der Köln-Aachener Bucht standen, ferner in Holland und Belgien. Flade erwähnt sogar 2 Orgeln mit doppelten Pedalen (Würselen 1839 und Heerlen 1841). Die

Gebr. Müller bauten bis in die 1880er Jahre nur Schleifladen, zuweilen auch Kegelladen, ab 1890 mit Röhrenpneumatik und gingen um 1893/94 zum Bau von pneumatischen Windladen über; sie gehören damit zu den ersten Anwendern der Pneumatik in der Region neben Stahlhuth.

Flade; Ars 1981, 274–276 (M. Führer); Acta 12 (1978), 217 f.; Böckeler, Aachen; Hilberath, Erkelenz, 235; Ars 36 (1988), 67–74 (Hulverscheidt).

Müller, Orgelbauerfamilie in Tuntenhausen und Rosenheim (Oberbayern). Christian Gottlieb Müller (1799 Hochseifersdorf/Sachsen – 1866 Rosenheim) heiratete 1823 nach seiner Konversion in Tuntenhausen eine Schreinerswitwe und eröffnete 1846 sein Orgelbaugeschäft; sein Arbeitsgebiet befand sich sowohl in der oberbayerischen Umgebung als auch in der südlichen Rhön, wo er wenigstens bis in die 1860er Jahre verschiedene Neubauten errichten konnte. Diese Geschäftsverbindungen rühren angeblich von seinen Reisen in die sächsische Heimat her. 1866 übernahm sein Sohn Jakob Müller (1834 Tuntenhausen – 1899 Rosenheim) den Betrieb und verlegte ihn 1871 in die Kreisstadt Rosenheim; 1890 assoziierte er sich mit seinem Schüler und Mitarbeiter Josef → Hackl, der 1899 Alleininhaber wurde und die Werkstatt noch bis in die 1920er Jahre weiterführte. Christian Müller baute mechanische Schleifladen; bemerkenswert sind seine mechanischen Oberoktavkoppeln im Pedal. Auch Jakob Müller blieb lange bei der konservativen Schleiflade und brachte erst 1871 die Kegellade im Pedal, ab etwa 1885 auch im Manual. Unter Christian Müller wurden wahrscheinlich 34 Orgeln gebaut, von 1870/83 weitere 38 und bis 1899 schätzungsweise insgesamt 130–150 Opera.

Brenninger, Altbayern, 130; Flade.

Müller, Orgelbauer in Angermund bei Düsseldorf. Arbeitsnachweise in der 2. Hälfte des vorigen Jahrhunderts.

Müller, Orgelbauer in Bad Berka bei Weimar. Lebensdaten unbekannt; er baute laut Flade Orgeln in Tiefengruben (1910) und Ottstedt (1911), jeweils mit pneumatischer Traktur.

Flade.

Müller, Orgelbauer in Grevenbroich. Arbeitsnachweise um 1900.

Müller, Orgelbauer in Stadtilm. Er tritt nach 1900 als Compagnon von → Eifert in Erscheinung. Möglicherweise ist er mit dem gleichzeitig tätigen Müller in Bad Berka identisch.

Müller, A., Orgelbauer in Angermund bei Düsseldorf. Lebensdaten unbekannt. Er baute 1887 eine Orgel in Lintorf. Inwieweit mit dem Orgelbauer Müller (Vorname unbekannt) in Angermund bei Düsseldorf oder in Grevenbroich ein Zusammenhang besteht, ist noch unklar.

ZfI 8 (1887/88), 125.

Müller, Bruno, Orgelbauer in Aschaffenburg. 1839 Zündersbach – 1907 Aschaffenburg; er verbrachte seine Gesellenzeit bei Müller (Rosenheim), Maerz (München) und Bohl (Augsburg), ließ sich um 1870 in Aschaffenburg nieder und bildete vier seiner fünf Söhne zu Orgelbauern aus. Anfangs baute er einige Schleifladen, aber schon 1869 Kegelladen mit mechanischer Traktur und „fliegenden Wellen" (Schwenkleisten für den Kegelhub); zwischen etwa 1889/93 fertigte er selbstkonstruierte Röhrenladen (Hängeventilladen), die sich aber nicht bewährten. Erhalten hat sich in Schmerlenbach ein mechanischer Schweller, den der Spieler mit seinem Rücken gegen die Gehäusewand betätigt. 1900 verzog Müller nach Karlstadt und richtete sich in einer Scheune ein, weil man ihm in Aschaffenburg gekündigt hatte. Den Lebensabend verbrachte er wieder in Aschaffenburg. Nach eigener Angabe hat er 70 neue Orgeln gebaut, bekannt sind etwa 30, von denen nur noch wenige erhalten sind; ferner mehrere größere oder kleinere Umbauten an alten Orgeln mit Anbau eines freistehenden Spieltisches. Bruno-Müller-Orgeln sind sehr solide, aber etwas grobschlächtig gebaut und huldigen dem romantischen Klangideal bei kontrastreichen Einzelstimmen. Die Söhne wurden tätig: Gustav (*1871) in Aschaffenburg, Rudolf (*1874) in Leipzig, Georg (*1879) in Berlin und Anton (*1881) ebenfalls in Leipzig, aber keiner selbständig.

HO Unterfranken, 312.

Müller, Christian, Orgelbau und Pianohandel in Oberneubrunn und Hildburghausen (Thüringen). Das Geschäft wurde 1858 in Oberneubrunn gegründet und 1895 nach Hildburghausen verlegt. Der Hauptgeschäftsführer war Christian (Leonhard) Müller (Lebensdaten unbekannt), von dem Arbeitsnachweise zwischen 1883 und 1905 vorliegen. Er baute Kegelladen mit mechanischer Traktur. Das Arbeitsgebiet lag im südlichen Thüringer Wald, dürfte aber keine größere Ausdehnung gehabt haben. Ein Christoph Bernhard Müller starb am 1. 12. 1914 in Hildburghausen; das verwandtschaftliche Verhältnis zum vorigen ist nicht bekannt.

Flade; Haupt, Suhl; Weltadreßbuch 1893.

Müller, E., Orgelbauer in Helmstedt. Er war im vorigen Jahrhundert im Bereich Braunschweig tätig.

Acta 4 (1970), 145.

Müller, Emil, Orgelbaumeister und Harmoniumfabrikant in Werdau/Sachsen. 1857 (Borna?) – 1928 Werdau; Sohn eines Müllers, der sich für eine Orgelbaulehre entschied, die er bei seinem Onkel Bernhard Kreutzbach in Borna antrat. Danach war er als Geselle bei Geißler (Eilenburg), Sauer (Frankfurt/Oder), 1877/79 wieder bei Kreutzbach, dann noch bei Steinmeyer und Goll als Intonateur tätig. Bei Reubke (Hausneindorf) studierte er die Pneumatik und wurde schließlich 1882/87 Geschäftsführer bei Kreutzbach. 1887 übernahm er das Geschäft von Bärmig in Werdau, widmete sich aber bald wegen der harten Konkurrenz der Teilefabrikation (1892 Übernahme der Zinnpfeifenfabrik von Preuß in Frankfurt/Oder) und endlich der Harmoniumfabrikation. Bald stiegen die Produktionsziffern in die Tausende: 1901 Opus 1000, 1913 Opus 13000, und 1927 Opus 60000. Der Orgelbau wurde bis 1905 weitergeführt, Opus 40 war das letzte Werk der Firma. Müller baute Kegelladen; bereits 1888 baute er die Orgel von Kirchberg auf pneumatische Traktur um. 1895 erwarb er eine Bodensche Membranenlade, die sich aber nicht bewährte. Müllers Harmoniumfabrik war die größte Europas. 1913 übergab er deren Leitung an seinen Sohn Kurt Müller und den Schwiegersohn Arwed Brandner (1885–1940).

Flade; Oehme S, 93.

Müller, Friedrich Wilhelm, Orgelbauer in Leipzig oder Delitzsch. Arbeitsnachweise aus den 1860er Jahren.

HO Sachsen, 138.

Müller, Georg, Kirchen-Orgelbau in Schweinfurt. Lebensdaten unbekannt; es existiert eine Liste seiner Arbeiten aus den 1930er Jahren mit Orgelrenovierungen in Unterfranken (Reparaturen oder kleinere Umbauten). Daneben versah er viele Orgeln mit einem Ventus-Winderzeuger. Neubauten sind nicht bekannt. Letzter Arbeitsnachweis 1942.

Müller, Joachim, Orgelbaumeister. Zusammen mit Martin Müller Inhaber der Firma Förster & Nicolaus in Lich; Joachim (*1959) und Martin Müller (*1958), die nicht verwandt sind, erlernten ihren Beruf bei Manfred Nicolaus ab 1975 bzw. 1976 und bildeten sich anschließend bei anderen Firmen weiter, wie von Beckerath (Hamburg) und Giesecke (Göttingen), sowie durch Besichtigungsfahrten durch die Orgellandschaften Europas. 1986 legten beide die Meisterprüfung ab und übernahmen 1988 zu gleichen Teilen die Firma Förster & Nicolaus in Lich. Bemerkenswert ist ihre Rekonstruktion der Bürgy-Orgel in der Schloßkirche zu Bad Homburg.
Umfrage 1990.

Müller, Johann, Orgelbauer in Viersen. 1817–1875; er war Schüler von Engelbert Maas in Köln und ist mit Arbeiten von 1850–1874 belegt. Bis jetzt sind 11 größere Arbeiten ermittelt, meist mittelgroße zweimanualige Instrumente mit Schleifladen und neugotischen Prospekten.
Ommer, Neuzeitliche Orgeln, 289; Eberhard und Ulrich Bons, Der Viersener Orgelbauer Johann Müller, in: Acta 20 (1988), 292–318.

Müller, Martin, Orgelbaumeister in Lich. *1958. → Joachim Müller.

Müller, Otto, Orgelbauer in Frankfurt (Oder). Er war 1937 Verbandsmitglied.

Müller, Wilfried, Orgelbauer in Lehrte-Arpke. Tätigkeitsnachweise liegen aus den 1960er und 1970er Jahren vor.

Mund, Paul, Orgelbaumeister, ca. 1915–1990; er kam 1952 als Werkführer und Nachfolger von Hugo → Mayer zur Firma Walcker (Ludwigsburg). 1958 übernahm er zusammen mit seinem Kollegen Hans Theodor → Vleugels die → Bader-Firmen in Hardheim, wo auch sein Sohn Rolf Mund (* 1941) zum Orgelbauer ausgebildet wurde. Bis 1967 firmierten sie Mund & Vleugels. Nach dem Konkurs 1967 schied Mund aus der Firma aus, während Vleugels den Betrieb als GmbH unter seinem Namen weiterführte. Mund betätigte sich bis zu seiner Pensionierung in Schwäbisch Hall als Versicherungsvertreter.
Eigene Erkundungen.

Murawski, Orgelbauer in Elbing. Er war in den 1930er Jahren Mitglied des Verbands.

Muth, Orgelbauer in Paulinzella. Er erbaute 1899 und 1900 Orgeln in der Gegend von Rudolstadt (Thüringen).

N

Naacke, Johannes, Orgelbaumeister, Inhaber der Firma Gustav S. → Bier in Giengen a. d. Brenz. *1929 Dresden; lernte bei Jehmlich, war dann Geselle bei Schuke in Potsdam und Westberlin und arbeitete ab 1953 bei Bier in Giengen. 1957 legte er die Meisterprüfung ab. Er verfügt über Erfahrungen bei Restaurierungen historischer Orgeln in der DDR und spezielle Kenntnisse in der Behandlung historischer Pfeifen aus dem südwestdeutschen Bereich.

IbZ 11 (1957), 147; Hugo Weihermüller und Johannes Naacke, Die Orgelwerke der Abteikirche Neresheim, München 1989.

Nagel, Orgelbauerfamilie in Großenhain (Sachsen). Begründer war 1824/1830 Gottlob Heinrich Nagel (1805 Grünberg? – 1883 Großenhain). Um 1875 übernahmen seine beiden Söhne Karl Theodor (1837–1917) und Bernhard August Nagel (1846–1932) das Geschäft und firmierten als Gebr. Nagel. Bernhard erfand laut Kümmerle eine Sonderform der Kegellade mit nach unten aufgehenden Kegeln und oben liegender Mechanik. Die Firma bestand noch 1917 und dürfte in den 1920er Jahren erloschen sein. Die Nagel-Orgeln verteilen sich auf den Raum Sachsen, hauptsächlich im NO, die Lausitz und punktuell bis Schlesien. Es handelte sich um kleinere Werke mit durchschnittlich 12 Registern und einige zweimanualige Instrumente in der Größenordnung von etwa 20 Registern.

Flade; Oehme S, 94; Burgemeister[2], 319.

Nenninger, Orgelbau GmbH in München. 1910 gründete Leopold Nenninger (1880 Osterburken – 1970 München), ein Schüler von Schlimbach (Würzburg) und F. B. Maerz (München) eine eigene Werkstätte, nachdem die Firma Maerz an Schönle übergegangen war. Von 1910 bis etwa 1918 arbeitete er mit Albert Moser zusammen unter der Bezeichnung „Nenninger & Moser". In dieser Zeit entstand die Orgel für München, St. Margareth (III/56), ein Instrument mit damals bahnbrechender Bedeutung im Sinne der elsässischen Orgelreform. Leopold Nenninger führte den Betrieb bis 1952; danach übernahm sein Sohn Guido Nenninger (*1918) die Leitung bis 1984. Er befaßte sich bereits seit 1951 mit Schleifladen. In der Zusammenarbeit mit Rudolf Quoika wurden in den 1950er Jahren schon zahlreiche Orgeln mit mechanischer Traktur gebaut und der Versuch unternommen, mehrere historische Orgeln der bayerischen Orgellandschaft unter Erhaltung der alten Pfeifensubstanz und der alten Windladen zu rekonstruieren. 1984 übernahm der langjährige Mitarbeiter, Orgelbaumeister Gerhard E. Kau (*1947) die Firma und wandelte sie in eine GmbH um. Er fühlt sich dem süddeutsch-bayerischen Orgelbaustil verbunden. Kau ist Obermeister der Musikinstrumenteninnung Südbayern und Oberpfalz und Landesinnungsmeister des bayerischen Musikinstrumentenhandwerks, daneben ein gesuchter Gutachter für alte Instrumente. Etwa 10 Mitarbeiter sind in der Firma beschäftigt, die bis 1989 insgesamt 324 Orgeln gebaut hat. Von 1910 bis 1954 wurden pneumatische Kegel- oder Taschenladen gebaut, ab etwa 1920 auch mit elektrischer Traktur. Seit 1954 überwiegen Schleifladen mit mechanischer Traktur. Bis etwa 1930 entwarf man historisierende Prospekte, danach bis ca. 1955 offene Pfeifenprospekte, bis 1970 Rahmenprospekte und seitdem geschlossene Gehäuseprospekte in Vollholzbauweise. 1957 erhielt die Firma den bayerischen Staatspreis für hervorragende handwerkliche und künstlerische Leistung.

Umfrage 1989; Flade; R. Quoika, Roggenburger Orgelbüchlein, Roggenburg 1956, 35 f.; Brenninger, Altbayern, 157 f., 171 f.

Neuthor, Rudolf, Orgelbaumeister in Kiel. *1933 Kiel; er wurde ab 1954 von E. → Tolle in Preetz ausgebildet und blieb bei ihm als Mitarbeiter. Nach dessen Tod führte er für die Witwe das Geschäft weiter, erwarb es 1975 und machte 1977 die Meisterprüfung. Mit 4 Mitarbeitern erbaute er bis 1989 etwa 30 neue Orgeln; daneben werden Umbauten, Restaurierungen und Wartungen in Schleswig-Holstein durchgeführt.
Umfrage 1990.

Nickel, Adam, Orgelbauanstalt in Weilburg a. d. Lahn. Das Geschäft wurde 1894 gegründet und ist im Weltadreßbuch aufgeführt. Arbeitsnachweise liegen bisher nicht vor.
Weltadreßbuch 1897.

Nicolaus (→ Förster & Nicolaus), Orgelbauerfamilie in Lich. Der Geschäftsgründer J. G. Förster (1818–1902) hatte unter seinen Kindern keinen Orgelbauer als Nachfolger. Darum übergab er das Geschäft seinem Schwiegersohn Carl Nicolaus (1860 Steinbach – 1929 Lich), der seit 1884 als Geselle bei ihm beschäftigt war und 1889 die Tochter Louise heiratete. Nicolaus wurde zuerst Teilhaber, dann ab 1900 Alleininhaber; seitdem heißt die Firma Förster & Nicolaus. Die beiden Söhne Karl und Ernst Nicolaus (1897 Lich – 1966 ebenda) lernten beim Vater und bildeten sich bei Koulen (Augsburg), Faust (Barmen) und Seifert (Köln-Kevelar) fort. 1923 wurden sie Teilhaber; wenig später starb Karl II 34jährig. Ernst war nun Alleininhaber. Ab 1930 lassen seine Werke den Einfluß der Orgelbewegung spüren. Nach dem Zweiten Weltkrieg, etwa ab 1950, wurden wieder Schleifladenorgeln gebaut. Ernsts Sohn Manfred Nicolaus (*1926) lernte daheim, war dann bei Mönch (Überlingen) und Åkerman & Lund (Stockholm) beschäftigt, trat 1960 als Teilhaber in die Firma und wurde 1966 Alleininhaber. 1988 übergab er die Firma den bisherigen Mitarbeitern → Martin Müller und Joachim Müller, die 1992 das 150. Betriebsjubiläum feiern können.
Umfrage 1990.

Niemeyer, Georg, Orgelbauer in Hannover. Er war Schüler von Hammer, machte bei Möller (Rotenburg) seinen Meister und wird 1950 im Branchenverzeichnis geführt.
Jahrbuch der Musikwelt 1950, 555.

Nissler, Orgelbauer in Görlitz. Es sind einige Neubaunachweise aus den 1870er Jahren bekannt.
Burgemeister[2], 240; Flade.

Nitschmann, Orgelbauer in Allenstein (Ostpreußen). Flade erwähnt einen Orgelbau von 1931 im Ermland mit mechanischer Traktur. Er ist wahrscheinlich identisch mit dem folgenden Orgelbauer.
Flade.

Nitschmann, Leopold, Orgelbauer in Schwerin. *1895; ab etwa 1930 selbständig in Allenstein/Ostpreußen; übernahm von 1945 bis 1965 die Werkstätte von Marcus Runge (1865–1945) in Schwerin und war vorwiegend mit Instandsetzungen beschäftigt.
Maßmann-Busch-Jaehn (Runge).

Noack, Ernst, Orgelbauer in Braunschweig. Lebens- und Geschäftsdaten unbekannt. Er ist im Weltadreßbuch von 1893 aufgeführt.

Noeske, Dieter, Orgelbaumeister in Rotenburg a. d. Fulda. *1936 Wriezen/Oder; er trat bei Karl Gerbig (Eberswalde) in die Lehre, wechselte danach zu Karl Schuke nach Westberlin und übernahm 1960 die Firma Möller in Rotenburg. 1964 legte er die Meisterprüfung ab. In der „Orgelbauwerkstatt Rotenburg a. d. Fulda" sind durchschnittlich 5 Mitarbeiter beschäftigt; es wurden bisher rund 75 neue Orgeln erbaut, die sich auf Hessen, Berlin und Norddeutschland verteilen.
Umfrage 1990.

Nosske, Paul, Orgelbauer in Braunau (Schlesien). Flade erwähnt einige Orgelbauten in den Jahren 1899 ff. mit mechanischer Traktur.

Novak, Karl, Orgelbaumeister in Königsberg (Ostpreußen). Die Werkstatt wurde 1900 gegründet und bestand wohl bis ca. 1944. Novak baute pneumatische Orgeln, die bedeutendste war die Königsberger Domorgel.
Flade; Renkewitz-Janka.

Nuhn, Heinrich, Orgelbauer in Kirchheim (Hessen), *um 1865/70; Ausbildung unbekannt. Er wurde kurz vor 1900 in Kirchheim tätig, bezeichnete sich 1917 als Mitinhaber der Fa. Ratzmann in Gelnhausen und firmierte 1926 als „Heinrich Nuhn und Sohn" in Kirchheim. Mit dem Sohn Georg zusammen betätigte er sich mit Reparaturen, Gebläseeinbauten und Ersatzprospekten; nur zwei Neubauten sind bekannt (Kegelladen mit mechanischer Traktur). Auch der zweite Sohn Hans betätigt sich im Orgelbau; die Söhne gelten jedoch nicht als zünftige Orgelbauer.
Trinkaus, Ziegenhain, 269 f.

Nußbücker, Wolfgang, Orgelbaumeister in Plau (Mecklenburg). *1936 Nordhausen; er erlernte den Orgelbau 1950–1953 in Erfurt bei Löbling, war anschließend bei Heinze in Stadtilm tätig und machte dort 1964 die Meisterprüfung. 1965 eröffnete er eine eigene Werkstatt in Plau, weil es nördlich von Berlin in der DDR kaum mehr Orgelbauer gab. Aus kleinsten Anfängen entstanden in den 70er Jahren im Selbstbauverfahren geräumige Werkstätten mit Montagehalle, Bankraum, Schweiß-, Schleif- und Maschinenraum, eine Gießerei und Pfeifenwerkstatt; ein völlig neuer Maschinenpark konnte beschafft werden. Inzwischen beläuft sich die Belegschaft auf 10 Mann, zumeist selbst ausgebildete Facharbeiter. Die Auftragslage war von Beginn an sehr günstig. Ein Schwerpunkt lag auf dem Bau von Positiven, Continuo-Instrumenten und Kleinorgeln, die mittlerweile in allen Landeskirchen der ehemaligen DDR stehen, während die größeren Orgelwerke hauptsächlich in den Bezirken Schwerin, Rostock und Neubrandenburg aufgestellt wurden.
Orgelbauertreffen, 23–25; Umfrage 1990.

O

Oberlinger, Orgelbauerfamilie in Windesheim bei Bad Kreuznach. Die Orgelbauwerkstätte wurde 1860 von den Brüdern Jakob (1842–1916) und Karl I Oberlinger (1840–1919) gegründet. Schon deren Großvater arbeitete im Orgelbau. Jakob hatte bei den Gebr. Weil in Neuwied das Orgelbauhandwerk gelernt. 1880 übernahmen sie die Werkstatt Weil mit allem Zubehör, da diese keine Nachkommen hatte. Der Sohn von Jakob, Karl II Oberlinger (1879–1962) führte den Betrieb in der zweiten Generation durch die Jahre seit dem Ersten Weltkriege. Seine Söhne Hermann (*1908) und Ernst Oberlinger (*1915) übernahmen nach dem Zweiten Weltkrieg die Werkstatt, verlegten die Arbeitsräume 1970 in einen Neubau am Ortsrand und erweiterten und modernisierten sie kontinuierlich. Zugleich eröffneten sie ein Musikhaus mit Ausstellungsräumen für Kleinorgeln, Flügel, Klaviere, Cembali etc. Seit 1974 ist die 4. Generation leitend im Unternehmen tätig: Helmut Oberlinger (*1942, Sohn von Hermann), Diplom-Betriebswirt, und Wolfgang Oberlinger (*1943, Sohn von Ernst), Orgelbaumeister, Architekt und Dipl.-Ingenieur. Wolfgang Oberlinger ist nicht nur durch den Entwurf interessanter und zeitgemäßer Orgelprospekte, sondern auch durch mehrere Aufsätze über Fragen der Aufstellung, Planung und Akustik in Fachorganen bekannt geworden.

Mit ca. 70 Beschäftigten gehört die Firma zu den größten deutschen Orgelbauwerkstätten. Ihre Bauweise basiert auf der mittelrheinischen Orgelbautradition, deren bekannteste Vertreter die Orgelbauer Stumm waren. Das Arbeitsgebiet umfaßt neben der Bundesrepublik das europäische Ausland, die USA und Länder in Afrika und Asien. Bedeutende Orgeln stehen in Jerusalem (Israel), Nishinomiya (Japan), Amherst und Alexandria (USA), Kula (Hawaii), Nassau (Bahamas) Gbadolite (Zaire) und Salzburg, Mozarteum. Eine Spezialität der Werkstatt ist der Bau kompakter Hausorgeln, ein besonderes Aufgabengebiet die Restaurierung von historischen Orgeln, besonders Werke von Stumm und der Romantik. Bedeutsam sind Forschungsarbeiten über ikonographisch überlieferte Orgeln und deren Rekonstruktionsversuch (Positive, Portative, Regale und ein Claviorganum). Oberlinger baute bis 1895 Schleifladen, 1880 schon mit durchschobenen Laden, danach bis 1950 Kegelladen, seitdem wieder Schleifladen. Die mechanische Traktur wurde bis 1935 neben der pneumatischen Traktur gebaut, von 1935–1950 überwiegend die elektrische Traktur. Bis 1895 waren die Gehäuseprospekte meist neugotisch oder neuromanisch; danach erbaute man bis 1950 vorrangig Freipfeifenprospekte. Seit Wiedereinführung der Schleiflade folgten dann Gehäuseprospekte, teils in alten Stilen, teils modern gestaltet. Die Prospektgestaltung als Ausdruck der Gesamtkonzeption des Orgelwerkes nimmt engen Bezug zur Raumarchitektur und ihren Proportionen; dabei werden alte bewährte Techniken und Formen neu interpretiert zu einem postmodernen Gegenwartsstil.

Umfrage 1990; L. Jacobus, W. Oberlinger, P. M. Scholl, Die neue Oberlinger-Orgel in der Basilika der Dormition-Abbey auf dem Berge Sion in Jerusalem, Windesheim 1982.

Offenhauer, Eduard, Orgelbauer in Delitzsch bei Leipzig. 1825–1904; sein Werdegang ist unbekannt. Er baute ab 1856 mechanische Orgeln in der Leipziger Gegend.
Flade; HO Sachsen, 286.

Offner, Orgelbauerfamilie in Augsburg und Kissing. Johann Offner (1846–1887 Augsburg) war ein Schüler von Joseph Bohl und übernahm 1873 dessen Orgelbau-Konzession in Augsburg. Die Witwe heiratete 1888 den aus Schongau kommenden Orgelbauer Josef → Mühlbauer (1847–1916 Augsburg), der die Werkstatt weiterführte und zahlreiche Orgeln in Oberbayern und Schwaben errichtete. 1916 übernahm der Sohn des Gründers, Max Josef Offner (1880 Augsburg – 1961 ebenda) nach dem Tode des Stiefvaters Mühlbauer den Betrieb. Seit 1953 führt der Enkel Maximilian Heinrich Anton Offner (*1923 Augsburg) die Firma in der 3. Generation. Nach dem Zweiten Weltkrieg wurden die Werkstätten nach Kissing verlegt, wo seither ca. 400 Orgelneu- oder Umbauten geschaffen wurden. Die Instrumente sind weitgehend dem neubarocken, etwas süddeutsch eingefärbten Orgelklang der fortgeschrittenen Orgelbewegung verpflichtet. Ursprünglich baute Offner Kegelladen mit mechanischer, nach 1900 mit pneumatischer und ab etwa 1930 auch mit elektrischer Traktur. Einige Schleifladen entstanden noch in den Anfangsjahren, dann wieder in den 1950er Jahren mit elektrischer, ab etwa 1964 mit kombinierter Traktur.

Umfrage 1990; Flade; HO Schwaben, 292 f.; Brenninger, Schwaben, 76.

Offner, Johann, Orgelbauer in Geiselwind (Steigerwald). Lebensdaten unbekannt. Ob ein Zusammenhang mit Offner in Augsburg besteht, ist ungeklärt; es handelte sich wohl um einen Ein-Mann-Betrieb, der mit einigen Arbeiten in der Zeit von 1920–1940 im Steigerwaldbereich nachzuweisen ist, aber keine neuen Orgeln erbaut hat.

Oehms, Rudolf, Orgelbaumeister in Trier. *1931 Trier; ausgebildet bei Sebald in Trier, machte er 1956 die Meisterprüfung und führte ab 1972 die Werkstatt Sebald unter eigenem Namen weiter. In der Firma sind 9 Mitarbeiter tätig; bis Anfang 1990 wurden 231 neue Orgeln erbaut. 1982 erhielt Oehms den Kunsthandwerkerpreis der Stadt Trier. Oehms liefert Orgeln nicht nur in den Trierer Raum, sondern exportiert nach Luxemburg, vereinzelt auch nach Argentinien und Norwegen.

Umfrage 1990.

Opitz, Christoph, Orgel- und Instrumentenmacher in Dobra bei Ronneburg. *1815 Dobra – 1885 Grünberg; er war Schüler von Bernhard in Romrod und baute in den Jahren 1844–1880 kleinere bis mittlere, meist zweimanualige Orgeln im Gebiet des Herzogtums Sachsen-Altenburg und in Westsachsen. Es sind über 30 Opera bekannt, alle in herkömmlicher Bauweise mit Schleifladen und mechanischer Traktur. Sein Sohn Edmund Opitz (1848 Dobra – 1925 ebenda) betrieb den Orgelbau nur noch nebenberuflich als Gastwirt; Neubauten von ihm sind nicht bekannt. Der jüngste Sohn Karl Friedrich Bruno Opitz (1850 Dobra – 1878 ebenda) war auch gelernter Orgelbauer.

Oehme III, 95; Flade; Friedrich-Bauer, Schmölln, 10–16.

Opitz, Gerhard, Orgelbaumeister in Witten-Herbede (Ruhr). * 1913 Oberschreiberhau; Orgelbaulehre bei Heinze in Sorau 1927–1931; nach der Gesellenprüfung war er bei verschiedenen deutschen Firmen tätig; 1937 machte er die Meisterprüfung, arbeitete anschließend bei Eule (Bautzen) und nach dem Kriegsdienst (1939–1948) bis 1964 bei Walcker als Auslandsmonteur und erfahrener Intonateur. 1964 machte er sich in Herbede selbständig, beschäftigte im Schnitt 4 Mitarbeiter, baute etwa 10 Positive und Kleinorgeln und restaurierte historische Orgeln. Er arbeitete aber hauptsächlich mit verschiedenen Orgelbaufirmen kooperativ zusammen, indem er Montage, Intonation und Wartung der im Ruhrgebiet aufgestellten Instrumente besorgte. Seit 1981 ist der Betrieb altershalber stillgelegt. – Gerhard Opitz ist gewählter Sachverständiger des BDO.

Umfrage 1990.

Oesterle, Kurt, Orgelbaumeister in Reichenbach (Fils) und Albershausen. 1933 Stuttgart – 1989 Albershausen; ausgebildet bei Weigle in Stuttgart-Echterdingen, machte er 1962 die Meisterprüfung und eröffnete 1963 einen eigenen Betrieb, der im Schnitt etwa

5 Mitarbeiter beschäftigte. Neben Restaurierungen und Reparaturen erbaute er insgesamt 111 neue Orgeln, hauptsächlich in Württemberg. Im November 1988 wurde der Betrieb aus Krankheitsgründen eingestellt.
Umfrage 1990.

Oestreich, Orgelbauerfamilie in Oberbimbach bei Fulda, die über 5 Generationen hinweg zwischen etwa 1750 und 1920 in Osthessen und angrenzenden Gebieten tätig war. Begründer war Jost Oestreich (1715 Oberbimbach – 1790 ebenda), der hauptsächlich im Fuldaer und Vogelsberger Raum tätig war. Unter dem Sohn Johann Markus (1738 Oberbimbach – 1833 ebenda) entstanden auch Beziehungen nach Westfalen, wo heute noch einige Oestreich-Orgeln stehen, nach Niederhessen und Westthüringen. Bereits in den 1820er Jahren wird Johann Markus zunehmend abgelöst durch seine beiden Söhne Johann Georg (1770 Oberbimbach – 1858 ebenda) und Johann Adam Oestreich (1776 Oberbimbach – 1865 Bachrain). Während Johann Adam einige Jahre Organist in Corvey war, aber sonst in seinen Arbeiten kaum von denen des Bruders Joh. Georg zu trennen ist, setzte dieser die väterliche Werkstatt in der 3. Generation fort. Johann Adam trennte sich jedoch nach einiger Zeit vom älteren Bruder und machte sich dann in Bachrain selbständig. Von Johann Georgs Söhnen wurden wieder drei Orgelbauer: Adam Josef (1799 Oberbimbach – 1843 ebenda), der die Werkstatt übernahm, und Michael Oestreich (1802 Oberbimbach – 1838 Dringenberg), der 1833 in die Werkstatt Isvording in Dringenberg einheiratete. Der dritte, Augustin Oestreich (1807 Oberbimbach – ?) heiratete 1845 die Witwe seines früh verstorbenen Bruders Adam Josef und besorgte die Werkstatt noch ein Jahrzehnt. 1855 wanderte er zusammen mit seinen Neffen/Stiefsöhnen in die USA aus. Emil Oestreich (1832 Oberbimbach – 1857 ebenda), der älteste Sohn von Adam Josef, war der letzte in der Bimbacher Werkstatt. Die Bachrainer Werkstatt des Johann Adam wurde noch von den Söhnen Constantin (1808 Oberbimbach – 1864 Bachrain) und Josef (1817 Bachrain? – 1870 ebenda) fortgeführt. Josef überlebte seinen Vater Joh. Adam aber nur wenige Jahre, so daß dessen Enkel Wilhelm (1848 Bachrain – 1929 ebenda) schon in jungen Jahren selbständig wurde. Von ihm sind jedoch nur noch wenige Werke bekannt. Bedeutendste Vertreter der Familie waren zweifellos Johann Markus und seine beiden Söhne Johann Georg und Johann Adam. Der Oestreich-Stil ist ziemlich unverkennbar in den Prospektformen wie auch in der Dispositionsweise. Es ist wahrscheinlich, daß die letzten Vertreter den Übergang zur Kegellade nicht mehr mitgemacht haben und so im technischen Fortschritt nicht mehr bestehen konnten. Der originäre Oestreich-Stil als Mittler zwischen Mittelrhein und Westthüringen ist wohl deutlich durch Wegmann (Frankfurt) beeinflußt.
Acta 7 (1973), 37–66 (G. Rehm).

Ott, Andreas M., Werkstätte für Orgelbau in Bensheim (Bergstraße). *1940 Dresden, ausgebildet bei Jehmlich ebenda, danach bei verschiedenen Firmen zur Weiterbildung: Führer (Wilhelmshaven), Wälti und Orgelbau Genf AG (Schweiz), Eisenbarth (Passau), Rieger (Schwarzach) und Mathis (Näfels). 1967 in Bensheim selbständig, machte er sich einen Namen durch frühzeitig gute Restaurierungen in Südhessen. Er gab dem Erhalten guter Instrumente immer den Vorzug vor dem Abriß. Bisher wurden 34 Restaurierungen und 38 Neubauten mit einer Belegschaft von fünf Mann ausgeführt. Gefertigt werden ausschließlich Schleifladen mit eingenuteten Schieden, sensibler Mechanik und Massivgehäuse.
Umfrage 1990; Balz, Starkenburg, 415.

Ott, Paul, Werkstatt für Orgelbau in Göttingen. Der Gründer Paul Ott (*1903 Oberteuringen) erlernte die Schreinerei in Memmingen und war in dieser Zeit aktiv in der süddeutschen Singbewegung tätig. Anschließend machte er dann die Orgelbaulehre bei Steinmeyer (Oettingen), die Meisterprüfung in Magdeburg und erweiterte seine Fertigkeiten auf Anraten von Mahrenholz bei Giesecke in Göttingen. 1930 machte er sich in Göttingen selbständig und baute das erste Orgelpositiv in klassischer Bauweise mit Schleifladen, mechanischer Traktur und Intonation auf offenem Pfeifenfuß ntsprechend den Erkenntnissen der Orgelbewegung. In den 1930er Jahren begann auch seine umfangreiche Restaurierungstätigkeit vorwiegend im norddeutschen Küstenbereich, wobei – im Gegensatz zur Praxis der damaligen Zeit – die Erhaltung und Instandsetzung historischer Substanz oberste Priorität erhielt. In die gleiche Zeit fällt der Bau von Hausorgeln als Modelle des neuen Klangverständnisses in Wiedergewinnung der natürlichen Klangphysik der Tonkanzellenlade. Nach dem Kriege galt Paul Ott als einer der ersten Fachleute und wurde mit zahlreichen Restaurierungen sowie Orgelneubauten im In- und Ausland betraut. Nach dem Eintritt seines Sohnes Dieter Ott (*1934) in die Werkstatt wandelte sich das angestrebte Klangbild zu reicherer Fülle und Grundtönigkeit. Der Gestaltung von Prospekt und Gehäuse wurde besondere Aufmerksamkeit gewidmet, Spiel- und Registertrakturen wurden weiterentwickelt, für elektrische Registertrakturen elektronische Steuerungen (Lochkartensetzer) eingeführt. Für jede Orgel wird der Individualcharakter durch differenzierte Mensurierung und Intonation herausgearbeitet. Erkenntnisse aus der Klangphysik der Tonkanzellenlade führen zu Untersuchungen der reinen, natürlichen Stimmung und deren praktischer Anwendung im Orgelbau.

Pape, Tracker Organ, 427; HO Oberfranken, 41; Firmenliteratur; Umfrage 1990.

Owart, Werner, Orgelbaumeister in Ludwigshafen und Neuhofen (Pfalz). * 1921, wurde nach dem Abitur zum Reichsarbeits- und Kriegsdienst eingezogen, begann nach der Gefangenschaft eine Orgelbaulehre bei Heißler in Markelsheim, machte die Meisterprüfung und studierte Pädagogik. 1960 gründete er ein eigenes Geschäft in Ludwigshafen mit 2 Mitarbeitern und verlegte die Werkstatt 1972 nach Neuhofen (Pfalz). Owart baute nur Schleifladen mit mechanischer Traktur, anfangs mit Rahmengehäusen, ab 1970 mit geschlossenen Gehäusen. Die Gesamtzahl der Neubauten betrug 1989 51 Opera, daneben führte er zahlreiche Restaurierungen in der Pfalz durch. Gegenwärtig läßt er den Betrieb aus Altersgründen auslaufen.

HO Pfalz, 280; Umfrage 1989.

P

Palandt, Ernst, Orgelbaumeister in Hildesheim. 1907 Bochum – 1979 Hildesheim; nach dem Abitur in Celle studierte er an den TH Hannover und Berlin unter anderem den Orgelbau und schloß mit dem Diplom ab. 1937 assoziierte er sich mit dem Orgelbaumeister Wilhelm Sohnle in Halberstadt und reaktivierte auf Betreiben des Hildesheimer Oberbürgermeisters die seit 1920 verwaiste Schaper-Werkstatt. Während Sohnle die Halberstädter Filiale leitete und 1940 zum Kriegsdienst eingezogen wurde, betrieb Palandt die Hildesheimer Werkstätte bis 1944, als auch er einrücken mußte. 1945 wurde der Betrieb total zerstört, ab 1948 wiederaufgebaut. Palandt galt als erfahrener Restaurator, der sich an den Hildesheimer Denkmalorgeln im Sinne der Orgelbewegung betätigte, ihren Bestand dokumentierte und mit mehreren orgelhistorischen Veröffentlichungen hervortrat. Seine Neubauten sind keine Kopien, sondern im Sinne der 1950er Jahre historisierende Eigenschöpfungen, oft unter Verwendung historischer Teile. An der Rekonstruktion vieler teilzerstörter Orgeln in Hildesheim war er besonders beteiligt. Dieter → Kollibay, seit 1949 Werkmeister, übernahm etwa 1969 die Hildesheimer Orgelwerkstätte.
Hildesheimer Orgelchronik; Flade.

Paschen, Hinrich Otto, Orgelbaumeister in Kiel. *1937 Berlin; ausgebildet bei Schuke (Berlin), erweiterte er seine Kenntnisse bei Beckerath (Hamburg), Hammer (Hannover) und Kemper (Lübeck), machte sich dann nach der Meisterprüfung 1964 in gemieteten Räumen in Leck/Schleswig-Holstein zusammen mit Günter → Braukmann (*1930 Göttingen) selbständig. Braukmann schied schon 1966 aus der Firma wieder aus. 1970 baute Paschen ein eigenes Werksgebäude in Kiel und verlegte den Firmensitz dorthin. Er beschäftigt 7 Mitarbeiter und baute in 25 Jahren 102 neue Orgelwerke, die sich besonders durch einfallsreiche Entwürfe und Konstruktionen bei komplizierten Platzverhältnissen und schwieriger Raumarchitektur mit interessanten Lösungen auszeichnen. Der Schwerpunkt des Arbeitsgebietes liegt naturgemäß in Schleswig-Holstein. Lieferungen nach Hamburg und Niedersachsen, Berlin und ins Ruhrgebiet sowie fast ein Dutzend Aufträge für Japan zeugen von der überdurchschnittlichen Bedeutung der Firma.
Umfrage 1989; IbZ 26 (1972), 470; Ommer, Neuzeitliche Orgeln, 286.

Pauly, Nikolaus, Orgelbauer in Mosbach (Baden). Er lernte bei Walcker, arbeitete dann bei Schäfer (Heilbronn), Burkard (Heidelberg), Koulen (Straßburg) und war ab 1892 als Reparateur und Stimmer bis nach dem Ersten Weltkrieg tätig.
HO Baden; Acta 18 (1985), 311; BDO-Mitglied 1921.

Peekel, Gebrüder Gerhard und ?, Orgelbauer in Düsseldorf. Lebensdaten unbekannt; sie sind von 1900 bis etwa 1920 nachzuweisen, aber in der Literatur noch kaum bekannt.
Flade.

Pelzer, Matthias, Orgelbauer in Aachen. Lebensdaten unbekannt; → Bach, Karl.

Peschel, Orgelbauer und Uhrmacher in Alt Strunz bei Schlawa (Schlesien). Es sind einige Reparaturnachweise von ca. 1860 bis 1884 vorhanden, an denen Vater und Sohn Peschel beteiligt waren.
Burgemeister[2], 242; Flade

Peter, Willi, Orgelbauwerkstätten in Köln. 1907 Brandenburg/Havel – 1978 Köln; er erlernte den Orgelbau bei Sauer (Frankfurt/O von 1921–1924, kam 1928 erstmals als Monteur nach Köln und wurde kurze Zeit später als Betreuer der Sauer-Orgeln im Rheinland eingesetzt. Nach der Meisterprüfung 1934 baute er die Position zu einer Vertretung aus, die mit der Zerstörung des Stammwerks in Frankfurt/O. erlosch. 1945 machte er sich in Köln-Sülz selbständig und verlegte 1952 den Betrieb in eine umgebaute ehemalige Tabakfabrik nach Köln-Mülheim. 1977 wandelte er das Unternehmen in eine GmbH mit seinen langjährigen Mitarbeitern Georg Eglseder (*1930 Kafferding) und Helmut Klöpping (*1936 Schwelm) um, die es heute leiten. Die Belegschaft stieg in den 1950er Jahren auf 40 Mitarbeiter, sank in den 1970er Jahren auf 25 und liegt jetzt bei 12 Mitarbeitern. Insgesamt wurden 580 Orgelneubauten, Umbauten und Restaurierungen ausgeführt. Bis 1957/58 entstanden hauptsächlich Taschenladen mit stehenden Taschen, vereinzelt Kegelladen, aber schon ab 1950 auch Schleifladen mit mechanischer, gelegentlich elektrischer Traktur. Die Prospekte waren von 1949–1952 offen, von 1952–1958 gerahmt, danach geschlossene Gehäuse. Willi Peter baute die ersten Jalousien aus Glas und die erste Setzerkombination über Selenzellen. Er ließ mehrere Neuerungen patentieren: elektrische Schaltungen über Selenzellen (1952), Schleifendichtungen (1956), waagrecht (parallel) aufgehende Tonventile (1956) und Seiltraktur-Segmente (1962). Peter-Orgeln stehen im Rheinland, in Hamburg und Berlin, im Main-Kinzig-Kreis, in Nördlingen und Nürnberg, und wurden in viele Länder exportiert (Belgien, Japan, Portugal und Schweden).

Umfrage 1989; IbZ 20 (1966), 332; IbZ 32 (1978), 388; ISO INFORMATION Nr. 4, 278 f.; Nr. 17, 46.

Peternell, Gebrüder, Orgelbauwerkstätte in Seligenthal bei Schmalkalden (Thüringen). 1847 gründeten die Brüder Karl Friedrich (ca. 1815 – ca. 1877) und Wilhelm Peternell (Lebensdaten nicht bekannt) in Seligenthal ihr Geschäft. 1850 nahmen sie ihren jüngeren Bruder August Peternell (1836–1909) in die Lehre auf. Er wurde bereits 1869 Teilhaber und 1877 Alleininhaber, da die beiden älteren Brüder sich wohl altershalber aus dem Geschäft zurückzogen. Dieses trug schon bald die Merkmale industrieller Arbeitsteilung. 1865 waren 22 Gehilfen beschäftigt, und eine Dampfmaschine versorgte die ersten Holzbearbeitungsmaschinen mit Antriebskraft. An ihr verunglückte 1866 Wilhelm durch einen Betriebsunfall schwer, erholte sich aber wieder von den Folgen. Eine besonders enge Zusammenarbeit bestand zwischen Peternell, J. G. Töpfer und Gottschalg in Weimar. Peternell befolgte Töpfers Mensuration und Intonation, war ein Verfechter der Schleiflade und Gegner der Kegellade, suchte aber den Ausgleich mit → Lütkemüller in der Idee einer Gründung eines Orgelbauvereins, der die fachlichen Fragen diskutieren sollte. Das Arbeitsgebiet Peternells reichte weit über Thüringen hinaus bis nach Hamburg und Westfalen, einzelne Werke gingen auch nach Rußland und in die Schweiz. Er lieferte nicht nur Orgeln, sondern auch Harmoniums und Kircheneinrichtungen. Seine Schleifladen hatten Mahagonischleifen und pneumatische

Spielventile (eigenes Patent). Weitere Erfindungen: doppelt wirkende Spielventile (1872), verbesserte Windlade mit hängenden Ventilen (1882), durchschlagende Zungenregister mit Schraubstimmung, Ventilstecher mit Membranenverschluß (1883), Pedalkoppel durch Hebelmechanik, Vorbereitung der freien Combination durch Vierteldrehung der Registerknöpfe, die mit Tritt an- und abzustellen ist (1887). Um 1890 ging Peternell dann auch zur Röhrenpneumatik über; gleichzeitig begann die Herstellung von Orgelteilen für andere Orgelbauer.

Kümmerle II, 692; Flade; Ars 1988/1, 31–37; 1986/3, 144–146; Wangemann, 179; Urania 18 (1861), 81–86; 21 (1864), 49–51.

Peters, Orgelbauer in Neustrelitz. Er wird 1865 genannt und könnte mit dem nachstehenden identisch sein.

Acta 18, 322.

Peters, J. W., (F. Marts Nachf.), Orgelbauer in Lüneburg. Er wird 1897 im Weltadreßbuch genannt; Nachweise fehlen.

Petersilie, Orgelbauerfamilie in Bad Langensalza. Friedrich Petersilie (1826–1902) gründete 1850 in Langensalza sein Geschäft, das dann vom Sohn Otto Petersilie (Lebensdaten unbekannt) fortgeführt wurde. Die Firma scheint nach dem Ersten Weltkrieg erloschen zu sein. Petersilie-Orgeln standen im Thüringer Becken, an der oberen Unstrut und im Eichsfeld. 1944 wurden 13 Instrumente verzeichnet. Die Orgel in der Michaelskirche zu Erfurt (um 1896) hatte pneumatische Kastenladen mit 5 freien Combinationen.

Flade.

Petri, Wilhelm, Orgelbaumeister in Essen. Er war 1949 tätig, ist aber später nicht mehr besonders in Erscheinung getreten.

Pfaff, Egbert, Orgelbaumeister in Überlingen am Bodensee. Der Vater Eugen Pfaff (1905 Ofteringen – 1977 Überlingen) war ursprünglich Schreiner, lernte dann den Orgelbau bei F. W. Schwarz in Überlingen und machte etwa 1937 die Meisterprüfung. Er assoziierte sich danach mit Josef → Schwarz, unter dessen Namen der um 1935 in Konkurs gegangene Orgelbaubetrieb wiedereröffnet wurde. Bis 1955 hatte Schwarz die Leitung, danach übernahm Eugen Pfaff das Geschäft unter seinem Namen. Nach seinem Tod ging es an den heutigen Leiter Egbert Pfaff (*1944 Bühlertal) über. Er wurde zunächst vom Vater ausgebildet, war dann bei den Firmen Walcker, Killinger und Bosch tätig, ehe er 1970 die Meisterprüfung ablegte. Der Betrieb baut seit etwa 1960 Schleifladen und mechanische Trakturen. Der Gehäusestil folgt dem jeweiligen Zeitgeist: Freipfeifenprospekte, gerahmte Pfeifenprospekte und geschlossene Gehäuse, anfangs aus Platten, dann aus Massivholz. Das Arbeitsgebiet erstreckt sich vom Bodenseeraum über Südbaden bis etwa Mittelbaden. Seit 1989 befindet sich der Betrieb in neuen Gebäuden in Owingen bei Überlingen und beschäftigt gegenwärtig 10 Mitarbeiter. Er liefert im Schnitt jährlich 4-5 Orgeln aus.

Umfrage 1990.

Pfanneberg, G., Orgelbaumeister in Köthen (Anhalt). Er wird 1897 im Weltadreßbuch aufgeführt und starb um 1901. 1944 wurden 11 Orgelwerke Pfannebergs in der Reichsliste erfaßt.

Flade; Acta 18 (1985), 307.

Philipps AG, Orgel- und Klavierbau in Aschaffenburg. Geschäftsgründung 1877 in Frankfurt/M. als Hersteller von Drehorgeln und Orchestrions. Nach 1918 eröffnete die Firma in Aschaffenburg einen Zweigbetrieb, der von Leopold → King geführt wurde und bis ca. 1953 bestand, aber zuletzt nur noch in der Möbelbranche tätig war, während der ursprüngliche Schwerpunkt auf dem Bau von Kino-Orgeln, elektrischen Klavieren und ähnlichem lag. In den 1920er Jahren wurden verschiedene Kino-Orgeln gebaut, ab etwa 1930 auch eine Reihe von Kirchen-Orgeln im unterfränkischen Raum.
Flade; Presseberichte.

Pieper, Rudolf und Albert, Orgelbaumeister in Perleberg und Wittenberge. Die Firma existierte bereits um 1890 und ist noch 1920 nachweisbar.

Ein Orgelbauer F. **Pieper** lebte um die Mitte des vorigen Jahrhunderts auf Gut Hünnefeld bei Bad Essen. Von seiner Tätigkeit ist wenig bekannt; in seiner Werkstatt fertigte er auch Bienenkästen. Ob ein Zusammenhang mit den Piepers in Wittenberge besteht, ist fraglich.
Acta 12 (1978), 225; 15 (1981), 12, 20, 34; IbZ 39, 420.

Plössl, Ludwig, Orgelbaumeister in Großmehring (Kr. Ingolstadt). Plössl kam von der Firma Siemann in München und machte sich 1945 zuerst in Pförring, dann in Großmehring selbständig. Er baute anfangs Kegelladenorgeln mit pneumatischer Traktur, ging aber als einer der ersten bayerischen Orgelbauer schon Ende der 1950er Jahre zum Bau von Schleifladen über (1958/59 Ingolstadt, Maria de Victoria). 1961 entstand das Opus 25. Auch im Positivbau erkannte er die Chancen der Nachkriegszeit. Das Geschäft ist erloschen.
HO Oberpfalz, 82.

Plum, Peter, Orgelbaumeister in Marbach (Neckar). *1937 Aachen; ausgebildet bei Stahlhuth (Aachen), arbeitete er ferner in Belgien, Holland, Südafrika, Finnland und Ludwigsburg und legte 1962 die Meisterprüfung ab. 1966 Gründung einer eigenen Orgelbauwerkstätte in Marbach/Neckar. 1969 Abschlußprüfung als Grafik-Designer beim Verein Bildender Künstler Württemberg in Stuttgart. Bis Anfang 1990 erbaute er 87 Opera, vorwiegend in Württemberg, einige in Norddeutschland sowie in der Schweiz. Teilelieferungen gingen nach Finnland und Japan. Neubauarbeiten überwiegen gegenüber Restaurierungen (von Ehrlich-, Metzler- und Schäfer-Orgeln).
Umfrage 1990.

Poll, Ludwig, Orgelbauer in Augsburg. Lebensdaten unbekannt; die Reichsliste der Denkmalorgeln von 1944 charakterisiert die 1938 von ihm erbaute Orgel für Meitingen als „handwerklich und klanglich sehr fein". Flade erwähnt ferner eine Firma Schäfer & Poll in Augsburg für die gleiche Zeit.
Flade.

Poppe, Orgelbauerfamilie in Ostthüringen und in der Rheinpfalz. Die Werkstatt soll 1757 in Stadtroda gegründet worden sein; als ältester Vertreter ist Christian Friedrich I Poppe (1751–1812) bekannt. Ihm folgte der gleichnamige Sohn Christian Friedrich II (1776 – ca. 1835/40) als Inhaber ab etwa 1812 mit Arbeitsnachweisen bis um 1835. Sein Bruder Ludwig Wilhelm Poppe (*1779) arbeitete in der Werkstatt mit und trat ab 1835/ 1843 in den Vordergrund. Ein weiterer Bruder, Johann August Poppe (Lebensdaten

unbekannt) verzog nach Jena und unterhielt hier eine eigene Werkstatt etwa zwischen 1818 und 1840. Sein Sohn Karl Ernst Poppe (1807–1881) erscheint ab 1835 in Altenburg, anfangs mit seinem Bruder Gottfried als Gebrüder firmierend, später jedoch nur allein. Mit ihm scheint die Altenburger Linie 1881 ausgestorben zu sein. In Stadtroda arbeitete die dritten Generation, Daniel Adolf Poppe (1807–1885), und dann seine Söhne Ernst Heinrich (1837–?) und Johann Ernst Poppe (1840–1932) in der vierten Generation. Bis 1897 sind Orgelneubauten bekannt, danach nicht mehr. Die Firma bestand aber noch 1917 und ist wohl nach dem Ersten Weltkrieg erloschen. Johann Ernst verlegte um 1900 noch den Werkstattsitz nach Schleiz; dort arbeiteten seine Söhne Bernhard Karl Ernst (1872–1904) und Friedrich Otto Poppe (1889–1945?) noch im Orgelbau. So ging die Werkstatttradition nach etwa 150 Jahren zu Ende.
Oehme, S, 96 f.

Poppe, Josef A., Orgelbaumeister in Offenbach bei Landau bzw. Landau/Pfalz. 1879 Stadtroda – 1967 Kirschweiler; er war wahrscheinlich ein weiterer Sohn von Johann Ernst Poppe (1840–1932) in Stadtroda und kam kurz vor 1900 in die Rheinpfalz, ließ sich 1911 zuerst in Offenbach/Pfalz nieder und verzog 1928 mit seiner Familie nach Landau. 1917 firmierte er bereits unter dem Namen „A. Poppe Söhne". Im Zweiten Weltkrieg wurde der Betrieb zwangsverkauft. In seinen letzten Lebensjahren führte Poppe nur noch Reparaturen aus; von den Söhnen sind keine eigenständigen Arbeiten bekannt.
HO Pfalz, 280; Bd. II, 29 (Porträt), 343 und 359 (Werkliste).

Prachtel, Horst F. (1934 Heesen – 1986 Überlingen), Orgelbaumeister in Überlingen. → Mönch.

Prager, Gustav, Orgelbauer, Piano- und Instrumentenhändler in Hof (Bayern). Er wird 1897 im Weltadreßbuch aufgeführt. Arbeitsnachweise sind nicht bekannt.
Acta 18 (1985), 322.

Prengel, Berthold, Orgelbaumeister in Sprockhövel bei Wuppertal. *1937 Gelsenkirchen; er wurde bei Karl Bürkle (Fa. Faust, Schwelm) ausgebildet, arbeitete ferner bei Kleuker und Mander (London) und machte sich 1972 selbständig. Er baut kleine bis mittlere Orgeln im rheinischen Raum.
Dorfmüller, 30.

Preuss, Georg, Orgelbaumeister in Königsberg (Ostpreußen). Er war ab den 1920er Jahren in Ostpreußen und nach 1945 in Heidelberg tätig.

Probst, Hugo, Orgelbauer in Altdorf, Post Bießenhofen/Allgäu. Er war in den 1930er Jahren BDO-Mitglied und hatte nur einen kleinen Betrieb.

Pröbstl, Orgelbauerfamilie in Füssen (Allgäu). Joseph Pröbstl (1798 Bronnen – 1866 Füssen) war ein Schüler von Andreas Handmann in Schongau ab 1821, ab 1824 arbeitete er mit Franz Anton Haaser (1763–1825) zusammen, heiratete 1826 nach Füssen und machte sich hier selbständig. Bis zur Geschäftsübergabe an seinen Sohn Balthasar 1849/50 baute er nahezu 40 kleine bis mittlere Schleifladenorgeln in Schwaben und Oberbayern und führte zahlreiche Reparaturen aus. Balthasar Pröbstl (1830 Füssen – 1897 ebenda) wuchs von klein auf in das väterliche Geschäft; mit 18 Jahren schuf er seine erste Orgel für die Englischen Fräulein in Altötting, ab 1850 überließ ihm der Vater die Geschäftsleitung. In den fast 50 Jahren seiner Tätigkeit brachte er es auf knapp 120 Neubauten, Opus 100 wurde 1888 ausgeliefert. Ab 1857 baute er Kegelladen in Verbindung mit der mechanischen Traktur, die Umstellung auf Röhrenpneumatik machte er nicht mehr mit. Seinem Tod ging ein längeres Magenleiden voraus. Da er keine leiblichen Nachkommen hatte, übernahm Hermann Späth (1867–1917) aus Ennetach die Firma, mit dessen Tod sie endgültig erlosch. Pröbstl-Schüler waren Beer, Behmann, Kirchner, Mühlbauer, Holländer und Weber. Pröbstl war in bayerisch Schwaben nach Steinmeyer zweifellos der bedeutendste Meister im vorigen Jahrhundert.

Sigfrid Hofmann, Die Orgelbauer Pröbstl, in: Lech- und Ammerrain (Schongauer Nachrichten), 4 (1953), 29–32, 41–42; HO Schwaben, 293; Brenninger, Schwaben; Adolf Layer, Orgelbauer aus Füssen haben bedeutenden Ruf, in: Unser Allgäu (Kempten), 7 (1954), 6; G. Guggemos, Bedeutende Füssener Bürger und Bürgersöhne aus früheren Zeiten, 36 f.

Puchar, Karl, Orgelbauer in Norden (Ostfriesland). 1879 Groß-Bytesch (Sudetenland) – 1961 Loppersum. Nach der Ausbildung arbeitete er in Österreich, Italien, in der Schweiz und zuletzt bei Furtwängler & Hammer. Nach kurzem Aufenthalt in Schweden machte er sich 1923 in Norden selbständig und baute in den 1930er bis 1950er Jahren verschiedene Orgeln in Ostfriesland; die Zahl ist nicht bekannt.

Flade; Pape, Führer, 147; Kaufmann, Ostfriesland, 343.

R

Raaz & Gloger, Klaviaturenfabrik in Langenberg bei Gera. → Eisenschmid.

Randebrock, August, Orgelbaumeister in Paderborn. Ca. 1820–1893 Recklinghausen; seine Ausbildung beendete er mit einem Aufenthalt bei Sonreck in Köln von 1851–1854 als Werkführer, ehe er sich 1854 in Paderborn etablierte; von 1855–1859 war Karl → Krämer aus Osnabrück bei ihm als Werkführer tätig. 1888 verkaufte Randebrock sein Geschäft an Carl → Tennstädt, der es später nach Lippstadt verlegte. Randebrock betätigte sich danach als Kaufmann in Recklinghausen. In den 34 Jahren seiner Tätigkeit baute er zahlreiche Orgeln in Ostwestfalen-Lippe, im Ruhrgebiet, im Obereichsfeld und für den Export nach Brasilien und Australien. 1874 betrug die Opuszahl etwa 90. 1879 ließ er sich die Hahnenlade patentieren, über deren Originalität in der Fachpresse gestritten wurde und die sich auch nicht bewährte. Es handelte sich um eine Kastenlade mit Hängeventilen und doppelter Mechanik, die nur bei äußerster Präzision funktionieren kann.
Kümmerle IV; Flade; Vogt, Sonreck; Böckeler, Aachen; Zimmer, Die Orgel, Quedlinburg 1896, 27.

Rapp, Harald, Orgelbaumeister in Mengen. *1952 Mengen; nach einer anderen Berufsausbildung ging er 1973–1975 bei Ilisch in Berlin in die Orgelbaulehre, war anschließend in den USA bis 1979 tätig, legte 1981 die Meisterprüfung ab und übernahm bis 1984 die Funktion seines Vaters als Betriebsleiter bei der Firma Späth GmbH in Ennetach-Mengen. 1985 machte er sich in seiner Heimatstadt selbständig, beschäftigt mittlerweile zwei Mitarbeiter und baute bisher 12 neue Orgeln bzw. Positive.
Umfrage 1991.

Rasch, Fritz, Orgelbaumeister in Böhlitz-Ehrenberg bei Leipzig. Bekannt lediglich durch einen Tätigkeitsnachweis von 1930.
HO Sachsen, 262.

Rasch, H., Orgelzinn- und Zinkpfeifengeschäft in Frankfurt a. d. Oder; es wird 1898 im Branchenverzeichnis geführt.
Acta 18 (1985), 328.

Rasche, Heinrich, Orgelbauer in Hamburg, Rostock und Bad Doberan. 1794–1874; er war zuerst in Hamburg tätig, übersiedelte ca. 1834 nach Rostock, wo er 1838 das Orgelbauprivileg erhielt, aber 1843 wegen Konkurs sein Geschäft schließen mußte. Danach verzog er nach Bad Doberan bei Rostock.
R. Jaehn, Unbekannte Barockorgeln in Mecklenburg – Nachträge zur Arp-Schnitger-Forschung, in: Mecklenburgische Jahrbücher 105 (1985), 8.

Raschke, Orgelbauer in Heilgenstein und Landau(?)/Pfalz. Ein Ernst Raschke reinigte 1926 die Orgel in Schlicht (Oberpfalz); nach 1945 arbeitete der Orgelbauer Joseph Raschke aus Heiligenstein in verschiedenen pfälzischen Kirchen und soll nach 1948 nach Amerika ausgewandert sein. Ein Orgelbau in Gießen 1971 besagt aber, daß er wieder im Lande war. Genaueres ist bisher nicht bekannt.
Festschrift zur Einweihung der neuen Orgel ... Römerberg-Berghausen, 22 (Kaleschke); Bösken III; HO Pfalz II, 33.

Raspe, Friedrich, Orgelbauer in Bad Liebenwerda. 1822 Burkersdorf – 1892 Liebenwerda. Nach seiner Ausbildung war er bei Geißler in Eilenburg tätig und gründete 1855 ein eigenes Geschäft in Liebenwerda. Er baute vor allem kleine mechanische Orgeln, von denen noch einige erhalten sind. Er sorgte dafür, daß sein Neffe Arno → Voigt, ebenfalls in Burkersdorf (Thüringen) geboren, eine gute Ausbildung erhielt. Dieser setzte das Geschäft seines Onkels 1905 mit einer Neugründung fort.

Orgelbauertreffen, 35.

Rassmann, Orgelbauerfamilie in Weilmünster und Möttau (Hessen). Daniel Rassmann (1790 Ulm b. Wetzlar – 1864 Möttau) war von Bürgy und Schöler in Bad Ems ausgebildet, wanderte durch das Rheinland, die Schweiz und nach Pommern und gründete 1820 die Werkstatt in Weilmünster, die er dann 1824 nach Möttau verlegte, wo sie heute noch unter den Nachfolgern Hardt existiert. Daniel Rassmann dürfte bis zur Geschäftsübergabe an seinen Sohn Gustav (1833 Weilmünster – 1906 ebenda) im Jahre 1860 maximal 60 neue Orgeln erbaut haben, alle im Raum Hessen-Nassau. Der Sohn war vom Vater ausgebildet, überwarf sich anfangs mit ihm, führte dann aber doch über 30 Jahre bis 1896 den Betrieb weiter, wo er ihn an seinen ersten Gesellen August → Hardt verkaufte. Trotz der stärker gewordener Konkurrenz konnte sich Gustav Rassmann in Nassau behaupten und blieb weiterhin der führende Orgelbauer der Region. Er baute vorwiegend Kegelladen, mindestens seit 1871. Ein weiterer Sohn von Daniel war auch Orgelmacher, nämlich Theodor Christian (1822 Weilmünster – 1866 Möttau) und machte sich 1859 in Möttau selbständig, nachdem er bis zu seinem 34. Lebensjahr bei tüchtigen Meistern in Stellung gewesen war. Er galt als schlechter Orgelbauer, bezeichnete sich als politisch konservativ und konnte im Gegensatz zu seinem Bruder Gustav, der zur Fortschrittspartei gehörte, nur wenige Orgelbauten ausführen. Ein dritter Sohn Daniels, namens Wilhelm Rassmann (Lebensdaten unbekannt), war 1857 bei Förster in Lich angestellt; Nachrichten über seine Tätigkeit sind nicht bekannt. Ein weiterer Orgelbauer mit dem Namen Wilhelm Rassmann (1861 Möttau – 1942 ebenda) war der Sohn von Theodor Rassmann; er ging schon 1881 nach Amerika, kam aber um 1920 nach Möttau zurück. Über selbständige Arbeiten ist nichts bekannt. Der Rassmannsche Betrieb ist seit 1896 im Besitz der Familie Hardt, die ihn bereits in der dritten Generation innehat.

Flade; H. Klotz, Die Orgelbauer aus Möttau, in: Weg und Wahrheit (Ev. Presseverband Frankfurt) Nr. 12 vom 22. 3. 1987, 24; Bösken II; Archiv Bösken.

Ratzmann, Orgelbauerfamilie in Ohrdruf und Gelnhausen, existierte in 3 Generationen etwa 120 Jahre und brachte 7 Orgelbauer hervor. Der erste Orgelbauer war Georg Franz Ratzmann (1771 Ernstroda-Cumbach – 1846 Ohrdruf), der 1792 durch Einheirat in eine Schreinerei nach Ohrdruf kam. Von ihm sind 14 Werke bekannt, darunter zwei dreimanualige (Fulda, Stadtpfarrkirche und Arnstadt). 1846 übernahm der drittälteste Sohn (Johann Heinrich) Ludwig (1804 Ohrdruf – 1875 ebenda) das Geschäft und vollendete die Orgel in Arnstadt; sein Arbeitsgebiet reichte relativ weit nach Süden bis an die Fränkische Saale und ins Grabfeld. Die Zahl seiner Werke ist nicht bekannt. Der zweitälteste Sohn Johann Friedrich Heinrich Ratzmann (1800 Ohrdruf – 1881 ebenda) war ebenfalls Orgelbauer und dürfte zusammen mit dem Bruder Ludwig tätig gewesen sein, da keine Orgeln unter seinem Namen bekannt sind. Mit ihm scheint die Ohrdrufer Werkstatt ausgestorben zu sein.

Der jüngste Bruder Wilhelm August Ratzmann (1812 Ohrdruf – 1880 Gelnhausen) lernte 1838 in Roth bei Gelnhausen während eines Orgelbaues eine Gastwirtstochter kennen, die er dann heiratete. Nach der Hochzeit 1840 etablierte er sich 1841 in Gelnhausen, wo sich ein blühendes Geschäft entwickelte mit schätzungsweise 75 Opera bis zu seinem Tode. Um 1875 baute er mechanische Kegelladen. Der älteste Sohn nannte sich Jean Ratzmann (1842 Gelnhausen – ?) und arbeitete ab etwa 1868 selbständig in Kesselstadt bei Hanau. Später (1882) war er bei Sauer in Frankfurt/Oder angestellt. Die weiteren Söhne Wilhelm (1846 Gelnhausen – 1911 ebenda) und August Ratzmann (1853 Gelnhausen – 1928 ebenda) waren zuhause, bei Förster (Lich) und anderen Firmen ausgebildet und übernahmen den Betrieb nach 1880 als Gebr. Ratzmann. Sie hatten von ihrer Ausbildung her zweifellos den Kegelladenbau um 1875 mitgebracht und eingeführt. Um 1900 verbanden sie die pneumatische Traktur mit der Kegellade. Nach 1911 führte die Witwe von Wilhelm zusammen mit August die Firma noch ein Jahrzehnt weiter. Da der älteste Sohn Wilhelms gefallen war, verkaufte der jüngere Sohn Ernst Wilhelm (1896–1942) im Jahre 1921 das Geschäft an den Steinmeyer-Schüler Richard → Schmidt, das dann als „W. Ratzmann, Orgelbauanstalt, Inh. Rich. Schmidt" firmierte. Bei Wilhelms Tod gab es etwa 135 Ratzmann-Orgeln aus Gelnhausen, bei der Geschäftsübertragung 1921 dürften es etwa 150 gewesen sein. Sie standen hauptsächlich im Main-Kinzig-Kreis bis in die Gegend von Schlüchtern und Fulda, im südlichen Oberhessen, im Raum Frankfurt bis an den Rhein. Die Werkstätte hatte überörtliche Bedeutung.

Kümmerle III, 6; Flade; Archiv Bösken; Balz, Starkenburg, 349–353; Peine, 169, 173; Rehm, Kreis Fulda, Kreis Schlüchtern; N. E. Pfarr, Die Orgelbauerfamilie Ratzmann aus Ohrdruf/Thüringen und ihr Werk (Reihentitel), Steinheim a. M. (Selbstverlag)

Rebmann, Hubert, Orgelbaumeister in Rottenburg (Neckar). *1951 Tübingen; er durchlief zuerst eine Schreinerausbildung bis zum Meister und eröffnete als solcher 1975 eine eigene Werkstatt in Rottenburg. Nebenbei unterzog er sich der Zusatzausbildung im Orgelbau bei Fischer & Krämer in Endingen und legte 1981 auch in diesem Fach die Meisterprüfung ab. Seitdem betreibt er als Alleinmeister eine kleine Orgelbauwerkstatt und baute bis 1990 ein Dutzend neue Orgeln, in der Regel kleine Werke und Hausorgeln.

Umfrage 1990; Orgelpfeifen aus Rottenburg. Das feinfühlige Handwerk hat hier bereits eine jahrhundertelange Tradition, in: Aus Rottenburg und den Stadtteilen vom 12. 9. 1987.

Reich, Orgelbauerfamilie in Bolkenhain am Katzbachgebirge (Schlesien). 1832 wurde Benjamin Reich (um 1810 – 1886 Bolkenhain) Bürger in seinem Heimatort und eröffnete danach eine eigene Werkstatt, in die er 1879 seinen Sohn Ludwig Reich (*1859 Bolkenhain) aufnahm, der dann die Werkstatt nach 1886 weiterführte. Sie ist wahrscheinlich nach 1918 erloschen. Die Wirksamkeit erstreckte sich auf das südliche Oberschlesien, scheint aber durch die Expansion der Firma Schlag im nahen Schweidnitz eingeschränkt gewesen zu sein. Ludwig Reich ließ 1894 eine pneumatische Windlade (Registerkanzellenlade mit Scheibenventilen in Leithülsen, die von Membranen bewegt werden) patentieren.

Flade; Burgemeister[2], 244, 320; ZfI XV (1894/95), 917.

Reich, H., Orgelbauer in Berlin. Er wird 1897 im Weltadreßbuch genannt.
Acta 18 (1985), 320.

Reichel, Johann, Hersteller von Klaviaturen für Tasteninstrumente, speziell für Orgeln, in Oettingen (Ries). Das Geschäft wurde 1867 gegründet und endete 1895 mit dem Tod des Fabrikanten. Auf der Bayer. Landes-Industrie-, Gewerbe- und Kunstausstellung 1882 wurden seine Erzeugnisse durch eine Medaille ausgezeichnet.
Obz 5 (1882), 167; ZfI XV (1894/95), 917.

Reichmann, Peter, Orgelbaumeister in Braunschweig-Bevenrode. *1931 Hamburg; ausgebildet von Rother (Hamburg) bis 1954, vervollständigte er seine Berufskenntnisse bei Kemper, Führer, in Dänemark und USA. Nach der Meisterprüfung 1971 übernahm er die Werkstatt von Weißenborn in Braunschweig und verlegte sie dann nach Bevenrode. Sein Schaffen ist stark vom alten norddeutschen Klangideal beeinflußt. Bisher erstellte er etwa 20 Neu- oder Umbauten. Er betrachtet es als seine Aufgabe, im Handwerk pädagogische Arbeit am Menschen zu leisten; so als Schwerpunkt der letzten Jahre die komplette Herstellung von Kleinorgeln mit fast ausschließlich Holzpfeifen (auch Zungen) für den Gebrauch in Haus, Konzert und Kirche. Erwähnenswert ist sein soziales Engagement durch die Beschäftigung von behinderten jungen Menschen in einer Haus- und Werkgemeinschaft in den verschiedenen Arbeitsbereichen.
Umfrage 1990.

Reineck, E., Orgelbauer in Herzberg (Elster). Er ist 1897 im Weltadreßbuch genannt, aber Nachweise liegen nicht vor.
Acta 18 (1985), 322.

Reinelt, Th. Orgelbauer in Elze (bei Hildesheim). Bekannt sind einige Orgelneubauten mit mechanischer Traktur aus den 1890er Jahren.
Flade; ZfI XI (1890/91), 213.

Reipke, Wilhelm, Orgelbauer in Brieg (Oder). 1842 – ?; übernahm 1884 das Orgelbaugeschäft von Gottfried → Riemer (1818–1888) und leitete es bis 1901, wo sein Neffe Hugo → Hehre Nachfolger wurde. Über seine Tätigkeit ist wenig bekannt.
Flade; Burgemeister [2], 245.

Reiser, Orgelbauerfamilie in Biberach a. d. Riß (Oberschwaben). Albert I Reiser (1874 Beuren – 1947 Biberach) erlernte den Orgelbau bei Mönch in Überlingen, arbeitete anschließend in der Schweiz und in Österreich, dann bei Martin Schlimbach in Würzburg, ehe er sich 1906 in Biberach selbständig machte. Zu seinen ersten Verpflichtungen gehörten Wartungsverträge der im Jahr zuvor erloschenen Firma Scheffold (Biberach) und von Maerz (München). Es gelang ihm bald im oberschwäbischen Raum der Durchbruch, so daß er namentlich in den 30er Jahren zu den repräsentativen Orgelbauanstalten in Südwestdeutschland gehörte, vorwiegend in der Diözese Rottenburg und in verschiedenen Benediktinerabteien. Ab 1935 waren die drei Söhne: Johann (1907 Biberach – 1982 ebenda), Albert II (*1909 Biberach) und Josef (*1917 Biberach) im väterlichen Geschäft beteiligt (Reiser & Söhne). 1948 firmierten sie als Gebr. Reiser. Seit 1983 führt der Enkel Hans Peter Reiser (*1943 Biberach), Sohn von Johann Reiser, den Betrieb; er lernte in der elterlichen Werkstatt und bildete sich in der Schweiz fort, um 1972 die Meisterprüfung abzulegen. Die Zahl der Mitarbeiter beläuft sich auf 10, die Zahl der neu erbauten Orgelwerke auf 463. Die Firma Reiser baute Kegelladen mit pneumatischer Traktur, ab den 1930er Jahren auch auf elektrischer Basis, und folgte gleichzeitig den Intentionen der Orgelbewegung. Bis zum Zweiten

Weltkrieg waren Freipfeifenprospekte die Regel. Nach dem Kriege wandte man sich schon bald dem Schleifladenbau zu.
Umfrage 1989; Flade; IbZ 9 (1955), 211.

Remler, Orgelbauerfamilie in Berlin. W. Remler sen. und jun. (W. Remler & Sohn) galten als zuverlässige und souveräne Handwerker, die von der königl. preußischen Regierung empfohlen wurden. Die Arbeitsnachweise reichen von 1859 bis 1893. Remler baute auch Harmoniums.
Flade; ZfI XXVII (1906/07), 389; IbZ 39, 369; Burgemeister[2], 245, 320.

Renkewitz, Werner Emanuel, Orgelbaumeister in Bartenstein (Ostpreußen) und Nehren bei Tübingen. 1911 Zürich – 1978 Tübingen; er wuchs in Bartenstein auf und lernte wohl bei Kemper (ab 1929 Filiale der Lübecker Firma in Bartenstein). Im Kriegsgefangenenlager Rimini (Italien) baute er 1945 aus einfachen Materialien eine Orgel und blieb noch bis etwa 1950 in Italien als Orgelbauer. 1950 eröffnete er in Nehren ein eigenes Geschäft, in dem etwa 20 neue Orgeln hergestellt wurden. Erwähnenswert ist seine frühe Begeisterung für die Orgelreform, aus der auch die umfangreichen orgelhistorischen Forschungen in Ostpreußen erwuchsen (Entdeckung der gotischen Orgelreste in Bartenstein).
Ars 57 (1978), 445; Renkewitz-Janca, Geschichte der Orgelbaukunst in Ost- und Westpreußen von 1333 bis 1944, Würzburg 1984; Daniel Brustwerkle, Summaria seyner Erlebnisse als Orgelmacher (anonyme Autobiographie), Berlin 1964, [2]1977.

Rensch, Richard, Orgelbaumeister in Lauffen am Neckar. *1923 Eisleben (Sachsen-Anhalt); seine vielseitige Ausbildung begann als Thomaner in Leipzig bei Karl Straube und Günter Ramin; Abitur 1941, Medizinstudium 1944 in Heidelberg; nach 1945 Gesangstudium in Halle, daneben Tischlerlehre mit Abschluß. Ab 1947 erlernte er den Orgelbau bei Walcker in Ludwigsburg und wurde 1948 Kantor an der Regiswindiskirche in Lauffen. Nach der Meisterprüfung 1956 gründete er eine eigene Werkstatt in Lauffen, die sich bald durch den Bau von Schleifladenorgeln, die seine persönliche Note tragen, einen Namen machte. Das Opus 100 wurde 1973 vollendet. Seit 1966 war er Dozent für Pfeifenmensuration an der Meisterschule für Orgelbau in Ludwigsburg, seit 1968 ist er Redakteur von ISO INFORMATION. Bekannt sind seine zahlreichen Beiträge in Fachzeitschriften, seine geschliffenen, von Geist, Witz und Erfahrung aus Sachkenntnis getragenen Vorträge bei Fachtagungen und sein Mensuren-Rechenschieber. 1973, in seinem mehrfachen Jubiläumsjahr, verunglückte er bei einem Arbeitsunfall bei der Intonation der Orgel in Unna/Westf. so schwer, daß er seitdem auf den Rollstuhl angewiesen ist. Sein universeller Geist und sein tatkräftiger Einsatz für die Orgel wurden dadurch nur bestärkt. Richard Rensch gilt nicht nur im BDO, sondern auch bei den Orgelsachverständigen und Organisten als Autorität. 1975 wurde der Betrieb in eine Familien-GmbH umgewandelt. 1983 übernahm Sohn Christhard (* 1952 Ludwigsburg, Lehre bei Rieger/Schwarzach, Meisterprüfung 1976) die Leitung des Betriebs, zusammen mit Ulrike Schneider (geb. Rensch, *1950 Ludwigsburg, Orgelbaulehre bei Rensch und Magnusson/Schweden; prakt. Betriebswirt). Klaus-Wilhelm (*1954 Ludwigsburg, Orgelbauerlehre bei Rensch mit Praktikum bei Phelps/Erie, USA und Vier/Oberweiher) trat nach Ablegen der Meisterprüfung 1984 der Geschäftsleitung bei. Philipp Emanuel (*1961 Lauffen, Lehre bei de Graaf/Spanien und Mönch/Überlingen, Meisterprüfung 1990), hat sich neben seiner Tätigkeit im Betrieb verstärkt dem Bau von Metallpfeifen verschrieben. Die Werkstätte setzte schon frühzeitig pragmatische Akzente im

Restaurierungsfach. Der Betrieb arbeitet durchschnittlich mit 15 Mitarbeitern und baut vorwiegend vollmechanische Instrumente jeder Größe unter der Prämisse, überkommene handwerkliche Kunstfertigkeit mit zeitgemäßem Orgelstil zu verbinden und dadurch jedem Instrument „werkstatteigenes Flair" zu geben.

Umfrage 1990; ISO INFORMATION Nr. 1, (1969), 12; hg, Orgelbaumeister Rensch: Jubiläen und Unfall, in: Das Musikinstrument 1973, 1522; Riemann IV (1975), 475; New Groove Dictionary, 239 (Hans Klotz).

Rett, Peter, Orgelbauer in Bamberg. 1832 Dürkheim/Pfalz – 1901 Würzburg; er heiratete 1866 in Gremsdorf und war wahrscheinlich Mitarbeiter von Josef Wiedemann und dessen Stiefsohn Friedrich Bischof, weil er dessen Werkstatt in Bamberg 1878 übernahm. Rett kam von der Schleiflade und ging dann zur Kegellade über, deren Bau er aber nicht beherrschte, so daß seine Orgeln keine lange Lebensdauer hatten. Der Sohn Andreas Rett (*1870 Bamberg) war ebenfalls Orgelbauer, verzog aber 1905 nach Fürth.

HO Oberfranken, 42.

Reubke, Adolf, Orgelbauer in Hausneindorf. Der Autodidakt Adolf Reubke (1805 Halberstadt – 1875 ebenda) begann um 1830 seine selbständige Tätigkeit als Klavierbauer und verlegte sich ab 1839 auf den Orgelbau. Sein Sohn Emil Reubke (1836 Hausneindorf – 1884 ebenda) wurde 1860 Teilhaber, 1872 Alleininhaber des Geschäfts. Reubke beteiligte sich an der technischen Entwicklung im Orgelbau (Versuche mit dem Roots-Blower, der wie ein Kreiskolbenmotor funktionierte; Entwicklung einer Röhrenlade, wahrscheinlich die verbesserte Hahnenlade von Randebrock 1880/81, und pneumatische Druckknöpfe am Spieltisch). Nach seinem Tod erwarb Ernst Röver (1857–1923) den Betrieb und gab ihm neue Impulse, die zu einem ungeheuren Aufschwung führten.

Julius Reubke (1834–1858), ältester Sohn von Adolf Reubke, war ein begabter Komponist und Pianist, der auch für die Orgel schrieb; sein jüngster Bruder Otto Reubke (1842–1913) war ebenfalls ein bedeutender Musiker und zuletzt Universitätsmusikdirektor in Halle.

Riemann (1922), 1055; Kümmerle; W. Strube, Dem Gedächtnis der Orgelbauerfamilie Reubke in Hausneindorf, in: Walcker Hausmitteilungen Nr. 30, 20–24.

Richter, Orgelbauerfamilie in Steinigtwolmsdorf (bei Dresden), Vechelde und Braunschweig. Der Vater Johann Gottlob Richter († 1879) war in Steinigtwolmsdorf Schreiner und Instrumentenmacher, der sich auch im Orgelbau betätigte. Sein Sohn Carl Gottlieb Richter (1840 Steinigtwolmsdorf – 1882 Braunschweig) kam nach der Ausbildung als Gehilfe zu Titus Lindrum nach Goslar und heiratete 1868 in Vechelde, wo er sich auch als Orgelbauer niederließ. 1871 verlegte er die Werkstatt nach Braunschweig. Nach seinem Tode wurde das Geschäft an Gustav Sander aus Liegnitz verkauft. Es sind etwa 15 Neubauten bekannt, außerdem zahlreiche Reparaturen.

Flade; Pape, Landkreis Braunschweig, 31 ff.; ders., Wolfenbüttel, 114 f. und Acta 4 (1970), 142; Oehme S, 98.

Richter, A., Orgelbaumeister in Spremberg (Lausitz). Er wird 1893 und 1897 im Weltadreßbuch als Orgelstimmer und Reparateur geführt.

Acta 18 (1985), 312.

Richter, E., Orgelbauer in Düsseldorf. Außer seiner Erwähnung im Weltadreßbuch 1897 sind keine Arbeitsnachweise bekannt.
Acta 18 (1985), 322.

Richter, Eduard, Orgelbaumeister in Eilenburg. Es existiert ein Tätigkeitsnachweis von 1896.
HO Sachsen, 262.

Richter, N., Orgelbauer in Frankfurt a. Main. Er wird 1893/97 im Weltadreßbuch genannt, Arbeitsnachweise liegen nicht vor.
Acta 18 (1985), 322.

Rickert, Johann, Orgelbaumeister in Vác (Ungarn) und Regensburg. *1928 Sonta/Jugosl.; machte seine Orgelbaulehre von 1947–1954 bei A. M. Schäfer (aus Creglingen), der nach 1945 in Ungarn tätig war, legte 1955 die Meisterprüfung ab und machte sich anschließend in Vác (Ungarn) selbständig. 1971 wanderte er in die Bundesrepublik aus, arbeitete zwei Jahre bei Hirnschrodt in Regensburg und betreibt seit 1973 eine eigene Werkstatt in Regensburg mit durchschnittlich drei Beschäftigten. Seine Tätigkeit bestand in Erweiterungsbauten, Umbauten und Restaurierungen.
Umfrage 1990; HO Oberpfalz, 82.

Riederer, Franz Xaver, Orgelbauer in Landshut (Niederbayern). Er stammte aus Furth bei Straubing und arbeitete um 1880 mit Franz → Strauß (1820 Vielreich – 1891 Landshut) in Landshut zusammen, dessen Werkstatt er 1891 übernahm und mit einem über Südbayern hinausgehenden Wirkungskreis ausstattete. So finden wir Riederer-Orgeln gebraucht oder neu bald in der Oberpfalz, in Oberhessen (1896), in der fränkischen Rhön (1898) und nach 1900 sogar an der Nahe, im Hunsrück und in der Eifel. Die letzte bekannte Orgel entstand 1918; die Werkstatt dürfte daher nach dem Ersten Weltkrieg eingegangen bzw. in der Zweigniederlassung von Julius Zwirner in München aufgegangen sein. Von Riederer kennen wir etwa 25 Orgeln mit Kegelladen und mechanischer Traktur, spätestens ab 1905 mit pneumatischer Traktur. Das Urteil der Zeitgenossen über seine Werke war sehr unterschiedlich, überwiegend negativ.
Brenninger, Altbayern, 133; Archiv Bösken; HO Oberpfalz, 82.

Rieger, Orgelbauanstalt in Jägerndorf (Sudetenschlesien) und Schwarzach (Vorarlberg). Sie wurde 1845 von Franz Rieger (1812–1885) gegründet, von seinen Söhnen Otto (1847–1903) und Gustav (1848–1905) als Gebr. Rieger fortgeführt und erweitert (Zweigwerk Budapest). Enkel Otto II (1880–1921) baute den Betrieb zur größten Orgelbaufirma Österreichs aus mit unerreichten Jahresleistungen. Seit 1920 leitete Dipl.-Ing. Josef I von Glatter-Götz (1880–1948) den Betrieb und erwarb ihn 1922 käuflich. 1936 wurden die Söhne Egon (gef. 1940) und Josef II von Glatter-Götz (1914 Wien –1989 Schwarzach) Teilhaber. Zu Kriegsbeginn 1939 wurden 340 Mitarbeiter beschäftigt und Opus 4000 erreicht. Der 1926 gegründete Zweigbetrieb in Mocker (Oberschlesien) verbrannte 1945 durch Kriegshandlungen; Werk Budapest wurde enteignet und zum Staatsbetrieb gemacht, der Stammbetrieb in Jägerndorf wurde ebenfalls beschlagnahmt und existiert weiter als Staatsbetrieb Rieger-Kloss in Krnov/CSFR. Dipl.-Ing. Josef II von Glatter-Götz war von 1945–1946 Betriebsleiter bei Kemper (Lübeck), ehe er den Betrieb unter dem alten Firmennamen Rieger Orgelbau Schwarzach neu gründete. Er bereicherte den Nachkriegs-Orgelbau nicht nur durch wesentliche technische Verbesserungen der Schleifladenorgeln: Patente auf neuartige mechanische Trakturen; Sternchen-Setzer, neue Tonventilformen, doppelte Ventilabzüge; Doppelregistratur (mechanisch mit eingehängten Magneten, 1965); erste voll-elektronische Registerspeicherung (1968) usw., sondern war auch einer der wenigen Orgelbauer, der in dieser Zeit schon überzeugende und stilistisch aussagekräftige Gehäuselösungen fand (Augsburg, Barfüßerkirche, 1958). 1980 übernahmen seine Kinder die Firma: Johann Caspar Glatter-Götz (*1945 Boltenhagen/Ostsee); Orgelbaulehre 1962–1965 bei Rieger, Wanderjahre bei Alfred Kern (Straßburg), Th. Kuhn (Schweiz) und R. v. Beckerath (Hamburg); Christoph Glatter-Götz (*1951); Raimund Mathias Glatter-Götz (*1948), Orgelbaulehre bei Klais (Bonn), freier Mitarbeiter, entwirft die Orgeln und deren Dekor. 1984 Umwandlung in eine Ges.m.b.H. & Co. KG. Die Firma exportierte schon von Jägerndorf aus nicht nur nach Deutschland, sie spielte auch in den wenigen „großdeutschen" Jahren eine große Rolle. Die neue Firma in Schwarzach ist stark exportorientiert und liefert ihre Orgeln in alle Erdteile.

MGG 11, 473–476 (Quoika); Das große Lexikon der Musik in 8 Bänden, hgg. von M. Honegger und G. Massenkeil, Freiburg 1976, VII, 81; ISO INFORMATION 1 (1969), 8; 5 (1985), 5 f.; 28 (1988), 65; 30 (1989), 50 f., 52 f.; Flade; Die Orgel-Bauanstalt Gebr. Rieger in Jägerndorf, Preßburg 1935; Firmenliteratur u. a. Rieger-Kloss-Organs Krnov Czechoslovakia (ca. 1980).

Riegner & Friedrich, Orgelbauwerkstätte in Hohenpeißenberg (Oberbayern). Günter Riegner (*1951 Bad Harzburg) erhielt seine Ausbildung bei Blöss in Oker, arbeitete danach bei Hammer (Hannover) und Jann (Alkofen), war eine Zeitlang als freiberuflicher Intonateur in Kanada tätig (bei Karl Wilhelm in Mont St. Hilaire) und machte sich nach der Meisterprüfung 1981 zusammen mit Reinhold Friedrich 1984 in Hohenpeißenberg selbständig. Reinhold Friedrich (*1951 München) lernte bei Nenninger in München, wechselte danach zur Firma WRK-Orgelbau München und schließlich zu Jann und legte 1983 die Meisterprüfung ab. 1984 assoziierte er sich mit Riegner. Mit 5 Mitarbeitern wurden bisher 15 neue Orgeln erbaut, alle in handwerklicher Fertigung bis in die Einzelteile. Entwurf und Konstruktion liegen in den Händen von Reinhold Friedrich, Mensuration und Intonation bei Günter Riegner. Die Orgeln sind rein mechanisch nach klassischen Prinzipien gebaut, klanglich aber nicht auf einen bestimmten Stil festgelegt, sondern vielseitig orientiert. Entsprechend ist die Werkstätte auch in der Lage, Orgeln der verschiedensten Epochen stilgerecht zu restaurieren.

Umfrage 1990.

Riemer, Gottfried, Orgelbaumeister in Brieg (Schlesien). 1818 Klein-Quittainen – 1888 Brieg; nach seiner Ausbildung etablierte er sich in den 1850er Jahren in Brieg und unterhielt eine gutgehende kleine Werkstätte, die jährlich eine neue Orgel auslieferte. 1884 wurde das Orgelbaugeschäft von Wilhelm → Reipke übernommen. Riemers Neffe, der Tischler- und Orgelbaumeister Hugo → Hehre, wurde 1901 Nachfolger. Er wirkte zwischen etwa 1920 und 1940 mit Orgelinstandsetzungen in Brieg und Umgebung, ließ also die Riemer-Tradition neu aufleben.

Burgemeister[2], 181, 249, 321; ZfI IX (1888/89), 119.

Rieschick, Adolph, Orgelbaumeister in Brilon, Attendorn und Fulda. Lebensdaten unbekannt; die Tätigkeit erstreckte sich von ca. 1849–1898, wobei Brilon erster Werkstattsitz war, ab den 1860er Jahren wahrscheinlich Attendorn, und von 1876–1898 war er in Fulda ansässig. Hier übernahm er 1889 zusammen mit Fritz → Clewing die Werkstatt Hahner. Bis jetzt sind nur wenige Neubauten bekannt; 1887 ist noch die Schleiflade vertreten, 1898 schon die Kegellade. Nach dem Urteil eines Fachgenossen war Rieschick mehr Handwerker ohne besondere theoretischen Kenntnisse.

Acta 13 (1979), 219 f.

Rinkenbach (Rinckenbach), Orgelbauerfamilie in Ammerschwihr (Oberelsaß). Die Tradition dieser Werkstatt geht zurück auf Martin Bergäntzel (1722–1803), der sozusagen Nebeneinsteiger im Orgelbau war, da er sich vorher nur als Gehäuseschreiner bei Louis Dubois (1726–1766) betätigt hatte. Der ledige Sohn Joseph Bergäntzel (1754–1819) war etwas geschickter im Orgelbau und bildete drei Neffen heran, von denen Valentin I Rinkenbach (1795–1862) der berühmteste war, „qualitätsmäßig der drittgrößte elsässische Orgelmacher des 19. Jahrhunderts" (Meyer-Siat). Mit dem Tod seiner ledigen Söhne Valentin II (1831–1870) und Charles Rinkenbach (1834–1869) ging das Geschäft an den Vetter Martin Rinkenbach (1834 Ammerschwihr – 1917 ebenda, Neffe von Valentin I) über, der sich im neuen, von Deutschland her vordringenden Geist, behaupten konnte. Wahrscheinlich unter dem Einfluß seines Sohnes Joseph Rinkenbach (1876 Ammerschwihr – 1949 Colmar) paßte sich die Werkstatt auch dem Fortschritt an und baute ab 1899 pneumatische Orgeln. Der Sohn und letzte Vertreter der Familie in vierter Generation mußte 1930 den Betrieb aufgeben. In der Zeit von 1870–1930 hat die Firma Rinckenbach nach eigener Angabe 204 Orgeln gebaut.

HO Elsaß, 22, 28, 34; Barth, Elsaß das Land der Orgeln, 425; P. Meyer-Siat, Valentin Rinckenbach; F. L. Hérisé, les fils Wetzel, Straßburg 1979.

Ritter, Otto, Orgelbauer in Goldenstedt. Lebensdaten und Ausbildung unbekannt; er übernahm ca. 1931 das Geschäft von Hermann Kröger und führte es bis 1958 fort. Schlepphorst erwähnt eine Reihe von Reparaturen und kleineren Umbauten.

Schlepphorst, Niedersachsen.

Rohde, Carl Friedrich, Zinnpfeifenhersteller in Frankfurt a. d. Oder. Er war um 1880 tätig.

Röhle, Julius, Orgelbaumeister in Leschwitz bei Görlitz. 1854 – um 1935; er eröffnete 1890 eine Werkstatt mit wenigen Gehilfen, führte eine Reihe von Um- und Neubauten in der Lausitz durch, wobei er in der Regel die alten Prospekte beibehielt.

Flade; Burgemeister[2], 256, 321.

Rohlf, Johannes, Orgelbauwerkstatt in Ruit auf den Fildern und Neubulach-Seitzental. *1936 Bautzen; Johannes Rohlf lernte bei Eule (Bautzen), wo er bis 1958 tätig war im Orgelneubau, in der Orgelpflege (Erzgebirge bis Ostsee) und bei Restaurierungen (G. Silbermann, G. Trost). Zur Weiterbildung arbeitete er bei Rieger (Schwarzach/Vrlbg.), 1960 bei Führer (Wilhelmshaven), 1961 bei Gonzalez (Paris) und machte 1963 die Meisterprüfung. Seit 1964 ist er in Ruit (Ostfildern) selbständig. 1985 baute er eine neue Werkstatt in Neubulach (Nordschwarzwald). Bis 1990 entstanden rund 85 neue Orgeln, deren Gestaltung sich aus der jeweiligen Funktion erklärt (Raum, Klang, Technik) und mit denen sich Rohlf einen ausgezeichneten Ruf erwerben konnte. Die Werkstatt, in welcher alle Orgelteile aus natürlichen Rohstoffen in eigener Produktion hergestellt werden, einschließlich der Metall- und Zungenpfeifen, beschäftigt 7 Mitarbeiter. Neben Neubauten werden auch Restaurierungen und Pflegearbeiten ausgeführt. Rohlf hat sich auch in Fachzeitschriften zu aktuellen Orgelbaufragen geäußert und sich immer wieder bereitwillig zur Mitarbeit im BDO zur Verfügung gestellt.

Orgelbau-Werkstatt Rohlf in Ruit auf den Fildern; Eine Dokumentation zum 15-jährigen Bestehen am 1. März 1979; Umfrage 1989/90; Orgelbau Rohlf, Festschrift zum 25-jährigen Bestehen, 1990.

Rohlfing, Orgel- und Klavierbauerfamilie in Quakenbrück und Osnabrück. Johann Christian Rohlfing (1793 Quakenbrück – 1867 Osnabrück) war gelernter Orgel- und Klavierbauer und heiratete 1820 die Tochter seines Lehrmeisters Anton Franz Schmid, der seit 1790 in Quakenbrück eine eigene Werkstatt besaß. Rohlfing hatte vier Söhne, die ebenfalls den Beruf des Vaters ergriffen: Johann Anton Heinrich (1821 Quakenbrück – 1886 Osnabrück), Wilhelm Gerhard, der 1852 in die USA auswanderte und in Milwaukee ein eigenes Orgelbauunternehmen begründete, Christian Friedrich (1833 Quakenbrück – 1904 Osnabrück), der sich ganz auf den Orgelbau verlegte, und Hermann Friedrich († 1905 Osnabrück) als Klavierbauer. 1845 gründete der älteste Sohn Johann Anton Heinrich in Osnabrück ein eigenes Geschäft, 1857 folgte die Familie nach Osnabrück und 1864 traten auch die beiden jüngeren Brüder in die Firma ein, die sich nun Gebr. Rohlfing nannte und den Orgel- wie Klavierbau nebeneinander betrieb. Die Söhne des Christian Friedrich setzten das Unternehmen ab 1904 in der dritten Generation fort: Christian Ludwig (1865 Osnabrück – 1934 ebenda) als Orgelbauer und Albert Anton Eberhard (1866 Osnabrück – 1933 ebenda) als Klavierbauer. 1927 wurden die beiden Produktionszweige voneinander getrennt, der Orgelbau ging an Christian Ludwig allein, ab 1929 unter Beteiligung seines Sohnes Heinrich (1903–1969). 1937 firmierte er als „Firma Ludwig Rohlfing (bisher Osnabrück), Inhaber Heinrich Rohlfing, Orgelbaumeister, Natbergen". Als die Werkstatt im Zweiten Weltkrieg ausgebombt war, begann er in Natbergen den Wiederaufbau. 1951 stieg Matthias → Kreienbrink in das Unternehmen ein, wurde 1955 Alleininhaber und baute in Osnabrück-Hellern 1957 einen ganz neuen Betrieb unter seinem Namen auf, während Heinrich Rohlfing 1955 eine neue kleine Werkstatt auf seinem großen Natbergener Grundstück baute, in der er mit zwei Mitarbeitern arbeitete, und die 1968 an Johannes → Wolfram überging, der von Kreienbrink 1959 zu Rohlfing gekommen war und seit 1965 Orgelbaumeister war.

Seit 1845, als Johann Anton Heinrich von der Wanderschaft in Süddeutschland zurückgekehrt war, wurde der Bau von Kegelladen zunächst im Pedal eingeführt, 1887 auch im Manual, und spätestens 1897 die Röhrenpneumatik. Das Œuvre der Rohlfings soll etwa 300 Opera betragen haben, darunter mehrere Großorgeln in Osnabrück. Hauptarbeitsgebiet war das westliche Niedersachsen mit Ausstrahlungen bis Hamburg, Schleswig, den Südharz, Thüringen und nach Holland; selbst nach Südafrika wurden Orgeln exportiert.

Flade; Piper, Gifhorn, 39; 150 Jahre Gebr. Rohlfing, Osnabrück 1940; Winfried Topp, Werkverzeichnis der Orgelbaufirma Rohlfing, in: Acta 19 (1987), 157–178; Schlepphorst, Niedersachsen, 54.

Rohlfs, Orgelbauerfamilie in Esens (Ostfriesland). Begründer war Johann Gottfried Rohlfs (1759 Esens – 1847 ebenda), ein Schüler von Hinrich Just Müller in Wittmund. 1792 wurde er Bürger in Esens und arbeitete danach selbständig. Seine Werke waren sehr konservativ gebaut, meist klein, wurden aber geschätzt. Während der älteste Sohn Jacob Cornelius Rohlfs (1805 Esens – 1831 ebenda) sehr früh starb, wurde der zweite Sohn Arnold Rohlfs (1808 Esens – 1882 ebenda) ab 1840 Werkstattnachfolger (Rohlfs

& Söhne), später gemeinschaftlich mit seinem Neffen und Stiefsohn Friedrich (Frerk) Rohlfs (1829 Esens – 1891 ebenda); dieser war der Sohn von Jacob Cornelius Rohlfs und dann Alleininhaber ab etwa 1880 bis zu seinem Tode. Die Firma bestand noch 1897 unter dem Namen „Gebr. Rohlfs" als Pianohandlung und führte Orgelstimmungen aus. Die letzten Angehörigen der Familie sollen um 1900 nach Amerika ausgewandert sein. Arnold Rohlfs als der bedeutendste Familienvertreter baute seine kleinen Werke ab etwa 1860 vielfach ohne Aliquote und Mixturen; sein größtes Werk steht in Esens mit 30 Registern. Daß die kleinen Instrumente (auch zweimanualige) nur ein angehängtes Pedal haben, ist in der dortigen Orgellandschaft üblich gewesen.

Flade; W. Kaufmann, Ostfriesland, 52, 269.

Rohn, Orgelbauerfamilie in Wormditt (Ostpreußen). 1830 machte sich Johann I Rohn (ca. 1780–1859), der ein Schüler von Buchholz war, in Wormditt selbständig. Sein Sohn Johann II Rohn (Lebensdaten unbekannt) leitete den Betrieb bis 1884, dann folgte Bruno → Goebel als Betriebsleiter, der 1894 den Betrieb erwarb und nach Königsberg verlegte. Schon der Vater baute ca. 80 Orgeln und konstruierte einen mechanischen Rollschweller; der Sohn baute Kegelladen.

Renkewitz-Janca, 250; Flade.

Roschmann (Röschmann, Rostmann, Raschmann), Anselm, Orgelbaumeister in Günzburg (Donau). ?–1892 Günzburg; nach seiner (unbekannten) Ausbildung machte er 1856 die Orgelbauerprüfung in Verbindung mit dem Umbau der Orgel von Obermedlingen. Seine Arbeiten erstreckten sich aber über den Zeitraum von 1840–1885. Bis jetzt sind 11 Neubauten bekannt, darunter zwei zweimanualige Werke mit etwa 20 Registern. Roschmann baute seine Orgeln aus brauchbaren Teilen von abgebrochenen Werken, was den Instrumenten keine Dauerhaftigkeit und ihm keine Ehre einbrachte.

Flade; HO Schwaben, 293; Brenninger, Schwaben, 92.

Röth, Orgelbauerfamilie in Loshausen und Ziegenhain (Nordhessen). Der Lehrersohn August Röth (1812 Ottrau – 1872 Ziegenhain) lernte zuerst das Schreinerhandwerk, danach ab 1835 den Orgelbau, wahrscheinlich bei Euler in Gottsbüren. 1838 machte er sich in Loshausen selbständig, verzog 1842 nach Ziegenhain und versorgte den Kreis mit Reparaturen und Stimmungen. Bisher sind 12 Neubauten ermittelt, wobei er meist die historischen Prospekte übernahm. 1865 wurde er wegen Trunksucht, die ihm dann die Gesundheit ruinierte, unter Kuratel gestellt. Sein Bruder Konrad Röth (1815 Ottrau – 1890 Ziegenhain) arbeitete bei ihm als Gehilfe und setzte nach 1872 das Geschäft fort, baute aber keine neuen Orgeln mehr. Augusts Sohn Gustav Röth (1844 Ziegenhain – 1897 ebenda) war auch Orgelbauer, arbeitete aber praktisch nur noch als Reparateur; mit seinem Tod erlosch die Werkstatt.

Trinkaus, Ziegenhain, 273–278; Flade; Acta 1 (1967), 109 f.

Rother, Paul, Orgelbaumeister in Hamburg. 1871 Schweidnitz – 1960 Hamburg; er trat 1885 bei Schlag & Söhne (Schweidnitz) in die Lehre und blieb dort mehrere Jahre als Geselle. Auf der Wanderschaft kam er über Süddeutschland, Elsaß, Belgien und Frankreich nach Hamburg. Hier übernahm er 1899 die Firma des 1897 verstorbenen Christian Heinrich → Wolfsteller, führte sie unter eigenem Namen weiter und wurde in den Jahrzehnten bis zum Zweiten Weltkrieg der meistbeschäftigte Orgelbauer der Stadt und Region. Zwischen 1899 und 1958 baute er über 200 Orgeln, daneben führte er zahlreiche Umbauten durch. 1943 wurden Haus und Betrieb total ausgebombt. Mit großer Energie baute er die Werkstatt trotz seines hohen Alters wieder auf, nahm 1947 den Schwiegersohn Wilhelm Hendricks ins Geschäft und feierte 1949 das 50. Geschäftsjubiläum, gleichzeitig das 200. in der Werkstatttradition. Erst 1958 gab er wegen schwerer Krankheit seine Tätigkeit auf. Mit ihm erlosch die Firma.

Flade; Cortum; IbZ 14 (1959/60), 294 ff.

Rothermel, Orgelbauerfamilie in Zwingenberg a. d. Bergstraße. Georg Christian Rothermel (1807 Biebesheim – 1889 Zwingenberg) war wohl Geselle bei Gottlieb Dietz (1767–1850) in Zwingenberg, dessen Bruder Johann Christian Dietz (1769 – ca. 1845) als berühmter Instrumentenbauer in Paris bekannt ist. Rothermel heiratete 1840 die Tochter seines Lehrmeisters und wurde 1842 dessen Nachfolger als Landorgelmacher; 1866 erhielt er den Titel Hoforgelbauer. Sein Arbeitsgebiet erstreckte sich über die hessische Provinz Starkenburg, das hessische Ried bis in die Umgebung von Frankfurt. Es sind gut 20 größere Arbeiten nachgewiesen. Der Sohn Gottlieb Rothermel (1845 Zwingenberg – 1920 ebenda) wurde daheim ausgebildet und war 1868 Geselle bei Steinmeyer. Ab 1873 war er Teilhaber beim Vater (Rothermel & Sohn), 1888 wurde er Alleininhaber; nach 1900 ging seine Tätigkeit rapide zurück.

Balz, Starkenburg, 268–293; Bösken I und III.

Roethinger, Orgelbauerfamilie in Straßburg-Schiltigheim. Der Gründer Edmond Alexandre (1866–1953) war ein Schüler von Heinrich Koulen, damals in Straßburg. 1893 machte sich Roethinger in Straßburg selbständig, als Koulen seinen Betrieb mehr und mehr nach Oppenau in Baden verlagerte. Er baute wie sein Lehrmeister pneumatische Werke im orchestralen Stil. Nach 1918 folgte er den Reformgedanken Rupps und setzte die elsässische Orgelreform beispielhaft in die Tat um. Die wichtigsten elsässischen Orgelbauer waren in den 1920er Jahren seine Schüler: Georg → Schwenkedel (1885–1958), der sich 1924 in Straßburg-Königshoffen selbständig machte, und Ernest → Mühleisen (1897 Echterdingen – 1981 Straßburg), der sich etwa 1942 selbständig machte; später auch Jean Georges Koenig (*1920), der sich 1949 in Sarre-Union niederließ, und Alfred → Kern (*1910), der seit 1952 selbständig arbeitete. Roethingers Sohn Max (1897–1981) war nach 1945 Chef der Firma, die zu den größten Frankreichs zählte und die er meisterhaft leitete. Er kehrte noch in den 1960er Jahren zur mechanischen Traktur zurück; 1968 gab er den Betrieb auf.

HO Elsaß, 35 f.; MGG 11, 627 (Quoika).

Roetzel, Orgelbauerfamilie in Eckenhagen und Alpe bei Derschlag. Georg Wilhelm Christian Roetzel (1776–1867) stammte mütterlicherseits aus der Orgelbauerfamilie Kleine in Eckenhagen, lernte dort bei seinem Onkel Christian Kleine (1737–1805) von 1793–1798 den Orgelbau, ging dann zwei Jahre auf Wanderschaft (Wilhelm, Kassel; Trampeli, Leipzig; Baethmann, Hannover), kehrte zu Kleine zurück und erhielt 1803 dessen Werkstatt überschrieben. In der Zeit seiner Tätigkeit bis ca. 1855 baute er 29 neue Orgeln und baute ebensoviele um. Obwohl der älteste Sohn Ernest Roetzel (1809–1887) in der Werkstatt mithalf, ergriff er einen anderen Beruf. Der jüngere, aus zweiter Ehe stammende Sohn Daniel Roetzel (1830–1917) lernte wahrscheinlich zuhause, stand aber um 1850 bei Kreutzbach in Borna in Arbeit und übernahm in den 1850er Jahren vom Vater die Werkstatt. Von ihm sind 5 Neubauten und 6 Umbauten ermittelt. Die Orgelbauersippe Kleine-Roetzel und Nohl arbeitete im 18. und 19. Jahr-

hundert im rheinischen und südwestfälischen Raum zwischen Sieg und Ruhr (Bergisches Land und Sauerland).
Franz Gerhard Bullmann, Die rheinischen Orgelbauer Kleine-Roetzel-Nohl, Giebing 1969 (Schriften zur Musik, hgg. v. W. Kollneder, Bd. 6).

Röver, Orgelbauerfamilie in Stade (und Hausneindorf). Johann Hinrich Röver (1812 Bramstedt/Bremerhaven – 1895 Hausneindorf) wurde nach einer Tischlerlehre Orgelbauer und spezialisierte sich bei Tappe in Verden von 1848–1850 auf die Konstruktion von Kastenwindladen. 1856 eröffnete er eine eigene Werkstatt in Meierhof bei Beverstedt, bemühte sich um eine Werkstatt in Stade, wo er 1853 als Nachfolger von Orgelbauer Wilhelmy Bürger wurde. Hier bestand das Geschäft bis 1926. 1881 traten seine beiden Söhne Karl Johann Heinrich Röver (1851 Beverstedt – 1929 Stade) und Friedrich Wilhelm Ernst Röver (1857 Beverstedt – 1923 Hausneindorf) als Teilhaber in die Firma ein, die in eine OHG umgewandelt wurde. 1882 wurde der Betrieb durch Zukauf erweitert. 1884 verließ Ernst Röver den Betrieb, um die Reubke-Werkstatt in Hausneindorf bei Quedlinburg zu übernehmen. 1886 zog sich der Vater aus dem Geschäft zurück und verbrachte seinen Lebensabend in Hausneindorf, so daß nun Karl Heinrich Alleininhaber war. Die Stader Werkstatt lieferte zahlreiche Orgeln in das Gebietsdreieck zwischen Elbe- und Wesermündung. Bekannt sind über 50 Neubauten, das Œuvre betrug zweifellos ein Mehrfaches dieser Zahl. Von Bedeutung sind auch die Reparaturen und Umbauten an den historischen Orgeln in Stade. Hinrich Röver experimentierte seit 1849 mit der Kastenlade und verbesserte sie, daneben baute er noch Schleif- und Kegelladen. Der Sohn baute vorwiegend Kastenladen mit mechanischer Spiel- und pneumatischer Registertraktur. Nach 1918 verschlechterte sich die Auftragslage, die Firma wurde 1926 gelöscht, da keiner der Söhne Heinrichs zu einer Nachfolge bereit war. Hinrich Röver gilt als Erfinder der Kastenlade (Urhahnenlade), deren System von Randebrock (Hahnenlade), Reubke (Glasventile), Mehmel (Präzisionslade) und Bertram variiert wurde.
Kümmerle III, 107; IV, 424–429; Flade; Wirthgen Bernhard, Stader Orgelbauanstalten des 18. und 19. Jahrhunderts, in: 125 Jahre Stadt-Sparkasse Stade 1836–1961, Stade 1961, 78–80; Golon Peter, Historische Orgeln im Landkreis Stade, Stade 1983, 49 f.; Ars 1982/2, 108–117 (mit Abbildung der Röver-Lade).

Röver, Orgelbauanstalt in Hausneindorf. Friedrich Wilhelm Ernst Röver (1857 Beverstedt – 1923 Hausneindorf), der jüngere Sohn von Hinrich Röver in Stade und anfangs sein Teilhaber, erwarb 1884 die Reubke-Werkstatt in Hausneindorf, die durch den Tod des bisherigen Inhabers verwaist war und nun einen ungeheuren Aufschwung nahm, so daß bis 1914 zahlreiche bedeutende Orgeln im Raum Hamburg–Magdeburg–Mühlhausen–Leipzig–Berlin aufgestellt werden konnten. Ernst Röver experimentierte mit technischen Verbesserungen im Orgelbau, konstruierte eine Transmissionseinrichtung, eine pneumatische Kombinationsvorrichtung, eine Registerklaviatur und verwendete Kastenladen mit Röhrenpneumatik: in seiner Konstruktion werden die Pfeifenröhren durch Bälgchen verschlossen, die bei Tastendruck entleert werden, so daß der Wind durch die Röhre zur Pfeife gelangen kann, wenn die pneumatische Registriervorrichtung dies gestattet. Für seine Dispositionen ist die relativ große Zahl von Grundstimmen typisch und die Beschränkung auf drei Manuale, auch bei Orgeln von 100 Registern. H. Riemann zählt 1911 die Reubke-Röver-Werkstatt zu den angesehensten in Deutschland.
Flade; Kümmerle III, 108; IV, 424–429; Riemann (1922), 1055 (Reubke).

Ruhland, Otto, Orgelbaumeister in Bonn. Es existieren Arbeitsnachweise aus den Jahren 1920–1925; 1926 fand die Zwangsversteigerung statt.
Flade; ZfI 41 (1920/21), 1059; 42 (1921/22), 1137.

Rühle, Orgelbaumeister in Moritzburg (Sachsen). Wilhelm Rühle (*1906) gründete 1932 als gelernter Tischler und Orgelbauer mit Musikstudium eine Werkstatt unter schwierigsten wirtschaftlichen Verhältnissen. Mit ersten Restaurierungen und Neubauten im Sinne der beginnenden Orgelbewegung machte er sich einen Namen, aber der Zweite Weltkrieg legte den Betrieb wieder lahm. Nach dem Neubeginn 1948, der nicht minder schwierig war als der erste, ging es ab 1952 langsam, aber stetig aufwärts. Der Betrieb arbeitet mit vier Mann sowohl auf dem Neubausektor als auch im Restaurierungssektor mit bestem Erfolg. Von den zwei Söhnen des Meisters hat inzwischen Wieland Rühle die Leitung übernommen.
Orgelbauertreffen, 19 f.

Rühlmann, Orgelbauerfamilie in Zörbig (Sachsen-Anhalt). 1842 gründete Friedrich Rühlmann (ca. 1790 – nach 1866) eine kleine Werkstatt, die nur 6 kleine Orgeln erbaut hat. Unter dem Sohn Wilhelm I Rühlmann (1842 Zörbig – 1922 ebenda), der ein Schüler von Ladegast war und sich in Frankreich fortgebildet hatte, nahm das Geschäft ab 1866 einen großartigen Aufschwung. Die erste pneumatische Orgel wurde bereits 1887 für Bernburg gebaut. Bis 1912 wurden über 350 Orgeln gebaut, darunter zahlreiche dreimanualige Werke mit über 35 Registern im Raum Dessau–Halle–Magdeburg und in verschiedenen Teilen Thüringens. Wilhelm wurde dabei von seinem Bruder Richard Theodor († 1910) unterstützt. Ab 1912 übernahm Wilhelms gleichnamiger Sohn Wilhelm II (1882 Zörbig – 1964 ebenda) die Geschäftsführung und konnte den hohen Standard der Werkstätte aufrechterhalten, wenn auch die Aufträge nach 1918 rückläufig waren. Nach dem Zweiten Weltkrieg konnte die Firma nicht wieder aufgebaut werden, da Wilhelm II erblindet war und der Sohn Albrecht Rühlmann (*ca. 1927) noch ohne Ausbildung schon mit 18 Jahren in russische Gefangenschaft geraten war. Er wurde dann bei Klais (Bonn) zum Orgelbauer ausgebildet und blieb dort bis zu seiner Pensionierung.
Flade; Oehme S, 99; Falkenberg, Die Rühlmanns. Ein Beitrag zur Geschichte mitteldeutscher Orgelbaukunst, Lauffen 1991.

Runge, Marcus, Hoforgelbauer in Schwerin. 1865 Hagenow – 1945 Schwerin; er war Sohn des Orgelbauers Johann Heinrich Runge (1811–1885) in Hagenow, lernte zunächst beim Vater, dann bei Friese (Schwerin), Ladegast (Weißenfels), Sauer (Frankfurt/Oder), und erwarb am 13. 12. 1895 das Geschäft des verstorbenen Friese in Schwerin unter der Bezeichnung „M. Runge, Hoforgelbauer Frieses Nachfolger". Den Hoftitel erhielt er selbst 1912. Runge baute in Schwerin und Mecklenburg pneumatische Orgeln verschiedener Systeme (Taschen- und Kastenladen). Sein Nachfolger wurde 1945–1965 Leopold → Nitschmann.
Julius Maßmann, Die Orgelbauten des Großherzogtums Mecklenburg-Schwerin, Wismar 1875 (Nachdruck mit Kommentaren und Ergänzungen v. H. J. Busch und R. Jaehn, Berlin 1988); Flade; ZfI 16 (1895/96), 519.

Ruther, Karl, Orgelbaumeister in Ludwigsburg und Frankfurt/Oder. 1867 Überlingen – 1955 Ludwigsburg (durch Autounfall); er trat nach der Lehre und weiteren Ausbildung 1892 in die Firma Walcker (Ludwigsburg) ein, wurde dort Betriebsleiter und 1917 selbständiger Geschäftsführer der von Walcker erworbenen Firma W. → Sauer

(Inh. Dr. Oscar Walcker) in Frankfurt/Oder, die er bis zur Zerstörung und Auflösung 1945 vorbildlich und völlig unabhängig leitete; mehrmals war er sogar mit Walcker in Konkurrenz. Unter seiner Regie entstanden zahlreiche bedeutende Orgeln der 1920er und 1930er Jahre, so die damals größte Orgel Europas in der Jahrhunderthalle zu Breslau; im ganzen waren es rund 2000 Orgeln. 1945 nach Ludwigsburg zurückgekehrt, betätigte er sich weiterhin aktiv bei Walcker im Orgelbau und beging seinen 85. Geburtstag 1952 als wohl „ältester aktiver Orgelbauer der Welt". Ruther war Miterfinder des Orgelspielapparats Organola.

Flade; IbZ 7 (1952/53), 24.

Rütter, Orgelbauerfamilie in Kevelaer. Der Vater Wilhelm Rütter (1812 Issum – 1887 Kevelaer) heiratete 1847 in Kevelaer, ist aber schon ab 1836 mit Orgelarbeiten nachweisbar. Sein Wirken erstreckte sich über den ganzen Niederrhein bis in den Duisburger Raum und nach Holland. Es sind etwa 35 Orgeln von ihm bekannt, was auf eine überörtliche Bedeutung schließen läßt. Die Söhne Karl (1848 Kevelaer – 1900 ebenda) und Julius Rütter (1852 Kevelaer – 1903?) setzten unter dem Namen Gebrüder Rütter das Geschäft über die Jahrhundertwende hinaus fort, scheinen aber den beruflichen Erfolg des Vaters nicht erreicht zu haben. 1907 eröffnete Ernst Seifert aus Köln ein Filiale in Kevelaer, die später Romanus Seifert übernahm, und beseitigte so die durch Rütters Tod entstandene Orgelbauvakanz.

Neuzeitliche Orgeln, 289; W. Arbogast, Romantischer Nachklang; Die Geschichte der Rütter-Orgel von 1849 in Sevelen, in: Geldrischer Heimatkalender 1979, Geldern 1978, 148–157; ders., Der Orgelbauer Wilhelm Rütter 1912–1887, in: Geldrischer Heimatkalender, Geldern 1986, 101–116.

S

Salat, Theodor, Orgelbauer in Rosenheim. Er war bis 1937 BDO-Mitglied.

Sander, Orgelbauerfamilie in Liegnitz und Braunschweig. Gustav Friedrich Sander (1834 Breslau – 1912 Braunschweig) lernte zunächst in Neumarkt/OS Schreiner, dann den Orgelbau bei Sölter in Schöningen, bildete sich bei Mehmel in Stralsund und Breslau weiter und gründete 1861 in Sorau eine eigene Werkstatt. Hier begann er 1863–1867 seine Versuche mit der Röhrenpneumatik, anfangs mit wenig Erfolg an der Schleiflade, aber das Prinzip machte Schule und wurde von anderen in verschiedenster Richtung weiterentwickelt. 1867 Werkstattverlegung nach Liegnitz und 1883 nach Braunschweig, wo er die Werkstatt von Carl → Richter erwarb. Weitere Erfindungen: 1878 neue Pedalkoppel, 1880 Röhrenpneumatik mit Kastenlade und fallendem Balg, 1881 sog. Pneumaton-Lade und pneumatischer Widder, 1894 Entwicklung einer Keillade; außerdem eine gußeiserne Pumpmaschine und Vorschläge zur „konstanten Stimmung von Rohrwerken durch Kompensation". Durch seine Erfindungen und Veröffentlichungen weithin bekannt, leistete er wenig im Orgelbau. Nach dem Tod des Vaters übernahm Hugo Sander (1871 Braunschweig – 1933 ebenda) das Geschäft unter der Bezeichnung „G. Sander & Sohn". Eine Arbeit in Lachendorf (1921) trägt die Opuszahl 32. 1935 ging die verwaiste Sander-Werkstatt an Orgelbaumeister Friedrich → Weißenborn über.

Flade; Piper, Gifhorn, 39; Burgemeister [2], 257 f.; Karl Lehr, Die moderne Orgel in wissenschaftlicher Beleuchtung, Leipzig 1912, 40 f.

Sandtner, Orgelbauerfamilie in Steinheim (bei Dillingen/Donau) und Dillingen. 1935 gründeten die Brüder Adolf (1907 Steinheim – 1977 ebenda) und Ignaz Sandtner (*1909 Steinheim) eine Orgelbauwerkstätte in ihrem Heimatort und erbauten seit 1948 eine große Zahl neuer Orgeln in Bayer. Schwaben und Oberbayern. 1968 trennten sich die jeweiligen Söhne der Begründer und firmierten unter eigenem Namen: Adolf II Sandtner (*1937 Steinheim), gleichnamiger Sohn, führte das Stammhaus weiter; Hubert Sandtner (*1939 Steinheim), Sohn von Ignaz, eröffnete in Dillingen eine neue Werkstätte unter eigenem Namen, die bald durch repräsentative Neubauten bekannt wurde und zu den führenden Firmen im gegenwärtigen süddeutschen Orgelbau zählt. Originelle Prospektlösungen mit historisierenden Tendenzen, Rekonstruktionen und beachtliche Restaurierungen zeichnen sein Schaffen aus.

HO Schwaben, 294; Umfrage 1990.

Sattel, Paul, Orgelbaumeister in Speyer. 1905 Ludwigshafen – 1960; lernte bei Laukhuff in Weikersheim, legte 1934 die Meisterprüfung ab und machte sich danach zuerst in Hochspeyer und 1938 in Speyer ansässig, wo er in kurzer Zeit bedeutende Aufträge noch kurz vor und nach Kriegsbeginn ausführte, als größtes Werk die Speyerer Domorgel 1942–1946 in Zusammenarbeit mit Walter Supper. Bemerkenswert ist Sattels konstruktive Tätigkeit (Ventus, Sonderform der Kegellade). Nach 1945 ging die Werkstatt merklich zurück; unter seinem Schüler Hugo → Wehr lebte sie in Haßloch/Pfalz nochmals auf. Sattel baute Kegelladen meist mit pneumatischer, nach 1940 häufiger mit elektrischer Traktur. Die sog. Einkanzellenschleiflade ist eine Kastenlade ohne Tonkanzellen mit Schleifen und neuartigen Ventilen unter den Pfeifen für direkten Wind.

Flade; IbZ 11 (1957), 104 f.; HO Pfalz, 280; HO Pfalz II, 344; Fischer-Wohnhaas, Speyerer Dom, 167.

Sattler, Willi, Orgelbauer in Pforzheim und Ellwangen. Er war in den 30er Jahren BDO-Mitglied.

Sauer, Siegfried, Orgelbaumeister in Ottbergen. *1941 Langenöls; begann seine Ausbildung bei Kreienbrink (Osnabrück) und setzte sie bei Späth (Rapperswil) und in Ludwigsburg bis zur Meisterprüfung fort. Zunächst übernahm er die Werkstatt Stegerhoff in Steinheim (Teutoburger Wald) und eröffnete in Godelheim bei Höxter einen neuen eigenen Betrieb, den er bald in das benachbarte Ottbergen verlegte. 1973 übernahm er außerdem die angesehene Firma Feith in Paderborn, deren letzter Vertreter Anton Feith (1902–1979) keine Nachkommen hatte. Aus Rationalisierungsgründen wurde 1977 die Paderborner Werkstätte aufgegeben, so daß heute der traditionsreiche Paderborner Orgelbau an die Weser verlegt ist. Von 1973–1990 baute Sauer 203 neue Orgeln, darunter 1981 die Domorgel von Paderborn (nach Passau die zweitgrößte Kirchenorgel Deutschlands), bestehend aus Turm-, Chor-, und Krypta-Ogel mit IV/139 Registern.

Schmitz/Sauer/Oehm, Die Orgel im Dom zu Paderborn (Paderborn 1981).

Sauer, Wilhelm, Orgelbauanstalt in Frankfurt a. d. Oder. Wilhelm Sauer (1831 Schönbeck – 1916 Frankfurt/O.) lernte ab 1848 bei seinem Vater Ernst Karl Sauer (1799–1873) den Orgelbau, kam auf der Wanderschaft durch Deutschland, die Schweiz und Frankreich nach England und war längere Zeit bei Walcker (Ludwigsburg) und Cavaillé-Coll (Paris) tätig. 1855 leitete er die väterliche Filiale in Deutsch Krone (Pommern) und gründete 1857 ein eigenes Unternehmen in Frankfurt/Oder, das bald zum führenden Orgellieferanten Preußens aufstieg; daher erklärt sich auch die Verbreitung seiner Werke im gesamten norddeutschen Raum zwischen Rheinprovinz und Posen. Die Folge war ein früher Übergang zur industriellen Produktion mit Dampfbetrieb (1866) und die Errichtung eines Zweigwerks in Königsberg (um 1860). Bis 1887 wurden 500 Neubauten ausgeführt, Opus 1000 entstand 1908/09, Opus 1100 in Görlitz 1910. Sauer exportierte Orgeln nach Rußland, Finnland, Brasilien, Ecuador, Argentinien, Peru und Südafrika. Die Kegellade führte er von Anfang an (1857) als einer der ersten in Norddeutschland ein, 1892 die Röhrenpneumatik (Arbeitsbalg bewegt Welle mit Kegelstechern), 1897 in Verbindung mit Membranleisten zum Kegelhub. 1870 konstruierte er eine Freie Registerkombination, 1881 ein Kombinationspedal. 1884 wurde er „Königlicher Hoforgelbaumeister" und „Akademischer Künstler". Zu Sauers künstlerischer Leistung zählen neben den technischen Neuerungen, großzügiger Planung und der Verwendung besten Materials seine orchestrale Intonation mit scharfem Streicherklang und deutlich französischem Einfluß. Als einer der ersten baute er Fernwerke und mehrere viermanualige Werke mit teilweise über 100 Registern. 1910 übernahm der langjährige Mitarbeiter Paul Walcker (1846 Ludwigsburg – 1928) die Firma, da Sauers Söhne andere Berufe ergriffen hatten, und leitete sie bis 1916. Er war seit 1894 stellvertretender Chef gewesen und hatte maßgeblichen Anteil an der Einführung der pneumatischen und elektrischen Traktur. 1916 ging die Firma in den Besitz der Familie Walcker (Ludwigsburg) über, deren Chef Dr. Oscar Walcker (1869 Ludwigsburg – 1948 ebenda) den Frankfurter Betrieb von Karl → Ruther (1867–1955) selbständig führen ließ. Bis 1945 entstanden sehr bedeutende Großorgeln im In- und Ausland, wobei die Opuszahl auf etwa 1600 anstieg. Nach der Vertreibung 1945 wurde der langjährige Mitarbeiter Anton → Spallek von der Stadt Frankfurt/Oder mit der Fortführung des Betriebs beauftragt. Der Betrieb wurde 1972 als „VEB Frankfurter Orgelbau Sauer" verstaatlicht, Spalleks Sohn → Gerhard Spallek wurde Betriebsdirektor.

Mit rund 40 Beschäftigten war er führend im Export hauptsächlich in die osteuropäischen Länder Polen und SU. 1990 betrieb der jetzige Inhaber der Firma Walcker, Dr. h. c. Werner Walcker-Mayer, die Reprivatisierung. Gerhard Spallek blieb Geschäftsführer.

Flade; MGG 16, 1651 f.; Kümmerle III; Bergelt, Brandenburg, 98 f.; 75 Jahre Deutsche Arbeit. Festschrift 1932; Hans-Joachim Falkenberg, Wilhelm Sauer, in: Ars organi 24 (1976) H. 49, 2271–2283; Orgelbauertreffen, 20–23; Burgemeister[2], 258–271, 321; ZfI 36 (1915/16), 226; ZfI 53 (1932/33), 38 ff.; Hans-Joachim Falkenberg, Der Orgelbauer Wilhelm Sauer, 1831–1916 – Leben und Werk, Lauffen 1990.

Sauter, Othmar, Orgelbauer in Mindelheim. 1805 Waltenhausen – 1875 Mindelheim; zwischen 1849 und ca. 1870 führte er eine ganze Reihe von Neu- und Umbauten in bayerisch Schwaben aus mit Schleifladen und mechanischer Traktur. Sein Nachfolger war wohl Albert Krebs in Mindelheim, der in den 1870er Jahren mit einigen Arbeiten hervortrat. Sauter dürfte demnach um 1870 aufgehört haben. Auf Krebs folgte um 1890 Julius Schwarzbauer nach.

HO Schwaben, 294; Flade.

Sax, Max, Orgelbaumeister in Altmühldorf. Lebensdaten unbekannt; Sax war offenbar Schüler von Georg Glatzl, da er um 1950 dessen Firma „St. Gregorius-Werk" übernahm und bis in die 1970er Jahre weiterführte. Das Arbeitsgebiet lag in Südostbayern.

Brenninger, Altbayern, 171.

Schaeben, Wilhelm, Orgelbauer in Köln. Lebensdaten unbekannt; er war 1863 Geselle bei Wilhelm Sonreck in Köln, bei dem er wahrscheinlich auch lernte. In den 1870er Jahren muß er sich in Köln selbständig gemacht haben, da sich sein ehemaliger Lehrherr über seine Preisunterbietung beschwerte. 1885/86 war Schaeben vorübergehend mit Ernst → Seifert liiert, der ebenfalls aus der Sonreck-Werkstatt hervorgegangen war. Ab 1893 übernahm Schaeben Wartungsarbeiten in Köln für den erkrankten Sonreck. Bis 1914 baute er eine Reihe kleinerer Orgeln in Köln und Umgebung, nach 1900 mit pneumatischer Traktur. Über sein Œuvre besteht noch kein Überblick.

Vogt, Sonreck; Flade; Acta 12 (1978), 225.

Schäf, Guido Hermann, Orgelbauer in Grünhainichen und Freiberg (Sachsen). 1840–1911; er war Schüler von Göthel in Borstendorf, nach dessen Tod 1873 er noch die Orgel in Leubsdorf vollenden mußte. Er etablierte sich in Grünhainichen 1870, wo sein Opus 1 für Weißenborn entstand. 1879 verlegte er die Werkstatt nach Freiberg. Die Zahl seiner bekannten Neubauten ist noch gering (sieben); er war hauptsächlich mit Stimmungen, Wartungen und Renovierungen beschäftigt und ist über den Wirkungskreis Sachsen wohl nicht hinausgekommen.

Flade; Oehme S, 99; Acta 20 (1988), 264–266 (K. Walter).

Schäfer, Orgelbauersippe in Württemberg, die von Wolfschlugen (bei Filderstadt) aus in vier Linien sich in Südwestdeutschland ausbreitete.

I. Wolfschlugener Linie: Stammvater war Johann Georg I Schäfer (1760–1826), der von Johann David Späth in Faurndau ausgebildet, in Wolfschlugen mit einer kleinen Werkstatt vor 1800 begann. Vier seiner Söhne wurden Orgelbauer: Carl I Friedrich (1790–1840), Johannes (1793–1867) und Samuel Friedrich (1803–1860) übernahmen 1826 die Werkstatt und bauten wie der Vater Dorforgeln „mit geschmackvollem Ton, massiver Arbeit, Fleiß und Kunst". Der älteste Sohn Johann Georg II Schäfer hingegen heiratete 1808 nach Göppingen und machte sich dort selbständig, begründete also die Göppinger Linie. Während die Wolfschlugener Werkstatt mit ihren Arbeiten recht umstritten war und um 1842 bankrott machte, trennte sich Samuel Friedrich von ihr und zog nach Archshofen bei Creglingen (Tauber), wo er mit seinem Sohn Gottfried Eberhard (1828–1891) für den tauber- und mittelfränkischen Raum, gelegentlich aber auch in der Memminger Gegend arbeitete. Beide lebten in ärmlichsten Verhältnissen.

II. Göppinger Linie: Johann Georg II Schäfer (1785–1845) machte sich 1808 in Göppingen selbständig und arbeitete erfolgreicher als Orgel- und Instrumentenmacher als seine Brüder im Heimatort. Drei seiner Söhne wurden Orgelbauer: Johann Heinrich (1810–1887) wurde Begründer der Heilbronner Linie; Friedrich I (1825 – um 1894) löste sich 1850 aus dem väterlichen Geschäft, um in Schwäb. Gmünd selbständig zu werden (Linie IV). Nur Johann Georg III (1826–1886) setzte nach seiner Lehre bei seinem älteren Bruder in Heilbronn die 1845 vorübergehend geschlossene Göppinger Werkstatt ab 1852 fort und überschrieb sie dann seinen Söhnen Karl III (1855–1936) und Friedrich II (*1861); dieser gab sie 1902 auf und übernahm als Geschäftführer die verwaiste Firma Goll & Sohn in Kirchheim/Teck bis 1914.

III. Heilbronner Linie: Johann Heinrich Schäfer (1810 Göppingen – 1887 Heilbronn), der bedeutendste der Schäfer-Sippe, gründete 1838 in Heilbronn einen neuen Betrieb, der bis um die Jahrhundertwende zu den größten Firmen in Südwestdeutschland gehörte. 1875 wurde Opus 100 ausgeliefert, insgesamt dürften an die 200 Orgeln in Heilbronn erbaut worden sein; sie standen in Württemberg, Baden, Rheinhessen und in der Pfalz. Eine Spezialität Schäfers war auch die hölzerne Querflöte, die tatsächlich von der Seite angeblasen wurde. Schon ab 1843 baute J. H. Schäfer Kegelladen, also fast gleichzeitig mit Walcker, der auch sein Prioritätsrecht gefährdet sah. Offensichtlich hatte Schäfer parallel zu Walcker ein Gespür für die Neuerung und entwickelte sie selbständig. Geschäftsteilhaber wurde 1874 sein Sohn Carl II Heinrich Schäfer (1838–1922), mit dessen Tod die Firma in Heilbronn 1922 erlosch. Auch er hatte zwei Söhne zu Orgelbauern herangebildet: Richard Adolf (*1877) und Carl IV Franz (1872 Heilbronn – 1958 Bregenz); dieser kam in vielen Ländern Europas herum und etablierte sich nach 1928 in Bregenz (Vorarlberg), wo er als letzter Sproß der Familie mit Reparaturen über die Grenzen Tirols hinaus tätig war. Richard Adolf wurde Mitarbeiter der Fa. Gebr. Mayer in Feldkirch (Vorarlberg).

IV. Schwäbisch-Gmünd-Crailsheimer Linie: Friedrich I Schäfer (1825 Göppingen – um 1894) löste sich 1850 aus dem väterlichen Geschäft in Göppingen und machte sich in Schwäb. Gmünd selbständig. Später verlegte er den Betrieb nach Crailsheim und erbaute bis ca. 1890 mehr als 50 neue Orgeln, alles Werke zwischen 8 und 30 Registern. Noch nicht geklärt ist die Zuordnung von A. M. Schäfer in Creglingen, der 1913 und 1919 im Raum Coburg auftauchte und nach dem Zweiten Weltkrieg auch in Ungarn tätig war; er könnte eventuell ein Nachkomme von Gottfried Eberhard sein.

Kümmerle III; Acta 12 (1978), 157–162 (Kleemann); Kleemann, Orgelmacher, 212; Mundus organorum, 354 ff. (Sulzmann); Balz, Starkenburg, 353–357; Flade; HO Baden, 287; HO Oberfranken, 42; Völkl, Württemberg, 25; IbZ 13 (1958/59), 73.

Schäfer, Otto, Orgelbaumeister in Stadtilm. 1891–1945; Schäfer war Mitarbeiter von Johannes Eifert (1890–1944) und übernahm dessen Betrieb im Jahre 1936. Nach dem Bau von zwei kleineren Werken wurde er zum Kriegsdienst eingezogen, kehrte aber aus

dem Zweiten Weltkrieg nicht mehr heim. Den verwaisten Betrieb übernahm 1946 dann Lothar → Heinze (1905–1969) aus Sorau.
Orgelbauertreffen, 27; Flade.

Schäfer, Walter, Orgelbau in Frankfurt a. Main. *1945; nach seiner Ausbildung arbeitete er 13 Jahre in Werkstatt, auf Montage und Intonation. Danach machte er sich in Frankfurt selbständig und ist als Ein-Mann-Betrieb mit Wartungen, Instandsetzungen und Umbaumaßnahmen an Orgeln des Rhein-Main-Gebietes beschäftigt.
Umfrage 1989.

Schaffrath, Heinrich, Orgelbauer in Wattenscheid. Wird 1950 im Branchenverzeichnis aufgeführt; über Leben und Tätigkeit liegen keine Nachrichten vor.
Jahrbuch der Musikwelt 1950, 555.

Schaper, Orgelbauerfamilie in Alfeld und Hildesheim. 1822/33? eröffnete der Orgelbauer Heinrich Schaper (1802 Sack b. Alfeld – 1884 Hildesheim) eine Werkstatt in Alfeld, nachdem er bei einem süddeutschen Meister gelernt hatte. 1848 übersiedelte er nach Hildesheim, um das Geschäft von Josef Friderici († 1862 Hildesheim) zu übernehmen. Der Sohn August Schaper (1840 Alfeld? – 1920 Hildesheim) lernte wohl daheim, bildete sich dann bei Weigle in Echterdingen fort und unterstützte mindestens ab 1880 den Vater in der Werkstatt. 1884 wurde er Nachfolger und Alleininhaber bis zur Geschäftsaufgabe 1919, da der Sohn nicht mehr Orgelbauer wurde. Erst 1937 kam mit → Palandt ein neuer Orgelbauer nach Hildesheim. Als Besonderheit ist zu erwähnen, daß bei der Michaelisorgel in Hildesheim (Heinrich Schaper 1856/57) die Register von Haupt-, Oberwerk und Pedal je in Piano- und Fortegruppe geteilt waren, die dann durch Sperrventile zu- bzw. abgeschaltet werden konnten.
Flade; Ernst Palandt, Hildesheimer Orgelchronik 1962 (Hildesheim 1962).

Scharfe, Bertfried, Orgelbaumeister in Ebersbach a. d. Fils. *1943 Waiblingen; er wurde 1961–1964 von Weigle in Echterdingen ausgebildet und arbeitete anschließend bis 1976 bei Oesterle, Albershausen,. 1970 legte er die Meisterprüfung ab. 1976 machte er sich selbständig und baute bisher im Zwei-Mann-Betrieb 10 neue Orgeln. Daneben werden Restaurierungen, Reparaturen und Wartungen ausgeführt.
Umfrage 1990.

Schaufelberger, Heinrich, Orgel- und Harmoniumbauer in Mannheim. Er wird 1950 im Branchenverzeichnis geführt, Einzelheiten sind nicht bekannt.
Jahrbuch der Musikwelt 1950, 555.

Schedel, Orgelbauer in Fulda. Bekannt sind die Namen Kaspar, Kaspar & Söhne, sowie Georg und Gebr. Schedel. Die Zusammenhänge sind noch nicht geklärt; wahrscheinlich war Kaspar der Vater, Georg der Sohn. Möglicherweise besteht ein Zusammenhang mit Franz Schedel in Mittel- und Unterfranken, der dort zwischen etwa 1870 und 1891 nachweisbar ist. Das zeitliche Nacheinander könnte auf die Wanderrichtung Mittelfranken (1873 in Adlitz bei Erlangen, 1875 in Marktheidenfeld, 1877 in Oberscheinfeld) nach Fulda hindeuten. Franz Schedel baute Schleifladen, häufig veränderte er alte Orgeln. Die Fuldaer Schedel bauten Kegelladen mit pneumatischer Traktur in geringer Zahl, waren im Zeitraum von 1907–1947 hauptsächlich mit Reparaturen und Wartungen beschäftigt.
Acta 8 (1974), 110 f. (Rehm); Flade; Fuldaer Monats-Spiegel 39 (1989), 54 (Rehm).

Scheffler, Carl, Orgelbaumeister in Graudenz (Westpreußen). Die Orgelbauerfamilie war mindestens seit 1825 in Graudenz ansässig und wird noch 1897 im Weltadreßbuch genannt.
Flade.

Schef(f)old, Orgelbauerfamilie in Ehingen und Biberach. Der Vater Clemens Scheffold (1796–1868) gründete 1836 in Ehingen eine Werkstatt, war aber schon mindestens ab 1825 mit Reparaturen in Oberschwaben tätig. Der Sohn Johann Baptist Schefold tritt etwa ab 1850 mit Arbeiten auf und muß das Geschäft um 1880 nach Biberach verlegt haben, wo er noch 1898 als Orgelbaumeister ansässig war. Möglicherweise wohnte er zwischenzeitlich in den 1870er Jahren in Beggenried. 1893 wurden Frau und Tochter durch Revolverschüsse eines eifersüchtigen Schlossergesellen in Biberach schwer verletzt. Ein Orgelbauer Chr. A. Schefold starb 1905 in Biberach. Sein Geschäft wurde von Albert → Reiser übernommen, der es 1906 unter eigenem Namen neueröffnete.
Flade; IbZ 2 (1947), 6; Acta 12 (1978), 156; ZfI 14 (1893/94), 817.

Scherner, Hermann, Orgelbauer in München. Sein Name steht bei Orgelreparaturen in Niederbayern und in der Oberpfalz 1885 und 1920. Der Reparateur Karl Scherner (1882 Loiching) aus Landshut dürfte sein Vater gewesen sein.
Brenninger, Rottal-Inn, 113; Kraus, Orgeldokumentation 4.

Scherpf, Wolfgang, Orgelbaumeister in Speyer. *1921 Speyer; er wurde bei Franz Kämmerer (Speyer) und Merklin (Paris) ausgebildet, machte sich 1953 selbständig und baute Schleifladen mit elektrischer Traktur, u. a. 1961/77 die Speyerer Domorgel. Seit 1984 führt sein Sohn Klaus Scherpf den Betrieb weiter.
HO Pfalz II, 344; Fischer-Wohnhaas, Speyerer Dom, 167 u. a.

Scherweit, Orgelbauerfamilie in Königsberg (Ostpreußen). Wilhelm Scherweit (1771–?), Johann Scherweit (1782 – ca. 1856) und Ferdinand Scherweit (1814 – ca. 1885) sind mit Arbeiten von ca. 1800 bis 1885 in Ostpreußen vertreten.
Renkewitz-Janca, Ostpreußen; Flade.

Schild, Fritz, Orgelbaumeister in Wilhelmshaven. *1933 Bohlenbergerfeld; → Führer.

Schindhelm, Heinrich und Oskar, Orgelbauer und Instrumentenhändler in Sonneberg/Thüringen. Sie werden 1897 und 1917 (nur Heinrich) im Branchenverzeichnis geführt.
Acta 12 (1978), 226 und 18 (1985), 312.

Schindler, W., Orgelbauer in Bremen. † 1937; er war Verbandsmitglied.

Schingnitz, Dieter, Orgelbaumeister in Iffeldorf-Staltach (am Ostersee). *1940 Kaufbeuren; erlernte den Orgelbau bei Gerhard Schmid in seinem Heimatort und arbeitete als Geselle mehrere Jahre bei Walcker. Nach der Meisterprüfung 1979 machte er sich in Staltach selbständig. Mit 3 Mitarbeitern baute er bisher 17 neue Orgeln, daneben wurden verschiedene Restaurierungen ausgeführt.
Umfrage 1990.

Schlaad, Orgelbauerfamilie in Waldlaubersheim (bei Bingen). Johannes Martinus Schlaad (1822 Kestert – 1892 Waldlaubersheim) lernte vermutlich bei Engers in Waldlaubersheim, assoziierte sich nach 1845 mit Friedrich Engers, dessen Tochter er 1850 heiratete. Von den zwei Söhnen übernahm Heinrich Schlaad (*1862) das Geschäft.

Schlaad und Engers waren viel mit Reparaturen und Stimmungen in Rheinhessen und in der Pfalz beschäftigt; es sind aber auch zahlreiche Neubauten bekannt. Von Interesse ist, daß Schlaad sen. ein Patent auf einen Kniehebel hatte, mit dem man einmanualige Orgeln mit einer eingestellten Registrierung zuerst Piano, dann Forte spielen konnte. Die einfache Konstruktion bestand darin, daß zwei Windkästen und zwei Spielventile pro Taste an der durch Schied geteilten Tonkanzelle vorhanden waren; der größere Teil der Kanzelle mit den Forte-Registern konnte durch ein eigenes Sperrventil am zugehörigen Windkasten zu- bzw. abgeschaltet werden. Der Organist spielte also zuerst die gezogenen Piano-Register, dann durch Betätigen des Kniehebels schalteten sich die gezogenen Forte-Register hinzu. Es sollte damit ein zweites Manual erspart werden.

Bösken I, II; HO Pfalz, 280; OPbZ 3 (1881), 213.

Schlag, Orgelbauerfamilie in Schweidnitz/Schlesien, die in zwei bedeutenden, aber selbständigen Firmen existierte: als Schlag & Söhne, Schweidnitz, und Gebr. Schlag, Schweidnitz.

I. Schlag & Söhne, Schweidnitz. Begründer war Christian Gottlieb Schlag (1803 Staschwitz/Thüringen – 1889 Schweidnitz); er war Schüler von Schönburg in Schafstädt/Thüringen, kam dann zu Engelhardt (Herzberg), Hammer (Magdeburg) und Kieswalter (Jauer), nach dessen Tod er 1831 die Nachfolge in Jauer übernahm. 1832 bildete er seinen Bruder Johann Karl Schlag (1808 Staschwitz – um 1870 Schweidnitz) aus, mit dem er dann den Betrieb teilte. 1834 übersiedelten sie nach Schweidnitz. Mit dem Eintritt der Söhne Christians: Theodor Schlag (1847 Schweidnitz – 1912 ebenda) und Oskar Schlag (1848 Schweidnitz – 1918 ebenda) im Jahre 1869 wurde auch der Betrieb erweitert. 1900 erhielten sie den Titel „Kgl. Hoforgelbauer"; 1903 wurden Theodors Söhne: Reinhold Schlag (1874 Schweidnitz – nach 1952) und Bruno Schlag (1879 Schweidnitz – 1951 Hof/Ofr.) Teilhaber der zu einer KG erweiterten Firma, die bis zu 120 Arbeitsplätze bot, dann aber 1923 erloschen ist. An technologischen Fortschritten sind erwähnenswert: Bau von Hochdruckstimmen; 1874 Übernahme der Hillschen Intonation; nach 1870 Bau der Kegellade mit Hängeventilen; Registerschweller mit Tritt; 1875 Röhrentraktur mit Hochdruckwind; 1888 elektropneumatisches Regierwerk, freie Kombinationen (Berlin, Philharmonie). 1914 wurde das Opus 1000 hergestellt. Oskar Schlag war Gründer und erster Vorsitzender des Vereins deutscher Orgelbaumeister; er zeichnete die ersten Einheitsmaße für Orgelklaviaturen und trat 1906 in den Ruhestand.

II. Gebr. Schlag, Schweidnitz. Nach dem Ausscheiden von Karl Schlag aus dem Geschäft des Bruders 1869 eröffneten dessen Söhne Karl († 1873 Schweidnitz) und Heinrich († 1903 Liegnitz) eine eigene Firma in Schweidnitz unter dem Namen Gebrüder Schlag, ab 1874 als „Heinrich Schlag, vorm. Gebr. Schlag", die von dem Neffen Ernst Schlag (1852 Profen – 1941 Schweidnitz) fortgesetzt wurde. Dessen Söhne Martin (*1886 Schweidnitz) und Hans Schlag (*1889 Schweidnitz) führten die Firma in der dritten Generation und bauten meist kleine pneumatische Orgeln in Schlesien; sie erreichten nicht ganz die Bedeutung ihrer Schwesterfirma Schlag & Söhne. Die Gebr. Schlag schränkten schon ab 1909 ihre Neubautätigkeit stark ein und lebten ab den 30er Jahren nur noch von Reparaturen und Wartungen.

Fritz Seidel, Die Orgelbauerfamilien Schlag, Schweidnitz, in: IbZ 16 (1961/62), 309–313, 354, 356; MGG 11, 1736 f. (Seidel); Burgemeister[2], 277–283, 322–328; Kümmerle III, 202 f.; ZfI 27 (1906/07), 158.

Schlecht, Richard, Orgelbaumeister in Augsburg. *1912; wahrscheinlich ausgebildet von Friedrich Schlicker in Augsburg, dessen Nachfolger er nach 1950 wurde.

Schlicker, Friedrich, Orgelbauer in Augsburg. 1885–1963 Augsburg. Nach der Ausbildung bei Steinmeyer (Oettingen) machte er sich nach dem Ersten Weltkrieg in Augsburg selbständig; die Tätigkeit bezog sich hauptsächlich auf Reparaturen und Stimmungen. Nachfolger wurde nach 1950 R. Schlecht.
HO Schwaben, 294; Flade.

Schlimbach, Orgelbauerfamilie in Königshofen (Grabfeld), Würzburg und Speyer.

I. Der Stammvater Johann Caspar I Schlimbach (1777 Merkershausen – 1851 Königshofen) war gelernter Orgel-, Klavier- und Aeolinenmacher bei A. Walter (Wien) und Franz Martin Seuffert (Würzburg) und machte sich 1806 in seiner Heimatstadt Königshofen i. Gr. selbständig. Er baute aufrechte Klaviere, Quer- und Hammerflügel und 1810 das erste Harmonium (Aeoline), bis 1850 ca. 200 weitere und ein Dutzend neue Orgeln im Grabfeldgau. Seine Söhne Balthasar, Michael (*1810), Martin (*1811), Gustav und Kaspar II (1820 Königshofen – 1903 ebenda) wurden alle Orgelbauer. Der jüngste Sohn Johann Caspar II lernte bei seinem Vater 1837–1843, leistete dann seine Militärpflicht ab und ging auf Wanderschaft für mehrere Jahre, die ihn über Würzburg, Speyer, Ludwigsburg nach Linz, Wien und Salzburg führte. 1849 übernahm er den väterlichen Betrieb in Königshofen, wo ihm seine Brüder Michael und Martin in der Werkstatt zur Seite standen. Von ihm sind knapp 10 neue Orgeln und eine Reihe von Instandsetzungen bekannt; nach 1870 verlieren sich die Nachrichten.

II. Balthasar Schlimbach (1807 Königshofen – 1896 Würzburg) übernahm 1836 vertraglich die verwaiste Würzburger Seuffert-Werkstatt und verlegte sie 1852 wegen des Bahnhofsbaues in die Haugerpfarrgasse. 1863 führte er die Kegellade unter Mitwirkung des Sohnes Martin Schlimbach (1841 Würzburg – 1914 ebenda) ein, der 1873 Alleininhaber wurde. Bis dahin waren etwa 80 Orgeln entstanden. Martin Schlimbach hatte sich in Südwestdeutschland und in der Schweiz fortgebildet, die Kegellade kennengelernt und baute bis 1914 noch weitere 180 Orgeln; er erweiterte das Arbeitsgebiet von Unterfranken nach Westen in die Diözese Mainz, teilweise bis nach Trier und nach Nordbaden. Sein Sohn Alfred Schlimbach (1875 Würzburg – 1952 ebenda) trat 1913 in die Firma ein, nachdem 1910 auch die pneumatische Traktur eingeführt war, mußte aber 1915 den Betrieb stillegen und konnte die geplante Wiedereröffnung in den 1920er Jahren nicht mehr durchziehen. Die Würzburger Schlimbach-Orgeln verkörpern einen eigenen Typ, der an Gehäuse, Disposition, französischer Klangfärbung und technischer Konstruktion fast immer erkennbar ist.

III. Gustav Schlimbach (1818 Königshofen–?) wurde zuerst beim Vater ausgebildet, kam 1844 nach Speyer, wo er 1846 heiratete. In seiner Werkstatt entstanden bis 1887 mindestens 50 neue Orgeln, zuerst mechanische Schleifladen und ab den 1860er Jahren auch Kegelladen. Nach 1887 eröffnete er einen Instrumentenhandel in Heidelberg, mit dem er unverschuldet in Konkurs geriet, aus dem ihm der Würzburger Neffe Martin durch finanziellen Einstieg in das Geschäft heraushalf. Der Sohn Friedrich (1848–1877) starb zu früh, der zweite Sohn Hermann Schlimbach (*1850) konnte aber mit dem Vater zusammen den Fortbestand der Werkstatt auch nicht sichern; er soll nach Luzern ausgewandert sein. Hinter der Nachfolgefirma „C. O. Rees & Co. (Schlimbachs Nachfolger)" standen wohl die Orgelbauer Kämmerer und Fortmann, die die Werkstatt

Jelacic übernommen hatten, sich aber 1893 wieder trennten, so daß Franz Kämmerer Alleininhaber wurde und damit die Nachfolge in Speyer für die nächsten Jahrzehnte übernahm.

Oskar Kaul, Von der Kunst des Orgelbaues in Würzburg, in: Die Frankenwarte (Würzburger Generalanzeiger) 1938 Nr. 8; HO Pfalz II, 344; Fischer-Wohnhaas, Speyerer Dom, 167; ZfI X (1889/90), 62, 232; Gaby Schnabel, Die Schlimbach-Orgeln der Diözese Mainz in ihrer Eigenart und historischen Bedeutung (maschr. Hausarbeit 1981).

Schlosser, Ludwig, Orgelbauer in Nieder-Ohmen (Vogelsbergkreis). Er ist mit einem Neubau auf pneumatischer Kegellade, einigen Umbau- und Erweiterungsmaßnahmen sowie Reparaturen und Wartungen im mittleren Hessen zwischen etwa 1920 und 1951 nachweisbar. 1946 scheint eine kurzfristige Zusammenarbeit mit dem Odenwälder Orgelbauer Stumpf bestanden zu haben.

Flade; Trinkaus, Ziegenhain; Bösken II und III.

Schmeisser, Orgelbauerfamilie in Rochlitz (Sachsen). Wilhelm Eduard Schmeisser (1817 Glauchau – 1882 Rochlitz) wurde ausgebildet bei Hesse (Lunzenau), arbeitete ferner in Dessau, Halberstadt und Bernburg, und machte sich 1844 in Rochlitz selbständig. Er baute bis 1877 30 neue Orgeln, alle mit Schleifladen und mechanischer Traktur. 1878 übernahm sein Sohn Paul Schmeisser (1850 Rochlitz – 1902 ebenda) den Betrieb bis 1902. In dieser Zeit erfolgten technische Neuerungen: 1895–1901 der Bau von Kegelladen neben Schleifladen und 1901 eine pneumatische Windlade nach Seifertschem System. 1902 wurde Pauls Sohn Alfred Schmeisser (1878 Rochlitz – 1957 ebenda) Betriebsinhaber; er hatte seine Ausbildung bei Seifert in Köln erfahren und wohl auch die Pneumatik von dort „mitgebracht". 1905 ging er zur pneumatischen Kegellade über, die sich besser bewährte als die rein pneumatische Konstruktion. Nach 1945 übergab er den Betrieb an seinen Sohn Reinhard Schmeisser (1909 Rochlitz – 1978 ebenda) in der vierten Generation, der ein Schüler von Laukhuff und Goebel (Danzig) war. Alfred baute bereits 1944 die erste Schleifladenorgel, Reinhard verlegte sich ab 1957 vorwiegend auf den Bau von Positiven, weil der Bau von Großorgeln in der DDR noch nicht selbstverständlich war. Er bildete eine Tochter als Orgelbauerin aus, da er keine Söhne hatte. Sie bildete sich u. a. bei Walcker in Ludwigsburg fort. Leider kam es nicht mehr zu einer Betriebsübergabe, da sie einen tragischen Tod fand. Reinhard Schmeisser trat 1975 in den Ruhestand; damit erlosch die traditionsreiche Werkstätte westsächsischen Orgelbaues, die sich bereits in den 1930er Jahren erfolgreich mit Restaurierungen historischer Orgeln bewährte und gerne hochliegende Aliquoten disponierte.

100 Jahre Orgelbau Schmeisser, Rochlitz 1944; Ars 1977, 90–91 (H. J. Busch); Oehme, S, 100; IbZ 12 (1957/58), 62.

Schmid, Orgelbauerfamilie in Oldenburg. Der Stammvater Eilders Schmid war Lehrer, Organist und Orgelbauer in Logabirum, wandte sich aber 1764 dem Instrumentenbau zu; der gleichnamige Sohn setzte nach dem Tode des Vaters 1776 diese Tätigkeit fort, ebenso die Enkel Anton Franz Schmid, der spätere Schwiegervater des Christian → Rohlfing, und Johann Gerhard Schmid (1770–1845); er kam 1811 aus Leer nach Oldenburg, nachdem er 1810 zum Priv. Hoforgelbauer ernannt worden war. 1845 ging das Geschäft an seinen Sohn Johann C. Schmid (1811–1881) über, danach an dessen Sohn Johann Martin Schmid (1847 Oldenburg – 1923), der es bis 1919 führte und in dieser Zeit etwa 66 Neu- und Umbauten für das Oldenburger Land auslieferte. Die Nachfolge übernahm die Firma → Rohlfing in Osnabrück. Schmid war an zahlreichen historischen Orgeln tätig, allerdings mit anderen Zielsetzungen als wir sie heute verfolgen. Johann Martin Schmid ging um 1890 zur mechanischen Kegellade und um 1900 zur pneumatischen Traktur über.

Flade; Pape, Führer, 148 f.

Schmid, Emil, Orgelbauer in Mannheim. Tätigkeitsnachweise vom Anfang des 20. Jahrhunderts.

Acta 18 (1985), 310.

Schmid, Friedrich, Orgelbaumeister in München und Giengen/Brenz. *1910; → Link.

Schmid, Gerhard, Orgelbaumeister in Kaufbeuren. *1925 Kaufbeuren; er lernte nach dem Einsatz im Zweiten Weltkrieg 1945–1948 bei Hindelang (Ebenhofen), arbeitete kurze Zeit als Geselle bei Zeilhuber, dann von 1949–1953 bei Moser (München); gleichzeitig studierte er am Händel-Konservatorium in München Orgel und Klavier. 1952 legte er die Meisterprüfung ab. 1953–55 arbeitete er bei Mårtensson in Lund (Schweden) als Intonateur. 1955 machte er sich in Kaufbeuren selbständig. Die Firma entwickelte sich rasch dank der fortschrittlich-stilbildenden Arbeitsweise Schmids zu einer der führenden in Bayern; seit Bestehen wurden rund 175 neue Orgeln gebaut, wobei die Zahl der Betriebsangehörigen auf etwa 40 anstieg. Auch im Restaurierungswesen machte sich Schmid einen Namen. Schmid-Orgeln stehen in Deutschland, Österreich, Schweden, Finnland, Italien und Frankreich. International verbreitet sind die von ihm erfundenen Schleifendichtungen aus alterungsbeständigem PVC-Schaum (Schmidsche Ringe, 1969), kennzeichnend für seine Instrumente die typischen Koppeltritte und ziselierte Pfeifen im Prospekt.

HO Schwaben, 294, ISO INFORMATION Nr. 2 (1969), 133, 135 f., Nr. 31 (1990), 29; Umfrage 1990.

Schmid, Jakob, Orgelbauer in Straubing. 1848 Roßhaupten b. Bogen – 1918; er dürfte in Niederbayern gelernt haben und machte sich als letzter einer Reihe von Orgelbauern in Straubing (Plersch–Ehrlich–Braumandl) nach erfolgter Zulassung selbständig und ist mit Kleinorgeln bis zu 10 Registern in Niederbayern bis 1909 nachweisbar (mechanische Kegelladen). 1917 wurde er arbeitsunfähig und ins Bürgerspital aufgenommen, wo er auch gestorben ist.

Georg Brenninger, Die Straubinger Orgelbauer des 18. und 19. Jahrhunderts, in; Hist. Verein Straubing und Umgebung. Jahresbericht 1975 (Straubing 1976), 140–142; HO Oberpfalz, 83.

Schmid, Magnus, Orgelbaumeister in München und Mittbach. Lebensdaten unbekannt; Schmid war Werkmeister bei der Firma Siemann (München) und assoziierte sich in den 20er Jahren mit Karl Schuster unter dem Firmennamen „Schuster & Schmid München"; die Zusammenarbeit bestand bis zum Zweiten Weltkrieg, wenn auch verschiedene Instrumente nur einen der beiden Namen als Erbauer tragen. Nach der Zerstörung der Werkstätten 1945 ging Magnus Schmid nach Mittbach (Kr. Erding) und gab sein Geschäft 1957/58 vollends auf, während die Firma Schuster & Sohn 1975 von Wilhelm → Stöberl (Münchner Orgelbau) übernommen wurde.

Schmid, Siegfried, Orgelbaumeister in Immenstadt. *1961 Oberstaufen; ausgebildet bei Zeilhuber (Altstätten). Meisterprüfung 1989, selbständig seit 1990 mit einem Angestellten. Bisher wurden neben Restaurierungen zwei Neubauten ausgeführt.

Umfrage 1991.

Schmidt, Orgelbauwerkstatt in Gelnhausen. Richard Schmidt (1889 Altötting – 1951 Gelnhausen) arbeitete nach seiner Lehre bei Steinmeyer 1907–1921 und erwarb mit Kaufvertrag vom 15. 2. 1921 die Werkstatt Ratzmann in Gelnhausen. Seine Werke stehen im Raum Rhein-Main bis in die bayerische Rhön. Im Jahre 1950 übernahm der Sohn Bernhard Schmidt (*1930) das Geschäft, machte 1954 die Meisterprüfung und baute 1969 neue Werkstatträume.
Heimatjahrbuch des Kreises Gelnhausen 1973, 55–58.

Schmidt, Johann Michael, Mühlenbesitzer und Orgelbauer in Schmiedefeld/Rennsteig. 1798–1876; er begründete um 1835 eine eigene Werkstatt in Schmiedefeld, wo bereits das Geschäft Wagner-Holland bestand. Später nahm er seinen Neffen, den Kaufmann, Schulzen und Orgelbauer Ferdinand → Möller (1829–1888) ins Geschäft. Die Arbeiten reichen von 1836–1887 und erstrecken sich auf das Gebiet zwischen oberer Werra und Obermain (Grabfeld und Coburger Land). Ob eine Verwandtschaft mit Johann Heinrich Schmidt in Römhild besteht, der etwa gleichzeitig tätig war, ist noch ungewiß.
Flade; HO Oberfranken, 43; M. Wähler, Schmiedefeld am Rennsteig, Erfurt 1939, 28; Haupt, Suhl, 9.

Schmidt, Willy, Kirchen-Orgel-Bau-Anstalt in Schmölln/Thüringen. 1897 Schmölln – 1974 Schwelm; er lernte bei Hegermann in Altenburg und schloß 1914 als Orgelpfeifenbauer erfolgreich seine Lehre ab. 1919 gründete er in Schmölln ein eigenes kleines Geschäft, das nur Reparaturen ausführte und mehr eine Tischlerei war; 1938 ging er unter Geschäftsaufgabe nach Elberfeld als Mitarbeiter einer anderen Firma.
Friedrich-Bauer, Schmölln, 17 f.

Schmidt & Berger, Orgelbauer in Borna bei Leipzig. Lebensdaten unbekannt; sie bezeichneten ihr Geschäft als „Kreutzbachs Nachfolger", da Richard Kreutzbach (1839–1903) gestorben war. Ihre Tätigkeit reicht aber schon ins Jahr 1894 zurück, als die Firma Kreutzbach noch bestand, und dauerte bis mindestens Ende der 20er Jahre; sie bauten pneumatische Orgeln mittlerer Größe.
HO Sachsen, 45, 98, 259; BDO-Mitglied 1921; Flade.

Schmidt & Thiemann, Orgelbauwerkstätten in Hannover-Langenhagen. Die Inhaber waren bis 1962 bei der Firma Hammer beschäftigt und machten sich dann selbständig. Mit etwa 12 Mitarbeitern sind sie im Raum Hannover-Braunschweig mit Reparaturen, Neubauten und Restaurierungen in bewußt handwerklicher Tradition tätig.
Gottfried Piper, Die Orgeln des Kirchenkreises Gifhorn (Gifhorn 1967), 40.

Schneider, Clemens, Orgelbauer in Mudersbach (Sieg). Lebensdaten unbekannt; 1882 ließ er sich eine Windladenkonstruktion patentieren, die sich aber nicht bewährte; dafür übernahm er die pneumatische Membranenlade von Ernst Seifert (Köln), der von 1884–1885 Geschäftsführer bei ihm gewesen war. 1886 bekam er einige Bauaufträge von Carl → Wilhelm (Kassel), der damals in Untersuchungshaft saß. Sein Arbeitsgebiet im Schnittpunkt von Rheinland, Südwestfalen und Hessen ist noch nicht untersucht. Wahrscheinlich ist der 1917 in Düsseldorf für Walcker tätige C. Schneider mit ihm identisch.
Flade; Acta 12 (1978), 226; BDO-Mitglied 1921.

Schneider, G. Orgelbauer in Düsseldorf. † 1931; Mitglied des Orgelbauerverbands; vielleicht identisch mit C. Schneider?

Schneider, Johann, Orgelbauer in Lissa (Posen). Er ist mit Neubauten ab etwa 1870 nachzuweisen und soll ein tüchtiger Orgelbauer gewesen sein, starb aber durch Trunksucht völlig verkommen um 1928 in Lissa.
Flade.

Schnell, Reinhard, Orgel- und Instrumentenbauer in Seelach bei Kronach/Ofr. *1935 Kronach, ausgebildet bei Dietmann (Lichtenfels), ist er seit 1970 selbständig. Seine Tätigkeit befaßt sich hauptsächlich mit Modernisierungen, weniger mit Neubauten.
HO Oberfranken, 43.

Sch(l)öglmann, Orgelbauer in Burghausen a. d. Salzach. Zwischen 1845–1888 lassen sich die bis jetzt bekannten Arbeiten des Vaters Josef († 1819) und des Sohnes Max Schöglmann (1851–1896) einordnen. Bei den Neubauten handelt es sich um die landschaftsüblichen einmanualigen Kleinorgeln bis zu 10 Registern auf Schleifladen mit mechanischer Traktur. Josef Schöglmann war Nachfolger (und wahrscheinlich auch Schüler) von Florian Unterholzner (*1797), dessen Werkstatt er 1847 übernahm.
Brenninger, Altbayern, 117, 120; ders., Orgelbauer aus dem Altoettinger Raum, in: Oettinger Land 2 (1982).

Scholtyssek, Urban, Orgelbauer in Gleiwitz (Oberschlesien). 1860–1914; er war längere Zeit Gehilfe bei Ernst Kurzer (1836–1913) in Gleiwitz und wurde nach dessen Tod 1913 für wenige Monate Nachfolger im Geschäft.
Flade; Burgemeister [2], 284.

Schönefeld, Karl-Heinz, Orgelbaumeister in Stadtilm. *1937 Bösleben; er war ab 1953 als Orgelbauer bei dem Eifert-Nachfolger Lothar Heinze tätig und übernahm 1967 dessen Betrieb, als Heinze aus Gesundheitsgründen aufhören mußte. Schönefeld konnte die Fertigung neuer Orgeln noch steigern. Bis 1990 entstanden 70 Opera. Sieben Mitarbeiter sind im Werk beschäftigt. Bemerkenswert ist auch das starke Engagement in der Ausbildung von Lehrlingen.
Orgelbauertreffen, 27 f.

Schönle, Albert, Orgelbaumeister in München. Lebensdaten unbekannt. Er war bei der Firma Maerz in leitender Funktion tätig und wurde 1910 Geschäftsnachfolger. Unter seiner Leitung bestand die Firma noch bis Anfang der 30er Jahre. Mit dem Tod von F. B. Maerz gingen mehrere Neugründungen in München einher, z. B. Moser, Nenninger oder die Ausweitung von Siemann.
Brenninger, Altbayern, 157.

Schorn, Franz Josef, Orgelbaumeister in Kuchenheim bei Euskirchen. 1834 Kuchenheim – 1905 ebenda; er lernte vermutlich zuerst das Schreinerhandwerk, danach den Orgelbau bei Müller in Viersen, wo er 10 Jahre von etwa 1856–1866 zubrachte. Nach einem weiteren Gesellenjahr bei Sonreck in Köln machte er 1868 sein Meisterstück mit der Orgel in Grosbous (Luxemburg) und etablierte sich anschließend in seinem Heimatort. In den 35 Jahren seiner Tätigkeit baute er 22 neue Orgeln, von denen die meisten ganz oder teilweise erhalten sind. Schorn baute nur Schleifladen mit mechanischer Traktur, hat sich aber wohl auch mit der Pneumatik beschäftigt, ohne sie anzuwenden.
Werner Büser, Franz-Josef Vogt, Der Orgelbauer Franz Josef Schorn, in: Acta 15 (1981), 126–167; Ars 1982, 102–109.

Schramm, Alexander, Orgelbauer und Schreinermeister in Nürnberg, → Maderer.

Schramm, Hugo, Orgelbauer in Bürgel/Thüringen. Lebensdaten unbekannt; er war ein Schüler von Hermann Kopp (1837–1892) und dessen Nachfolger. Die Arbeiten der beiden überschneiden sich in den Jahren ab 1883, so daß schon eine Geschäftsbeteiligung vor Kopps Tod bestanden haben muß. Schramm wird noch 1917 im Orgelbauerverzeichnis geführt.
Flade; Acta 12 (1978), 226; 18 (1985), 312.

Schreiber, August, Orgelbauer in Mittelstille bei Schmalkalden/Thüringen 1837–1932; er machte sich selbständig und begründete eine Fabrikation von Holzpfeifen, Windladen, Magazingebläsen und Spieltischen, ist daher auch nicht mit Orgelneubauten nachzuweisen. Sein Sohn und designierter Nachfolger C. August Schreiber starb bereits 1906 als junger Mann.
Flade; Acta 18 (1985), 311; ZfI 49 (1928/29), 656; Urania 1906, 59.

Schreiber, Johannes, Orgelbauer in Ohlau/Schlesien. Lebensdaten unbekannt; seine Tätigkeit ist mindestens für die Jahre 1890–1917 belegt, aber Werke von ihm sind nicht bekannt.
Flade; Burgemeister², 328; Acta 12 (1978), 226; 18 (1985), 311.

Schrickel, Nikolaus, Orgelbauer und Bildschnitzer in Eilenburg. Um 1820–1893 Eilenburg; er baute meist kleinere Orgeln in Sachsen und Thüringen und fertigte daneben Kanzeln und Altäre für Kirchen. 1862 soll er bereits gegen 60 Orgeln gebaut haben. Sein Sohn Otto betrieb eine Klavierhandlung in Leipzig.
Flade; Oehme S, 101; II, 134; III, 274.

Schroen, Arnulf Eckhard, Orgelbaumeister in Merseburg. *1940 Merseburg; Musikschule Merseburg und Orgelbaulehre bei Gerhard Kühn ebenda, danach Studium in Halle und Fortsetzung der Orgelbaulehre bei Adam (Halle), Schüßler (Greiz) und Kirchner (Weimar); bei diesem legte er 1970 die Meisterprüfung ab. 1972 machte er sich in Merseburg selbständig und betätigt sich seitdem mit der Restaurierung und Werterhaltung historischer Orgeln sowie dem Neubau kleiner Orgeln.
Orgelbauertreffen, 23; Umfrage 1990.

Schröter, Karl August, Orgelbauer und Mechanikus in Pirna. 1821–1884; Werdegang unbekannt; er baute ab 1844 meist kleine und mittlere Orgeln in Sachsen auf Schleifladen mit mechanischer Traktur. Berühmt wurde seine Orgel für den Windmüller in Klein-Wolmsdorf, auf der der Organist und Komponist Karl August Fischer (1829–1892) von Dresden gerne spielte, der mit dem Orgelmüller befreundet war.
Flade; Urania 1861, 124; Oehme S, 101.

Schwendener Orgelbau, Peter Kraul (*1961 Irschenhausen), wurde bei der Firma WRK (München) ausgebildet, arbeitete ferner bei Kerssenbrock (Grünwald), legte 1988 die Meisterprüfung ab und machte sich danach in Schwende, Gem. Herdwangen-Schönach (bei Stockach) selbständig. 1990 trat Guy **Joly** (*1957 Besançon), Schüler von Ismayr, nach weiterer Tätigkeit in Lyon und der Meisterprüfung 1986 in den Betrieb ein. Bisher erbaute die Werkstatt sechs neue Orgeln, baute außerdem Clavichorde und ist auf die Herstellung von vierteltönigen Instrumenten mit doppelter Pfeifenzahl pro Register spezialisiert.
Umfrage 1991.

Schubert, Heinrich, Orgelbauer in (Bad) Windsheim und Nenzenheim (Mittelfranken). Lebensdaten unbekannt; es liegen Arbeitsnachweise zwischen 1850 und etwa 1870 vor, darunter einige Neubauten, meist aber Reparaturen im Bereich des Steigerwaldes.

Schubert, Karl Eduard, Orgelbauer mit wechselndem Wohnsitz in Dresden, Pockau, Netzschkau, Adorf und Reichenbach. 1830 Halsbrücke – 1900 Reichenbach; nach der Tischlerlehre kam er wahrscheinlich bei Urban Kreutzbach zum Orgelbau und machte sich schon um 1855/57 selbständig, da er nach des Vaters Tod die Familie ernähren mußte. Er baute zwischen 1857–1889 18 Orgeln, die größte mit 51, die kleinste mit 9 Registern, alle mit mechanischen Schleifladen in bewußter Silbermanntradition und mit großem handwerklichen Können. Mit zunehmendem Alter wurden die Aufträge seltener, so daß er sich mit Reparaturen ernähren mußte, schließlich so verarmte, daß er freiwillig aus dem Leben schied. Sein jüngerer Bruder Friedrich August Schubert (1832 Halsbrücke – 1911 Asch) machte die gleiche Ausbildung durch und arbeitete meist mit ihm zusammen, vorwiegend als Gehäuseschreiner; nach zeitweiliger Trennung fanden sie wieder zueinander; sein einziges bekanntes Werk ist eine Hausorgel für die Tochter.

Klaus Walter, Leben und Schaffen des sächsischen Orgelbauers Carl Eduard Schubert (1830–1900), in: Acta 16 (1982), 65–216; Oehme S, 101; Flade.

Schuke, Karl Alexander, Orgelbaumeister in Potsdam. Die Potsdamer Orgelbauanstalt wurde um 1820 von Gottlieb Heise (1785–1847) gegründet, von 1847–1867 von seinem Schüler und Mitarbeiter Johann Carl Ludwig Gesell (1809–1867) – anfangs noch mit Schulz zusammen – und von 1867–1894 von dessen Sohn Carl Eduard Gesell (1845–1894) weitergeführt. Danach übernahm sie der Pfarrerssohn aus der Prignitz (Karl) Alexander Schuke (1870 Stepenitz – 1933 Potsdam), der bei seinem Vorgänger Eduard Gesell gelernt und dann bei Sauer in Frankfurt/Oder gearbeitet hatte. Von dort brachte er die Kegellade mit, die er mit der inzwischen aufgekommenen Röhrenpneumatik verband und in solider Technik ausführte. So gehörte er neben Sauer und Dinse bald zu den „maßgeblichen märkischen Orgelbauunternehmen". Nach 1918 wurde auch die elektrische Traktur von der Werkstatt eingeführt und häufig gebaut. Alexander Schuke erkannte frühzeitig den klanglichen Wert alter Instrumente und beschäftigte sich daher intensiv mit der historisch orientierten Reformbewegung um Emile Rupp und Albert Schweitzer. 1933 übernahmen seine Söhne Karl Ludwig (1906 Potsdam – 1987 Berlin) und Hans-Joachim Georg Schuke (1908 Potsdam – 1979 ebenda) das Geschäft und führten es bis 1952 gemeinsam.

Nach der Trennung – Karl Schuke gründete in Berlin die → Berliner Orgelbauwerkstatt GmbH – führte Hans-Joachim **Schuke** die Firma bis 1972 als Inhaber und von 1972–1976 als Betriebsdirektor des VEB Potsdamer Schuke-Orgelbau. 1963 wurde der Betrieb „Leitbetrieb" der in der DDR neu gegründeten „Erzeugnisgruppe Orgelbau" und Hans-Joachim Schuke zu deren Leiter gewählt (bis 1974). 1976–1990 wurde der Betrieb von dem langjährigen Mitarbeiter Max Thiel geführt. Seit 1. Juli 1990 ist Matthias Schuke, jüngster Sohn von Hans-Joachim Schuke, Geschäftsführer der reprivatisierten Alexander Schuke Potsdam Orgelbau GmbH.

1820–1970, 150 Jahre Orgelbau in Potsdam (Alexander Schuke Orgelbauanstalt), Potsdam 1970; Flade, MGG 12, 228 f.; Bergelt, Brandenburg, 102; Umfrage 1990.

Schulte, Siegfried, Orgelbaumeister in Odenthal-Scheuren (Bergisches Land). Nach langjähriger Tätigkeit in verantwortlicher Position bei einer namhaften deutschen Orgelbauanstalt machte er sich 1979 selbständig mit einem Team von Orgelbauern, die sowohl Restaurationen wie Neubauten beherrschen. Unter den Neubauten, insbesondere bei Hausorgeln, sind einige originelle Entwürfe vertreten. Seine Grundidee ist es, Hausorgeln zu schaffen, die sich einem Wohnraum organisch und ästhetisch günstig einfügen, indem die Pfeifen auf einer Platte montiert sind und in der Anordnung ganz verschiedene Dekorationsmuster ergeben.

Orgelbau Siegfried Schulte (Werbeschrift ca. 1982); IbZ 25 (1971), 362.

Schulz, Orgelbauer in Crossen/Oder und Frankfurt/Oder. Ein G(ustav) Schulz war Schüler von Müller in Breslau, von dem er angeblich die Mensur der Portunalflöte nach Potsdam mitbrachte, als er bei Gottlieb Heise als Geselle eintrat. Nach Heises Tod 1848 führte er zusammen mit Carl Ludwig Gesell die Werkstatt weiter, trennte sich aber bald einvernehmlich von Gesell, um sich in Crossen a. d. Oder selbständig zu machen. Im Bereich östlich der Oder-Neisse-Linie zwischen Niederschlesien und Neumark sind einige Orgelbauten von ihm nachzuweisen. Er starb 1870.

Ein Gustav **Schulz** in Frankfurt a. d. Oder meldete um 1930 zahlreiche Erfindungen auf dem Gebiet des Orgelbaues zum Patent an: Einzeltonkanzellen-Kastenlade, pneumatische Schleifensteuerung, Tonkanzellenlade ohne Schleifen und neuartige Pfeifen. Vielleicht besteht eine Verbindung zu dem noch nach 1945 in Laage (Mecklenburg) tätigen Gustav Schulz.

Flade; J. G. Heinrich, Orgelbau-Denkschrift oder der erfahrene Orgelbau-Revisor, Weimar 1877, 60, 62.

Schulze, Orgelbauerfamilie in Milbitz und Paulinzella (Thüringen). Johann Andreas Schulze (um 1740–1810) übernahm 1780 die Werkstatt von seinem Vater Johann Daniel Schulze († 1780) in Milbitz und baute etwa 14 kleinere Orgeln; sein Sohn Johann Friedrich Schulze (1793 Milbitz – 1858 Paulinzella) erweiterte sie zu einem der bedeutendsten Unternehmen des 19. Jahrhunderts in Thüringen. Er lernte beim Vater und nach 1810 bei Ehle (Stadtilm), machte sich 1815 selbständig, verzog um 1825 nach Paulinzella und wurde mit bedeutenden Arbeiten beauftragt, bei denen er Töpfer kennenlernte, mit dem ihn dann eine fruchtbare Zusammenarbeit verband. 1846 hatte Schulze bereits an die 100 Opera vorzuweisen. Sein größtes Werk wurde die Marienorgel in Lübeck 1851–1854 (IV/80 mit Doppelpedal). Die vier Söhne Edmund (1824 Paulinzella – 1878 ebenda), Oskar (1825 Paulinzella – 1878 ebenda), Eduard (1830 Paulinzella – 1880 ebenda) und Herward (um 1830–1908 Gräfinau) setzten das Erbe mit Geschick und Können fort: Edmund als Intonateur und Wegbereiter in England, wo mehrere Orgeln aufgestellt wurden, Oskar als technisch vorgebildeter Planer und Eduard als Monteur im heimischen Arbeitsgebiet. Herward spezialisierte sich als Bildhauer und Gehäusedesigner. Nach dem Tod seiner Brüder ließ er noch die angefangenen Aufträge zu Ende führen, gab aber dann das Geschäft kurz nach 1880 auf, um sich in Nordhausen als Teilhaber in eine Bildhauerei einzukaufen. Die Firma existierte also in vier Generationen etwa von 1740–1880.

Flade; MGG 12, 257–260; Kümmerle III, 290–292; O. Keitel, Vom Orgelbau in Paulinzella, In: Thüringer Heimatkalender Jg. 1963, 31–33.

Schulze, Friedrich Christian Theodor, Orgelbauer in Rendsburg. 1793–1880; er ist seit etwa 1816 nachweisbar und erhielt 1835 das Orgelbauprivileg für Dänemark, Schleswig-Holstein und Lauenburg. Er hatte offenbar nur örtliche Bedeutung.

Flade; Circovius, Orgeldispositionen, 156; Schumann, Schleswig.

Schuricht, Orgelbauerfamilie in Danzig. Carl Friedrich Schuricht (1809–1864) gründete 1830 in Danzig das Geschäft, nachdem die Werkstatt Ahrendt durch Tod des Inhabers erloschen war. 1855 ging der Betrieb in die Hände des Sohnes Carl Gotthilf Julius Schuricht (1832–1890) über; dessen Sohn Carl war ebenfalls Orgelbauer und arbeitete im Geschäft mit, ertrank aber 1880 bei einem Orgeltransport über die Putziger Wiek, als er einen Gehilfen retten wollte. Daher ging die Firma 1890 in den Besitz von Otto → Heinrichsdorf (1867–1941) über. Aus dem Schaffen der Orgelbauer Schuricht – ein Nachkomme des verunglückten Enkels Carl war der Wiesbadener Generalmusikdirektor Karl Schuricht – sind mehr als 20 Orgelbauten bekannt, die noch mit Schleifladen ausgestattet waren.

Renkenwitz-Janca, 300; Flade.

Schüßler, Hartmut, Orgelbaumeister in Greiz (Ostthüringen). *1930 Friemar; nach der Ausbildung bei Kirchner (Weimar) arbeitete er bei Sauer (Frankfurt/Oder) und A. Schuke (Potsdam) und machte 1959 die Meisterprüfung. 1959 begann er im Einmannbetrieb in Gehren (Kr. Ilmenau) selbständig zu arbeiten, reparierte Orgeln und versah sie mit Elektrogebläsen. 1962 entstand die erste neue Orgel; bis 1987 wurde die Opuszahl 34 erreicht mit Werken in der Größenordnung von 2 bis 25 Registern. 1969 übersiedelte er nach Greiz, wo eine eigene Metallpfeifenwerkstatt entstand, und seit 1980 werden die Klaviaturen im eigenen Betrieb gefertigt. Die Zahl der Mitarbeiter wuchs bis 1987 auf acht an. Schüßler-Orgeln stehen im Raum Thüringen und Sachsen, dabei handelt es sich ausschließlich um Schleifladenorgeln.

Orgelbauertreffen, 33 f.; Umfrage 1991.

Schuster, Orgelbauerfamilie in Zittau. Andreas Schuster (1833–1918) war ein Schüler von Kohl in Bautzen und begann 1869 in Zittau mit einem eigenen Betrieb. Seine Söhne Ernst August (1860–1892) und Georg I Schuster (1857–1936) wurden darin ausgebildet. Der jüngere Bruder verstarb relativ früh; Georg war längere Zeit bei Marcussen in Apenrade tätig, ehe er 1890 als Teilhaber ins väterliche Geschäft aufgenommen wurde, das seitdem unter der Bezeichnung „A. Schuster und Sohn" firmierte. Von 1910–1928 war Georg Schuster Alleininhaber, danach rückten seine Neffen Georg II (ca. 1887–1962 Zittau) und Richard Schuster (1888–1970), die Söhne seines 1892 verstorbenen Bruders Ernst August, in der Geschäftsführung nach. Seit 1962 teilen sich die Vettern Siegfried Schuster (* 1915, Sohn von Georg II) und Gerhard Schuster (1917–1987, Sohn von Richard) als vierte Generation die Leitung des Betriebs. In der Anfangszeit baute die Firma nur mechanische Schleifladen, davon vier Orgeln in die Karibik, ab 1890 Orgeln mit pneumatischer Traktur und Kegelladen, wovon noch viele in der Zittauer Gegend vorhanden sind und auch gepflegt werden. Ab 1957 setzte sich wieder der Bau von Schleifladen durch. Die Firma Schuster gehört zu den größeren in der DDR, hat 7 Mitarbeiter und stellt nicht nur Positive und Kleinorgeln, sondern auch mittlere und große Instrumente her mit weitgehender Eigenfabrikation der Teile. Schuster-Orgeln stehen in Ostsachsen, Nordschlesien und Nordböhmen, Berlin, Magdeburg und Thüringen.

Flade; Orgelbauertreffen, 30–32; Burgemeister[2], 284; Ars 21, 547; Umfrage 1991.

Schuster, Carl und Sohn, Orgelbauer in München. Lebensdaten unbekannt; Carl gründete Anfang der 1920er Jahre in München eine eigene Firma, die unter dem Namen Carl Schuster & Sohn bis 1975 bestand. In den Anfangsjahren nahm er Magnus Schmid, bisher Werkmeister bei Siemann, zum Teilhaber. Sie firmierten zusammen als „Schuster & Schmid München", soweit ersichtlich, bis zum Zweiten Weltkrieg. In den 1930er

Jahren gab es aber auch Orgelbauten unter getrennten Namen. Nach der Zerstörung der Werkstätten 1945 ging Magnus Schmid nach Mittbach und gab 1957/58 sein Geschäft auf, während Schuster nach dem Wiederaufbau allein für München Dutzende von Nachkriegsorgeln baute. 1975 übernahm Wilhelm → Stöberl die Schuster-Nachfolge. Schuster baute in der Regel pneumatische Kegelladen, größere Werke mit elektrischer Traktur.

Brenninger, Altbayern, 158, 172 f.

Schütky, Heinrich, Orgel- und Harmoniumbauanstalt in Görlitz. Lebensdaten unbekannt; Schütky wird ab 1897 im Weltadreßbuch aufgeführt, sonst ist nichts bekannt.

Burgemeister[2], 328.

Schütze, Friedrich, Orgelbauer in Freiburg i. Br. und Brüssel. *1808 Dessau; → Merklin.

Schwan, Günter, Orgelbaumeister in Feucht bei Nürnberg. *1936 Alsdorf b. Aachen; er lernte bei Kamp in Aachen, arbeitete dann bei Seifert (Bergisch-Gladbach) und Bauer (Unterasbach); 1964 machte er sich selbständig und baute bis 1985 über 50 neue Orgeln in ganz Westdeutschland und in der Schweiz.

HO Oberfranken, 43.

Schwarz, Julius, Orgelbaumeister in Rostock. Lebensdaten unbekannt. Er besuchte in seinen Wanderjahren 1880–1886 „fast alle berühmten europäischen Orgelbauwerkstätten" und gründete 1886 sein Geschäft in Rostock; er baute nur pneumatische Trakturen in Verbindung mit Schleif-, Kegel- und einer Kastenlade (verbessertes Rosevelt-System). 1892 bezog er ein neues Betriebsgebäude mit Dampfkraft, elektrischem Strom und installierter Wasserleitung. Über sein Lebenswerk ist noch wenig bekannt. Er lieferte für eine pneumatische Windlade die Zeichnungsunterlagen gegen Entgelt.

Flade; ZfI 10 (1889/90), 426; 12 (1891/92), 233.

Schwarz, Orgelbauerfamilie in Überlingen am Bodensee. Der Lehrersohn Wilhelm Schwarz (1848 Mundelfingen – 1912 Überlingen) erlernte den Orgelbau bei Heinrich Braun in Spaichingen, arbeitete dann bei verschiedenen in- und ausländischen Firmen und machte sich 1873 zusammen mit Xaver → Mönch in Überlingen selbständig. 1874 heiratete er die Tochter seines Lehrmeisters Braun. 1875 trennte sich Mönch von ihm und eröffnete in Überlingen ein eigenes Geschäft. Mitte der 80er Jahre wurde ein größeres Betriebsgebäude mit neuen Maschinen errichtet, in dem bis 1912 180 neue Orgeln gebaut wurden. 1896 trat der Sohn Friedrich Wilhelm Schwarz († 1935) als Mitarbeiter ein, unter dessen technischer Leitung sich der Betrieb weiter vergrößerte und etwa 30 Mann beschäftigte. 1911 übernahm er den Betrieb und brachte es bis 1935 auf über 300 Opera. Nach seinem Tod und etwa zweijähriger Betriebsunterbrechung eröffnete sein Neffe Josef Schwarz († 1959) zusammen mit dem Orgelbaumeister Eugen → Pfaff (1905–1977) den Betrieb wieder und leitete ihn bis 1955. Die Orgelbauer Schwarz bauten anfangs mechanische Kegelladen, gingen in den 1890er Jahren zur Pneumatik über, stellten in den 1920er Jahren auf Taschenladen und elektrische Trakturen um. Der Gehäusestil folgt dem jeweiligen Zeitgeist: historisierende Gehäuse, Freipfeifenprospekte, gerahmte Pfeifenprospekte. Das Arbeitsgebiet erstreckte sich vom Bodenseeraum über Baden.

Flade; ZfI 32 (1911/12), 497 f.; 53 (1932/33), 161; HO Baden, passim.

Schwarzbauer, Julius, Orgelbaumeister in Mindelheim. Lebensdaten unbekannt; er erscheint ab etwa 1890 selbständig, und ab 1900 erreichte die Produktivität seiner Werkstatt beachtliche Ausmaße: 1904 wurde Opus 20 erreicht, 1907 Opus 30, um 1910 Opus 56. Die Gesamtzahl der bis 1924 erbauten Instrumente darf man auf etwa 100 schätzen, wobei auch modernisierende Umbauten mitgezählt sind. Nach dem Konkurs in der Inflationszeit soll Schwarzbauer nach Amerika ausgewandert sein, was bisher nicht bestätigt ist. Flade setzt seinen Tod um 1925 an. Ein Nachfolger fand sich in Orgelbauer Dolp. Schwarzbauer baute Kegelladen mit pneumatischer Traktur.
Flade; HO Schwaben, 294; Brenninger, Schwaben, 110.

Schwarzfischer, Wolfgang, Orgelbauer in Roding. Es gibt einige Reparaturnachweise aus dem Bayerischen Wald in den 1870er Jahren.
HO Oberpfalz, 83.

Schweizer, Carl, Piano- und Musikhaus, Orgelbau- und Reparaturwerkstätte in Worms. Er wird 1950 im Branchenverzeichnis genannt; über Leben und Tätigkeit ist nichts bekannt.

Schwenger, Karl, Orgelbaumeister in Hamburg. Um 1868 – nach 1938; er war mit Wartungsarbeiten beschäftigt.

Schwenk, Anton, Orgelbaumeister in München. Ca. 1910–1960 München; er war ein Schüler von Nenninger und machte sich 1948 in München selbständig. Gleichzeitig begann die Zusammenarbeit mit Franz → Wappmannsberger in Prien (Schwenk & Wappmannsberger), wobei Schwenk den Bau und Wappmannsberger die Aufstellung und Intonation übernahm. Als Schwenk 1960 mit $49^1/_2$ Jahren starb, trat sein enger Mitarbeiter Wilhelm → Stöberl an seine Stelle und übernahm schließlich 1961 die Münchner Werkstätte; die Zusammenarbeit mit Wappmannsberger bestand weiterhin, ebenso die Arbeitsteilung.
Mitteilung Stöberl.

Schwenkedel, Georges, Orgelbaumeister in Straßburg-Koenigshoffen. 1885–1958; nach seiner Ausbildung wurde er 1921 von Roethinger eingestellt zur Behebung von Kriegsschäden. Er blieb dort jedoch nur ein Jahr, wechselte dann als Werkleiter zur Firma Zann, machte sich aber schon 1924 selbständig. „In kurzer Zeit stand seine Firma ebenbürtig neben der von Roethinger und Rinckenbach". 1958 übernahm der Sohn Curt Schwenkedel (*1914) den Betrieb, machte „eine Zeitlang den bedenklichen Vollwind- und Niederdruckrummel mit, kam aber bald zu gesünderen Ansichten zurück" (Meyer-Siat). 1974 schloß er seine Werkstatt.
HO Elsaß, 35 f.

Schwenzer, Carl, Orgelbauer in Werl und Soest. Lebensdaten unbekannt; er war in den 1920er bis Ende der 30er Jahre am Niederrhein tätig.

Scudlik, Bernhard, Orgelbauer in Spaichingen und Schöntal/Jagst. Lebensdaten unbekannt. Arbeitsnachweise, hauptsächlich Umbauten und Modernisierungen sind aus den 1950er bis 1970er Jahren belegt.

Sebald, Eduard, Orgelbaumeister in Trier. 1905 Plattling – 1952 Trier; er wurde bei Weise (Plattling) ausgebildet, erwarb 1936 den Meisterbrief und eröffnete 1935 zusammen mit Max Brandt eine Werkstätte in Trier. Die Firma baute bis 1972 172 Orgeln, 1935–1939 pneumatische Taschenladen, 1948–1969 pneumatische und

elektropneumatische Kegelladen, danach Schleifladen mit elektrischer Traktur. Die Prospekte waren zunächst freistehend, ab 1960 teilweise geschlossen. Das Arbeitsgebiet erstreckte sich auf den Trierer Raum und die angrenzenden Gebiete der Eifel, des Hunsrücks und der Saar. 1972 wurde die Firma von Rudolf → Oehms übernommen.
Umfrage 1990.

Sebastian, Claus, Orgelbaumeister in Geesthacht bei Hamburg. *1947; er machte sich 1980 selbständig und baute bis 1989 bei drei Mitarbeitern insgesamt 10 neue Orgeln, daneben erfolgten einige Um- bzw. Erweiterungsbauten im Großraum Hamburg. Er fertigt mechanische Schleifladen und geschlossene Massivholzgehäuse.
Umfrage 1989.

Sedlmayr, Josef, Orgelbauer und Pfeifenhersteller in Mindelheim. Seine Tätigkeit ist etwa 1949–1954 anzusetzen; er war BDO-Mitglied.

Seewald, Orgelbauer in Salza bei Nordhausen (Thüringen). Er arbeitete seit den 1860er Jahren in Nordhausen und Umgebung; die Nachweise ab 1900 beziehen sich auf die Firma A. Seewald & Sohn.
J. Schäfer, Nordhäuser Orgelchronik, Halle/Saale, 1939; Flade.

Sehn, Johann Otto (& Co.), Orgelbaumeister in Lippstadt; Lebensdaten unbekannt. Die Firma ist kurz nach dem Zweiten Weltkrieg mit einigen Orgelarbeiten im Kreis Lippstadt vertreten; nähere Informationen fehlen.
A. Rump, Urkundenbelege über den Orgelbau im Kreis Lippstadt; maschr. Diss. Münster 1949.

Seibert & Fritzsche, Orgelbaufirma in Berlin. Sie baute 1936 eine Privatorgel für Dr. Kleisert mit 12 Registern nach pneumatischem System.
Flade.

Seifert, Orgelbauerfamilie in Köln, Kevelaer und Bergisch Gladbach. Ernst I Seifert (1855 Sülzdorf – 1928 Köln) war in der Lehre bei Schubert (Chemnitz) und Jahn (Dresden), legte 1880 die Meisterprüfung ab und wurde 1881 Geschäftsführer bei Sonreck in Köln und anschließend bei Schneider in Mudersbach. 1882 erfand er eine pneumatische Membranenlade, deren Patent er an Schneider und Jehmlich (Dresden) verkaufte. 1885 machte er sich in Köln selbständig, da das Sonrecksche Geschäft im Niedergang begriffen war. Von Anfang an baute er pneumatische Membranenladen und erhielt zunehmend größere Aufträge, hauptsächlich im Kölner Raum, aber auch im Ausland. Mit dem Bau der Basilikaorgel in Kevelaer 1906/07 (IV/122) gründete er einen Zweigbetrieb in Kevelaer. 1914 übergab er die Firma seinen 3 Söhnen: Walter († 1961 Köln) übernahm das Kölner Stammhaus, Ernst II den Zweigbetrieb in Bergisch Gladbach und Karl Romanus Seifert (1883 Mudersbach – 1960 Kevelaer) die Filiale Kevelaer. Die Kölner Stammfirma ging 1961 auf Helmut Seifert (*1916 Köln), den Neffen von Walter Seifert, über und erlosch 1981 (→ Weyland).

Zum Hauptzweig der Firma entwickelte sich jedoch die Werkstätte in Kevelaer. 1926 trat Ernst III Seifert (*1910 Kevelaer) ins väterliche Geschäft ein, legte 1938 die Meisterprüfung ab, nahm am Zweiten Weltkrieg teil und baute nach 1945 mit dem Vater Romanus den Betrieb wieder auf (Romanus Seifert & Sohn), um ihn in den 50er Jahren ganz zu übernehmen. Als eine der ersten Firmen entschied er sich für den Schleifladenbau nach dem Kriege. Von 1945–1980 wurden über 90 Orgeln gebaut, darunter zahlreiche drei- und viermanualige, die meisten für den Niederrhein, weitere für den Export nach Hongkong, Japan, Jordanien, Finnland, Holland, Jugoslawien, Mexiko und Rom. Seit den 1980er Jahren wird Ernst III Seifert von seinem Geschäftsführer Karl Renard unterstützt. Neben den Neubauten stehen Restaurierungen von Orgelwerken aller Stilarten und Systeme auf dem Programm.

Flade; Ommert, Neuzeitliche Orgeln, 287; Die Auslese 1988/IV, 10–16; IbZ 34 (1980), 255, 348; ZfI 48 (1927/28), 836; Ars 1981, 199–204; MGG 12, 474 (Dreimüller).

Sieber, Orgelbauerfamilie in Holzkirchen (Ries). Begründer war Johann Philipp Sieber (1806 Holzkirchen – 1874 ebenda); 1832 erbaute er sein Opus 1 und heiratete 1835. Der gleichnamige Sohn Philipp II (1841 Holzkirchen – 1923 ebenda) arbeitete mit Wilhelm Sieber (wahrscheinlich ein Cousin) zusammen. Die Enkel Julius (*1880) und Richard Sieber (*1885) firmierten als Gebr. Sieber und betrieben das Geschäft bis zum Zweiten Weltkrieg. Erst 1964 lebte die Werkstatt wieder auf unter der Leitung von → Deininger & Renner, die sie später nach Oettingen verlegten. Die Orgelbauer Sieber erbauten etwa 130 Werke (ab 1870 gezählt), und eine unbekannte Zahl in den ersten Jahrzehnten. Die zweite Generation baute ab etwa 1865 mechanische Kegelladen; 1895 wurde die Röhrenpneumatik eingeführt.

HO Schwaben 295; Brenninger, Schwaben, 93.

Siemann, Willibald, Orgelbaumeister und Orgelbau-Anstalt in München. 1864 Streitheim – 1932 München; er war Teilhaber der Firma Martin → Binder & Sohn in Regensburg und gründete seine eigene Firma 1890 in München. 1904 vereinigt er beide Werkstätten zu einem Großbetrieb, „maschinell mit elektrischer Kraft; alle Orgelteile werden selbst angefertigt. Die Herstellung der Metallpfeifen geschieht im eigenen Betrieb aus erstklassigem Material mittels Maschinen neuester Konstruktion". Die Orgelbau-Anstalt entwickelte sich zu einer der führenden in Bayern und baute bis 1940 rund 500 Orgeln. Das Arbeitsgebiet breitete sich von Oberbayern in die Oberpfalz aus mit einigen Ausstrahlungen nach Niederbayern und Schwaben und erreichte schließlich Unterfranken; einige Werke gingen auch nach Oberschlesien. Nach Siemanns Tod übernahm der Schwiegersohn G. Prell die Geschäftsleitung; 1944 wurde der Betrieb ausgebombt. Bis 1893 baute man in der Firma mechanische Kegelladen, ab 1894 mit pneumatischer Traktur. Siemann-Orgeln haben eine charakteristische weiche Intonation und interessante Registerfarben, sie sind im Hinblick auf die Verwendung in der katholischen Liturgie geschaffen und von eigentümlicher Romantik. Technisch und klanglich sind sie daher extrem gefährdet durch die völlig veränderten Ansprüche der 2. Jahrhunderthälfte. Windladen und Pfeifenwerk sind aber durchweg von solider Bauart, die Spieltische dagegen veraltet.

HO Schwaben, 295; Brenninger, Altbayern, 153–155; Werkverzeichnis und gedruckte Prospekte; HO Oberpfalz, 83.

Simon, Ekkehard, Orgelbaumeister in Ergolding bei Landshut (Niederbayern). *1936 Lauban (Schlesien), ausgebildet ab 1953 bei Zwirner (München), machte er sich 1962 in Landshut selbständig. Er arbeitete vorwiegend in Mittel- und Oberfranken, auch Schwaben und Altbayern, wo sein größtes Werk in Landshut, St. Martin (IV/77, 1984) steht. Von 1962–1985 entstanden 69 Orgeln, durchweg mit Schleifladen und mechanischer oder kombinierter Traktur.

HO Oberfranken, 44; Brenninger, Altbayern, 173.

Simon, Lothar, Orgelbaumeister in (Borgentreich-)Muddenhagen. *1932 Paderborn; er wurde zuerst von Stegerhoff in Paderborn ausgebildet, danach von Späth (Mengen) und

anderen Firmen, ehe er sich 1968 mit der Meisterprüfung in Muddenhagen selbständig machte. Mit 13 Mitarbeitern hat er seitdem mehr als 100 neue Orgeln gebaut. Sein Sohn Bernd Simon (*1962) lernte im väterlichen Betrieb den Orgelbau und macht 1991 die Meisterprüfung; er wird 1992 in die Geschäftsleitung eintreten. Das Arbeitsgebiet erstreckt sich auf den Raum Südwestfalen-Nordhessen, das Siegener Land und den Raum Koblenz-Trier mit Exporten nach Luxemburg und Norwegen.
Umfrage 1990/91.

Sippach, E., Orgel- und Klavierstimmer und Reparateur in Altendorf bei Rothenstein a. d. Saale (bei Jena/Thüringen). Lebensdaten unbekannt. Er baute auch Orgeln, z. B. 1896 in Meckfeld bei Blankenhain ein pneumatisches Werk mit 8 Registern.
Flade; Acta 18 (1985), 306.

Söhl, Heinrich, Orgelbaumeister in Dortmund und Köln. *1871; er lernte bei Ernst Seifert in Köln-Mansfeld und blieb dort insgesamt 25 Jahre von 1894–1919, ehe er sich in Dortmund selbständig machte. 1920 übersiedelte er nach Köln und baute in der Umgebung und im Sauerland mehrere Orgeln, nahm Umbauten und Transferierungen vor. Die Werkstatt dürfte bis zum Zweiten Weltkrieg bestanden haben.
Flade.

Sohnle, Wilhelm, Orgelbaumeister in Halberstadt. Er übernahm 1936 die Werkstätte von Paul Hülle in Halberstadt, assoziierte sich 1937 mit Ernst → Palandt in Hildesheim und leitete die Filiale Halberstadt bis zu seiner Einberufung zur Wehrmacht 1940; nach dem Kriege betätigte er sich als Alleinmeister in Halberstadt und Umgebung.
Orgelbauertreffen; Hildesheimer Orgelchronik; Flade.

Sonreck, Franz Wilhelm, Orgelbaumeister in Neviges und Köln. 1822 Neviges – 1900 Köln; er lernte bei Anton Weitz in Düsseldorf, ging dann nach Münster, Amsterdam und Köln, um sich 1847 in seiner Heimatstadt Neviges selbständig zu machen. 1850 übernahm er die Werkstatt seines Kölner Prinzipals Engelbert Maaß nach dessen Tod, heiratete 1852 und beschäftigte 1854 bereits mehr als 20 Gehilfen und Mitarbeiter in seinem Betrieb. Insgesamt dürfte er kaum mehr als 100 Orgeln gebaut haben. Sonreck war ein Orgelbaufachmann ersten Ranges, theoretischer Akustiker auf wissenschaftlichem Niveau, einfallsreicher Erfinder und Experimentator, der seine Kenntnisse in zahlreichen Veröffentlichungen weitergab oder mit Fachvertretern diskutierte. Er baute zunächst nur Schleifladen, experimentierte mit Kegelladen, gebrauchte beide Systeme nebeneinander und entwickelte hauptsächlich den Barkerhebel weiter. Seine sog. Kolbenlade war eine Art „umgekehrte Kegellade" ohne Registerkanzellen, wobei die Register mechanisch (nach Art der Hahnenlade), mit Schleifen oder mit pneumatischen Bälgchen (vergleichbar der alten Springlade) geschaltet werden konnten. Er erfand ferner einige neue Register, einen selbsttätigen Regulator und die sog. Registerklaviatur (Registerwippen in Form von Unter- und Obertasten, auf denen die Register und Kombinationen etc. nach einem bestimmten System angeordnet sind). In Auseinandersetzungen um Patentansprüche verstrickt, verlor Sonreck in den 1880er Jahren wichtige Aufträge, mußte schließlich eine mißglückte Orgel zurücknehmen, so daß er 1893 sein Geschäft aufgab. Die letzten Lebensjahre verbrachte der Kultur- und Kommunalpolitiker Sonreck, wie ihn Dreimüller nannte, in einer Kölner Heil- und Pflegeanstalt. Sonreck versuchte bereits 1850 vergeblich, die katholischen Orgelbauer des Rheinlands zu einer Vereinsgründung zu bewegen; er war somit einer der geistigen Väter des BDO, auch wenn er bei der Gründung nicht mehr aktiv mitwirken konnte.

K. Dreimüller, Franz Wilhelm Sonreck (1822–1900). Ein Orgelbauer aus dem Bergischen Land, in: Beiträge z. rhein. Musikgeschichte Heft 26 (Köln 1958), 30–75; Franz-Josef Vogt, Franz Wilhelm Sonreck (1822–1900) Untersuchungen zum Leben und Schaffen des rheinischen Orgelbauers (Beitr. z. rhein. Musikgeschichte Heft 122), Köln 1978; MGG 12, 916 (Dreimüller); Kümmerle III, 445 f.

Spaich, Heinrich, Orgelbaumeister in Spaichingen und Ludwigsburg, Teilhaber der Firma Walcker & Spaich. 1810 Waiblingen – 1908; Spaich lernte bei Johann Eberhard Walcker (1756–1843) in Cannstatt ab 1824, war dann vermutlich eine Zeitlang in Spaichingen tätig und trat 1834 bei Eberhard Friedrich Walcker in Ludwigsburg ein. 1842 nahm ihn sein Chef zum Teilhaber in die Firma als technischen Betriebsleiter, daher die Bezeichnung E. F. Walcker & Spaich. Von 1842–1854, mit Einführung der Kegellade, nahm das Unternehmen einen steilen Aufschwung und festigte seine führende Stellung im süddeutschen Orgelbau. Wann sich Spaich aus dem Geschäft zurückzog, ist nicht bekannt; aber 1854 traten die Söhne Walckers in die Firma ein.

Aus dem Ort Waiblingen stammte auch der Namensvetter Heinrich Spaich (1844 Waiblingen – um 1900 Rapperswil), der mit Johann N. Kuhn 1863 in Männedorf die noch bestehende schweizerische Firma gründete, sich aber 1872 von ihm trennte und in Rapperswil ein eigenes Geschäft eröffnete. Eine Verwandtschaft zwischen den beiden Spaich ist nicht ausgeschlossen.

Flade; F. Jakob, Orgelbau Theodor Kuhn AG, (1987), 8; Acta 12 (1978), 172.

Spallek, Anton, Orgelbauer in Frankfurt/Oder. Lebensdaten unbekannt. Spallek arbeitete als Orgelbauer bei Sauer (Frankfurt/Oder). Nach Kriegsende übernahm er im Auftrag der Stadt Frankfurt/Oder die verwaiste Sauer-Werkstatt, die nur noch aus leeren Werkstatträumen bestand, und baute den Betrieb wieder auf. Langsam begann der Neuanfang, und in den 50er Jahren kamen zunehmend Staatsaufträge aus der DDR (Rundfunkorgel Berlin-Ost, 1958, IV/80 Register). 1966 ging die Betriebsleitung an Spalleks Sohn Gerhard (*ca. 1940) über. 1972 wurde der Betrieb als „VEB Frankfurter Orgelbau Sauer" verstaatlicht, Spallek wurde zum Betriebsdirektor ernannt. Mit rund 40 Beschäftigten war die Firma führend im Export hauptsächlich in die osteuropäischen Länder Polen und SU. Spallek war von 1974–1989 Leiter der Artikelgruppe Orgelbau, in der alle Orgelbaubetriebe der DDR organisiert waren. Gleichzeitig fungierte die Firma VEB Frankfurter Orgelbau „Sauer" als Leitbetrieb der Artikelgruppe. Nach der Wiedervereinigung Deutschlands betrieb der jetzige Inhaber der Firma Walcker, Dr. h. c. Werner Walcker-Mayer, die Reprivatisierung. Orgelbaumeister Gerhard Spallek blieb weiterhin Geschäftsführer.

Umfrage 1990; ISO INFORMATION Nr. 31 (1990), 77–80.

Spamann, Adrian, Orgelbauanstalt in Bolchen (Boulay), Lothringen. Lebensdaten unbekannt; Spamann gründete seine Firma 1886 als zweiten. Betrieb neben Dalstein & Haerpfer im gleichen Ort und lieferte Orgeln nach Lothringen, ins Unter-Elsaß und ins Saarland. Die Baunachweise reichen bis 1909.

J. Martinod, Répertoire des travaux des facteurs d'orgues du IXe siecle a nos jours, Paris 1970, 369; HO Elsaß, 35.

Späth, Orgelbauerfamilie in Ennetach-Mengen und Hugstetten. Alois Späth (1825 Ennetach – 1876 ebenda) wurde nach der Schreinerlehre ab 1844 von Vitus Klingler im Orgelbau ausgebildet, bei dem er auch weiter blieb und dessen Nachfolger er 1862 wurde. Seine drei Söhne: Franz Xaver (1859 Ennetach – 1940 ebenda), Albert (1866–

1948) und Hermann Späth (1867 Ennetach – 1917 Füssen) lernten beim Vater; Franz X. ging 1876 zur Weiterbildung nach Feldkirch (Maier), mußte aber wieder zurück, als der Vater starb; um die Familie zu ernähren, arbeitete er bei Benz in Rottweil und bei Mönch in Überlingen, 1879–1881 bei Klingler in Rorschach und bei Branmann in Ulm. 1882 konnte er die verwaiste väterliche Werkstatt wieder eröffnen und weiterführen. Mit Aufträgen aus dem katholischen Bereich war er eingedeckt; 1886 konnte er eine neue Werkstatt bauen; 1894 trat der Bruder Albert nach seiner Ausbildung bei Ladegast und Steinmeyer als Teilhaber ein, die Firma nannte sich nun Gebr. Späth. Hermann Späth erwarb 1896 die verwaiste Pröbstl-Werkstatt in Füssen und leitete sie bis 1917. Die Zahl der Mitarbeiter betrug anfangs zwei, 1894 schon 15. 1892 und 1900 wurden die Betriebsräume erweitert, fielen aber 1903 einem Brand zum Opfer. Ab 1895 trieb ein Dampfmotor die Maschinen an, 1898 kam Elektroantrieb, nach dem Wiederaufbau folgten neue Holzbearbeitungsmaschinen und die Belegschaft stieg auf 26 einschließlich der Vertreter in Südamerika. Im Ersten Weltkrieg fertigten die wenigen Arbeiter Munitionskästen, danach erholte sich der Betrieb rasch und mußte 1924 erweitert werden. Um 1930 wurde die Opuszahl 400 erreicht. 1912 wurde Franz Späth zum Hoforgelbauer ernannt. Seine Söhne: Dr. med. Karl Späth (1899–1971) war Arzt, Franz (1901–1924) und August Späth (1908–1979) waren gelernte Orgelbauer. Franz kam 1916 ins Geschäft, machte 1922 die Meisterprüfung, starb aber plötzlich 1924 in Spanien. Deshalb mußte Karl, fertiger Arzt, jetzt das Geschäft übernehmen, während der jüngere Bruder August erst später seine Ausbildung beendete und 1934 Teilhaber wurde. – Auch Albert Späth hatte zwei Söhne als Orgelbauer: Leo (1897–1918 gefallen) und Albert II (*1907). Die Firma Gebr. Späth bestand bis 1971; aber schon 1964 trennte sich August von Karl Späth und führte die Filiale in Freiburg selbständig weiter, die später nach Hugstetten verlegt und seit 1979 von seinem Sohn Hartwig Späth (*1942) geleitet wird. In Fulda befand sich eine Filiale unter der Leitung von Alban Späth (Sohn von Hermann). Nach der endgültigen Trennung 1971 übernahmen 8 Mitarbeiter der Firma Gebr. Späth in Ennetach den Betrieb, der jetzt unter dem Namen „Orgelbau Späth GmbH" firmiert. Orgelbaumeister Rapp übernahm die Geschäftsführung. Durch Alter oder Tod schieden einige Teilhaber im Laufe der Jahre aus, so daß seit 1. 1. 1990 der jüngste Gesellschafter, Werner Waldinger (ab 1951 Lehre bei Späth) Alleininhaber ist. Die Firma baute ab 1902 Taschenladen, häufig mit elektrischer Traktur. Der Übergang auf mechanische Schleifladen in den 1950er Jahren verlief zunächst nicht ganz reibungslos.

Gebr. Späth Hof-Orgelbaumeister, Päpstl. Hoflieferanten, Ennetach-Mengen, (Privatdruck 1929); Orgelbauanstalt Gebr. Späth. Ennetach-Mengen, 1925; Umfrage 1990.

Späth, Alban, Orgelbaumeister in Fulda. 1898 Füssen – 1972 Fulda; er war der Sohn des Füssener Orgelbauers Hermann Späth (1867–1917), lernte zunächst in der väterlichen Werkstatt und trat 1917, nach dem Tod des Vaters, in die Firma Gebr. Späth in Ennetach ein, die seit 1908 auch in der Diözese Fulda eingeführt war. 1928 übernahm Alban Späth die Leitung der Fuldaer Filiale, die er 1937 in einen selbständigen Betrieb umwandelte, wobei Neubauaufträge weiterhin an das Stammhaus vermittelt wurden. 1954 wurde seine Werkstatt wieder als Filiale von Ennetach eingegliedert. Alban Späth baute Kegelladen mit pneumatischer oder elektrischer Traktur. Seine Tätigkeit bestand darin, ältere Orgeln durch Zusatzladen auf zwei Manuale zu erweitern, Dispositionen zu modernisieren sowie Reparaturen und Stimmungen durchzuführen.

G. Rehm in Acta 21.

Speith-Orgelbau, Inh. Günther Müller in Rietberg bei Wiedenbrück. 1848 gründete Bernhard Speith (1822–1905) die Werkstatt in Rietberg; der Sohn Johannes Speith (1867–1944) führte sie weiter. Dessen Söhne Rudolf Speith (*1907) und Albert Speith (1909–1953) leiteten sie in der dritten Generation bis 1978. Danach übergab Rudolf Speith den Betrieb seinem langjährigen Betriebsleiter Günther Müller (*1928), der der Firma seit 1953 angehörte. Sein Sohn Ralf Müller (*1956) ist seit 1988 Orgelbaumeister und wird demnächst die Nachfolge antreten. Im Betrieb sind etwa 8–10 Mitarbeiter tätig, davon zwei Orgelbaumeister und 1 Schreinermeister. Seit 1900 wurden ca. 360 neue Orgeln in Rietberg gebaut, in der Gründergeneration nur Schleifladen mit mechanischer Traktur, von 1904–1962 Kegelladen mit pneumatischer (bis 1933) bzw. elektrischer Steuerung (bis 1961). Ab 1962 wurden wieder Schleifladen hergestellt, sowohl mit rein mechanischer als auch mechanisch-elektrischer Traktur. Neben der Neubautätigkeit ist die Stammbelegschaft auch mit der Renovierung oder Restaurierung aller historischen Ladensysteme vertraut. Der Übergang vom offenen Pfeifenprospekt zum geschlossenen Gehäuse fand 1964 statt. Die Firma exportierte Orgeln nach Brasilien, China, Holland, Dänemark, Italien, Portugal, und in den letzten Jahren nach Japan und Korea.
Umfrage 1989/90.

Sperschneider, Norbert, Orgelbaumeister in Weimar. Die 1935 von Gerhard Kirchner gegründete Werkstatt ging 1966 an seinen jüngeren Mitarbeiter Günther Bahr über, von diesem 1979 an Norbert Sperschneider, der bei Bahr gelernt hatte. Sein Meisterstück als Opus 1 ist eine Kleinorgel mit 7 Registern, die heute in Grünz steht. Sperschneider hat sich ganz auf konservierende Instandsetzungen und Restaurierungen verlegt, wobei er mit seinem 6-Mann-Team bereits beachtliche Erfolge erzielt hat, unter anderem auch bei der Instandsetzung pneumatischer Orgeln. Für die Glockengießerei Schilling in Apolda liefert er die Glockenspieltische. Arbeitsgebiet Sperschneiders ist der gesamte thüringische Raum.
Orgelbauertreffen, 34 f.

Spiegel, Orgelbauerfamilie in Reichthal (Schlesien) und Oppeln. Der Vater Jakob Spiegel (Herkunft und Lebensdaten unbekannt) wirkte von 1794–1836 in Reichthal; von ihm erbte der Sohn Johannes († 1896) das Geschäft. Dessen Söhne Karl (Lebensdaten unbekannt) und Albert († 1905) führten die Werkstatt bis zu Alberts Tod weiter. Danach heiratete die Witwe den bisherigen Werkmeister Josef → Bach, unter dessen Leitung der Betrieb bis zum Zweiten Weltkrieg bestand. Karl Spiegel verließ 1906 den väterlichen Betrieb und eröffnete in Oppeln einen eigenen, der noch bis etwa 1937 existiert hat.
Burgemeister[2], 286 f.; Flade.

Springs, Julius, Orgelbaumeister in Strehlen (Schlesien). Lebensdaten unbekannt; er arbeitete etwa ab 1890, wird aber 1917 unter den deutschen Orgelbauern nicht mehr genannt. Orgeln von ihm sind nicht bekannt, dafür Reparaturen und Stimmungen an Flügeln, Pianinos und Orgelwerken.
Burgemeister[2], 287; Flade; ZfI 19 (1898/99), 1090.

Stahl, Hermann August, Orgelbauer in Neu-Ulm und Karlstadt a. Main. Lebensdaten unbekannt; seit 1876 in Neu-Ulm ansässig, verzog er 1886/88 vorübergehend nach Pflochsbach bei Lohr, dann nach Karlstadt a. M., wo er bis mindestens 1892 nachweisbar ist. Um 1895 wanderte er nach Amerika aus, wo von 1897–1929 die Firma Stahl Organ Co. in Maywood, IL, existierte. Stahl reparierte und baute Orgeln in Nordschwaben, im westlichen Unterfranken und sogar in Saarlouis, seine Werke hatten Kegelladen mit

mechanischer Traktur; etwa 12 Orgeln sind bisher bekannt. Eine gedruckte (undifferenzierte) Werkliste enthält 60 Arbeiten.
HO Unterfranken, 314; Geschäftsempfehlung von ca. 1883; Mitteilung Kares.

Stahl, Otto, Orgelbaumeister in Bietigheim. 1921 Markgröningen – 1988 Bietigheim; er übernahm 1948 die Werkstatt seines Schwiegervaters Franz → Steirer in Bietigheim.

Stahl, Robert, Orgelbauer in Essen-Kray. Er war 1949 Mitglied des BDO, sein Geschäft ging aber nicht gut.

Stahlhuth, Orgelbauerfamilie in Hildesheim und Aachen. Der Klavier- und Orgelbauer Wilhelm Stahlhuth († 1886 Aachen) hatte seine Werkstatt zuerst in Hildesheim. Sein Sohn Georg Stahlhuth (1830 Hildesheim – 1913 Aachen) lernte zuerst Tischler, dann ab 1848 den Orgelbau bei Loret in Brüssel, wechselte zu Merklin & Schütz (1849–1853) und etablierte sich 1853 mit einem eigenen Geschäft in Hildesheim, das er 1865 nach Burtscheid bei Aachen verlegte. Später zog er sich seinen Sohn Eduard Stahlhuth (1862 Hildesheim – 1916 Aachen) zum Mitarbeiter und Nachfolger heran, so daß er sich 1903 zur Ruhe setzen konnte. Der Enkel Ludwig († 1914 gefallen) sollte den Betrieb in der dritten Generation weiterführen. Als auch Eduard bereits 1916 starb, drohte die angesehene Firma einzugehen. Sie wurde aber durch neue Besitzer und verschiedene Betriebsführer am Leben erhalten, 1944 ausgebombt, danach wiederaufgebaut und existiert noch heute. Stahlhuth baute von 1860–1879 Kegelladen, kam dann wieder auf die Schleiflade zurück und ging um 1890 auf pneumatische Laden über; er bemühte sich auch um eine Verbesserung des Cornett. Von Bedeutung ist, daß er als einer der ersten 1887 in Hal/Belgien eine elektropneumatische Schleifladenorgel baute. Er gehört „zwischen Tradition und Fortschritt schwankend und mit eigenen Erfindungen an der Entwicklung der modernen Orgel beteiligt, zu den bedeutendsten Orgelbauern des späteren 19. Jahrhunderts".
MGG 12, 1138 f. (Dreimüller); Flade; Acta 12 (1978), 218; Kümmerle III, 497 f.

Staller, Anton, Orgelbauwerkstätte in Grafing bei München. *1923; die Lehre absolvierte er bei Siemann (München); nach Kriegsdienst (Marine) und -gefangenschaft lernte er in Ostfriesland bei Reparaturen historische Orgeln kennen und arbeitete anschließend bei verschiedenen Firmen. 1956 machte er sich in einer gemieteten Schreinerwerkstatt selbständig, war anfangs mit Wartungen und kleineren Umbauten beschäftigt und baute zwischen 1956 und 1968 pneumatische und elektrische Orgeln mit verschiedenen Ladensystemen. Seit 1960 entstanden auch Schleifladenwerke, ab 1968 nur noch solche. Er erwarb sich daneben große Erfahrungen in der Restaurierung aller pneumatischen und mechanischen Systeme. 1962 bezog Staller eine eigene neue Werkstätte, die inzwischen zweimal erweitert werden mußte. Bisher verließen 95 Orgeln den Betrieb, der 7 Mitarbeiter beschäftigt. Inzwischen wurde der Enkelsohn Andreas Lechner zum Nachfolger ausgebildet; er bereitet sich 1989 durch umfassende Weiterbildung auf seine zukünftige Aufgabe vor.
Umfrage 1989.

Stallmann, Albert, Orgelbaumeister in Hamburg. Nachweisbar zwischen etwa 1885 und 1929; er hat in den Jahren vor und nach dem Ersten Weltkrieg zahlreiche Hamburger Orgeln repariert und gestimmt, manche auch pneumatisch umgebaut, aber nach jetzigem Kenntnisstand nur eine relativ kleine Orgel gebaut.
Flade; Cortum.

Stange, Vinzenz, Orgelbauer in Braunsberg (Ermland/Ostpreußen). Er war von etwa 1880 bis 1914 im katholischen Ermland tätig und baute kleinere Orgeln zwischen 12 und 16 Registern, seit etwa 1900 alle mit pneumatischer Traktur.
Flade; ZfI 31 (1910/11), 293.

Staudiegel, Orgelbauer in Ohrdruf (Thüringen). Nachweisbar um 1900, Lebensdaten und Arbeiten sind nicht bekannt.
Acta 12 (1978), 213.

Staudt, Franz, Orgelbauer in Püttlingen (Puttelange bei Sarreguemines). Lebensdaten unbekannt; er assoziierte sich 1867 mit Jean Frederic II Verschneider (1810–1884), der das Geschäft Verschneider in das 20. Jahrhundert hinüberrettete. Es muß sein Sohn gewesen sein, der sich etwa 1920 mit Adolf Blanarsch (1888–1953) verband, unter dem die Firma nach Straßburg verlegt wurde und bis etwa 1960 bestand.
Flade; HO Elsaß, 28 f.; Orgues en Alsace Vol. 1, 40.

Stegemann, Regine, Orgelbaumeisterin in Krummhörn-Greetsiel. → Krummhörner Orgelbau.

Stegerhoff, F. W., Orgelbauer in Paderborn und Steinheim (Teutoburger Wald). Lebensdaten unbekannt; um 1890 eröffnete er in Paderborn neben der bereits existierenden Firma Eggert ein eigenes Geschäft, vermutlich in der Nachfolge von August Randebrock, der 1888 sein Paderborner Geschäft an Karl Tennstädt verkaufte, der es aber nach Lippstadt verlegte. Die Zahl der bisher bekannten Orgelwerke ist noch gering, sie dürfte auch die Bedeutung der Firma Eggert-Feith nicht erreicht haben. Ab 1920 wurde Bernhard Stegerhoff († 1966) Geschäftsinhaber; trotz der ausgesprochen schwierigen Wirtschafts- und Konkurrenzlage der folgenden Jahrzehnte überdauerte die Werkstatt bis in die 1970er Jahre in Steinheim. 1973 übernahm sie Siegfried → Sauer in Ottbergen.
Flade.

Stehle, Orgelbau GmbH in Haigerloch-Bittelbronn. Die drei Brüder Johann (1862–1924), Gustav (1864–1907) und Josef Stehle (1873–1946) erlernten den Orgelbau in Frauenfeld (Schweiz). Während Gustav in der Schweiz blieb, kehrten Johann und Josef in die Heimat zurück und gründeten 1894 eine Orgelbauwerkstatt in Bittelbronn (Hohenzollern). Von den acht Kindern Josefs erlernten Josef II (1907–1970) und Sebastian (1909–1977) ebenfalls das Orgelbauerhandwerk, bildeten sich bei Klais (Bonn) und in Straßburg weiter und übernahmen 1936 die Firma des Vaters. Einen Auftrag über sieben Orgeln nach Brasilien teilten sie während des Zweiten Weltkriegs mit Klais. Josef II legte 1947 die Meisterprüfung ab. 1962 wurde ein Erweiterungsbau erstellt und die Ausstattung modernisiert. 1970 übernahm Johann Georg Stehle (Hans, *1946), Sohn von Josef II, die Firma zusammen mit seinem Onkel Sebastian, der 1975 altershalber aus der Firma ausschied, und legte 1974 die Meisterprüfung ab. Er hatte im elterlichen Betrieb gelernt, war Landes- und zweiter Bundessieger im Leistungswettbewerb der Handwerksjugend gewesen und arbeitete einige Zeit bei Rensch in Lauffen. 1979 wurde der Betrieb erweitert und modernisiert und 1980 in die Stehle-Orgelbau GmbH umgewandelt. In den Werkstätten arbeiten 7 Angestellte; insgesamt erbaute die Firma bisher 201 Orgelwerke, anfangs als Kegelladen, nach dem Kriege wieder als Schleifladen, wobei pneumatische, elektrische und jetzt mechanische Trakturen angewandt wurden. Zum Arbeitsbereich gehören auch denkmalgerechte Restaurierungen alter Orgeln.
Umfrage 1989 und Firmengeschichte; Flade.

Steinmann, Orgelbauerfamilie in Vlotho (Weser). 1910 gründete Gustav I Steinmann (1885–1953), der bei Klaßmeier in Lemgo-Kirchheide gelernt, anschließend bei Furtwängler & Hammer (Hannover), Faust (Schwelm) gearbeitet hatte und schließlich bei Ackermeier in Lage Teilhaber gewesen war, einen eigenen Betrieb. 1932 erwarb er sein Meister-Diplom, erkannte frühzeitig die Bedeutung der Schleiflade wieder und baute sie schon ab 1935 für Kirchenorgeln, nachdem er in der Anfangszeit dem Bau von pneumatischen oder elektrischen Registerkanzellenorgeln verhaftet war. 1938 übernahm er die Firma Fleischer & Kindermann in Dessau als Zweigbetrieb bis 1945. Bis zu seinem Tod 1953 wurden 196 Orgeln gebaut, hauptsächlich in Norddeutschland, aber auch für den Export (Niederlande, Venezuela, Südafrika). Der Sohn Gustav II (*1913) lernte im eigenen Betrieb, besuchte die Meisterschule und erwarb 1955 das Meister-Diplom. 1957–1966 wurden die Werkstätten erneuert. Bis 1978 entstanden unter der Leitung von Gustav II 363 neue Orgeln. In diesem Jahr übernahm sein Sohn Hans Heinrich Steinmann (*1938) die Firma, der bei seinem Vater und bei von Beckerath ausgebildet worden war und 1967 seine Meisterprüfung ablegte. Seit 1979 nimmt er einen Lehrauftrag an der Westfäl. Landeskirchenmusikschule in Herford wahr. Bis 1989 wurden insgesamt 655 Orgeln gebaut, darunter Werke in die Schweiz, USA und Ungarn. Die Zahl der Mitarbeiter beträgt im Schnitt 20.

Flade; Umfrage 1989; Ommer, Neuzeitliche Orgeln, 287; IbZ 15 (1960/61), 184.

Steinmeyer, Orgelbauerfamilie und Orgelbauanstalt in Oettingen (Ries). 1847 gründete Georg Friedrich Steinmeyer (1819 Walxheim – 1901 Oettingen) eine kleine Werkstatt in Oettingen, die sich innerhalb weniger Jahrzehnte zu einem bedeutenden Unternehmen in Süddeutschland entwickelte. Georg Friedrich machte zuerst eine Schreinerlehre, lernte danach den Orgelbau bei Thoma in Oettingen und arbeitete bei Bohl (Augsburg), Hechinger (Ulm), dann von 1843–1847 (gleichzeitig mit Marcussen und Weigle) bei Walcker in Ludwigsburg, wo er entscheidende Anregungen erhielt. Opus 1 von 1848 in Frankenhofen war auch die erste Kegelladenorgel in Bayern. Die innerbetriebliche Entwicklung: 1860 etwa 15 Arbeitskräfte, Maschinenbetrieb durch ein „Arbeitsrad", 1874 Umstellung auf Dampfbetrieb; die Mitarbeiterzahl wuchs auf etwa 50 und erreichte 1892 vorübergehend 72. Bis Ende 1899 waren 676 neue Orgeln ausgeliefert und eine große Anzahl von Harmoniums (→ Hessing). Sechs Söhne wurden ebenfalls Orgelbauer: Johann Friedrich Theodor (1852–1880) starb sehr jung als Gehilfe; Johannes Steinmeyer (1857 Oettingen – 1928 ebenda) war zu Hause und bei Goll in Luzern ausgebildet, wurde 1884 Teilhaber und 1901 Inhaber der Firma; er förderte 1891 die Einführung der pneumatischen Traktur und die Taschenlade 1894/95. Unter seiner Betriebsführung erreichte die Firma fast 1500 Opera, darunter die berühmte Passauer Domorgel 1925–1928. Die jüngeren Brüder Gottlieb (1867–1950), der bei Hickmann und Mayer ausgebildet war und als Holzfachmann im Betrieb fungierte, Wilhelm (1868–1915) als Leiter der Harmoniumfabrikation, Ludwig (1870–1939), der seine Ausbildung hauptsächlich bei Dalstein & Haerpfer genoß und als ausgezeichneter Intonateur sogar den Hoforgelbauertitel erhielt, und Albert (1874–1941) mit einer breit gestreuten Ausbildung (Kuhn, Goll, Schlag, Jehmlich) als Chefintonateur bildeten den tragenden Stamm des Familienunternehmens. Der Enkel Hans Steinmeyer (1889 Oettingen – 1970 ebenda), Sohn von Johannes, ging nach einer umfassenden Ausbildung 1913 nach Amerika, erweiterte seine Erfahrungen im Bau elektrischer Trakturen, kehrte 1920 zurück und leitete den Betrieb von 1928–1967. Schon 1923 wurde ein neues Betriebsgebäude errichtet und 1963/64 wesentlich erweitert. Sein Bruder Fritz I Steinmeyer (1895–1974) war Mitinhaber und in leitender Funktion in der Buchhaltung und Planung

tätig. Dessen Sohn Paul (*1933) setzt diese Tätigkeit in der Gegenwart fort, während Fritz II Steinmeyer (*1918), Sohn von Hans Steinmeyer, seit 1967 das Unternehmen verantwortlich leitet. 1984 wurde die Opuszahl 2380 erreicht. Seit Jahrzehnten befaßt sich die Firma Steinmeyer erfolgreich mit Restaurierungen und setzte z. B. in Ottobeuren schon 1914 Maßstäbe. Hans und Fritz II Steinmeyer waren jahrelang Vorsitzende des BDO, Hans in den schwierigen Jahren der Nazizeit.
125 Jahre Orgelbau Steinmeyer (1972); Fischer-Wohnhaas, G. F. Steinmeyer.

Steinmeyer, Caspar, Zinnpfeifen-Fabrikant in Oettingen (Bayern). Um 1844 Merzingen – 1904 Oettingen; seine Zinnpfeifen-Fabrikation für Kirchen- und Drehorgeln einschließlich Zungenstimmen geht auf das Jahr 1876 zurück und ist 1904 erloschen. Ein unmittelbarer Zusammenhang mit der Firma G. F. Steinmeyer besteht nicht. Die kleine Werkstatt beschäftigte zwei Mitarbeiter; ihre Zinnpfeifen wurden auf verschiedenen Ausstellungen mit Preisen bedacht.
ObZ 1 (1879), 96 und 2 (1880), 56; Flade.

Steinmüller, Christian Gottlob, Orgelbauer in Grünhain (Sachsen). 1792 Arnoldsgrün – 1864 Grünhain; der Pfarrerssohn erlernte den Orgelbau bei Trampeli in Adorf 1806–1812, erbaute nach dem Tode seines Lehrmeisters die in Auftrag befindliche Orgel für Grünhain zur Zufriedenheit, so daß er sich dort selbständig machen konnte. Bis 1849 baute er 26 neue Orgeln mit „sattem Plenoklang" und „vielseitigen Möglichkeiten der Abstufung hinsichtlich Farbe und Dynamik" (K. Walter). Wegen seiner technischen und klanglichen Qualitäten gilt er als der bedeutendste Schüler Trampelis und darf höher als ein Kleinmeister eingestuft werden. Seinen jüngeren Bruder Julius Adolf (1808 Arnoldsgrün – 1833 Grünhain) bildete er zum Orgelbauer aus und nahm ihn als Mitarbeiter auf. Sein Sohn Julius Ottomar Steinmüller (1820 Grünhain – 1892 ebenda) war ebenfalls Orgelbauer, hat aber selbständig keine Orgeln mehr erbaut.
Klaus Walter, Der sächsische Orgelbauer Christian Gottlob Steinmüller (1792–1864), in: Acta 19 (1987), 9–154.

Steirer, Franz, Orgel- und Harmoniumbaumeister in Bietigheim (Württemberg). 1891 Deutsch-Bogsan/Ungarn – 1966 Ludwigsburg; stammte mütterlicherseits aus der Orgelbauerfamilie Angster in Fünfkirchen; er lernte bei Wegenstein in Temesvar und machte sich 1921 in Bietigheim selbständig. Steirer war Prüfungsmeister für Orgel- und Harmoniumbau bei der Handwerkskammer Stuttgart. Neben Orgelwerken mittlerer Größe hat er sich seit 1936 durch den Bau von Kleinorgeln und Positiven und die Zusammenarbeit mit Helmut Bornefeld einen Namen gemacht. Er baute anfangs Kegelladen mit pneumatischer, dann elektrischer Traktur, und ab 1936 mechanische Schleifladen mit geteilten Schleifen und erweitertem Tonumfang zum oktavversetzten Spielen. Auch im Harmoniumbau war er sehr vielseitig, lieferte in alle Welt und ließ sich einen Spielapparat patentieren. 1948 übernahm sein Schwiegersohn Orgelbaumeister Otto → Stahl (1921 Markgröningen – 1988 Bietigheim) den Betrieb; seit 1988 führt ihn die Witwe Stahl mit Sohn Roland weiter. Noch heute werden auf Bestellung Harmoniums gefertigt. Dem Orgel- und Harmoniumbau wurde 1976 ein Musikhaus angegliedert. In den Werkstätten sind 8 Mitarbeiter beschäftigt; die Gesamtzahl der seit 1921 erbauten Orgeln liegt bei rund 120 Opera.
Flade; H. Bornefeld, Das Positiv, Kassel 21946; W. Kwasnik, Die Orgel der Neuzeit; Umfrage 1990.

Stellmacher, Erich, Orgel- und Klavierbaumeister in Hannover und Nürnberg. 1888–1968; Stationen seines beruflichen Werdegangs waren Greifswald, Dresden und Berlin, zusätzliche Ausbildung als Elektro-Ingenieur. Er baute bis 1924 in Hannover Klaviere, wurde dann Betriebsleiter bei Hupfeld in Leipzig, arbeitete mehrere Jahre im Ausland, zuletzt in Graz, wo er sich 1945 selbständig machte; 1949 als Deutscher ausgewiesen, begann er zuerst in Oberbayern, dann 1955 im Raum Nürnberg eine neue Existenz aufzubauen und wurde 1957 in Nürnberg als Alleinmeister seßhaft. Er ist im Umkreis von Nürnberg mit mehreren Arbeiten, Reparaturen, Um- und Neubauten anzutreffen. Nach seinem Tode führte die Witwe die Werkstatt weiter mit Hilfe von Hubert → Köhler (*1929 Reicholzheim), der seit 1951 bei Stellmacher war und 1973 die Meisterprüfung abgelegt hat; er ist seit 1989 in Nürnberg selbständig.

HO Oberfranken, 44; Umfrage 1990.

Steuer, Ernst, Orgelbauer in Karlsruhe und Bietigheim bei Karlsruhe. Er war von 1949–1969 Mitglied im BDO. Näheres ist nicht bekannt.

Stieglitz, Jakob Daniel, Orgelbauer in Reutlingen. 1815–1873; er war ein „mittelmäßiger Orgelbauer" und fertigte kleinere Instrumente bis zu 13 Registern.

Völkl, Württemberg, 27.

Stiehr, Orgelbauerfamilie in Seltz (Elsaß). Begründer der Seltzer Werkstatt war 1780 Michael Stiehr (1750 Kürnach – 1829 Seltz), ein Schüler von Seuffert und Stieffell. Seine 3 Söhne: Joseph (1792–1867), Ferdinand (1803–1872) und Xavier (1806–1873) bildeten zusammen mit dem Schwager Xavery Mockers (1780–1861) und später dessen Sohn Felix Mockers (1818–1881) einen Familienbetrieb, von dem sich erst um 1860 Ferdinand und Xavier als Gebr. Stiehr abtrennten, während das Stammhaus als „Stiehr-Mockers" bis 1926 weiterbestand. Die Gebr. Stiehr existierten noch in einer zweiten Generation unter den Söhnen August (1837–1887) und Theodor Stiehr (1848–1925) bis etwa 1890. Das Stammhaus Stiehr-Mockers wurde in der dritten Generation von Leon Stiehr (1840–1891) und in der vierten und letzten Generation von Louis Mockers (1859–1926) geleitet. Die Orgelbauer Stiehr und Mockers blieben bis zuletzt bei der herkömmlichen Schleiflade und mechanischen Traktur; die Kegelladen lehnten sie ab, das Festhalten an der Mechanik wurde ihr Schicksal. Meyer-Siat ermittelte 374 Orgeln der Familien Stiehr-Mockers.

P. Meyer-Siat, Stiehr-Mockers, Haguenau 1972; HO Elsaß, 26 f.; Orgues en Alsace (ARDAM 1985), 36; Barth , Elsaß, 64–66, 70, 84 f., 96 f.

Stiller, Orgelbauer in Berlin, Breslau, Freystadt und Halle. Die Zusammenhänge zwischen den verschiedenen Namensträgern sind noch nicht geklärt. Der Orgelbauer A. Stiller, Berlin, bot 1879 in der ObZ Holzpfeifen mit verkehrt (einwärts) gestochenen Labien aus Tannenholz mit harten Deckeln und „eigenthümlich angenehmen" Ton an. Er verwendete verstellbare Unterbärte mit Mutterschraube an Pfeifen für Drehorgeln. Carl Stiller ist 1917 in Halle/Saale als Orgelbauer tätig und fertigte Orchestrions und Drehorgeln. Er starb 1939. – Herrmann Stiller (1846 Briesnitz – 1908 Breslau) ließ sich 1876 in Freystadt nieder, wohnte 1891 vorübergehend in Berlin und ab 1891 in Breslau. Burgemeister nennt einige seiner Werke.

Burgemeister[2], 289, 329; ObZ 1 (1879), 7; Acta 12 (1978), 226; Acta 18 (1985), 324, 326; Flade.

Stöber, August, Orgelbauer in Hardheim (Nordbaden). Lebensdaten unbekannt; er setzte am 1. 7. 1953 die bisherige Bader-Werkstatt unter eigenem Namen fort, aus der er hervorgegangen ist. Da Tätigkeitsnachweise unter seinem Namen kaum bekannt sind, war die Neugründung nicht von Dauer oder lief weiterhin unter dem Namen Bader, bis 1958 Mund & Vleugels einen Neubeginn setzten.

Rundschreiben zur Geschäftseröffnung.

Stöberl, Wilhelm, Orgelbaumeister in München. *1929 Kirchroth b. Straubing; nach der Orgelbaulehre mit Gesellenzeit bei Michael Weise (Plattling) wechselte er 1959 zur Firma Schwenk (München), wo er sich im Intonieren spezialisierte und 1960 die Meisterprüfung ablegte. Nach Schwenks Tod 1960 übernahm er 1961 dessen Firma und führte die bisherige, bewährte Arbeitsgemeinschaft mit Franz → Wappmannsberger in Prien bis in die 1970er Jahre weiter. 1975 übernahm er zusätzlich die Firma Carl → Schuster Münchner Orgelbau und verlegte den Firmensitz in dessen Werkstätte. 1983 konnte er in eigene moderne Werkstatträume umziehen. Mit 10–15 Mitarbeitern erbaute Stöberl eine stattliche Reihe von neuen Orgeln in allen Größen und führte eine große Zahl von Restaurierungen im Raum München-Oberbayern aus. Zu seinen Spezialitäten gehörten schon frühzeitig Positive, Klein- und Hausorgeln. Die Opuszahl beläuft sich auf etwa 120. Von 1961–1964 baute Stöberl noch Kegelladen, danach nur noch Schleifladen und geschlossene Massivholzgehäuse. Seit 1980 ist er auch als vereidigter Sachverständiger der Handwerkskammer München tätig, die ihn 1990 für seine Verdienste als bewährter Ausbilder auszeichnete. Aus Altersgründen kooperierte er mit der Firma → Nenninger mit dem Ziel der Vereinigung beider Firmen.

Umfrage 1990; Das Musikinstrument 35 (1986), Heft 6.

Stöckel, Karl Traugott, Orgelbauer in Freiberg (Sachsen) und Dippoldiswalde. 1804 Dittersdorf – 1881 Dippoldiswalde; er war Schüler und Gehilfe von Johann Gotthold Jehmlich in Dresden, machte sich 1844/45 in Freiberg selbständig und übersiedelte später nach Dippoldiswalde. Etwa ein Dutzend Orgelbauten, zweimanualige Instrumente bis zu 28 Registern, sind bekannt; die letzte in Possendorf mußte von Jehmlich vollendet werden. Es handelte sich um Schleifladen mit mechanischer Traktur. Als Nachfolger Stöckels bezeichnete sich Ernst → Lohse (1850–1932).

Flade; Oehme S. 103; HO Sachsen.

Stockhausen, Orgelbauerfamilie in Linz am Rhein. Johann I Stockhausen (1843 Ockenfels – 1917 Linz a. Rh.) lernte wohl bei Ludwig Hünd (1812 Bocholt – 1899 Linz a. Rh.) in Linz, arbeitete ferner bei Weigle (Stuttgart) und Fabritius (Kaiserswerth), wurde 1873 Teilhaber bei Hünd und bald selbständig, da sich Hünd aus dem Geschäft zurückzog. Stockhausen baute bis 1892 nur Schleifladen mit mechanischer Traktur, danach rein pneumatische Windladen, insgesamt rund 40 neue Orgeln. Nach seinem Tod übernahm der Sohn Johann II (1896 Linz a. Rh. – 1970 ebenda) die Werkstatt bis Ende der 1920er Jahre; anschließend ging er zu Klais nach Bonn und war von 1950–1970 nochmals selbständig. Neben einer bescheidenen Zahl von neuen Orgeln mußte der Vater hauptsächlich Reparaturen und Wartungen ausführen; vom Sohn sind keine Neubauten bekannt.

Vogt, Stockhausen, in: MAfmM Nr. 48 (1984), 307–388; Gregoriusblatt 20 (1895), 74.

Stockmann, Gebr., Orgelbau in Werl (Westfalen). Gegründet 1889 von Bernhard (1856 Einen – 1955 Werl) und Theodor Stockmann (1861 Einen – 1934 Werl). Die Söhne eines Lehrers wandten sich zuerst kunsthandwerklichen Berufen zu, Bernhard der Bildhauerei, Theodor der Kunsttischlerei, gingen auf Wanderschaft nach Süddeutschland, Österreich und die Schweiz, und erlernten den Orgelbau. Nach der Heimkehr eröffneten sie in Werl eine Orgelbauwerkstatt. In den ersten 10 Jahren wurden 12 Orgeln gebaut; dabei wuchs der Betrieb beachtlich und erwarb sich hauptsächlich im katholischen Westfalen seinen Kundenstamm, mit Schwerpunkten im Ruhrgebiet, Sauerland, Emsland und Berlin. Bis 1965 wurden etwa 250 Orgeln erbaut, darunter mehrere Großorgeln mit über 40 Registern. Die größte Stockmann-Orgel steht in der Wallfahrtsbasilika zu Werl und hat 61 Register. Theodors Söhne Bernhard (1902 Werl – 1968 ebenda), Heinrich (1905 Werl, seit 1968 im Ruhestand) und Rudolf (1914 Werl – 1990 ebenda) führten die Firma gemeinsam bis 1968, danach Rudolf allein, seit 1990 dessen Witwe Ruth Stockmann. Die technische Entwicklung ging von der mechanischen zur pneumatischen Kegellade und nach 1958 zur Schleiflade mit mechanischer Traktur. Der Betrieb hat etwa 28 Arbeitsplätze und bis 1990 über 550 Neubauten, Restaurierungen und Renovierungen vollendet.

75 Jahre Orgelbau Gebr. Stockmann Werl/Westfalen 1889–1964; Umfrage 1990; Ommer, Neuzeitliche Orgeln, 288; 100 Jahre Orgelbau im Spannungsfeld von Vergangenheit und Zukunft, Werl 1989.

Stork, August, Orgelbauer in Dortmund. Lebensdaten unbekannt; 1882 war er Mitarbeiter von Herbst in Dortmund, später selbständig.

Acta 12 (1978), 226; OPbZ 4 (1882), 123.

Strauß, Franz, Orgelbauer in Landshut (Niederbayern). 1820 Vielreich – 1891 Landshut; er wurde bei Anton Ehrlich in Straubing ausgebildet, arbeitete dann 12 Jahre bei Johann Ehrlich in Landshut und wurde 1863 dessen Nachfolger. 1865 erhielt er das Landshuter Bürgerrecht. Zwischen 1863 und 1889 baute er kleine bis kleinste Orgeln, wie sie für die Gegend typisch waren (ca. 3–9 Register). Sein Mitarbeiter war seit etwa 1880 Franz Riederer, der 1891 den Betrieb übernahm und weiterbrachte, so daß er überregionale Ausstrahlung hatte.

Brenninger, Altbayern, 133; Flade.

Strebel, Johannes, Orgelbauwerkstatt in Nürnberg. 1884 gegründet von Johannes Strebel (1832 Forchtenberg – 1909 Nürnberg); er war Schüler von Walcker, Steinmeyer, Ibach und Cavaillé-Coll, assoziierte sich 1864 zuerst mit Steinmeyer in Oettingen, machte sich aber dann 1884 in Nürnberg selbständig. Dort konnte er 1890 in eine größere Werkstatt mit Dampfbetrieb umziehen. In den 25 Jahren seines Bestehens verließen nahezu 170 neue Orgeln den Betrieb; anfangs waren es noch kleine Orgeln, nach der Jahrhundertwende überwogen die zweimanualigen Instrumente. Bemerkenswert war seine Intonationskunst, seine Art, historische Prospekte zu behandeln oder nachzubauen und die Auseinandersetzung mit der Technik. Anfangs baute er mechanische Kegelladen, ab 1890 mit Röhrentraktur nach dem Weigleschen System und ab 1894 eine Taschenlade mit stehenden Taschen, die zunächst noch zahlreiche Kinderkrankheiten zu überwinden hatte. Nebenbei fertigte er auch Harmoniums; er erfand eine Fußbestoßmaschine und war sozial- wie auch standespolitisch engagiert; so gehörte er zu den Initiatoren des Vereins der deutschen Orgelbauer. Die Söhne Wilhelm und Hermann Strebel (1874–1946) übernahmen 1908 den Betrieb; 1921 trat Wilhelm Strebel mit dem Betriebsvermögen in die Firma Steinmeyer als Teilhaber ein; er war von 1921–1933 Vorsitzender der Bezirksgruppe Bayern im Verband Deutscher Orgelbaumeister.

Fischer-Wohnhaas, Süddeutsche Orgeln, VIII–XIII; dieselben, Der Nürnberger Orgelbau im 19. Jahrhundert, in: Mitt. d. Vereins f. Gesch. d. Stadt Nürnberg 59 (1972), 235–239; ZfI 29(1908/09), 1049 f.

Striever, Willy, Orgelbauer in Cham-Katzbach; Lebensdaten unbekannt; von ihm sind einige Arbeiten (Reparaturen) aus den Jahren 1951–1963 bekannt.
HO Oberpfalz, 84.

Strobel, Orgelbauerfamilie in Frankenhausen (Thüringen). Julius Alexander Strobel (*1814 Bösenbrunn/Sa.) war Pfarrersohn, absolvierte ab 1829 eine Schreinerlehre, erlernte 1832 den Orgelbau bei Mende (Leipzig), arbeitete ab 1836 bei Buckow (Hirschberg), Kreutzbach (Borna) und Schulze (Paulinzella), um sich etwa 1842 in Frankenhausen niederzulassen. Sein Arbeitsgebiet lag zwischen dem Thüringer Becken und dem Harz, wo sich Kyffhäuser und Goldene Aue befinden. Bis 1879 bewältigte seine Werkstatt 57 Neu- und 33 Umbauten, darunter zahlreiche Instrumente mittlerer Größe; mehrere gingen in den Export (Niederlande, Thorn, Südafrika). Strobel war mit Prof. Töpfer befreundet. Die beiden Söhne Reinhold und Adolf Strobel (1857–1922) wurden ebenfalls Orgelbauer. Reinhold war von 1875–1908 im Geschäft und betrieb danach einen getrennten Instrumentenhandel. Adolf war dann bis 1922 Alleininhaber, danach wurde der Neffe Paul Strobel Nachfolger.
Flade; Kümmerle III, 554.

Strothmann, Hans, Orgelbaumeister in Saarbrücken. *1931, † ca. 1985. Er war von 1956–1966 bei Kleuker in Brackwede beschäftigt und legte 1966 in Ludwigsburg die Meisterprüfung ab. Von 1966–1969 war er bei Rensch in Lauffen als Werkstattleiter angestellt und machte sich danach in Saarbrücken selbständig. In den 1970er Jahren war er in Rheinland-Pfalz tätig, zuletzt pflegte er als Angestellter der Musikhochschule in Saarbrücken die Instrumente.
Thömmes, 57. Archiv Rensch.

Strutz, Harald, Orgelbaumeister in Wuppertal-Barmen. *1922 Barmen; absolvierte die Orgelbaulehre bei Peter in Köln, Bürkle in Schwelm und arbeitete zwei Jahre bei Bosch (Kassel). Die Meisterprüfung bestand er 1964 und etablierte sich danach in Remscheid-Lüttringhausen; 1967 verlegte er den Betrieb nach Barmen. In 12 Jahren baute er Orgeln im Rhein-Ruhrgebiet, gab aber 1976 aus gesundheitlichen Gründen die Produktion auf und betreute nur noch die von ihm gebauten Instrumente.
Dorfmüller, 30, 33.

Stüber, Alex, Orgelbaumeister in Berlin. *1954 in Levin/Meckelenburg, lernte den Orgelbau bei Sauer (Frankfurt/O.), bildete sich in verschiedenen anderen Werkstätten weiter und übernahm 1977 den Betrieb von Ludwig → Glöckner in Berlin. Noch stehen Restaurierungen und Wartungen im Vordergrund, während der Bau von Positiven und mehrerer Drehorgeln für das Berliner Jubiläumsjahr den Drei-Mann-Betrieb bereits voll auslasteten.
Orgelbauertreffen, 32 f., Umfrage 1991.

Stuhlreiter, Martin, Orgelbauer in Passau-Ilzstadt. Lebensdaten unbekannt; er ist lediglich durch eine Reparatur von 1928 bekannt.
Flade; ZfI 48 (1927/28), 811.

Stumm, Orgelbauerfamilie in Rhaunen-Sulzbach (Hunsrück), die in 6 Generationen bis 1906 mit einem umfangreichen Œuvre tätig war. Nachgewiesen sind mehr als 350 Neubauten, etwa die Hälfte davon ist mehr oder weniger verändert erhalten geblieben. Begründer war Johann Michael Stumm (1683 Sulzbach – 1747 ebenda), seit 1714 als

Orgelmacher in Sulzbach ansässig. Von seinen vier Söhnen: Johann Philipp (1705–1776), Johann Heinrich (1715–1788), Johann Nikolaus (1706–1779) und Johann Friedrich (?–1803), die alle Orgelbauer wurden, stammen drei Familienzweige ab: der Sulzbacher, der Kastellauner (von Joh. Nikolaus mit dessen Sohn Heinrich Ernst) und später der Kirner Zweig. Der Sulzbacher Zweig spaltet sich zunächst in die 3 Linien: Johann Philipp, dessen Sohn Philipp (1734–1814), Enkel Karl (1783–1845) und Urenkel Franz Heinrich (1815–1846); Johann Heinrich und dessen Sohn Franz (1748–1826); schließlich Johann Friedrich, dessen Sohn Friedrich Karl (1744–1823) und Enkel Franz Heinrich (1788–1859); des letzteren Söhne Friedrich Karl (1819–1891) und Georg Karl Ernst (1824–1869) haben jeweils wieder je zwei Söhne: Friedrich (1846–1921) und Karl (1847–1930) bzw. Gustav (1855–1906) und Julius (1858–1885). Die letzten beiden verzichen zuerst nach Emmerich, dann nach Julius' Tod nach Kirn und bilden den genannten dritten Familienzweig. Mit ihnen endet die Tätigkeit der Familie; die letzte Stumm-Orgel aus Sulzbach wurde 1896 ausgeliefert. Neben den genannten Vertretern waren noch weitere Familienmitglieder in der Werkstatt tätig, so daß es sich weitgehend um einen echten Familienbetrieb handelte. Die künstlerische Bedeutung der Stumm-Familie ist unbestritten, der Wirkungskreis im gesamten Mittelrheingebiet enorm. Die Stumm schufen einen unverwechselbaren Personalstil in Bezug auf Klangaufbau und Prospektgestaltung, der auf andere Meister ausstrahlte (Baumann-Annweiler, Engers-Waldlaubersheim, Geib-Saarbrücken). 1870 baute Karl Stumm in Staudernheim zum ersten Mal eine Kegellade.

Franz Bösken, Die Orgelbauerfamilie Stumm aus Rhaunen-Sulzbach und ihr Werk. ²Mainz 1981; MGG 12, 1639 f. (Bösken); Flade; HO Pfalz II, 345 f.

Stumpf, Gerhard, Orgelbauer in Höchst (Odenwald). Er etablierte sich 1945 in Höchst als „Orgelbauanstalt", aus der allerdings kaum neue Orgeln hervorgegangen sind. Anfangs der 1950er Jahre nahm Stumpf an verschiedenen Orgeln des Odenwalds und am Untermain Umbaumaßnahmen vor, die sich nicht als vorteilhaft erwiesen, daher wenig später durch andere korrigiert werden mußten oder zu Neubauten führten. Die letzte Orgel der 1972 in Konkurs gegangenen Firma steht in Aschaffenburg, St. Pius.

Stutz, A., Orgelbauer in Stralsund. Lebensdaten unbekannt; er wird 1897 im Weltadreßbuch aufgeführt. Ob er mit Walter Stutz identisch oder verwandt ist, wissen wir nicht; dieser war in den 1920er und 30er Jahren tätig; seine Arbeit wurde als liederlich bezeichnet.

Flade.

Stützle, Wolfram, Werkstätte für Orgelbau in Waldkirch (Baden). *1956; er wurde bei Weigle (Echterdingen) ausgebildet und arbeitete später unter anderem bei Marc Garnier in Morteau (Frankreich). 1986 machte er sich in der Werkstatt seines Großvaters Rudolf → Kiene (1887–1971) selbständig mit dem Schwergewicht auf der „serienmäßigen Herstellung von Orgelteilen". 1988 erwarb er den Meistertitel und fertigt nun vollständige Instrumente, bisher einige Truhenpositive.

Umfrage 1989.

T

Tappe, Peter, Patent-Orgelbauer in Verden a. d. Aller und Bremerhaven. Lebensdaten unbekannt; er ist nachweisbar zwischen 1814 und 1856 im Weser-Elbe-Raum. Sein Wirken bestand außer dem Neubau (etwa 10 Neubauten sind ermittelt) im Umbau älterer Orgeln in Dorfkirchen. Tappe ließ sich 1840 eine Kastenlade patentieren, die mit Kegelventilen (abgespitzte Knöpfe mit kleinen Federn) arbeitete, aber technisch nicht ausgereift war. Sein Schüler Johann Hinrich → Röver (1812–1895) in Stade entwickelte daraus die nach ihm benannte Röver-Lade, die mit Hängeventilen und sog. Urhahnen versehen war.

Flade; Frühromantischer Orgelbau, 36; Palandt, Celle, 103; Acta 18 (1985), 3

Teichert, E., Orgelbauer in Berlin und Inhaber einer Fabrik pneumatischer Musikwerke. Er führte auch Orgelinstandsetzungen durch.

Flade.

Tennstädt, Orgelbauer in Paderborn und Lippstadt. Carl Tennstädt (Lebensdaten unbekannt) erwarb 1888 die Werkstatt von August Randebrock in Paderborn und verlegte sie später nach Lippstadt. Ein Brandschaden in der Werkstatt führte 1892 zu einem Rechtsstreit mit der Versicherungsgesellschaft, in dem er unterlag. Über sein Wirken weiß man noch wenig. Nach dem Ersten Weltkrieg ist Ernst Tennstädt (wohl sein Sohn) als Firmeninhaber genannt.

Flade; ZfI 13 (1892/93), 531; Reuter, Westfalen.

Terletzky, Orgelbauer in Elbing und Königsberg (Ostpreußen). Die Gebrüder August (ca. 1830 Schönbrück – 1901) und Max Terletzky († um 1898) gründeten 1857 in Elbing eine gemeinsame Werkstatt. Max trennte sich 1872 von seinem Bruder und machte sich in Königsberg selbständig. August arbeitete meist im Raum Danzig–Elbing–Allenstein, Max mehr im mittleren und nördlichen Ostpreußen. Bis 1893 hatte August etwa 130 Orgeln gebaut, darunter 1890 die erste pneumatische Orgel in Danzig; danach setzte sich das pneumatische System auch in Ostpreußen durch. Max hatte etwa 190 Werke gebaut; er verwandte schon ab 1883 Hängeventilladen. Nicht nur die Zahl, sondern auch die Größe (zwischen 20 und 50 Register) der Orgeln ist beachtlich. 1893 starb Augusts gleichnamiger Sohn, der für die Nachfolge bestimmt war; daher verkaufte er sein Geschäft an Eduard → Wittek. 1898 trat Bruno → Goebel das Erbe von Max Terletzky in Königsberg an.

Flade; Renkewitz-Janca.

Tesche, Karl, Orgelbaumeister in Schweidnitz und Breslau. Lebensdaten unbekannt. Tesche lernte bei Schlag in Schweidnitz, wechselte dann zur Firma Sauer (Frankfurt /O.) und wurde deren schlesischer Vertreter in den 20er Jahren. In Breslau war er noch kurz vor dem Zweiten Weltkrieg tätig. Zweifellos verwandt oder identisch ist er mit Paul Tesche, der Mitarbeiter der Firma Sauer in Breslau war und nach 1945 Vertreter für Walcker in Wetzlar wurde. Im Raum Hanau sind einige Arbeitsnachweise vorhanden.

Burgemeister[2], 291 f.; Flade; ZfI 49 (1928/29), 37.

Teschner, Orgelbauerfamilie in Fürstenwalde/Spree. Johann Gottlob Teschner (1801 Lauban – ?) lernte von 1815–1820 bei seinem Onkel Johann Karl Lange den Orgel- und Instrumentenbau, ging einige Jahre auf Wanderschaft und etablierte sich 1825 in Fürstenwalde als selbständiger Orgelbauer. Von ihm existieren noch einige Orgeln in der

Mark Brandenburg mit Schleifladen mit mechanischer Traktur. Sein Sohn, der Orgelbauer und Pianofabrikant Hermann I Teschner (*1848) setzte den Betrieb fort. Dessen Söhne firmierten als Gebr. Teschner. Mit dem Urenkel Hermann II Teschner (*1928) existierte die Firma noch bis in die 1960er Jahre.

Flade; Dagobert Liers, Orgelbauer der Mark: Familie Teschner, in: Potsdamer Kirche Nr. 21 vom 20. 5. 1984; ders., Über Orgelbauer der Mark Brandenburg im 18. und 19. Jahrhundert, in: Österreichisches Orgelforum 1989, 51.

Thein, Orgelbauer in Bremen. Lebensdaten unbekannt; Schlepphorst erwähnt einen Orgelbau 1903 in Lastrup.

Schlepphorst, 113.

Theinert, Eduard, Orgelbaumeister in Breslau. 1830 Heinrichau – 1895 Breslau; zwischen 1858 und seinem Todesjahr ist er mit Neubauten bis zu mittlerer Größe in Schlesien nachweisbar.

Burgemeister^2, 292; Flade; Weltadreßbuch 1893, 20.

Theuermeister, R., Orgelbaumeister in Berlin-Spandau. Lebensdaten unbekannt; er war in den 1950er Jahren tätig.

IbZ 11 (1957) Nr. 10.

Thierauf, Orgelbauer in Lichtenfels a. Main. Johann Georg Thierauf (1867 Würzburg – 1912 Lichtenfels) soll in Nordhalben aufgewachsen sein, weilte in Ungarn und 5 Jahre in Amerika, bevor er sich 1899 in Lichtenfels selbständig machte. Von seinen Orgeln sind erst wenige bekannt. Nach seinem frühen Tod heiratete die Witwe Babette den aus Schwanfeld stammenden Eusebius → Dietmann (1868–1944), der als Orgelbauer weit in der Welt herumgekommen war und den Lichtenfelser Betrieb bis zum Zweiten Weltkrieg führte. Sein Stiefsohn Max Thierauf (1911 Lichtenfels – 1964 Flugzeugabsturz), der noch ein Abkömmling von Joh. Georg Thierauf war, lernte zunächst im elterlichen Betrieb, legte 1939 die Meisterprüfung ab, wurde dann zum Kriegsdienst eingezogen und kehrte erst 1950 aus polnischer Gefangenschaft zurück, nachdem er die vollständig zerstörte Rundfunkorgel in Breslau als verantwortlicher Bauleiter neu aufgestellt hatte. Er baute in Oberfranken zahlreiche Orgeln im neubarocken Stil mit Freipfeifenprospekten oder modernisierte ältere Werke im entsprechenden Sinne. Als Anhänger der Orgelbewegung baute er schon in den 50er Jahren wieder Schleifladen. Die Gesamtzahl der von der Firma Thierauf-Dietmann erbauten Orgeln wird auf 150 Opera geschätzt. Die Firmenbezeichnung war zuletzt: E. Dietmann, Inh. Max Thierauf, Lichtenfels.

HO Oberfranken, 44 f.

Thölken, Joachim, Orgelbaumeister in Bad Dürrheim. *1956 Waldkirch; er lernte bei Fischer & Krämer in Endingen, wechselte dann zu Albiez (Lindau) und legte 1982 die Meisterprüfung ab. Nach Auflösung der Firma Albiez machte er sich 1984 in Bad Dürrheim selbständig und unterhält eine Werkstätte mit 4 Mitarbeitern. Bisher wurden fünf neue Orgeln gebaut. Thölken ist um einen Stil bemüht, der an den historischen Vorbildern im südbadischen Raum orientiert ist.

Umfrage 1990.

Thonius, Manfred, Orgelbaumeister in Lehnerz bei Fulda und Roßthal (Kr. Fürth), *1946 Fulda; er lernte bei Bosch (Sanderhausen) von 1962–1965, vertiefte seine Ausbildung bei Heuss im Spieltischbau und arbeitete dann mehrere Jahre in süddeutschen Orgelbaufirmen, bis er 1976 die Meisterprüfung ablegte und sich 1977 mit zwei

Werkstätten selbständig machte. In Roßtal bezog er 1981 neue Räume; gegenwärtig sind acht Mann im Betrieb beschäftigt; in den vergangenen 12 Jahren wurden 36 neue Orgeln erbaut. Außer Neubauten werden auch Restaurierungen durchgeführt; erwähnenswert sind die Restaurierung einer altspanischen Orgel in Brasilien und der Bau einer Orgel für Argentinien.
Umfrage 1989.

Thurau, Walter, Orgelbauer in Bautzen und Marienhafe (Ostfriesland). Die Geschäftsgründung erfolgte 1924 in Bautzen mit einigen Orgelbauten im östlichen Sachsen. Um 1930 mußte der Betrieb wegen der schlechten Wirtschaftslage aufgegeben werden. Walter Thurau scheint mit dem in Marienhafe tätigen Orgelbauer identisch zu sein, der dort mit Reparatur- und Pflegearbeiten auftrat.
Flade; Kaufmann, Ostfriesland, 271.

Tibus, Orgelbauerfamilie in Rheinberg (Niederrhein). Bernhard Tibus († 1896 Rheinberg) gründete das Geschäft 1845 und wirkte am Niederrhein mit kleinen bis mittleren Orgelbauten; er erfand eine neuartige Windlade mit Verschiebungsmechanik (lt. Flade). Sein Sohn Franz Tibus (ca. 1854–1924 Rheinberg) führte das Geschäft weiter und konnte das Arbeitsgebiet noch weiter ausdehnen. Um 1903 wurde Gustav Müller Mitinhaber, die Firma nannte sich dann Tibus-Müller; sie lieferte auch Orgeln nach Holland und dürfte bis etwa 1932 existiert haben.
Flade.

Tolle, Eberhard, Orgelbaumeister in Kiel und Preetz (Schleswig-Holstein). 1905 Zürich – 1973 Preetz; als Urenkel von E. F. Walcker wurde er wahrscheinlich in Ludwigsburg ausgebildet, kam später zur Firma Hammer nach Hannover und wurde in den 30er Jahren deren Generalvertreter für Schleswig-Holstein. Nach 1945 machte er sich in Kiel durch Weiterführung von Wartungsverträgen selbständig und erweiterte sein Tätigkeitsfeld mit Umbauten und Rekonstruktionen an historischen Orgeln, sowie durch zahlreiche Neubauten, anfangs als Kegelladen, ab etwa 1955 als Schleifladen mit mechanischer Traktur. Die Umbauten der Nachkriegszeit sind teilweise rückgängig gemacht oder durch spätere Neubauten ersetzt worden. Sein Schüler Rudolf → Neuthor führte nach 1973 den Betrieb für die Witwe weiter und erwarb ihn 1975. Die Werkstatt befand sich von etwa 1956 bis 1975 in Preetz.
Umfrage 1990.

Tominski, Franz, Orgelbauer in Posen. Seine junge Firma geriet 1905 in Zahlungsschwierigkeiten, hatte aber mehrere Aufträge in Arbeit.
Flade; ZfI 25 (1904/05), 567.

Troch, A. Orgelbauer in Neuhaldensleben b. Magdeburg. † 1897; die Firma wurde 1847 gegründet. A. Troch war Gründungsmitglied des BDO. Sein Schüler war Daniel Köhne, der später als bedeutender Orgelbauer in Kopenhagen wirkte. Von Troch kennen wir erst wenige Orgeln, die meisten in der Größenordnung von 15–20 Registern; daneben betrieb er einen Pianohandel. 1898 übernahm Hugo Hülle aus Halberstadt das Geschäft; 1910 folgte der Orgelbauer Märtens als Compagnon unter dem Namen „Märtens & Troch".
Flade; ZfI 18 (1897/98), 243, 653.

Turk, Anton, Orgelbauer in Klausen (Eifel). Lebensdaten unbekannt; Turk kam bei seiner Ausbildung zu Heinrich Voltmann nach Klausen, heiratete dessen Tochter und

wurde so um 1904 sein Nachfolger. Er baute pneumatische Orgeln im Bereich der Eifel. In den 30er Jahren scheint die Firma eingegangen zu sein.
Ars 1986 H. 1, 52; Nachlaß Bösken.

Tzschöckel, Reinhart, Orgelbaumeister in Althütte-Fautspach (Rems-Murr-Kreis). *1939 Naundorf bei Unterbobritzsch/Sachsen; er lernte von 1953–1959 bei Weigle (Stuttgart), bildete sich in mehreren Jahren durch Tätigkeiten bei nord- und süddeutschen Meistern und in Belgien fort und legte 1965 die Meisterprüfung ab, 1972 gründete er eine eigene Werkstätte zuerst in Allmersbach, ab 1975 in Fautspach, die mit etwa 7 Mitarbeitern bis 1989 210 Orgelwerke erbaut hat. Die Instrumente haben Schleifladen und mechanische bzw. kombinierte Traktur und Massivholzgehäuse. Zur Spezialität Tzschöckels gehören Positive und Kleinorgeln in individueller Gestaltung und Intonation.
Umfrage 1989.

U

Uhlendorf, Ernst Hermann, Orgelbaumeister in Kaiserslautern. *1859 Zittau; heiratete 1892 in Bonn, arbeitete 1897–1899 bei Steinmeyer und anschließend bei Walcker. 1902 machte er sich in Kaiserslautern selbständig. 1910 wanderte er mit seiner Familie nach St. Louis (USA) aus. Sein Nachfolger war Christian → Wengel.
HO Pfalz, 282.

Ulbricht, R., Orgelbauer in Berlin. Er wird im Weltadreßbuch 1897 und im Orgelbauerverzeichnis 1898 genannt.
Acata 18 (1985), 324

Uebe, Orgelbauer in Neuzelle a. d. Oder. Lebensdaten unbekannt; er war gegen Ende des vorigen Jahrhunderts Lehrherr von Gustav Heinze in Sorau.
Flade; ZfI 49 (1928/29), 560..

V

Verschneider, Orgelbauerfamilie in Püttlingen (Puttelange bei Sarreguemines, Lothringen), Straßburg und Remering. Die von Michael Verschneider (1729–1797) in Püttlingen 1760 gegründete und von Jean Frederic I Verschneider (1771–1844) weitergeführte Firma teilte sich 1848 in einen Püttlinger und einen Remeringer Zweig. In Püttlingen machte Jean Frederic II Verschneider (1810–1884) in der dritten Generation weiter, ab 1867 mit Franz → Staudt zusammen, der das Geschäft ins 20. Jahrhundert hinüberrettete.

In Remering wirkten ab 1848 die Gebrüder Jean Georges (1815–1865) und Nicolas Verschneider (1818–1899) in eigener Werkstatt und nahmen 1868 den Schwiegersohn Jean Georges Krempf (*1836) ins Geschäft auf, der noch zu Anfang des 20. Jahrhunderts tätig war. Das Arbeitsgebiet erstreckte sich naturgemäß über Lothringen, ganz Ostfrankreich und über das Krumme Elsaß bis ins Oberelsaß, wobei ihnen der Rückgang der Firma Callinet zugute kam.

HO Elsaß, 28 f. (Meyer-Siat); Barth, Elsaß, 86 f.; Martinod, Repertoire, 384 f.; Les grandes Dynasties de facteurs d'orgues Lorrains, St. Avold 1988, 23–48.

Vetter, Hermann, Süddeutsche Orgelpfeifenfabrik in Beihingen. Er gründete 1925 den Betrieb und leitete ihn bis 1954; danach wurde Roland → Killinger Inhaber.
Umfrage 1990.

Vier, Peter, Orgelbaumeister in Friesenheim-Oberweier (Schwarzwald). Der Betrieb wurde 1932 von Wilhelm Wagner in Grötzingen bei Karlsruhe gegründet; Peter Vier (*1930) lernte ab 1950 bei Wagner, trat 1957 als Teilhaber ein und verlegte 1965 die Werkstatt nach Oberweier in ein ehemaliges landwirtschaftliches Anwesen mit großem Grundstück. Die Gebäude konnten im Laufe der Jahre so erweitert werden, daß heute alle Teile einschließlich der Metallpfeifen selbst hergestellt werden können. Im Betrieb arbeiten 20 Angestellte; von 1957–1965 wurden etwa 50 Orgeln gebaut, seit 1965 verließen 250 Instrumente die Werkstatt in Oberweier (70% Neubauten, 30% Restaurierungen). Vier baut durchweg Schleifladen mit mechanischer Traktur. Die Prospekte waren von 1957–1960 noch offen, bis 1965 mit Rahmen versehen; seitdem sind geschlossene, selbsttragende Gehäuse aus Massivholz und hängende Trakturen die Regel. Vorabzüge, Wechselschleife etc. werden gern angewendet, auch bei größeren Orgeln. Die gemischten Stimmen sind nicht im Stock verführt, sondern jeder Chor wird einzeln durch Stock und Schleife in die Kanzelle geführt. Vier fühlt sich der oberrheinischen Orgellandschaft verpflichtet, pflegt einen historisierenden Stil im Sinne der Straßburger Silbermann und der Orgelbauer Stieffell aus Rastatt. Er unterrichtet an der Musikhochschule in Trossingen. 1991 Ehrensenator der Universität Tübingen.

Umfrage 1989/1991; Wolfgang Jänecke, Besuch in der Orgelbauwerkstätte Peter Vier, in: Geroldsecker Land, Heft 17/1975.

Vieth, Heinrich, Orgelbauer in Celle. 1824 Altencelle – 1897 Celle; über seine Ausbildung ist nur bekannt, daß er bis 1864 bei Marcussen in Apenrade tätig war und sich dann 1865 in Celle selbständig machte. Bisher sind etwa 10 Neubauten bekannt, ansonsten war er mit Wartungen, Umbauten und Reparaturen im Allertal zwischen Gifhorn und Celle tätig. Seine Orgeln besitzen Schleifladen mit mechanischer Traktur.

Piper, Gifhorn, 42; Palandt, Organographia, 1931.

Vleugels, Hans Theodor, Orgelbaumeister in Hardheim. *1931 Aachen; er machte seine Lehre bei W. Kendel in Oberndorf a. Neckar ab 1945, die er nach dessen plötzlichem Tod 1948 vorzeitig beendete. Anschließend war er bei Klais (Bonn) und Walcker (Ludwigsburg) tätig. 1957 legte er die Meisterprüfung ab und erwarb 1958 die Werkstatt Max Bader in Hardheim, 1960 übernahm er auch die Firma Wilhelm Bader. Von 1959–1966 war er vorübergehend mit seinem ehemaligen Kollegen Paul Mund († 1990) assoziiert (Mund & Vleugels), seit Munds Ausscheiden 1967 firmiert der Betrieb als Orgelbau-Vleugels GmbH. Seit 1958 ist die Werkstatt kontinuierlich gewachsen und konnte ihr Arbeitsgebiet von Nordbaden nach Unterfranken, zum Untermain, an den Mittelrhein und auf den größten Teil von Baden-Württemberg ausdehnen, so daß gegenwärtig mehr als 30 Mitarbeiter in einer 1989 neu errichteten Werkstätte beschäftigt sind. Neubauten und größere Restaurierungen seit 1958 erreichen 1991 die Opuszahl 260. Inzwischen arbeiten auch die Söhne Hans-Georg (*1958 Stuttgart, seit 1988 Orgelbaumeister) und Matthias Vleugels (*1960) nach ihrer Ausbildung im väterlichen Betrieb mit. Hans Theodor Vleugels besitzt eine Musikinstrumentensammlung in Buchen und ediert in seinem Tonträger-Verlag Orgel- und Kammermusik. Mit dem 1. 1. 1991 ist die Werkstätte an den ältesten Sohn Hans-Georg Vleugels übergegangen.

Umfrage 1990.

Vogel, Albert, Orgelbauer in Frankenstein am Eulengebirge/Schlesien. 1809–1890; er war Schüler von Schulze in Paulinzella, übernahm von ihm die Intonation auf Kernstiche (1842) und war seit ca. 1840 selbständig. Ein Brand vernichtete 1858 seine Werkstatt und seine Bücherei, danach betätigte er sich nicht mehr im praktischen Orgelbau. Er lieferte verschiedene Fachbeiträge in der Orgelbauzeitung, unter anderem über Casparini, und wußte manche Geschichte über seinen Lehrmeister Schulze zu berichten. Über seine Orgelbauten weiß man noch wenig.

ObZ 2 (1880), 144; Burgemeister², 294.

Vogl, Joseph, bürgerlicher Orgelbauer in Deggendorf, Amberg und Rosenheim. Arbeiten sind nachgewiesen zwischen 1859 und 1901, darunter mehrere Neubauten in der Oberpfalz, meist kleine Werke unter 10 Registern auf Schleifladen mit mechanischer Traktur. Auf dem Tastaturbrett in Siegenhofen bezeichnet er sich selbst als „Stiefsohn des Orgelbauers Specht von Amberg, † 1865 R. I. P."

HO Oberpfalz, 84 f.

Vogt, Orgelbauerfamilie in Rotenburg/Fulda und Korbach. Der Stammvater Johannes Vogt (1774 Brotterode – 1833 Rotenburg/Fulda) war zuerst Militärmusiker, betätigte sich daneben und später ausschließlich mit Orgel- und Instrumentenbau in Rotenburg. 1822 baute er sein erstes Werk, 1824 legte er die Orgelbauprüfung ab, 1825 wurde er Kreisorgelbauer für Melsungen und Rotenburg. An Neubauten sind erst fünf bekannt. Sein Sohn Jakob Vogt (1811 Rotenburg/F. – 1891 Korbach) lernte in der väterlichen Werkstatt und ging nach des Vaters Tod als Geselle zu Hesse nach Dachwig, wo er von 1833–1845 tätig war. 1845 machte er sich in Korbach selbständig, da das väterliche Geschäft an den Schwager Friedrich Bechstein gegangen war. Die Korbacher Werkstatt übernahm 1871 der Sohn Eduard Vogt (1841 Dachwig – 1913 Korbach); dessen Söhne Hermann (1878–1956) und Richard Vogt (1887–1954) führten sie nach 1913 bis 1954 fort. Das Arbeitsgebiet reichte vom hessischen Waldeck ins westfälische Sauer- und Siegerland. Bis in die 1870er Jahre baute man Schleifladen mit mechanischer Traktur, 1897 wurde die pneumatische Kegellade eingeführt. Bis 1939 wurden 132 Orgeln gebaut.

Trinkaus, Ziegenhain, 334 f.; Acta 1 (1967), 107; Gerhard Scholz, Orgelbau im Spannungsfeld zwischen Kunsthandwerk und Industrialisierung, (Diss. Marburg) 1986; - Über 100 Jahre Orgeln gebaut, in: Korbacher Tagespresse vom 16. 12. 1954.

Voigt, Orgelbauerfamilie in Halberstadt. Carl I Voigt (Lebensdaten unbekannt) gründete 1824 in Halberstadt den Familienbetrieb, in den später seine Söhne Carl II, Reinhard und Gottlob eintraten. Sie firmierten bis etwa 1889 als C. Voigt & Söhne. Ab 1889 wurde der Betrieb in die OHG „C. Voigt & Sohn" umgewandelt, Geschäftsleiter war nunmehr Richard Voigt, wahrscheinlich der Sohn von Carl II. Die Werkstätte bestand bis zum Zweiten Weltkrieg und baute Orgeln mittlerer Größe, anfangs mechanische Schleifladen, nach der Jahrhundertwende pneumatische Orgeln. Der Wirkungskreis reichte von Ostthüringen über Sachsen-Anhalt bis in den norddeutschen und westfälischen Raum.

Flade.

Voigt, Orgelbauerfamilie in Igstadt, Höchst und Unterliederbach. Christian Friedrich Voigt (1803 Oberlosa – 1868 Igstadt) lernte wohl bei einem sächsischen Meister, arbeitete dann bei Dreymann (Mainz) und machte sich von dort aus 1832 in Igstadt bei Wiesbaden selbständig, wo er 1833 heiratete. Er wurde in den 35 Jahren seiner Tätigkeit einer der angesehensten und meistbeschäftigten Orgelbauer in Nassau und lieferte auch einige Orgeln in seine sächsische Heimat. In den 1850er Jahren mußte er sogar Aufträge zurückweisen wegen Arbeitsüberlastung. Nach seinem Tode übernahmen die Söhne Heinrich (1845 Igstadt – 1906 ebenda) und Karl (*1839) die Werkstatt und bauten ab den 1879er Jahren Kegelladen mit mechanischer Traktur; 1888 wurde der Konkurs über die Firma Gebr. Voigt eröffnet. Heinrich II Voigt (1876 Igstadt – 1954 Unterliederbach) setzte nach seiner Ausbildung, namentlich bei Roethinger in Straßburg, wo er die Pneumatik kennenlernte, die väterliche Werkstatt fort und heiratete 1903 die Tochter des Drehorgelmachers Wilhelm Kern (1841–1903) aus Unterliederbach; so sind seit 1898 pneumatische Kegelladen im Bauprogramm. 1903 verlegte er die Werkstätten nach Höchst-Unterliederbach, wo der Urenkel Wilhelm Voigt (*1904 Frankfurt) auch nach dem Zweiten Weltkrieg noch produktiv tätig war und schon ab den 1950er Jahren wieder Schleifladen mit mechanischer Traktur baute.

Flade; Bösken I, II, III; Balz, Südhessen, 87 f.; Ars 1987, 124 (Noll).

Voigt, Orgelbauerfamilie in Bad Liebenwerda (Mitteldeutsche Orgelbauanstalt A. Voigt). 1905 gründete Arno Voigt I (1876 Burkersdorf – 1930 Bad Liebenwerda) seine Werkstatt und setzte damit die Tradition seines Onkels Friedrich → Raspe fort. In seinen Lehr- und Wanderjahren war er durch die Firmen Schlag (Schweidnitz) und Rühlmann (Zörbig) geprägt und baute fast ausschließlich Orgeln mit Kegelladen und pneumatischer Traktur; zeitweise beschäftigte er bis zu 25 Mitarbeiter. Wirtschaftliche Schwierigkeiten nach der Inflation führten zur Aufgabe von Betriebsräumen. Arno Voigt II (1903 Schweidnitz – 1986 Bad Liebenwerda) führte den Betrieb in kleinerem Umfang ab 1930 weiter. Die Enkel Gisbert (*1940 Bad Liebenwerda) und Dieter Voigt (*1935 Bad Liebenwerda) übernahmen 1958 die Werkstatt und bauten wieder einen leistungsfähigen Handwerksbetrieb auf. Mit 11 Angestellten, der Beschäftigtengrenze für Privatbetriebe in der ehemaligen DDR, wird ein breites Fertigungsprogramm durchgeführt: Restaurierungen, Neubauten mit Pfeifen aus eigener Werkstatt, Entwicklung und Bau von elektronischen Setzersystemen sowie von Schleifenzugapparaten, wofür 1981 ein staatlicher Forschungs- und Entwicklungsauftrag erteilt wurde.

Orgelbauertreffen, 35 f; Umfrage 1991.

Voigt, Orgelbauerfamilie in Stendal (Altmark). 1862 gründete Robert Voigt in Stendal ein eigenes Geschäft, das nach seinem Tod 1898 von der Witwe weitergeführt und dem Sohn Rudolf († um 1908) übertragen wurde. Nach dessen Ableben ging es an Bruno Voigt (Bruder oder Sohn von Rudolf?) über, der es im Ersten Weltkrieg an Albert Kohl veräußerte, so daß 1917 die Firma lautete: Bruno Voigt, Inh. Albert Kohl. Die Orgelbau-Anstalt Voigt in Stendal betrieb auch einen Piano- und Klavierhandel; wie aus einer Suchanzeige für eine Rundungsmaschine hervorgeht, fertigte Voigt die Metallpfeifen selber. Seine Orgeln stehen in der Altmark, in der ehemaligen Provinz Sachsen und in Brandenburg; bis mindestens 1880 waren sie mechanisch gebaut, um 1900 stellte Voigt auf die pneumatische Traktur um. Die Firma bestand bis in die 1930er Jahre.
Flade.

Voit, Orgelbauanstalt in Durlach. Gegründet durch Johann Volkmar Voit (1772 Schweinfurt – 1806 Durlach) durch Einheirat in die Werkstatt des Georg Markus Stein (1738–1794) in Durlach; er wurde 1804 zum badischen Hoforgelmacher ernannt. Nach seinem frühen Tod heiratete die Witwe Johann Ludwig Bürgy (1761–1838) aus Nieder-Florstadt/Wetterau; Bürgy bildete seine Stiefsöhne, die zweite Voit-Generation, zu Orgelbauern aus, so daß die Voit-Tradition gewahrt blieb, während seine eigenen Söhne früh starben. Louis Voit (1802 Durlach – 1883 ebenda), ab 1828 Mitarbeiter und ab 1835 Inhaber der Werkstatt, leitete sie bis 1870 und baute sie zur führenden Anstalt in Baden aus. Bis 1860 verließen etwa 400 Orgeln die Werkstätten, 1907 wurde Opus 1000 erreicht. Die Söhne Heinrich (1834 Durlach – 1914 ebenda) und Carl Voit (1847 Durlach – 1887 ebenda), ausgebildet unter anderem bei Förster in Lich, traten die Nachfolge an bis 1902. Heinrichs Söhne Emil (1864 Durlach – 1924 ebenda) und Siegfried Voit (1870 Durlach – 1939 ebenda) firmierten anfangs als „Heinrich Voit & Söhne". Bis 1921 waren etwa 1500 Orgeln erbaut. Die Firma besaß hohe Auszeichnungen und verschiedene Patente für pneumatische und elektrische Systeme. Um 1927 verselbständigte sich der bisherige Betriebsleiter Karl → Heß; 1930 gab Siegfried Voit das Geschäft auf, so daß Heß die Nachfolge übernehmen konnte. Louis Voit baute ab etwa 1862 Kegelladen mit eisernen Kegelhubwellen, 1885 versuchte sich die Firma mit einer elektrischen Traktur, ging aber 1890 zur Röhrenpneumatik über mit patentierten „pneumatisch auslösenden Hebeln" eigener Konstruktion in Verbindung mit der Kegellade. Das Werk beschäftigte zeitweilig 50 und mehr Mitarbeiter.
Firmenprospekt um 1908; HO Pfalz, 282; HO Baden, 289; Sulzmann, Martin, 222 f.; Kümmerle III.

Volkmann, Adolf, Orgelbauer in Gleiwitz (Schlesien). Um 1835/40 – 1909 Pilchowitz; er war ein Schüler von Müller in Breslau und baute ab etwa 1860 verschiedene neue Orgeln in Schlesien. Er scheint mit der Geschäftsgründung von Ernst Kurzer (1836–1913) 1884 in Gleiwitz an Bedeutung verloren oder seine Werkstatt aufgegeben zu haben, da seit dieser Zeit keine Neubauten mehr bekannt sind. 1893 wird er im Weltadreßbuch nicht mehr aufgeführt.
Flade; Burgemeister[2], 295, 330.

Voelkner, Orgelbauwerkstatt in Dünnow bei Stolpmünde (Pommern) und Bromberg (Posen). Christian Friedrich Voelkner (1831–1905) war zunächst Autodidakt, arbeitete danach einige Jahre bei Buchholz in Berlin und machte sich 1860 in Dünnow selbständig. Aus kleinsten Anfängen schuf er einen Betrieb mit neuen Gebäuden (1876) und Maschinen (1877), der bald über Preußen hinaus bis nach Sachsen und Bayern bekannt wurde. Er verwendete Hängeventilladen und konstruierte 1879 ein Bottichgebläse als Regulator. 1899 übernahm der Sohn Paul Voelkner (Lebensdaten unbekannt) die Firma, die 20 Mann beschäftigte und jährlich etwa 10 Orgeln baute. 1906 wurde ein Teil der Werkstätten eingeäschert und kurze Zeit später durch neue in Bromberg ersetzt, wo bis 1914 50 Orgelbauer arbeiteten und zahlreiche neue Werke entstanden, die unter anderem nach Rußland und Ostafrika exportiert wurden. Nach 1918 wurde der Betrieb in Bromberg verkauft und in eine Tischlerei unter polnischer Leitung umgewandelt. Paul Voelkner lebte zuletzt auf einem Landgut in Ostpommern.

Flade; ObZ 1 (1879), 109 f.; W. Schwarz, Orgelbau und Orgelbauer in Pommern, in: Musik des Ostens Bd. 9, Kassel 1983, 116 f.

Voltmann, Heinrich L., Orgelbauer in Klausen (Eifel). Lebensdaten unbekannt; seine Tätigkeit läßt sich zwischen 1860 und 1900 eingrenzen; danach ging die Werkstatt an den Schwiegersohn Anton Turk über, unter dem sie noch bis in die 1930er Jahre bestand. Voltmann baute ein- und zweimanualige Orgeln mit über 20 Registern und mechanischer Traktur im Hunsrück–Eifel-Raum.

Flade; Thömmes; Archiv Bösken.

W

Wagenbach, Orgelbauer in Limburg a. d. Lahn. Eduard Wagenbach (1903–1986) setzte ab etwa 1932/33 die Werkstatt von Carl Horn in Limburg fort und baute anschließend im Bereich Westerwald, Taunus bis hin zum Rheingau pneumatische Kegelladenorgeln. Nach 1945 wurden auch Orgeln umgebaut und modernisiert, wie es die damalige Zeit gefordert hat. Ende der 1950er Jahre ging er zum Bau von Schleifladen über. 1966 übernahm sein Sohn Peter Wagenbach (*1932 Limburg) den Betrieb und baute mit 3 Mitarbeitern bisher etwa 40 neue Orgeln, darunter auch ein größeres Werk für die Philippinen, sowie Orgelteile, die dort von einem Missionar montiert werden.
Umfrage 1990.

Wagner, Orgelbauerfamilie in Kaiserslautern. Carl I Wagner (1798 Ludwigsburg – 1868 Kaiserslautern) war Geselle bei Franz Seuffert in Kirrweiler und blieb sein Compagnon bis 1845. Danach machte er sich in Kaiserslautern sebständig. Aus dieser Zeit sind etwa 12 Orgelbauten bekannt. Die Söhne Carl II Wagner (1838 Kirrweiler – ?) und Franz Wagner (1830 Kirrweiler – ?) arbeiteten zunächst in der väterlichen Werkstatt, wanderten aber nacheinander aus, zuerst Franz 1849 in die Schweiz und 1876 nach Pennsylvanien. Carl übersiedelte 1874 in die USA, vermutlich weil die Geschäftsbasis in der Pfalz zu schmal geworden war.
Bonkhoff, HO Pfalz II, 346.

Wagner, Orgelbauer in Schrecksbach und Hersfeld. Der Pfarrersohn Theodor Wagner (1803 Holzberg – ?) betätigte sich 1839–1843 als Instrumentenbauer und nebenbei mit verschiedenen Orgelreparaturen. Sein Halbbruder Georg Friedrich Wagner (1818 Holzburg – 1880 Hausen) erlernte den Orgelbau 1841–1844 bei Bernhard in Romrod und war noch einige Jahre als Gehilfe bei seinem Lehrmeister. 1846 ließ er sich in Schrecksbach nieder und übersiedelte 1850 nach Hersfeld. 1851 bestand er die theoretische Orgelbauerprüfung vor dem Konsistorium; 1854 wurde er von dieser Behörde für Oberhessen zugelassen. 1879 gab er an, bereits 26 neue Orgeln gebaut zu haben. Sein Arbeitsgebiet lag rings um das Knüllgebirge.
Trinkaus, Ziegenhain, 301–305.

Wagner, Wilhelm, Orgelbauer in Pforzheim-Grötzingen. Lebensdaten unbekannt; er gründete seinen Betrieb 1932 in Grötzingen bei Karlsruhe. 1957 nahm er seinen Schüler Peter → Vier als Teilhaber auf, der den Betrieb 1965 ganz übernahm und nach Oberweier bei Lahr verlegte. Wagner baute in der Zeit vor und nach dem Zweiten Weltkrieg unter anderem Kleinorgeln.

Walcker, Orgelbauerfamilie in Cannstadt, Ludwigsburg, Murrhard-Hausen und Hanweiler. Begründer war Johann Eberhard Walcker (1756 Cannstadt – 1843 Ludwigsburg), ein Schüler von C. Hoffmann, J. G. Fries und J. A. Schmahl; er machte sich um 1780 in Cannstadt selbständig und baute wenig mehr als etwa 10 neue Orgeln. 1823 ging die Werkstatt an den Schwiegersohn Andreas → Laukhuff über, der sie 1842 von Cannstadt nach Pfedelbach verlegte. Walckers Sohn Eberhard Friedrich (1794 Cannstadt – 1872 Ludwigsburg) lerrnte beim Vater und wurde von Abbé Vogler entscheidend geprägt. 1820 verließ er den Cannstädter Betrieb und gründete in Ludwigsburg ein eigenes Geschäft, das sich aus kleinen Anfängen langsam entwickelte, bis mit dem Großauftrag der Frankfurter Paulskirchenorgel 1829–1833 (III/74) ein geradezu phänomenaler Erfolg gelang. 1842 wurde Heinrich → Spaich (1810–1908) als Teilhaber aufgenommen.

1854 nahm Eberhard Friedrich Walcker seine Söhne Heinrich I (1828–1903) und Friedrich Walcker (1829–1895) ins Geschäft; seitdem firmierte das Unternehmen unter der Bezeichnung E. F. Walcker & Cie. Später kamen noch die Söhne Karl (1845–1908) als Kaufmann, Paul (1846–1928) und Eberhard (1850–1928) als Orgelbauer hinzu und leiteten die Firma gemeinsam bis 1916. Danach wurde Oscar Walcker (1869 Ludwigsburg – 1948 ebenda), der Sohn von Friedrich Walcker, Alleininhaber; gleichzeitig übernahm er die Firma Sauer in Frankfurt/Oder, zu deren Werkleiter er 1917 Karl → Ruther bestimmte. 1921 erhielt Oscar Walcker die Ehrendoktorwürde der Universität Freiburg für Bau und Stiftung der Praetorius-Orgel auf Anregung von Willibald Gurlitt. Da Oscars Sohn Heinrich II Walcker (Lebensdaten unbekannt), ebenfalls Orgelbauer und als Werkführer im Betrieb in Ludwigsburg tätig, schon kurz nach dem Zweiten Weltkrieg verstorben war, ging die Firma 1948 an seinen Enkel Werner Walcker-Mayer (*1923 Ludwigsburg) über, der bis 1941 in Frankfurt/Oder ausgebildet worden war und 1947 die Meisterprüfung abgelegt hatte. Er verlegte 1974 den Firmensitz von Ludwigsburg nach Murrhardt, wo seit 1926 ein Zweigwerk bestand und nun die Metallpfeifen hergestellt wurden. Die Fabrikation der Holzteile kam nach Hanweiler bei Saarbrücken. 1987 zog die Firma auch mit dem Murrhardter Betrieb nach Hanweiler um. 1965 errichtete Walcker-Mayer die „Walcker-Stiftung für orgelwissenschaftliche Forschung" mit eigenen Veröffentlichungen, einer eigenen Schriftenreihe und regelmäßigen Colloquien. Er erhielt 1980 für die Stiftung von Opus 1 von E. F. Walcker (ehemals für Schwieberdingen erbaut) an das Land Baden-Württemberg die Ehrendoktorwürde der Universität Freiburg.

Die Geschichte des deutschen Orgelbaues ist mit dem Haus Walcker besonders verbunden: 1833 Vollendung der Paulskirchenorgel in Frankfurt a. M.; 1842 Einführung und Vervollkommnung der Kegellade; innerbetriebliche Einrichtung arbeitsteiliger Werkräume und eines Montagesaals; Einführung von Holz- und Zinnbearbeitungsmaschinen; die Einrichtung einer Werkstättenordnung und sozialpolitische Maßnahmen. Ein Großteil der bedeutenden Orgelbaumeister Deutschlands in der 2. Hälfte des 19. Jahrhunderts ging durch die Schule des Hauses Walcker: Haas, Kuhn, Laukhuff, Link, Marcussen, Lütkemüller, Sauer, Steinmeyer, Strebel, Weigle und andere. An der klanglichen Entwicklung der deutschen romantischen Orgel hatte E. F. Walcker erheblichen Anteil, ebenso an der Einführung oder Verbreitung technischer Verbesserungen (durchschlagende Zungen, Schwellkasten, Kastenbälge, Intonationshilfen, Registerwalze, Barkerhebel, Doppelpedal). Orgelbauten größten Stils und von Weltruf gingen in alle Erdteile, keine deutsche Firma erreichte solche Opuszahlen: 1872 bei 287, 1900 bei 860; 1948 bei 2800, 1980 bei 5800. Ein selbständiger Zweigbetrieb besteht in Guntramsdorf bei Wien.

Flade; MGG 14, 141–143 (H. Klotz); Johannes Fischer, Das Orgelbauergeschlecht Walcker in Ludwigsburg, Kassel 1966; weitere Literatur in: Orgelwissenschaft und Orgelpraxis, Festschrift zum zweihundertjährigen Bestehen des Hauses Walcker, herausgeg. von H. H. Eggebrecht, Murrhardt-Hausen 1980, 187.

Waldenmaier, Georg, Orgelbaumeister in München. † 1937; er war Steinmeyer-Schüler, arbeitete danach bei Maerz in München und assoziierte sich um 1908 mit den Gebr. → Behler zur Firma „Behler & Waldenmaier". Mit seinem Tod erlosch die Firma.

Waller, Andreas (Benedikt), Orgelbauer in Amberg. Lebensdaten unbekannt; nach anfänglicher selbständiger Tätigkeit in den 1880er Jahren schloß er sich der Firma

Steinmeyer (Oettingen) an und wurde vor der Jahrhundertwende deren Vertreter in der Oberpfalz.
HO Oberpfalz, 85.

Walter, Orgelbauerfamilie in Guhrau (Schlesien). 1824 gründete Gottlieb Andreas Walter (ca. 1790 Köthen – 1852 Guhrau) in Guhrau eine Werkstatt, nachdem er bei Gottlieb Benjamin Engler in Breslau sein Handwerk gründlich gelernt hatte. 1852 überließ er sein Geschäft den beiden ältesten Söhnen Theodor (1825 Guhrau – 1905 ebenda) und Ludwig Walter (1827 Guhrau – 1906 ebenda), die danach als Gebr. Walter firmierten. Beide hatten beim Vater gelernt und ihre Ausbildung bei Buckow in Hirschberg ergänzt. Später trat auch noch der jüngere Bruder Emil Walter (1839 Guhrau – 1912 ebenda) in die Firma als Teilhaber ein bis zum Jahre 1904. Die dritte Generation war vertreten durch Ludwigs Sohn Richard Walter (1867 Guhrau – ?), der von 1882–1888 daheim lernte und sich bei Grüneberg in Stettin vervollkommnete. Er wurde um 1890 Mitinhaber, mußte aber 1913 als Alleinbesitzer den Konkurs anmelden. Er nahm danach eine Stellung bei Jehmlich in Dresden an. Das Arbeitsgebiet der Firma Walter erstreckte sich auf Schlesien und Posen. Schon 1853 ließen sich die Gebr. Walter eine Suboktavkoppel patentieren; 1862 sammelten sie Erfahrung mit dem Bau von Zinkpfeifen; 1872 führten sie die Kegellade als Regelsystem ein und bauten schon 1881 Röhrenpneumatik. Nach 1890 übernahmen sie die Weigleschen Membranladen. 1894 wurde die Opuszahl 200 erreicht.
Flade; Burgemeister[2], 298 f., 330 f.

Walter, Roland, Orgelbauer in Friedland (Mecklenburg). Er starb um 1929; über seine Tätigkeit ist nichts weiter bekannt.
Flade; ZfI 49 (1928/29), 16

Wappmannsberger, Franz, Orgelbaumeister in Prien. Ca. 1905 – ca. 1983; er starb im Alter von 78 Jahren. Er war ein Schüler von Moser (München) und machte sich erst 1948 in Prien selbständig; gleichzeitig begann die Zusammenarbeit mit Anton → Schwenk in München; Schwenk baute die Orgeln in München und Wappmannsberger übernahm Aufstellung und Intonation. Nach Schwenks Tod 1960 übertrug sich die Arbeitsteilung auf dessen Nachfolger Wilhelm → Stöberl bis in die 1970er Jahre, der also als Nachfolger der Firmengemeinschaft Schwenk & Wappmannsberger, München-Prien, anzusehen ist.
Mitteilung Stöberl.

Waschkau, Orgelbauer in Zweibrücken. Lebensdaten unbekannt; er arbeitete in den 1970er Jahren im Bereich Saar-Pfalz.
MAfmMg 43, 105.

Wastlhuber, Ludwig, Orgelbaumeister in Mössling b. Mühldorf (Inn). † 1975 Mössling; seine Ausbildung ist nicht bekannt. Er arbeitete vor dem Zweiten Weltkrieg bei Glatzl in Mühldorf und machte sich ca. 1952 in Mössling selbständig. Hier baute er in gut zwei Jahrzehnten mindestens 50 neue Orgeln mit Schleifladen und meist kombinierter Traktur in Nieder- und Oberbayern, vereinzelt auch donauaufwärts bis Nordschwaben. Nach seinem Tode übernahm Friedrich → Glockner die Werkstatt.
Brenninger, Altbayern, 174; Umfrage 1990 (F. Glockner).

Weber, Hermann, Orgelbaumeister in Engeratshofen (Allgäu). *1955 Hinterzarten; er absolvierte die Lehre bei Mönch & Prachtel in Überlingen, arbeitete danach bei Neidhard

& Lhôte (Saint Martin, Schweiz), Späth (Hugstetten), Karl (Aichstetten) und Göckel (Malsch). 1982 erwarb er den Meisterbrief und machte sich 1983 in Engeratshofen selbständig. Als Alleinmeister baute er erst wenige neue Orgeln, hat sich aber mit der sorgfältigen Restaurierung der Chororgel von Zeil besonders in dieser Richtung spezialisiert. Bemerkenswert ist sein Aufsatz über die Herstellung von Zungenstimmen in ISO INFORMATION 1988.

Umfrage 1990; ISO INFORMATION Nr. 29 (1988), 5–28.

de Weert, Wilhelm, Orgelbauer in Woringen bei Mindelheim (Mittelschwaben). † 1969; de Weert stammte aus Holland und arbeitete nach dem Zweiten Weltkrieg in Schwaben. Er baute Kegelladen mit pneumatischer oder elektropneumatischer Traktur und bezog die Teile von Zulieferfirmen oder disponierte bestehende Orgeln um.

Wehr, Hugo, Orgelbaumeister in Haßloch (Pfalz). *1928 Haßloch; er lernte 1949–1952 bei Paul Sattel in Speyer und machte 1957 die Meisterprüfung; danach ließ er sich in seinem Heimatort nieder und führte Aufträge in der Vorderpfalz aus. In gut 3 Jahrzehnten baute er 25 neue Orgeln und trat 1990 aus Gesundheitsgründen in den Ruhestand. Die Nachfolge ist ungeklärt.

HO Pfalz, 282; Umfrage 1990.

Weigel, Arno, Orgelbauer in Niederwiesa bei Chemnitz (Sachsen). Er unterhielt in den 1920er Jahren eine Werkstätte, die sich nicht lange halten konnte.

Flade.

Weigle, Orgelbauerfamilie in Stuttgart und Leinfelden-Echterdingen. Karl Gottlieb Weigle (1810 Ludwigsburg – 1880 Stuttgart), der Sohn eines Rotgerbers, erlernte ab 1826 den Orgelbau bei Eberhard Friedrich Walcker in Ludwigsburg, dessen 1. Frau Weigles Tante war. 1845 gründete er ein eigenes Geschäft in Stuttgart. Handwerkliches Können, Begabung und Fleiß ließen ihn „im Schatten Walckers" schnell bekannt werden, und nach zwei Jahrzehnten findet man seine Orgeln bereits in Europa, Amerika, Afrika und Asien. 1870 baute er die erste vollelektrische Orgel Europas. Der Sohn Friedrich I Weigle (1850 Stuttgart – 1906 ebenda) wurde 1880 Geschäftsnachfolger und verlegte den Betrieb 1888 nach Echterdingen, das damals noch nicht mit Leinfelden zusammengeschlossen war. Bis 1880 entstanden etwa 100 neue Orgeln, davon allein 9 für Übersee. Unter zeitweiliger Mitarbeit der Brüder Gotthilf, Karl und Gottlob Weigle setzte sich die Aufwärtsentwicklung des Hauses Weigle fort. Insbesondere im technischen Fortschritt des Orgelbaues vollbrachte es Pionierleistungen: 1865 Bau eines Registerschwellers, 1875 mit Uhrzeiger, 1870 erste elektrische Traktur; 1873 elektrische Kastenlade; 1880 neue Klangerzeuger (Motorophon, Phonomotor, Elektrophon); Konstruktion von Resonanz-Interferenz-Apparaten; 1887 Röhrenpneumatik mit Bälgchen, Stecher und Kegelventil; 1888 Röhrenpneumatik für alte Orgeln mit Beibehaltung der mechanischen Windladen; 1889 pneumatische Kastenlade mit rein pneumatischer Registertraktur; 1890 elektropneumatische Traktur in Verbindung mit der Membranenlade, die Weigle erfand und bis 1893 an 37 Firmen verkaufte. Die Weiglesche Membranenlade ist eine Registerkanzellenlade, in der die Pfeifenrohre unten durch von Druckluft aufgewölbte Ledermembranen verschlossen sind. Beim Spiel entweicht die reaisgesteuerte Druckluft, die Membranen entspannen sich und lassen gegebenenfalls Kanzellenwind in die Pfeifenrohre einströmen.

Nach Friedrichs Tod 1906 übernahmen die Enkel Friedrich II (1882–1958) und Karl Weigle (1884–1937) das Geschäft, dessen wirtschaftlicher und künstlerischer Erfolg ungebrochen blieb und durch berühmte Instrumente belegt ist. 1930 wurde die Opuszahl 700 erreicht. 1927 erhielt Weigle auf der internationalen Musikausstellung in Frankfurt den Staatspreis des Deutschen Reiches. Ab 1938 wurden wieder Schleifladen gefertigt, zunächst vereinzelt, nach 1950 ausschließlich. 1952 übernahm der Urenkel Fritz Weigle (*1925) die Leitung der Firma, die wenige Tage danach das Opus 1000 erreichte und zum 125-jährigen Jubiläum 1970 mehr als 1200 Opera aufweisen konnte. Gegen Ende 1985 gab Fritz Weigle die Weiterführung des traditionsreichen Hauses auf. Weigle baute bis 1889 mechanische Kegelladen, danach pneumatische Membranenladen, ab 1896 mit elektropneumatischer Traktur. 1893 disponierte er Hochdruck-Labiale, 1901 Seraphon-Stimmen. Mit Schiedmayer zusammen baute er Orgeln mit einem Harmonium-Manual („Orchestermanual Type Parabrahm"), er entwickelte einen selbsttätigen Spielapparat (Organiston) und Vorabzüge. In der Entwicklung und Erprobung neuzeitlicher Orgelbautechnik nahm das Haus Weigle eine herausragende Position ein.

125 Jahre Weigle-Orgeln; Flade; Ommer, Neuzeitliche Orgeln, 288.

Weigle, Joachim F., Orgelbaumeister in St. Johann. *ca. 1960, Sohn von → Fritz Weigle; er erlernte bei Schmid (Kaufbeuren) den Orgelbau und legte ca. 1987 die Meisterprüfung ab. Er arbeitet jetzt als Alleinmeister in St. Johann, in der Hauptsache für Schmid, wird aber 1991 seine erste eigene Orgel bauen.

Eigene Feststellungen.

Weihgold, Hermann, Orgelbauer in Freiberg (Sachsen). Dähnert erwähnt seinen Namen im Zusammenhang mit dem Prospekteinbau für die Orgel in Forchheim (Sachsen) 1934.

HO Sachsen, 101.

Weimbs, Josef, Orgelbau GmbH in Hellenthal (Eifel). Josef I Weimbs (1886–1949) lernte bei den Gebr. Müller in Reifferscheid von 1900–1905. 1906–1912 arbeitete er in sechs weiteren Betrieben als Stimmer und Intonateur, dann bis 1916 wieder bei Müller; 1916–1920 Wehrdienst und Kriegsgefangenschaft. 1920–1927 arbeitete er als Werkmeister bei Fabritius (Kaiserswerth). 1927 gründete er in Hellenthal sein eigenes Unternehmen als Nachfolgefirma der inzwischen erloschenen Firma Müller. 1949 Geschäftsübernahme durch den Sohn Josef II Weimbs (*1916). 1973 legte der Enkel Friedrich Bernhard Weimbs (*1947) die Meisterprüfung ab und ist seitdem an der Leitung des Betriebs beteiligt, der derzeit 14 Mitarbeiter umfaßt. Hervorzuheben ist die Restaurierung und Rekonstruktion der König-Orgel in Steinfeld/Eifel 1981.

Die Orgel der Basilika Steinfeld, Steinfeld 1981, 72; Die Auslese 1987/Sept. (W. Büser); Ommer, Neuzeitliche Orgeln, 288; Umfrage 1990.

Weise, Orgelbauerfamilie in Passau und Plattling. 1889 gründete Ignaz Weise (1864 Amberg – 1932 Passau) in Passau ein eigenes Orgelbaugeschäft; 1903 verlegte er es nach Plattling. 1919 erweiterte sein Stiefsohn und Schüler Michael Weise (1889 Grafentraubach – 1969 Pettersdorf; 1916 Meisterprüfung) das florierende Unternehmen und fügte 1929 einen Werkstattneubau hinzu, so daß bis zum Zweiten Weltkrieg über 500 neue Orgeln, hauptsächlich nach Ostbayern und Unterfranken, nach Italien und Spanien, sogar nach Südamerika, geliefert wurden. Nach 1945 setzte sich diese Entwicklung fort, Weise-Orgeln waren in Bayern und anderen westdeutschen Diözesen gefragt. Nach dem Unfalltod von Michael Weise, der sich schon in den 20er Jahren in der Kommunalpolitik und auch im BDO Verdienste erworben hatte, wurde die Firma durch Lotte Frater-Weise und den Sohn Reinhard Weise (*1946 Plattling) weitergeführt, der 1972 die Meisterprüfung ablegte. Die Beschäftigtenzahl beträgt z. Z. 16, die Opuszahl etwa 1200. Weise baute anfangs Kegelladen mit mechanischer Traktur, führte kurz nach 1890 die pneumatische Traktur ein und ergänzte sie in den 1920er Jahren durch die Elektrik. Vorübergehend verwandte er auch Membranenladen, kehrte aber wieder zur Kegellade zurück. Um 1964 ist der Übergang zur Schleiflade anzusetzen. Michael Weise war früh von der Orgelbewegung beeinflußt, seine Orgeln tendieren zu einer obertonreichen Farbigkeit und vertreten eine süddeutsche Variante des neubarocken Klangstils.

Michael Weise KG., Orgelbauanstalt, Plattling, in: Der Landkreis Deggendorf, Ein Heimatbuch, Landau/Isar 1969, 294; Die tausendste Orgel aus Plattling, in: Altbayer. Heimatpost 1976 Nr. 50, 8; IbZ 8 (1953/54), 123; Umfrage 1990; HO Oberpfalz, 85.

Weiß, Gustav und Söhne, Orgelbaumeister in Zellingen (Main). Gustav Weiß (1910 Grafenried/Böhmen – 1978 Zellingen) lernte drei Jahre in Tepl, wo er auch zwei Jahre als Geselle verbrachte, arbeitete dann in Braunschweig, Teplitz-Schönau, Tepl und Lichtenfels von 1929–1939 und übernahm danach eine führende Position bei Stahlhuth in Aachen. Nach dem Kriegsdienst 1943–1945 kehrte er in die sudetendeutsche Heimat zurück, wurde 1946 vertrieben und kam wieder nach Aachen, um den Wiederaufbau der ausgebrannten Werkstätten einzuleiten. 1950 eröffnete er eine eigene Werkstatt in Zellingen, die in der unmittelbaren Nachkriegszeit rasch an Bedeutung gewann und bis 1974 etwa 65 Orgeln in Unterfranken erbaute. Weiß baute nur Kegelladen mit pneumatischer oder elektropneumatischer Steuerung und freistehenden Prospekten. Die ersten Schleifladenorgeln ab 1970 entstanden unter dem Einfluß der Söhne, die 1975 den Betrieb übernahmen: Lothar Weiß (*1941 Aachen), ausgebildet vom Vater, arbeitete bei Beckerath und in Belgien, machte 1973 die Meisterprüfung; Rolf Weiß (*1943 Grafenried) lernte ebenfalls zuhause, war bei Schuke und Offner tätig und legte 1972 die Meisterprüfung ab. Der Kleinbetrieb ist überwiegend mit Wartungs- und Restaurierungsarbeiten beschäftigt.

60 Jahre Orgelbau, Meisterbetrieb Familie Weiß Zellingen/Main, Zellingen 1984.

Weißenborn, Friedrich, Orgelbaumeister in Braunschweig. *1907 Bleicherode/Harz, lernte bei Kießling & Sohn ebenda 1921–1925, arbeitete dann in verschiedenen Firmen: 1925/26 bei Furtwängler & Hammer (Hannover), 1926–1928 bei Steinmeyer (Oettingen), 1928–1933 wieder bei Hammer. 1933 Meisterprüfung mit anschließender Tätigkeit bei Gebr. → Sander in Braunschweig, deren Firma er 1935 übernahm. Das Arbeitsgebiet lag in Braunschweig und Umgebung, einzelne Orgeln lieferte er nach Süddeutschland und Cleveland/Ohio (USA). Er gehörte zu den Orgelbauern, die schon in den 1950er Jahren zum Bau von mechanischen Schleifladen übergingen. In der ersten Nachkriegszeit deckte er oft dringenden Bedarf und baute Orgeln in mehreren Bauabschnitten. 1970 zog er sich aus Altersgründen aus dem Orgelbaugeschäft zurück.

Pape, Tracker Organ, 435; Pape, Stadt Braunschweig; Pape, Wolfenbüttel.

Wellershaus, Gebr. August und Wilhelm, Besitzer einer Orgelbauanstalt in Saarn (Mühlheim-Saarn) a. d. Ruhr, die in den 1890er Jahren bestand; sie stellten hauptsächlich Drehorgeln her.

Flade; Acta 18 (1985), 312; ZfI 9 (1888/89), 159.

Welsand, A., Orgelbauer in Gnesen (Gniezno) in den 1890er Jahren. Er folgte wahrscheinlich auf Eduard → Wittek, der 1893 die Terletzky-Werkstatt in Elbing übernahm.
Flade.

Welte, Michael & Söhne, Fabrik pneumatischer Musikwerke, Freiburg i. Br. Michael Welte (1807 Vöhrenbach/Schwarzwald – 1880 Freiburg) lernte 1824–1829 als Spieluhrenmacher bei Josef Blessing in Unternkirch und gründete 1832 in Vöhrenbach ein eigenes Geschäft für Spieluhrenbau mit großem Erfolg; 1849 trat er mit einem ersten mechanischen Musikwerk, das von drei Walzen gesteuert wurde, auf der Gewerbeausstellung in Karlsruhe vor die Öffentlichkeit und erhielt dafür die goldene Medaille. Die Nachfrage war so groß, daß die Produktionsstätte in Vöhrenbach nicht mehr ausreichte und 1872 nach Freiburg verlegt wurde. Der älteste Sohn Emil Welte eröffnete 1866 in New York ein Zweiggeschäft; der zweite Sohn Berthold Welte (1843–1918) übernahm ab 1880 zusammen mit seinem jüngeren Bruder Michael II (bis 1900) die Freiburger Fabrik. 1887 trat an die Stelle der bestifteten Holzwalzen die von Welte erfundene Papiermusikrolle in Verbindung mit einer pneumatischen Spielvorrichtung. 1900 wurden Bertholds Sohn Edwin (1876–1958) und Schwiegersohn Karl → Bockisch (1876–1952) Teilhaber. 1903 entwickelten sie das Welte-Mignon-Reproduktions-Piano, für das namhafte Künstler die Rollen bespielten. 1909 kam die Welte-Philharmonie-Orgel hinzu. In den 1920er Jahren entstanden Welte-Kino-Orgeln nach dem Multiplex-System, in den 1930er Jahren die Welte-Lichttonorgel, eine bereits weit vorgeschrittene Elektronenorgel. Doch dann brachte die Konkurrenz aus Tonfilm und Radio die Produktion zum Erliegen; die Firma baute ab 1929 nur noch Kirchenorgeln. Ab 1930 war Bockisch Alleininhaber, 1954 erlosch die Firma Welte.
MGG 14, 460 f.; Acta 19 (1987), 179–208 (Binninger); IbZ 12 (1957/58), 83.

Wendt, Karl, Orgelbaumeister in Aachen. Ca. 1830 – ca. 1900; Wendt war Schüler von Korfmacher (Linnich) und machte sich 1865 (oder davor) in Aachen selbständig unter der Firma Wendt & Heinrichs, Orgelbauer. 1874, 1881, 1883 und 1895 fanden Werkstattverlegungen innerhalb Aachens statt. 1897 oder wenig später ist die Firma erloschen. Der Kleinbetrieb lieferte jährlich höchstens 1–2 Orgeln aus; die größte hatte 29 Register. In einer Anzeige von 1893 bezeichnete er sich als „Erfinder und Verfertiger der das Deutsche Reich unter Nr. 36010 patentierten neuen vereinfachten Orgel-Windlade". Was sich dahinter verbirgt, ist ungewiß. Wendt baute aber überwiegend Schleifladen.
Böckeler, Aachen; Acta 12 (1978), 219; Gregorius-Blatt 20 (1895), 116; Mitteilung Stadtarchiv Aachen.

Wengel, Christian, Orgelbaumeister in Kaiserslautern. 1875 – 1961 Kaiserslautern; Wengel war Angestellter bei Walcker (Ludwigsburg), kam 1898 erstmals als Monteur in die Pfalz und wurde später Gebietsvertreter für die Firma.
HO Pfalz, 282.

Werner, August, Orgelbauer in Elbing (Ostpreußen). Er war bis etwa 1937 BDO-Mitglied.

Westermaier, Simon, Orgelmacher bzw. Orgelrichter in Oberköllnbach und Landshut. Lebensdaten unbekannt; er ist ausschließlich mit Reparaturen in Niederbayern zwischen 1857–1885 nachweisbar; um 1870 wechselte er seinen Wohnsitz von Oberköllnbach nach Landshut.
Brenninger, Landkreis Landshut.

Wetzel, Orgelbauerfamilie in Straßburg. Martin Wetzel (1794 Seppenhofen/Baden – 1887 Straßburg) ging als gelernter Schreiner bei Conrad Sauer (1775–1828) in Straßburg in die Lehre und war gewissermaßen Enkelschüler Silbermanns. 1827 trennte er sich von Sauers Sohn Theodor, der darauf nach Paris ging, während Wetzel die Sauer-Nachfolge antrat und es bis 1863 auf wenigstens 60 neue Orgeln brachte. 1863 überließ er das Geschäft seinen Söhnen Emile Wetzel (1822–1910) und Charles Wetzel (1828–1902), die bis 1874 als Wetzel Frères firmierten. Emile ging danach nach Bergheim/Elsaß, wo er kaum noch in Erscheinung trat, während Charles die Straßburger Werkstatt weiterbetrieb und seinem Sohn Edgar Wetzel (1865–1945) überließ, der 1886 bei Cavaillé-Coll in Paris gewesen war. Die Firma lautete 1895–1910 Charles Wetzel et fils; sie baute Orgeln in Frankreich, Luxemburg, der Schweiz und Algerien. 1882 erhielt sie ein Patent für besonders konstruierte Zungenstimmen.

Flade; HO Elsaß, 28; Martin Wetzel – Selbstbiographie, mit Vor- und Nachwort von P. Meyer-Siat, in: Badische Heimat 1976/2, 225–232.

Wetzel, H., Orgelbauer in Rot b. Laupheim. Er war 1921 Verbandsmitglied.

Wetzel, Lothar, Orgelbaumeister in Hannover. 1888 Mittelneufnach/Schwaben – 1964 Hannover; 1901–1905 Lehre bei Julius Schwarzbauer in Mindelheim, danach in verschiedenen Firmen tätig: 1906 Mönch (Überlingen), 1907–1910 Jehmlich und Jahn (Dresden), 1910 Maerz (München), 1911 Binder (Regensburg), 1912–1924 Furtwängler & Hammer (Hannover); 1924 eröffnete er in Hannover eine eigene Werkstätte, die er durch vier Jahrzehnte leitete. Neben Neubauten besorgte er hauptsächlich Umbauten und Reparaturen, vorwiegend in Niedersachsen. In den 1930er Jahren lieferte er einige Orgeln nach Norwegen, ferner soll er Arbeiten in Bayern ausgeführt haben. Wetzel richtete sich schon sehr früh nach den Ideen der Orgelbewegung.

Piper, Gifhorn, 43 f.; Flade.

Weyland, Orgelbau GmbH in Leverkusen 3 (-Opladen). Schon der Stammvater der Orgelbauerfamilie, Gustav Weyland (1878–1957), befaßte sich mit Instrumenten- und Orgelbau aus Liebhaberei. Der Sohn Ernst Weyland (1906 Burscheid – 1975 Opladen) gründete nach seiner Ausbildung und Gesellenjahren bei Ernst Seifert (Köln) am 1. 9. 1931 den Betrieb in Opladen. Er baute bis Ende der 60er Jahre Taschenladenorgeln und ab 1952 parallel dazu Schleifladenorgeln (Kegelladen waren die Ausnahme). Bis etwa 1960 beherrschte der offene Pfeifenprospekt die Orgelplanung, danach wurden bereits geschlossene Gehäuse ausgeführt. Die Firma hat gegenwärtig 14 Beschäftigte und bis heute ca. 150 Orgelneubauten ausgeliefert. Sie betreut Orgeln aller Systeme und führt entsprechende Restaurierungen durch. Seit 1958 läuft die Produktion in neuen Betriebsräumen. 1971 übernahm Orgelbaumeister Gert Weyland (*1944) die Leitung der Firma und gliederte 1982 die Firma Seifert, Köln in die Firma Weyland ein.

Umfrage 1990; IbZ 12 (1958), 220 (Abb.).

Wiedel, Jacob, Orgelpfeifen-Fabrikant in Villingen (Schwarzwald). † 1908 Villingen; er gründete sein Geschäft 1866 und lieferte vorwiegend Zinnpfeifen, spezialisierte sich aber auch auf die Herstellung von Zungenstimmen und deren Einzelteile. Nach seinem Tod übernahm der Sohn die Firma, die noch 1928 bestand und auch Weißleder, Hartpapier- und verzinnte Hartbleirohre auf Lager hielt.

Flade; ZfI 6 (1885/86), 137; 49 (1928/29), 539.

Wiedemann, Orgelbauerfamilie in Bamberg. Josef Wiedemann (1819 Zusamzell – 1868 Bamberg) lernte wohl bei einem schwäbischen Meister, arbeitete in Wien und übernahm durch Einheirat 1859 die Werkstatt von Johann Bischof (1803–1848) in Bamberg, dessen Werkführer er vorher war. Wiedemann galt als fleißiger und braver Arbeiter, aber nicht als Künstler. Von ihm sind etwa 25 Orgeln bekannt, er dürfte jedoch an die 60 Instrumente gebaut haben. Er verwendete Schleifladen, der Versuch mit Kegelladen für die Bamberger Domorgel (1865) mißlang. Nachfolger wurde sein Stiefsohn David Friedrich Bischof (1842 Bamberg – 1878 ebenda), der noch etwa 10 Jahre das Geschäft weiterführte, wobei 1877 die Gesamtopuszahl 102 überschritten wurde. Es ging danach an Peter Rett über.

HO Oberfranken, 31, 32, 46.

Wiedenmann, Eduard, Orgelbaumeister in Eberhardszell-Oberessendorf (Kr. Biberach). *1953 Eberhardszell; er absolvierte die Orgelbaulehre bei Reiser in Biberach und war anschließend mehrere Jahre bei Albiez in Lindau tätig. 1977 legte er die Meisterprüfung ab und machte sich 1979 in seiner Heimat selbständig. Mit drei Mitarbeitern hat er bis 1990 rund 15 Orgeln gebaut.

Umfrage 1990.

Wiegand, Emil, Orgelbauer in Witznitz bei Borna, später in Leipzig-Gohlis. 1827–1885; Wiegend baute eine Reihe von ein- bis zweimanualigen Dorforgeln bis etwa 20 Register mit Schleifladen und mechanischer Traktur. Seine Orgelgehäuse zeigen historisierende Stilarten, vorwiegend Neurenaissance, aber auch schon Neurokoko.

Oehme S, 106; Flade.

Wiesner, Karl, Chorregent und Orgelbauer in München-Schwabing. Von ihm ist außer einem Kostenvoranschlag, der nicht zum Auftrag führte, keine weitere Arbeit bekannt. Die Tätigkeit lag zwischen 1880/90.

Flade; Nachlaß Schafhäutl (München).

Wilbrand, Heinz, Werkstätte für Orgelbau in Übach-Palenberg (Rheinland). *1930; er begann als gelernter Tischler mit 24 Jahren noch eine Ausbildung zum Orgelbauer, machte 1958 die Meisterprüfung in Stuttgart und trat danach eine leitende Stellung in einer belgischen Firma an. 1960 machte er sich in Übach-Palenberg, nördlich von Aachen, selbständig und arbeitet in der westlichen Kölner Bucht, sowie rheinaufwärts bis Speyer und Seligenstadt a. Main. Mit acht Mitarbeitern wurden bisher über 100 neue Orgeln gebaut und Restaurierungen durchgeführt. Weitere Aufträge führte Wilbrand bisher in den benachbarten Niederlanden, in Belgien und Norwegen aus. Der ältere Bruder Josef Wilbrand (*1926 Übach) arbeitete im Betrieb mit, legte 1970 die Meisterprüfung ab und machte sich 1983 als freischaffender Intonateur selbständig.

Ommer, Neuzeitliche Orgeln, 288; Umfrage 1990.

Wildner, Ernst, Orgelbauer in Alt-Warthau (Niederschlesien). Lebensdaten unbekannt; die ihm zugeschriebenen Orgeln datieren aus der Zeit um 1850 bis zur Jahrhundertwende.

Burgemeister[2], 302, 331.

Wilhelm, Orgelbauerfamilie in Breslau. 1871 gegründet von Karl Wilhelm (1847 Dittmannsdorf – 1889 Breslau); sein Bruder Eduard (1849 Altmannsdorf – nach 1916) war ebenfalls Orgelbauer, arbeitete im Geschäft mit und führte es nach 1889 allein weiter. Um 1914 trat Willy G. Huth in die Firma ein, die sich danach „E. Wilhelm und W. G. Huth, Orgelbauanstalt" nannte. Wie lange sie existierte, ist nicht bekannt.

Burgemeister zählt eine Reihe von mittelgroßen Orgeln auf; die wohl größte in Beuthen, Trinitatis, mit III/40 Registern.
Burgemeister², 302 f., 331.

Wilhelm, Orgelbauer in Bad Liebenwerda. Lebensdaten unbekannt; Flade erwähnt verschiedene Reparaturen in den 1850er und 1860er Jahren. Nach anderer Quelle gründete 1855 der Orgelbauer Friedrich Raspe († 1892) in Liebenwerda eine Orgelbauwerkstatt, aus der 1905 die Firma → Voigt hervorging. Arno Voigt war Neffe von Friedrich Raspe und stammte wie er aus Burkersdorf in Thüringen.
Flade; Orgelbauertreffen, 35.

Wilhelm, Otto, Orgelbaumeister in Wormditt (Ostpreußen). † um 1894; er übernahm 1882 die durch Tod des letzten Inhabers verwaiste Orgelbauwerkstatt von Johann Rohn (gegründet 1830) bis 1894. Danach ging sie in den Besitz von Bruno → Goebel (1860–1935) über. Wilhelm baute verschiedene Orgeln im Ermland, 1889 noch mit mechanischer, 1892 bereits mit pneumatischer Traktur.
Flade; Weltadreßbuch 1897.

Wilhelm(i), Orgelbauerfamilie in Kassel, Marburg und Stade. Georg Peter Wilhelmi (1733 Weißenbach – 1806 Kassel) war Sohn eines Müllers, erlernte den Orgelbau in Kassel bei Dibelius und machte sich in seinem Geburtsort zunächst selbständig. 1766 übersiedelte er nach Kassel, wurde 1771 Hoforgelbauer und war außerdem Stadtorgelbauer. Sein Halbbruder Georg Wilhelm Wilhelmi (1748 Weißenbach – 1806 Stade) lernte ebenfalls in Kassel und führte die heimische Werkstatt ab 1766 weiter. Bevor er 1781 nach Stade verzog, war er in Hannover und Hamburg tätig gewesen. Seine bedeutende Stader Werkstatt ging 1806 in die Hände seines Sohnes Johann Georg Wilhelmi (ca. 1782 Stade – 1858 ebenda) über und erlosch mit dessen Tod. Georg Peter Wilhelmi hatte 3 Söhne, die seinen Beruf erlernten: Adam Wilhelmi (1774 Kassel – 1808 ebenda) war zunächst Gehilfe, wurde nach dem Tode des Vaters Hof- und Stadtorgelbauer; Heinrich Andreas Wilhelmi (1776 Kassel – ?) etablierte sich 1802 in Marburg (Lahn), wo er 1806 Hoforgelbauer wurde, aber später den Orgelbau aufgab; Georg Wilhelmi (1781 Kassel – 1838 ebenda) wurde Geschäftsinhaber nach dem Tode seines älteren Bruders 1808 und 1815 zum Hoforgelbauer ernannt. 1825 betreute er die Kreise Kassel, Fritzlar und Homberg als Kreisorgelbauer. Er hatte zwei Söhne als Orgelbauer: Carl I Wilhelm (1811 Kassel – 1852 ebenda) wurde 1838 Hof- und Stadtorgelbauer; Gustav Wilhelm (1816 Kassel – 1878 ebenda) übernahm 1852 das Geschäft vom verstorbenen Bruder mit den dazugehörigen Privilegien. Gustavs Sohn Carl II Wilhelm (1850 Kassel – ?) trat 1873 in die väterliche Firma ein, wurde 1879 Stadtorgelbauer, geriet aber in wirtschaftliche Schwierigkeiten, konnte Verbindlichkeiten nicht mehr begleichen, fälschte deshalb Dokumente und wurde daraufhin zu 3 Jahren Gefängnishaft (1887–1890) verurteilt. Danach wanderte er nach Kaliforniern aus, wo er wahrscheinlich mit seinem Bruder Heinrich (*1858) 1898 eine eigene Firma eröffnete.
Flade; Trinkaus, Ziegenhain, 312–323; F. Carspecken, Fünfhundert Jahre Kasseler Orgeln, Kassel 1968, 123–136; H. M. Kares, Das deutsche Element im amerikanischen Orgelbau (Disss. Marburg 1991), 101 ff.

Winter, F., Orgelbauer in Emden. um 1830–1892; in der Orgelerfassungsliste von 1944 sind mehrere seiner Werke verzeichnet, die dem Zeitraum ab 1854 angehören; es handelte sich um kleine Schleifladenorgeln mit mechanischer Traktur.
Flade.

Winterhalter, Meisterwerkstätte für Orgelbau in Oberharmersbach (Schwarzwald). 1955 gegründet von Orgelbaumeister Franz Winterhalter (*1919 Oberharmersbach), nachdem er seine Ausbildung bei Welte in Freiburg vollendet hatte. Er baute 1955–1962 Kegelladenorgeln mit elektrischer Traktur, vereinzelt auch schon mechanische Schleifladen, seitdem ausschließlich Schleifladenorgeln, darunter einige Hausorgeln, im wesentlichen kleine bis mittlere Instrumente. 1983 übernahm der Sohn Claudius F. Winterhalter (*1953) das Geschäft, in dem durchschnittlich 7 Mitarbeiter tätig sind und bis 1989 etwa 70 Neubauten und Restaurierungen durchgeführt wurden. Er entwickelte einen eigenen Stil „bei Gestaltung, Klangbild und Technik, in Anlehnung an herausragende Instrumente früherer Epochen, unter Einbeziehung spezifischer Bedingungen des Aufstellungsortes. Das Klangbild der neuen Instrumente ist stark geprägt von süddeutsch-französischen Einflüssen". Bis Anfang der 60er Jahre wurden freie Prospekte gebaut, danach Rahmenprospekte mit geschlossenem Gehäuse, seit 1978 nach historischen Vorbildern in zeitgemäßer Art.
Umfrage 1989.

Winzer, Friedrich Wilhelm, Orgelbauer in Wismar. 1811–1886; er war Schüler und Werkführer bei Schulze (Paulinzella) und machte sich 1840 in Wismar selbständig. Er baute in Mecklenburg und Schleswig eine Reihe von Orgeln und erfand ein Doppelventil.
Flade; Reinhard Jaehn, Unbekannte Barockorgeln in Mecklenburg – Nachträge zur Arp-Schnitger-Forschung, in: Mecklenburgische Jahrbücher 105 (1985), 7–36.

Witt, Julius, Orgelbauer in Danzig. Ca. 1830–1900; er erbaute ab etwa 1860 eine ganze Reihe von mittleren Orgeln in Westpreußen, im Ermland und baute in Danzig verschiedene Orgeln pneumatisch um.
Flade; Renkewitz-Janca.

Wittek, Vater und Sohn, Orgelbaumeister in Gnesen (Provinz Posen) und Elbing (Ostpreußen). Eduard Wittek (1857 Wittigwalde – 1927 Elbing) war Sohn eines Mühlenbesitzers, 1874–1879 Lehrling bei Terletzky in Elbing, bis 1884 Geselle ebenda und machte sich 1884 in Graudenz a. d. Weichsel selbständig. 1889 übersiedelte er nach Gnesen (Gniezno) und übernahm schließlich 1893 die Firma seines Lehrmeisters Terletzky, dessen Sohn frühzeitig gestorben war. Er baute pneumatische Kegelladenorgeln im Raum Danzig-Elbing und wurde 1927 von seinem Sohn Gerhard Wittek (1898 Elbing – 1978 Würzburg) abgelöst, der sich schon früh der norddeutschen Orgelreform anschloß und bereits 1930 eine neobarocke Disposition verwirklichte. In einer Anzeige von 1928 wird auf über 500 neue Orgeln hingewiesen, die seit 1857 aus der Terletzky-Wittek-Firma hervorgegangen sind. Sie bezeichnete sich als älteste und größte Orgelbauanstalt im Nordosten Deutschlands. Seit der Abtrennung des Freistaats Danzig von Ostpreußen übernahm der Orgelbauer Richter in Danzig die Firmenvertretung in diesem Gebiet. 1945 floh der letzte Inhaber nach Bayern und verbrachte seinen Ruhestand ab 1957 in Würzburg. Es wurden insgesamt 530 Orgeln gebaut.
Flade; Renkewitz-Janca.

Wittkowski, Richard, Orgelbauer in Tilsit (Ostpreußen). Er wird 1917 im Branchenverzeichnis genannt.
Acta 12 (1978), 227.

Witzig, Friedrich, gebürtig aus Buxach. Er war von 1857–1895 bei Steinmeyer (Oettingen) angestellt, ging dann zu Strebel (Nürnberg) und später zu Maerz nach München. Witzig war Erfinder des Taschenventils (Membran-Ventil mit einer Druckfeder im Innern), das er 1896 patentieren ließ. Taschenladen mit liegenden Taschen wurden von Steinmeyer und Maerz jahrzehntelang gebaut; Strebel entschied sich für die stehenden Taschen.
Flade; ZfI 16 (1895/96), 841; Fischer-Wohnhaas, Steinmeyer, 51.

Witzmann, Orgelbauerfamilie in Stadtilm und Kleinrudestedt (Thüringen). J. Benjamin Witzmann (1782 Stadtilm – 1814 ebenda) war vermutlich Schüler von J. Andreas Schulze, begann um 1804 selbständig Orgeln zu bauen, wurde 1809 Bürger in Stadtilm, erhielt den Titel „herzoglich-gothaischer konzessionierter Orgelbauer" und starb aber schon mit 32 Jahren. Doch seine beiden Söhne Karl August (1809 Stadtilm – 1881 ebenda) und Heinrich Louis Witzmann (1813 Stadtilm – 1877 Kleinrudestedt) wurden wieder Orgelbauer und lernten bei Joh. Friedrich Schulze (1793–1858) in Milbitz bzw. Paulinzella. August Witzmann eröffnete dann gegen 1835/40 die verwaiste Werkstatt des Vaters wieder und baute in der Folgezeit mittelgroße, meist zweimanualige Orgelwerke im südlichen Thüringer Becken. 1867 wurde Adam Eifert sein Werkmeister, heiratete Witzmanns Tochter und wurde so 1870 sein Werkstattnachfolger. Louis Witzmann etablierte sich um 1840 in Kleinrudestedt (Kr. Erfurt), wo er bis zu seinem Tode eine gutgehende Werkstatt unterhielt. Es scheint so, daß sie besser florierte als die seines Bruders in Stadtilm, wo doch die Konkurrenz durch Schulze im nahen Paulinzella zu spüren war.

Ein G. **Witzmann** war in den 1790er Jahren Orgelmacher in Bremen. Ob er etwas mit der Thüringer Familie zu tun hat, ist ungewiß.
Flade; Orgelbauertreffen, 25 f.

Wockert, Kaspar, Orgelbauer in Augsburg. 1822–1889 Augsburg; er lernte wahrscheinlich bei Joseph Bohl in Augsburg, wo er um 1850 die Orgelbaukonzession erhielt, die er 1887 zurückgab. Von ihm sind nur wenige Orgelbauten bekannt; er scheint sich mit Reparaturen und Stimmungen seinen Unterhalt verdient zu haben.
HO Schwaben, 296.

Woehl, Gerald, Orgelbaumeister in Marburg a. d. Lahn. *1940; nach der musikalischen Ausbildung bei seinem Vater lernte er bei Wagner & Vier 1956–1959, arbeitete bis 1964 bei Haerpfer & Erman in Boulay (Konstruktion neuer Orgeln, Restaurierung, Intonation) und machte 1964–1966 die Meisterprüfung. 1966 gründete er die Werkstätte in Marburg; es entstanden zunächst kleinere Instrumente unter dem Einfluß von Ahrend & Brunzema und niederländischer Vorbilder; 1967 erste Restaurierungsarbeiten an hessischen Denkmalsorgeln. Durch genaue Untersuchungen alter Orgeln und mehrere Studienreisen in Europa gewann er an Erfahrung in alten Handwerkstechniken und entwickelte daraus eine behutsame Restaurierungspraxis mit gründlichen Vorstudien und vorbildlichen Dokumentationen. In Vorträgen und Veröffentlichungen nahm er maßgeblichen Einfluß auf die Entstehung von Richtlinien zur Restaurierung historischer Orgeln. Das Werkverzeichnis enthält bis 1990 69 Neubauten und 46 Restaurierungen. Die größte Orgel steht in Viersen, St. Remigius, mit IV/52 Registern. Woehl baut heute überwiegend klassisch-symphonische Orgeln mit expressivem Windsystem, die romantisch ausgelegt sind „ohne den Ballast des 19. Jahrhunderts".
G. Woehl, Firmenbericht und Instrumentenliste, Ausfertigung V/90.

Wohlien, Orgelbauerfamilie im Großraum Hamburg. Stammvater war Balthasar (Balster) Wohlien (1745 Wilster – 1804 Hamburg); ihm folgte der Sohn Johann Heinrich Wohlien (1779 Hamburg – 1842 Altona), der die Werkstatt nach Altona verlegte. Balthasar war Schwiegersohn von Joh. Paul Geycke (1726–1804) und dessen Teilhaber; auch Heinrich Wohlien und sein Onkel Joh. Wilhelm Geycke (1768–1840) arbeiteten noch zusammen. Kurz nach 1804 muß die Werkstatttrennung erfolgt sein, wobei sich Wohlien mit Joh. Carl Eduard Erdland in Altona assoziierte. In dritter Generation führte Johann Conrad Rudolf Wohlien (1808 Altona – 1866 ebenda) das Geschäft ab 1842 in Altona. Mit seinem Sohn Johann Friedrich Eduard Wohlien (1843 Altona – 1871 ebenda), dem Urenkel des Begründers, endete die Familientradition.
Flade.

Wolf, Alfred, Orgelbauer in Schmalkalden. Lebensdaten unbekannt; bis jetzt ist nur ein Neubau für Breitungen (Werra) aus dem Jahre 1912 bekannt.
ZfI 1912; Flade.

Wolf, Hans, Orgelbaumeister und Dipl. Ing. in Verden (Aller). 1911–1971; er gründete 1959 eine Orgelbaufirma in Verden und baute bis zu seinem Tode jährlich etwa 2–3 Orgeln (mechanische Schleifladen) von unterschiedlicher Qualität in Westniedersachsen und Bremen.
Hübner; Acta 7 (1973), 15 (1981) und 19 (1987).

Wolf, Karl, Orgelbauer in Plauen (Vogtland). 1800–1883 Plauen; er entstammte einem Müllergeschlecht, erlernte die Tischlerei beim Vater, ging 1819 auf Wanderschaft und lernte dann den Orgelbau bei Sempert in Rudolstadt, einem Tischlermeister, der auch Orgeln und Instrumente baute. Um 1830 kehrte er nach Plauen zurück und arbeitete danach selbständig; von seinem Œuvre sind etwa 12 Werke bekannt, meist zweimanualige Dorforgeln mit 10–20 Registern. Er führte sein Geschäft in bescheidenem Rahmen, ließ die Orgelbestandteile von seinen Töchtern fertigen und auf Tragbahren weit hinaus auf die Dörfer tragen.
Flade; Oehme S, 106.

Wolf, Orgelbauerfamilie in Oberleiterbach und Bayreuth. Über den ältesten Vertreter, den Orgelmacher Georg Wolf in Oberleiterbach bei Staffelstein, ist wenig bekannt. Sein Sohn Johann Wolf (1837 Oberleiterbach – 1911 Bayreuth) lernte im väterlichen Betrieb, ging dann zu Weineck nach Bayreuth, wurde dessen Compagnon und firmierte seit Beginn der 1870er Jahre unter eigenem Namen, so daß mehrere Orgeln unter dem Namen Weineck und Wolf gehen und eine genaue Trennung nicht zu ziehen ist. Ein gedrucktes Werkverzeichnis enthält bis 1913 rund 150 Orgelneubauten. Der Sohn Karl Wolf (1882 Bayreuth – 1916 Montmédy) wurde ebenfalls Orgelbauer und 1897 schon im Geschäft beteiligt (Wolf & Sohn); mit seinem Kriegstod in Frankreich erlosch die Bayreuther Orgelbauanstalt Weineck-Wolf. Das Arbeitsgebiet ist ziemlich genau auf Oberfranken begrenzt mit wenigen Ausnahmen in der Oberpfalz und in Unterfranken. Die Größenordnung der Orgeln schwankt zwischen I/5 und II/30 Registern. In der Anfangszeit baute Wolf Schleifladen, Ende der 70er Jahre dazu Kegelladen im Pedal und ab etwa 1880 nurmehr Kegelladen mit mechanischer Traktur, ab 1894 mit pneumatischer Traktur. Nach 1916 führte die Schwester des gefallenen Inhabers das Geschäft weiter und nahm nach dem Kriege Emil → Mann als Geschäftsführer auf, der zuerst einen Pianohandel, ab 1932 wieder den Orgelbau betrieb.
HO Oberfranken, 46; Fischer-Wohnhaas, Bayreuther Orgelbauer, 226–230.

Wölfl, Alois, Orgelbaumeister in Unterflossing bei Mühldorf a. Inn. Ca. 1906–1988; er arbeitete vor dem Zweiten Weltkrieg bei Glatzl in Mühldorf und machte sich ca. 1947/1948 in Unterflossing selbständig. Die Zahl seiner Neubauten läßt sich z. Z. auf etwa 15 beziffern, es dürften aber wesentlich mehr gewesen sein. Es handelte sich um Kegelladen mit pneumatischer oder elektrischer Traktur, wie z. B. die 1964/69 zusammen mit Friedrich Meier, Passau, gebaute Orgel in Triftern.

Brenninger, Altbayern, 175; Umfrage 1990 (Friedrich Glockner).

Wolfram, Johannes, Orgelbaumeister in Bissendorf-Natbergen bei Osnabrück. *1935 Leipzig; er erhielt seine Ausbildung 1954–1957 bei Steinmann (Vlotho), arbeitete anschließend bei Kreienbrink in Osnabrück, von dem er 1959 zur Firma Rohlfing überwechselte, die über Generationen im Orgel- und Harmoniumbau stand. 1965 machte Wolfram die Meisterprüfung und übernahm 1968 die Firma Rohlfing. Bis 1974 baute er etwa 10 neue Orgeln, gab danach den Orgelbau auf und verlegte sich auf Wartungen und Stimmungen, die er als Alleinmeister ausführt.

Umfrage 1990.

Wolfsteller, Orgelbauerfamilie in Hamburg. Johann Gottlieb Wolfsteller (1794 Rakith – 1866 Hamburg) war Schüler von Joh. Wilhelm Geycke (1768–1840) in Hamburg und wurde dessen Schwiegersohn; er ist ab 1819 nachweisbar und durch kleinere Eingriffe in die historischen Orgeln der Stadt bekannt geworden. Der Sohn Christian Heinrich Wolfsteller (1830 Hamburg – 1897 Altona) führte die Firma in der zweiten Generation; er baute unter anderem Hamburgs erste Konzertorgeln. Nach dem Aussterben der Wolfsteller übernahm Paul Rother 1899 die verwaisten Werkstätten.

Cortum; Cirsovius, 124; Flade.

Woyk, Orgelbauer in Quakenbrück. Lebensdaten unbekannt; Schlepphorst erwähnt einige Reparaturarbeiten im westlichen Niedersachsen aus dem Zeitraum 1937–1962.

Schlepphorst.

Wrede Fr. & **Göppert**, Orgelbaumeister in Hannover. Die Firma wird in den 1890er Jahren erwähnt; Arbeiten sind bisher nicht bekannt.

Acta 18 (1985), 389; Flade.

WRK-Orgelbau: Klaus Wendhack, Gerd Redeker und Friedrich Kreuzer gründeten 1969 in München eine gemeinsame Firma, in der gegenwärtig außerdem 9 Mitarbeiter beschäftigt sind. In den 20 Jahren ihres Bestehens lieferte die Werkstätte über 80 neue Orgeln aus, darunter Exportaufträge nach USA und Nigeria. In den letzten Jahren kamen verstärkt Restaurierungen hinzu. Klaus **Wendhack** (*1937 Nürnberg) ist Schüler von Bauer (Unterasbach), arbeitete dann bei Peter (Köln), legte 1968 die Meisterprüfung ab und kam schließlich zur Firma Schuster in München. Gerd **Redeker** (*1945 Plattling) lernte bei Weise (Plattling), wechselte zu Schuster nach München und machte 1970 die Meisterprüfung. Friedrich **Kreuzer** (*1937 Regensburg) kam von Hirnschrodt (Regensburg) zu Schuster, wo sich die drei kennenlernten und 1969 zusammenschlossen; Kreuzer ist seit 1969 Meister.

Aus der Praxis des Betriebes entwickelte sich eine Arbeitsteilung: Klaus Wendhack ist weitgehend mit der Planung neuer Instrumente und der Leitung der Produktion befaßt; Gerd Redeker leitet die Herstellung der Metallpfeifen und ist mit Intonationsarbeiten betraut; Friedrich Kreuzer ist meistens im Außen- und Kundendienst tätig und für die kaufmännischen Belange des Betriebes verantwortlich.

Umfrage 1990.

Wroblewski, C., Orgelbauer in Lauenburg (Pommern). Er wird um 1890 erwähnt; weitere Informationen fehlen.
Flade.

Wünning, Georg, Orgelbaumeister in Großolbersdorf (Erzgebirge). *1948 Dornreichenbach. Er wurde bei Böhm in Gotha ausgebildet und arbeitete hier insgesamt 15 Jahre mit Schwerpunkt auf dem Gebiet Konstruktion und Prospektentwürfe. 1981 legte er die Meisterprüfung ab und wurde anschließend in Großolbersdorf seßhaft, zuerst als Mitarbeiter des VEB Jehmlich-Orgelbau-Dresden, seit einigen Jahren als Alleinmeister selbständig. Das Arbeitsprogramm umfaßt den Neubau von Kleinorgeln und Positiven sowie die Restaurierung alter Orgeln.
Orgelbauertreffen, 38.

Wurzer, Josef, Orgelbauer in München; Lebensdaten unbekannt; Arbeitsnachweise gibt es aus der Zeit von 1863–1877 aus dem altbayerischen Raum. Er firmierte anfangs mit Josef II (Philipp) → Frosch (ca. 1810–1869) zusammen, dürfte sich danach selbständig gemacht haben, wie ein Firmenschild besagt: J. Wurzer, frh. gen. Frosch jun. Orgelbauer München (1873 Oberhartheim).
Flade, Brenninger, Altbayern, 102.

Z

Zahn, Orgelbauerfamilie in Großostheim b. Aschaffenburg. Konrad Zahn (um 1746 – 1818 Großostheim) machte sich nach 1770 in Großostheim selbständig; Herkunft und Ausbildung sind noch unbekannt. Er baute in der Untermaingegend schätzungsweise 40 neue Orgeln. Der Sohn Nikolaus Zahn (um 1774 – 1846 Großostheim) konnte in den Jahren nach 1810 eine ganze Reihe kleiner Dorforgeln eines sparsamen biedermeierlichen Typs erbauen, bei der ihm ein Orgelfonds für arme Landgemeinden zugute kam. Ein Bruder Simon Zahn (um 1779 – 1838 Großostheim) war mithelfender Familienangehöriger. (Simon) Joseph Zahn (1815 Großostheim – 1893 ebenda) war der Sohn und Nachfolger von Nikolaus Zahn, betätigte sich noch mit Reparaturen und baute nur wenige neue Orgeln. Unter seinem Sohn Johann Josef Zahn (1859 Großostheim – 1932 ebenda) wurde die Werkstatt vor dem Ersten Weltkrieg aufgegeben.

HO Unterfranken, 315; Acta 2 (1968), 187 f. (H. Fischer); Balz, Starkenburg, 235 f.; Flade.

Zeilhuber, Orgelbauerfamilie in Altstädten bei Sonthofen (Allgäu). 1928 eröffnete Josef Zeilhuber († 1964) aus Augsburg eine Werkstatt in Altstädten, nachdem er hier sein Opus 2 erbaut hatte. Bei der Werkstattübergabe 1963 an seinen Sohn Alfons Zeilhuber (1922 Überlingen – 1986 Altstädten) war die Zahl seiner Orgeln auf über 100 angestiegen, bei Alfons' Tod betrug sie etwa 160 Opera. Die Werkstatt wird durch den Enkel Alfons II Zeilhuber (*1965), der seine Ausbildung daheim, bei Schmid (Kaufbeuren) und Rieger (Schwarzach) machte, in der dritten Generation fortgesetzt. Zeilhuber baute pneumatische Kegelladen, ab 1951 fast nur noch mit elektrischer Traktur und 1959 seine erste mechanische Schleiflade. Seit 1967 werden ausschließlich Schleifladen gebaut.

HO Schwaben, 296; Brenninger, Schwaben; Gedenken an Alfons Zeilhuber: Kirchen-Zeitung Diöz. Augsburg vom 28. 1. 1986, 14/86.

Ziegler, Gustav, Orgelbauer in Marienburg (Westpreußen). 1822 Schönwalde – 1898 (?) Marienburg; die Aus- und Weiterbildung erhielt er bei Carl Friedrich Schuricht in Danzig von 1840–1848. 1849 wurde er Bürger in Marienburg und machte sich dort selbständig. 1863 verlegte er seine Werkstatt vorübergehend nach Danzig, kehrte aber später wieder nach Marienburg zurück, wo er ein Haus erwarb. Von seiner Tätigkeit ist erst wenig bekannt.

Flade; Renkewitz-Janca, 193, 296.

Ziegler, Philipp, Orgelbaumeister in Steinsfurth bei Sinsheim (Baden). 1876–1938; er arbeitete bis 1925 zuerst selbständig und lieferte unter anderem Orgeln nach London und Kapstadt. 1925 wurde er zum 1. Direktor der Orgelbau Theodor Kuhn Orgelbau AG in Männedorf/Schweiz bestellt, kurz bevor der letzte Inhaber der Firma, Theodor Kuhn (1865–1925) starb.

Flade; Friedrich Jakob, Orgelbau Theodor Kuhn AG, Männedorf 1987.

Zieske, Albert, Orgelbauer in Landshut; Lebensdaten unbekannt; sein Geschäft ist mit zwei kleinen Arbeiten in Niederbayern 1940 und 1943 bekannt geworden.

Zillgitt, C. Fr., Orgelbaumeister in Gera (Thüringen). Lebensdaten unbekannt; er gründete 1887 in Zwickau sein Geschäft, verlegte es kurz darauf nach Gera und war vor allem in den Landesteilen des ehemaligen Fürstentums Reuß tätig, wo er die Umgebung Geras in Ostthüringen mit Orgeln versorgte. Der Betrieb beschäftigte durchschnittlich 8 Gehilfen und spezialisierte sich neben dem Orgelbau auch auf die Zinnpfeifen-

fabrikation. 1892 eröffnete er das „Geraer Musikhaus". Zillgitt war Gründungsmitglied des VDO; er muß relativ bald gestorben sein. Nach ihm übernahm ein R. W. Püchel die Leitung, bis die Witwe wieder die Geschäftsführung besorgte. 1917 fehlt die Firma im Branchenverzeichnis. Zillgitt baute kleine bis mittlere Orgeln, jährlich etwa zwei, und verwendete mindestens seit 1894 die Röhrenpneumatik.
Flade; ZfI 9 (1888/89), 107, 117, 129, 204; Oehme S, 107.

Zimnol, Paul, Orgelbaumeister in Kaiserslautern. *1921 Tichau (Oberschlesien); Besuch des Konservatoriums in Kattowitz, Lehre im Orgel- und Instrumentenbau, Kriegsdienst im Zweiten Weltkrieg. 1946–1959 Vertreter der Fa. Walcker für die Rheinpfalz, seit 1959 selbständig; 1979 wurde als Opus 30 eine dreimanualige Orgel für Kaiserslautern, St. Martin, geliefert. Zimnol ist seit 1965 Obermeister der Innung der Musikinstrumentenbauer in der Pfalz. Die Werkstatt wird durch den Sohn Johannes Zimnol weiterbetrieben.
HO Pfalz II, 347.

Zipperlin & Christ (Franz Xaver) betrieben in den 1880er Jahren gemeinsam ein Orgelbaugeschäft in Neustadt a. d. Haardt; Lebensdaten unbekannt; A. Zipperlin hatte vorher bei Voit in Durlach gearbeitet, Franz X. Christ ist noch Ende der 1890er Jahre mit kleineren Arbeiten nachweisbar, offenbar in eigener Regie; denn er gibt jetzt Steinfeld/Pfalz als Wohnort an. Von den drei bisher bekannten Orgeln der beiden ist die in Obermoschel erhalten; es handelt sich um eine Kegelladenorgel mit mechanischer Traktur und den gleichen Spielhilfen, wie sie Voit hatte.
HO Pfalz II, 347.

Zitzmann, Georg, Orgelbauer in Kempten (Allgäu). Lebensdaten unbekannt; der bisher einzige Tätigkeitsnachweis bezieht sich auf Ursberg 1926.
Flade; Höflacher, Holzhay, 36 f., 171.

Zuberbier (Zoberbier), Orgelbauersippe im Fürstentum Anhalt und Hannover. Die noch nicht eindeutig geklärten Familienzusammenhänge ergeben (mit Vorbehalt) folgendes Bild: Als Stammvater gilt David Zuberbier, Orgelbauer in Bernburg, dessen Leben etwa 1700 – ca. 1760 anzusetzen ist. Johann Christoph Zuberbier, Orgelmacher in Köthen (Wirkungszeit ca. 1749–1783), und Johann Andreas Zuberbier (um 1726–1785), Orgelmacher in Obernkirchen bei Stadthagen/Hannover, selbständig ab 1743 und 1773 in Clausthal wohnhaft, sind wahrscheinlich Söhne des David Zuberbier. Sie begründeten zwei verschiedene Linien: Die Clausthaler Linie, fortgesetzt durch Carl Friedrich Zuberbier ab 1783 und einen A. W. Zuberbier, der vermutlich ein Bruder von Carl Friedrich war, da beide nahezu gleichzeitig im Hannoverschen und Detmolder Raum vorkommen. Daneben existierte die Anhalter Linie weiter, ausgehend von David und seinem Sohn Johann Christoph in Köthen. Johann Friedrich Leberecht Zuberbier (Sohn von Christoph) wirkte in Halle ab etwa 1778. Ihm folgte in vierter Generation Adolph Zuberbier (1778 –ca. 1850) in Dessau, wo die Werkstatt dann unter einem E. Zuberbier in fünfter Generation in den 1870er Jahren zu Ende ging.
Flade.

Zweck, Georg, Orgelbauer in Amberg (Oberpfalz). 1846 Breitenbrunn – 1913 Nürnberg; nachweisbar zwischen 1871–1885, wird jedoch 1898 noch im deutschen Orgelbauerverzeichnis aufgeführt. Es sind einige Orgelbauten aus der Oberpfalz und zwei aus der Rheinpfalz bekannt, sowie verschiedene Reparaturarbeiten. Beim Umbau der Orgel zu

Amberg, Maria-Hilf, 1875 baute er neue Kegelladen ein; er muß also in einem renommierten süddeutschen Orgelbaubetrieb (Maerz, Steinmeyer, Walcker?) ausgebildet worden sein. 1898 wurde er von Strebel in Nürnberg engestellt. Sein Sohn Wilhelm Zweck (1878 Amberg – 1949 Nürnberg) war ebenfalls als Orgelbauer bei Strebel in Nürnberg tätig und arbeitete in den 1930er Jahren für Steinmeyer.
HO Oberpfalz, 86; HO Pfalz II, 347.

Zwirner, Julius, Orgelbaumeister in Landshut und München. Lebensdaten unbekannt; Zwirner eröffnete um 1922 seinen Betrieb, der bis ca. 1970 in München bestand und in Oberbayern, vereinzelt auch in Schwaben, meist kleine Instrumente baute; eines der größten und letzten war eine Orgel für Augsburg, St. Stephan (1966), die nach Erkrankung und Tod des Meisters unvollendet blieb. Zwirner baute bis gegen 1950 pneumatische Kegelladen, danach auch mechanische Schleifladen. Die Produktivität dürfte bei jährlich etwa zwei Orgeln gelegen haben.
Flade; Brenninger, Altbayern, 175.

VII. BILDERTEIL

Die nachfolgenden Orgelbilder sind alphabetisch nach den Namen der Orgelbauer angeordnet. Eine Liste der Hersteller mit voller Adresse und Angabe der Seitenzahl ihrer Abbildung(en) sowie ein Verzeichnis geordnet nach Ortsnamen, welches auch die Postleitzahlen der Orgelstandorte enthält, ist vorangestellt.

LISTE DER ERBAUER DER ABGEBILDETEN ORGELN

Seite

VORSPANN:

357 Eisenschmid & Sohn, Ludwig, Orgelspieltische, Klaviaturen, Orgelteile, Inh.: Ludwig Reiser, Pfahlweg 11, 8138 Andechs/Erling, T. 081 52/12 01, Fx 33 79

355 Giesecke & Sohn, Carl, Zungenstimmen, Labialpfeifen, Schiefer Weg 4. 3400 Göttingen, T. 05 51/7 60 42-43, Fx 7 70 30 13

358 Laukhuff, Aug., GmbH & Co., Orgelteile, Mergentheimer Str. 1, 6992 Weikersheim, T. 079 34/611-614, Fx 616

356 Meisinger, Karl, Orgelpfeifen-Spezialwerkstätten, Innstr. 38, 8346 Simbach am Inn, T. 085 71/14 04, Fx 18 44

ORGELN:

360 Albers, Herbert, Orgelbau, Lennestr. 7, 5948 Schmallenberg-Oberkirchen, T. 029 75/87 77

361 Bier, Gustav S., Werkstätte für Orgelpfeifen, Inh. Johannes Naacke, Hermaringer Str. 20, 7928 Giengen, T. 073 22/52 29

362 Bosch, Werner, Werkstätte für Orgelbau GmbH, Ellenbachstr. 6, 3501 Niestetal-Sandershausen, T. 056 1/52 20 58-59, Fx 52 81 57

364 Braun, Wolfgang J., Orgelbaumeister, Vöhringer Str. 18, 7463 Rosenfeld-Bickelsberg, T. 074 28/82 25

365 Döring, Bruno R., Orgelbaumeister, Am Spatzentriesch 6, 3579 Neukirchen, T. 066 94/297

366 Eisenbarth, Ludwig, Orgelbau, Inh. Wolfgang Eisenbarth, Orgelbaumeister, Alte Str. 62-64, 8390 Passau, T. 08 51/4 13 98, Fx 4 13 23

367 Eule Orgelbau, Wilthener Str. 6, O-8600 Bautzen, T. +37-54-4 23 82, Fx 4 17 55

368 Fischer + Krämer, Orgelbau oHG, Keckstr. 1, 7833 Endingen, T. 076 42/39 92, Fx 29 21

Seite

369 Fleiter, Friedrich, Orgelbau, Inh. Friedhelm Fleiter, Orgelbaumeister, Sessendrupweg 56, 4400 Münster-Nienberge, T. 025 33/22 10, Fx 38 27

373 Förster & Nicolaus, Orgelbau, Inh. Joachim Müller und Martin Müller, Orgelbaumeister, Kolnhäuser Str. 5-7, 6302 Lich, T. 064 04/29 11

374 Führer, Alfred, Orgelbau GmbH + Co. KG, Emsstr. 64, 2940 Wilhelmshaven, T. 044 21/20 28 70, Fx 20 16 94

375 Gegenbauer, Martin, Orgelbaumeister, Ölmühle 9, 7970 Leutkirch 1, T. 075 61/12 45

376 Göckel, Karl, Orgelbaumeister, Hauptstr. 30, 6911 Malsch, T. 072 53/2 19 02

377 Hammer, Emil, Orgelbau, Inh.: Christian Eickhoff, Orgelbaumeister, Hoher Holzweg 14, 3005 Hemmingen 4 (Arnum), T. 051 01/27 74 u. 27 85

378 Heinze, Franz, Orgelbau GmbH, Thumenberger Weg 108, 8500 Nürnberg 20, T. 09 11/59 35 48

379 Heuss GmbH & Co. KG, Otto, Orgelteile, Amtsgerichtsstr. 12, 6302 Lich, T. 064 04/20 21

381 Hey, Wolfgang, Rhöner Orgelbauwerkstätten, Hauptstr. 34, 8745 Urspringen, T. 097 79/322

382 Hoffman, Otto, Orgelbau-Werkstätten, Inh. Horst und Günter Hoffmann, Orgelbaumeister, Ludwig-Jahn-Str. 18, 8745 Ostheim, T. 097 77/632, Fx 16 07

383 Janke, Rudolf, Werkstätte für Orgelbau, Göttinger Str. 42, 3406 Bovenden, T. 05 51/85 04

384 Jann, Georg, Orgelbau Meisterbetrieb, Allkofen 321/6, 8301 Laberweinting 4, T. 094 54/2 15, Fx 12 55

386 Kerssenbrock, Graf Hubertus von, Orgelbaumeister, Wilhelm-Keim-Str. 8, 8022 Grünwald, T. 089/6 41 26 31

387 Klais, Johannes, Orgelbau GmbH & Co. KG, Kölnstr. 148, 5300 Bonn 1, T. 02 28/63 24 84 u. 63 68 84, Fx 65 32 49

392 Kopetzki, Klaus, Orgelbaumeister, Im Gigis 21, 7141 Murr, T. 071 44/2 15 20

393 Kreienbrink, Matthias, Orgelbau KG, Kleine Schulstr. 26, 4500 Osnabrück-Hellern, T. 05 41/44 16 84

394 Kubak, Rudolf, Orgelbauwerkstatt, Schäfflerbachstr. 6, 8900 Augsburg, T. 08 21/55 30 35, Fx 55 30 36

395 Link, Gebr., Orgelbau GmbH, Memminger Torplatz 10, 7928 Giengen, T. 073 22/50 92, Fx 87 95

396 Mann, Werner, Orgelbaumeisterbetrieb, Gewerbestr. 2, 6981 Dorfprozelten/Main

Seite

397 Mayer, Hugo, Orgelbau GmbH, Völklinger Str. 2,
6601 Heusweiler 1, T. 068 06/70 95, Fx 1 25 75

398 Mittermaier & Söhne GmbH, Orgelpfeifenherstellung, Louis-Goos-Str. 12,
6920 Sinsheim-Reihen, T. 072 61/53 25

400 Mönch Orgelbau KG, Peter Mönch, Orgelbaumeister, Obertorstr. 13,
7770 Überlingen, T. 075 51/6 22 00

399 Münchner Orgelbau Wilhelm Stöberl GmbH, Bayerwaldstr. 49,
8000 München 83, T. 089/67 00 15 70

442 Nenninger, Orgelbau GmbH, Inh. Gerhard E. Kau, Orgelbaumeister,
Joh.-Clanzestr. 23, 8000 München 70, T. 089/7 60 47 94

402 Neuthor, Rudolf, Orgelbaumeister, Schlüsbecker Weg 16a,
2300 Kiel 14, T. 04 31/71 16 56

403 Noeske, Dieter, Orgelbaumeister, Orgelbauwerkstatt Rotenburg,
Ellingröder Str. 2, 6442 Rotenburg a. d. Fulda, T. 066 23/14 62

404 Oberlinger, Gebr., Orgelbau GmbH & Co. KG,
6531 Windesheim, T. 067 07/17 77, Fx 6 25

406 Oehms, Rudolf, Orgelbaumeister, Orgelbau Trier, Saarbrücker Str. 14,
5500 Trier, T. 06 51/7 39 39, Fx 7 42 26

407 Ott, Andreas, Orgelbaumeister, Werkstätte für Orgelbau, Nibelungenstr, 95a,
6140 Bensheim 1, T. 062 51/6 82 20

408 Ott, Paul, Werkstatt für Orgelbau, Am Junkernberge 5,
3406 Bovenden/Göttingen, T. 05 51/80 05

410 Paschen, Hinrich Otto, Orgelbaumeister, Redderkoppel 6,
2300 Kiel 17, T. 04 31/39 34 80, Fx 39 34 06

411 Peter GmbH & Co. KG, Willi, Orgelbauwerkstätten, Mülheimer Freiheit 113-115,
5000 Köln 80 (Mülheim), T. 02 21/6 40 22 03

412 Plum, Peter, Orgelbaumeister, Schillerstr. 21, 7142 Marbach, T. 071 44/63 90

413 Prengel, Bertold, Orgelbaumeister, Elberfelder Str. 180,
4322 Sprockhövel 1, T. 02 02/52 26 82

415 Rensch, Richard, Orgelbau GmbH, Bahnhofstr. 100,
7128 Lauffen, T. 071 33/84 15, Fx 70 58

418 Riegner & Friedrich, Orgelbauwerkstätte, Frauenwaldstr. 3,
8126 Hohenpeißenberg, T. 088 05/12 44

419 Sauer, Siegfried, Orgelbaumeister, Am Lintrott,
3470 Höxter 11/Ottbergen, T. 052 75/300

420 Schuke, Alexander, Orgelbau GmbH, Orgelbaumeister Matthias Schuke,
Gutenbergstr. 76, O-1560 Potsdam, T. 2 37 13

Seite

421 Schuke, Karl, Berliner Orgelbauwerkstatt GmbH, Alt-Schönow 7b,
1000 Berlin 37, T. 030/815 10 14, Fx 815 20 54

423 Schuster & Sohn, A., Orgelbau, Inh. Siegfried Schuster, Orgelbaumeister,
Löbauer Str. 12-14, O-8800 Zittau, T. 36 43

424 Simon, Lothar, Orgelbaumeister, Ringstr. 1,
3532 Borgentreich-Meddenhagen, T. 056 41/32 45 u. 056 43/454

425 Speith-Orgelbau, Inh. G. Müller, Orgelbaumeister, Im Sack 1,
4835 Rietberg 1, T. 052 44/88 52, Fx 7 73 82

426 Staller, Anton, Orgelbauwerkstätte, Glonner Str. 17,
8018 Grafing b. München, T. 080 92/46 22

430 Stehle-Orgelbau GmbH, Weildorfer Str. 30-32,
7452 Haigerloch-Bittelbronn, T. 074 74/89 66

431 Steinmann, Gustav, Orgelbau, Salzuflener Str. 160,
4973 Vlotho (Weser), T. 057 33/22 32, Fx 1 04 43

432 Steinmeyer GmbH & Co., G. F., Orgelbau, Georg-Friedrich-Steinmeyer-Str. 3,
8867 Oettingen, T. 090 82/20 11

433 Stockmann, Gebr., GmbH & Co. Orgelbau KG, Schützenstr. 6,
4760 Werl/Westfalen, T. 029 22/67 37

434 Tzschöckel, Reinhart, Orgelbaumeister, Glashüttenweg 10,
7154 Althütte-Fautspach, T. 071 92/75 75, Fx 17 75

435 Vier, Peter, Orgelbaumeister, Hauptstr. 30,
7632 Friesenheim-Oberweier, T. 078 21/64 96, Fx 6 71 84

436 Vleugels, Hans-Georg, Orgelbau-GmbH, Rote Au 43,
6969 Hardheim, T. 062 83/985, Fx 67 30

437 Weimbs, Josef, Orgelbau GmbH, Rathausstr. 8,
5374 Hellenthal/Eifel, T 024 82/347, Fx 67 30

438 Weise, Michael, Orgelbau, 8350 Plattling, T. 099 31/23 52

439 Weyland, Gert, Orgelbaumeister, Orgelbau GmbH, Gerhart-Hauptmann-Str. 52a,
5090 Leverkusen 3, T. 021 71/22 57, Fx 4 87 41

441 Winterhalter, Claudius F., Meisterwerkstätte für Orgelbau,
7617 Oberharmersbach, T. 078 37/477

ORTSVERZEICHNIS DER ORGELBILDER

PLZ	Ort	Man./Reg.	Erbauer	Baujahr	Seite
7470	Albstadt-Ebingen, Kapellkirche	II/23	Anton Staller	1982	428
8900	Augsburg, Hoher Dom	III/42	Rudolf Kubak	1989	394
5142	Baal, St. Brigida	II/14	Friedrich Fleiter	1989	369
6430	Bad Hersfeld, Evang. Stadtkirche	III/47	Bruno R. Döring	1974	365
6380	Bad Homburg v. d. Höhe, Schloßk.	III/38	Förster & Nicolaus	1989	373
4902	Bad Salzuflen, Kath. Pfarrk. Liebfr.	III/41	Gustav Steinmann	1984	431
8532	Bad Windsheim, St. Kilianskirche	IV/60	Wolfgang Hey	1987	381
	Bergen, Norwegen, Maria-Kirche	III/36	Paul Ott	1974	409
7321	Birenbach b. Göppingen	II(III)/23	Martin Gegenbauer	1990	375
4250	Bottrop, Herz-Jesu-Kirche	IV/56	Richard Rensch	1986	417
4550	Bramsche b. Osnabrück, Martinsk.	III/28	Rudolf Janke	1990	383
6100	Darmstadt, St. Elisabeth	II/25	Andreas Ott	1989	407
O-4500	Dessau, Johanniskirche	III/48	Eule Orgelbau	1990	367
4000	Düsseldorf, R.-Schumann-Hochsch.	II/9	Berthold Prengel	1989	414
4000	Düsseldorf-Eller, Jakobuskirche	II/25	Alexander Schuke	1985	420
7830	Emmendingen, Evang. Stadtkirche	III/32	Peter Vier	1988	435
6000	Frankfurt/M., Gr. Sendesaal, Spielt.	III/82	Otto Heuss KG	1988	380
7320	Göppingen, Evang. Stadtkirche	III/42	Pfeifen: Mittermaier	1981	398
3523	Grebenstein, Evang. Stadtkirche	II/22	Werner Bosch	1988	363
5940	Grevenbrück, Evang. Kirche	II/27	Wolfgang J. Braun	1988	364
2000	Hamburg, St. Michaeliskirche	V/85	Steinmeyer	1960	432
6450	Hanau, Stadtpfarrk. Mariae Namen	III/55	Gebr. Oberlinger	1990	405
3000	Hannover-Kirchrode, Z. d. Hl. Engeln	II/20	Emil Hammer	1987	377
6900	Heidelberg, Providenzkirche	III/47	Gebr. Link	1986	395
7100	Heilbronn, Kilianskirche, Chororgel	II/14	Richard Rensch	1968	415
7944	Herbertingen-Hundersingen, Martin.	II/26	Stehle	1989	430
7881	Herrischried, Kath. Pfarrk. St. Zeno	II/20	Xaver Mönch	1895	400
8451	Hohenkemnath, Kath. Pfarrkirche	II/21	Michael Weise	1990	438
8069	Ilmmünster, Kath. Pfarrkirche	III/36	Anton Staller	1985	429
8531	Ingolstadt, Münster U. L. Frauen	IV/69	Joh. Klais	1976	389
4053	Jüchen-Garzweiler, St. Pankratius	II/26	Weyland Orgelbau	1990	439
6750	Kaiserslautern, St. Marien	III/51	Joh. Klais	1904	387
2300	Kiel-Wik, St. Lukas-Kirche	II/21	Hinrich O. Paschen	1983	410
4150	Krefeld, St. Josef	III/39	Gebr. Stockmann	1990	433
6734	Lambrecht, Pfalz, Evang. Kirche	II/26	Joh. Klais (Rest.)	1977	391
8560	Lauf a. d. Pegnitz, Johanniskirche	II/24	Otto Hoffmann	1990	382
6302	Lich/Oberhessen, Kath. Kirche	II/26	Reinh. Tzschöckel	1988	434
2400	Lübeck, St. Marien, Totentanz-Orgel	IV/56	Alfred Führer	1986	374
6700	Ludwigshafen, Herz-Jesu-Kirche	III/44	Joh. Klais	1932	388
6800	Mannheim, Heilig-Geist-Kirche	III/43	Karl Göckel	1989-90	376
6800	Mannheim, St. Konrad	II/27	Fischer + Krämer	1989	368
8062	Markt Indersdorf, Ehem. Klosterk.	II/33	Anton Staller	1988	426
2280	Morsum/Sylt, St. Martinskirche	II/22	Rudolf Neuthor	1984	402
4050	Mönchengladbach-Wickrath, Antonius	II/33	Weyland Orgelbau	1989	440

353

PLZ	Ort	Man./Reg.	Erbauer	Baujahr	Seite
8052	Moosburg/Isar, Kath. Pfarrkirche	III/39	Nenninger	1975	442
4330	Mülheim/Ruhr, Kloster Saarn	II/25	Friedrich Fleiter	1990	372
8000	München, Kath. Kirche St. Stephan	II/19	Wilhelm Stöberl	1987	399
8000	München-Oberföhring, St. Lorenz	II(III)/29	Franz Heinze	1986	378
4400	Münster, St. Lamberti	IV/52	Karl Schuke Berlin	1989	422
4400	Münster-Hiltrup, St. Marien	II/20	Friedrich Fleiter	1990	371
	Musterprospekt		Aug. Laukhuff	1892	358
7086	Neresheim, Abteik., Restaur. u. Erg. d. Pfeifen		Gustav S. Bier	1979	361
	New York, USA, Luth. St. Peter's	II/32	Joh. Klais	1977	390
8500	Nürnberg, St. Sebald, Hauptorgel	III/73	Willi Peter	1975	411
7300	Oberesslingen, St. Albertus Magnus	III/38	Peter Plum	1990	412
5480	Oberwinter, Kath. K. St. Laurentius	II/23	Lothar Simon	1983	424
6050	Offenbach-Bürgel, St. Pankratius	III/42	Rudolf Oehms	1987	406
	Orgel-Positiv, C - f''', Geteilte Schleifen	I/4	Paul Ott	1934	408
4790	Paderborn, Dom	IV/139	Siegfried Sauer	1981	419
8390	Passau, Dom, Hauptorgel	IV/126	L. Eisenbarth	1977-81	366
8390	Passau, Dom, Hauptspieltisch	V/282	Otto Heuss KG	1980	379
8308	Pfeffenhausen, St. Martin	III/31	Georg Jann	1988	384
	Porto, Portugal, Kathedrale	III/45	Georg Jann	1985	385
7550	Rastatt, Kath. Pfarrkirche Herz Jesu	III/23	Mönch KG	1988	401
7148	Remseck-Hochberg, Ev. Schloßkirche	II/20	Klaus Kopetzki	1988/90	392
7839	Riegel, Kath. Pfarrkirche St. Martin	III/35	Riegner & Friedrich	1991	418
6442	Rotenburg/F., Evang.Stadtpfarrk.	III/30	Dieter Noeske	1989	403
2720	Rotenburg/Wümme, Evang. Kirche	I/5	Werner Mann	1989	396
6630	Saarlouis-Lisdorf, Kath. Pfarrkirche	III/43	Hugo Mayer	1987	397
5948	Schmallenberg-Grafschaft, Klosterk.	II/13	Herbert Albers	1990	360
4714	Selm, St. Ludgerus	II/39	Friedrich Fleiter	1989	370
	Seoul, Südkorea, Dangook-Universit.	III/32	Speith, G. Müller	1990	425
7700	Singen, Kath. Pfarrkirche	III/35	Josef Weimbs	1988	437
	Sticna, Slowenien, Zisterzienserabtei	III/30	H. v. Kerssenbrock	1991	386
J 158	Tokyo, Japan, Tamagawa-Seigakuin	III/40	Werner Bosch	1988	362
6972	Tauberbischofsheim, St. Martin	I II/40	Claud. Winterhalter	1989	441
O-7290	Torgau, Marienkirche	III/38	A. Schuster & Sohn	1984	423
5620	Velbert-Neviges, Evang. Kirche	II/27	M. Kreienbrink KG	1983	393
4175	Wankum, St. Martin-Kirche	II/17	Berthold Prengel	1990	413
8090	Wasserburg a. Inn, Frauenkirche	II/16	Anton Staller	1979	427
6980	Wertheim, Evang. Stiftskirche	III/47	Richard Rensch	1982	416
8700	Würzburg, Käppele	II/31	Vleugels GmbH	1991	436
8700	Würzburg, Neubaukirche	IV/64	Karl Schuke Berlin	1986	421
	Zaïre, Afrika, Palastk. d. Staatspräsid.	II/28	Gebr. Oberlinger	1990	404

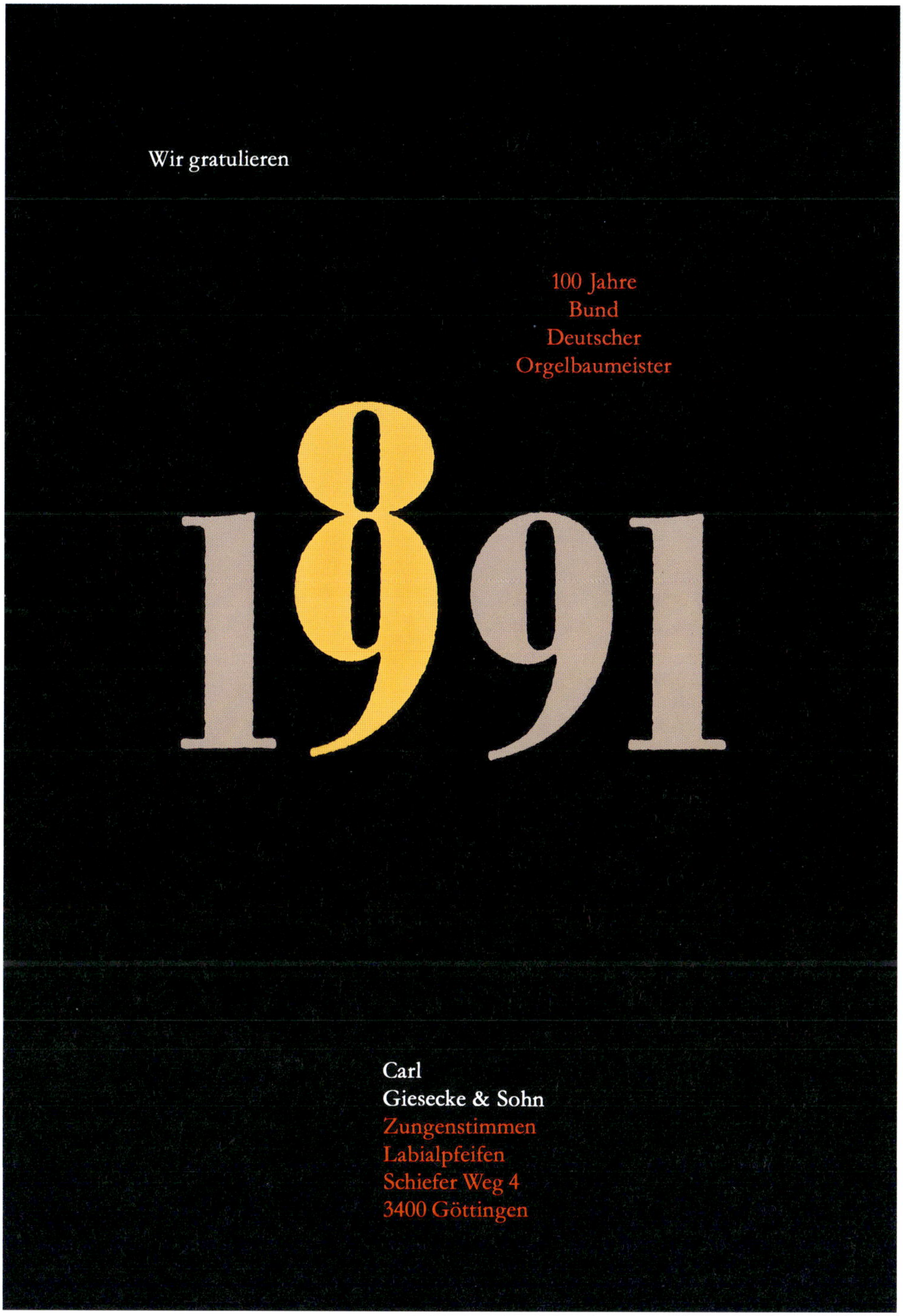

Wir gratulieren

100 Jahre
Bund
Deutscher
Orgelbaumeister

1891

Carl
Giesecke & Sohn
Zungenstimmen
Labialpfeifen
Schiefer Weg 4
3400 Göttingen

Seit 1877
der Tradition
verbunden

**kunsthandwerkliche
Labialpfeifen**

Karl Meisinger
Orgelpfeifen-Spezialwerkstätten
D-8346 Simbach am Inn
Telefon 08571-1404

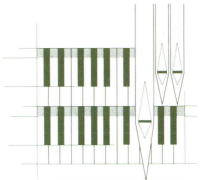

L. EISENSCHMID & SOHN

Orgelspieltische,
Klaviaturen, Orgelteile

Inhaber: Ludwig Reiser

Pfahlweg 11, D-8138 Andechs/Erling
Telefon: 08152/1201
Telefax: 08152/3379

Schmallenberg-Grafschaft, Hochsauerland
Klosterkirche, II/13, erbaut 1990

Herbert Albers
Schmallenberg-Oberkirchen

Neresheim, Abteikirche. Restaurierung und Ergänzung des Pfeifenwerkes der Orgel von Joh. Nep. Holzhay durch Werkstätte für Orgelpfeifen Gustav S. Bier, Giengen, 1979

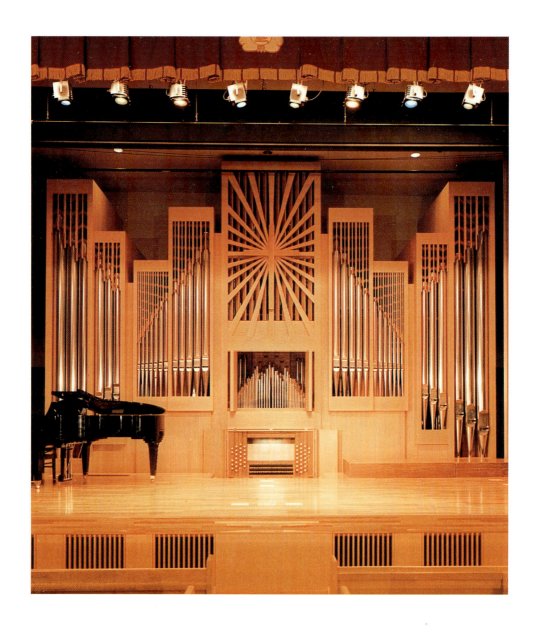

Tamagawa-Seigakuin, Tokyo, Mädchen-Hochschule
III/40, Doppelregistratur, erbaut 1988

Werner Bosch GmbH
Niestetal-Kassell

Grebenstein, Evang. Stadtkirche
Gehäuse: Dibelius 1732-36

Werner Bosch GmbH, Niestetal-Kassel
II/22, Innenaufbau rekonstruiert 1988

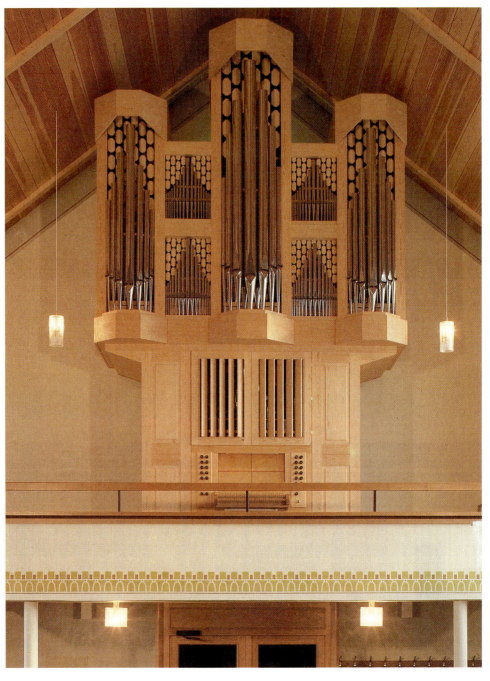

Grevenbrück
Evang. Kirche

Wolfgang J. Braun, Bickelsberg
II/27, erbaut 1988

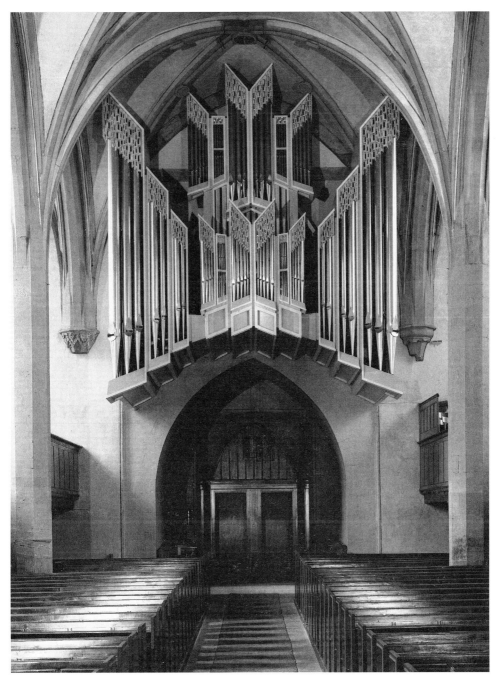

Bad Hersfeld
Evang. Stadtkirche

Bruno R. Döring, Neukirchen
III/47, erbaut 1974

Passau, Hoher Dom
Hauptorgel, IV/126

L. Eisenbarth, Inh. Wolfg. Eisenbarth
(Gesamtorgel V/231), Passau, erbaut 1977-81

Dessau (Anhalt), Johanniskirche
Mechanische Spiel- und Registertraktur

Eule Orgelbau, Bautzen
III/48, erbaut 1990

Mannheim, St. Konrad
Vollmechanisch

Fischer + Krämer OHG, Endingen
II/27, erbaut 1989

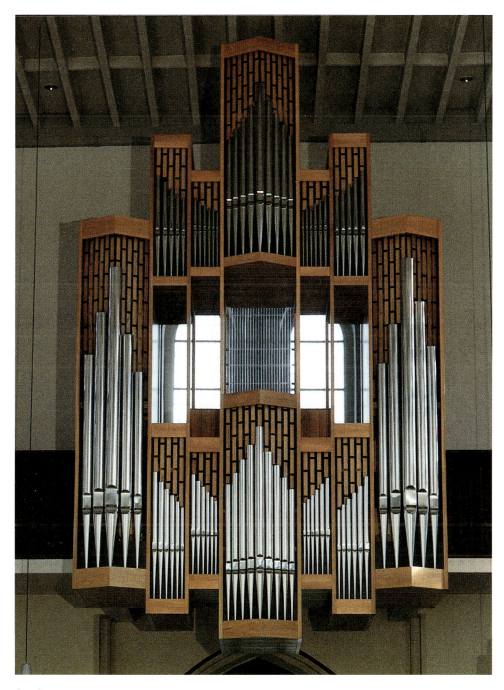

Baal
St. Brigida

Friedrich Fleiter, Münster
II/14, erbaut 1989

Selm
St. Ludgerus

Friedrich Fleiter, Münster
II/39, erbaut 1989

Mülheim/Ruhr,
Kloster Saarn

Friedrich Fleiter, Münster
II/25, erbaut 1990

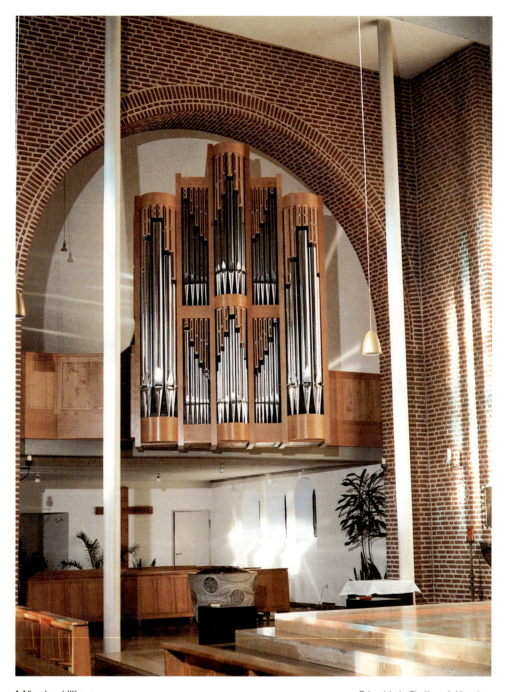

Münster-Hiltrup
St. Marien

Friedrich Fleiter, Münster
II/20, erbaut 1990

Bad Homburg v. d. Höhe, Schloßkirche
Rekonstruktion der Orgel von J. C. Bürgy, 1787

Förster & Nicolaus, Lich
III/38, erbaut 1987-89

Foto: H. B. Rödiger, Friedeburg/Ostfriesland

Hansestadt Lübeck
St. Marien, Neue Totentanz-Orgel

Alfred Führer, Wilhelmshaven
IV/56, erbaut 1986

Birenbach bei Göppingen
Wallfahrtskirche

Martin Gegenbauer, Leutkirch
II(III)/23, erbaut 1990

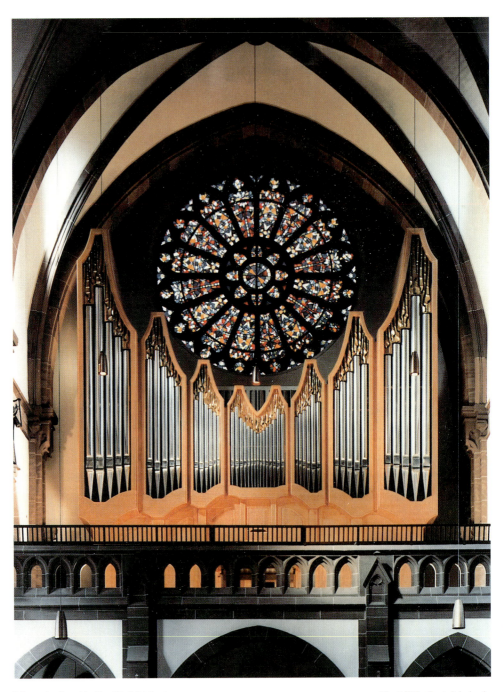

Mannheim, Heilig-Geist-Kirche
Ausschaltbare Barkermaschine für III

Karl Göckel, Malsch
III/43, erbaut 1989-90

Hannover-Kirchrode
Zu den Hl. Engeln

Emil Hammer, Arnum/Hannover
Opus 1897, II/20, erbaut 1987

München-Oberföhring, St. Lorenz
Doppelregistratur

Franz Heinze, Nürnberg
II(III)/29, erbaut 1986

Passau, Hoher Dom, Hauptspieltisch
für die 5 Orgeln

Otto Heuss KG, Lich, 1980
V/282 Registerwippen

Frankfurt/Main, fahrbarer Spieltisch
Hessischer Rundfunk, Großer Sendesaal

Otto Heuss KG, Lich, 1988
III/82 Registerwippen

Bad Windsheim, St. Kilianskirche, IV/60
Gehäuse: Joh. Chr. Wiegleb 1735

Rhöner Orgelbauwerkstätten
Wolfgang Hey, Urspringen, 1987

Lauf a. d. Pegnitz
Johanniskirche

Otto Hoffmann, Ostheim/Rhön
II/24, erbaut 1990

Bramsche b. Osnabrück, Martinskirche
Verwendung eines Gehäuses von Wenthin, 1826

Rudolf Janke, Bovenden
III/28, erbaut 1990

Pfeffenhausen
St. Martin

Georg Jann, Allkofen
III/31, erbaut 1988

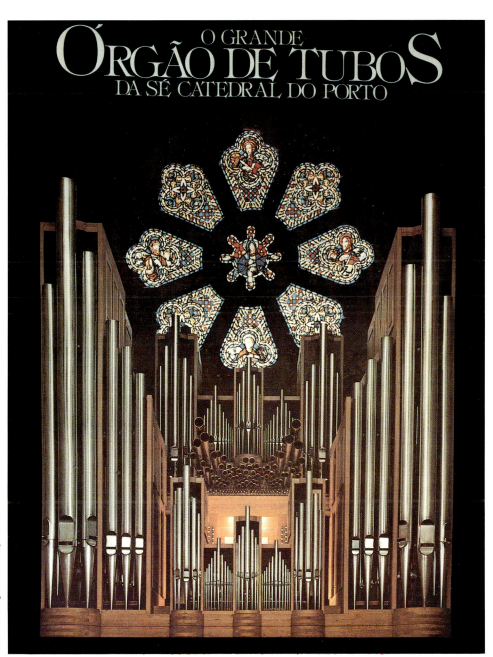

Porto, Portugal
Kathedrale

Georg Jann, Allkofen, 1985
III/45

Sticna, Slowenien, Zisterzienser-Abtei
Gehäuseteile v. Janacek, 1740

Hubertus v. Kerssenbrock, Grünwald
III/30, 1991

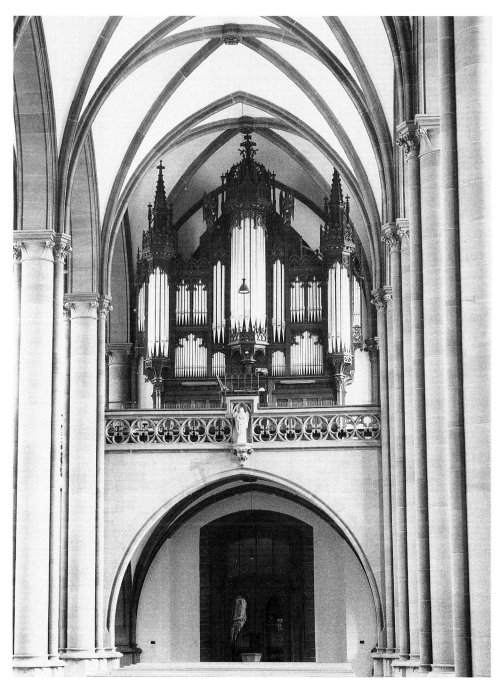

Kaiserslautern, St. Marien
Pneumatische Kegelladen, III/51

Orgelbau Klais, Bonn, erbaut 1904
Johannes Klais, * 1852, † 1925

Ludwigshafen, Herz-Jesu-Kirche
Elektrische Kegelladen, III/44

Orgelbau Klais, Bonn, erbaut 1932
Hans Klais, * 1890, † 1965

Ingolstadt, Münster U. L. Frauen
Mechanische Schleifladen, IV/69

Orgelbau Klais, Bonn, erbaut 1976
Hans Gerd Klais, * 1930

New York, USA, Lutheran St. Peter's Church
Mechanische Schleifladen, II/32

Orgelbau Klais, Bonn, erbaut 1977
Hans Gerd Klais, * 1930

Lambrecht/Pfalz, Evang. Kirche
Mechanische Schleifladen, II/26

Orgelbau Klais, Bonn, restauriert 1977
Orgel von Johann Georg Geib 1777

Remseck-Hochberg, Evang. Schloßkirche
1989 durch Brand stark beschädigt

Klaus Kopetzki, Murr, 1988, II/20
Wiedereinweihung 1990

Velbert-Neviges
Evang. Kirche

M. Kreienbrink KG, Osnabrück
II/27, erbaut 1983

Augsburg, Hoher Dom
Magnificat-Orgel

Rudolf Kubak, Augsburg
Opus 85, III/42, Anno 1989

Heidelberg, Evang. Providenzkirche
Gehäuse Burkhard 1885

Orgelbau Link, Giengen
Opus 1000, III/47, erbaut 1986

Rotenburg/Wümme, Evang. Kirche Werner Mann, Harsefeld
Doppelprospekt I/5, erbaut 1989

Saarlouis-Lisdorf, Kath. Pfarrkirche St. Crypinus und St. Cryspinianus

Hugo Mayer GmbH, Heusweiler
Rein mechanische Traktur, III/43, 1987

Göppingen, Evang. Stadtkirche
(Rensch III/42, Doppelregistr.; Hauptgeh. 1899)

Metall-Labialpfeifen: Mittermaier
Sinsheim-Reihen, hergestellt 1981

München 20, Zillertalstr. 47
Kath. Kirche St. Stephan, II/19, erbaut 1987

Münchner Orgelbau
Wilhelm Stöberl GmbH

Herrischried
Kath. Pfarrkirche St. Zeno

Xaver Mönch, Überlingen
II/20, erbaut 1895

Rastatt
Kath. Pfarrkirche Herz Jesu

Mönch Orgelbau KG, Überlingen
III/23, erbaut 1988

Morsum/Sylt
St. Martinskirche

Rudolf Neuthor, Kiel
II/22, erbaut 1984

Rotenburg/Fulda, Evang. Stadtpfarrkirche
Teil-Rekonstruktion

Orgelbauwerkstatt Rotenburg
III/30, Dieter Noeske, erbaut 1989

Hanau
Stadtpfarrkirche Mariae Namen

Gebr. Oberlinger, Windesheim
III/55, erbaut 1990

Zaïre, Afrika
Palastkirche des Staatspräsidenten

Gebr. Oberlinger, Windesheim
II/28, Doppelregistratur, erbaut 1990

Offenbach-Bürgel
Kath. Pfarrkirche St. Pankratius

Orgelbau Trier, Rudolf Oehms, 1987
Kombinierte Traktur, III/42

Darmstadt, St. Elisabeth
II/25, erbaut 1989

Andreas M. Ott, Bensheim
Mechan. Organo-Pleno-Tritt

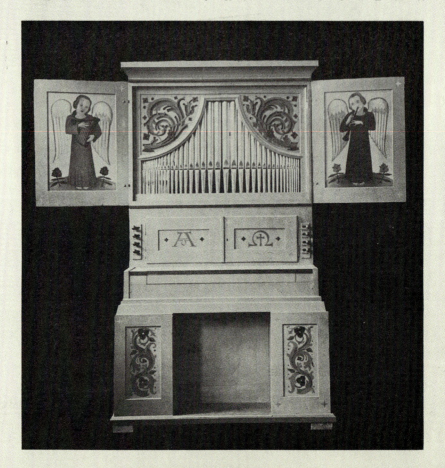

Prospektblatt aus dem Jahre 1934

Bergen, Norwegen
Maria-Kirche

Paul Ott, Göttingen
III/36, erbaut 1974

Kiel-Wik
St. Lukas-Kirche

Hinrich O. Paschen, Kiel
II/21, erbaut 1983

Nürnberg, St. Sebald
Hauptorgel, III/73

Orgelbauwerkstätten Willi Peter
Köln, erbaut 1975

Oberesslingen, St. Albertus Magnus
Schleiflade, mech. Spiel-, el. Registertraktur

Peter Plum, Marbach/N.
III/38, erbaut 1990

Wankum
St. Martin-Kirche

Berthold Prengel, Sprockhövel
II/18, erbaut 1989

Düsseldorf
Robert-Schumann-Hochschule

Berthold Prengel, Sprockhövel
II/7, erbaut 1990

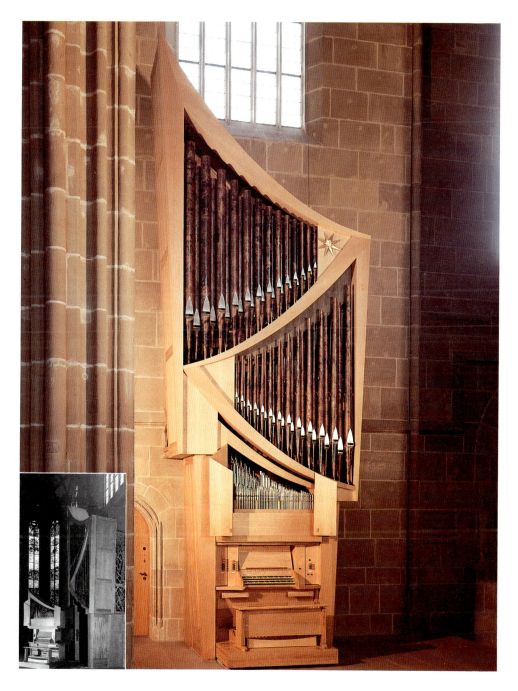

Heilbronn, Kilianskirche, Chororgel
mit ausfahrbarem Brustwerk (s. unten li.)

Richard Rensch, Lauffen/Neckar
II/14, mech. Schleifladen, 1968

Wertheim, Evang. Stiftskirche
Mechan. Schleifladen, Doppelregistratur

Richard Rensch, Lauffen/N.
III/48, erbaut 1982

Bottrop, Kath. Herz-Jesu-Kirche, IV/56
Richard Rensch Orgelbau, Lauffen

Mech. Schleifladen, Doppelregistratur
Christhard Rensch, erbaut 1986

Riegel, Kath. Pfarrkirche St. Martin
Cimbelstern, Kuckuck, Vogelgeschrei

Riegner & Friedrich, Hohenpeißenberg
III/35, zwei Kanaltremulanten. 1991

Paderborn
Dom, IV/139

Siegfried Sauer, Höxter-Ottbergen
Erbaut 1981

Düsseldorf-Eller, Jakobuskirche
Mechanische Schleifladen, II/25

Alexander Schuke Potsdam GmbH
Kombinierte Traktur. Erbaut 1985

Würzburg, Neubaukirche (Aula der Universität) IV/64, erbaut 1986
Berliner Orgelbauwerkstatt GmbH Karl Schuke

Münster, St. Lamberti, IV/52 Erbaut 1989
Berliner Orgelbauwerkstatt GmbH Karl Schuke

Torgau
Marienkirche

A. Schuster & Sohn, Zittau
III/38, erbaut 1984

Oberwinter
Kath. Kirche St. Laurentius

Lothar Simon, Borgentreich-Muddenhagen
II/23, erbaut 1983

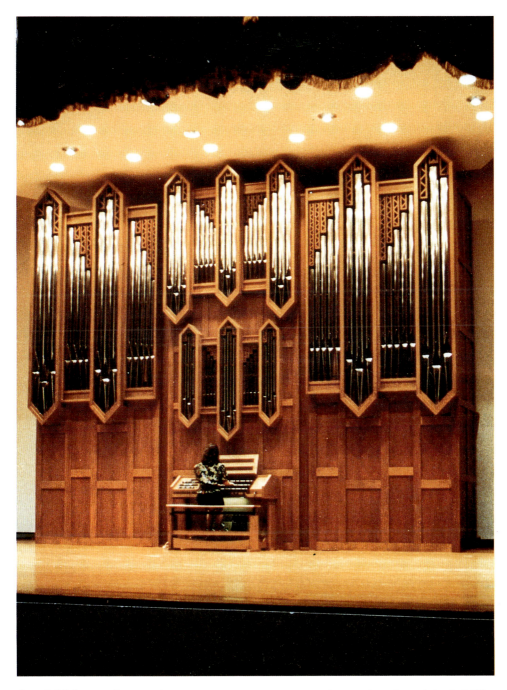

Seoul, Südkorea, Dangook-Universität
III/32, erbaut 1990

Speith-Orgelbau, Inh. G. Müller
Rietberg

Markt Indersdorf b. Dachau
Ehemalige Klosterkirche

Anton Staller, Grafing b. München, 1988
II/33, Hauptgehäuse um 1760

Wasserburg a. Inn, Frauenkirche
Mit freigelegter Malerei hinter der Orgel

Anton Staller, Grafing b. München
Gehäuse neu, II/16, erbaut 1979

Albstadt-Ebingen
Kapellkirche

Anton Staller, Grafing b. München
II/23, erbaut 1982

Ilmmünster b. Pfaffenhofen/Ilm
Kath. Pfarrkirche

Anton Staller, Grafing b. München
III/36, erbaut 1985

Herbertingen-Hundersingen, St. Martinus
Stehle-Orgelbau GmbH

II/26, erbaut 1989
Haigerloch-Bittelbronn

Bad Salzuflen
Kath. Pfarrkirche Liebfrauen

Gustav Steinmann, Vlotho
III/41, erbaut 1984

Hamburg
St. Michaeliskirche

Steinmeyer, Oettingen
V/85, erbaut 1960

Krefeld
St. Josef

Gebr. Stockmann, Werl
III/39, erbaut 1990

Lich/Oberhessen
Kath. Kirche

Reinhart Tzschöckel, Althütte-Fautspach
II/26, erbaut 1988

Emmendingen/Baden
Evang. Stadtkirche

Peter Vier, Friesenheim-Oberweier
III/32, erbaut 1988

Würzburg, Käppele
Erbaut 1991, II/31

Hans-Georg Vleugels, Hardheim
Gehäuse ca. 1750

Singen am Hohentwiel
Kath. Pfarrkirche

Josef Weimbs GmbH, Hellenthal/Eifel
III/35, erbaut 1988

Hohenkemnath
Kath. Pfarrkirche

Michael Weise, Plattling
II/21, erbaut 1990

Foto-Steves, Mönchengladbach

Jüchen-Garzweiler, Kath. Pfarrkirche St. Pankratius
Gehäuse neu, seitliche Gehäusetürme von ca. 1850

Weyland, Leverkusen 3
II/26, erbaut 1990

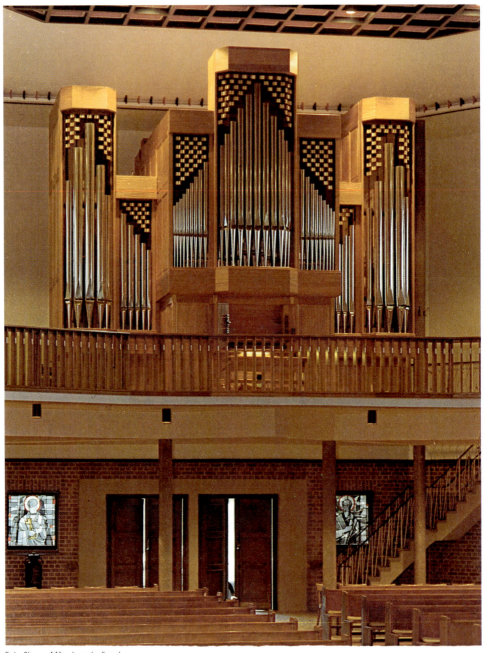

Foto-Steves, Mönchengladbach

Mönchengladbach-Wickrath
Kath. Pfarrkirche St. Antonius

Weyland, Leverkusen 3
II/33, erbaut 1989

Tauberbischofsheim, St. Martin
Doppelregistratur, III/40, erbaut 1989

Meisterwerkstätte für Orgelbau
Claudius Winterhalter, Oberharmersbach

Moosburg/Isar
Kath. Pfarrkirche

Orgelbau Nenninger
III/39, erbaut 1975

NAMENSREGISTER

Fettgedruckte Seitenzahlen zeigen einen Hauptartikel zu dem betreffenden Stichwort an.
Alphabetische Einordnung: ae = ä = a, oe = ö = o, ue = ü = u; ß = ss.

Abicht 100
Abicht Edmund **140**
Abicht Wilhelm **140**
Ackermann
  Theodor 256
Ackermeier 90, 314
Ackermeier
  Hermann **140**
Adam **140**, 182, 300
Adelung Wolfgang 49
Ader Bernhard 49
Adler Hermann **140**
Ahlborn &
  Steinebach 69
Ahrend Jürgen 88, **140**, 161, 303
Ahrend & Brunzema
  140, 161
Aichgasser 79
Aichinger Georg 196
Åkerman & Lund 261
Albers Herbert **140**
Albiez 37, 79
Albiez Conrad **141**
Albiez Winfried **141**, 217, 322, 338
Alffermann 80
Allihn Max 64, 174
Altendorf Friedrich 146
Anders 97, **141**
Anders Gottlieb **141**
Anders Max **141**
Anders Oswald **141**
Andreas 101
Andreas Max **141**
Andresen Andreas 99, **141**
Angel 99
Angster 194, 315
Anthony 159
Apel 96, 142
Apel August **142**
Apel Otto **142**
Appelt Gustav Adolf **142**, 147
Appun Anton **142**
Appun Georg **142**
Arbogast W. 204, 287
Arendt 91, 202
Arnold Gotthard **142**
Auler Wolfgang 18

Babel Kirsten **143**
Babel Ulrich **143**
Bach 89, 97, 129
Bach J. **143**
Bach Joseph **143**, 311
Bach Karl **143**, 150, 204, 268
Bachmann Eduard **143**
Bader 80, 259
Bader Kornel **143**
Bader Max **143**, 326
Bader Wilhelm **143**, 144, 170, 326
Bader Wilhelm &
  Söhne **143**
Bahr Günther 100, **144**, 225, 311
Baier Johann &
  Söhne **144**
Bald Georg **144**
Balz Hans-Martin
  XIV, 43, 146, 150, 160, 168, 172, 186, 221, 232, 249, 265, 275, 284, 291, 345
Baer Gottfried 84, **144**, 243
Barker 124, 125, 126
Barkhoff Carl **144**
Barkhoff Felix **144**
Barkhoff Paul **144**
Bärmig 95, 96, 145, 258
Bärmig Alfred 145
Bärmig Johann
  Gotthilf **144**
Baron Alexander **145**
Barth 95
Barth & Boscher 244
Barth Erich **145**, 244
Barth Medard XIV, 149, 233, 253, 281, 316, 325
Barth Robert **145**
Bartholomei & Blesi 153
Bartmuß 38
Baethmann 87, 284
Battenberg Johann
  Peter **145**
Bauer Erich 143, **145**, 146, 187, 304, 343
Bauer Wolfgang XV
Baumbach 100, **146**
Baumgarten **146**, 162
Baumgartner Werner **146**
Bäune Siegfried 228
Baunach Franz **146**
Bauroth Wilhelm 100, 167
Bechstein 85, 86, 254
Bechstein Friedrich **146**, **326**
Bechstein Heinrich **146**
Bechstein Johann Hermann Heinrich **146**
Beck W. **146**, 188
Becker 99
Becker & Hiendl 147, **207**, 250
Becker B. 5
Becker Folkert **146**
Becker Friedrich 45, **146**
Becker Josef **147**, 142
Becker Julius **147**, 207
Becker Klaus **147**
Beckerath Rudolf v. 35, 37, 47, 67, 99, 141, **147**, 157, 210, 259, 267, 280, 314, 335
Beer 82, 272
Beer Georg **147**, **176**
Beer Gisela 214
Beer Johann Georg **147**
Beer Roman Heinrich **147**, 148
Beethoven 123
Behler & Waldenmaier **148**, 248, 331
Behler August **148**
Behler Fidelis **148**
Behler Karl **148**
Behmann 170, 272
Beiler 143
Bender Otto 74
Benteroth August
  Ludwig **148**
Benteroth Dietrich
  Andreas **148**
Benteroth
  Ferdinand **148**
Benteroth Georg **148**
Benteroth Johann
  Heinrich **148**
Benteroth Karl
  Heinrich **148**
Benz Ferdinand **148**, 310
Bergäntzel Martin und
  Joseph 281
Bergelt Wolf XIV, 144, 162, 169, 193, 194, 211, 243, 245, 301
Bergen Wilhelm 96, **148**, 162, 212
Berger Alfred **149**
Berger Eduard **149**
Berger Franz Anton **148**
Berger Joseph Anton **148**
Bergmann 146
Beringer Johann Georg 149
Beringer Tobias **149**
Berliner Orgelbauwerkstatt Karl Schuke **149**, 301
Bernauer 79
Bernecker Carl **149**
Berner 80
Berner Diethelm **149**
Bernhard 86, **149**, 175, 186, 265, 330
Bernhard & Söhne **150**
Bernhard Friedrich
  Wilhelm **150**
Bernhard Johann
  Georg **149**
Bernhard Johann Hartmann **149**, 185, 247
Bernhard Karl **150**
Bernhard Karl Rudolf **150**
Bernhard Karl Theodor **150**
Bernhard Otto **150**
Berschdorf Karl 17, 36, 41, 97, 98, **150**, 213, 227
Berschdorf Norbert **150**
Berschdorf Paul **150**
Berretz 143, 150
Berthalot 239
Bertram Wilhelm 114, 115, **150**, 225, 285
Bestler Magnus **150**
Bettex Friedrich **150**
Beulertz J. 183
Beyer Eduard **151**
Bickell Ludwig 167
Biehle Johannes 14, 15, 16, 17, 19, 31, 40, 48, 64, 225
Biehler/Bichler Philipp **151**

443

Namensregister

Bieker Christl u. Karl-Heinz **151**
Bienert W. 91, **151**
Bier Gustav **151**, 260
Bier Richard **151**
Bierschwale Alfred 18, 20
Bihr Anton **151**
Bihr Johann Georg **151**
Bihr Joseph **151**
Binder 204, 208, 219, 337
Binder & Siemann 152
Binder & Sohn 150
Binder Eugen **152**
Binder Martin **152**, 307
Binninger 336
Bischof David Friedrich 278, 338
Bischof Johannes 337
Bismarck v. 172
Bittcher Ernst 149
Bittner 82, 83, 118, 119
Bittner August **153**
Bittner August Ferdinand **152**, **153**
Bittner August Johann 153
Bittner August Wilhelm **152**, 153
Bittner Bennonie 153
Bittner Franz **153**
Bittner Franz Joseph **152**
Bittner Johann Adam **152**
Bittner Johann Martin **152**
Bittner Johann Michael **153**
Bittner Joseph **152**
Bittner Joseph Franz **152, 153**
Bittner Karl 152, **153**
Bittner Max **152**
Bittner Max Rupert **153**
Bittner Rupert **152**
Blanarsch Adolf 313
Blaschke Paul **153**
Blesi Jean **153**
Blessing Josef 336
Blessing Wilhelm 157
Blindow M. 218
Blöss Hans-Heinz **154, 157, 280**
Blöss Heinz-Peter **154**
Blüthner 231
Böcher L. und P. **160**
Bochmann Gerd-Christian **154**

Bock Peter 205
Böckeler H. XIV, 204, 238, 257, 273, 336
Bockisch Karl **154**, 336
Boden 96, 116, 117, 118, 119
Boden Albert **154**
Boden August **154**
Boden Franz **154**
Boden Friedrich **154**
Boden Johann Daniel **154**
Boden Wilhelm **154**
Bohl Joseph 82, 151, **154**, 155, 257, 264, 314, 341
Böhm Gerhard **155**
Böhm Hugo **155**, 229
Böhm Rudolf **155**, 202
Böhme 100
Böhne 344
Bohnstedt Herbert 17
Bonitz Eberhard 221
Bonkhoff Bernhard H. XV
Bons Eberh. u. Ulrich 259
Börger 87
Börger Christian **155**
Börger Karl **155**
Borgholz/Herstelle 172
Bormann Karl 26, 161
Bornefeld Helmut 49, 242, 315
Börner Helmut **155**
Börner Karl **155**
Börner Otmar **155**
Bosch 50, 85, 86, 205, 206, 227, 236, 244, 269, 319, 322
Bosch Karen **156**
Bosch Martin **156**
Bosch Michael **156**
Bosch Werner **155**
Bosch Wolfgang XII, XIII, 37, 156
Boscher Ludwig 95, 145, **156**, 244
Böser Fidelis 14, 15
Bösken Franz XIV, 131, 150, 159, 160, 167, 171, 172, 175, 177, 178, 186, 193, 197, 199, 201, 203, 211, 221, 223, 231, 232, 233, 239, 244, 252, 273-275, 279, 284, 294, 296, 320, 324, 327, 329
Böttcher 101, 102, 242

Böttcher Friedrich Wilhelm **156**
Böttcher Karl **156**
Böttner 86
Böttner Christoph **156**
Böttner Stephan **156**
Böttner Wolfgang **156**
Bouthellier Anton **156**
Brahms 123
Brambach Franz Joseph 79, 112, 113, **156**
Brandner Arwed **157**, 258
Brandner Xaver **157**
Brandt 99
Brandt Ernst **157**
Brandt Felix **157**
Brandt Max 305
Branmann H. C. **157**, 310
Brauers 154
Braukmann Günter **157**, 267
Braumandl Mathias **157**, 173, 297
Braun 80
Braun Anton **157**, 158
Braun Blasius **157**, 158, 229, 242
Braun Erika **158**
Braun Eugen **158**
Braun Heinrich **158**, 304
Braun Johann Michael **158**
Braun Martin **158**
Braun Mathias **158**
Braun Michael **158**
Braun Paul **158**
Braun Wolfgang J. **158**
Brauner 110, 111, 122
Braungart Siegmund Friedrich **158**, 198
Breidenfeld 93
Breidenfeld Gebr. 159
Breidenfeld & Söhne 159
Breidenfeld Heinrich Franz **159**
Breidenfeld Heinrich Wilhelm **159**
Breidenfeld Johann Heinrich **159**
Breidenfeld Joseph **159**
Breidenfeld Wilhelm Joseph **159**
Breil Anton 82, 90, 152, **15**, 162, 227
Breil Franz 36, 37, 49, **159**

Breil Franz Johann **159**
Breil Franz Joseph **159**
Breil Franz Ludger **159**
Breil Johann Joseph Anton **159**
Breil Joseph 159
Breil Joseph Anton **159**
Breitbarth Johann Caspar 101, **160**
Breitmann Erich **160**
Brenninger Georg XIV, 141, 148, 150-152, 156, 157, 160, 172, 174, 184, 188, 192, 194, 196, 198, 201, 212, 219, 230, 232, 233, 238, 246, 249, 255, 257, 260, 265, 272, 279, 283, 290, 293, 297, 299, 304, 305, 307, 318, 332, 336, 343-345, 347
Breuer Joseph **160**
Breust C. oder G. **160**
Brill Karl **160**
Brill Wilhelm **160**
Bringezu-Paschen Maria XIV, 186, 239
Brinkmann F. 18, 201
Brode Karl 101, **161**
Brommer Wolfgang 161, 215
Brönstrup Gustav **161**
Brower Frans 140
Bruckner 123, 162
Bruder 79, 87
Bruder Andreas **161**
Bruder Carl **161**
Bruder Edmund **161**
Bruder Fritz **161**
Bruder Ignaz **161**
Bruder Max **161**
Bruder Otto **161**
Bruder Wilhelm **161**
Bruder Xaver **161**
Brunner 37
Bruns 88
Bruns Christian Klaasen **161**
Brunzema Gerhard 140, **161**
Buchholz 83, 146, 148, **162**, 188, 192, 197, 245, 283
Buchholz Johann Simon **162**
Buchholz Karl August **162**, 168
Buchholz Karl Friedrich **162**
Büchner Curt **162**

444

Namensregister

Buck Heinrich 82, **162**
Buckow Karl Friedrich 97, 98, **162**, 319, 332
Bullmann F. G. 285
Bunk Gerard 182
Bünting 99
Burgemeister Ludwig XIV, 141, 143, 150, 162, 165, 171, 175, 187, 202, 203, 212, 213, 227, 228, 237, 238, 239, 243, 245, 256, 260, 261, 268, 275-277, 280, 281, 288, 290, 294, 299, 300, 303, 304, 311, 316, 321, 322, 326, 328, 332, 338, 339
Bürgy Johann Conrad XIV, 239, 274
Bürgy Johann Georg 185, 186
Bürgy Johann Ludwig 328
Burkard Friedrich **162**
Burkard Mathias 80, **162**, 267
Bürkle Karl 89 **163**, 166, 182, 244, 271, 319
Busch 99,
Busch Hermann J. XI, XIV, 123, 193, 226, 244, 296
Büser W. 299
Butz Emil 101, **163**

Caecilia 170
Callinet 84, 148, 325
Callinet Joseph 148
Carspecken 339
Cartellieri Gustav **164**
Casavant 161
Caspar F. **164**
Caspar Johann **164**
Casparini 15, 91, 113
Cavaillé-Coll 32, 77, 126, 129, 131, 153, 166, 169, 188, 194, 197, 239, 251, 289, 318, 337
Celinski Waclaw 92
Ceska Joseph **164**
Christ Franz X. 346
Chwatal 5, 96, 110, 111
Chwatal Bernhard **164**
Chwatal Franz Xaver **164**
Chwatal Karl Joseph **164**
Chwatal Otto 45, **164**

Cirsovius L. I. XIV, 165, 182, 199, 238, 302
Cladders Martin **164**
Claunigk 83
Clewing Fritz **164**, 165, 198, 280
Cornils Gebr. Johann Peter und Friedrich 99, **165**
Cortum Theodor XIV, 284, 312
Crescio C. **165**
Czopka 98
Czopka Anton **165**, 194
Czopka Felix **165**

Dahlbüdding Jürgen 162, **166**, 182
Dahm 93
Dähnert Ulrich XV, 334
Dalstein 85
Dalstein & Haerpfer **166**, 309, 314
Dalstein Nicolas **166**
Dalstein Paul **166**
Dasbach Peter **166**, 227
Dauzenberg 90, 232
Dauzenberg Heinrich **166**
Dauzenberg Michael **166**
David Jean 210
Deichmann Herta 147
Deininger & Renner **166**, 307
Deininger Albrecht **166**
Deiseroth 100, **166**
Dentler Hans 90, **167**, 249
Dibelius 339
Dickel 80, 86
Dickel Heinrich **167**
Dickel Johann Heinrich **167**
Dickel Johann Peter **167**
Dickel Philipp Heinrich **167**
Diekmann Franz **167**
Dienel 127
Dienes 181
Diepenbrock Hans 168
Diepenbrock Johann 88, 161, **167**, 168,
Dietmann Andreas Franz **168**
Dietmann Eusebius **168**, 299, 322
Dietmann Kaspar **168**
Dietmann Kaspar Ignaz **168**

Dietz Gottlieb 86, 284
Dietz Johann Christian 284
Dillig Heinrich **168**
Dillig Peter **168**
Dingeldey 86
Dingeldey Friedrich Philipp **168**
Dingeldey Johann Peter **168**
Dingeldey K. 168
Dinse 36, 83, 84, 162, 240, 301
Dinse Gebr. 45, 169
Dinse August Ferdinand **168**
Dinse Oswald **168**
Dinse Otto 5, 6, **169**
Dinse Paul **169**
Distler Hugo 18
Doflein C. 64
Döhre Gebr. **169**
Döhre A. **169**
Döhre Wilhelm **169**
Dold Willy 79, **169**
Dolp Johann **169**, 305
Domisch V. **169**
Donath 95,
Dorfmüller Joachim XV, 182, 214, 230, 271, 319
Döring Bruno 86, **169**
Dornheim & Sohn **169**
Dornheim F. W. 145, **169**
Dörr Ignaz 80, 143, **170**
Drabsch Eduard 3, 4
Drechsler Walter 100, **170**, 186
Dreher Max **170**
Dreher & Reinisch **170**
Dreher & Flamm **170**
Dreimüller 307–309, 312
Dreymann Bernhard 93, 177, 183, 185, 231, 247, 327
Dreymann Hermann 177
Drömann Wilhelm 171
Dubois Louis 281
Ducke Nikolaus **170**
Ducroquet 251
Dülk Kaspar **171**
Dür(r)schlag 98, **171**, 228
Dürschlag Hans **171**
Dürschlag Heinrich **171**
Dupont 85
Dutkowski Gebr. Franz und Otto 88, **171**

Eberhardt 97
Eberlein Jakob 172
Eberlein Valentin 93, **172**
Eberstaller 174
Ebert 140
Ebhardt B. 18
Ebner Hans **172**
Eckardt Stephan **172**
Eckstein Gebr. 95
Edenhofer Karl Ludwig 5, 82, 157, **172**, 201, 212
Edenhofer Ludwig **172**, 246
Eggebrecht H. H. 14, 16, 331
Eggert Franz 5, 6, 36, 45, 90, 112, 113, **173**, 183, 227, 313
Eggert Georg Josias **172**
Eggert Karl Joseph **172**
Eglseder Georg 268
Ehlers Gustav **173**
Ehrlich 82, **173**, 270, 297
Ehrlich Adam **173**, 201
Ehrlich Anton 157, **173**, 318
Ehrlich Christoph **173**, **174**
Ehrlich Franz Anton **174**
Ehrlich Franz Sales **174**
Ehrlich Georg Adam **173**
Ehrlich Johann **173**, 318
Ehrlich Johann Adam **173**
Ehrlich Johann Anton **173**
Ehrlich Johann Bernhard **173**
Ehrlich Johann Ludwig **173**
Ehrlich Joseph **174**
Ehrlich Ludwig **173**
Ehrlich Paul **174**
Ehrlich Wilhelm **174**
Ehrlich Xaver **174**
Eichenauer 93
Eichenauer Emil **174**
Eichenauer Johann **174**
Eichfelder Thomas **174**
Eichhorn Heinrich **175**, 178
Eichhorn Johann Ludwig **174**
Eichler Friedrich **175**

445

Eichler J. G. Hermann **175**
Eichler Max **175**
Eickhoff Christian **175**, **190**
Eifert 5, 101, 102, 104, 203, 247, 257
Eifert Adam **175**, 341
Eifert Johann **175**, 291, 299
Eisenbarth Ludwig 36, 37, 83, 147 **175**, 176, 207, 265
Eisenbarth Wolfgang **176**
Eisenschmid Hans **176**
Eisenschmid Ludwig **176**, 191, 248
Elenz Winfried **176**
Elis Carl 18
Ellerhorst W. 128, 182
Elsen Hubert 164, **176**
Embach 93, **177**
Embach Adam Nikolaus **177**
Embach Christoph **177**
Embach Johann Kaspar **177**
Embach Joseph **177**
Embach Joseph Petrus **177**
Embach Karl Matthias **177**
Embach Kaspar **177**
Embach Konrad **177**
Embach Martin **177**
Embach Nikolaus **177**
Embach Peter **177**
Embach Philipp **177**
Embach Philipp Adam **177**
Engel Albert 95, **177**
Engel Conrad und Leonhard **177**
Engelfried Albert und Adolf **178**
Engelfried Alois **177**
Engelfried Franz **178**
Engelfried Franz Anton **177**
Engelfried Franz Xaver **177**
Engelfried Georg und Karl 177
Engelhardt Andreas 88, **178**, 294
Engelhardt Gustav **178**
Engers 94, 293, 294
Engers Friedrich 293
Engler 97, 256

Engler Gottlieb Benjamin 338
Engstle Franz **178**
Enzensberger Fritz **178**
Eppstein Adolf 175, **178**
Erdland Johann Carl Ed. 342
Erdmann **178**, 213, 247
Erler August Wilhelm **178**
Erler Theo 178
Erman 85, 166
Esch Karl-Heinz **178**
Etthöfer Alois **179**
Etthöfer Anton **178**
Etthöfer Christoph **179**
Etthöfer Franz (Anton) **179**
Etthöfer Michael Joseph **179**
Etthöfer Philipp **179**
Eul Franz Jakob **179**
Eule 5, 95, 96, 104, 142, 162, 209, 265, 281
Eule Johanna 41, **179**
Eule Georg 179
Eule Hans **179**
Eule Hermann 45, **179**, 231
Eule Ingeborg **179**
Euler 36, 37, 85, 86, **179**, 252, 283
Euler Balthasar 179
Euler Balthasar Conrad **180**
Euler Friedemann **180**
Euler Friedrich Wilhelm **180**
Euler Friedrich **180**
Euler Heinrich Ludwig **180**
Euler Johann Friedrich **179**, 180

Faber Heinrich und August **181**
Faber Heinrich **181**
Faber & Greve **181**, 196
Fabian Ernst 92, 110, 111, **181**
Fabritius 89, 159, **181**, **182**, **183**, **227**, **317**, **334**
Fabritius Albert **181**
Fabritius Edmund **181**
Fabritius Johann Adam **181**

Fabritius Johann Franz **181**
Fabritius Johann Peter **181**
Fabritius Joseph **181**
Fabritius Otto 181
Fabritius & Brehm **181**
Fahlberg Ulrich 84, 140, **182**, 192, 224
Falkenberg 286, 290
Färber Johann 99, **182**, 199
Faust Elisabeth 39
Faust Paul 12, 36, 39, 89, 155, 162, 166, **182**, 206, 228, 261, 314
Feith Anton 12, 36, 39, 90, 173, **183**, 253, 289, 313
Fellerer K. G. 236
Fernau W. 87, 249
Finkenauer 93, 177
Fischer/Rommerskirchen 90
Fischer-Wohnhaas 153, 154, 162, 188, 192, 196, 200, 216, 218, 231, 233, 243, 246, 288, 293, 296, 315, 318, 341, 342
Fischer Adam **183**
Fischer Adolph **183**
Fischer Anton **183**
Fischer Friedrich Wilhelm 79, **184**
Fischer Hermann XI, XII, XV, 50, 209, 225, 251, 345
Fischer Johann Georg 79
Fischer Johannes 30, 331
Fischer Karl August 300
Fischer Kurt **183**
Fischer Lukas 164, **183**
Fischer W. 14,
Fischer & Kindermann 314
Fischer & Krämer **184**, 215, 275, 322
Flachmann Fritz **184**
Flade Ernst XV, 14, 140–149, 150–159, 160–169, 170–179, 180–189
Fläge Rudolf **184**
Flamm Leopold 170
Fleischer & Kindermann **184**

Fleischer Friedrich **184**
Fleischmann Joseph **184**
Fleischmann Otto **184**
Fleiter 90, 228
Fleiter Friedhelm IX, **185**
Fleiter Friedrich **184**
Fleiter Ludwig **185**
Flentrop 104, 171
Flinzer M. 84, **185**
Foertsch Adalbert 100, 170, **186**
Forell Jacob 79, **185**, 251
Forster & Andrew 242
Förster & Nicolaus 74, 86, 146, 172, 173, **185**, 205, 221, 223, 259, 261, 274, 275, 328
Förster August **185**
Förster Ernst Albert **186**
Förster Heinrich **185**
Förster Hermann **186**
Förster Johann Georg **185**, 186, 261
Förster Karl **185**, **186**, 239
Förster Philipp **185**
Förster Philipp Sebastian 185
Fortmann **186**, 218, 295
Franck C. 129
Franz 115
Franzen N. **186**
Frasch 43
Frater-Weise Lotte 335
Freiburger Orgelbau **186**, 187
Frerichs Albrecht **187**
Friderici Josef 292
Friebe Hugo 98, **187**
Friebe Willibald **187**
Friedrich-Bauer 298
Friedrich Arthur **187**
Friedrich Benedikt 145, 146, **187**
Friedrich Edmund **187**
Friedrich Felix XV
Friedrich G. Albert **187**
Friedrich Reinhold 280
Friedrich-Bauer 201, 268
Fries J. G. 330
Friese Friedrich Jacob 87, **187**, 286
Friese Matthias **187**
Friesenegger-Hofmiller 233

Namensregister

Friis 247
Frings Wilhelm **188**
Fritz Joseph **188**
Fröhlich Albert 146, **188**, 252
Frosch 82, **188**
Frosch & Söhne **188**
Frosch Carl **188**
Frosch Franz **188**
Frosch Franz Xaver **188**
Frosch Joseph **188**
Frosch Joseph Philipp **188**, 344
Frosch Ludwig **188**
Frosch Karl **188**
Frotscher G. 14, 18
Fruth 129
Führer Alfred XVI, 27, 33, 34, 88, **189**, 265, 276, 281, 293, 297
Führer Liddy 189
Führer M. 257
Fuhrmann Johannes **189**
Furtwängler 24, 36, 37, 125, 226
Furtwängler Klaus-Wilhelm XII, XIII, **193**
Furtwängler Philipp 178, **189**, 193
Furtwängler Pius 30, **189**
Furtwängler Wilhelm 39, **189**, 193
Furtwängler & Hammer 31, 45, 87, 129, **189**, 190, 199, 248, 272, 314, 335, 337

Gabius **191**
Gabler 123, 128, 131
Gabler A. 208
Gabriel Klaus 86, **191**, 234
Ganzer 143
Garhammer Josef **191**
Garnier Marc 320
Gast Friedrich August **191**
Gast Johann Friedrich **191**
Gast Johann Georg **191**
Gattringer 104
Gegenbauer Martin **191**
Gehlhaar Ernst **191**
Gehlhaar G. **191**
Geib 93
Geiger Max **192**
Geiger Maximilia **192**
Geis Johann **192**

Geisler 242
Geißler Konrad 96, **192**, 258, 274
Geist Alois **192**
Gerbig Karl 84, **192**, 224, 262
Gerhard 93, 110, 111
Gerhardt Christian **192**, 193
Gerhardt Friedrich 96, **192**, 220
Gerstgarbe Hugo **193**
Gesell Carl Eduard **193**, 301
Gesell Carl Ludwig 83, **193**, 301, 302
Geycke Joh. Paul 99, 342
Geycke Johann Wilhelm 342, 343
Geyer J. 66
Giesecke 37, 45, 69, 87, 88, 259, 266
Giesecke Carl 189, **193**
Giesecke Hermann **193**
Gille 125
Glatter-Götz Christoph 280
Glatter-Götz Egon 279
Glatter-Götz Johann Caspar 280
Glatter Götz Josef 279
Glatter-Götz Raimund Mathias 280
Glatzl Georg **194**, 196, 199, 290, 332, 343
Glauning Heinrich **194**
Glockner Balthasar **194**
Glockner Friedrich **194**, 338, 343
Glöckner Ludwig 83, **194**, 319
Göbel Johann **195**
Goebel 36, 45, 53, 90, 226, 296
Goebel Alfons 35, 36, **194**, 230
Goebel Bruno 165, **194**, 195, 283, **321, 339**
Goebel Fritz **194, 195**
Goebel Joseph **194**, 195, 230
Göckel Karl 44, 65, 79, **195**, 333
Göhler Adolph August **195**
Goldner J. -Fendt St. 170
Goll 80, 143, 170 **195**, 204, 258, 291, 314

Goll Christoph Ludwig **195**
Goll Friedrich 195
Goll Gustav Adolf **195**
Göller Carl 80 **195**, 236
Golon Peter 285
Gonzalez Viktor 147, 281
Göring Hermann 21
Görner Hans-Georg 18, 19, 20, 48
Goerres Augustin **195**
Goethe 100
Göthel Christian Friedrich **196**, 290
Gottleuber Carl Gottlob 95, **196**
Gottschalg 247, 268
Graaf 277
Gräbner 94
Grassmuck Carl **196**
Grebenstein 102
Gregorius-Werk 196, 290
Greve F. K. 181, 196
Grisard Wilhelm 92, **196**
Grollmann Franz **196**, 210
Grönlund 217
Grosch G. 205
Großmann Dieter 134, 254
Grübl Josef **196**
Grüneberg 36, 88, 92, 110, 155, 162, **196**
Grüneberg August Wilhelm **197**
Grüneberg Barnim 5, 6, 45, 162, **197**
Grüneberg Felix **197**
Grüneberg Georg Friedrich **196**
Grünsfelder Adam **197**
Gruol 80, **197**
Gruol und Blessing 197
Gruol und Goll 197
Gruol Christoph Ludwig **197**
Gruol Johann Viktor 195, **197**, 242
Gryskiewicz J. 92, **197**
Guggemos G. **272**
Gundling Gebr. Josef und Sebastian **197**
Gunzinger 217
Gurlitt Wilibald 13, 14, 18, 31, 40, 130, 331

Haas 124, 166, 193, 251, 331

Haaser Fidelis **198**
Haaser Franz Anton **198**, 271
Haaser Martin **198**
Haaser Remigius **198**
Hackel Wolfram XVI
Hackl Joseph 82, **198**, 257
Hägele & Co. 170
Hagemann 80
Hahner August **198**
Hahn Franz **198**
Hahner Heinrich 86, 159, 164, **198**
Hahner Karl **198**
Hahner Martin **198**
Hahn 91
Hamel F. 18
Hammer 5, 24, 34, 48, 49, 88, 161, 199, 207, 249, 261, 267, 280, 294, 298, 323
Hammer Adolf 9, 11, 12, 30, 31, 33, 36, **189**
Hammer Emil 12, 15, 18, 20, 31, 33, 36, 39, 41, 47, 175, **189**, 190
Hammer Hubert-Gabriel XV, 166, 211, 226
Hammer Walter 31
Handel Alois **199**
Handmann Andreas 271
Hanke Fr. **199**
Hansen Christian **199**
Hansen Emil 45, 99, **199**
Hansen Niels **199**
Hantelmann 99
Hardt Alfred **199**
Hardt August 86, **199**, 274
Hardt Günter **199**, 249
Haerpfer 85, 198
Haerpfer & Erman **166**, 341
Haerpfer Friedrich 166
Haerpfer Friedrich Karl Walter **166**
Haerpfer Karl **166**
Haerpfer Theo **166**
Hartenthaler Erich Rudolf **199**
Hartmann August **200**, 208
Hartmann Moritz **200**
Hartmann Otto **200**
Harnoncourt Nikolaus 140
Hartung 93

447

Namensregister

Hasenmüller Josef und Chr. **200**, 238
Haspelmath Martin **200**
Hasselbarth Friedrich Anton 196, **200**, 231
Haupt 88, 184
Haupt Carl **200**
Haupt Gebr. **200**, 201
Haupt Hartmut XV, 155, 204, 238, 244, 254, 258, 298
Haupt Karl **201**
Haupt Rudolf **200**
Haupt Wilhelm **200**
Hauser Ladislaus 145, 244
Häusinger Ernst 152
Haußdörfer 80, 108
Haydn 66
Hechenberger Martin 82, 173, **201**, 250
Hechenberger Max **201**
Hechinger 314
Heckel Georg **201**
Heeren 172, 180
Heerwagen Friedrich Wilhelm Emil 100, **201**
Heerwagen Wilhelm **201**
Hegermann Heinrich 100, **201**, 298
Hehre Hugo 98, **202**, 276, 280
Heick Heribert **202**
Heidenreich Johann Friedrich 255
Heim Primus **202**
Heinrich J. G. 114, 302
Heinrichsdorf Karl 91, **202**
Heinrichsdorf Otto **202**, 303
Heinsen Johann 82, 159
Heintz Georges 79, **202**
Heinze 97, 101, 265
Heinze Franz **202**
Heinze Gustav 36, 175, **202**, 203, 324
Heinze Lothar 175, **203**, 262, 292, 299
Heinze Reinhold 87, **203**
Heise Gottlieb 83, 193, 245, 301, 302
Heißler Franz **203**, 266
Helbig Friedrich Christian Theodor **203**
Helfenbein Wiegand 100, **203**, 206, 218

Hembus 104
Hendricks Wilhelm 284
Hennig Kurt 49
Henseler Chrysant 204
Herbrig Christian Gottfried **204**
Herbrig Wilhelm Leberecht **204**
Herbst Fr(iedrich) **204**
Herbst Karl **204**, 318
Herig Karl **204**
Hérisé F. L. 281
Hermann Julius **204**,
Herrmann Hans 143, 204
Herzberg Theodor 17, 18, 19, 20, 21, 22, 25, 32, 40, 46, 48, 52, 53, 65
Hess Karl 79, **204**, 328
Hess & Binder **204**
Hesse 95, 101, 192, 229, 247, 296, 326
Hesse Ernst Ludwig **205**
Hesse Ernst Siegfried **205**
Hesse Georg Andreas **205**
Hesse Johann Michael **205**
Hesse Julius **205**, 206
Hessing Friedrich von **205**, 314
Hettich 79
Heuss Otto XII, XIII 36, 37, 43, 44, 47, 50, 67, 68, 74, 86, **205**, 322
Heuss Stefan-Otto **205**
Hey Erhard **206**
Hey Erich **206**
Hey Gotthard **206**
Hey Herbert **206**
Hey Otto **206**
Hey Wilhelm 83, **206**, 220
Hey Wolfgang **206**
Heyden 101
Heyder Carl **206**
Heydt 69
Hickmann 5, 45, 101, 112, 113, 116, 119, 120, 121, 209, 314
Hickmann Alwin 203, **206**
Hickmann Karl 205, **206**
Hieber 79
Hiendl Josef 147, **206**, 207

Hilberath Hans XV, 160, 196, 203, 233, 257
Hildebrand 95
Hildebrandt Gottfried 5, 45, **207**
Hildebrandt H. 45
Hildebrandt Zacharias 94
Hildenbrand Erich **207**
Hillebrand 88
Hillebrand Gundram **207**
Hillebrand Harry **207**
Hillebrand Hermann 171, **207**
Hilpert August 101, **207**, 247
Hindelang 248, 297
Hindelang Adolf **207**
Hindelang Friedrich **208**
Hindelang Heinrich 82, **208**
Hindelang Paul **207**
Hindelang Xaver **208**
Hinkel Ernst **208**
Hintz Lothar 183, **208**
Hirnschrodt Eduard 200, 202, **208**, 216, 246, 279, 343
Hirsch Friedrich 118, 119, 153, **208**
Hitler Adolf 18, 21
Hoch W. A. **209**
Hochrein Franz **208**
Hochrein Heinrich **208**
Hochrein Wilhelm **208**
Hock Mamert **209**
Hock Sylvester **209**
Hoecke Georg 206, **209**
Hofbauer Carl 87, 88, 207, **209**
Hofbauer Carl-Heinz **209**
Hofbauer & Haider 209
Höffgen 88
Hoffmann/Ostheim 83, **209**
Hoffmann C. 330
Hoffmann Carl **209**
Hoffmann Friedrich 204
Hoffmann G. **210**
Hoffmann Günter **210**
Hoffmann Heinz 196, **210**
Hoffmann Horst XII, XIII, 35, 36, 37, 50, **210**
Hoffmann Louis **209**
Hoffmann Ludwig **210**, 227

Hoffmann Otto **209**, **210**
Höflacher Ulrich XV, 346
Hofmann Eduard **210**
Hofmann Michael **210**
Hofmann Sigfrid 272
Högn Josef **210**
Högner Friedrich 18
Holland 5, 101, 102, 237
Holland August **211**
Holland Friedrich Wilhelm **211**
Holland Johann Kaspar **210**
Holland Johann Michael **211**
Holländer Georg 145, **211**
Holländer Wilhelm **211**, 230
Hollenbach Albert 83, 209, **211**
Holzhey Joh. N. XV, 346
Holzmann Hans 63
Honegger M. 226, 280
Hörbiger 110, 111
Horn Gebr. **212**
Horn Albert Friedrich Ludwig **212**
Horn Carl 86, 97, **211**, 221, 330
Horn Eduard **212**
Horn Friedrich Wilhelm Ludwig **212**
Huber Johann Heinrich **212**
Huber Karl 82, 172
Hubert Joseph **212**
Hübner Thomas 192
Hübner Urban **212**
Hübner Wenzel XVI
Hüfken Reinhard 96, **212**
Hug(o) 79
Hülle Albin **212**
Hülle Eduard 96, 148, **212**
Hülle Hugo 178, **213**, 323
Hülle Paul **212**, 308
Hulverscheidt Hans 226, 257
Hünd Ludwig 317
Hundek Reinhold Karl und Max 112, 113, **213**
Hundeck Reinhold 150
Hundeck Max 150

Namensregister

Hupfeld 316
Huth O. **213**
Huth Willy G. 338
Hüttel Walter 145, 177

Ibach 89, 175, 230, 232, 233, 249, 318
Ibach Adolph **214**
Ibach Gustav Adolph **214**
Ibach Johannes Adolph **214**
Ibach Paul 118, 119
Ibach Richard **214**
Ibach Rudolph **214**
Ilisch 273
Irrlacher 93
Ismayr Günter **214**, 300

Jacobus L. 263
Jäger 108, 161
Jäger Heinz **215**
Jahn 95, 96, 306, 337
Jahn Friedrich Nikolaus **215**
Jahn Johannes **215**
Jahn Julius **215**
Jaehn Reinhard XIV, 182, 273, 340
Jahnn Hans Henny 14, 17, 40, 64, 99, 130, 147, **215**, 243
Jaiser Julius 87, **215**
Jakob F. 309, 345
Janca Jan XVII
Janke 44, 95
Janke Johann **215**
Janke Rudolf **215**
Jann Georg XII, XIII, 36, 37, 44, 50, 65, 83, 208, 246, 280
Janssen Gerd Sieben 88, **216**
Jardin 242
Jauering August **216**
Jehle Josef **216**
Jehmlich 5, 61, 73, 95, 96, 224, 260, 306, 314, 332, 337, 344
Jehmlich Gebr. 45, **217**, 239
Jehmlich Bruno 12, 36, **217**
Jehmlich Carl Gottlieb **216**
Jehmlich Emil 6, 36, 39, 41, **217**
Jehmlich Friedrich Gotthelf **216**

Jehmlich Horst **217**
Jehmlich Johann Gotthold **216**, 217, 317
Jehmlich Julius **217**
Jehmlich Karl-Eduard **216**, 217
Jehmlich Otto **217**
Jehmlich Rudolf **217**
Jehmlich Siegfried **217**
Jehmlich Wilhelm Fürchtegott **216**
Jelacic Johann 93, **217**, 218, 296
Joly Guy 300
Johnson Fr. 229
Jordan **217**
Jung H. 14, 66
Just Stephan 251

Kaleschke 273
Kalipp Wolf 223
Kalscheuer Jakob und Heinrich **218**
Kaltschmidt Emil **218**
Kaltschmidt Friedrich **218**
Kaltschmidt Joachim Christoph 92, 99, 199, **218**
Kämmerer Franz 93, 186, 217, **218**, 293, 295, 296
Kamp Karl 36, 49, 89, **218**, 304
Kampmann A. W. 89, **218**
Kandler Ludwig **218**
Kaps Christoph **219**
Kardos Heinrich **219**
Kares 144, 178, 312, 339
Karg-Elert Sigfrid 182, 183
Karhausen Peter **219**
Karl Friedrich **219**
Karl Johannes 191, **219**, 333
Käs Anton und Jakob 89, 178, **219**
Käs Dieter **219**
Käs Josef **219**
Käs Toni **219**
Katzenberger Alfred 206, **219**
Katzenberger Michael 206, **219**
Katzer Franz **220**
Kau Gerhard **220**, 260
Kauffmann 41

Kaufmann Friedrich **220**
Kaufmann Friedrich Theodor **220**
Kaufmann Johann Gottfried **220**, 95
Kaufmann Karl Theodor **220**
Kaufmann Walter XVI, 161, 216, 244, 248, 272, 283, 323
Kaufold Leberecht **220**
Kaul Oskar 296
Kaulmann Robert **220**
Kayser Johann Christian 216
Kayser Karl August 94, 215
Keitel O. 302
Kelle E. 101, **220**
Keller 66
Keller/Darmstadt 86
Keller/Limburg 86, 93
Keller Franz Emil 5, 45, **220**
Keller Georg Heinrich **221**
Keller Heinrich 209, **221**
Keller Michael und A. 211, **221**
Keller/Ostrau 95
Kemmerling Gebr. 195
Kemper 91, 99, 104, 154, 157, 227, 243, 267, 276, 277, 279
Kemper Emanuel Philipp **221**
Kemper Karl Reinhold 18, 25, **221**, **222**
Kendel Wilhelm **222**, 326
Kenner Karl **222**
Kenter Horst 80, **222**
Kern Alfred 85, 166, **222**, 280, 284
Kern Wilhelm 327
Kerssenbrock Hubertus Graf von **222**, 300
Kersting Johann 90, **223**
Kersting Melchior **223**
Kessler Peter **223**
Kewitsch 162, **223**
Kichler J. B. 223
Kiene Franz Anton **223**
Kiene Gebhard 79, **223**
Kiene Johann Franz Anton **223**

Kiene Johann Nepomuk **223**
Kiene Rudolf **223**, 320
Kienscherf 84, 182, 192, **224**
Kienscherf Albert **224**
Kienscherf Friedrich **224**
Kienscherf Hermann **224**
Kienscherf Rudolf **224**
Kiesewalter 294
Kiessling Ernst K. & Sohn 101, **224**, 335
Kilgen & Sons 189
Killinger Roland 80, 141, **224**, 269, 325
Kinderman Paul 184
Kindten 87
King Leopold 160, **224**, 270
Kircheisen Bruno 5, 45, **224**
Kirchner 100, 272
Kirchner Ferdinand **225**
Kirchner Gerhard 144, **225**, 300, 303, 311
Kirchner Johann 251
Klais 27, 32, 42, 43, 44, 48, 49, 61, 69, 89, 135, 140,, 155, 176, 178, 189, 195, 198, 211, 219, 221, 224, 227, 280, 286
Klais Hans 25, 26, 32, 33, 34, 36, 39, 48, 54, 65, **225**
Klais Hans Gerd IX, XII, XIII, 33, 34, 36, 47, 49, 55, 65, 67, **226**, 313, 317, 326
Klais Johannes 128, 150, **225**
Klappmeier 99
Klassmeier Ernst 90, **226**, 233, 314
Klassmeier Friedrich **226**
Klatt Paul **226**
Kleemann Gotthilf XVI, 157, 178, 195, 197, 228, 291
Kleemann Helmut 147
Klein 98, **227**
Klein Jens **227**
Klein Josef 166, **227**
Klein Leo 227
Klein Paul 210, **227**
Klein Peter 166, **227**

449

Namensregister

Kleine Christian 284
Kleine-Roetzel 284
Kleisert 306
Kleuker Detlef 36, 37, 49, 90, 104, **227**, 228, 243, 244, 253, 271, 319
Klimosch Valentin 98, 171, **228**
Klimosch & Dürschlag 171, **228**
Klingenhegel **228**
Klingler Max **228**
Klingler Vitus **228**, 309, 310
Kloebinger Johann Nepomuk **228**
Klöpping Helmut 182, **228**, 268
Kloss Hermann 208, **228**
Kloss Josef **228**
Klotz Hans 18, 199, 226, 273, 278, 331
Kluge Hermann 116, 117, 119, **228**
Knaisch Gustav 158, **229**
Knaths Hans Wolf 36, 37, 50, 64, 193
Knauf 5, 100, 101, **229**
Knauf Friedrich 205, **229**
Knauf Guido 155, **229**
Knauf Robert **229**
Knittel E. **229**
Knöbel Johann Christian 95, **229**
Knöbel Wilhelm Gottlob **229**
Köberle Peter Paul **229**
Kobischka Wolfgang 149
Koch 90, 100, **229**
Koch Adam **229**
Koch Bernhard **230**
Koch Ernst-Bernhard 182, **230**
Koch Gerhard **230**
Koch Gustav Hermann **229**
Koch Hans **230**
Koch Herbert **230**
Koch Hugo 194, 195, **230**
Koch Konrad 211, **230**
Kofler Franz **230**
Kohl Albert **230**, 303, 328
Kohl Leopold 95, 179, **231**

Kohl & Mende 231
Köhler **231**
Köhler Georg Jakob **231**
Köhler Hubert **231**, 316
Köhler Jacob **231**
Köhne Daniel 199, 323
Köllein Franz 100, 200, **231**
Kollibay Dieter 88, **231**, 267
Kollibay Robert **232**
Kollneder W. 285
König Jean Georges 284
Kopetzky Klaus 80, **232**
Kopp Hermann 100, **232**, 300
Koepp Hermann Josef 90, **232**
Koepp Josef **232**
Koppenberger Peter und Max **232**
Körfer Michael **232**
Korfmacher Wilhelm 166, 192, 232, 336
Koroschak Franz **233**
Korte Inigo **233**
Koulen Heinrich 45, 85, 108, 163, 170, 194, 225, **233**, 244, 261, 267, 284
Koulen Josef 204, **233**
Koulen Max **233**
Koulen Wilhelm **233**
Kraft Walter 18
Kralapp Johann **233**
Krämer 79, 80
Krämer/Leusel 86
Krämer/Osnabrück 88, 226, 273
Krämer Heinrich 185
Krämer Johann 184
Krämer Karl **233**
Kratochwill Otto 198, **234**
Krätzer Volkmar **234**, 246
Kraul Peter **234**, 300
Kraus Eberhard XV, XVI, 152, 202, 208, 293
Krebaum 247
Krebs Albert 98, **234**, 290
Krebs Hugo **234**
Krebs Oskar **234**
Krehl Hermann **234**
Kreienbrink Joachim **234**
Kreienbrink Matthias 37, 43, 88, 191, 206,

234, 282, 289, 343
Kreienbrink Michael **234**
Krell 88, **234**
Krell Gebrüder **235**
Krell Franz **234**, 235
Krell Friedrich **234**
Krell Josef **234**, 235
Krell Rudolf **234**, 235
Krell Louis **234**
Krell Werner **235**
Krempf Jean Georges 325
Kretzschmar Ludwig 24, 25, 32, 40, 52, 53, 54
Kretzschmar Walter 52, 53
Kreutzbach Bernhard **235**, 258
Kreutzbach Julius **235**
Kreutzbach Richard **235**, 298
Kreutzbach Urban 5, 45, 95, 96, 144, 192, 232, **235**, 239, 284, 301, 319
Kreuzer Friedrich 343
Krieger Norbert **235**
Kriess Franz Heinrich **236**
Kriess Franz Xaver 85, 145, **235**
Kriess Robert **235**
Kröger Arnold Bernhard **236**
Kröger Bernhard Joseph **236**
Kröger Gorgonius **236**
Kröger Hermann **236**, 281
Kröger Johann Bernhard **236**
Kropp-Olbertz E. W. 69
Kroschel F. **236**
Krüger C. **236**
Krüger Karl Josef 195, **236**
Krummhörner Orgelbauwerkstatt **236**, 313
Krumrey Richard **237**
Kruse H. **237**
Kubak Rudolf XII, XIII, 37, 83, **237**
Kügler Ernst **237**
Kügler Gustav **237**
Kuhl Robert **237**
Kuhl & Klatt 227
Kuhlmann George Karl

und Johann Dietrich 180
Kuhn 143, 175, 189, 194, 280, 331
Kuhn Joh. N. 309
Kuhn Georg **238**
Kuhn Gerhard **238**
Kuhn Theodor 309, 314, 345
Kühn 182, **237**
Kühn/Bürenburg 186
Kühn Alfred **238**
Kühn Ernst **237**
Kühn Gerhard 5, 45, 96, 161, **237**, 300
Kühn Gustav **237**
Kühn Rudolf **237**
Kühn Theodor 211, **237**, 254
Kühne Heinrich **238**
Kühne Johann Christoph 99, **238**
Kummer Ferdinand Friedrich Wilhelm **238**
Kummer Johann Georg **238**
Kümmerle Salomon XVI, 161, 162, 164, 169, 172, 173, 175, 186, 188, 192, 195, 197, 205, 246, 249, 252, 260, 269, 273, 275, 278, 285, 290, 291, 294, 302, 309, 312, 319, 328
Kunz Christian **238**
Kurth 19
Kurzer Ernst 98, **238**, 299, 328
Kutz **238**
Kwasnik 150, 315

Ladegast 2, 3, 6, 45, 96, 149, 173, 202, 211, 220, 223, 226, 232, 242, 249
Ladegast Christlieb **239**
Ladegast Friedrich 126, 201, 235, **239**, 286, 310
Ladegast Friedrich Ernst **239**
Ladegast Oskar **239**
Lahmann Hermann 95, **239**
Laible 104
Lampl Sixtus 44
Landau Richard **239**

Namensregister

Landolt Antoinette 239
Landolt August **239**
Landolt Carl 185, **239**
Landolt Philipp Ludwig **239**
Landolt Karl **239**
Landow Carl Ferdinand **239**
Landow Carl Gottlieb **240**
Landow Johann Gottlieb **239**
Lang & Dinse 168, **240**
Lang Albert 79, 83, **240**
Lang Franz **240**
Lang Wilhelm 168, **240**
Lange Johann Karl 321
Laudenbach Johann **240**
Laukhuff 6, 24, 36, 37, 43, 47, 49, 68, 124, 150, 151, 203, 204, 217, **240**, 288, 296
Laukhuff Adolf **240**
Laukhuff Andreas **240**, 330, 331
Laukhuff August 41, 45, **240**
Laukhuff H. Erich XII, XIII, 37, **241**
Laukhuff Peter **241**
Laukhuff Otto 41, **240**
Laukhuff Wilhelm 36, 37, 41, 49, 67, **240**
Layer Adolf 272
Lechner Andreas 312
Lederer Georg **241**
Lederer H. **241**
Lehmann 182
Lehr Karl 288
Leib Walter 246
Leichel Ehrenfried **241**
Leichel Friedrich **241**
Leichel Heinrich **241**
Lenk Albin 83, **241**
Lenk Eduard **241**
Leuze E. 49
Liebmann Ernst Erich 101, **241**
Liedecke Herbert 49
Liemen Alexander 96, **242**
Liers Dagobert 191, 209, 240, 243, 322
Limpert Franz Joseph **242**
Limpert Georg **242**
Limpert Nikolaus **242**
Limpert Peter **242**
Link 124, 204, 209, 221, **242**, 248, 331

Link Christian 30, **242**
Link Eugen 30, 33, 35, 50, **242**
Link Johann **242**
Link Paul **242**
Link Reinhold 30, **242**
Link Werner **242**
Linsert Robert **243**
Liszt 123, 162
Lobback G. Christian **243**
Lobbes Friedrich Gottlieb 144, **243**
Lobbes Friedrich Wilhelm **243**
Lobbes W. 6, 45
Löber Louis **243**
Löbling Friedrich 101, **243**, 262
Löbling Herbert **243**
Lochmann 96
Lohse Ernst Louis 45, 95, 145, **244**, 317
Loos Hermann **244**
Lorentz Otto Carl Wilhelm 88, **244**
Losche Carl **244**
Lösche Paul **244**
Lötzerich Karl 90, 108, **244**
Luedtke Hans 14, 31, **245**
Ludwig & Cie. **245**
Lueger Wilhelm 226
Lundahl 121, 122
Lütkemüller 83, 211, **245**, 268, 331
Lux J. 45, 98

Maas Engelbert 259, 308
Mack G. 151
Maderer Jörg **246**, 299
Magnusson 277
Magunia Frank **246**
Magunia Rudi **246**
Mahler 123
Mahrenholz Christhard 130, 131, 190, 266
Mander 271
Mann Emil **246**, 342
Mann Helmuth **246**
Mann Rudolf **246**
Mann Th. 226
Mann Werner **246**
Marcussen und Sohn 45, 99, 104, 182, 199, 221, 242, **246**, 303, 314, 325, 331
Marcussen & Reuter **246**
Marcussen Hartwig **246**

Marcussen Jürgen **246**
Marcussen Jürgen Andreas **247**
Markert 83, 100, 186, 210, **247**
Markert Johann Georg XVII, 209, **247**
Markert Otto 209, **247**
Markert-Hoffmann IX
Marquard A 9, 50, 51, 52
Märtens 213, **247**, 323
Märtens & Troch 213, 323
Mårtensson 240, 297
Martin XVII, 79, 169, 328
Martin/Riga 175
Martin August 20
Martin B. 247
Martin Friedrich **247**
Martinod Jean XVI, 149, 153, 309, 325
Marts Nachf. 269
Marx 83
Maerz 82, 176, 192, **246**, 250, 255, 257, 260, 276, 299, 331, 337, 341, 347
Maerz Conrad **247**
Maerz Franz Borgias 148, 153, **248**, 255, 299
Maerz Max 162, **247**
Massenkeil 226, 280
Maßmann Julius XVI, 188, 239, 261
Mathis 265
Matzke Hermann 65
Maucher Max **248**
Mauracher Albert 197
Mayer 80, 93, 94, 291, 314
Mayer Gerd **248**
Mayer Hugo **248**, 259
Mayer Johann **249**
Mayr Michael **249**
Mayr Xaver **249**
Mebold Hans Peter 43, 65, 90, **249**
Mehmel 87, 112, 114, 115, 199, 220, **249**, 285, 288
Mehmel Friedrich August **249**
Mehmel Paul **249**
Meier Friedrich **250**, 343
Meier Josef **250**
Meisinger 207, **250**, 253

Meisinger Adolf **250**
Meisinger Karl **250**
Meisinger Ulrich **250**
Meissner Friedrich und Georg **250**
Meister Carl **250**
Meister Georg **250**
Melcher Johann **250**
Mende 95, 192, 231, 239, 319
Mendel Rudolf 184, **250**
Mendel-Koch Judith Barbara **250**
Mendelssohn 123
Menger Heinrich 225, **251**
Merklin 79, 233, 252, 304
Merklin Albert **251**
Merklin Alexander 188, 252
Merklin August 228, **251**, 252
Merklin Bernhard **251**, 252
Merklin Franz Josef 185, **251**
Merklin Fridolin **251**
Merklin Friedrich **251**
Merklin Georg Anton **251**
Merklin Gustav Adolf **251**
Merklin Josef **251**
Merklin & Schütz 312
Mertel Hans 170
Mertel & Dreher 170
Mettenleiter 160
Metzler Wolfgang 123, 124, 129, 270
Meyer 85, 101, 193, **252**
Meyer/Hannover 87
Meyer Alfred **252**
Meyer Ernst Wilhelm **252**
Meyer Friedrich Bernhard **252**
Meyer Friedrich Eberhard **252**
Meyer H. 168
Meyer Julius Lebegott **252**
Meyer Karl Wilhelm **252**
Meyer Wilhelm **252**
Meyer-Siat Pié XV, XVI, 243, 253, 281, 305, 316, 325, 337
Mezger Manfred 49
Michel Georg und Karl **252**

451

Namensregister

Michel Hans **252**
Michel Josef 70
Michel Paul 252
Michel & Löber **252**
Mickley 240
Miek 99
Migend 83
Miklis Günter **252**
Milich Theodor **253**
Miller 135
Mittermaier und Söhne **253**
Mittermaier Albert **253**
Mittermaier Bruno **253**
Mittermaier Thomas **253**
Mittermaier Wolfgang **253**
Mockers (und Stiehr) **253**
Mockers Felix **253**, 316
Mockers Louis **253**, 316
Mockers Xavery **253**, 316
Möhring 70
Mohrmann Sieghart **253**
Möll Heinz 74
Möller 85, 101
Möller August **254**, 261
Möller Burkhard **254**
Möller Christian Ferdinand **254**, 298
Möller Heinrich **254**
Möller Valentin 146, **254**, 262
Mönch 37, 79, 80, 155, 170, 205, 235, 237,**254**, 261, 271, 276, 277, 310, 337
Mönch & Prachtel 332
Mönch Franz **254**
Mönch Hans **255**
Mönch Karl-Otto **254**
Mönch Otto **254**
Mönch Peter XII, XIII, **254**, 255
Mönch Xaver **254**, 304
Mosengel 91
Moser Albert 82, 248, **255**, 260, 297, 299, 332
Mühlbauer Josef **255**, 264, 272
Mühleisen Karl **255**
Mühleisen 85, 222, 284
Mühleisen Konrad **256**
Mühlhaupt Arthur **256**
Müller 80, 82, **257**, 299
Müller & Hackl **198**
Müller/Berka 100, **257**

Müller/Breslau 97, 212, **256**, 302, 328
Müller/Hildburghausen 101
Müller/Reifferscheid 89, 172, 334
Müller/Rosenheim 168, 233, 255, **257**
Müller/Werdau 95,
Müller A. **257**
Müller Alfred **256**
Müller Alois **256**
Müller Anton **258**
Müller Bruno **257**
Müller Christian 158, **256**, **258**
Müller Christian Gottlieb **257**
Müller Christoph Bernhard **258**
Müller E. **258**
Müller Eduard **256**
Müller Emil 6, 45, 145, 157, 235, **258**
Müller Friedrich Wilhelm **258**
Müller Georg **258**
Müller Günther 311
Müller Gustav **258**, 323
Müller Hinrich Just 282
Müller Jacob 45, 198, **257**
Müller J. F. E. 167
Müller Joachim 185, **259**, 261
Müller Johann **259**
Müller Johann Christian **256**
Müller Johann Paul **256**
Müller Josef **256**
Müller Kurt **258**
Müller Martin 185, **259**, 261
Müller Moritz Robert **256**
Müller Nikolaus **256**
Müller Otto **256**, **259**
Müller Paul **256**
Müller Ralf 311
Müller Robert **256**
Müller Rudolf **258**
Müller Wilfried **259**
Müller-Blattau Josef 65
Mund H. 14
Mund Paul **259**, 326
Mund Rolf **259**
Müntzel Herbert 20
Murawski **259**
Muth 101, **259**
Mahrenholz Christhard 14, 18, 31

Naacke Christoph 242
Naacke Johannes XII, XIII, 37, 151, 242, **260**
Nadler Hans XVI, 198
Nagel 95, 108, 109
Nagel Bernhard August **260**
Nagel Gottlob Heinrich **260**
Nagel Karl Theodor **260**
Nagler 221
Narath Albert 228
Narath Hans-Georg 228
Näser Christian 208
Nehls 92
Neidhard & Lhôte 332
Nenninger Guido **260**
Nenninger Leopold 82, 146, 219, 246, 255, **260**, 280, 299, 305, 317
Nenninger & Moser 255, 260
Nerlich 87
Neuthor Rudolf 99, **261**, 323
Nickel Adam **261**
Nicolaus 37, 186, **261**
Nicolaus Ernst **185**, **261**
Nicolaus Karl **185**, **261**
Nicolaus Manfred 74, **185**, 259, **261**
Niemann 43
Niemeyer Georg **261**
Nissler **261**
Nitschmann 87, **261**
Nitschmann Leopold **261**, 286
Noack Ernst **261**
Nohl 284
Noll 327
Nollet 93
Noeske Dieter 85, 254, **262**
Nosske Paul **262**
Novak Karl 91, **262**
Nuhn Georg **262**
Nuhn Hans **262**
Nuhn Heinrich **262**
Nußbücker Wolfgang 87, **262**

Oberlinger 37, 43, 44, 65, 175
Oberlinger Ernst **263**
Oberlinger Helmut **263**
Oberlinger Hermann **263**
Oberlinger Jacob **263**

Oberlinger Karl **263**
Oberlinger Wolfgang XII, XIII, 36, 37, 94
Offenhauer Eduard 96, 151
Offner 82, 154, 235, 255, **264**, 335
Offner Johann **264**, **265**
Offner Max 255, **265**
Offner Maximilian Heinrich 265
Ohlsen 199
Oehm H. J. 183
Oehme 94, 95, 145, 149, 177, 178, 192, 196, 201, 204, 211, 215, 217, 221, 224, 229, 231, 233, 239, 244, 258, 260, 271, 290, 296, 317, 338, 342, 346
Oehme Fritz XVI, 151, 229, 300, 301
Oehms Rudolf 93, 173, **263**, 306
Ommer Gustav XVI, 147, 184, 228, 255, 259, 267, 307, 314, 318, 333, 334, 338
Onymus 93
Opitz Christoph 43, **265**
Opitz Edmund **265**
Opitz Gerhard XII, **265**
Opitz Karl Friedrich Bruno **265**
Oesterle Kurt 80, **264**, 292
Oestreich 86, **264**
Oestreich Adam Josef **264**
Oestreich Augustin **264**
Oestreich Constantin **264**
Oestreich Emil **264**
Oestreich Johann Adam **264**
Oestreich Johann Georg **264**
Oestreich Johann Markus **264**
Oestreich Josef **264**
Oestreich Jost **264**
Oestreich Michael **264**
Oestreich Wilhelm **264**
Ott 65, 69
Ott/Göttingen 87, 88, 107, 187, 200, 215
Ott Andreas XII, XIII, 37, 86, 255, **265**

Namensregister

Ott Dieter **266**
Ott Paul 140, 161, **266**
Otto 102, 149
Otto Hedwig 74
Overmann 80
Owart 94

Padberg Magdalena 250
Palandt Ernst XV, 88, 212, 231, **267**, 292, 308, 321, 325
Pape Uwe XVI, XVII, 125, 140, 142, 147, 148, 154, 161, 164, 171, 172, 178, 189, 201, 216, 228, 237, 266, 272, 297, 335
Paschen Hinrich Otto 99, 141, 143, **267**
Pauly Nikolaus 80, **267**
Peekel Gebr. **267**
Peine Theodor XVII, 211, 275
Pelzer Matthias 143, **268**
Peschel **268**
Peter Willi 36, 69, 89, 104, 160, 182, 228, 244, **268**, 319, 343
Peternell Gebrüder **268**, 269
Peternell August 2, 101, 112, 113, 163, **268**
Peternell Karl Friedrich **268**
Peternell Wilhelm **268**
Peters 87, **269**
Peters J. W. **269**
Petersilie Friedrich 101, **269**
Petersilie Otto **269**
Petr 120, 121
Petri Wilhelm **269**
Pfaff Egbert **269**
Pfaff Eugen **269**, 304
Pfanneberg G. **269**
Pfarr N. E. 275
Pfeifer Eduard 195
Pfeiffer 154
Pfitzner 123
Phelps 277
Philipps AG. 224, **270**
Pieper F. **270**
Pieper Rudolf und Albert **270**
Piper Gottfried XVII, 147, 171, 216, 282, 288, 298, 325, 337
Plersch 297
Plössl Ludwig **270**
Plum Peter 43, 80, **270**

Poll Ludwig **270**
Poppe 6, 45, 93, 100, 102, 108, 111, 116, 117, **270**
Poppe Gebr. 110
Poppe Bernhard Karl Ernst **271**
Poppe Christian Friedrich **270**
Poppe Daniel Adolf **271**
Poppe Ernst Heinrich **271**
Poppe Friedrich Otto **271**
Poppe Gottfried **271**
Poppe Johann August **270**
Poppe Johann Ernst **271**
Poppe Josef A. **271**
Poppe Karl Ernst **271**
Poppe Ludwig Wilhelm **270**
Poppen 129
Prachtel Horst F. 254, 255, **271**
Prager Gustav **271**
Praetorius 13, 31, 130
Preiß Georg 42, 43, 54, 55, 69, 72,
Prell G. 307
Prengel Berthold **271**
Prescher 95
Preuß Georg 258, **271**
Probst Hugo **271**
Pröbstl 82, 211, 225, 249, 255, **271**, 310
Pröbstl Balthasar **271**, 272
Pröbstl Joseph 147, **271**
Puchar Karl 272
Püchel R. W. 346
Pückler Graf 54

Quoika Rudolf 145, 260, 280, 284

Raaz Herbert 176
Raaz & Gloger 176, **273**
Rabsch E 49
Ramin Günther 14, 18, 130, 277
Randebrock August 90, 114, 115, 173, 206, 233, **273**, 278, 285, 313, 321
Rapp Harald **273**, 310
Rasch Fritz **273**
Rasch H. **273**
Rasche Heinrich **273**

Raschke Ernst und Joseph **273**
Raspe Friedrich 96, **274**, 327, 339
Rassmann 86, 93, 124, 199, **274**
Rassmann Daniel **274**
Rassmann Gustav **274**
Rassmann Theodor Christian **274**
Rassmann Wilhelm **274**
Ratzmann August **275**, 298
Ratzmann Ernst Wilhelm **275**
Ratzmann Georg Franz **274**
Ratzmann Johann Friedrich Heinrich **274**
Ratzmann Jean **275**
Ratzmann Ludwig **274**
Ratzmann Wilhelm 45, 86, 100, 102, 203, 262
Ratzmann Wilhelm August **274**
Rau H. 49
Raugel Félix 226
Rebmann Hubert **275**
Redeker Gerd 343
Reger Max 123, 126, 128, 129
Rehm Gottfried XVII, 165, 198, 206, 242, 252, 254, 264, 275, 292, 310
Reich 98, 118, 119, **275**
Reich Benjamin **275**
Reich H. **275**
Reich Ludwig **275**
Reichard 102
Reichel Johann **276**
Reichling Alfred XIV, XVI
Reichmann Peter **276**
Reimann Wolfgang 15
Reineck E. **276**
Reinelt Th. **276**
Reinisch Max 170, 205
Reipke Wilhelm 98, 202, **276**, 280
Reiser Albert **276**, 293
Reiser Hans Peter **276**
Reiser Johann **276**
Reiser Josef **276**
Reiser Ludwig 176
Reiter Moritz 2, 3, 4
Remler W. **277**
Renkewitz Werner Emanuel XVII, 202, **277**

Renkewitz-Janca 202, 218, 262, 277, 283, 293, 303, 321, 340, 345
Renner Manfred 166
Rensch Christhard XII, XIII, 36, **277**
Rensch Klaus-Wilhelm **277**
Rensch Philipp Emanuel **277**
Rensch Richard XI, XII, 35, 36, 37, 42, 43, 49, 50, 65, 80, 142, 151, 187, 204, 249, **277**, 278, 313, 319
Rett Andreas **278**
Rett Peter **278**, 338
Reubke Adolf 96, 112, 114, 120, 121, 258, **278**, 285
Reubke Emil **278**, 285
Reubke Julius 278
Reubke Otto 278
Reuter Andreas 246
Reuter Clemens 125
Reuter Rudolf XVII, 156, 167, 169, 183, 238, 240, 321
Richborn 99
Richter A. **278**, 340
Richter Carl Gottlieb **278**, 288
Richter E. **279**
Richter Eduard **279**
Richter Johann Gottlob **278**
Richter N. **279**
Rickert Johann **279**
Riederer Franz Xaver **279**, 318
Rieger 17, 40, 98, 141, 171, 178, 207, 216, 228, 253, 265, 277, **279**, 280, 281, 345
Rieger-Kloss **279**
Rieger Franz **279**
Rieger Gustav **279**
Rieger Otto **279**
Riegner Günter **280**
Riemann 142, 164, 190, 214, 220, 278, 285
Riemer Gottfried 98, 202, 276, **280**
Riepp 131
Rieschick Adolph 86, 164, 198, **280**, 281
Rinckenbach 32, 84, **281**, 305
Rinckenbach Charles **281**

453

Namensregister

Rinckenbach Joseph **281**
Rinckenbach Martin **281**
Rinckenbach Valentin **281**
Ripple 93
Risch Leo 79
Ritter Otto 236, **281**
Rohde Carl Friedrich **281**
Roethinger 85, 170, 186, 222, **284**, 305, 327
Roethinger Edmond Alexandre **284**
Roethinger Max **284**
Roetzel Daniel **284**
Roetzel Ernest **284**
Roetzel Georg Wilhelm **284**
Röhle Julius **281**
Rohlf Johannes 37, 43, 65, 80, **281**, 282
Rohlfing 88, 233, 234, **282**, 343
Rohlfing Albert Anton **282**
Rohlfing Anton Franz **282**
Rohlfing Christian Friedrich **282**, 296
Rohlfing Christian Ludwig **282**
Rohlfing Heinrich 36, **282**
Rohlfing Johann Anton **282**
Rohlfing Johann Christian **282**
Rohlfing Johann Christian 234
Rohlfing Ludwig 36, 37, 41
Rohlfs Arnold 244, **282**, 283
Rohlfs Friedrich **283**
Rohlfs Jacob Cornelius **282**, 283
Rohlfs Johann Gottfried **282**
Rohlfs Johann Gottlieb 88, 216
Rohn Johann 91, 162, 194, **283**, 343
Rohrer 84
Römhild Hans 180
Roos M. 243
Rösch Anton B. XII, XIII, 29, 43, 55, 56, 72,

Roschmann Anselm **283**
Röth August 254, **283**
Röth Gustav **283**
Röth Konrad **283**
Rother 48, 99, 224, 276
Rother Paul 36, 39, 41, 48, **283**, 343
Rothermel Georg Christian **284**
Rothermel Gottlieb **284**
Rothwinkler Franz Borgias 248
Röver 88, 173, **285**
Röver Ernst 6, 36, 45, 96, 114, 115, 120, 121, **285**
Röver Friedrich Wilhelm Ernst **285**
Röver Johann Hinrich **285**, 321
Röver Karl Johann Heinrich **285**
Rüevenauer 44, 65
Ruhland Otto **286**
Rühle Wieland **286**
Rühle Wilhelm 95, **286**
Rühlmann Albrecht **286**
Rühlmann Friedrich **286**
Rühlmann Richard Theodor **286**
Rühlmann Wilhelm 6, 12, 36, 45, 96, 243, **286**, 327
Rump A. 179, 306
Runge Johann Heinrich **286**
Runge Marcus 87, 188, 261, 261, **286**
Rupp Emile 13, 31, 66, 126, 127, 129, 284, 301
Ruther Karl 12, 18, 36, **286**, 287, 289, 331
Rütter Julius **287**
Rütter Karl 89, **287**
Rütter Wilhelm **287**

Sachs Curt XVII, 220
Salat Theodor **288**
Sandberg 112, 113
Sander Gustav 2, 88, 98, 109, 114, 115, 120, 121, 154, 249, 278, **288**, 335
Sander Hugo **288**, 288
Sandtner 43, 50, 83, 216
Sandtner Adolf **288**
Sandtner Hubert **288**
Sandtner Ignaz **288**

Sartorius Nikolaus 219
Sattel Paul 93, 155, 218, **288**, 333
Sattler Willi **289**
Sauer/Ottbergen 90
Sauer/Straßburg 84
Sauer Conrad 336
Sauer Ernst 87, **289**
Sauer Siegfried 183, **289**, 313
Sauer Wilhelm 12. 36, 84, 87, 92, 97, 108, 124, 126, 202, 224, 225, 248, 258, 268, 275, 286, **289**, 301, 303, 309, 319, 321, 331
Sauter Othmar 234, **290**
Sax Max 194, **290**
Schaeben Wilhelm 89, **290**
Schäf Guido H. 6, 95, 196, **290**
Schäfer 80, 101, 155, 156, 170, 179, 217, 244, 270, **290**
Schäfer/Heilbronn 108, 185, 195
Schäfer & Poll 162, 270
Schäfer A. M. 279, **291**
Schäfer Carl Franz **291**
Schäfer Carl Friedrich **290**
Schäfer Carl Heinrich **291**
Schäfer Ernst XVII
Schäfer Friedrich 195, **291**
Schäfer Gottfried Eberhard **291**
Schäfer Johann **290**
Schäfer Johannes XVII, 220, 224, **290**, 306
Schäfer Johann Georg **290**, **291**
Schäfer Johann Heinrich **291**
Schäfer Karl **291**
Schäfer Otto 175, 203, **291**
Schäfer Richard Adolf **291**
Schäfer Samuel Friedrich **290**, 291
Schäfer Walter **292**
Schaffrath Heinrich **292**
Schafhäutl 338
Schaper August **292**
Schaper Heinrich 88, 267 **292**

Scharfe Bertfried 80, **292**
Schaufelberger Heinrich **292**
Schaxel 79, 141
Schedel Franz **292**
Schedel Georg 86, **292**
Schedel Kaspar **292**
Scheffler Carl 91, **293**
Schefold 248, 276, **293**
Schefold Clemens **293**
Schefold Chr. A. **293**
Schefold Johann Baptist **293**
Scheibe 95
Scherer 98
Schering A. 14
Scherner Hermann **293**
Scherner Karl **293**
Scherpf Klaus **293**
Scherpf Wolfgang 93, 238, **293**
Scherweit Ferdinand 91, **293**
Scherweit Johann **293**
Scherweit Wilhelm **293**
Schick Gottlieb 167
Schiedmayer 205, 334
Schild Fritz 189, **293**
Schilling 311
Schin 147, 184
Schindhelm Heinrich und Oskar 101, **293**
Schindler W. **293**
Schingnitz Dieter **293**
Schinke 98, 162
Sckopp Tim 147
Schlaad Heinrich **293**
Schlaad Johannes Martinus 94, **293**, 294
Schlag 97, 98, 114, 194, 275, 314, 327
Schlag & Söhne 45, 168, 203, 232, 239, 283, **294**
Schlag Gebrüder **294**
Schlag Bruno **294**
Schlag Christian Gottlieb **294**
Schlag Ernst **294**
Schlag Hans **294**
Schlag Heinrich **294**
Schlag Johann Karl **294**
Schlag Karl **294**
Schlag Martin **294**
Schlag Oskar 3, 5, 9, 30, 31, 33, 60, 64, **294**
Schlag Reinhold **294**

Schlag Theodor 30, **294**
Schlecht Richard **295**
Schleiden A. 249
Schlepphorst Winfried XVII, 201, 217, 228, 236, 237, 240, 281, 282, 322, 343
Schlicker Friedrich **295**
Schlimbach 82, 108, 179, 183, 225, 248, 255, 260, 276, **295**
Schlimbach Alfred **295**
Schlimbach Balthasar **295**
Schlimbach Friedrich **295**
Schlimbach Gustav 93, 162, 192, 218, 247, **295**
Schlimbach Hermann **295**
Schlimbach Johann Caspar **295**
Schlimbach Kaspar **295**
Schlimbach Martin **295**
Schlimbach Michael **295**
Schlosser Ludwig **296**
Schmahl 95, 330
Schmeisser Alfred **296**
Schmeisser Paul 6, 45, 95, 96, **296**
Schmeisser Reinhard **296**
Schmeisser Wilhelm Eduard **296**
Schmerbach 247
Schmid 104, 192
Schmid/Leer 88
Schmid/Oldenburg 88
Schmid Anton Franz 282, **296**
Schmid Eilders **296**
Schmid Emil **296**
Schmid Friedrich 242, **297**
Schmid Gerhard 83, 219, 240, 293, **297**, 334, 345
Schmid Johann C. **296**
Schmid Johann Gerhard **296**
Schmid Johann Martin **296**, 297
Schmid Jacob 45, 157, **297**
Schmid J. G. 200
Schmid Magnus **297**, 303, 304
Schmid Siegfried **297**
Schmidt 100, 101, 186

Schmidt & Berger 235, **298**
Schmidt & Thiemann **298**
Schmidt Franz-Anton 234
Schmidt Johann Heinrich **298**
Schmidt Johann Michael **298**
Schmidt Michael 237, 254
Schmidt Bernhard **298**
Schmidt Richard 86, 275, **298**
Schmidt Willy **298**
Schmiedinger Helga 192, 207
Schmitz-Sauer 288
Schmöle & Mols 169
Schnabel Gabriele 296
Schneider Andreas 206
Schneider C. 306
Schneider Clemens 92, **298**
Schneider G. **298**
Schneider Johann 256, **299**
Schneider Ulrike 277
Schnell Reinhard **299**
Schnitger 14, 94, 98, 99, 130, 131, 273, 340
Schöglmann Josef und Max **299**
Schöler 93, 274
Scholl P. M. 263
Scholtyssek Urban 98, **299**
Scholz Gerhard 327
Schönburg 294
Schöne 94, 95
Schöneteld Karl-Heinz 101, 175, 203, **299**
Schönle Albert 248, 255, 260, **299**
Schönstein & Wintermantel 202
Schorn Franz Josef 90, 160, **299**,
Schramm Alexander 246, **299**
Schramm Hugo 94, 100, 205, 232, **300**
Schreiber August 85, 98, 101, 252, **300**
Schreiber C. August **300**
Schreiber Johannes **300**
Schrickel Nikolaus 96, **300**

Schrickel Otto **300**
Schrön Arnulf 96, **300**
Schröther 83
Schröter 95
Schröter Karl August **300**
Schubert 94, 95, 306
Schubert Friedrich August 123, **301**
Schubert Heinrich **301**
Schubert Karl Eduard 145, 233, **301**
Schuke 41, 83, 84, 175, 182, 210, 212, 224, 260, 335
Schuke Alexander 39, 45, 73, 149, 193, 216, **301**, 303
Schuke Hans-Joachim 73, 149, 193, **301**
Schuke Karl 36, 73, 149, 216, 253, 262, 267, **301**
Schuke Matthias **301**
Schulte Siegfried **301**
Schultes 154
Schulz 301
Schulz C. **193**
Schulz Gustav 107, **302**
Schulze 99, 101, 102, 108, 148, 193, 201, 206, 212, 220, 249, **302**, 319, 326, 340
Schulze Daniel 205, **302**
Schulze Edmund **302**
Schulze Eduard **302**
Schulze Herward **302**
Schulze Friedrich Christian **302**
Schulze Johann Andreas **302**, 341
Schulze Joh. Friedrich 125, **302**, 341
Schulze Oskar **302**
Schumacher 104, 10
Schumann 165, 182, 302
Schumann Otto XVII, 199
Schuricht Carl **303**
Schuricht Carl Friedrich 91, 202, **303**, 345
Schuricht Carl Gotthilf 202, **303**
Schuricht Karl 303
Schüßler Hartmut 101, **303**, 300
Schuster 95, 96, 150, 194, 231, 242, 297

Schuster Andreas **303**
Schuster Carl **303**, 304, 317, 343
Schuster Ernst August **303**
Schuster Georg **303**
Schuster Gerhard **303**
Schuster Richard **303**
Schuster Siegfried **303**
Schuster & Schmid 297, 303
Schütky Heinrich **304**
Schütze Friedrich 251
Schwan Günter **304**
Schwartz Manfred 39, 182
Schwarz 79, 80, 87
Schwarz Friedrich 39, 269
Schwarz Josef 269, **304**
Schwarz Julius 155, 182, **304**
Schwarz W. 197
Schwarz Wilhelm 36, 158, **304**, 329
Schwarzbauer Julius 234, 290, **305**, 337
Schwarzfischer Wolfgang **305**
Schweinacher 147
Schweinefleisch 95
Schweitzer Albert 13, 31, 66, 85, 125, 129, 166, 182, **305**
Schweizer Carl **305**
Schwendener Orgelbau **300**
Schwenger Karl **305**, 332
Schwenk Anton **305**, 317, 332
Schwenk & Wappmannsberger **305**
Schwenkedel Curt **305**
Schwenkedel Georges 85, 284, **305**
Schwenzer Carl **305**
Scudlik Bernhard **305**
Sebald Eduard 93, 263, **305**
Sebastian Claus 99, **306**
Sedlmayr Josef **306**
Seewald A. 101, **306**
Sehn Johann Otto **306**
Seibert & Fritzsche **306**
Seidel Fritz 294
Seifert 36, 37, 69, 89, 116, 117, 119, 217, 227, 261, **306**, 304

455

Namensregister

Seifert Ernst 287, 290, 296, 298, **306**, 308, 337
Seifert Helmut **306**
Seifert Romanus 287, **306**
Seifert Walter **306**
Seitz 50
Sempert 342
Seuffert 80, 93, 108, 316
Seuffert Franz 330
Seuffert Franz Martin 295
Sieber Johann Philipp 166, **307**
Sieber Julius **307**
Sieber Philipp **307**
Sieber Richard **307**
Sieber Wilhelm **307**
Siemann Willibald 82, 152, 194, 199, 208, 270, 297, 299, 303, **307**, 312
Silbermann Andreas 84, 325, 337
Silbermann Gottfried 14, 83, 94, 95, 96, 126, 129, 130, 131, 215, 216, 217, 281
Simon Bernd **308**
Simon Ekkehard 90, **307**
Simon Lothar **307**
Sippach E. **308**
Sittard Adolf 147
Smets Paul 107, 128, 194
Söhl Heinrich **308**
Sohnle Wilhelm 96, 212, 267, **308**
Sölter 288
Sonreck Franz Wilhelm XVII, 2, 89, 111, 112, 114, 115, 173, 184, 192, 193, 204, 232, 273, 290, 299, 306 **308**, 309
Spaich Heinrich **309**, 330
Spallek Anton 289, **309**
Spallek Gerhard 289, 290, **309**
Spamann Adrian **309**
Späth 36, 37, 69, 79, 80, 82, 86, 143, 175, 184, 219, 273, 289, 307 **310**
Späth/Hugstetten 215, 333

Späth Alban **310**
Späth Albert **309**, 310
Späth Alois 228, **309**
Späth August 186, **310**
Späth Franz **310**
Späth Franz Xaver 39, 186, **309**, 310
Späth Hermann 272, **310**
Späth Hartwig 186, 187, **310**
Späth Johann David 290
Späth Karl 14, 36, 186, **310**
Späth Leo **310**
Specht 326
Speith Albert **311**
Speith Bernhard **311**
Speith Johannes 90, **311**
Speith Rudolf **311**
Sperschneider Norbert 100, 144, 225, **311**
Spiegel 97, **311**
Spiegel Albert 143, **311**
Spiegel Jakob **311**
Spiegel Johannes **311**
Spiegel Karl **311**
Springs Julius **311**
Stadtmüller 79
Stahl Hermann (Stahl Organ Co.) **311**
Stahl Otto **312**, 315
Stahl Robert **312**
Stahl Roland 315
Stahlhuth 89, 143, 145, 210, 242, 257, 270, **312**, 335
Stahlhuth Eduard **312**
Stahlhuth Georg **312**
Stahlhuth Ludwig **312**
Stahlhuth Wilhelm **312**
Staller Anton **312**
Stallmann Albert 99, **312**
Standart 221
Stange Vinzenz **313**
Starup 104, 141
Staudiegel 100, **313**
Staudt Franz **313**, 325
Stegemann Regine **236**, 313
Stegerhoff Bernhard 313
Stegerhoff F. W. 90, 289, **313**, 307
Stehle Gustav **313**
Stehle Johann 80, **313**
Stehle Johann Georg **313**

Stehle Josef **313**
Stehle Sebastian **313**
Stein 79, 328
Steinmann Gustav 39, 90, 140, 184, 187, **314**, 343
Steinmann Hans Heinrich **314**
Steinmeyer 6, 45, 48, 49, 69, 82, 108, 124, 126, 129, 144, 155, 156, 166, 173-175, 194, 199, 205, 206, 208, 222, 237, 246, 258, 266, 272, 284, 295, 310, **314**, 318, 324, 332, 335, 341, 347
Steinmeyer Caspar 45, 151, **315**
Steinmeyer Georg Friedrich XV, **314**, 315
Steinmeyer Fritz IX, XII, 27, 32, 33, 34, 36, 47, 50, 67, **314**, 315
Steinmeyer Gottlieb **314**
Steinmeyer Hans 24, 32, 33, 34, 36, 47, 48, 52, 53, 54, 67, **314**, 315
Steinmeyer Johannes 6, 36, 39, **314**
Steinmeyer Johann Friedrich **314**
Steinmeyer Ludwig 12, 36, **314**
Steinmeyer Paul **315**
Steinmeyer Wilhelm **314**
Steinmüller Christian Gottlob 95, **315**
Steinmüller Julius Adolf **315**
Steinmüller Julius Ottomar **315**
Steirer Franz 80, 312, **315**
Stellmacher Erich 231, **316**
Steuer Ernst **316**
Stieffell 79, 316, 325
Stieglitz Jakob Daniel **316**
Stiehr August **316**
Stiehr Ferdinand 253, **316**
Stiehr Joseph 253, **316**
Stiehr Michael 84, 253, **316**
Stiehr Leon 253, **316**
Stiehr Theodor **316**
Stiehr Xavier 253, **316**

Stiehr-Mockers 253, **316**
Stiller A. **316**
Stiller Carl **316**
Stiller Herrmann 45, 96, 98, 116, 117, 119, **316**
Stöber August **316**
Stöberl Wilhelm 146, 297, 304, 305, **317**, 332
Stöckel Karl Traugott 95, 244, **317**
Stockhausen Johann 45, 90, 213, **317**
Stockmann Bernhard 45, 90, 233, **317**
Stockmann Heinrich **318**
Stockmann Rudolf **318**
Stockmann Ruth 318
Stockmann Theodor **317**
Stork August **318**
Straube Karl 14, 18, 277
Strauß Franz 279, **318**
Strauß Richard 123
Strebel 45, 124, 151, 246, **318**, 331, 341, 347
Strebel Hermann **318**
Strebel Johannes 3, 6, **318**
Strebel Wilhelm 12, 36, 41, **318**
Striever Willy **319**
Strobel 101, 102, 186, 249, **319**
Strobel Adolf **319**
Strobel Julius Alexander **319**
Strobel Paul **319**
Strobel Reinhold **319**
Strothmann Hans **319**
Strube A. 20
Strube W. 278
Strutz Harald 89, **319**
Stüber Axel 83 194, **319**
Stuhlreiter Martin **319**
Stumm 93, 94, 131, 159, 164, 263, 319
Stumm Franz **320**
Stumm Franz Heinrich **320**
Stumm Friedrich **320**
Stumm Friedrich Karl **320**
Stumm Georg Karl **320**

Stumm Gustav 45, 197, **320**
Stumm Heinrich Ernst **320**
Stumm Johann Friedrich **320**
Stumm Johann Heinrich **320**
Stumm Johann Michael **319**
Stumm Johann Nikolaus **320**
Stumm Johann Philipp **320**
Stumm Julius **320**
Stumm Karl **320**
Stumm Philipp **320**
Stumpf Gerhard 296, **320**
Stutz August 87, 249, **320**
Stutz Walter **320**
Stützle Wolfram 223, **320**
Sulzmann Bernd XV, XVII, 146, 169, 188, 195, 202, 223, 228, 236, 252, 291, 328
Supper Walter XVI, 26, 69, 131, 136, 171, 195, 242, 288
Syré Wolfram 189

Tamitius 94, 95
Tappe Peter 285, **321**
Teichert E. **321**
Tennstädt Carl 273, 313, **321**
Tennstädt Ernst **321**
Terletzky 91, 120, 121, 194, **321**, 335, 340
Terletzky August **321**
Terletzky Max **321**
Tesche Karl 98, **321**
Tesche Paul **321**
Teschner Hermann 45, 84, **322**
Teschner Johann Gottlob **321**
Thech 95
Theer Wolfgang XII, XIII, 36, 37, 149
Thein **322**
Theinert Eduard 98, **322**
Theobald Hans-Wolfgang XVII, 186, 205, 210, 247
Theuermeister R. **322**
Thiel Jörn 50

Thiel Raimund 253
Thierauf Johann Georg 168, **322**
Thierauf Max 168, **322**
Thölken Joachim **322**
Thoma 314
Thonius Manfred **322**
Thömmes Matthias XVII, 319, 329
Thurau Walter **323**
Thurley 84, 148, 245
Tibus Bernhard 90, **323**
Tibus Franz **323**
Tibus Gustav **323**
Tibus-Müller **323**
Tichatschek 107
Tischler 104
Tollay 85
Tolle Eberhard 99, 261, **323**
Tominski Franz **323**
Töpfer J. G. 125, 247, 268, 319
Topp W. 282
Trampeli 94, 284, 315
Trechsler Heinrich 74
Trepte 95
Trese 99
Trinkaus Eckhard XVII, 145, 160, 167, 169, 180, 218, 252, 254, 262, 283, 296, 327, 330, 339
Troch A. 45, 96, 213, 247, **323**
Trost G. 281
Trötschel H. R. 65
Turk Anton 329, **323**
Türke O. 217
Tzschöckel Reinhart 80, **324**

Uebe 202, **324**
Übhauser 80
Uhlendorf Ernst Hermann **324**
Ulbricht R. **324**
Ullmann/Wien 172, 192
Unterholzner Florian 299

Vater 87
Verschneider Jean Frederic 85, 313, **325**
Verschneider Jean Georges **325**
Verschneider Michael **325**
Verschneider Nicolas **325**

Verschueren 141, 153, 171
Vetter Hermann 80, 224, **325**
Vier Peter 79, 277, **325**, 330
Vieth Heinrich 45, **325**
Vleugels Hans-Georg **326**
Vleugels Hans Theodor 80, 88, 143, 170, 195, 259
Vleugels Matthias **326**
Voelkner Christian Friedrich 92, **328**
Voelkner Paul **329**
Vogel 99
Vogel Albert **326**
Vogel Harald 43
Vogl Joseph **326**
Vogler Abbé 66, 123, 330
Voglrieder Hans 146
Vogt 85, 99, 273, 290, 317, **326**
Vogt Eduard **326**
Vogt Franz-Joseph XVII, 232, 309
Vogt Hermann **326**
Vogt Jakob **326**
Vogt Johannes 254
Vogt Richard **326**
Voigt 6, 86, 96, 179, 186, 192, **327**, 339
Voigt Arno 274, **327**, 339
Voigt Bruno 230, 231, **328**
Voigt Carl **327**
Voigt Christian Friedrich **327**
Voigt Dieter **327**
Voigt Gisbert **327**
Voigt Gottlob **327**
Voigt Heinrich **327**
Voigt Karl **327**
Voigt Reinhard **327**
Voigt Richard **327**
Voigt Robert **328**
Voigt Rudolf **328**
Voigt Th. 221
Voigt Wilhelm **327**
Voit 12, 36, 79, 80, 129, 162, 168, 204, 223, **328**, 346
Voit Carl **328**
Voit Emil **328**
Voit Heinrich **328**
Voit Johann Volkmar **328**
Voit Louis **328**

Voit Siegfried **328**
Volkholz Helga 54
Völkl Helmut XVII, 195, 197, 291, 316
Volkmann Adolf 98, **328**
Voltmann Heinrich 323, **329**
Volz Ludwig 74
Vorenweg 90, 223

Wagenbach Eduard 86, **330**
Wagenbach Peter **330**
Wagner 43, 79, 93, 103
Wagner/Hersfeld 85, 254
Wagner Carl **330**
Wagner Franz **330**
Wagner Georg Friedrich **330**
Wagner Gerhard 65
Wagner Joachim 83
Wagner Karl 174
Wagner R. 215
Wagner Richard 123
Wagner Theodor **330**
Wagner Wilhelm 325, **330**
Wagner & Vier 341
Wähler M. 211, 254, 298
Walcker 3, 24, 26, 45, 48, 80, 116, 118, 119, 126, 129, 141, 145, 151, 156, 162, 171, 183-185, 192, 197, 198, 202, 204, 211, 217, 221, 224, 225, 230, 232, 233, 235, 238, 242, 243, 245, 247, 251, 252, 253, 259, 265, 269, 277, 286, 289, 292, 293, 296, 298, 314, 318, 321, 324, 326, 330, 336, **330**, 346, 347
Walcker Carl 6, 9, 30, 33, 35, 38, 50, 51, 58
Walcker Eberhard **331**
Walcker Eberhard Friedrich 30, 108, 124, 240, 309, 333, **330**, 331
Walcker Friedrich **331**
Walcker Heinrich **331**
Walcker Hermann 235
Walcker Johann Eberhard 240, 309, **330**

457

Namensregister

Walcker Oscar 10, 13, 14, 16, 18, 32, 33, 35, 39, 47, 49, 67, 130, 245, 287, 289, **331**
Walcker Paul 289, **331**
Walcker-Mayer Werner 36, 37, 49, 290, 309, **331**
Waldenmaier Georg 148, 246, **331**
Waldinger Werner 310
Waller Andreas **331**
Walter 97, 162, 164, 171
Walter A. 295
Walter Emil **332**
Walter Gottlob Andreas **332**
Walter Klaus 196, 290, 301, 315
Walter Ludwig **332**
Walter Oskar 140
Walter Richard **332**
Walter Roland **332**
Walter Theodor **332**
Walterskirchen Gerhard XVII, 170, 197
Wälti 265
Wand Albert 69
Wappmannsberger Franz 305, 317, **332**
Waschkau **332**
Wastlhuber Ludwig 194, **332**
Weber 123, 272
Weber Hermann **332**
Weert Wilhelm de **333**
Wegenstein 315
Wegmann 264
Wegner 162
Wehr Hugo 94, 238, 288, **333**
Weidkam August **217**
Weigel Arno **333**
Weigle 24, 36, 43, 48, 52, 80, 116, 117, 124, 128, 149, 159, 173, 178, 195, 211, 222, 229, 236, 256, 264, 292, 314, 317, 320, 324, 331, **333**, 334
Weigle Friedrich 12, 26, 36, 39, 41, **333**
Weigle Fritz **334**
Weigle Gotthilf **333**
Weigle Gottlob **333**
Weigle Joachim F. **334**

Weigle Karl **333**
Weigle Karl Gottlieb **333**
Weihermüller Hugo 260
Weihgold Hermann 95, **334**
Weil 93, 145, 263
Weil Peter 174
Weimbs Friedrich Bernhard **334**
Weimbs Josef 90, 104, 256, **334**
Weineck Ludwig 82, 162, 192, 255, 342
Weinmar 80
Weinrich Anton 74
Weise 82, 147, 194, 206, 237, 256, 305
Weise Ignaz **334**
Weise Michael 35, 317, **334**, 335, 343
Weise Reinhard **335**
Weiß Gustav 235, **335**
Weiß Lothar **335**
Weiß Rolf **335**
Weißenborn Friedrich 36, 37, 88, 145, 276, 288, **335**
Weisser 146, 188
Weitz Anton 308
Wiedemann Josef 278
Weldner 186
Wellershaus August und Wilhelm **335**
Welsand A. 92, **335**
Welte 24, 79, 89, 154, 155, 248, 340
Welte-Mignon 233
Welte Berthold 154, **336**
Welte Edwin 240
Welte Emil **336**
Welte Michael **336**
Wendhack Klaus 343
Wendt Karl 110, 242, **336**
Wendt & Heinrichs 36
Wengel Christian 324, **336**
Werner August **336**
Westermaier Simon **336**
Wetzel 84, 235, 239, 281, **336**
Wetzel Charles **337**
Wetzel Edgar **337**
Wetzel Emile **337**
Wetzel H. **337**
Wetzel Lothar **337**
Wetzel Martin **336**
Weyland 37, 90, 232, 306

Weyland Ernst **337**
Weyland Gert **337**
Weyland Gustav **337**
Widmann 50
Widor 129
Wiedel Jacob **337**
Wiedemann Josef **337**
Wiedenmann Eduard **338**
Wiegand Emil **338**
Wiegleb 80, 102
Wiesner Karl **338**
Wilbrand Heinz 90, **338**
Wilbrand Josef **338**
Wildner Ernst **338**
Wilhelm 85, 91, 98, 284, **339**
Wilhelm Carl 298, **339**
Wilhelm Eduard 6, 45, 212, **338**
Wilhelm Gustav 160, **339**
Wilhelm Heinrich **339**
Wilhelm Karl 280, **338**
Wilhelm Otto **339**
Wilhelmi 88, 189, 285, **339**
Wilhelmi Adam **339**
Wilhelmi Georg **339**
Wilhelmi Georg Peter **339**
Wilhelmi Georg Wilhelm **339**
Wilhelmi Heinrich Andreas **339**
Wilhelmi Johann Georg **339**
Will 93
Willis 30
Winnacker Friedrich IX
Winter F. 88, 230, **339**
Winterhalter Claudius F. **340**
Winterhalter Franz 79, **340**
Winzer Friedrich Wilhelm 87, **340**
Wirtgen B. 173, 285
Wirth 82, 154
Wit de XVII
Witt Julius **340**
Wittek 92, **340**
Wittek Eduard 321, 335, **340**
Wittek Gerhard **340**
Wittkowski Richard **340**
Witzig Friedrich 118, 119, 246, **341**
Witzmann August 101, 175, **341**

Witzmann G. **341**
Witzmann Heinrich Louis **341**
Witzmann J. Benjamin **341**
Witzmann Karl August **341**
Witzmann Louis **186, 341**
Wockert Kaspar **341**
Woehl Gerald 86, 175, 178, 249, **341**
Wohlien Balthasar **342**
Wohlien Heinrich **342**
Wohlien Johann Conrad Rudolf **342**
Wohlien Johann Friedrich Eduard **342**
Wohlien Johann Heinrich **342**
Wohnhaas Theodor XV
Wolf 82, 95, 162
Wolf Alfred **342**
Wolf Georg **342**
Wolf Hans **342**
Wolf Johann **342**
Wolf Karl 246, **342**
Wölfel Dietrich XVII, 218
Wölfl Alois **343**
Wolfram Johannes 194, 205, 282, **343**
Wolfsteller 99
Wolfsteller Christian Heinrich 283, **343**
Wolfsteller Johann Gottlieb **343**
Woyk **343**
Wrede Fr. & Göppert **343**
WRK-Orgelbau **343**
Wroblewski C. **344**
Wünning Georg **344**
Wurzer Josef **344**

Zach Leonhard 191
Zachariassen Johann 140, 247
Zachariassen Sybrand 247
Zachariassen Sybrand Jürgen 247
Zahn Johann Josef **345**
Zahn Konrad 195, **345**
Zahn Nikolaus **345**
Zahn Simon **345**
Zahn Simon Joseph **345**
Zann 305
Zeilhuber Alfons 82, 297, **345**

Zeilhuber Josef **345**
Ziegler Gustav 91, 205, 216, **345**
Ziegler Philipp **345**
Zieske Albert **345**
Zillgitt C. Fr. 6, 45, 101, 241, **345**, 346
Zimmer 154, 273
Zimmermann 82, 172, 188

Zimnol Johannes **346**
Zimnol Paul 94, **346**
Zipperlin A. **346**
Zipperlin & Christ **346**
Zitzke Hans-Joachim 49
Zitzmann Georg **346**
Zöllner J. G. F. 196
Zorkószy 43
Zuberbier 239, 251

Zuberbier A. W. **346**
Zuberbier Adolph **346**
Zuberbier Carl Friedrich **346**
Zuberbier David **346**
Zuberbier E. **346**
Zuberbier Johann Andreas **346**
Zuberbier Johann Christoph **346**

Zuberbier Johann Friedrich Leberecht **346**
Zuckerriedl Armin 179
Zweck Georg **346**
Zweck Wilhelm **346**
Zwirner Julius 279, 307, **347**

ORTSREGISTER

Orte im lexikalischen Teil sind hier nicht aufgeführt. Orte im Bildteil siehe Verzeichnis S. 349 ff.

Aachen XIV, 30, 34, 89, 135
Achern 28, 43, 65
Adorf 94
Agram 126
Allkofen XII, 83
Altenburg 100
Altwarmbüchen 88
Ammerschwihr 84
Amsterdam 42
Ansbach 80, 81
Apenrade 45, 99
Apolda 100
Arnsberg 89
Arnum 88
Aschaffenburg XII
Augsburg XII, 64, 81, 82, 83, 127
Aurich XVI, 88
Bad Berka 100
Bad Breisig 43
Bad Dürkheim 93
Bad Ems 93
Bad Homburg 41, 55
Bad Kissingen XV
Bad Kreuznach 42, 43, 65, 94
Bad Liebenwerda 96
Bad Liebenzell 80
Bad Nauheim 41, 68
Bad Segeberg 99,
Balingen 80
Bamberg 44, 65, 81, 82
Barmen 119
Bartenstein 91
Bautzen 5, 14, 45, 95
Bayreuth XV, 81, 82
Beihingen 80
Bensheim XII, 86
Bergheim/Erft 54
Berlin XII, XIV, XV, XVI, 3, 5, 7, 10, 15, 16, 20, 21, 23, 31, 38, 40, 45, 48, 50, 51, 52, 53, 59, 63, 68, 83, 84, 98, 103, 115, 126, 127
Biberach 81
Bickelsberg 80
Biebrich 86
Bielefeld 90
Bietigheim 80
Bittelbronn 80
Blankenhain 100
Bleicherode 5, 101
Bolkenhain 98, 119
Bondorf 80
Bonn XII, 25, 32, 34, 42, 48, 54, 65, 89

Boppard 25, 42, 43, 93
Borna 5, 45, 95
Boston 32, 126
Brackwede 90, 104
Braunsberg 91
Braunschweig XVI, XVII, 31, 88, 98
Breslau 2, 6, 45, 97, 98, 127
Brieg 98
Bromberg 92
Bruchsal 80
Budapest 66, 129
Bünde 24, 54
Bünzwangen 80
Burtscheid XIV
Celle 45, 88
Coburg XV, 100
Colditz 95
Dachwig 5, 45, 101
Danzig 90, 91, 92, 127
Darmstadt 86
Deggendorf 82
Delitzsch 96
Detmold 89, 90
Dillingen 83
Dippoldiswalde 45, 95
Dorsten 90
Dortmund 31, 129
Dresden XVI, 5, 38, 45, 61, 73, 94
Duderstadt 88
Durlach 12, 79
Dünnow 92
Düsseldorf 10, 26, 38, 41, 49, 65, 89
Eberestadt 86
Eberswalde 84
Echterdingen 6, 80
Eichstätt 81, 82
Eilenburg 30, 96
Einsiedeln 127
Eisenach 39, 100
Elbing 91
Ellwangen 80, 81
Elze 30
Emden 88
Endingen 79
Engers 114, 115
Erfurt 100, 101, 127
Erkelenz XV
Erling 82
Esens 88
Faurndau 80
Fautspach 80
Flensburg 45, 99
Floh 101
Frankenberg 86
Frankenhausen 101, 102

Frankenthal 93
Frankfurt/Main XIV, XV, XVI, XVII, 12, 20, 23, 25, 38, 40, 41, 49, 50, 51, 53, 67, 69, 86, 124, 126
Frankfurt/Oder 12, 84, 92, 97
Freiberg/Sa. 6, 14, 15, 40, 66, 94, 95, 130, 131
Freiburg/Br. 13, 14, 15, 24, 31, 40, 64, 65, 66, 79, 130, 131
Friedland 87
Fulda XVII, 43, 85, 86, 126, 127
Fürstenwalde/Spree 45, 84
Füssen 82, 108
Gambach 86
Geesthacht 99
Gelnhausen 45, 86
Gera 6, 45, 101
Giengen XII, 30, 50, 81
Gifhorn XVII
Gleiwitz 98
Glückstadt 99
Gnesen 92
Göppingen 80
Gotha 100
Göttingen XII, 13, 31, 39, 45, 87, 88
Gottsbüren 85
Graudenz 91
Greifswald 86
Greiz 101
Grevenbroich 90
Großenhain 95
Großtabarz 100
Groß-Umstadt 86
Grötzingen 79
Grünhain 95
Guhrau 97
Gütersloh XVI
Haguenau XIV
Hainstadt/Buchen 80
Halberstadt 6, 96
Halle/S. XVII, 94, 96
Hamburg 13, 14, 31, 40, 47, 62, 67, 98, 99, 129, 130, 131
Hannover 5, 7, 13, 30, 31, 40, 45, 87, 129, 136
Hardheim 80
Haßloch/Pfalz 94
Hausneindorf 6, 45, 96
Hayingen 81

Hechingen 81
Heidelberg 12, 16, 38, 50, 81
Heilbronn 43, 81, 108, 126
Heiligenstadt 101
Heimerdingen 69
Heinsberg XV
Hellental 90
Herbolzheim 79
Herford 25, 32, 41, 54
Herrnhut XVI
Hersfeld 85
Herzberg/Harz 30, 88
Heusweiler 94
Hildburghausen 101
Hildesheim XV, XVII, 88
Hirschberg 97, 98
Hofgeismar 85
Homburg v. d. H. XIV
Hugstetten
Hull 30
Igstadt 86
Ippinghausen 90
Itzehoe 99
Jägerndorf 98
Jülich 89
Kallstadt 93
Kaiserslautern 93, 94,
Kamenz 95
Karlsruhe 31
Kassel XV, XVII, 3, 40, 64, 65, 66, 85
Kaufbeuren 83
Kevelaer 89, 127
Kiel 99
Kirchheide 90
Kirchheim/Teck 80
Kirn/Nahe 45
Kirrweiler 80, 93
Kechtsteden 135
Koblenz 92
Kolberg 92
Köln XV, XVI, XVII, 2, 39, 42, 54, 65, 69, 70, 71, 89
Königsberg/Opr. 91
Konstanz 79
Korbach 85
Köslin 92
Kuchenheim 90
Kulm 91
Kupfermühle 99
Landau/Pfalz 93
Landeck/Schlesien 45, 98
Landshut XIV, 82
Langenargen 81
Langesalza 101

460

Ortsregister

Lauffen/Neckar III, IV, XII, 49, 80
Leer-Loga 88
Leichlingen 90
Leipzig XVI, XVII, 5, 7, 8, 9, 18, 38, 45, 47, 62, 64, 95, 126
Leusel 86
Lich XII, 74, 86
Liegnitz 98
Limburg 86, 136
Linnich 90
Linz/Rhein 45, 90
Lissa 92
Loccum 27, 42, 43, 47, 67
London 30, 42
Lübeck XVII, 14, 92, 98, 99, 104
Ludwigsburg 6, 13, 30, 31, 38, 43, 45, 63, 80, 94, 124
Lüneburg 44, 65
Lunzenau 95
Lyon 30
Magdeburg 30, 31, 40, 94, 96
Mainz XIV, XVI, 79, 81, 85, 93
Malsch 79
Manchester 30
Mannheim 80, 129
Marbach 80
Marburg XIV, XVII, 86
Marienburg 91
Mecheln 66
Meerane 95
Meiningen 101
Mengen-Ennetach 81
Mergentheim 81
Merseburg 5, 45, 94, 96, 126
Metz 84
Mittelstille 101
Mittenwald 25, 41, 68
Mocker 98
Molsheim 85
Mönchengladbach 43
Montabaur 93
Moritzburg 95
Mosbach 80
Möttau 86
Muddenhagen 90
Mühlhausen/Th. 100, 101
München IX, XIV, XV, XVI, XVII, 10, 38, 41, 55, 82, 135
Münchhof 92
Münster IX, 89, 90
Murr 80

Nancy 85
Neiße 97, 98
Netzschkau 95
Neubulach 80
Neuhaldensleben 45, 96
Neumünster 99
Neunkirchen 86
Neuruppin 83
Neustrelitz 87
Neuwied 93
New York 32
Niemegk 6, 45, 84
Niestetal-Sandershausen XII
Norden 88
Nordhausen XVII, 100, 101
Nürnberg IX, 6, 32, 40, 43, 45, 64, 65, 81, 82, 127
Oberharmersbach 79
Oberweier 79
Ochsenhausen 131
Ohlau 98
Ohrdruf 100, 102
Oldenburg 45, 87, 88
Oels 97
Opladen 90
Oppeln 98
Osnabrück XIV, 87, 88
Ostheim/Rhön IX, XII, 100
Ostrau 5, 45, 95
Ottbergen 90
Oettingen 6, 13, 32, 34, 45, 80, 82
Paderborn 5, 43, 45, 89, 90
Parchim 87
Paris XVI, 126
Passau XIV, 32, 42, 82, 83, 127, 129
Paulinzella 99, 101, 102, 125
Petersburg 124
Pirna 95
Plattling 82
Plau 87
Plauen 95
Potsdam 45, 73, 83
Pforzheim-Hohenwart 43, 68
Posen 92, 97, 126
Potsdam 84
Prag 120
Preetz 99
Puttelange 85
Querfurt 96
Qickborn 99
Rastatt 79
Ravensburg XVI

Regen 5
Regensburg XIV, 81, 82
Reichenbach 80
Reichtal 97
Reifferscheidt 89
Remering 85
Rendsburg 99
Reval 124, 126
Rheinberg 90
Rietberg 90
Rochlitz 6, 45, 95
Rommerskirchen 90
Romrod 86
Rosenberg 98
Rosenheim 45, 82
Rostock 87
Rotenburg/Fulda 85
Rothenburg/Tauber 25, 40, 41, 52, 53, 63, 81
Rottenburg 81, 137
Rüdesheim 42, 65, 69
Rufach 84
Rybnik 98
Saarbrücken 93
Salzburg XVII
Sandershausen 85
Sättelstädt 100
Schiltach 79
Schleswig 99
Schleusingen 100
Schliersee 43
Schlüchtern XVII
Schmalkalden 85, 100, 101
Schmiedefeld 5, 45, 101, 102, 103
Schmölln XV, 100
Schneidemühl 92
Schweidnitz 5, 6, 30, 45, 97, 98
Schwäb. Gmünd 81
Schwäb. Hall 81
Schwelm 89
Schwerin 87, 126
Seckau 127
Seligenthal 101
Seltz 84
Siegen XI, XIV, 90
Sömmerda 101, 102
Sonneberg 101
Sonnewalde 83
Sorau 97
Spaichingen (Balingen-) 80
Speyer XV, 79, 93
St. Blasien 79
Stade 88
Stadtbürgel 100, 102
Stadtilm 5, 101
Stadtroda 6, 45, 100, 102

Staufen 79
Stendal 96
Stettin 5, 6, 4?, 92
Stolpmünde 92
Stralsund 86, 87
Straßburg 42, 45, 79, 84, 85, 127, 129
Straubing 82
Stuttgart XVI, XVII, 9, 30, 31, 38, 50, 80, 124
Suhl XV
Tauberbischofsheim 80
Tönning 99
Trebbin 84
Treisbach 86
Treuenbrietzen 84
Trier XVII, 92, 137
Tübingen 80
Tutzing XVII
Übach-Palenberg 90
Überlingen XII, 79, 81
Ulm 126, 136
Unterkirnach 79
Villingen 79
Vlotho 90
Vöhrenbach 79
Waldkirch XVII, 79
Waldlaubersheim 94,
Waldsassen 127
Waldshut 79
Weikersheim XII, 6, 45, 81
Weilheim/Teck 80
Weimar 100, 114
Weißenfels 6, 30, 45, 96
Werdau 6, 45, 95
Werl 45, 90
Wesermünde 31
Wiehe/Thür. 45
Wien 4, 22, 41, 47, 66, 126
Wiesbaden XIV, 42, 43, 52, 54, 55, 75
Wilhelmshaven 34, 88
Windesheim XII, 94
Wismar 87
Witten XII
Wittstock 83
Wolfenbüttel XVII
Wormditt 45, 91
Worms XIV, 93
Wuppertal XV, 89
Würzburg IX, XVII, 17, 40, 41, 44, 50, 65, 67, 79, 81, 82, 127, 136
Ziegenhain XVII
Zittau 95
Zörbig 6, 45, 96

461